U0369712

宋儒忘筌編

季惟齋 著

華東師範大學出版社

華東師範大學出版社六點分社　策劃

目　　錄

自　序

　　上德無為，不以察求。古之至言也。拙著宋儒忘筌編既成，諸友覽之，或謂予棄儒落入佛家矣。吾聞之莞爾。此蓋不知予之淵源者。予生於鄉野，禮俗淳古，自幼務農，備知艱辛。然陶靖節之樂，亦自此即體之矣。髫時一聞七絃琴之音，體身戰栗，若血脈使然，有玄秘莫可名狀者。此或仲尼之種子也。觀西嶽之圖，即翛然起遠遊之志。此或道教之種子也。十七歲讀老莊。時歷困厄，心極鬱結，生平所未覯。一夜忽於逍遙遊之義大悟，中宵狂喜。遂得性情之超然，不為外境所縛。吾學自茲始。道家，吾學之胎息也。後得王船山張子正蒙注而讀之，有大振動。弱冠入京師，漸窺西學之堂奧。時學侶甚眾。有瀘州先剛氏，乃友人中最相契者。一日讀夫子未知生焉知死而有覺焉，遂承會稽馬先生、黃岡熊先生、無錫錢先生之遺緒，上追濂、洛、陸、王，有志乎儒家性理之學。二十四歲時靜坐忽通任、督，又有大悟。乃盡蠲西學，獨究六經聖賢之學。入蜀山著賣書，文言著述自茲始矣。彼時尚以馬先生會通儒禪為未然。後定居西泠，娶妻生子。三十歲遠遊長安華嶽，古道場甚眾，心境俱妙，始發心於佛乘。翌年至伊闕，與奉先寺大佛眼目相觸之際，有大感應，發菩提心，立弘法之大願。歸而遍研諸教，而性最契於禪、密。乃於日用平常、貪嗔情欲中磨礪勘驗,漸入勝境。
夫啓我慧命者,乃宿具之悲心,而成我菩提者,皆世間之五毒。嘗
著徵聖錄,以儒為主,融通三教,惟法執未銷,孔釋之間,猶有分別。
後又數年,庚寅秋日,驀地開悟,儒佛兩忘,凡聖俱泯,初體大空性,
而極簡易,一如靈雲之睹桃花,恢廓曠蕩,遂闢一新境地矣。智慧
大增,如癡如狂。業障猶在,而心性豁朗。後乃自明,依此無相本
覺,頓入盡性致命、盡融無明之途矣。莊生曰,適千里者,三月聚
糧。昔日三十餘年,皆此聚糧之事爾。悟前皆資糧道、加行,至此
乃始入正行。開悟之際,如良醫見得病根所在。非開悟現量,見病
根不能如此分明。常人一生只以醫書比量尋覓病根,宜其不悟。
然見得病根,尚須施藥治療。開悟者,禪門所謂破初關,唐宋人得
之者比比皆是。明儒如陽明、近溪亦知此事。斬重關方能大成,破
牢關乃入究竟,至此病無藥亦無。楞嚴有曰,理則頓悟,乘悟並消,
事非頓除,因次第盡。至言也。見得病根,自須頓悟,施藥治療,因
次第盡,其事理平實也如是。惟見得病根時,醫書及已有見地皆可
抛,故曰乘悟並消。因次第盡時,則不離頓悟一毫。開悟時所初證
之空性,與究竟圓滿時所成就之空性,非二也。一有間能退轉,一
無間不退轉。自般若慧初露後,吾亦發願歸於定、戒。吾之三學,
乃慧定戒,非戒定慧。以慧為開山先導,以定為勇猛精進,以戒為
保任圓滿。今大受用於慧定,將有望於戒矣。

　　一朝開悟而造此,類無師智,本無心而得,乃欲不得之亦不能。
自我觀之,此小子振脫宋明理學之圍隔而愈進乎道者。仲尼聖人
境地之大微妙義,以此而愈知之矣。子曰朝聞道夕死可也。昔所
不解,今日豁然。乃可斷之曰,使學者不能如釋教之開悟,亦不能
真知孔子之蘊奧。前賢嘗謂透得儒家即佛家。蓋亦於我身驗之
矣。今既證此,所行者猶是修齊治平、倫常日用,而心量彌為廣闊。
國還是國,親還是親,初得妙觀察、平等性智,不復以國、親之實執

而自障性源耳。昔日修齊倫常未得圓成、尚多滯礙之處,今竟得以空性妙用而轉化之。夫使治國平天下之人,不能脫於名利實執,空其所有,不能樹立中道之正見,則又如何斬除嗜欲偏見之荊棘,而盡力於利生之事業乎。故以出世智而入世,世間法亦得善。不以出世智而入世,世間法亦恐將頹。在仲尼則焉有入世出世之分別心哉。此又接輿、荷蓧諸隱君子不識夫子之心之處。惟宋明儒者舊日之諍說甚衆,予生厭離心久矣。今之學者多生死文字海中,豈吾志之所在。茲編草於悟前,而成於悟後,斧鑿痕猶存焉。悟後發願掃蕩一切門戶之見、偏頗之心,不妨以此書為先鋒。悟前此為援佛入儒之書,悟後則儒佛雙泯,互奪兩亡,一種平懷,非即非離,亦不知此為何種書矣。舊儒之知見打破之,佛之知見亦不取。必以一言而蔽之,此為實證之書也。茲編既以掃蕩一切門戶偏頗之見為期,則必有論敵存焉。抱朴子云,上士悟道於戰陣。弘忍云,輪刀上陣,亦得見之。吾性本剛烈,亦何恤乎犯險。人若以偏頗之見視我,亦無怨恨。此書中評判朱子、宋儒者,要以常眼觀之,人必驚駭其言之激越。願於諍論之中求無諍之義,於烈性之中求至柔之心。儻不能至,亦可為後來者之前驅,引之至於圓滿之見地也。

輓世大儒辜鴻銘先生嘗有中國文化兼具深沉、博大、淳樸、靈敏四德之說。弱冠讀之,甚偉其言。竊謂使人備此四德,自能入窺中國文化之堂奧。又非僅於中國當如是。欲嗣人類文化之真血脈者,皆須具此四德者也。夫淳樸、靈敏二德,關乎先天。農人之淳,詩人之靈,小子生而有之。此天所厚錫予者。淳樸使離靈敏,則不達。靈敏使離淳樸,則不長。淳樸須以靈敏廣之,靈敏須以淳樸厚之。非淳非靈,亦何以語乎天地好生之德。當今世界之大患,即在蘊蓄此淳此靈之土地風俗之將破壞殆盡也。函夏近世以來,雖多傷損,惟本博厚之資,河嶽英靈,所蓄尚深。印度及中東亦然。吾所憂者,乃三十年來吾國土地風俗之傷損愈劇焉,不可不慘然而自警。今日城市之民衆,其欲養淳樸、靈敏二德而不願趨附機巧、癡愚二毒者,其捨聖賢、詩人之書而孰宗之乎。此本先天又不得不轉為後天者。而博大、深沉二德,則固關乎後天。夫典籍學問、胸次聞見之博大,二十餘年來,庶幾具之。然大悲心大菩提心之博大,方是此道關鍵所在。小子當勉之哉。夫智識之深切著明,固亦有達焉,然自知亦惟開悟之後,始足以語乎深沉二字。舊著徵聖錄博厚典則有之,實證之深沉邃密,則尚未至。以此而愈知世間欲深入聖人之學者,必不可少此真修實證功夫。呼嗚。八九年間,親老相繼棄世,每於喪禮祭儀之中,愈體乎古人深沉厚重之意。死生之事亦大矣,而真妄決乎一心。悠悠上古,厥初生民。函夏三教之聖人,天竺、泰西、阿拉伯之古德,其關切之物事有異,而其心惇惇而為一。嘗於椎心泣血、涕泗橫流之際,孤明歷歷,而愈明乎所謂孝道佛法、儒家釋教者,直是一而莫二,詎可以分別心而判之耶。此等亦是實證。辛卯之冬遠遊尼泊爾、不丹國,生大感應,愈知夫天下之根本,唯一心爾。函夏亦只顯化函夏之聖教,異域亦自具異域之神明,其根本者為法性平等,機用則各有優劣。使予生於尼泊爾,亦將盤礴坐神廟下,自適而大樂,讚此仁智德,發此平等觀矣。嚴君平老子指歸嘗云“人但知一身之相通,不知一國常同體。人知一國是同體,不知萬物是一心。萬物既是一心,一心之中何所有隔哉”。誠然見道之言。亦惟如是,庶可語乎博大。此又本後天而不得不歸先天者也。

　　三教之學,老聃、仲尼、曹溪,吾之師也。發蒙於老聃,性靈初耀,養氣於儒家,篤切博通,而終透於禪門,獨超物外。老莊、仲尼,本合正法眼藏,與佛不二,而常人為習見所障乃不識爾。此心即儒即佛,非儒非佛。其間基督教、印度教、伊斯蘭教之聖賢,泰西、日韓諸國古今之哲人,皆嘗加持於我,一切交光而互攝,唯我而獨尊,是我而無我,性相原不二,只是中而庸之、學而時習之,惟精惟一,

允執厥中。古人不吾欺也。李涵虛嘗言"道若不能分則無變化，道
若不能合則無統宗"。夫分者本應天機，然趙宋以降，三教分裂既
久，中世迄今，諸教諍攻彌烈，今世當生此道合之大契機。拙著之
草，欲行此事者也。今初得無生之義，即悟此書雖洋洋可觀而本
無，是有亦蓮花所生，非我所作。然使無實修密行虛融保任之，何
能保此性地必不失墜。子曰，知及之，仁不能守之，雖得之，必失
之。可謂一語中的。戰戰兢兢，如履薄冰，聖賢之言古已得之。禪
家曰高高山頂立，深深海底行。高頂之本色自露，海底之密行無
窮。高頂海底，豈有二哉。而至道不在他，無修亦無作。言語道
斷，普皆回向，但薪蒼生，本覺元心，失而復得。此予於羅漢寺拈香
禮敬時之一念也。眾生極苦，而吾之極喜，亦如一滴，投於巨壑，思
之泫然。知我者謂我心憂，不知我者謂我何求。嗟乎。吾書既成，
在我即滅。以勝義諦說之，其本空性真心所化。出於實證，非是我
義理思惟而得。以世俗諦說之，則古人內聖外王之道，此書以內聖
為主，外王之論，容俟勝緣，子曰不在其位，不謀其政是也。內外本
無二，其有識者，亦當不以拙著只深言內聖而已。忽覽人間世，顏
回請行，欲解衛國之亂，仲尼非之曰"道不欲雜，雜則多，多則擾，擾
則憂，憂而不救。古之至人，先存諸己，而後存諸人。所存於己者
未定，何暇至於暴人之所行"。竟得冥符吾心如是。我以實證作忘
筌編，即先存諸己者。暢演三教一致之說，即道不欲雜者。世人所
存於己者未定，即欲橫議施藥於天下事者，非小子所能知。吾之血
親，自是周、孔，吾之師傅，佛陀最勝，而吾之知己，則莫若莊周也。
佛陀之空性，吾性本具之法身。吾姓本周公之後，乃本具之報身。
莊子齊物，則萬物又自吾心之本然化身也。自具三身，忽有所悟如
是。得魚忘筌，得意忘言，蓋非此不能深入大道三昧。輔嗣之語，
愈覺其神矣。

　　惟道德圓入，不拘一切，而著述之體，不可不思焉。此又不得

不以世俗諦說之者。古之人威恩適務，寬猛逗機，如雷行風動，木茂華敷。拙著遠弗逮而意有慕焉。此書不拘於舊式，立論亦迥不猶人，評騭古今，不容不發，侵掠如火，其疾如風，有前人所未言之義。此或即所謂威猛雷風者。人多悅春風秋色之淑和調達，而吾性尤喜炎夏。悅春秋者，未必能知夏冬之妙，而能喜夏冬者，或尤能悅春秋之心。炎夏酷冬，實修行之道愈深之機密所在。忘筌，乃吾炎夏之書。吾不能羈括文辭使之簡約，此予之陋也。文字失之枝蔓繁冗，亦夏山叢棘遍布合如是乎。後禪密深入，復能悅酷冬，一朝而得四季平等智，而今竟忘四季之更替，春至亦無喜。昔獨喜炎夏，亦有心障在。蓋酒神之狂喜，亦非究竟了義。他日當作一潔靜含蓄之冬日之書者耶。吾素以古文著述，發之本然，全未刻意，如母子之相應，道無揀擇。作亦辭達而已，本不欲學韓柳一流，以行文恣肆自喜。古文之體，誠然函夏血脈之所託載。其欲盡捨之而能大弘其道者，未知其可也。然茲編亦間用語體文，為達意故耳。間嘗自哂，如是可謂別開生面矣。昔船山自謂六經責我開生面，七尺從天乞活埋。小子希慕焉。不意今日有此意。惟其責我開生面者，非僅六經，乃三教一致之學，亦非三教之學，乃此一非可思議之血覺本靈俱生本心也。以此觀之，則語體文亦何嘗不是血脈。曩日之分別心亦可消矣。劉彥和嘗言“道沿聖以垂文，聖因文而明道，旁通而無滯，日用而不匱。易曰，鼓天下之動者，存乎辭。辭之所以能鼓天下者，道之文也”。凡能旁通無滯，日用不匱者，皆為文也，要在本心妙用之悲智雙運，不在拘守文體之典則雅正。司馬牛問仁。子曰“仁者其言也訒”。曰“其言也訒，斯謂之仁已乎”。子曰“為之難，言之得無訒乎”。此予所宜終身誦之者。此書闡發性與天道，純無隱約，其言也不訒，知我罪我，其在斯矣。癸巳孟夏金華季惟齋書。

上編
近思錄首二篇玄義

近思錄首二篇玄義緒言

總從一性上起用

　　此書廣以陸、王、佛、禪、老、莊、道教義趣，疏證近思錄首二篇，故曰玄義。儒釋玄各有大用，而其為道也一，非盡有二致。理學先儒排二氏之言，或以尊儒之私心，或以政教之理勢，亦多事理之權教，非盡真實之心性。今之德智圓滿者，開權顯實，則不必復執於舊論。道本是一，不分華、梵、歐西。各國所出之學統，自具此道元化生之方便善巧，可謂各得一體。尤以天竺之釋教小大密三乘之學，最能於義理、實證之兩端一體，深入大道之實相。吾國道家有老莊，儒家有易學，天然入道，亦玄妙周密，然義理高超而語簡古，多托象寓言而詮，弗若釋教直抉心源，中觀、耶識、如來藏，演為光明密栗之學，於實證則又不免流於法家、卜筮、術數、神仙、外丹、攝生之雜學，弗若釋教始終條理，次第一貫，實地法門，受用無盡。故道儒後皆師法之。義超而語簡，托象寓言而詮，固無礙於高人之圓成。然後人資質漸下，故不得不師取於佛之內自證智，以徹通其心體焉。心體則華、梵、歐西無二也。觀夫老之至於韓，儒之變為法，易之用為術數，道之執於黃白，道儒之學，從來多生枝蔓，時或偏離中庸之道，故必取維摩大士之不二法門，文殊師利之金剛寶劍，以正其心源，歸於中道，亦取菩薩地實證現量之精確，以誘其深入大道也。以不二法門空性智慧現證而論，吾國古書演化最玄妙暢通者為莊子。以後世修證者觀之，其義趣不期與大乘、禪宗冥契無間，其活潑潑之風格，正奇兼施，迥出思議，亦不期與禪門宗風、大圓滿、大手印法甚為符契。蓮花生、帝洛巴、那洛巴，亦仿佛莊子書中之人。故自莊子而觀之，中、印自是不異。自禪宗而觀之，漢、藏亦是不異。故以密乘之妙理說之，孔子實為吾國方便道之代表，莊子實為吾國智慧道之代表，方便、智慧之不二，乃是中國文化之真面目，而吾國此種便、智不二格局之綜合統一，又必待釋教大乘傳入方能成就也。佛教之前，孔、莊甚難統一。自王弼以來，魏晉人欲統一之，而實弗能如意。俟佛法大興，現證得道者，雲蒸霞蔚，時機熟矣。如唐代，即是以佛為本，孔、莊渾融之新時代也。

自天竺之釋教傳入，而後乃有中國之佛學。中國之佛學，自導源於天竺，其初教言傳譯，本有取於老莊儒家，及其圓通完備，大師如林，復以其心髓光明，直抉心源，轉滋養於儒道二教。達者遂悟其道本莫二。人或疑中國之佛學，自成一系，本深受道儒之影響，似已不同於天竺之釋教。此實似是而非之說。吾觀佛經初譯如四十二章經，似多樸實之語，而實窮徹究竟第一義，絕是佛陀之正脈。魏晉人以莊、易之學，融攝佛學，乃亦一種方便善巧，自然而成。漢地之佛學，雖其名理自顯中國化之特質，而其真實心性，與天竺、藏地絕無差異。故曰此似是而非之說也。道本是一，不分華、梵、歐西，行人終是要去分別心，消所知障，方能深入。

理學固有孔、孟之血脈，實亦佛家宗門、教下及道教之別嗣，如世間之所謂混血兒，如何辨清其界限。近年參證，忽悟心源，玄佛之于儒學，一而已矣。觀濂溪之太極圖說、明道之定性書，最與王輔嗣氣息神理相契近。此理學之氣脈與魏晉相合者。有宋理學之樞機,實亦已先顯於魏晉。(今人饒選堂先生嘗言魏晉時代乃先理學時代。見文學與神明第四章。其說亦可謂先得我心。)宋人三教一致之說,亦萌蘖於晉人如作喻道論之孫綽,而先興於南北朝隋代。先于孫綽者,則為牟子理惑論,俱載於弘明集中。惟牟子其書所作之年代尚多爭議耳。理惑論義理已甚高妙,如以孟子權變之說,理世人于釋教之疑寶。後于孫綽者,北朝高僧道安作二教論,崇釋教,聯孔儒,抵道教,亦有形勢逼之者。其言釋教為內,儒教為外。雖不以佛儒為一致,奉佛法為至高,而當時佛儒混和之風氣實亦因之而轉深矣。當時名儒服此義者,如宗炳、顏之推。而尤得此義之深妙者,如文中子。中說一書,效仿論語而作,嘗讚佛為聖人,言三教一致。(佛祖統紀第三十五卷有曰"智者、荊溪之論曰,若眾生根性薄弱,不堪深化,但授世藥,如周、孔制禮作樂,五德行世。邊表根性,不感佛興,我遣三聖化彼真丹。禮樂前驅,真道後啟。清淨法行經云,月光菩薩,彼稱顏回。光淨菩薩,彼稱孔子。迦葉菩薩,彼稱老子。此止觀、輔行二處之證也。又據藏本冢墓因緣經云,閻浮界內有振旦國,我遣三聖在中,化導人民,慈哀禮義具足。是知此土聖賢前後施化,皆我佛之所使。然而昧者不足以知。覽此二經,可不增信善哉"。考清淨法行經今已失傳,蓋出於南北朝間。其恐乃中土人偽託之書耳。然亦正可見當時三教一致之風氣已生,而宗教家善巧方便而化用焉。此等實影響後世甚深。)惟其時三教一致之說尚屬一逐漸興盛之新潮流,不似唐宋以降之隆盛。蓋漢唐之間,三教亦同亦異,亦敵亦友,互有資取,闇相為師,而各得其所,不相混同。隋唐佛教極盛,非道、儒比,粲然而放,儼然獨尊。然中唐以降三教融合之勢愈為成熟。使中說非王通親筆而為中晚唐人所撰,亦正可見唐代之精神。雲笈七籤卷一唐陸希聲道德經傳序曰"仲尼闡三代之文以抶其衰,老氏據三皇之質以救其亂,其揆一也。蓋仲尼之術興於文,文以治情。老氏之術本於質,質以復性。性情之極,聖人所不能異。文質之變,萬世所不能一也"。義極弘深。(考陸希聲亦仰山慧寂禪師之好友，乃仰山塔碑之作者。陸象山年譜謂希聲為其遠祖。國史補卷上唐人李舟與妹書謂"釋迦生中國，設教如周、孔。周、孔生西方，設教如釋迦"。尤為典型。）三教一致之學，至宋代乃交光互攝，彌為無間，幾超越門戶之界限，遂升為中華文化之主流。三教交攝，如出一體，義理言詮，多混同而用之。混血兒之時代真始矣。然後世自理學得勢，專排佛老，其論察察而多諍，遂令此種真相隱昧不明。唐、宋之學本一脈而渾成，而終為理學之說所剖裂。愚早歲服習宋儒之學，有精誠形於夢寐者，誠然血脈中事。二十餘歲嘗大醉，胞妹謂予醉後只說聖學二字。而今乃明晉唐之學，亦吾本分。然自開悟後，則所謂晉唐本分、三教一致者，亦忘之矣。此誠六祖所謂無一法可得，方能建立萬法者也。（宋儒，忘筌可也。在周、漢、晉、唐，在佛、禪、儒、道，亦忘筌可也。）

　　大珠慧海論三教曰"大量者用之即同，小機者執之即異。總從一性上起用，機見差別成三。迷悟由人，不在教之同異也"。此最契吾心者。澄其源者流清，涸其本者末濁。此書之源本即在此。象山語錄有曰"千古聖賢若同堂合席，必無盡合之理。然此心此理，萬世一揆也"。所言亦極是。王陽明稽山承語有云"或問三教同異。師曰，道大無外。若曰各道其道，是小其道矣。心學純明之時，天下同風，各求自盡。就如此廳事，元是統成一間。其後子孫分居，更有中有傍。又傳漸設藩籬，猶能往來相助。再久來漸有相較相爭，甚而至于相敵。其初只是一家，去其藩籬仍舊是一家。三教之分亦只似此。其初各以資質相近處學成片段，再傳至四五則失其本之同，而從之者亦各以資質之近者而往，是以遂不相通。名利所在，至于相爭相敵，亦其勢然也。故曰仁者見之謂之仁，知者見之謂之知。纔有所見便有所偏"。所論極精。最可為大珠慧海語之注腳也。（陽明此語為其論三教最中正平恕者，而不見於傳習錄中。陽明年譜嘉靖二年十一月條有亦以廳堂三間為喻者，謂"聖人盡性至命，何物不具，何待兼取。二氏之用，皆我之用。即吾盡性至命中完養此身謂之仙，即吾盡性至命中不染世累謂之佛"。又謂"儒佛老莊皆吾之用，是之謂大道。二氏自私其身，是之謂小道"。觀其表象，有斥二氏自私其身者，與稽山承語為異。然究其根本，乃謂盡性至命，於道本是一個。關鍵所在，乃能否得吾之用。則又無以異也。稽山承語亦為陽明晚年語。實可知陽明在正式之場合，往往回護儒家之尊嚴，亦為政治綱紀禮樂教化故。而在閒談中，又能以中正平恕之心而論三教之為一。吾人則在正式之場合，亦不必再斥二氏自私其身矣。陽明此二語皆引自今人吳震氏傳習錄精讀第一講中。）

予主唐學

夫宋儒之察察，何若唐賢之渾渾。愚學為唐賢一路，主三教一致也。三教一致之證悟，立吾學之體。唐學之規模擴充，則為吾學之用。於心性而言，只是一個，何來三教，何來唐宋。於法門而言，則自有殊勝因緣，乃立唐學之目。唐學何為哉。其一曰唐學主中和圓妙，渾然融通，所謂無分別心者是也。（前所引馬祖弟子大珠慧海之語，尤能顯此唐學中和圓妙、渾然融通之心。唐人求如大珠慧海此心意者，多如繁星。北宋之儒求如大珠慧海此意者尚多，而在南宋之儒則甚少矣。大量者用之即同，小機者執之即異。慧海禪師固宗門中此種言論之代表。儒門中為李翱。教下中則為神清和尚。神清不喜禪宗，著北山錄，文辭古雅，辯論有諸子之風，以佛融攝儒玄，乃開專弘三教一致之學之先河者。）其二曰唐人最有行門實地，所以變易無窮。（化用呂東萊語。參見東萊粹言疏證第四十條。唐人行門實地，三教九流，各宗各派，燦若雲霞，而最奇特不凡亦最深入人心者，莫若禪。禪宗在唐極盛。而傳無上阿底瑜伽大圓滿之蓮花生大士入藏亦在盛唐時。蓮花生之師為漢人吉祥獅子。吉祥獅子蓋亦唐人入天竺修行者。拙著忘筌為論道之書，亦為修行之書。予之行門實地，亦見於此書中。忘筌一書既成，予亦知吾學之能變易無窮。蓋二年來所體認之層出不窮之新證量，乃昔日萬萬所不能想像者。）其三曰唐學規模弘闊，特尚元陽氣魄，依重我力，所謂依自不依他者也。（其依重我力而又少執著，此後世所以不能及者。唐人之精髓，可以釋迦"天上天下唯我獨尊"一語而統攝之。是以有唐一代，佛學、文辭、歌詩、書畫、樂舞、造像藝術諸門，皆極神妙。有平等性，不似理學鄙薄藝文多分別心。吾性契之，自與唐人有緣。予最不喜宋儒門戶之見。洛蜀朱陸之諍，皆是道術分裂之相。理學家嚴排佛老之論，尤非中庸之道，彼固有苦心，終乖中道。晉唐無此種事。）其四曰唐人事格主平等性，其於政治、風俗、藝文皆然。如華夷一體之平等性，太宗以來尤宣導之。（此為吾國及人類社會未來發展之根本準則所在也。）其五曰唐學格局又能兼務實、超玄二性為一體，古今獨步，實乃萬代之師也。（可參本緒言中華文化之優勝惡劣。）一從心上說，二從行上說，三從氣上說，四從格上說，五從體上說。前三從理上說，後二從事上說。事理自不二。

　唐人尚我。我之義極微妙。釋教空、有之外，又有如來藏我之義脈。（可參本緒言華梵歐三教一致。）近世王驤陸先生乙亥講演錄釋我又有云"我之為物，其大無量無邊。人如真能知我，即見真我。或貪或瞋或癡，或戒或定或慧，或聖或賢或人，或鬼或畜或地獄，皆我自由之所擇。擇之者心也，明此心方是真我大我。使我心由迷轉覺，由亂轉定，由愚轉慧，亦是我之權衡"。曩日道友嘗諫予談我多甚，似著我執，而予昂藏談笑乃無其事者，即以此故。人而無我，力必不大。聖而有我，境自不圓。聖而無我，始臻圓善。惟聖而無我，亦一如來藏我也。凡入道者，須消融我相，亦不離我相也。（是所謂天上天下唯我獨尊者也。我法二執，總屬一我。人我、法我之執著自當消融之。圓覺經曰"善男子，其心乃至證於如來，畢竟了知清淨涅槃，皆是我相"。則我相根本之難破也如是。然圓覺經此語，實亦可以如來藏我通達之。蓋輪涅不二，我執之我，如來藏我，本是一個。故曰其心乃至證於如來，畢竟了知清淨涅槃，皆是我相。達摩傳心之楞伽經，尤能明此義也。）觀夫唐代之政教、佛法、詩文、書畫、樂舞、造像、器物，皆具此元陽之氣，尚我之風。（如太白之詩，張旭之草。太白之詩消融我相似不如陶淵明，張旭之草消融我相似不如張芝、二王。然此亦正其消融我相、不離我相之真諦所在。正以太白、張旭不離我相，所以成其太白、張旭者。）而釋教最契此性者為禪宗。宋儒多不得唐賢之體，亦何能造其心髓。（象山語錄有曰“嘗聞王順伯曰，本朝百事不及唐，然人物議論遠過之。此議論甚闊，可取”。則象山亦知宋儒最勝者還在筆頭、口頭上功夫。人物議論，竊謂乃謂本朝人物善於議論之意，或是關乎古今人物之議論之意，乃謂宋人善議論古今之人物也。非是言宋代之人物遠過之也。既言本朝百事不及唐，英偉之人物詎能遠過之耶。宋儒好為新說銳論於古今人物，局面確乎開闊可觀。而其議論又多關乎道德批評。宋儒喜斥唐人不道德，又謂唐人學問無道統，缺乏以儒家聖人之道德為準繩之思想體系。在理學家尤甚。在當日，固然義憤填膺，振振有詞，而今日看之，亦已洞若觀火。尼采遺稿嘗云“從事道德研究，在精神豐富而獨立之時代多半是令人厭惡的”。又不幸為其所言中矣。唐人固不願意在唐之時代從事此種行業也。）

　　唐賢宋人皆致力於聖賢之道。以道而論，自不必分別。學人重在實行。實行既至，機熟心到，分別見自消融矣。此勝義諦而觀之者。以學而論，宋學義理旨趣似自成體系，而實多不圓滿、不究竟者。此世俗諦而觀之者。宋代學派興盛，儒家諸派似極有開闢創造之能，唐代之儒家無此手段。其所傳之著述文集書畫甚富甚大，亦似非唐代所可比擬者。然究以唐代之真實相，則所觀宋代文化之繁華，實亦多見其表相爾。學人向上一路，不可不取唐學之長，而去宋學之蔽。學宋固已不俗，然未得第一義爾。（近世盛推宋代文化者，莫若陳寅恪先生。然觀其寒柳堂集贈蔣秉南序有云“故天水一朝之文化，竟為我民族遺留之瑰寶”。遺留二字最可玩味。案此序甚多傷感落寞之情愫。乃寓其身世滄桑之慨者。吾觀所言遺留二字，亦多夕陽無限之感。寅恪先生有心跡如是。其盛讚宋代文化之說，乃具此隱衷焉。以佛法觀之，其說非真實相。以今日之語釋之，其說實一情感性之文字也。不讀此序，當不悟此。）竊謂吾國文化至於宋代，天地人三才之道盡備至極。唐是乾之九五,宋是乾之上九。九五曰飛龍在天,利見大人。上九曰亢龍有悔。盈不可久也。宋代之文化非不充盈也,而吾所以不取之者,亦在於此也。(惟其有悔,是以九五之後反多生不圓滿、不究竟而有近乎幻滅者。參見玄義卷二第七十九條及呂東萊粹言疏證第十八條。實則北宋是上九,南宋則履霜堅冰至矣。)

人之氣質,皆秉天性。惟我之天性若何。予三十歲後始能自洞悉之,開悟後方得確認。蓋一善於達成本能智慧莫二之人也。本能甚強甚濁,智慧相應之甚靈甚大,其變化有不可逆料者。(此即後文之所謂本能智慧型也。學人中本能生命不醇厚者、為理性分別思維主導者、拘守世間之規則而累心者,皆難識其中之奧秘。以泰西之古學說之,吾乃蛇夫座之天性,與近世王靜安先生同。靜安實亦本具善於達成本能智慧莫二之天性,故重理性之經史考證之學、主感性之詩詞情性之作,其皆擅長之。如人間詞話本屬譚藝,重本能直覺之感受,而實為智慧之書,甚乃具宗教之精神者。殷商制度論、宋元戲曲考、紅樓夢評論、人間詞話正其此種天性之最佳詮釋也。以西學論之,其正為詩人哲學家之典型。然靜安又恆以感性、理性而自訟內靜之,嘗自嘆欲為哲學家,而患感情太多,欲為詩人,又患理性太過,而不知此正其天性之殊勝處也。靜安生逢禮崩樂壞之亂世,悲心大增,而智德未進,亦其不能學佛之故。其後自沉,仿佛屈靈均,為近世最能振動人心之事件之一。然平心而論,靜安之精神境界,並未能至大圓滿。惟其生時之不圓滿,而無意間乃以死亡而成就之。恐屈子亦若是者。昔講學於海寧王國維紀念館,亦嘗闡發此說矣。而吾所以能自ئ醒悟己身乃具此種天性,並能成就吾所謂本能智慧型者,學佛之故也。靜安不能學佛悟入,在佛家觀之,自其福德不厚。其紅樓夢評論亦知"解脫之道,存于出世,而不存于自殺","美學上最終目的,與倫理學上最終之目的合",而終弗能踐焉。其言紅樓夢之精神存于解脫,而靜安之於佛法,只在前行,尚未進入正行之階段也。如章太炎自學佛以來,在煩惱中磨礪,智德日進,其見地高過靜安,亦宜矣。故成就本能智慧莫二之圓滿向上之路,及感情理性自訟內靜之悲心糾結之路,為此蛇夫座之人之兩種歷程也。自後者恒多,而前者恒少。眾生業障深重故。予絳帳十載,效夫子因材施教之古法,漸得深入此泰西之古學,乃知其特善於令人明曉學子之性格氣質及其所潛藏之光明心、爆發力，亦得自知己身之特質如何，而悟西東歐美、亞洲之人本是一樣，並無差別，故掃落成見，而喜陳説其理趣。以此而愈破除吾於東方、西方之分別心。一日忽見靜安之生辰，頓時明曉其學術性格所以能奇異非凡如是之處，亦有根源於此者。近世西人與我天性類同者，為詩人里爾克。莫怪乎吾十七歲時初覩其杜伊諾哀歌譯稿時，雖不能解，即愛不釋手。時在友人平湖許楓兄書齋中也。）吾自幼及少年，多與溪野相親，親近玄老，放浪形骸。此本能之渾然也。自少年生大憂患，慬然有悟以來，智慧之察識日多。弱冠而後，尊崇宋明理學，立志聖道，血氣方剛，而情欲亦日熾，習氣鼓蕩，此本能、智慧之混戰期。而立亦修佛參禪，發心弘法，秘密法門，有自得者，此本能、智慧之嘗試融合期。一旦開悟，即本能、智慧之初步相即合一時。臨濟禪師嘗云"六道神光，未曾間歇"。乃謂眼耳鼻舌身意也。亦即色聲香味觸法，為六道神光所攝出。予受用久矣。密宗以貪嗔為方便法門。予貪欲嗔怒之本能甚大，而得此義利者也甚多。素重詩文，好書道繪事古樂，不以之為道外，喜壯遊飲酒蹴鞠美人，豪縱不羈，而皆歸之於道元，啓之以菩提。豈世間沉湎而迷心者所能知也。大體與唐人相同，而喜好多有為宋明性理諸儒所鄙夷者。其初亦自異之。抑如明季狂禪放蕩之士耶。抑所謂異端者耶。一日憬然而悟，吾唐學也。吾學心氣本為唐賢一路，非宋學也。（然自開悟後觀之，此等亦皆可離。唐賢云者，亦非第一義。無欲則剛，有欲亦不礙智慧，欲與無欲，俱應打破。本能、智慧，俱應打破。）

　　吾所承續之唐賢者誰。隋之智者、杜順、文中子、顏之推，唐之太宗、虞伯施、魏玄成徵、惠能、馬祖、賢首、玄奘、道宣、王摩詰、李太白、杜少陵、張伯高、吳道玄、張璪、顏魯公、段成公秀實、陸宣公、澄觀、宗密、不空、一行、李通玄、李鄴侯、蕭夫子穎士、韓昌黎、柳子厚、陽亢宗城、白樂天、成玄英、李洞賓、溈山、臨濟、洞山、雲門、法眼諸師及日僧空海是也。唐學元陽渾渾，非如後世分別心重。（北宋濂溪、康節近乎唐人，南宋象山、東萊近乎唐人。象山語錄云"漢唐近道者趙充國、黃憲、楊綰、段秀實、顏真卿"。又云"李白、杜甫、陶淵明皆是有志於吾道"。予之喜周、邵、陸、呂，由來已久，非無故也。近觀錢賓四讀史隨劄亦謂唐末五代之鄭遨、羅隱之，爲陳摶、种放之前影。遨與隱之聯句，頗似康節。陳陶隱洪州西山，許堅寓廬阜白鹿洞，此則濂溪之先驅也。吾言周、邵其人其學類乎唐人，此亦一佐證。如宋初之張乖崖，純然唐賢之遺風。自張乖崖以迄范文正公，其猶尊仰唐代，觀范公上相府書，其於唐代之政治評價甚高也。觀富鄭公與陳都官書，豪氣衝霄漢，絕有唐人之偉度，非歐曾三蘇所能為者。夫抑唐蔑唐，蓋自二程始。宋人自此愈失其平常心矣。）予於後世之學，自揣格局於宋則最親於涑水、元城、了齋一脈及呂氏榮陽、紫微、東萊之家學，氣息於明則差近於陽明、龍溪、近溪、海門一脈及方以智晚年之境地，知見於清代民國則相類於彭尺木、汪大紳、章太炎、馬湛翁、袁煥仙諸先生。雖然，亦甚難矣。唐學以本能智慧為體，而必歸于戒、定也。（明季狂禪之流，以放恣為高明，道之劣等，尚不及程朱之徒，非吾所肯。然予之氣息終有相類者。鄧豁渠南詢錄有云"學陽明不成，縱恣而無廉恥。學心齋不成，狂蕩而無藉賴"。深中後學之病痛。吾學承唐賢之氣脈，其初不免多有縱恣狂蕩之患。要須精進，于般若行中克化之。李唐有一心魔曰安祿山。習唐學者此心魔必出，必得化此心魔方真為唐學也。）予開悟後又歷微妙險絕之境，乃悟釋教三學戒定慧，吾學適反之。蓋以慧為先，定次之，而歸于戒也。以顏子德行智慧之高深莫測，其所事者，仲尼則曰，非禮勿視，非禮勿聽，非禮勿言，非禮勿動。吾素所不解。今日始悟，此亦吾所謂以慧為先，定次之，而歸于戒者也。（參本書緒言開悟始知孔子心一節。後見能海上師嘗言戒律即是密法。仲尼曰非禮勿動。愚說歸于戒。其意蘊與之甚合也。）

　　以尚我力故，直口直心，乃有此段文字之立。觀者若以矜高視之，吾亦莫怪之。此蓋吾書骨力開張之所在，所以不恤犯險。然以上猶存昔日之語。庚寅開悟，覰第一義，離一切相。今日觀之，則予唐學之說，亦只是妙用，並非第一義。實為吾頓悟之階梯耳。古尊宿有問，萬法歸一，一歸何處。予今知之矣。雖然，姑存之，以使學子知予進道之歷程。蓋無此張狂不恤犯險之事，不能有今日之地也。（泰西哲人尼采氏遺稿嘗云"智者之危險，即在於其熱愛非理性"。今於此書驗之矣。）此書志願，乃在掃除一切門戶、偏狹之見。雖不能達，而懷此大願焉。中峯明本東語西話有云"化執無越於忘情，忘情莫先於悟性。性既悟矣，則情不待忘而忘。情忘則是非之執若春霜當赫日，安有不化之理哉"。於予復將驗之。後見雲笈七籤卷三道教序有云"立教者，聖人救世愍物之心也。悟教則同聖人心，同聖人心則權實雙忘，言詮俱泯，方契不言之理，意象固無存焉"。妙哉斯言。此語誠可謂得乎拙著之心者。意象固無存焉，則拙著之主破差別相，歸於平等性，亦自然爾。得此平等性，不破亦不立。

宋元實以三教一致爲主流

　　竊謂有宋三百年思想之主流，乃三教一致即融通儒佛、仙佛合宗之學，而非性理之道學。理學特其反動耳。（漢、唐之間三教各得其所。有宋以降三教一致或主於融通儒佛，或主於仙佛一致。）宋初及真、仁、英諸朝，承五代之風，文臣儒士多參禪佛，其顯者如王子正隨、王文正旦、楊大年億、李公武遵勖、趙清獻抃、晁明遠迥、周濂溪等，釋玄則出永明延壽、通慧贊寧、孤山智圓、明教契嵩、張伯端平叔諸巨匠，融通三教之學，其學說影響深遠，甚於諸儒多矣。開國一百年，其主流如此。三教一致精微之學，實由釋玄中人闡明之。（延壽禪師三教會通語見宗鏡錄卷三十三。贊寧語見大宋僧史略。智圓語見閑居編。契嵩語見輔教編。延壽云"儒有二十七家，若契五常之理，即無惑也。黃老有二十五家，若契虛無，亦無惑也。釋有十二分教，若了本心，亦無惑也。然則三教雖殊，若法界收之，則無別原矣。若孔老二教，百氏九流，總而言之，不離法界，其猶百川歸於大海。若佛教圓宗，一乘妙旨，別而言之，百家猶若螢光，寧齊巨照，如大海不歸百川也"。三教雖殊，法界收之，則無別原。此即慧海"總從一性上起用，機見差別成三"之旨。諸僧義理皆已甚精妙，其參證已極深徹矣。張伯端語見悟真篇，亦絕妙。）或謂有宋三教一致之學，實多為高僧高道所創闢，亦不為過。濂溪渾合儒玄，亦深交於禪林，有為其啓發者。（朱子文集卷八十三跋趙清獻公家問及文富帖跋語後云"趙清獻公晚知濂溪先生甚深，而先生所以告公者亦甚悉，見於章貢送行之篇者可考也。而公於佛學蓋沒身焉，何耶。因覽此卷，為之歎息云"。予讀此不禁解頤。濂溪之心，蓋以趙清獻為其同道也。何有後世如朱子之分別心哉。朱子心中之周濂溪，非真實之周濂溪也。夫真實之周濂溪，乃宗儒家又受用於道教佛家者，無後世理學家嚴排異端之偏見成見。後儒言濂溪闢佛者，皆臆度之詞，一廂情願耳。可參宋元學案濂溪學案下。）

　　張伯端承鍾、呂内丹之學開南宗，王重陽開北宗，道教體證三教一致之奧義極深。其素以修煉實證為依據，所得又較通常儒者之說為深密。張伯端本儒者而修行。其三教一致之意蘊，最顯於其悟真篇自序中。其悟真篇後序嘗云"此後若有根性猛利之士，見聞此篇，則知伯端得聞達磨、六祖最上一乘之妙旨，可因一言而悟萬法也"。其悟真篇拾遺序又云"悟真篇者，先以神仙命脈誘其修煉，次以諸佛妙用廣其神通，終以真如覺性遺其幻妄，而歸于究竟空寂之本源"。觀此尤可明其仙佛一致之奧旨。内丹、佛禪，又自不二。南宗五祖白玉蟾其全集卷八武夷升堂末結座曰"所以昔毗陵薛真人向禪宗了徹大事，然後被杏林真人穿卻鼻孔，所謂千虛不博一實。張紫陽云，終日行未嘗行，終日坐未嘗坐。可謂憐兒不覺醜。今辰莫有向行坐中得見悟真篇麼。縱饒得見悟真篇，抑且不識張平叔。諸人如魚飲水，冷暖自知，還知薛真人既是了達禪宗，如何又就金丹窠臼裏腦門著地。若識得破，天下無二道，聖人無兩心。若識不破時，喚侍者一聲，侍者應喏，師云，早上吃粥了麼。侍者云，吃粥了。師云，好物不中飽人吃"。益可見道、禪水乳交融之

深微也。天下無二道，聖人無兩心，為荀子語。在孟子亦未嘗道得
出。豈可輕視荀子哉。好物不中飽人吃，正謂堅執己見，固守門戶
之人。其人焉能識得破此種玄奧乎。

　　神、哲、徽、欽諸朝，如富鄭公弼、文潞公彥博、邵康節、司馬溫
公、王荊公、呂正獻、呂滎陽、張樂全、楊次公傑、王敏仲古、謝師直
景溫、徐德占禧、郭功父祥正、蘇子瞻、蘇子由、黃魯直、晁補之、謝上
蔡、游定夫、張思叔、楊龜山、劉元城、晁景迁、陳了齋、鄭介夫俠、鄒
志完浩、徐師川、饒德操節、韓子蒼駒、李梁溪綱、宗汝霖澤、胡康侯
安國、葉石林夢得，新黨一流如呂惠卿、黃裳、陳祥道、林自、張商英
等，大體皆此融通之學而各有偏重。帝王家亦皆尚三教一致。（嘉
泰普燈錄卷二十二、二十三專錄本朝諸帝、賢臣參禪言行，諸帝有太宗、真宗、
徽宗、高宗、孝宗五人，孝宗尤詳焉。賢臣人數甚多。比勘予此文已錄者，又
可得十數人也。）康節亦渾合玄儒，究其心，亦不排佛也。（呂紫微師友
雜志有云"邵子文云，先人非是毀佛，但欲崇立孔氏之道爾"。可參下文。但
欲崇立孔氏之道，實多出于政治之思擇，而非真心如是。又白玉蟾全集卷八
修道真言有云"今之文人，難以入道，不知道即孔孟之道、濂溪、堯夫非此乎。
不可專作道家看。要知儒與道是合一的，周、邵二子，何嘗出家修行耶。今人
將道作出世一派而畏之，何其誤也"。所言極是。）謝、游、張、楊為程子門
人，皆有禪學而不排之，不與其師同。尹和靖實亦隱有此意。（胡
安國私淑程門，作春秋傳，然亦嘗參禪深入，號草菴居士。尹和靖立論雖不同
於定夫，其研習禪學亦甚深也。）溫公學究儒玄，不喜佛，然實甚知儒釋
之一致。觀岳珂桯史卷八解禪偈可知。劉、晁為涑水門人，涑水不
喜佛，二人皆不以爲然，學行融通儒佛甚顯。了齋私淑涑水者，亦
然。（南宋人蘇森跋白玉蟾修仙辨惑論序亦嘗言"如先正司馬、歐陽、呂、富
諸公，往往密修神仙之學"。森，三蘇之後人也。晁景迁崇天台法華之教。呂
紫微師友雜志謂其參禪不就，後專為天台教，自號老法華。）徐、饒、韓為江
西詩派中人，德操後祝髮爲高僧。此派中人多承蘇黃宗風，徐、饒

特其典刑爾。張商英天覺參禪甚高，作護法論，乃破廬陵、伊川闢佛之說而矯枉過正者。宗汝霖爲吾鄉名將，觀清人彭紹升居士傳，則知其亦融通儒佛。觀葉石林巖下放言，可知其學思悟力亦自不淺也。

　　南宋元初此學之顯者，如張橫浦、呂紫微本中、張魏公浚、李似之彌遜、范謙叔致虛、李漢老邴、王龍舒日休、吳毅夫潛、汪玉山應辰、宋孝宗、楊慈湖、林鬳齋希逸、鄭所南思肖、胡汲仲長孺、馮海粟子振、褚雪巘伯秀、白玉蟾、大慧宗杲、無準師範、中峯明本。宋元之際，有劉謐號靜齋，撰三教平心論，分別三教之極功，自具高下，並不苟同于三教一致之說。雖然，使人能以平心觀三教，不以意氣偏見，而愈知乎儒、道之合於佛法處，則亦與持一致之說者殊途而同歸矣。君子和而不同。要知宋人三教一致之論，非是三教爲同，乃三教相和互攝，道爲一致也。知此，方可語乎三教一致之學。（據彭紹升居士傳，朱學大儒真西山德秀亦精於禪宗。宗杲示鄂守熊祠部有云“直要到古人腳踢實地處，不疑佛，不疑孔子，不疑老君。然後借老君孔子佛鼻孔，要自出氣。真勇猛精進勝丈夫所爲”。不疑佛，不疑孔子，不疑老君，是爲開悟。借老君孔子佛鼻孔，要自出氣，是爲悟後修行。故曰是爲勇猛精進勝丈夫所爲。白玉蟾有詞滿庭芳言修煉曰“通釋儒門，三教歸一，算來平等肩齊。道分天地，萬化總歸基。佛在靈山證果，六年後、雪嶺修持。儒家教，溫良恭儉，萬代帝王師。道傳秘訣，佛流方便，忍辱慈悲。大成至聖，豈辯高低。都是後學晚輩，分人我、說是談非，休爭氣，三尊一體，瞻仰共皈依”。言殊通透。都是後學晚輩，分人我、說是談非，此一句亦一針見血。）同時金元之際有李純甫、趙閒閒、耶律湛然、劉秉忠、萬松行秀、王重陽、邱處機。至元代三教一致之學愈盛。陳致虛金丹大要直謂達磨之道即金丹之道，孔孟存心養性即是仙家修性修命之道也。（全真教闡述玄理融合三教。王重陽標舉三教一致之旨尤明。其謂三教平等，並無高下。有詩云“儒門釋戶道相通，三教從來一祖風。悟徹便令知出入，曉明應許覺寬洪”。又云“心中端正莫生邪，三教搜來作一家”。最能見其心懷。此三教一致之脈續於後世。元人如以畫學聞名者，黃公望曾設三教堂於吳中。大癡、雲林皆入道教。以文辭聞名者，吾鄉宋景濂亦嘗精研佛學道教，融於金華性理經史之傳之中，遂開明初之風氣。釋教又出道衍和尚，蓋類乎劉秉忠者。）

其時朱、陸之學大興，言論皆闢佛老，門戶之見愈重。清沈鎔彪續修雲林寺志卷五清人武林張文嘉禪林寶訓合注序有云"夫二師當程朱倡明儒學之日，方容矩步，所談者正心誠意，所辨者義利公私，其于釋氏真若寇讎然者。然今觀所列，自明教嵩而下諸大尊宿，見地超卓，踐履真實，非惟僅能固其藩籬而已，而又能使勛業若富鄭公、趙清獻，文名若蘇子瞻、黃魯直，道學若胡康侯、張子韶，其他名公巨儒，無慮數十百家，莫不皈敬投誠，人塵垂手。即程子亦從而嘆曰，三代禮樂，盡于此矣。朱子亦有言，顧盼指心性，名言超有無。其意雖欲折之，而卒無瑕隙可指者，則非特諸尊宿透悟之微，宗風之盛足以杜其口，即其臨事施為之際，崇道德，厲廉隅，遠榮名，抑利養，光明正大，實有以大服其心也"。所言極是。

後世所謂陸王學者，實為三教一致之學之變化者。究其根本，窮其玄奧，其與三教一致之學並無二致。所異者只是堅守儒家門面，亦如邵子文所云，但欲崇立孔氏之道爾。象山之學，於三教一致之旨造詣極深，在儒者中實為冠冕。章太炎菿漢微言有云"問，陸子靜言東海西海聖人，此心同，此理同。然乎。答曰，然。以直心正趨真如，以深心樂集善行，以大悲心拔一切眾生苦，此千聖之所同也。若其別願，則有異矣。夫拔一切眾生苦者，謂令入無餘涅槃，此乃終局目的耳，中塗苦痛固亦多端。於是西方諸聖，有發願令地如平掌者，有發願以方藥療病者矣，此其別願，固不必同。而此土聖哲，悉以經國寧民為其別願。欲經國寧民者，不得不同於世俗社會，有弊以術矯之，其迹又或近偏，非徒與佛家儀則不同，乃與自內證知亦異。儒者或訶佛為異端，以迹觀之，誠亦非誣也。雖然，前者識其總相，未計其別相也。後者見其別相，未知其總相

也"。陳義最圓，超越前賢。象山尊儒家闢佛老之深因，觀此可以
會之矣。而陸王學之玄奧，皆可以太炎此語洞悉之。惟象山得力
于禪宗甚顯，而自隱諱之。北宋儒者用禪自不隱諱，至南宋則弗能
若彼之坦率。象山門下有楊慈湖，於此則不似其師，蓋能灑落坦率
者。章太炎特推重慈湖之學。菿漢微言云"陸子靜、楊慈湖、王陽
明知見高過明道、白沙，而受用不足，當是大乘十信將發心者"。
(使陸學之精英亦與焉，則南宋三教一致之名列亦不遜於北宋也。)呂東萊
大儒而不言佛學，然其於釋教實有深造，其家學亦本具佛教之傳統
者。以跡而判，其是儒而非佛。以心而論，其甚得古義及禪宗，亦
三教一致之流也。(呂東萊粹言疏證論之甚詳。)

　　南宋中葉以降，以道學極盛之故，此學漸隱約於儒士之論說中。
然社會思想、民間風俗之主流，猶為三教一致之風氣所主導。在金
國儒者中尤昭然。恐亦彼國無理學相抗衡之故。後世理學勢大，後
來居上，母以子貴，乃謂宋代皆以道學為主流，人無疑者。實則並非
真面目。程朱一派既出，分別心愈大。拙編以陸王佛禪老玄解近思
錄首二篇，欲歸于渾然。儻使眾人之心歸于中道，則宋明學術史皆
當重作。昔日之書，只以儒家之理學為主，並非真實相。刓儒家血
脈中理學而外尚有真脈存焉。三教之中，要以心性之理而論，釋道
自為理學所師資，禪宗又為內丹道教所師資也。故佛禪之學，又此
三教一致之樞紐。內丹取之而圓成其仙學之究極，理學取之以成其
內聖之奧義，內丹不隱其所取，而理學中人幾盡隱諱焉，亦多是但欲
崇立孔氏之道以行治國之志爾。而性理之後學往往不悟此苦心，乃
轉執其祖師言教著述之名相，真以二教為異端猛獸矣。

明代三教一致之風

　　予主三教一致，乃困而知之，真積力久，自悟而得之，直承唐宋

大儒大德之學也。後泛觀王陽明、王龍溪、周海門、陶石簣、陶石梁、管東溟、王心齋、顏山農、羅近溪、趙大洲、唐荊川、鄧豁渠、李卓吾、焦弱侯、李二曲、傅青主、錢澄之、黃石齊、紫柏真可、憨山德清、雲棲蓮池、蕅益智旭、藥地方以智、澹歸金堡、王元美世貞、竟陵鍾譚、公安三袁、屠長卿、錢牧齋、金聖嘆、董玄宰諸家之書，乃知明中葉、晚明初清亦有此大風氣。王門、泰州後學聲名稍遜而為此學者益多矣。（著南華經品節之楊起元，即泰州後學、近溪弟子也。當時大儒劉蕺山實亦深於佛學，而藏之甚深。）中晚明之風氣自溯諸國初。明代開國，君如太祖，臣如宋濂、劉基，皆持三教一致之論者。宋景濂博通三教，學問理致尤高，非僅一代文宗而已。稍後道衍和尚姚廣孝作道餘錄，駁斥二程、朱子之學之偏見執見，所言多深入肯綮，正知正見。與我可謂不謀而合。陽明及其後學之深粹簡約，脫落習見，及明末清初之學人、行人於三教一致所達到之義理、修證之高度，實已由明初之宋景濂、道衍和尚開闢其先機矣。當時高道尤聞名者為張三丰，亦影響後世甚深。（三丰正教篇義極精闢，其曰"古今有兩教，無三教。奚有兩教。曰正曰邪。奚無三教。惟一惟道。一何以分何以三。蓋自有孔、老、牟尼，乃至有孔、老、牟尼，雖至有孔、老、牟尼，仍非有孔、老、牟尼。孔固儒也，老固道也，牟尼固釋也，然有所分，故究無所分，故以無所分，故必有所合，故不孔亦不老，不老亦不牟尼，牟尼、孔、老，皆名曰道。孔之絕四，老之抱一，牟尼之空五，皆修己也。孔之仁民，老之濟世，牟尼之救苦，皆利人也。修己利人，其趨一也。彼世人之別為孔、老、牟尼者，蓋以名分不察實也，抑以形分不按理也。見為孔、老、牟尼，即非孔、老、牟尼，雖非孔、老、牟尼，還是孔、老、牟尼。孔、老、牟尼，皆古聖人。聖人之教，以正為教，若非正教，是名邪教。儒家楊墨，道家方士，釋家妖僧，亦三教也。雖分三教，仍一邪也。是故分三教者愚，分邪正者智"。其于後世學人以名分不察實、以形分不按理之患，可謂鞭辟入裏。）

　　近觀藥地炮莊所引明季清初諸家之論，甚可歎當時三教一致之學之興盛及其證悟境地之精微也。（諸家言論之精神高度實可贊歎。

而諸家之名聲多不揚於今日。）紫柏尊者文集中有遊飛鰲峰悼羅近溪先生詩，有云“君不見儒釋老三家兒孫橫煩惱，羅公一笑如春風，無明橛子都吹倒”。則知王門後學之羅汝芳，其爲釋教大德所推重也如是。管東溟書未得遍覽。然讀高景逸答管東溟書、答顧涇陽論管東溟書及藥地炮莊總論所收之東溟之文，則知東溟之學，與吾有符契無間者。王心齋傳至顏山農，其自創之七日閉關法，即頗似內丹道。顏山農之注重實修，且又曾以制欲非體仁一句，喝醒羅近溪，其人行止出格，亦若禪門中事。近溪中年遇泰山丈人指點迷津，消除執念，七十又問心於武夷先生，亦甚見其實證脫落之功夫，其於佛法修證有甚合者。管東溟雖嘗議近溪“隱然有庸孔奇釋之義”，“於大節大防，蕩然莫檢，故不得為命世之學”，學通三教則無二。邵子文所謂其父但欲崇立孔氏之道者，即欲為此命世之學之意。（東溟之言，見其答焦狀頭漪園丈書，轉引自今人吳震氏羅汝芳評傳。）董玄宰吾昔以其為書畫家，近覽其容臺別集，細讀其禪悅諸篇，乃知其於禪宗確有實證現量，其自命亦不凡，故亦益窺其書畫之道之心源光明處。方以智家傳易學，少時又嘗向大儒黃漳浦問學。兵敗後皈依覺浪道盛剃度之後，撰藥地炮莊。此書乃明清二代融通三教第一等之著作。後入主青原山淨居寺，亦留有若干義趣極深徹玄微之文字，錄於冬灰錄及青原山志略中。藥地炮莊出二百數十年，方有章太炎著菿漢微言、菿漢昌言，足以媲美焉。（惜炮莊難覓，求之未獲，逮予得之時，忘筌已成矣。讀炮莊忽覺方密之所註者莊子，用禪宗出格語，予所註者近思錄、呂東萊語，亦多用密義禪心。方書前有總論，拙著前有緒言。二書之體例、二人之心靈信有脗合者。此蓋非安排所能使然。自信拙著足以繼菿漢微言之先軌，其距太炎先生著書時，又百年矣。炮莊文辭高玄，意蘊古奧，如向子期與郭子玄書等，皆文理深美。以文論之，自為上乘。拙著發語凡陋，以平直為主，何可及焉。惟炮莊文字亦甚多晚明習氣，求奇立異，固亦禪門流風，然亦略過矣。）

明代之中晚，又有開道教內丹東派之陸西星、創三一教之林兆恩、曹洞宗之覺浪道盛諸人，論學修證，會通三教，影響甚大。陸西星學問理致尤精邃，非僅一代道宗而已。全真教丘處機所創之龍門派，至明清之際亦有伍沖虛出，乃為伍柳派之鼻祖。仙佛合宗，三教一致，境界極深，與覺浪同時。（陸西星南華真經副墨境界甚高，爲一代名著。晚年參禪，有楞嚴述旨之作。覺浪爲方以智之師，成就亦不凡。其創託孤說，以莊子為儒宗別傳，影響亦深遠。讀藥地炮莊諸序及藥地發凡，可知其與覺浪之淵源。亦可見當時三教一致之學之盛，義理之玄奧幽深也。）

忽悟世人往往目晚明三教一致之風為聖學之孽嗣異端，實不知其本為有宋三教一致主流之遺脈所在。陸王學實為有宋三教一致學之變化爾。（其雖亦自辯以儒家門戶，排佛老，然此中緣由，實多以政治、綱常、社會之外在因素，並非其心之真實相。）陽明自承儒家正統，然觀其天泉四句教，實則已是三教一致之意蘊，幾已道破矣。前所引稽山承語、年譜中語，其義實已昭然若揭。李中孚二曲集卷十五授受紀要有云“周、程、張、朱、薛、胡、羅、呂、顧、高、馮、辛，乃孔門曾、卜流派，其為學也，則古稱先，篤信聖人。陸、吳、陳、王、心齋、龍谿、近溪、海門，乃鄒、孟流派，其為學反己自認，不靠見聞，亦不離見聞。吾儒學術之有此兩派，猶異端禪家之有南能北秀，各有所見，各有所得，合併歸一，學斯無偏。若分別門戶，牢不可破，其識力學問，蓋可知矣。中無實得，門面上爭閒氣，噫，弊也久矣”。其亦欲使程朱陸王歸于一也。（吾早年始撰近思錄第一篇玄義之初衷，亦正在此。二曲集卷十四亦云“夫道一而已矣，教安有三耶。使教有三，則道亦有三矣”。真可與三丰正教篇媲美。二曲承關學之脈，尊程朱亦尊陸王，實以王學爲主，雖反異端而實能深入佛老。其持論深奧而平恕，無門戶之見，殊為難得。中孚先生，真乃吾學之先導也。）

竊謂陽明學之天命，非僅于儒學之領域破除朱學之支離而已，亦乃回復有宋三教一致之精神，使之歸于中國人日常之妙用中。

（吾言中國人者，乃謂其之大作用非僅在士人之範圍爾。平民之世界，亦受其之激發鼓動。非有三教一致之精神，陽明弗能為此。助成此事尤有力者，王心齋及泰州後學是也。蓋唐宋以來之平民世界，其於朝廷儒學禮教之說教，往往弗能動真心焉，而每每易為佛道二教之說所激發振蕩。自漢季道教始，即有此脈絡，宋元以後，其風氣愈重。簡易樸索之淨土法門及發源于民間之新道教皆大興焉。故當日王門後學，多曾在鄉族講學立約，顏山農、何心隱，乃其尤具宗教之精神者。其或欲以陽明學之利器，以與佛道一較量勝負。予講學草澤十載。聽者多學生及平民。素講儒家，感興立志者少，偶演佛法，則感動悟入者多。亦是一證。今之世界，幾無士大夫之階層，盡是平民之世界矣。佛教之作用愈見。）先儒昔謂江右為王門之正傳。然今日觀之，毋寧曰浙中、泰州二派乃體現王學之真實質地者。江右諸儒論學精微，氣象固佳，然不似其赤條條淨裸裸，內多圓勁。王龍溪、羅近溪，東溟惕若齋集卷一嘗謂二人"概以博大圓通為教體"。戢山答王金如言"讀龍溪、近溪之書，時時不滿其師說，而益啟瞿曇之秘，舉而歸之師，漸躋陽明而禪矣。則生於二溪之後者，又可知矣"。實則非二溪能躋陽明而禪，陽明業已自啟之。惟二溪直抉心源，愈淨裸其義耳。二溪境界甚高妙，稍後乃有李卓吾。二溪淨裸其義，至卓吾則幾淨裸其形，不恤人言可畏矣。（龍湖李卓吾之學，予昔日崇尚理學正宗時，亦以聞見熏習故，甚生偏見焉。開悟後讀其焚書，方知其確有實證，與予符契者亦有之。卓吾生平習氣甚多，然確有真知灼見者，往者多為門戶之見所排抑，非盡公道。而近世人於卓吾又推崇極高，乃多是利用其作宣傳工具，全非其本來面目。過猶不及，自古如此。昔日予亦輕袁中郎，今乃知其亦確有實證，理義玄妙，非等閒人。藕益大師亦嘗讚其西方合論字字從真實悟門中流出。惜其四十三歲即歿，未遂其大志願。予之此種經驗，政可見通常以理學正宗自居之人之隘見法執也。）會稽劉戢山，予昔日極敬重之大儒。後細讀其全集，乃悟其本亦一精熟佛禪而善化用者。梨洲、亭林、船山三大儒氣象峻偉，學術浩博，予昔日極所推崇。後乃知其見地之圓滿中庸，皆不如李二曲、方以智。吾性所契，實在此而不在彼。惟晚明人士氣息已弱，多不能如宋儒之厚重多涵養，定力易散，亦多恃悟性精明，而不能如宋儒之嚴肅行禮教。是以奇異叢出，往往流於放縱。同是三教一致之論者，境界亦懸隔，泥沙俱下。正統二字，自宋人始大爭之，尤烈於晚明初清，而迄于今日。其禍害多於滋潤。（可參呂東萊粹言疏證緒言評朱子部分所引錢賓四語。）

清代民國三教一致之風

清初陸王、三教一致之脈猶盛，後漸為朝廷之程朱學、後起之考據學所抑，而中興於中葉之彭尺木、汪大紳、羅臺山諸先生。章太炎菿漢微言有云“陽明之學展轉傳變，逮及臺山、尺木，遂不諱佛法矣”。清世治莊子之儒者甚衆，承宋明學者之遺說，多以孔莊為一體而以佛解莊者。（方以智藥地炮莊嘗云“莊子為孔顏滴髓”，“為孔門別傳之孤”。）莊子，實為中華三教一致之學最關鍵之著作。蓋莊脈絡能通孔，玄妙則能合釋也。著南華經解之宣穎、著南華通之孫嘉淦、著莊子雪之陸樹芝、著南華經解之方潛、著莊子約解之劉鴻典、著南華真經正義之陳壽昌，多以莊子為別傳孔子者，莊子所攻者乃儒家之末流，而以莊佛之義與孔孟融通。諸儒推崇儒家，高過仙佛，然其融通三教，卻屬實情。（可參吾鄉方勇氏莊子學史。）劉鴻典嘗云“夫孔子嘗言朝聞道夕死而可。非以死生為一條之義乎。又言無可無不可，非以可不可為一貫之義乎。無如孔子自脫然於桎梏之外，而學者偏貿然於桎梏之中”。觀之擊節，不啻自吾心流出也。莊子約解凡例亦云“後世三教分門，而其初則只有一道也”。後世章太炎菿漢微言有云“喻以此土成事，如孔子所言箸在論語，而深美之說翻在莊周書中。莊周述孔，容有寓言，然而頻頻數見，必非無因，則知孔氏緒言遺教，辭旨閎簡，莊生乃為敷暢其文”。又云

"此類封執,周末已然,是以莊生有時直呵孔子,正解儒林之惑耳"。此等見地,皆與清儒解莊者一脈相承,同一鼻孔出氣者。

清初至中葉,道教所生之人物甚衆,其卓者如伍柳派之柳華陽、西派之祖李涵虛,皆承其內丹道之祖軌。以迄民國,西派人才甚多,尤以汪東亭為巨擘,撰有三教一貫。清末又有高道黃元吉,境界高深,人謂其為陳希夷、邵康節一派,著有樂育堂語錄、道德經講義,義理精醇無比,闡發孔孟之奧,亦往往為儒者所不及,亦道教最傑出之代表。此論學者不可不知者也。李涵虛圓嶠內篇道竅談之仙佛同修說有云"今設一大道主人於此,為三教說法曰,夫三教者,吾道之三柱,分而為三,合而為一者也。道若不能分則無變化,道若不能合則無統宗,是故以三柱立其極,釋道言性默言命,仙道傳命默傳性,儒道則以據荷世法為切,言性難聞,言命又罕,並性命而默修之,遂使三家後裔,各就祖派分為專門,掀天震地講起是非,開出無邊境界"。此最為達識。道若不能分則無變化,道若不能合則無統宗,是分而本合,本天意如是。

晚清佛學大興,釋教大德以佛儒為一致者,其顯者如淨宗之印光,儒士居士中乃有楊仁山、譚嗣同、沈寐叟、康南海、章太炎、歐陽竟無、梁任公、馬一浮、袁煥仙、梁漱溟、熊十力、謝無量、潘雨廷、徐梵澄、李炳南諸家力行此義,各有發明。印光大師之此種思想,又同于康、乾間淨宗祖師省庵大師。省庵燃指問辯有云"儒釋兩教,觀其跡則異,論其理則同。是以泰伯斷髮,孔子稱其至德。比干剖心,魯論美其為仁。則儒釋未始不同也"。觀新刊袁煥仙著作集所附其師吳夢齡氏法鼓、夢齡師輩張鳳篪氏片香集,則知鳳篪、夢齡二先生,見地高明,亦融通儒、釋、易、佛之人,唯名不顯耳。蜀地雙流有劉沅字止唐,創槐軒學派,亦會通三教,去門戶之見者。止唐先生即近世鴻儒劉咸炘之祖父。當代又以煥仙弟子南懷瑾氏弘揚此學,最為顯揚,功德甚高。楊仁山與沈雪峰書云"若能進而求之,將如來一代時教究徹根源，則知<u>黃老孔顏</u>心法原無二致，不被後儒淺見所囿也"。其<u>南華經發隱</u>一書，以佛詮<u>莊</u>，乃近世三教一致之學之典範也。（<u>章太炎</u>晚年之<u>菿漢微言</u>、<u>菿漢昌言</u>，亦融通三教，其識見穎脫、義理玄妙之說甚夥，深湛沉著，多前賢所未言之義。義諦圓融處，往往古今所未見，嘆為觀止。蓋近三百年此類著作之冠冕也。以今日之言讚之，其原創性為第一。其嘗師<u>楊仁山</u>學佛，而其識悟勝之。此真所謂智過其師，方堪傳授者也。惟其書過取唯識宗義，亦弗能盡善盡美。<u>熊十力</u>亦學唯識，好深思，所作新唯識論，乃入其室操其戈者。其見解似深邃而實生硬，膽甚大而心未能小，遂激起<u>歐陽竟無</u>一派極大之諍論。或讚此書原創性極大。竊謂<u>熊子</u>欲自成體係，心志太高，是以此種原創性亦太出格，太做作，不似<u>太炎</u>之<u>菿漢三言</u>言辭簡奧有餘味。）<u>歐陽竟無</u>晚年有<u>孔學雜著</u>、<u>中庸傳</u>，亦言<u>孔佛</u>之道也。（<u>竟無</u>之佛學研究，鑽研其精專，而極為激烈偏執，排擊<u>天台</u>、<u>禪</u>、<u>密</u>，力詆<u>楞嚴</u>、<u>起信</u>為偽，其當時之影響甚大，而其負面之破壞力亦甚深。蓋自其大諍論出，吾國之佛教內部愈為分崩解析、支離破碎矣。如關涉<u>釋教</u>根本慧命之如來藏之問題，已弗能有統一之證見。其佛學所造就者，並無法門龍象之材，只是一二博學精識之大學者爾。其識見不能中正通達。彼法相唯識宗奉為經典之<u>解深密經</u>心意識相品世尊頌曰"阿陀那識甚深細，一切種子如暴流。我於凡愚不開演，恐彼分別執為我"。末世唯識學者果然多執著為我矣。瑜伽行派本一以實踐證道、精密確證聞名之宗派，其終也變成理論家滋生我慢之樂園。予亦喜瑜伽行派之經論學說，然以予觀之，其皆為修行之冰鑒，有大受用者。如解深密經之分別瑜伽品，乃禪定體證極精密之參考書。而末世法相唯識學者，雖願力甚大，卻多只在思維世界中打轉，極少有能於禪定中深證佛果者。此等人豈是<u>無著</u>、<u>世親</u>之嫡系。今人亦謂唯識分古學、新學。<u>竟無</u>之學固是藥劑，應時代之需，無奈藥性太猛，藥量太大，病不能消，病情反愈危險矣。幸其晚年，歷大患難，有大超越。作<u>中庸傳</u>，以<u>孔佛</u>之道，是一莫二。與予符契無間。予昔日之憾，可以消融之矣。<u>竟無</u>當時欲傳此道心於<u>蒙文通</u>氏，惜其不諳。不然，予名單裏又添一英豪。）<u>潘雨廷</u>精研<u>周易</u>、<u>道教</u>、<u>禪宗</u>，其學術境界實在其師輩如<u>熊十力</u>者之上，為一大家。（<u>熊</u>學苦力孤注，善思維，喜新說，而以我為主，立論不免恣肆放任，其非無高明之見，而不能著實深穩。蓋劍走偏鋒，乃近世學者中極自我、極主觀之類型。潘學抱負亦高遠，能虛靈變化，亦能實厚精密，兼主、客觀，所以為貴。張文江氏記述之潘雨廷先生談話錄壬辰年初印行之，予得而觀之，即知吾學亦乃續其未竟之遺緒者。吾說與之相符契者甚夥。使喜觀拙著者，不可不讀此書也。潘氏嘗云"看學問要看根本，宋明理學當然必須破掉"。又云"三教一致是宋以後的具體事實，治哲學者迴避此事實，決定不可能有成績"。此皆我平日所常言者。惟其學以智勝而仁未厚，偏於智識高明而實證未大成，始條理者甚豐美而終條理者未圓成，竊以為其於證量及知見尚未得大圓滿，故曰吾學乃續其未竟之遺緒者也。）徐梵澄深入天竺學術之堂奧，成就尤不凡。（吾書之融通華梵，在近世固以徐梵澄爲先導。吾書之融通華歐，在近世則以辜鴻銘先生爲前驅也。）同時又有劉鑒泉氏，博通天人古今，雖不親釋教，而通融玄老。是以宋初以迄于今世，吾國學術精神之主脈，只此三教一致可當之，非是程朱、陸王、考據、今文學也。

禪儒和會翻成戲論辨

惟在唐人，三教各是三教，坦坦蕩蕩，各行其道。時有諍論，亦自灑落。乃以胸襟博大、少門戶之習氣故，三教亦自相通，自然而成。此方是若即若離之妙境。亦惟晉唐人能造之。在宋人則不免有意相通。反而觀之，宋世三教一致之說興，實亦道術分裂徵兆之一種。錢牧齋絳雲樓題跋沈石天洞書有云"孔自孔，老莊自老莊，禪自禪，乘流示現，面目迥別。宋儒林鬳齋，影掠禪宗，註莊子河伯海若，謂與傳燈錄忠國師無情說法，無心成佛同看。卻又不敢不依傍程朱，移頭換面，三家門庭，從此無風起浪，葛藤不斷。莊生云，鑿混沌之竅，七日而混沌死。其鬳齋之謂與"。言雖過激，亦有見地。蓮池大師竹窗隨筆儒釋和會有云"有聰明人，以禪宗與儒典和會，此不惟慧解圓融，亦引進諸淺識者，不復以儒謗佛，其意固美矣。雖然,據粗言細語,皆第一義,則誠然誠然。若按文折理,窮深極微,則翻成戲論,已入門者又不可不知也"。所言窮深極微一流,恐即牧齋所謂膚齋之流也。然窮深極微,亦未必皆翻成戲論。此自因人而異。章太炎菿漢微言論焦竑云"弱侯自爲支談,及讀論語,多取禪人語錄以傅儒書,圓轉滑易,不可印持。此乃近乎戲論,豈所謂通解妙達者邪。自顧寧人以來,學者恐佛書浼己,甚於晦翁,此則天台、弱侯之反動力也"。亦可備一說。蓋兩宋以降,文脈大體衰變而下。在此大勢之中,不能脫也。豈真膚齋、弱侯之過哉。雖然,宋以來三教一致之說,終是中華文化一千年來之大體,無可非。以上蓮池、牧齋之說雖深徹,終非中道圓滿之義。

近得清陽湖派惲敬集,大雲山房文稿二集有光孝寺碑銘一篇,閎達高明,法眼灼灼,儒佛渾合間雜之勢,陳義甚為通透,真知灼見,決非方苞、姚鼐輩所能出者。其文有曰"大鑒之前皆精微簡直,而大鑒有以昌導之。大鑒之後,皆超峻奧衍,而大鑒有以孕括之。故敬嘗謂大鑒之於浮圖,如孔子之教之有孟子,蓋謂此也。大抵西域君與師分治,主教者不治事,故浮圖之教引之而愈高,推之而愈微,由律而教,由教而宗。宗之始至中國也,求道之人皆堅持戒律,博涉經論,然後竭生平之力,歸心正法,其意識之障積漸銷除。故一言指示,即契大旨,如琴動而弦應,山頹而鍾鳴,以順得順也。其後江西、湖南玄風大行,人人求一日之悟,東西推測,比意識為用,故廣設門庭,抑之使不得出,截之使不得行,庶幾塞極而通,閉極而剖,如鱗羽之化者必蟄其體,草木之坼者必固其孚,以逆得順者也。至於大鑒,遇言則鏟,遇見則拔,縱橫無礙,浩汗無極,以縛為解,以相為空,如火之燎不可近,如海之泛不可禦,兼用順逆者也。後世學浮圖之人,上下根皆接,大小乘俱圓,權實皆匯於大鑒,此唐、宋、元、明以來其徒所不能易也。中國則君與師兼治,故孔子之教以下該高,以顯該微。其傳之後世也,戰國諸子亂其緒,兩漢諸儒拾其膚，宋、元人以浮圖之實言附孔子而諱其名，明人以浮圖之玄言攻宋人而紊其次。合之聖人遺經，各有得失。是故戰國之言通達，通達久則生厭，而浮圖之律乘得行。兩漢之言滯執，滯執久亦生厭，而浮圖之宗乘得入。宋元明之言，往復變動，往復變動則生疑，而浮圖之教乘得以遊衍附托。此則陰陽之屈伸，人心之往來，其互相乘除者也。其間有大力者，於後世儒者之言必求之孟子之書，以定其歸，浮圖之言必求之大鑒之書，以要其會。然後本末可明，源流可見。夫元魏滅沙門，而菩提達摩來。李唐立南北宗，而韓退之、李習之出。萬物散殊，百為並起。庸人逐其跡，聖人明其端。庸人爭其小，聖人立其大。庸人排其虛，聖人修其實。孔子之教，明人倫，定家國天下，雖五大州各師其師，各弟其弟，豈能在範圍之外哉。雖中國自漢以來代有浮圖之教，愚者逐其粗，智者溺其精，又豈能在範圍之外哉"。庸人逐其跡，聖人明其端。庸人爭其小，聖人立其大。庸人排其虛，聖人修其實。此三語立意尤粹正。拙著論學之必以三教一致、歸諸心性為樞機，即欲明其端，立其大，修其實也，而弗欲蹈襲前人，好逐跡、爭小、排虛一類而已。聖人修其實地行門，知此可以進乎道術矣。

三教一致之學一致者何

三教一致之學一致者何。此在悟證，不在言語。然不能杜默，聊復厝言以擬之。

世間有依托三教一致者，所行往往僥幸浮薄，所見往往膚庸附會，亦無深入之參證，焉能得其精髓。此輩人或德性有虧，通融三教，適以自辯，或聰明才辯，標新立異，翻成戲論。此最為儒佛二教守正宗者所詬病者。

世間於三教一致持懷疑之態度者，最為多數。其人重理智，多執著義理名相、思惟分別，故所見皆是儒、道、釋教之差異，如華、竺民族文化之差異，孔、釋學說義理之差異等，往往如涇渭然，如何能一致也。此輩人不能修證悟入，終不能窺其堂奧。（理學家嚴排異端，實又有政治之原因，非僅觀念之差別也。）此種分別名相、比量之智，自非可會得現量直覺之味。伊斯蘭蘇菲派大師伊本阿拉比嘗語其弟子曰，如若有人向汝求此玄妙之知識之證據，汝即可詰之云，蜂蜜之甜，證據為何。其人必對云，此只可品嘗焉而後知之。當此之際，汝即應之云，蘇菲之證據亦然也。予於三教一致之證據，亦作如是觀。

　　故自晉唐以來，三教一致之學者，以其所悟所證之深淺及宗趣之所在，所論各有差別。如王重陽、邱處機，所悟甚深，而宗趣在道教。汪東亭體真山人丹訣語錄又謂道教南五祖高過北七祖。同為內丹，南北又有深淺。儒門亦重悟證，如陽明、龍溪、心齋、近溪一流，俱有悟證之實修現量。惟佛家開悟破初關，乃初次現證空性無相，而儒士開悟，自不欲落此空宗，乃多歸於仁體。實則此現證空性、歸於仁體，究其實地，皆悟得此心之本體妙用，並無甚大差異。其俱如王靜安所言為學三境界之第一境界也。昨夜西風凋碧樹，獨上高樓，望斷天涯路。陽明龍場驛即是得此功夫。以所知障故，歸於仁體，終不如現證空性之說為淨裸裸。近世儒者持此一致之學，於義理造詣深者，有章太炎，於參證造詣深者，有袁煥仙、馬一浮。章太炎氣稟有偏激者，然其晚年之菿漢微言、菿漢昌言，以唯識家之說抉三教一致之奧義，多古人未發者，啟人神智極大。唯識家大乘義，即其一致之所在。大乘佛法為其根本之標準及歸宿。太炎以此標準會通三教，以佛家之判教，評騭中華儒家歷代人物，往往法眼如炬，洞見隱微。所論陳義甚圓者甚多。此太炎之創造力所在。亦有偏頗之說，未能圓融，乃其佛學取唯識宗、佛典太過之故。（如謂中庸曰不誠無物，誠即佛典所謂根本無明，在意根，則我癡是已。以此推之，則中庸為外道。此說不免太附會佛教之經論，乃將中庸作犧牲品。吾國聖賢，神明玄奧，可以渾沌氏之德為道之元，焉能取一無明為中庸之道哉。中庸之道，乃用中之道也，是以不誠無物。謂其為根本無明，是泥於體而非妙用，非應機之說。使以體用不二而言之，不誠無物，誠實類乎楞嚴經之妙明真心、楞伽經之如來藏。謂其為根本無明，正背道而馳也。）其於禪宗亦多偏見。使其參悟能入禪宗之堂奧，當不至於此種分別心太過。其書之瑕疵，即在分別心太過也。蓋太炎亦能言而不能行者。（日僧最澄有云"能行能言，為國之寶。能言不行，為國之師。能行不言，為國之用"。）袁煥仙、馬一浮深入禪宗堂奧，故其維摩精舍文集、復性書院講錄融通三教之說，乃多有圓融之諦。雖新穎見解不比太炎之多，而義理甚得通透平正之妙。此所謂以其所悟所證之深淺及宗趣之所在，而所論各有差別者也。

　　圭峯宗密禪源諸詮集都序嘗云"深必該淺，淺不至深，深者直顯出真心之體，方於中揀一切，收一切也。如是收揀自在，性相無礙，方能於一切法悉無所住，唯此名了義"。使學人能直達深者，揀收一切，則所論之差異，亦皆可以泯然無別，融契一體矣。（如古希臘羅馬之學、耶教、回教等與中華、天竺之學，其道為一致，而所論有深淺之別。使直達深者，直顯出真心之體，自可收揀諸學自在無礙也。）

　　惟一致之中，妙用各殊。文殊菩薩嘗開示宗喀巴大師云"現分與空分二者，根本不可偏私，尤須重視現分"。現分即現相界，空分即空性。以此而論，漢地孔子重現分過於空分，而老子重空分過於現分，此為設教之故，實本無偏私，而其後學囿守其言而偏私之。孔顏之後學，自荀子以後，偏私現分太過，彌演彌烈，已悖於仲尼之心矣。孟子雖未盡得孔顏之傳，其於二者猶無偏私。佛教大乘重現分過於小乘，密宗重現分又過於大乘，藏地無上瑜伽又過於唐密。佛教之根本，實於二者無所偏私，然各宗各派確乎各有側重焉。如格魯巴中觀應成派，吾以為其於義理不免側重空分過於現分矣。宗喀巴大師亦嘗詢於文殊云"我之中觀之見是否純正"，菩薩曰"非是。汝於空方得決定，於有尚未得決定故"。又問"應成、自續差別何在"，曰"且觀待破不破唯有之耽著"。（可參土觀宗派源流。）文殊"且觀待破不破唯有之耽著"一語義極微妙，使論者猶執著於二派之是非，實乃不達菩薩之深旨。格魯巴雖有所側重如是，別於古義，無礙其成就殊勝之證境及弘法之功德。此亦寧瑪巴四重緣起之相礙緣起微妙義所在。（可參後文。）藏密中寧瑪巴、格魯巴立論差別已如是，又無論天竺、中華、希臘羅馬之學、耶教、回教之學矣。雖其差別如是，无碍其成就殊勝之證境及弘法之功德也。天下同歸而殊途，一致而百慮。此正是天下各種宗教之法髓宗旨所在，易傳蓋先已一語道破矣。其所以殊途、百慮者，即現分也。

　　吾之修證悟入，始於莊老，養於儒家，而透於禪宗。則吾學之一致，亦自具吾之性格特質及修證體驗也。而吾學之一致，又有全新之學説焉。其曰華梵歐三教一致。（漢唐之間，中國之佛學嘗有取道、儒，至大唐中後期，極盛極厚，如嶽如地，不可動搖。禪宗既熟，如水如泉，滲透一切。北宋以來，儒家融釋教而成理學，道教融禪宗而成內丹，在無形之中，皆以佛學為其大根底。儒學之達者，內丹之道教，皆歸宿之。理學雖欲分道揚鑣而實不能。而道教內丹，在其實證，則純然以仙佛合宗矣。）陳寅恪氏金明館叢稿初編論韓愈有"天竺為體，華夏為用"之說。予三教一致、華梵歐三教一致之說，用以印證之最通用最玄妙之精神尺度，即屬釋教大乘、密乘之體系。此是名相而論。以真實而論，其與孔子之心相映照無二。此又非名相、思惟所能及者。天竺之學、孔子之心，確乎為吾書之體。而以華夏、世界為用也。以此而論，乃不期與寅恪氏"天竺為體，華夏為用"有冥符者。（惟吾以證悟破名相，寅恪氏致力學術未破名相。吾與先生，情懷甚合，殊多感應，而志趣識見，誠有大相異者。）

同氣十五品說

　　近世牟宗三先生嘗謂宋以來儒家極少受佛學之影響。其言承襲宋明理學之舊說，而不悟其為權教，猶不脫門戶之習見。竊謂港臺新儒家立論所以往往不能圓滿者，乃多有為戰鬥所累者。彼等既處吾國文化政治風俗極震蕩極焦慮之時期，受新興之西方理性主義、共產主義、自由主義強勢之刺激，遂慨然應戰，以維護中國文化之威嚴及儒家之門庭，以應對來自智識及政治兩方面之大挑戰，故其亦欲轉舊儒學成一順應現代西方思想及民主體制之新儒學體系也。如是遂捲入戰鬥之大漩渦，其事態亦愈演愈複雜矣。（諸先生戰鬥之意志，實為可歌可泣。徐復觀先生兩漢思想史第三卷代序有云“我以遲暮之年，開始學術工作，主要是爲了抗拒這一時代中許多知識分子過分為了一己名利之私，不惜對中國數千年文化，實質上採取自暴自棄的態度，因而感憤興起的。我既無現實權勢，也無學術地位，只有站在學術的堅強立足點上說出我的意見，才能支持我良心上的要求，接受歷史時間的考驗”。）在此戰鬥之大漩渦中，臺灣新儒家殊有豐富燦爛之學術成果。要以學術性格而論，唐君毅深沉厚重，徐復觀磊落豪強，牟宗三聰明才辯。以予性所近，吾喜唐、徐自過於牟氏。然諸先生豐富燦爛之成果，恢弘厚重、深察明辨之德固甚多之，而中正和平不足也。中正和平，實為孔子精神之根本準繩所在。（恢弘厚重、深察明辨，吾固有不如諸先生者，然自信中正和平，能較其圓滿。或謂，汝學儒佛合一，三教一致，已非儒家所能囿，詎能以儒家中正之道自詡乎。對曰，正以參悟實證三教一致故，乃始能語乎中庸之德、中正之道也。儒家中正之道一語，儒家二字表名相，中正之道表心體，在我是得魚忘筌，泯其名相，忘其所來路，而於心體之精微，則自知確乎有所實證也。吾亦自有恢弘、明辨之志，然其旨趣亦與諸先生大異。我所欲恢弘者，主在心量也，故多外顯於詩文遊藝、修證之道之深入三昧。諸先生所欲恢弘者，喜在思量也，故多外顯於其野心勃勃之哲學體系、學術體系。諸先生思量，亦不離心量，我心量，亦不離思量，然在我心量是王，思量是臣，在諸先生不免思量是主，心量是賓。其終竭盡心力，用思量為多，而用心量之現證為少。而我則反之。我所欲明辨者，吾人心性放之四海皆准之精微之體者，故以融合性、綜合性、超越性一以貫之。諸先生所欲明辨者，古今中西各派學説正邪高下之精微之知者，故以分別性、分判性、抗拒性為其學術性格。諸先生之明辨，亦不離心性，然未能究竟心源本體。我之明辨，亦不離學説之辨析，然終不以自身為有所得。此書無有未曾有，空性使然也。此為吾異趣於諸先生之學所在。諸先生之脈自熊子真出，予學自馬湛翁出，各信其真，和而不同，學術論衡，當其不同之際，輪刀上陣，本宜如是。馬、熊二先生晚年分歧已巨，其交弗能善終。其後唐、牟諸先生學術發揚蹈屬，日趨新異，又已迥異於熊學，甚者乃愈輕視其師説，時有微詞焉。吾學私淑馬氏，自開悟初窺本來面目後，狂性大發又大歇，修行漸得深入，於學術亦略有發揮，不復為其所籠罩。惟以今日之我，視夫新儒家諸先生之新學，則其分歧之巨，恐復倍蓰於馬、熊之當日矣。）大體彼等為應戰西方近代思想體系故，不得不進入其理性邏輯、民主人權之遊戲規則，披荊斬藜，斡旋調劑，其初確有開闢廓清之功，然遂又被其所纏繞束縛，煩惱、所知二障難破，故其精神甚難造乎大圓融、大圓滿之境地。（西方近代以理性邏輯主導之思想體系，以古希臘、耶教之精神觀之，非是純正健全之思想。以孔子之精神觀之，非是中正無偏之道。以大乘佛法之精神觀之，更非究竟了義。其本一大糊塗賬，而中西之人多迷醉其中而不寤。近世西人之有智慧者如狄爾泰、叔本華、尼采、維特根斯坦、海德格，亦漸能自識之。而唐、牟二氏亦復為此種以理性邏輯主導之思想體系中之哲學思維所強烈吸引，而不自覺有為其所習染轉化者，漸偏離於吾國三教學人行人之本位，亦偏離於近世西人具智慧者之脈絡。二人皆甚具泰西近世理性體系哲學家之氣質，牟氏尤重焉。故其著述，使薰習於經史子集、詩文書畫之士，或韜養於渾樸簡易、老莊佛禪之人讀之，每有艱澀異化、不能親近之感受。而諸先生之門徒，則每每傾倒於其師哲學家之才辯思路，甚者讜言不學西方近代哲學如康德之學者，亦不足以言儒學。咄咄怪事。）港臺新儒家之患，即在其不能中正，不能和平。所以不能和平者，究其氣質、修養、證量之偏頗而外，多為彼時代文化及政治劇烈之戰鬥漩渦所累。而所以不能中正者，究其資質稟賦、躬行實修、知見靈悟之偏頗而外，又其蹈襲宋明理學不中正之舊說，而弗能以大智慧圓滿見破之化之故。源其弗能中正之種子，本肇端自宋儒初創理學之時，由來久矣。近世以來，人類之煩惱障愈重，而所知障之患，又深於煩惱障。煩惱障使其說甚難和平通透，而所知障則使其甚難中正圓融。一切根源在心。佛家亦謂煩惱障實本亦所知障之所演化者。如牟氏之謂宋以來儒家極少受佛學之影響之說，即屬此乖謬之論。（牟氏尚分辨，少實證。論學極推胡五峯之學。兩宋之際，胡致堂、五峯兄弟闢佛最悍。牟氏受其薰化，恐亦自然。然亦不知二程橫渠出入佛老數十年，是做何功夫。宋明儒之能從容議論天道、中和、心性諸關涉性理之學問者，實乃以南北朝隋唐釋教各宗大德之經論、義疏、語錄、教學風氣作其根基并借其手段也。中國學術至於宋代，佛儒道之語言世界亦即今人所謂之精神維度，實已水乳交融，互相滲透，難分你我。如性理、理性一詞，本指佛家禪宗，至南宋猶如此，可以宋人筆記為證。而後竟成理學之代名詞。此最為典型者。宋儒弘揚孔孟，學禪宗之傳燈，立理學之宗派，勢在必行。究其根本，實乃三教融合、援佛道入儒門之必然結果也。程朱闢佛太深，非契中道。故程朱外，又生陸王而平衡之。陸王者，正是三教融合、援佛道入儒門之顯證。理學所以自諱其所出生，其糾結之處，有難言之隱。蓋當時吾國之時運氣數政治制度極複雜極敏感之情形有所致之。而牟氏生於近世，為近世智識之漩渦所困，而不能識彼時代所潛藏之真氣運，猶守宋明理學家排佛之舊義，刻舟求劍，宜其不通。在近世以至今日之時代，時運、政治皆已迥異於宋明以來，古今中西學術之大衝突也即大融合者，乃其趨勢，如佛學與現代物理學之相互印證，黃老、道教與現代科學之契同，皆其顯證。儒家實已無刻意立異、排斥佛道之必要。而牟氏猶泥於前儒之見，橫說豎說，終落不了義。新儒家似皆著力於大衝突之緊張，而弗能領會大融合之微妙也。唐氏於此自高過牟氏。）要以精神之圓融而論，近世儒家又有桐城方東美先生，又略勝於三先生。近得觀其晚年講稿華嚴宗哲學一書，愈知之矣。若謂唐、徐、牟仿佛顧、黃、王，方東美則如方以智。桐城一地之傳，亦奇哉。（壬辰清明後曾一遊其地，龍眠山中，果然氣象萬千。）

　　偶觀呂氏春秋卷十三名類篇有至言曰"同氣賢於同義，同義賢於同力，同力賢於同居，同居賢於同名。帝者同氣，王者同義，霸者同力。勤者同居，則薄矣。亡者同名，則恌矣"。近世大儒馬湛翁之學，乃與古聖賢同氣者。小子承其脈絡，孟子所謂具體而微者，當可以至矣。同氣之極致，即聖人境界。湛翁居同氣上品之列，高出儔類，恐猶未止乎極致。然此非我所能測者。（惟予近以實修深入空明不二之體故，如虹之空，如燭之融，如冰之釋，如火之焚，門戶之分別見愈融化矣。世人謂我佛家可也，謂我儒家亦可也，謂我無門戶見、無可無不可者，則尤符契吾心。而此在湛翁先生，乃或不欲道破之，亦或不屑道及之者。然予並不因此而轉棄儒家詩書禮義、忠信仁德之學，唯不欲謹守拘泥之耳。湛翁三教一致，性理高深，修行得力於禪宗為多，而謹守儒家之法度禮數。熊十力致胡適函至詆其"謹守程朱，頌其精華，亦吸其糟粕"。十力智人也，有古氣，而多偏激，學術之道只好以自我為中心，而以創闢新說自喜，其得處亦即失處，晚年尤多怪奇之說。僧肇大師言"會萬物以成己者，其惟聖人乎"。而十力乃會萬物以成我者。一字之差，天地懸隔。以吾觀之，彼乃一典型之為水瓶座氣質所囿隔之人，而不能稍轉移氣質，上達聖境，故其學說雖美，吾所不取。靜安先生所謂可愛者不可信者也。然湛翁之謹守，亦自不無有待商榷之處。使必欲問我所謹守者為何。對曰，謹守無守，毋寧曰六祖所謂之無相戒，乃吾所守者。）錢賓四、梁漱溟、陳寅恪、劉鑒泉、陳援庵、呂誠之、柳翼謀、湯錫予、錢子泉、徐梵澄、潘雨廷、李炳南諸先生，學行俱高，各有極詣，品性光潔，仁心宅厚，而究其境界之圓成，皆弗如湛翁，然亦此同氣中品之大賢也。偶臨虞伯施孔子廟堂碑，有"合天道於無言"，"顯至仁於藏用"語。忽明同氣之中品所以弗逮上品者，亦在其弗能若此也。如湛翁者，庶幾具此無言、藏用之心也。（孔子曰予欲無言。然亦不能不有言。以馬先生之德全，求諸古人，蓋亦虞伯施一流。唐太宗嘗稱伯施有德行、忠直、博學、文辭、書翰五絕。五絕馬亦備之。近世絕無第二人。惟虞大用，馬半隱。虞餘姚人，馬上虞人，其地毗鄰若一，豈非瑰異之鄉乎。）同氣下品之列。吾觀方東美著述，其雖亦喜西方哲學之思量，而心氣則甚同於古人。其境界不逮錢、梁，而氣體亦甚可貴。又孔學如熊子真，通儒如謝無量，藝術如黃賓虹，皆同一層次者。此同氣之上中下三品也。（下品略遜於中品者，或以氣體不如其古厚，如方氏，或以信念不如其篤誠，如謝氏，或以學行不如其完善，如熊氏。賓虹氣體古厚，心念篤誠，學行兼善，唯其成就僅限於書畫藝術，格局所限，又不足以語乎中品。而如齊白石、張大千，又不如賓虹之淳厚，當在同義之品中也。）熊子真同氣之下品。子真氣體甚古，眼目甚高，慧根靈悟亦甚通敏，惜修行未臻圓善一路，品操未醇，不免以豪傑自喜，學問亦未能圓通沉著，多喜發怪異之論，而自居為創造，實為古聖賢所不屑，故只在下品。（新儒家三先生，其弟子也。新儒家學說諸多之偏頗之業種，實皆已為其師所種下矣。當今三十年間，以予所知，儒門如潮安饒選堂先生、吾友吉安龔鵬程先生，佛門如清定上師、黃念祖居士、本煥禪師及予曾有緣二度拜會之噶陀直美信雄大法王，三教一致如樂清南懷瑾先生，藝術如吾友臥霞山人，皆在此同氣之列。若選堂老人之博雅、鵬程先生之識見，方之宋人，亦有過之而無不及。而數佛門人物最為隆盛。吾得觀其書，接其人，亦幸甚哉。）

帝者同氣。帝者無所爭無所求者也，同氣之下品，已略有所爭有所求矣，故將落於王者同義之格。子真弟子如唐君毅，資質不凡，堪與其師同在此位，而徐復觀、牟宗三，則止於同義之上品。三人治學多求新異，氣息亦時患激烈，其義理則大體猶守古聖賢之規矩而不自亂。三人中唐氣息之古厚，又勝於徐、牟，故猶得在同氣之下。徐之剛直，又勝於牟。而牟義理思辯之才能最有力量焉，然此實道術愈降之兆。同義亦自有上中下三品。同義之中品，有錢默存氏。（默存絕有天才，迥不猶人，然學術格局略隘，德性見地亦稍偏，又不如徐、牟治學差能執中而雄富也。）同義之下品，則多當時訓詁、目錄、詩文、藝術諸科之名家。大凡同義三品之士，天賦甚高，抱負皆極大，亦多學術之野心家，治學多精明，善分析，有強辯之雄才。王者同義，彼等馳騁於學術之戰場，時露王者之氣。然其治學亦易生疑惑，為所知障，世事易多苦惱，為煩惱障，故亦易生攻擊性。王者固亦主張義戰之殺伐者也。(同氣之下品中人，亦有若此者。)而同氣上、中之士，稟賦未必皆為高明，而多深沉厚重，喜渾樸古拙，平日收蓄為主，一發輒必振動人心，學行多雄健磊落之氣，而日常氣息易能坦夷澹泊，若無所求，較少煩惱、所知二障。此同氣、同義之別也。(如默存稟賦奇高，異彩流溢，非其尊翁子泉先生所能及。然其精神境界，恐不及尊翁多矣。唐、徐、牟之著作可議者甚多，在默存之書則愈多。又如馮友蘭者，亦有聖學之志向及學術之成就，然其臨難不能貞守先聖賢之義，故只可以同義下品論列之。其學可嘉，其行可嘆，而其心可憫。)

　　同力亦有三品。霸者同力。在此位者多喜追逐潮流，以確立其文化影響力之霸權也。今世此輩人甚多。此輩人本能之力甚強，其治學多為謀取個人抱負之成功，喜好名聞利養，或縱情聲色，然天賦甚高，每多創獲，性情真率，自有可取。如黃季剛、郭沫若一流即是。勤者同居。其人致力於古人之學問甚勤，亦稍有所得，然不能深入性情之奧，此等則僅為同居。同力之士，於本能、見地、才情皆高過同居之人，然不惜曲學阿世則同也。

　　最末者為同名。亡者同名。同名之人其無明最重，乃大體失去正見者。而今世此等人又最多。其本不失聰慧及血氣，然一生學問之道，多只是玩弄光影，以談論古聖賢學術之名相為業而已。使此輩傳習國學，尊為權威，國學必亡。而此等類型又往往最具爭議性。如胡適研究禪宗，其所謂禪者，只是與古聖賢之禪同名耳。呂氏春秋之用語甚妙哉。禪之真髓，在一超直入，在性靈獨耀，而如胡適之禪，乾嘉老學究、西洋漢學家之考據耳，與禪何涉。其研究略有可觀，吾亦只可以同名論列之。胡適之學問研究，亦能警策，時勢造人，有所開闢，然以釋教古說衡之，彼只是一外道之稍聰慧者耳。故同名一目,高者甚高,如胡,為外道之大者,善於擾亂人心。卑者甚卑,只是在文字名相纏繞堆積中自欺欺人討生活耳。

方今庠序及佛寺中,其研習儒學、佛學、道家、藝術之人,半數只是同名、同居。同名之外道力量甚利者,當亦有焉。甚有見識才學,又性情本能強勁者,堪稱同力。同力而能以道自任,堅守聖人之義理而不自亂者,乃為同義。不尚義辨而直以真氣貫通內外者,則屬同氣。同氣者,吾國文化之真血脈也。不意偶觀呂覽,乃得此判教品人之說如是。忽悟此判教品人之說,頗與漢書古今人表相類。漢書分為九品,吾說發揮呂覽,竟有十五品。(以上只判近世之儒者。近世漢地之佛學,則虛雲、來果、能海、陳健民、王驤陸等,自是同氣,歐陽竟無、呂秋逸、印順等,自是同義,其次同力、同居、同名之人,其人自亦可對號入座,毫髮不爽。如以西方哲學分析佛學有所得而少信願悲心者,至多為同力、同居。又如以唯物觀批判佛學而自以為解人者,僅為同名。其理甚明。)使以此判教品人之說,論衡泰西近代之文化,亦可用也。(如尼采、維特根斯坦、海德格、列奧斯特勞斯、喬伊斯、普魯斯特、里爾克、博爾赫斯、梵高、帕斯捷爾納克、斯特拉文斯基及其他俄羅斯宗教哲學家、詩人、音樂家群體等,自是同氣。如薩特、羅素、伯林、海明威、艾略特、畢加索、勛伯格等,自是同義。近世西方文化愈趨混亂破碎,故同力、同居、同名之士亦愈眾矣。)

聖人之性,人人身上,圓滿具足,論品只是一,何來十五。吾同氣十五品說,權教之智巧而已。使讀之者能增進其於道性之觀察力,能覺察自身方今所處之階位,憬然有覺,我心達矣。使其並不以我說為然,我心亦達也。自古人物駁雜,是非難辨,故論衡甚難。然如蠶繭之抽絲,初觀之見其纏結一團,若粘滯全無理緒者,而巧手脫落之,竟然只是一條絲綫,源源無絕,乃本有次第理緒如是,幼時亦嘗見之矣。吾說雖不敢自比巧手,然如人物駁雜、是非難辨者,其本亦如一蠶繭,有其隱藏之清晰之理緒,則無可疑。如作呂覽此說者,真可謂巧手矣。

　　牟先生儒家精神之赤誠、擔當之豪氣，於自身氣質駁雜之坦率，及其學術思辨之縝密、眼光之獨到，論衡理學於朱子之批評廓清等，吾皆敬服之。論學亦有相契之處。惟其終乃豪傑之士，而流弊也多。竊謂牟學之弊病，其大端有四。其一，即不識近世以來時代之新氣運，猶株守宋明理學家本已偏頗之舊義，強事分別，倔強霸悍。此其眼光之不達處也。（牟學之化用康德，近觀哲人潘雨廷先生嘗論之云"此治學路子熊先生可，牟宗三沿之則不可，蓋時代已變化"。又云"西洋科學早從康德進步，研究西方哲學亦不應止于康德。此為新儒家錯誤之一"。見張文江氏記述之潘雨廷先生談話錄。頗多卓見。潘雨廷之眼光，勝於諸先生處多矣。惟近世港臺新儒家尚智尚辯之風，實亦為時勢所逼，深有其苦衷焉。彼時浮薄之士以泰西之邏輯理性相逼，不得不以其人之道，還諸其人之身。以毒攻毒，還傷己身。今之學子欲習聖人之學者，似不必以此纏繞複雜、曲綫救國之路徑矣。吾人所遇時代之新氣運，實大衝突也即大融合。吾人借力打力，而實可直指人心。）其二，即牟氏尚分辨，少實證，執著名相，執著義理，所知障加重，乃使其於儒家之法執太深，不能得乎無偏無黨之中庸之德。此其現量之不達處也。（凡其著述，多刻意求高求深，求異求新，而失之中道。無論佛儒宗旨差異如何，以學人實證而論，其根本之道則終非二致，而皆歸于仁德智慧之一體。古今歷代大師，印證已明。豪傑求高求深，求異求新，而聖賢終歸于平常心。不必說宋明理學之本原，只是大易、孔孟之精神，而非其它所謂夷狄之學者。如此而說，亦不免執著于名相。本原何在，只在參證心源。牟氏學術之失，即是只陳說義理，嚴辨義理，執著義理，且不知有比義理更實在、更深遠、更真切、更微妙者之存在焉。禪門問，狗子有無佛性。此禪關牟氏必通不得。其嘗撰佛性與般若一書，似亦精通佛學。然其所分析之佛學，非真佛學。牟氏非能真知天台宗之精神境界者。其特推崇四明知禮之學問，亦一哲學家之私好使然。四明大師之實證境界，豈一專尚思辨、且無佛教信念及修行者所能通達耶。）其三，即牟氏所恪守之義理本身即多謬見。此其本體之不達處也。（如圓善論指責佛道二家究非大中至正之圓教，蓋缺道德創造義故。又謂佛道之德只是消極意義的德，非正物、潤物、生物之積極意義的道德創造之德。其極力弘揚之所謂儒家獨有之道德實踐之創生性，蓋深得其師熊十力氏新唯識論以來之旨趣。然其不知新唯識論之觀點，實亦正本外，非圓滿見也。所謂儒家獨有之道德實踐之創生性，實為孔子所未嘗言者。使牟氏精研周易之學，以聖人學說之實踐，轉移其氣質，得中庸之要義，則或能知此所謂之創生性，至多發源於孟子之權說，並非孔子之精神。孔孟之間，境界已隔。隔之毫釐，差以千里。且在孟子之本意，亦必不如是。此道德實踐之創生性之妙用，孟子必能知之，然亦必弗執著之以其爲天下唯一之正道也。其本體不可測。牟氏所謂之創生性，正其法執所在。法執不消，不能真知孔子之心。中庸曰"天地之道，可一言以盡之也。其為物不貳，則其生物不測"。既言不貳，又言不測。不貳為一，道並行而不悖，不測則為神無方而易無體。而牟氏執著其道德實踐之創生性而不悟其為貳，其實已為自設之觀念之定體、凡情之可測所限制。故其一生不能真入中庸之內奧。又牟氏借用康德之哲學，構造出一精密複雜之思辨體系，似能自圓其說，而實乃一筆大糊塗賬。蓋其最根本之觀念本身已站不住腳跟故。而此糊塗賬，復亦牽涉於康德。康德哲學本亦不圓滿，不能無病。西人百餘年來辨之多矣。錢賓四現代中國學術論衡序亦云"如有人謂，非先通康德，即無以知朱子。但朱子之為學途徑與其主要理想，亦何嘗從先知康德來。必先西方，乃有中國，全盤西化已成時代之風氣，其他則尚何言"。此即斥牟學實亦全盤西化風氣之體現，亦正助長全盤西化之波瀾矣。）其四，子曰博學于文，約之以禮，儒學之大體，在詩書禮樂之行於日用平常，在經史子集之貫於仁義禮智，而牟氏之學，既未將詩書禮樂之道實行於日用中，亦不能貫通經史子集四部之學於心性間，不能如儒門古賢人作詩遊藝，興觀群怨，而只偏重于性道之闡發，且偏主于哲學化之分析，而非性道之涵養實行，乃純然如一西方近世之所謂哲學家者。此其方法之不達處也。（而其又嘗自謂古今莫二。自命不凡，我慢甚大。其不能得乎傳統儒學之大體明矣。牟氏之缺失大端如是。）

總而論之，牟氏之學深刻細密，異乎尋常，乃當世儒學一最爲標新立異之學派。吾說只一家之見，僅供學人參考之耳。（予以牟氏爲論敵者,固以其未得乎聖人之道詩書禮樂之大體,何論乎聖人之心髓。其說多似是而非。予且恐其以新穎深刻之故,而將誤導後學甚多。其將中國儒學康德哲學化,乃使儒學血脈之内部研究愈為糾結纏繞、支離破碎。習牟學者,使無超於牟氏之根器,必迷醉于其哲學體系之中,往而不返。今世鼓吹其學者多如是。然有大根器者,又何必學繁複纏繞、好察識、好標新、令人耗費精力之牟學哉。直學孔子之平常心可也。)吾嘗謂"王安石晚年自謂本欲變學究為秀才,不謂變秀才為學究。牟氏本欲變模棱含糊之舊學究為精察明覺之真秀才,不謂變資質尚佳之真秀才為研究思辨哲學之新學究矣"。(以西人觀之,必謂牟氏為近世儒家最具原創性之學者。此以近世西方學術之標準衡之者。然以中國天竺希臘之聖賢之標準觀之,牟氏實亦尼采氏所謂之一標新立異、具攻擊性之天才人物、弄潮英雄耳。亦即呂東萊粹言疏證緒言朱子評二中吾以尼采氏之法眼評定朱子者之同類人。禪家呵佛罵祖,不失本體。吾呵朱罵牟,亦差合大用。近覽海德格氏嘗云"西方思想的邏各斯性質要求,如果我們竟然敢於觸及那些古老的世界,我們必須首先自問是否能夠聽到在那裡被思想的東西。由於歐洲思想正在威脅著變成全球化,這個問題變得更加迫切,即當代的印度、中國和日本人通常只能通過我們的歐洲思維方式來向我們傳達其經驗到的東西。於是,在他們那裡和我們這裡,一切都被攪成了一團糊塗,人們再也不能夠分辨古代印度人是否就是英國經驗主義者,老子是否就是康德"。選自海德格全集第七十九卷思想的原則。此不音為牟氏一流而發也。牟氏通過歐洲思維方式研究儒學,其結果即是一切皆被攪成了一團糊塗。評牟學語又詳見呂東萊粹言疏證緒言評朱子者及疏證第四十五、五十五、八十七條,又見近思錄首二篇玄義卷二第五十二條、第七十條。呂東萊云"聖賢之於道,貴其不已"。此亦予之不已也。)

華梵歐三教一致

當世為人類前所未遇之時代,復有新之三教一致之說出焉。

其云華梵歐三教一致是也。華梵歐其道一致而所論有深淺。當今之世，人類遭遇一致之危機，則華梵歐之理趣亦皆漸趨於一。（章太炎菿漢微言云"大士説法，唯在應機。然應機之云，非局於當人問答之間，亦當觀彼一期政俗風會遷變之跡。吾國人心自昔訖今，多墮斷見"。"印度數論執我，是思。勝論執實德句義，是實。有性多墮常見。故佛唱言無我，雙破二執，以顯真常。彼二聖者，異地則皆然也"。華梵歐之政俗風會遷變之跡在昔也皆異，故其學説應機也各不同。今日華梵歐之世界幾為一體，人類所遭遇者幾為共同之問題。吾華梵歐三教一致之説，亦應此時期之機緣也。）仲尼曰，一日克己復禮，天下歸仁焉。智者大師曰，一念三千。子曰一日，智者曰一念，實一也。此一日中歸仁之天下宇宙，此一念中遍攝之三千諸法，已即攝奧林匹斯山之諸神及厄琉西斯之狄俄尼索斯，已即攝耶路撒冷之耶穌，已即攝奧義書之森林，俱吾心之妙用也。（觀第歐根尼拉爾修名哲言行錄，古希臘先賢之氣象言行近乎吾國聖哲者亦多。自歐洲近世之浪漫派以來，蘄於融狄俄尼索斯與基督為一體之未來之神之降臨。此兼精神性與感官性之新神也。吾讀當代德人弗蘭克氏之書浪漫派的將來之神時，忽感其即類乎吾所主之唐學精神。人類内心之節奏與期待，大致趨於一致，非可以中西而隔之。一如孔孟、釋迦演教之時，正是古希臘哲人興起之時代。以此而論，荷爾德林、謝林、尼采等，不啻為吾人之同路人。而室利阿羅頻多、克里希納穆提及與吾同生日之奧修，乃為予愈多親近感之同人也。吾書所謀求者亦即弗蘭克氏之書之所謂文化共同體也。且狄俄尼索斯本亞洲之神，此亦暗示西方之未來，實關乎東方。吾所倡導之唐學，實此東方精神圓滿之體之代表。觀夫古希臘作家之筆下，狄俄尼索斯乃諸神中唯一在所有民族中皆受同樣之敬仰者，且包括希臘之外之民族。狄俄尼索斯崇拜，乃將衆多民族之人融合為一整體。此西方人於將來之神之期待，亦與吾對於萬法歸一、無分別心之預言相合也。狄俄尼索斯酒神也。唐學亦本具酒德之大精神。秘教祭禮之上，酒神為群狂女所喚醒。唐代亦屬於狂女之時代。其精神亦多有為此等狂女所喚醒者。武則天所喚醒者，政治、宗教之世界也。楊貴妃所喚醒者，藝術、文化之世界也。此或偶然相合，然不失爲一人類精神之亮點。更有不可思議之事，即吾之智能竟亦嘗爲狂女所喚醒也。吾開悟偈云"逢佛殺佛臨濟禪，提刀四顧卻茫然。自從邂逅佳人後，方知無相可攀緣"。讀者觀此可以想見矣。拙著宋儒忘筌，亦最可見吾酒神式之性格。其有大喜悅，狂者固有之。惟唐學以本能智慧爲體，而必歸于戒、定。其於印度、歐美亦然。近世印度、歐美之哲人學者，或有以放縱爲高明，其失也將入於邪僻。吾之契通歐洲之精神，厥初乃受辜鴻銘之啓發。辜氏著春秋大義，德人譯之。有德人著文論之云"胡君之誤解德國精神，可爲世界誤解德國精神之實例。蓋我詩人思想家之思想不傳布於外國民族故也"。見平佚譯中西文明之評判。胡君即辜氏。吾今日之說，可以少此憾。蓋弗蘭克氏之書，即所謂詩人思想家之思想之薈萃也。)此一念亦已攝愛因斯坦氏以來之泰西新學界。(此潘雨廷先生所最擅長者。予雖不通物理、數學，亦甚關心新生之學說。)

予主唐賢之尚我，闇契於奧義書及大乘經如來藏之奧蘊。(森林奧義書曰"應該崇拜自我爲世界。任何人崇拜自我爲世界，其功德自不會消失。此可確信者。只因從這自我中，其能創造出所願望之一切"。唐賢之尚我，如婆羅門教之尚梵我。用此梵我於文學藝術軍陣風俗之中，元氣充沛。而高明者悟入佛教之無我。用此無我於各宗派最精微之心靈運作之中，玄妙無比。大般涅槃經卷七有曰"我者，即是如來藏義。一切衆生悉有佛性，即是我義"。此如來藏我即此梵我、無我不二之妙義者。而唐賢之尚我，更類乎此如來藏我者。是以唐代釋教最盛之宗派如天台、華嚴、禪宗，皆稟承此如來藏之法義。參見印順法師如來藏之研究。)如予言唐賢之崇尚書畫樂舞造像藝術諸門，亦闇契於奧林匹斯山之精神。(尼采快樂的科學第二版前言云"噫，彼等希臘人何其善於生活也。爲了生活，彼等必顯現勇敢、崇拜表象於表面、皺紋與皮膚之上，感通於相信形式、色調、言辭、整座表象之奧林匹斯山之下。我等不亦適淪爲希臘人耶。淪爲形式、色調、言辭之崇拜者耶。不亦因此而成藝術家耶"。唐人之形式、色調、言辭、表象，皆極豐滿潤澤。何其善於生活也。偉哉唐代。尼采遺稿選又嘗謂"席勒云，人在嬉戲時方爲人。奧林匹斯山衆神之世界正其代表"。唐人誠多嬉戲之天賦精神者也。)老子曰自見者不明，自是者不彰，自伐者無功，自矜者不長。拙著不恤自見自是自伐自矜如是，乃此如來藏我元來自見自是耳。此非可與常人道。予主唐學，乃以唐人之精神實為周漢以後中華之最正大光明者，實為東方圓滿之精神之代表。子曰，無可無不可。此微妙義猶可於唐學中窺之。（此華梵歐三教一致之說，亦無可無不可也。）

　　此三教一致之說，其用在調融和合，不在分析剖判，亦與古梵薄伽梵歌之精神相符契也。（室利阿羅頻多薄伽梵歌論第一系第一章云"哲學之體系，真理之次序，皆非歌中至關重要而不可變之義理也。然組成此哲學體系之材料，織為此一片雲錦之思想，皆複雜而歸乎和諧，深邃而不朽者。何也。以其非徒為哲學智識之推測，乃精神經驗之永恒真理，及最高心理可能性上可以證明之事實，為研究存在之神秘者所不容忽視者也。此種經驗至豐富而屬綜合性，此種思想亦廣大而屬綜合性。其結構既非某一學派分析辯證之談，其語言亦非某一部執獨立彼宗之論，其理念之平衡分佈，又可見一寬博周遍之大智慧迴旋於其間。其用在調融和合，不在分析剖判也"。宋儒忘筌之作，亦同此精神，為廣大而屬綜合性者，非某一學派哲學智識分析辯證之談，乃欲掃除一切門戶之見，歸于大道，體證所謂最高心理可能性上可以證明之事實者也。）

　　唐譯楞伽經有曰"救世之所說，自證之境界"。人類深造真心性地者，稟此精神，可以收攝華、梵、歐、伊斯蘭為一體。世界稟此精神，可以消融分別念、仇恨心。（書此之際，正挪威于特島槍擊事件刺痛世界之時。古蘭經卷七有曰"你們確已孤孤單單地來見我，猶如我初次創造你們的時候一樣"。真主之救世，實相應乎吾人自證之境界之正邪深淺。而人於真主前之孤單赤裸，即逼汝參透真心性地、本來面目也。）理學無此氣象，亦無此妙用。以此而推之，此新時代之三教一致說，即華梵歐一致也。吾中國人也，自以華學為方便道，而通攝梵歐。（予之以孔佛相參，喜蹴鞠飲酒作詩遠遊等，乃一以直覺精神而生活者，乃一以本能與智慧為一體而莫可相離者。此唐學之精神體也。亦即近世希臘作家卡贊扎基筆下之佐爾巴之精神。其書希臘奇人佐爾巴之作者序有云"他擁有的一切正是一個知識分子所求之不得的。原始的眼睛像飛箭般撲向獵物。創造性的純真,使他每個早晨遇見什麼東西都像初次看到,使日常生活中的永恒事物風、海、火、女人、麵包,樣樣變得純淨無暇。一雙穩操勝券的手、一顆清新活潑的心、嘲弄自己的勇氣,仿佛他有一種內在的超越自身的力量。還有他那出自一個比肺腑更深的泉源的格格狂笑聲。這狂笑聲在關鍵時刻從佐爾巴老邁的胸膛及時湧出,而衝破人們于惶恐中爲保全自身辛辛苦苦樹立起來的一切道德、宗教和愛國主義的樊籬”。予讀此處,莞爾一笑,此不啻爲我輩之寫照。此即本能智慧型之最佳註解。宋學中如存天理滅人欲之道德主義、伊洛淵源之宗教式法脈觀念、自孫明復以迄胡安國嚴華夷之防之春秋學、主戰派如朱子之學術攻擊性及激進之政治趨向,皆近乎卡赞扎基之所謂“人們于惶恐中爲保全自身辛辛苦苦樹立起來的一切道德、宗教和愛國主義的樊籬者”。予撰忘筌,亦近乎佐爾巴之衝破此種道德、宗教和愛國主義之樊籬者。列夫托爾斯泰晚年遺著生活之路第十七章所謂國家迷信者,即近乎此所謂愛國主義之樊籬者也。所謂知識分子者,自南宋以來,幾成爲分別心之代表。分別心者,知識分子之樂園,亦其之地獄。南宋之朱子,實爲此新樹立之道德、宗教與愛國主義之典範。可參呂東萊粹言疏證緒言。忽思淨慈寺初祖道潛禪師有云“佛法顯然,因什麼卻不會去。諸上座欲會佛法,但問取張三李四。欲會世法,則參取古佛叢林”。如佐爾巴,即此張三李四者。以彼脫落法執所知障、佛法非法故也。故曰欲會佛法,但問取張三李四。以此而判,則古佛叢林不免成世間法。然使予不得開悟,則吾必流於崇尚感官之放縱主義中。如近世泰西人企慕狄俄尼索斯式之將來之神之來臨,而自搖滾樂興,早已落入此種放縱主義之洪流中矣。其後人心之混亂、道德之崩潰、文化之解析,豈荷爾德林、謝林、尼采諸先哲所期望者耶。此時代之大險峻處。在吾國文化中,舊日之宋學已不足爲時代之精神之母體,蓋其本源先有不中正不平常者之故。吾所倡之唐學,或可爲今日時代精神之母體。然欲蹈行唐學者,其道路亦甚具險峻之因素。使其不能證悟,入聖賢之門庭,則必爲此時代極強之放縱主義所吞噬也。佐爾巴之精神,頗類馬太福音中耶穌所言勿慮衣食之神味。“就是所羅門極繁華之時,他所穿戴的還不如這花一朵呢”。佐爾巴,如此花也。以密乘觀之,其仿佛得大圓滿之傳承者也。)

　　以此之故,予不以唐君毅之說爲然。其人極可敬佩,其學亦深厚精密,然多可商榷。其晚年巨著生命存在與心靈境界,行大判教,創心通九境論。(九境者,萬物散殊境,依類成化境,功能序運境,感覺互攝境,觀照淩虛境,道德實踐境,歸向一神境,我法二空境,天德流行境。)強事分別,以儒教為最高,而佛教次之,耶教再次之。窮竭於玄辯,極見思力,而終不能證悟心源。其於無分別心,蓋未了然。實則儒道釋一致也,華梵歐亦一致也。此心極微妙,極弘大,極柔軟,極方正。吾儕可不勉之哉。(圓覺經曰"善男子,一切障礙即究竟覺,得念失念,無非解脫,成法破法,皆名涅槃,智慧愚癡,通為般若,菩薩外道所成就法,同是菩提,無明真如,無異境界,諸戒定慧及淫怒癡,俱是梵行,眾生國土,同一法性,地獄天宮,皆為淨土,有性無性,齊成佛道,一切煩惱,畢竟解脫,法界海慧,照了諸相,猶如虛空,此名如來隨順覺性"。使人能證此性,則何有乎九境哉。吾開悟後修行,已略能窺入其玄奧,雖根本無明未除,而覺性已露。此華梵歐三教一致之說,實基於此隨順覺性之上。)近讀潘雨廷先生談話錄,則知潘先生亦嘗斥之也。(其認定牟、唐境界低於熊先生。有云"如果六十年代在上海,熊先生當面給他破掉,三向九境之類,易怎麼可以有體啊"。要言不煩,一語中的。易傳曰"神無方而易無體"。儒家第一義也。近觀唐君毅日記,一九七六年八月十二日條知患肺癌,打電話與學生書局請速排生命存在與心靈境界一書,未通。十三日條曰"昨夜睡不成眠,念自己之學問,實無工夫,實庸人之不若,如何可至於聖賢之途。今日下午與廷光談我所見之理,自謂不悟。但智及不能仁守,此處最難,望相與共勉,應視當前困境作吾人德業之考驗"。是為君子之三省。然以愚觀之,其病政在智不能及,是以仁不能守。一九七七年三月三日條其夫人廷光代筆云"毅兄近年來特喜讀佛書,昨晚睡時我把兩本佛經放在他床前櫃上"。此亦與熊十力晚年病重讀佛書、持咒事同。時有記熊氏之語者,言其嘗懺其闢佛之過也。)

予說華梵歐三教一致,乃吾心印證所得,並非分別思惟而推之者。近讀梵經,忽得又可與吾說相印證者。大般涅槃經卷八有曰"所有種種異論、咒術、言語文字,皆是佛說,非外道說"。觀此微妙義,正可拈花微笑。清初藥地弟子傅閟嘗云"佛以一語窮諸外道,曾知佛現外道身，以激揚而曉後世乎。苟不達此，不須讀莊，又何能讀炮莊"。見炮莊總論下。所言甚是。使讀者不能有證悟之發心，平等之悲願，又何能讀予忘筌。蓋中華、天竺、歐洲所有種種異論、道術、言語文字，皆是聖人根本道元體所在，非外道說也。（所謂聖人根本道元體，本一假名。其離一切相。）而世俗之所謂外道之說者，正可印證根本道元體之藏。如拙著之以近世尼采之學印證吾說，以竺、歐之學印證仲尼，皆可以此理通達之。而孔子無可無不可，其學本無所不有，無所不通達。吾讀天竺、歐洲、日本古今之書，亦每有乃吾國聖賢所說之感。後得證悟，乃明曉其本一致。此非僅觀大般涅槃經有此體驗而已。泰戈爾飛鳥集有曰"在死之時，眾多便合而為一。在生之時，一便化為眾多。神死之時，宗教便將合而為一"。極有殊勝密意也。（近世深造儒佛之學者，或斥西學為戲論，為外道。實亦非圓滿見。比聞近世印度教大哲人羅摩克里希那氏嘗言佛教、基督教、伊斯蘭教與印度教之最高覺受皆一致。愚說以自證立說，未必同於彼，所論則有不謀而合者。又覽梭羅氏湖上一周有云"無論猶太人、基督教徒或穆斯林，所有民族皆喜愛同樣的笑話和故事，將它們翻譯出來便能讓所有的人心滿意足。人全都是孩童，而且屬於一個家庭。同一個故事把他們都送上床，早晨把他們都喚醒"。妙哉此語，勝於以義理說教如我者多矣。不覺燦然一笑。梭羅氏此語亦是佛說，非外道說。馬太福音言耶穌用比喻對眾人說話，"這是要應驗先知的話，說我要開口用比喻，把創世以來所隱藏的事發明出來"。泰戈爾、梭羅之言庶幾近之。）吾固知予之生命，非僅屬於中華，亦關乎天竺、泰西、阿拉伯、日、韓、非洲。非僅關乎人道，乃為六道眾生而正行也。（後悟此現量之說，正與華嚴十玄門之同時俱足相應門、一多相容不同門諸義相契。智者大師一念三千，亦一念具足六道眾生矣。）

開悟始知孔子心

論語有玄奧難解之義。予讀此書十幾年，然開悟之前，甚多不解者。如子曰"朝聞道夕死可矣"。舊儒註釋甚備,然予未體其要。雖字義甚明,而不知其真切如何。講學至此章時,只讚嘆之,尊崇之,敷衍而過。後開悟之時,此義始豁然貫通。蓋開悟之體會,極爲微妙,當彼之際,聞大仁德,睹大空性,只覺此時即死亦何所畏,亦何所憾。而生死之分別,本是凡情,並不關真理。孔子當日證量必遠在我之上,必有一番聞道頓悟之大體驗,而發夕死可矣之直心自語。朝聞道夕死可矣。此爲勝義諦,是聖者內自所證,超過一切世間尋思境相,不可言説。使儒生不能聞道開悟,只從字義上解,何能體其微妙哉。

　　又如顏淵問仁。子曰"克己復禮爲仁。一日克己復禮,天下歸仁焉。爲仁由己,而由人乎哉"。顏淵曰"請問其目"。子曰"非禮勿視,非禮勿聽,非禮勿言,非禮勿動"。顏淵曰"回雖不敏,請事斯語矣"。予嘗思焉,顏子境界高妙,僅在孔子之次。子曰一日克己復禮,天下歸仁焉。其對顏子所言之義亦極玄奧矣。而其答顏子問目云四非禮,全如對初學者所言者。以顏子境界之高妙,緣何事此初學者之節目耶。舊儒註釋甚備。或云孔子之奧義,在本末一體,爲仁與四非禮爲莫二也。其説固佳。然終是理爾。予疑尚未能渙然冰釋。開悟後一年,經歷世事之驗證,乃豁然明悟之。吾既開悟得慧矣,其初也使無定之輔佑,其慧猶將暫失,其後也使無戒之保任,其慧猶將退轉。故吾學以智慧開悟而入道,而先回轉於禪定,其後也自歸於戒律,其道乃能久能徹能極微妙。開悟亦只過第一關。自性定戒無上微妙體,方是聖道之上者。予雖亦嘗深習禪定,素以心爲宗,鄙視僵守戒律、爲戒所縛者。其開悟也確與禪定守戒甚無關涉,不期至此始悟其終也必歸於戒者。乃知佛陀以戒爲師之遺訓,乃具極微妙之奧義,非同於世間所謂戒定慧三學之戒也。子曰"非禮勿視,非禮勿聽,非禮勿言,非禮勿動",猶佛陀之所謂戒者。夫子對顏子以此初學者四非禮之節目,乃啓發其終也歸於戒，成就自性定戒無上微妙體，則一日克己復禮天下歸仁之般若境地，始能保任之，長久之，臻進之，微妙之。如此則顏子之境界愈圓滿矣。使予無開悟後一年所歷之驗證，論語此章之奧秘，予無得而知之。（子曰，吾十有五而志於學，三十而立，四十而不惑，五十而知天命，六十而耳順，七十而從心所欲不逾矩。其七十歲最微妙之境界，即包涵此四非禮之不逾矩，亦即具證予所謂自性定戒無上微妙體者也。以不逾矩自性定戒無上微妙體故，乃可由菩薩極喜之初地，遠離一切微細犯戒，到離垢地，再上證十地、十一地。故孔子所示於顏淵者，乃自身內證之真諦也。）

　　如此類者尚甚多。子曰"人能弘道，非道弘人"。弘道者，明而行之，説而通之。而道自道，平等實相，非弘人，亦非非弘人也。蓋不可說。故曰非道弘人。學者修士略有境界者，其障礙多在謂道能弘人，彼雖能弘道，法病自縛而不知。執著於道弘人者，不得究竟了義。孔子此語非即破除法執，唯我獨尊而何。既去我法二執，人能弘道，自是唯我獨尊現量境界。（又如子曰"我欲仁，斯仁至矣"。此非深入法性，當下即是而何。子曰"天生德於予，桓魋其如予何"。此非悟道見性者而何。天生德於予，不僅孔子而然，人人皆然而多不自知爾。子曰"吾未見好德如好色者也"。好德如好色，是謂中庸之道，是謂平常心也。人病好色之本能而以好德自居者，非中道也，非平常心也。好色之本能與好德之良能，實非有二。本能良能，只是一個。孔子此語非即維摩詰經所云"在欲而行禪"、心經所云"色即是空、空即是色"而何。欲禪一體，色空不二，以好色為妙用，空樂雙融，非即藏地密宗之秘義而何。非即吾所謂本能智慧莫二者而何。子曰"道不遠人。人之為道而遠人，不可以為道"。非遠亦非近。此非龍樹中道妙義而何。而其語皆極自然，極簡約，無造作，無奇異。釋教之經論，思辨森嚴，義理奢富，又往往多神通玄變以設教，故無此平常心手段。後唯禪宗能承此仲尼言語之衣缽爾。論語全書中昔日自以爲已甚通曉之篇章，自悟後觀之，亦多體出一層微妙之新義。）

　　今日方知論語義理玄奧之處，唯現量親證見，而非分別思惟心所能知。故孔子之心，非聞道開悟者不能體知也。竊謂孔子之心之學之全體，自渾然一體，然必分而言之，其有三焉。（此三者實為一體而不可分別。讀者自可得魚而忘筌。）華夷世間之學，一也。此著春秋傳公羊學、行孝經而興詩書禮樂之孔子也。（格物致知誠意正心修身治國平天下。此學已極博大厚重。必以天竺之學擬之，此學如婆羅門教之摩奴法典，亦如佛陀之律藏。呂東萊嘗云"禹、稷思天下飢溺，由己飢溺。孔子歷聘諸國，以致誨人不倦，皆是合當做事。自古聖人之於天下皆如此"。著春秋而傳公羊學、行孝經而興禮樂之孔子，力行實修之孔子也。此學奠定後世中華政治、禮法制度之根基。釋教有轉輪法王之說，後阿育王應之。孔子此種世間之學，實亦為中國之轉輪王設定其義理思想也。故僧贊寧乃有見在佛不拜過去佛之說。）莊子曰"六合之外，聖人存而不論。六合之內，聖人論而不議。春秋經世，先王之志，聖人議而不辨"。辨或作辯。此即春秋經世，聖人議而不辨者。成玄英疏曰"聖人議論，利益當時，終不執是辯非，滯於陳跡"。夫子所議之世間之學，亦多行權教，利益當時。後世人實不必斤斤乎執是辯非，滯於陳跡。儒家之禮教綱常，今世大體已為陳跡，不復行於都市，使學人猶滯焉不化，其非仲尼之真血脈必矣。竊謂春秋三傳，漢儒以公羊、穀梁、左氏而歧趨焉，已失之過辨，分辨過察矣。

天道超世間之學，二也。此編周易傳易傳、默契天道之孔子也。（此亦宋儒邵康節之學所以為貴而為諸子所不具者。張伯端悟真篇自序亦嘗云"其次周易有窮理盡性至命之辭，魯語有毋意、必、固、我之說，此又仲尼極臻乎性命之奧也。然其言之常略之而不至於詳者何也。蓋欲序正人倫，施仁義禮樂之教，故於無為之道，未嘗顯言，但以命術寓諸易象，性法混諸微言耳"。所言極精。所謂儒者，其名蓋生於需。需者，雲上於天，而儒亦知天文、識旱潦。儒本上古巫史祝卜之通稱。其皆關涉天道、溝通鬼神、具超世間之種子者。孔子不尚巫史祝卜之舊術，敬鬼神而遠之，然其智慧、學術之體系實具備此種巫卜之儒深厚之底蘊也。是以其編周易，傳易傳，乃於此天道超世間之舊學，不解亦不縛，解縛不二，遂有新之創闢。較之舊儒，智慧亦愈圓滿矣。所謂不解，不破裂舊學而自立。所謂不縛，又不為舊學所束縛也。

此即夫子自謂述而不作之妙義所在。述為不解，不作自不縛矣。章太炎以周易、易傳為大乘。易傳未必為孔子親撰，其精神旨趣乃孔子所傳者。此學精妙，如龍樹、世親之大乘義。明儒薛敬軒嘗云「人皆知夫子為聖，而不知道夫子所以為聖。欲知夫子所以為聖，則默契化育之妙，有非言語所能及也。故曰，知我者其天乎」。誠然也。西漢儒學中象數易學之大興，實亦有根源於孔子天道之學者。惟先秦典籍殘闕，後人不知孔門易學之真面目，便徑以象數之學為非聖人之道，豈孔子本意所在乎。漢儒又嘗謂緯學亦孔子創立、演化者，或又謂其出於孔門七十子。參見緯史論微卷一。豈皆無據之妄論乎。且以象數易學及今文學觀之，世間之學詩、春秋諸經，皆具玄奧之天道旨趣。如翼奉之詩學。又如象數、緯學及讖者，皆可追溯於春秋之災異，左傳之前知。而春秋、左傳皆與孔子相關者。且莫論公羊、穀梁之微言也。蓋以西漢儒者之心觀之，孔子世間、天道之學直是一個，不是兩個。近世姜忠奎先生撰緯史論微一書，發明古義甚深甚切，不愧名著。孔子之易傳，固不如後世釋教大乘、密乘之義理體系深邃精嚴。或謂章太炎以周易、易傳為大乘之論為過稱。然不思釋迦與夫子同時，所謂原始佛教時期之義理學說，亦遠不如龍樹、世親之學精邃完備，而龍樹、世親學說之精神實皆可追溯於阿含經也。此蓋不可以表相論之者。近覽錢基博氏國學必讀所錄夏曾佑孔子學說一文有云「蓋自上古至春秋，原為鬼神術數之世代，乃合蚩尤之鬼道與黃帝之陰陽以成之，皆初民所不得不然。至老子驟更之，必為天下所不許，書成身隱，其避禍之意耶。孔子雖學於老子，而知教理太高，必與民智不相適而廢。於是去其太甚，留其次者，故去鬼神而留術數。論語言未知生，焉知死。又言不知命無以為君子。即其例也。然孔子所言雖如此，而社會多數之習，終不能改。至漢儒乃以鬼神術數之理解經，此以上諸說之由來也」。其說雖未必盡為中正真實，亦頗得其時之隱情。孔子去鬼神而留術數一語，尤為可觀也。）此即莊子「六合之外，聖人存而不論」者。仲尼之於天道，雖能論而往往不欲論，故一存字最為微妙。仲尼所未暢論於性與天道者，乃由弟子後學盡為發露之，是以有易傳、中庸之書出焉。漢儒則又窮研術數，變本而加屬。雖然，皆祖溯仲尼，亦乃夫子有以導之也。

　　世間即超世間之學，三也。此述論語、大學、中庸，遊於藝、無

可無不可之孔子也。(論語之義，極平實親切，又極微妙玄奧。乃最不可
思議者。此學如曹溪之禪。明儒呂涇野嘗云"夫子自謂吾志在春秋，行在孝
經。予謂夫子之神在論語乎"。所言極是。宋明諸儒所力弘之四書學，實即
屬此孔子世間即超世間之學也。論、孟、學、庸，即人事即天德，以中庸而配大
學，一義理含藏無盡，妙契佛道，一規模廣大，矩度森列，亦甚巧妙。夫子所謂
遊於藝者，尤可玩味。此又孔門之真髓所在，可以藏密空樂不二之妙義擬之。
大儒而不能遊於藝，恐亦其精神不圓滿之徵象也。以儒行論之，顏魯公唐之
大儒。然其微妙境界，乃由其遊藝書法而圓成之。北宋諸儒得遊藝之妙者，
莫若邵康节、司马温公。朱子精神雖未圓滿，其能著力于遊藝功夫，亦可見其
眼光不凡處。拙著書史、畫史，多發揮此種義蘊。)此即莊子曰"六合之
內，聖人論而不議"者。觀論語，尤能體此論而不議之味。使論語
已議，則落入春秋、戰國之諸子百家風氣矣。老子、論語二書之異
於諸子百家，即在其論而不議，而諸子則不免有議，非惟有議，亦有
辨矣。故曰"大智閑閑，小智間間"。

　　韓詩外傳卷五有云"孔子抱聖人之心，彷徨乎道德之域，逍遙
乎無形之鄉。倚天理，觀人情，明終始，知得失，故興仁義，厭勢利，
以持養之。於是周室微，王道絕，諸侯力政，強劫弱，眾暴寡，百姓
靡安，莫之紀綱，禮儀廢壞，人倫不理，於是孔子自東自西，自南自
北，匍匐救之"。莫之紀綱，禮儀廢壞，而匍匐救之者，即孔子之華
夏世間之學也。倚天理，觀人情，明終始，知得失者，即其天道超世
間之學也。彷徨乎道德之域，逍遙乎無形之鄉者，即其世間即超世
間之學也。韓嬰自是體仁明禮、識見通透之大儒。其能以逍遙乎
無形之鄉形容孔子之境界，尤可見其智慧之程度。惟孔子之學包
羅內外，胸懷極大，既體悟天道之玄奧，天人合一，又欲為萬世開太
平，為生民立命，然道畏盈滿，其所創立之儒家，亦始終獨具一種內
在痛苦之張力、似若不圓滿之特性。欲深造兼此三學之仲尼之心，
在學人則其難度亦極巨。蓋自孟子時，幾已不能得夫子之全體矣。

後世儒者得其一學、二學者為最多。亦有不世出之豪傑，能以天縱之才，博學苦修，得其全體而略微者。學人亦不可不知之。（參見疏證第七十四條。孔子欲以其天人之學，窮究心性宇宙之極致，又欲以其禮樂之教，解決政治民生之實際問題。其抱負之大，亦莫有二。而此內外大志願之實現之難度亦極大。西漢人猶有內外兼行之規模，自東漢以迄隋唐、宋初，儒家大體偏於外學，自北宋中葉以迄明清，大體又偏於內學。內外何能兼善。故歷代儒家人物，亦往往有一種內在之疑惑、糾結及痛苦也，而此痛苦之特性適又造就其高貴之品性。如伯夷、屈子即已是矣。）

明儒最具孔子之體者，莫過於王陽明、黃石齋。石齋世間之學甚備，忠孝節義之完人也。觀石齋之易學如易象正及榕壇語業等，知其窮究天人之玄奧，又非蕺山、亭林、梨洲等所能及。（梨洲亦治易學，然以考辨爲主，不能如石齋直造玄奧微妙之境。蓋梨洲之易是學問，石齋之易是道術。）四庫館臣幾將其易象正置入子部術數類，正可窺石齋之易學乃具巫儒、西漢之古義者。石齋又遊於藝，文質兼備，情文俱盡，此又高過李二曲、孫夏峯。仁智勇，石齋智勇俱高，唯仁猶未盡耳。陽明亦然。（石齋後繼者中，尤以方密之以智為傑出。方氏忠孝節義，參證甚深，精周易、禪宗、詩文，得三教一致之妙義。又曾撰物理小識、通雅，力行實學。其書法、山水畫格調亦絕俗，予嘗觀其真跡。方密之之成就，豈在亭林、梨洲、船山之下。要其精神圓滿性，尚在三大儒之上也。）

近世儒者之中，馬湛翁先生證佛甚深，於天道微妙第一義甚多領悟，頗能窺孔子之心之全體。章太炎晚年體會大乘義亦甚深，轉以證儒，成就極高，乃其儔類。沈寐叟學大如海，亦深契佛典，性地高超。三先生皆不專研易學，而以佛學契入。而三先生皆遊於藝而入妙者。乃兼得孔子之三學。（三先生經史之學皆極深厚，而各有偏重。太炎尤勝，寐叟次之，太炎勝在經，寐叟勝在史。湛翁所長不在樸學，而在性理。太炎經史造詣之深，固已獨步天下。寐叟尚有漢學餘習，精力又不免偏於詩歌書法有過，故學術之著未能圓善，求如湛翁復性書院講錄者不能得也。然其由後人輯成之海日樓札叢,亦近世第一等著作。寐叟年輩長於太炎,太炎又長於湛翁。寐叟境界非凡,當時最為士林折服。若論三先生學術志趣之博浩深雅,自亦相當也。而太炎事功之有成,亦常儒所難追。然其偏激猛利之失亦多。湛翁無此缺憾,故其氣象尤圓。事功得失,本非第一義。必欲問第一義者,立德是也。)其他如王靜安、陳寅恪等,學殖深厚,絕有創見,而皆各得孔子之心之一隅,非能窺其全體。(二先生經史功力極深,而心性俱多悲苦。悲心深大,而喜樂無量心未足,學問深廣,而現證現量未切,故不能發大菩提心。蓋皆未能深證孔、佛之心。寅恪之佛學研究,承西方漢學之習好,是世間智,非天人師之智也。惟靜安悲心深大,可以作詞人,撰人間詞話。寅恪悲心深大,可以作詩人,寫柳如是別傳。亦其方便智巧,而與佛心相通者也。靜安之宗教精神甚是強烈,為大根器人,惜未得修證之法要,尚不能如昔日龔定庵之能入也。)

　　錢賓四經史之學深厚,眼目弘廓,氣度高邁,識力精到,而不通佛學,未能真知佛學之於後世儒家之大作用。亦未能精研周易、老、莊、太玄,深造天人之際。蓋弗能轉識成智,不免落於意根。故其學術境界雖深厚正大,而不能入極微妙高明之地。其所得亦非夫子之全體。(賓四亦只是一團混元氣,勤著述,做學問,重思考,而未能於修行大受用。以予說論之,亦一本能型之大學者爾。其中國思想史於西漢儒學、象數易學評價甚低,真非中正之見,於佛學宗教,亦論述膚淺,皆其不深於天道玄妙之學、不達於微妙第一義所致者。賓四亦喜探究人生之根本問題,如人生十論,然皆非究竟圓滿之說。其所欲樹立之儒家信仰,亦不能深入孔顏精神之三昧。其亦喜談論西學、耶教,似於彼等有深入之體認者,實則其所謂西學、耶教者,並不達其真血脈也。其弟子余英時先生後深入西方世界,見地亦愈通恕,然元氣本能又大不如其師矣。)

　　熊十力經史之學不深,不能深入夫子世間之學之精髓。深究唯識學理而證佛不深,少修行之功夫,弗能轉識成智,亦落於意根,是以亦不能變化氣質。何能體乎夫子之神也。(十力亦一本能型之思想家。其門人如牟宗三者亦如是。讀其散文,尤可知之。予開悟後,嘗創一本能智慧理論。人能自我成就者,分本能型、智慧型二種。所謂本能型,皆元氣充沛,以我為主,而氣質駁雜,多欲,落於意根,多不能消泯我法之執者。於此轉移氣質之處,尚不及智慧型。所謂智慧型,尚靜觀,多妙悟,能克己,善於消泯我法之執,而元氣、創造力又不及本能型。獨善其身可也,而不能兼濟天下。本能型實證開悟後,又能成本能智慧型。在此種人,大體上本能智慧莫二,煩惱菩提是一,本能即智慧體,智慧具本能力。獨善亦可,兼濟亦可。然亦不能無漏,猶失之粗豪。非最上等。智慧型實證開悟後,又能成智慧大悲型。以大悲心故,境界格局擴充至偉,創造力亦大增焉。然亦不能無漏。最上等資質還是深沉厚重、平淡中和,亦非本能,亦非智慧,又俱不離之。孔子是也。在宋則司馬溫公最近之而未至。以孔子曰毋意、必、固、我而衡之,熊牟諸儒失之多矣。賓四亦猶有意我在。賓四不學佛,少天竺大智慧之資糧,尚可恕也。十力學佛造論自居者而致此失,亦甚可悲。馬先生後亦嘗論斥其病障,與愚說甚合。宜乎抗戰時十力欲謁歐陽竟無而其師不納也。非竟無氣量不弘而已。近世儒者本能智慧型之典型,有太炎先生。馬先生遁跡林泉甚早,靜觀洞達,能轉移其氣質,乃一天生之智慧型。其後境界愈邃,造乎愚所謂智慧大悲型者。國難遷徙西南,親歷艱辛,講學烏由寺,困難重重,亦適能成就其大悲心微妙境界。其晚年境界愈深,則非愚所得窺。若以四十歲前之創造力論之,自不能與本能型如太炎者比。故其初遇熊子真時,亦嘗驚嘆其力量。此皆其為智慧型非本能型之證也。)近世釋教人物極盛,有境界極不俗者。其能窺孔子之心之人,正亦不少。藏地大師且勿論,漢地如虛雲、來果禪師、能海上師、王驤陸居士者,即其儕輩。晚年之歐陽竟無居士,亦有體乎此義。釋教人物雖於著春秋傳公羊學與政治禮教之孔子略感隔閡,其於孔子精神之圓成境界,則能深體之也。

　　夫孔子儒家之奧蘊,後世之人,非學佛得證悟無以盡窺其大體也。或問,今世不學佛者即不得儒家之真髓耶。對曰,學佛亦只名相,學佛只為入道。既入道,則佛儒渾融無二,不必分別門戶。或有儒者資質不凡,生而近道,又好古能學易老,乃甚知孔子之大體。

其不必學佛，亦自然爾。宋儒司馬溫公不學佛者，而甚能知孔子之大體。即其人也。溫公不學佛，而能學太玄。此其精神圓成性之資也。溫公不喜釋、老。不聞其曰"其微言，不能出吾書。其誕，吾不信也"。蓋以儒家自具極微妙義，不假他求。王暐道山清話錄溫公曰"呂晦叔之信佛，近夫佞。歐陽永叔之不信，近夫躁。皆不須如此，信與不信，纔有形跡便不是"。見溫公年譜。（觀此最可明溫公境界之微妙高深，非常人所可測。朱子語類云溫公見得淺。亦形跡之論而已。朱子自信見得深，實所知障亦愈深矣。）晚明方以智四世傳易學，外祖吳應賓觀我著三一齋稿。承此血脈，其後乃有藥地炮莊巨著之出。弘庸藥地炮莊序云"師承三世淵源，時乘易中神無方、雜不越，而外祖吳觀我太史早提如如當當平天下之譎逞。夙緣相續，固已奇矣"。此亦儒家之易學與佛學相通之例。儒者學易到深徹處，自具佛智。易佛相通如是。漢儒究天人之際，能於微妙高明處著眼，智慧不凡。又氣質深沉厚重，定力一等。加之往往操守甚嚴，禮法森密，自戒之力亦特大。敢于有爲，不畏死亡，勇力可敬。故漢儒有自然之致，其不學佛，而合於佛，其於孔學得之深矣。魏晉之後，儒者漸多浮薄，以迄于今日。故非學佛深造者，往往不能入孔子之奧室也。（佛教傳入中國甚早，然至魏晉始多聲勢，士人學佛者漸多，固自合於氣數之變也如是。蓋惟值此衰運，士人始漸能自覺有學佛之必要也。）

後儒知而行之。尤以唐賢為典型。宋明儒者知此理焉，然學佛又詆佛，又其畸異者。（宋明儒者中，三教一致論者與理學而詆佛者之間，又有陸王學為其折衷及變通也。陸王學如伊索寓言中之蝙蝠，在鳥類則言我鳥也，在獸類則言我獸也。其終也鳥類言其非鳥，獸類言其非獸。故陸王學之處境，往往甚爲微妙，亦往往最尷尬也。程朱派詆其是禪非儒，圓融三教者又責其乃理學而詆佛者。今見清人熊賜履學統，其詆毀象山之語甚惡，真可謂鳥獸之言也。愚亦何忍敍之。）清初會稽陶素耜周易參同契脈望讀參同契雜義有云"尤可鄙者，章句庸儒，粗知傳註文義，儼然以道學自任，蓬心管見，毀訾聖賢，是斥鷃鸒鳩之笑圖南也。即如朱、陸異同，只是下手得力處，資稟各有所近。如曾子之真積力久，顏氏之聞一知十，殊塗同歸，有何軒輊，而廼等陸子於楊、墨耶"。（見道言五種。此正為同時熊賜履一流而發者。不意為象山如此出頭者，乃一道教之存存子也。益可會明、清人三教一致之微妙處。）

以此孔子之心之全體觀之，則宋明理學之學，固多未圓滿者。尤以義理而言，理學家排詆二氏之說，弗如三教一致之論者為圓。後讀書見管東溟嘗云"教理不得不圓，教體不得不方。見欲圓，即以仲尼之圓，圓宋儒之方，乃使儒不礙釋，釋不礙儒，極而至於事事無礙，以通並育並行之轍。矩欲方，亦以仲尼之方，方近儒之圓，而使儒不濫釋，釋不濫儒，推而及於法法不濫，以持不害不悖之衡"。（見藥地炮莊總論中。）不覺擊節。此正予心聲之所在也。義理而外，又有數端。詳而論之，曰理學四勝四障也。

理學四勝四障

竊謂弗可以世俗之所謂對錯論理學，只可說理學之精神體尚未圓滿也。以二諦說之，其勝義諦未得圓融，而世俗諦自亦難能無礙。然其事在仲尼亦甚難哉。惟仲尼有所為而不住其心，於道則不增亦不減。在宋明理學，其有所為而住其心，於道則欲有所增有所減矣。其不免雜有妄心，而自以為無病，雜有僭行，而以為聖道。其功德自是不虛，而其不圓滿處亦多矣。使以世諦觀之，一切皆有因果。理學之精神體所以未得圓滿者，乃與氣運、時勢、政治有莫大之關係。理學家所爭之義理問題，實多政治問題之所衍生者。（如南宋理學家嚴排佛老之主張，實乃士大夫欲得君治國，實行其儒家理想之政治之需要。彼以佛老為擾亂其權威性之根源也。如彼嘗寄予政治希望之宋孝宗，即究心禪宗、主三教一致者。然宋之理學家，幾皆嘗深研佛老之底蘊,甚者出入其堂奧。以心靈之真實印證而言,其並非真黜佛老。乃以政治之故,乃不惜違背其真心。詎能造乎圓滿之精神性耶?此儒家荀子以來重視現實主義過於理想主義之傳統之最新變種也。其偏頗愈大。惟彼時吾國政治有此無可逆轉之新趨勢,氣運所在,非人類中正之心靈所能挽繫也。)古語曰,人算不如天算。(有宋理學家欲得君治國,一遇蒙元暴力之摧蕩,二遇明、清暴君之恣肆,至明、清則君權愈重,猜忌愈強,是以理學政治之扭曲性亦愈深。理學政治之扭曲性愈深,則理學學術之扭曲性亦彌顯。陽明學、漢學是以大興。)

今日之時勢又已大異,氣運又已大變,理學則退出政治久矣。今之學人,自不必刻舟求劍,為舊日理學之觀念所羈絆,而必尋求一境地愈圓滿之智慧體也。

理學有四勝。

其一曰妙用釋老,內聖外王。(理學固孔孟之傳,然亦有釋老血脈。其學內聖外王,內聖之學,實多胎息佛禪之學。觀濂溪明道,亦可知有玄老之血。是以兼儒釋諸教之勝。拙著徵聖錄卷八有云"宋人有善為不龜手之藥者,世世以洴澼絖為事。客買其方百金,以說吳王,終裂地而封之。性命之理,原本釋老,其為不龜手之藥也,釋氏用之以修證。理學諸儒轉致之于體國經野治平之術,施之于六經孔門聖賢道統之傳,其用亦百倍于買不龜手藥之客。以此論之,理學諸儒乃經權達變之士"。即謂此也。日本開國五十年史儒教篇有云"宋儒中如朱子,取佛教之精神,為自家藥籠中之物,換骨脫胎,倡理氣心性之說,使瀕死之儒教復活而更新其勢力"。可謂要言不繁,一語中的者也。)

其一曰崇尚禮教,移風易俗。(理學嚴于禮教,收斂身心,當天下縱慾之風漸盛之際,立一斥欲之學說,設一崇禮之制度,為家國之中流砥柱。此功德極大。於後世影響深遠之家族禮法制度,經唐五代之大震盪,於宋代確立其新結構,其本有傳承,亦並非盡是理學家之功,然理學於其之影響則逐步增強也。此經理學洗禮之鄉村家族禮法體系,實為長於鄉村之士大夫最為受用之本土大學堂,良好風俗亦賴之以傳焉。如吾婺之義門鄭氏,造就人才何其多也,而此等實為吾國家之根基所在。吾自幼亦受用於斯也。)

其三曰激揚氣節,陵邁晉唐。(宋明氣節,遠接東漢,陵邁晉唐而上。此种剛直之氣之蓄養激揚,誠最可感奮於人心。此最激發後人之民族精神者。日後凡欲振作國民士氣之時,皆可發揚宋明儒者之光輝而鞭策之,近世抗戰時即然也。此為吾國最大之無形資產之一,而弗遜於美國之清教徒主義、日本之武士道者。)

其四曰講學立統,儒家所托。(講學之風,由宋儒重啓,功德無量。今世儒學真血脈一線之傳,當不在官辦之學院,而在民間之講學。宋儒講學之風,乃鼓動出一股全新而豐盈之儒教之宗教精神,滌蕩乾坤。此種力量使中國之政治產生正面及反面之兩種變化。正面之變化即儒教義理之深入政體綱紀,此政治體系之道德力量又激發士人民眾之作用也。反面之變化即專權專政之加強,此士大夫階層道義體系刺激君主之反作用也。)

理學亦有四障。

其一曰糾纏義理,執著名相。發明太深,漏洩太盡。(近世鴻儒劉鑑泉氏學略嘗譏宋儒不識大原。亦可謂一針見血。一部大學,以周漢之人觀之,本來平實。自宋人奉為聖經,格物致知誠意正心之說,宋明儒者,諍論無窮,糾纏義理之是非,執著名相之虛實。自朱陸分派,纏繞愈重,門戶之見愈深。同一王學,又分衍出浙中、江右、泰州及晚明劉蕺山諸派,辯論不休。曹溪之禪,一花開五葉,何如曾見臨濟法眼五宗七派有此纏繞糾結也。而宋明儒者反以此自喜,以為超邁於古人。如黃梨洲明儒學案凡例所謂獨於有明之理學,前代之所不及,牛毛繭絲,無不辨晰,真能發先儒之所未發者。此與象山之言人物議論者甚相似也。大凡學者,皆在辯論苦思中度日,各有自圓其說者,然其所論之名相義理,往往各騁其詞,而無實證以為驗證。思慮既深,業障或也愈重,亦往往不能持公正平常之心,遂乖離於真相。使學者多在實證真修上得力,當不至於纏繞如是。又如所謂先涵養後察識,先察識後涵養孰為正者。二派辯論甚繁。不知此二種法門皆是也,唯待乎其人而已,豈二者必有一對一錯、一正一僻耶。試問周公孔子,抑先涵養後察識耶,抑先察識後涵養耶。竊謂皆非是也。周公孔子之法門,最是平實簡易,卻非宋明之儒所可臆測。雖然,法門萬千,皆可入聖,唯待乎其人而已。發明太深,漏洩太盡之患，乃吾讀王龍溪集忽悟者。卷七龍南山居會語有云"非子之狂言，無以發予之狂見，只此已成大漏洩，若言之不已，更滋衆人之疑，默成之可也"。宋明儒之患，實有在此漏洩二字者。惜每每默而成之者少，而言之不已者多。反是民間之家族、村落中默而成之者甚眾，不似朝廷、書院中著名學者中言之不已者為多也。）

其一曰重內遺外，主靜安隱。嚴辨華夷，失之太隘。（重內遺外，主靜安隱。此兼融釋老之勝之流弊也。釋教本視三藏為內學，儒術等為外學。以平常心觀之，以儒術為外學，亦屬自然，非不可也。宋儒則直轉儒術為內學，欲內外兼聖，心有餘而力不足，而外學不免衰餒。惟恃永嘉永康諸儒疾呼維持，少存古義。朱學中有吾婺金仁山先生，通曉天文禮樂田乘兵謀陰陽律曆之書，亦有志于事功。然此等人亦甚少。明儒又興心學，學愈內而外愈頹矣。自濂溪而下，皆主靜，漸有半日讀書，半日靜坐之風，則亦漸少功夫于實事。明道以獵心為非，則儒家剛健拓闢之體格，愈見式微。其于唐人，血氣亦不及。主靜而愈趨於陰柔安隱，亦是一障。施之政治，則成一小格局。民國王桐齡氏中國民族史有云"融合種族之事，秦漢隋唐極為努力，明亦相當用心，而宋室無功焉。蓋大帝國之政治家與小帝國之政治家眼光本不同也。秦始皇帝盡瘁於移民，漢隋唐三代極力提倡雜居、雜婚，唐尤著眼於賜姓名及養子，明亦注意於賜姓名。宋則除去獻納歲貢歲幣之外，幾與外族無關係焉。狹義之儒家哲學誤人家國事，可羞亦可惜也"。所謂狹義之儒家哲學者，即包括宋儒孫復以來嚴辨華夷之學也。尤以胡安國之春秋學為代表。可參前論卡贊扎基之書之語。蓋宋儒愈尊夏而排夷，而夷狄之禍亦愈熾。使其能得大器度如漢唐者，自非如是。宋儒視嚴辨華夷若天經地義者，乃不思其適為禍患之源之一種。唐太宗嘗云"自古皆貴中華，賤夷狄，朕獨愛之如一，故其種落皆以朕為父母"。此殊可為宋人及今日之民族主義者之師範者。儒家之天下情懷，實不可為民族二字所囿隔。宋人實為今日狹隘民族主義之濫觴。夫宋代格局之小，宋人自亦知之。東萊皇朝文鑑卷一百一唐庚愍俗論有云"傳曰，不知其形，視其影也。今百工之所造，商賈之所鬻，士女之所服者，日益狹隘，而一時人物，大率悍而短小，此非其影耶。古之化俗，惡者可使為善，邪者可使為正。今俗非有他也，獨患小爾，顧不可使知大乎"。又云"學術小，故無

大論議，力量狹，故無大功名"。唐子西歿於徽宗宣和年間，其論正可爲宋代
文化風俗之縮影。宋人於華夷能持平常心，以予所知，有何簑衣一流，然為道
流，非儒也。岳柯桯史言孝宗"嘗燕居深念，以規恢大計，累年為有所屬"，默
言曰"何誠能仙，顧必知朕意"。珵承命問何簑衣，何忽掉首曰"有中國人，即
有蕃人，有日即有月，不須問"。見卷三姑蘇二異人。此一句有中國人即有蕃
人，宋儒所罕道者。此句最有味，尚有唐太宗遺意在。）

　　其一曰窒欲之過，不得中行。責逼庶民，非先聖意。（此崇尚禮
教之勝之流弊也。春秋之義，責下輕而責上重，責小人恕而責君子愈嚴。吾
國綱常禮教，周偏朝野，無有分別，然實嚴責於士夫君子，而恕求於庶民野人。
而今人多未識此義，淺者猶斷斷於禮教之繁縟窒情，謂天理人欲之教豈庸民
庶人之所能受，殊未知公羊大義惡厚而責薄，本為君子而設教，實非刻苦于庸
民也。然宋明理學之儒，亦未必盡能識得此義，而欲施嚴格之禮教於庶民，是
以民衆漸多苦聲。此即章太炎菿漢微言所謂朱晦庵"其言道，以天理人欲為
不並立，內以持躬，固足寡過，外以蒞政，即不能以百姓心為心"者也。如前讚
宋明氣節，陵邁晉唐而上。然觀明亡死節事，烈士往往先屠妻女，或闔門自盡
者。則不知又有多少屈魂。烈士殺身成仁矣，何必嚴逼於親屬庶民。此又崇
尚氣節之流弊也。宋明禮教氣節之不通人情者，誠有失聖人之道，前人辨之
已多。然禮教之反動，則為脫世。大患若身，甚者習性理之士乃以世間為患。
釋子無累于世務，儒者多有仕宦婚姻，世累人欲終不可去盡。然使盡去此累，
則無以爲儒者之本分。前賢至責程朱諸公，未嘗不婚，未嘗不宦，大賢以下，
鮮不為所困。其意政治家室，並須摒減。過矣。白沙之後，理學家或多希慕
虛靈，欲無累於世務，確是一障。此非孔子憂患之心也。）

　　其一曰排詆佛老，議論過苛。疾惡過甚，黨禍不止。（理學有釋
教禪宗及老莊血脈，不容有疑。所以從來有陸王學，與程朱半分天下。竊謂
二程排佛，欲爲尊孔故，實亦權道。呂本中師友雜志有云"邵子文云，先人非
是毀佛，但欲崇立孔氏之道爾"。子文即邵康節之子伯溫。此語尤能得其時
諸賢之心事。佛老自可議論，而不可排詆。排詆過甚，不合道義，亦非自然天
成之道，實有悖於夫子之精神。吾不忍也。子曰，三人行必有我師。釋教豈
非亦吾儒之師耶。自程朱出，而排佛愈峻。誠如北宋大覺懷璉禪師所嘆曰

"自秦漢以來，千有餘載，風俗靡靡愈薄。聖人之教列而鼎立，互相詆訾，大道寥寥莫之返，良可嘆也"。見禪林寶訓卷一。而宋明儒者之議論，往往有過於嚴苛者。此又是激揚氣節之勝之流弊也。袁中郎公安縣儒學梁公生祠記嘗云"唯吾自挾其道而與之角，居然以敵名予之，而彼亦傲焉以敵自居，於是異端之禍與吾儒相終始。名曰尊吾儒，其實薄吾儒，而益賊以戈者也"。此尤能洞悉宋儒門戶之見之反力者。又如夫子文質彬彬之道，宋儒鄙夷藝文，專在質上著力，不免有偏。故文之道，尚賴蜀學留一綫生機。明儒莊弘甫嘗云"朱子所著，正欲破先儒專門之弊。其徒不知此意，但欲推尊，不復更加研究，黨同伐異，不免矣"。陳公甫嘗云"宋儒太嚴，適成其陋"。見藥地炮莊總論中。所言弗繆。釋教之中著書駁斥宋理學諸儒偏激之論者愈多矣。如北宋之明教契嵩，明初則有空谷景隆之尚直篇、道衍和尚之道餘錄出焉。近覽章太炎藏書題跋批註校錄題陳白沙集云"自宋以來，儒言相軋，多隨門戶而不徵之於心，其辯訟又無法度，令人悵悵，莫能理其是非"。誠能揭理學之通病者。而吾人之悵悵亦然也。又宋史儒林列傳三邵伯溫嘗論元祐、紹聖之政曰"公卿大夫，當知國體，以蔡確姦邪，投之死地，何足惜。然嘗為宰相，當以宰相待之。范忠宣有文正餘風，知國體者也，故欲薄確之罪。言既不用，退而行確詞命，然後求去，君子長者仁人用心也。確死南荒，豈獨有傷國體哉。劉摯、梁燾、王巖叟、劉安世忠直有餘，然疾惡已甚，不知國體，以貽後日縉紳之禍，不能無過也"。同卷楊萬里亦嘗對光宗云"天下有無形之禍，僭非權臣而僭於權臣，擾非盜賊而擾於盜賊，其惟朋黨之論乎。蓋欲激人主之怒莫如朋黨，空天下人才莫如朋黨。黨論一興，其端發於士大夫，其禍及於天下。前事已然，願陛下建皇極於聖心，公聽並觀，壞植散羣，曰君子從而用之，曰小人從而廢之，皆勿問其某黨某黨也"。邵楊二人皆君子也。觀此二人之說，宋儒疾惡之過，可以想見矣。禪林寶訓卷一演祖曰"古人樂聞己過，喜於為善。長於包荒，厚於隱惡。所以光明碩大，照映今昔也"。其中長於包荒，厚於隱惡八字，最為宋儒所少。蘇子由再論分別邪正札子有云"方泰之時，若君子能保其位，外安小人，使無失其所，則天下之安未有艾也。惟恐君子得位，因勢陵暴小人，使之在外而不安，則勢將必至反復。故泰之九三則曰，无平不陂，无往不復"。觀子由所憂者，即乃君子之黨派習氣也。因勢陵暴小人一語，尤可見元祐諸君子激烈不中和之患。不幸後愈驗其言矣。）

　　今世之學術治道，欲闢新風者，當揚其善而改其過。如崇尚禮教，移風易俗，在當今最爲難事，而最為仁者之憂。舊之禮教大體漸滅，世人放蕩成性，已成風俗。在學儒者亦不免，往往在一己之風氣亦不能正，如何能正他。故曰最爲難事。其他如妙用釋老，激揚氣節，講學立統，則差可承襲而不滅。須賴吾儕擔當之。重內遺外主靜安隱之弊，不可不正之。不然，國將不國矣。貨殖、軍陣之道，不必諱焉。窒欲之過不得中行之弊，不可不正之。不然，民生不得遂矣。然今世之大患，又在縱慾之過。由窒欲而到縱慾，亦在一念之間爾。（方今縱慾主義橫行世界。吾人生大都市中，皆為此共業所捲。新之妙法密用及禁慾主義又將出矣。）排詆佛老議論過苛之弊，不可不正。使今世儒學家猶以正統自命，而卑視佛老，蔑棄耶教，乃真為不知天高地厚之人。疾惡過甚之弊，不可不正之。不然，直損傷真氣，非積德之道。疾惡過甚，亦將招禍無窮。愚心尚周、孔、唐賢，不欲蹈宋儒之舊習。雖然，亦甚難矣。夫尤難者，莫若轉當世之風氣。而當世學者，盡為風氣所轉。在學者使無智慧之覺悟，無實證之誠明，無豪氣之擔當，何能直奪彼之膽魄，移彼之習氣哉。當世釋教中弘法者極多，聲勢可觀，然欲覓二三具此智慧之覺悟、實證之誠明、豪氣之擔當者，亦甚難得。數十年前虛雲、來果禪師具此三德焉，今世亦當有此種人在，唯彌隱耳。

四重緣起說理學

　　吾以四勝四障說理學，所論似詳備矣，然尚非中道圓滿見。實則我所破者，理學見也，非理學也。理學本無自性，不可破，亦不必破。理學見是實執，非究竟，不可不破。就理學而非理學見而論，吾今以四重緣起試論述之。寧瑪派有四重緣起之說，深合龍樹菩薩七十空性論，為殊勝之中道見也。其曰業因緣起、相依緣起、相對緣起、相礙緣起。（可參談錫永上師細說如來藏上篇。）如理學與佛法之關係，甚為複雜難說，今以四重緣起說之，則甚能深入肯綮也。

以業因緣起觀之，理學乃東晉以來三教之精神融合、複雜背景下唐人尊儒排佛之思想、北宋特殊之政治形勢、末法時代根器下降等各種業因共同作用而產生者。此一重緣起。以此緣起，可知理學如排佛論之產生，為因緣和合而成，本無自性。

以相依緣起觀之，理學乃相依於佛學而生起者，若子之依於父，然人若無子，亦終生不得為父，使無理學之興盛，亦無以見佛學生命力之強大也。此二重緣起。以此緣起，可知理學本相依而成，較之業因緣起愈深入矣。

以相對緣起觀之，理學乃相對於佛學而產生者，理學家立說往往針鋒相對，在此與佛法之交戰及融合之過程中，產生全新之文化影響。以此緣起，可知理學創造性生命力之本源所在。較之相依緣起愈本然矣。佛法內部，如大乘之於小乘，密教之於顯教，亦皆有此相對緣起而針鋒相對者，而其正乃佛教生命力創造性之體現也。

以最高之相礙緣起觀之，理學乃相礙於佛學而任運者，由適應局限而成立。理學之真實面目，實只在相礙。能知相礙之真意，則青山不礙白雲飛。此又較相對、相依、業因愈玄妙矣。以業因而知排佛之因緣，以相依而知依佛之內情，以相對而知爭佛之原力，以相礙而知礙佛之微妙。一層高過一層。

故知理學之本然，乃相礙於佛學禪宗、辭章之學、浙東之學而生起者，實又與佛學禪宗、辭章之學、浙東之學有微妙之交光互攝之關係，並非如世俗所見乃與之對抗鬥爭而已。使吾人能認得此種高度，亦不必復以是非對錯之世俗見及相依相對之道諦見而論之矣。

惟宋人能具此相礙緣起之知見高度者，**釋教**、**丹道**中，其人頗眾，儒門中如**司馬溫公**、**李伯紀**、**張橫浦**，亦是也。（此等儒者，皆敢於作為，有與**耶律楚材**相類者）。理學家中差能具相礙緣起之高度者，恐只**濂溪**、**康節**、**明道**、**東萊**、**象山**四五人，如**橫渠**、**伊川**、**五峯**、**元晦**諸家亦只達相對緣起之程度而已。（如**明道**、**東萊**，其智慧能達相礙之境地，而其言論尚存相對之語，亦嘗以排佛自喜，吾人不免歉其猶在相對、相礙之間耳。**象山**此病稍輕。）

今世二種病痛

今世治理學者甚眾，然往往有二種病痛。其一曰無志。**程子**曰，非有聖人之志，不足與論學。今世之有聖人之志者蓋甚鮮。斯編淺陋，無足以語學術研究，然聖賢之志，自信則有之。愚作此書，亦以此自勉于聖賢之學。吾亦蘄於讀忘筌者，乃以崇德克己通明性理為務，而非專以思慮揀擇心，窮究於幽思。此無志之病，即吾同氣十五品論中同居、同名之位者所有者。同力甚有志向而不堅，同義志向堅定而鋒芒太露，同氣志行渾厚而能漸能轉移氣質，移風易俗。

其二曰機巧。**鄧豁渠南詢錄**有云"古人論學，只說夫婦之愚與知，又只說百姓日用，及其至也。說聖人中間許多賢才智巧之士，都說不著他。百姓是學得聖人的，賢智是學不得聖人的。百姓日損，賢智日益。百姓是個老實的，賢智是弄機巧的。一個老實就是，有些機巧便不是"。其言固有偏頗處，然極有藥石之用。今世以研究理學自居者，往往即是此種機巧賢智。學人之心，當以百姓日用為心。古之學者為己。此機巧之病，即吾同氣十五品論中同氣之下品、同義、同力、同居、同名之位者所共有者。同氣之下品、同義之士，多有天賦高而機巧勝者，不似同氣上中之品，多知得、行得此以百姓日用為心之至理也。

　　孟子曰"恥之於人大矣,為機變之巧者,無所用恥焉。不恥不若人,何若人有"。無志之流為機巧,機巧之流為無恥,亦盡驗於今世矣。孟子又曰"賢者以其昭昭使人昭昭,今以其昏昏使人昭昭"。機巧者雖昭昭而實昏昏,無恥者是昏昏而飾昭昭。子輿氏真末世之師也。

文字之學不能洞當人之性源

　　惟今世又有病痛之大者,又昔子輿氏所未道。禪林寶訓卷二云"靈源謂覺範曰,聞在南中,時究楞嚴,特加箋注。非不肖所望。蓋文字之學,不能洞當人之性源。徒與後學,障先佛之智眼。病在依他作解,塞自悟門,資口舌則可勝淺聞,廓神機終難極妙證。故於行解多致參差,而日用見聞尤增隱味也"。所言極是。蓋言惠洪覺範一類人,不宜太著意于文字之學也。所謂佛法,只是一個。無論小乘、大乘、顯教、密教,皆是佛法智巧方便差別,究其真實,並無二個。小而入於大,大可歸于於小,顯可合於密,密可同於顯。全在實證所至,機緣有成,行方便道。釋迦、文殊所演法寶,無非一乘,而聽者隨量會解,自然成諸機見差別。宗喀巴大師密宗道次第廣論,卷一正法白蓮經亦曰"實唯有一乘,無二亦無三,除佛於世間,方便說多乘"。而文字之學,對正法人而言,即是道之體,對像法人而言,直是道之助,對末法人而言,則半是道之障。如劉彥和文心雕龍原道有云"故知道沿聖以垂文,聖因文而明道,旁通而無滯,日用而不匱。易曰,鼓天下之動者,存乎辭。辭之所以能鼓天下者,道之文也"。此即是正法時代之義者。又如雲笈七籤卷九十七部語要云"言者萬神之機關,非言無以序形,非言無以暢聲,非言無以序真,非言無以化人"。此即是對正法、像法人而言者。(所謂像法、末法，並無自性，心淨則國土淨，心是正法則時是正法。使人能實悟得此地步，則可以明吾著書之苦心。可參下一節予之佛教觀。又古之高道、大德、大儒屢有敬重文字敬惜紙張之誠。近世猶然。此猶有正法、像法時代之遺風。奈何末法以迄當代，文字紙張泛濫，舉目皆是，人皆置棄之與塵垢污穢等。此又文字之學愈加墮落之表現也。）或問，學人用文字，其中正之心為何。景德傳燈錄卷二十九梁寶志和尚大乘贊云"未悟圓通大理，要須言行相扶。不得執他知解，回光返本全無"。四句盡之矣。

今世文字之學發達之極，而障礙亦是極重。故靈源和尚文字之學不能洞當人之性源之說，亦是為今世人發。（縱觀當世文、史、哲、宗教諸學科，文字之學發達之極，可謂前無古人。即在新儒家，觀唐、牟、徐諸先生生平著作，亦嘆其文字之學發達之至，令人生畏。近世之泰西哲人維特根斯坦氏即嘗言"哲學即是抵制借助語言而對我們的智性的蠱惑的一場戰鬥"。此與靈源之說可謂異曲而同工。）予忘筌之作，固弗能免俗，然自信並非是依他作解，塞自悟門者。忘筌之作，亦予自悟之道所在。雖然，於行解多致參差，而日用見聞尤增隱昧者，確亦有之。靈源和尚法眼灼灼，深可佩也。讀吾書者使已會其意，焚之可也。（陳白沙道學傳序云"自炎漢迄今，文字記錄著述之繁，積數百千年於天下，至於汗牛充棟，猶未已也。許文正語人曰，也須焚書一遭。此暴秦之跡，文正不諱言之，果何謂哉"。又云"夫子之學，非後世人所謂學。後之學者，記誦而已耳，詞章而已耳。天之所以與我者，固懵然莫知也。大何故，載籍多而功不專，耳目亂而知不明，宜君子之憂之也。是故秦火可罪也，君子不諱，非與秦也，蓋有不得已焉"。即予之意也。古蘭經卷一五有曰"他們問你精神是什麼。你說，精神是我的主的機密。你們只獲得很少的知識"。後世人所獲得之知識愈多，其往往距真正之精神愈遠。故許文正曰，也須焚書一遭。）

藏地米拉日巴大師歌集嘗云"正見空之智慧者，謹防空言與佽談。於理若未得確見，語言何能解我執"。（張澄基先生譯。）欲於理得確見，非克己踐行、真修實證弗能至也。古聖賢之世界，語言有平常心，具平等性，心魔不得入。末法之世界，語言少真實性地，心魔所宅居。故曰語言何能解我執。（泰西六世紀初神學大家托名<u>狄奧尼修斯</u>者，其神秘神學亦嘗云"我的論證從在下者向超越者上升，它攀登地越高，語言便越力不從心。當它登頂之後，將會完全沉默，因爲它將最終與那不可描狀者合爲一體"。然登頂如<u>米拉日巴</u>者，可完全沉默棲居山林，亦可唱道歌燦若蓮花。中世紀神學大家<u>艾克哈特</u>至言"我們要向上帝禱告以致可以免除於上帝"。此貌似離經叛道，而實爲眞知灼見。其所謂免除於上帝者，實卽免除於上帝之語言意念世界也。在此有關上帝神格之語言意念世界，尚有微細而頑固之分別執著心，能阻礙其領會上帝之精神也。故必免除之。此與禪宗向上一路至謂"逢佛殺佛，逢祖殺祖"又有何異。）

當<u>北宋</u>、<u>南宋</u>之際，正佛陀所謂末法時代之始也。（近世惟<u>靜</u>佛教歷史亦已言之。考末法之說，興於<u>南北朝</u>之晚季，<u>隋代</u>、<u>唐</u>初高僧多有信之者。<u>大集經月藏分</u>之法滅盡品曰"正法五百年"，"像法住於世，限滿一千年"。當時高僧如<u>天台</u>三祖<u>慧思</u>、涅槃學者<u>慧遠</u>、三論宗初祖<u>吉藏</u>、三階教初祖<u>信行</u>等，皆奉此說，而主末法住世一萬年。唯當時人皆不知佛陀出生之準確時間，故<u>慧思</u>一流或多以當時已進入末法之時期矣。參<u>楊曾文</u>氏<u>隋唐佛教史</u>。今既確知<u>釋尊</u>大致與<u>孔子</u>同時，則其一千五百年後，大體卽當此<u>北宋</u>、<u>南宋</u>之際也。）<u>米拉日巴</u>大師時當<u>宋</u>初之時，弘揚<u>噶舉</u>宗派，最以苦修實證境界之不可思議振動古今。其所深斥者亦正空談教理、執著語言之舊僧伽。而大師與<u>靈源</u>和尚乃同時代人。信乎中原、<u>藏</u>地氣運有一致者。（讀<u>米拉日巴</u>大師傳，則知其亦以彼之時期爲末法時代之開始也。）吾國文字之學極盛，始于雕版術盛行之<u>宋</u>初。然吾國文字之學之成障礙，亦始於<u>北宋</u>。究其緣由，非僅與雕版之盛行相關而已。乃尤與心量之變化相關也。境由心生，誠然弗繆。（<u>宋代</u>文字之學之精密，亦前未曾有。先有<u>天台</u>宗<u>山家</u>、<u>山外</u>派之大辯論，後有<u>程朱</u>、<u>象山</u>、<u>湖湘</u>、<u>金華</u>、<u>永嘉</u>儒門諸家之大思辨。觀其文字功夫雖甚精密，實不能和前人實地比。可參<u>呂東萊粹言疏證緒言</u>大知閑閑小知間間、<u>宋代</u>釋教靜論二條。<u>宋</u>儒最熱衷於文字之學者莫若<u>朱子</u>。非僅言其著述、書札、語類所存之數量皆最多而已。其文字所以爲多者，不可不辨之。予<u>呂東萊粹言疏證緒言</u>

評朱子之文所引尼采氏語,思之深矣。)尤可於釋教窺之。禪林寶訓卷四云"心聞曰,教外別傳之道,至簡至要,初無它說。前輩行之不疑,守之不易。天禧間,雪竇以辯博之才,美意變弄,求新琢巧。繼汾陽爲頌古,籠絡當世學者,宗風由此一變矣。逮宣政間,圜悟又出己意,離之爲碧巖集。彼時邁古淳全之士如寧道者、死心、靈源、佛鑒諸老,皆莫能回其說。於是新進後生,珍重其語,朝誦暮習,謂之至學。莫有悟其非者。痛哉。學者之心術壞矣。紹興初,佛日入閩,見學者牽之不返,日馳月鶩,浸漬成弊。即碎其板,闢其說,以至袪迷援溺,剔繁撥劇,摧邪顯正,特然而振之。衲子稍知其非而不復慕。然非佛日高明遠見,乘悲願力,救末法之弊,則叢林大有可畏者矣"。心聞,南宋之禪師。於此文字之學之魔障,可謂省察甚深。宋儒文字之學,一時極盛。如王安石、呂惠卿輩,文字之學皆極精湛,亦正亦邪,顛倒眾生,乃使風俗大變,愈趨於澆薄刻厲。而理學諸儒,亦深研文字之學,窮討性理之微妙,而以論說玄理之差別故,黨同伐異,門派林立,彼此詆斥不已。此亦是宋儒文字之學所生之障礙。朱子臨歿猶改大學誠意章註,呂子病重尚編臥游錄,實即其風氣之所現者。此種習氣隨時彌深,明清二代極重,而尤烈於當代。原夫當代文字之學之障礙,不僅只承吾國前代之業力,亦受泰西世界數百年畸形猛進之業障之感染。是以尤爲險峻。

　明道先生定性書嘗謂人不能適道,大率患在於自私而用智。所言極是。文學之學既興,公言之德愈淪,智識之思惟愈密,故熾其自私之焰,揚其用智之波。其禍彌大。使當世有志於學者,不能以仁德、智慧、大樂、悲願消融此文字障礙,則其所熱忱專注之學問事業,亦將不免為人類增添此種文字之學之新障礙也。但願後世亦不以予為此種增添新障礙之人。(陳白沙道學傳序又云"學者苟不但求之書而求諸吾心,察於動靜有無之機,致養其在我者,而勿以聞見亂之,去耳目支離之用，全虛圓不測之神，一開卷盡得之矣。非得之書也，得自我者也。蓋以我而觀書，隨處得益，以書博我，則釋卷而茫然"。亦可與予尚我之意相參。泰西中古世紀神學家愛留根納有云"真正之哲學即是真正之宗教，同樣真正之宗教即是真正之哲學"，可謂深獲我心。使學人之著述愈能契合此種境地，其文字之學之障礙亦必愈少。故此語可謂為一判定其得失之根本標準。如牟宗三之儒家哲學，即甚難將真正之哲學、真正之宗教渾合一體，其裂縫太多，痕跡太露故。有時覺其是儒教，有時又覺其是哲學，而不能渾融同時。故其龐大之學說所滋生之文字之學之障礙，亦正不少。唐君毅之境界實在牟之上。究其緣由，即唐之著述將真正之哲學、真正之宗教渾合一體之程度高過牟也。然其見地亦未大圓滿。所謂裂縫及痕跡者亦有之。）當世邪道甚多，在學術界亦然。（有治學者，用電腦網絡、電子書搜索之功能，僭心之用，自居為著作，是為邪道。此種奇技，又是自文字之學最新衍生出者，其亦愈為機巧變態。此乃文字波句之最新變種，其勢甚強。此技既出，乃令文字所殘存之真生命愈為漓薄。治文獻者用之，其弊略少。治心性者用之，則適戕賊其天性。如此類者甚多。自私而用智，變本而加屬。今揭此義，以爲學人之大誡。惟吾恐子貢之械橰既出，人不肯從漢陰灌圃之丈人矣。雖然，電腦技術之普遍使用，自具其正面之能量，君子慎而用之，亦有大用。禪密行人善而用之，亦生殊勝功德。善哉。予忘筌之書，亦將賴此以傳乎。）

予之佛教觀

予於佛法，直契曹溪禪、藏密殊勝法門而深入之。然予之佛教觀，又迥異於大乘宗派中人。使學佛者不能跳出佛教之文字之學，則又焉能識得吾立說之苦心哉。

其一曰，予不以佛教為所謂之發展進化者。一言以蔽之，此曰無門戶見也。

佛教各派學說之發展進化，日趨精妙，人皆知之。大乘斥小乘，唯識斥中觀，密教斥顯教，無上瑜伽斥唐密，後來者居上。反之，小乘亦斥大乘，中觀亦斥唯識，顯教亦斥密教，唐密亦斥無上瑜伽金剛乘。內訟不休。然不知其皆佛智善巧方便，乃應對世間眾生煩惱之轉化而化生興起者，只是一個，並無高下。是為平等性。而教義文字之學，對正法眾生而言即是道之體，對像法眾生而言是道之助，對末法眾生而言則多是道之障。是以佛教初時只講小乘，聽者已悟入證果。其後眾生於心理之迷障愈重，佛教遂興普度眾生之大悲願，以大悲為法義之根本，乃演大乘中觀之學說，義理超妙，以遮為詮，破其執著，消其心魔。其後眾生於心理之迷障又愈重，佛教遂演瑜珈行派之學說，其義理愈深奧嚴密。蓋欲以文字義理之利刃，解眾生最複雜之迷惑，消除極細微處之我執。其後眾生於心理之外，於身體之執著亦愈深，遂有即身成佛、直契法性之密乘大興。皆類乎對症下藥者。故空有二宗及密乘，應機而生，大悲善巧，並非世間之所謂佛學思想之發展進步者。（同理，藏地宗喀巴大師格魯巴之興，其教義與舊派有異，生大諍論，今猶未休。然其本亦以時代變遷，情形大異，宗喀巴對症下藥，其新教義乃所相應生起之智巧方便。其積極之力量，即在保存佛教之原始生命。而其相應產生之消極力量，即在諍論滋生，乃令學人之疑惑往往愈重矣。此與泰西路德之新教改革亦同理。路德之神學，以古義觀之，並非圓滿。如其否定並揚棄狄奧尼修斯之神秘神學，使基督教之見地愈為狹促。然路德之功德，即在其又重新激發並保存基督教之原始生命也。）老子曰"大道廢，有仁義。智慧出，有大偽。六親不和，有孝慈。國家昏亂，有忠臣"。自小乘而大乘，自空而有，自顯而密，其義理智慧之體系愈為精密玄妙者，實為眾生煩惱業障愈加深重之反作用力也。（以此理推之，佛教之未來尚有新教新乘之產生，以應乎眾生煩惱之變化。而予此番陳說之佛教觀及所倡導之學說，亦在此時代眾生之疑惑之背景之下所下之新藥也。使發於昔日，為不對機。使讀於未來，亦為過時。）

　　在昔大根器之人，讀四阿含經亦能開悟、究竟，不必有中觀、唯識。近世高僧如能海，晚年歸心于阿含、戒律，乃能知吾說者。（小乘乃釋迦親說之教法。小乘之名，乃後世為他派所加者。其本非小也。能海上師能會小乘之玄奧，恐亦與宗喀巴大師素重小乘教法甚有淵源。）中等根器之人，學龍樹之學亦足以成就，不必再求有宗。學龍樹而猶未盡除其惑者，自可學唯識義，破虛妄法，其終也至於性相圓融之地，而不復戀執于理則之圓善。惟後世學唯識而以最勝義自居者，斥小乘及空宗為不了義，則多見其不通。後世學密宗而復輕視顯教者，其病亦如是。此實亦佛教內部諍論之根源也。顯、密只是一個。中土之禪與藏地之大圓滿、大手印，更不是兩個。故學人當參證得平常心，不能為佛教內部之文字障礙、宗派習氣所束縛。學人多高揚我宗為最勝義，不知適為自家宗徒之障礙。（近覽羅桑華丹氏藏傳佛教格魯派史略有云"不同宗派之根本堪布從各自證悟之體驗之上，專為適應自己化機之覺知，雖然其各有一套不共之種種宣說之理，但是，此等若由公道正直之智者以正理觀察之，則除了僅僅理解之方式和名言之立法上有所不同之外，究竟意趣之樞要是同一也"。所言極是。）金剛經曰"所謂佛法者，即非佛法，是名佛法"。此一句可破各宗各派之萬句也。惟得此平常心，須得開悟，大為不易。佛學之為佛學，實只可開悟而後而言之。（開悟之前，佛只是佛。開悟之後，佛不是佛。）不然，縱能精研三藏，矢志苦行，亦尚是煮沙成飯事。仁者當證得此平常心，小大顯密皆為我所用，而非我為他所用。三乘乃得一體。而大乘、密乘，皆是菩薩智慧方便善巧。華嚴經卷七十九菩薩有十種生處，大乘僅其一種而已。"修行一切法，是菩薩生處。生過去未來一切如來家故"。華嚴經卷七十九如是說。故小、大、密及未來之新教，皆所當修行。小、大、密三乘乃得一體。文字之障礙，宗派之法執，自將消融。而禪宗者，非小乘，非顯教大乘，亦非密乘，乃真能令三乘得一體者。未來佛教生命之核心，還是禪也。（近日拜讀陳健民上師佛教禪定一書，乃發現予之思想頗多與之吻合者。此為極殊勝之著作，其闡述三乘一體之義極為精密，有志于道者焉能失之哉。惟上師自密乘深入，乃深證空性境界之人,而其觀念中自有小乘、大乘、密乘之分別,強調大乘高過小乘。在我則幾無此分別心矣,亦不以大乘真正能高過小乘。在我觀之,其皆智巧方便,教義固有差別,而法性並無高下。上師之實證境界,予不能得其萬一。予之產生此種思想,或與予自仲尼、禪宗而入相關也。予嘗譬喻之,小乘、中觀、唯識、密宗、無上瑜伽金剛乘,串成一個佛法冰糖葫蘆。越是後面串上去、越高、最誘人的那個,自然越容易被你吃到。而那根一以貫之的細棒,就是禪。具緣者遲早會吃到最底部的、由佛陀親自言教的小乘。小乘豈是小。一旦通通吃完,只剩此無用細棒,隨手扔掉。)

自空有二宗興,其流弊亦大生,即佛學文字之障也愈多愈重。研習教義而皓首窮經,諍論宗派而刺刺不休,此等世間之事愈見於釋教之內。一宗派內部,亦往往分裂為不同之學說,諍辯難休。是以中土先有禪宗興,藏地後有噶舉三祖出,以超解其糾結纏繞,歸於性地一乘。而其後禪宗文字之障,亦愈重矣。中土又興禪淨合流之風。近世禪宗大衰,淨土宗獨盛。今日盛行之淨土宗,實為中土佛教界於此像、末法時代以來文字之學之流弊所作之最強烈最極致之反抗也。然其流弊亦生焉。今日中土僧伽於禪定、智慧、應對機鋒、學術文章、禮儀法度各科素養之普遍墮落,皆與此宗風相關者。夫易行道、依他力之淨宗,誠為接引眾生之微妙不可思議之法門,而其宣教之學說,亦有誤導學人、令其不識自性佛之根本法性,遂生捨本逐末之負面影響。故以中土而論,宋元以來以迄近代來果禪師之禪淨合流之義,實為得乎中道者。故今日當力弘禪宗,以濟淨宗之失。昔日明季蓮池大師力弘淨宗,以濟禪宗之失,堪為典範。今日適須反之。然今日禪宗式微已極,欲弘禪宗,學人中等根器者,自應修行藏密寧瑪、噶舉諸家,以大圓滿、大手印證其心地,而與禪宗祖師心心相映也。當今藏密法脈最為雄健。中土當有師法焉。而今世人類於身體欲望之執著迷戀也最深,亦須用密教之方便法門疏導之。故禪、淨、密宗之合流,正合今日中土人士之機用也。

其二曰，予以佛教、古婆羅門教為不二者，具平等性，故亦不以佛教為優勝。此似為超出佛教底線之更廣闊之無門戶見也。

佛教法義之殊勝，非婆羅門教比，此在佛教內部中人，知之久矣。然以上文所述之理推之，天竺泰古之人，以婆羅門教自可了脫。後混沌彌破，人心大惑滋生，始有佛教之興起。此猶孔子之前，三皇五帝以迄老子，雖未聞孔子之說而自合大道焉。堯、舜、周公，有德有位，似更圓滿。無論伏羲、黃帝。而後世之道教，立說尤多此意。以道教之觀念，道教玄古，微妙玄奧，實古於儒教，而高於孔子之說，亦猶婆羅門教之於佛法也。與釋迦同時，中土儒家、道家亦興起，希臘蘇格拉底、柏拉圖亦興起。在此時期，人類先已蓄積一種普遍存在之困惑，而破除其困惑之時機亦皆已成熟，促使各國偉大之新思想之誕生也。雖學說有異，而能量為同一種。而希臘之學，前蘇格拉底之赫拉克利特，其精神境界又較其為圓滿，又勿論荷馬之世界矣。

釋迦本亦是婆羅門教之修士。佛法與此教之關聯實可謂血脈相承。（如今日尼泊爾人，多信印度教。亦因釋迦嘗為婆羅門教之修士故，亦不排斥佛教。）後世之佛教，處處樹異幟於婆羅門教，其義理日趨圓滿，自非舊日婆羅門教之人所能知。然其學說，本應其時代之機，亦與泰古之婆羅門教無關涉。泰古之婆羅門教自具其後人所不可思議者。以平常心觀之，佛教本緣于婆羅門教，而佛教各宗歷經考驗最終演化而成之無上瑜伽密乘，其諸多殊勝法門皆契合於婆羅門教之古法。（如噶舉派之拙火定智火瑜伽，實源自于奧義書。惟心法大異爾。如佛教如來藏我一系生命極大，影響中華極深，其與梵我之精神傳統實亦有千絲萬縷之關聯。且莫論密宗雙修法與濕婆性力派之淵源矣。）以此而論，佛教、婆羅門教亦不二。

印度佛教亡而印度教不亡。昔日吾所不解。後遊尼泊爾，生大感應，乃悟印度教乃具不可思議之渾厚之質地，其扎根於印人之性情也愈深，其微妙處吾性亦直契之。今日可一言以決之曰，佛教、婆羅門教亦不二。故在印度佛教雖亡而實不亡。常人執著名相，孰能識之。藏密之玄奧，即在方便與智慧之不二。婆羅門教之與佛教，亦即此方便、智慧之不二也。（陳健民上師佛教禪定一書中對於佛教、婆羅門教之分別意識，猶守舊有之義說，謂婆羅門教之大我，未得空性之證量。予則不盡然。彼猶以後來居上之智而判前所刻舟之記痕，非平等觀。釋尊之前之婆羅門教所證之大我，汝確信其不圓滿乎。汝又如何知得。予只一渾渾無分別心爾。釋尊之前之婆羅門教聖人所證之大我，亦不可思議，不可以意識分別。）

忽思雲門禪師舉世尊初生下，一手指天，一手指地，周行七步，目顧四方。云"天上天下，唯我獨尊"。師曰"我當時若見，一棒打殺與狗子喫卻，貴圖天下太平"。不覺忍俊不禁。憑空多出個佛教，多出個大乘、密教，多出個世間最殊勝最圓滿最無上之法，合該打殺也。從容錄五十一萬松禪師有曰"盤古初分天地，已成對待。結繩畫卦，轉喪真淳。釋迦未出世，祖師不西來，還有真諦俗諦、世法佛法麼"。使会得此，佛教、婆羅門豈為二者耶。而婆羅門教，亦可一棒打殺與狗子喫卻也。

予之佛教觀，迴異於宗派中人如是。所謂魔說予既破之，佛說予亦破之。（予為儒為道為佛，亦非儒非道非佛，而成其儒其道其佛。予說之非佛，尤見於此節。）近誦華嚴經，忽見卷七十七有曰"雖說一切乘，而不捨大乘"。此即予之心也。翌年一日浮槎拜普陀山，夜宿百步沙，夢諸高僧大法會，其末開示六字曰"無乘華嚴佛母"。醒來豁然即知無乘二字，乃正是我之宗旨。雖說一切乘，而不捨大乘。雖不捨大乘，而不如無乘也。（壬辰夏於重慶羅漢寺得當代大德紐舒堪布仁波切講授之大圓滿見修教言，乃知近代東藏佛教有所謂無門戶見運動者，全然離於宗派門戶之囿見。惟予之無門戶見較其更為徹底爾。蓋佛教與婆羅門教之門戶在我亦消融。非僅如是，泰西與東方之分別見在我亦消融矣。此從實證而流出，非是比量之奇思異想。此無門戶見運動又譯為利美運動。後得第一世蔣貢康楚仁波切著蔣揚欽哲旺波大師傳而讀之，甚覺大師之天賦及實行境界，吾不能逮其萬一，而吾以平等觀包羅羣有、歸於一元之志趣，甚與大師相類。第三世宗薩欽則仁波切作中譯本旺波大師傳序亦嘗云“當有人問及旺波大師屬何教派時，大師恒言，予乃釋迦之追隨者，而不言己乃寧瑪、噶舉、薩迦或格魯云云。此即強調其於利美運動之堅定信念者。即在今日，此種提倡不分教派之運動，人猶常議其甚激進也”。予之學說，則似又激進於彼。雖然，使人問我為何宗派，吾亦願對曰，予乃孔子、釋迦之追隨者也。當代有南凱諾布仁波切弘法於意大利，甲午年末得覽其大圓滿、水晶與光道二書，乃嘆其乃利美運動當代最卓越之代表也。其觀點不啻從我心流出者。大圓滿第一章云“一個要修行源於西藏的教法的西方人並不需要成為一個西藏人。相反的，對修行者最為至關重要的是能夠將教義與本土文化結合。只有這樣他才能同其他的西方人進行交流，傳播這教法的根本大義。然而常常發生的情況卻是，當人們試圖瞭解東方的教法時，便總以為自己的文化毫無價值。但這種觀念是十分錯誤的。任何一種文化，就其誕生的環境與條件而言，都是具有其內在價值的。沒有一種文化能被認為優於另一種文化。文化的價值應取決於它在促進個體內心修行的進度”。予華梵歐三教一致之新說，即言華梵歐無有一種文化能被認為優於另一種文化，華梵歐皆歸於心性實證，要其文化之價值應取決於它在促進個體內心修行的進度也。予造華梵歐三教一致之新說，其意義正在于欲促進世界人個體內心修行的進度，減少其因執著於文化差異性所生之對抗與災難也。大圓滿第一章又云“教法本身蘊含了內在的智慧，是不能同它籍以傳播的文化以及一切聯繫的風俗、習慣、政治和社會體系混為一談的。人類在不同的地方，不同的時間創造了不同的文化，有興趣致力於修學教法的人一方面必須瞭解到這一點，並知道如何對待不同的文化環境。另一方面又必須能不受制於這些外在的形式”。予之佛教觀、婆羅門教佛教不二說，亦正欲修行者不受制於此等外在的形式，超越各民族各宗教在風俗、習慣、政治和社會體系之差異，而深入實證內在之智慧。南凱諾布仁波切又云“教法的真正價值超越了一切人為的結構。要瞭解教法對於我們而言是否是一個活生生的存在，我們只需觀察自身，在多大程度上我們已將自身從一切因素的制約中解脫了出來"。此即是本書倡導真修實證、開悟後修行之宗旨所在。將自身從一切因素的制約中解脫了出來，要言不繁，是也。予實證契楞嚴諸文字，是以作矣。出版前得補綴此段文字，要為殊勝之事。善哉善哉。）

豎　相　說

明末伍沖虛天仙正理直論後跋注有云"佛昔云，人相豎，畜相橫。世之俗夫，每以橫相妄談佛法。語人曰，我知佛，我是佛。此亦妄人也已矣。甘為橫相，又何難焉。今而後談佛者，請先改汝橫相為豎相。且遵佛說，別作商量。庶免空勞妄談，虛度一生"。所論深中世間學者之病痛。如有治中觀、唯識、佛教哲學者，博學多聞，思辨極深，自詡甚高，自謂能知佛，而不免落入橫相而不知。其橫縱極智巧，不出畜相。使其能超橫相為豎相，十字打開，自當能有大成。所謂豎相者為何。行人參證深入自具備之。如人豎而有踵、尻、腹、心、喉、目、頂，其學其證亦然。一言以蔽之，豎相即實證之境界次第花開也。（近世佛學家具深切之豎相者，如虛雲、來果、能海、弘一、太虛、陳健民、王驤陸等。陳健民上師之佛教禪定，乃近世最具豎相之著作之一。有橫相廣大而少豎相者，如歐陽竟無、呂秋逸。彼等以一印度法相唯識學，橫詆中華舊有之豎相之佛教傳統，所破者多，而所立者少。而竟無晚年，倡佛儒為一致，亦轉成豎相矣。此書後有實證契楞嚴、君臣五位解二節，其所述者亦唯豎而見之。拙著為學術研究之書，是為理也，亦為修證實行之錄，是為事也。事中有理，理中有事，事理不二，是其宗旨。拙著有我說，是為主也，亦有古人說，是為賓也。主亦為賓，賓亦為主，賓主兼互，是其體要。拙著雖有狂言，並非妄語，亦庶幾免乎橫相之斥矣。）

豎相二字，誠多深意，有大秘密，以之評騭古今中外人物著作，鮮有不得其深淺真偽者也。（列夫托爾斯泰不及陀思妥耶夫斯基處，即在其不能如彼所具極深切之豎相之一以貫之也。愛默生、梭羅所以感人至深者，即以其書有豎相之品質。叔本華不及尼采者，即叔本華尚未深諳豎相之真諦而尼采能之。海德格爾欲傳此深諳豎相真諦之衣缽而止於林中之路而已。而尼采所以惡瓦格納者，即在其已洞悉瓦格納乃一具備虛假之豎相者也。近覽梅特林克花的智慧，見其禮讚植物者，頗可助於領會予所言之豎相義。其云"植物本身只有一個目標，即逃離依附地面之命運，脫落沉重嚴峻之自然規則，解放自我，突破狹隘之空間，發明或依賴翼瓣，無遠弗屆，逾越宿命之囹圄，接近另一個領域，滲透入靈動而富有活力之世界中也"。"倘若吾人亦可如願生活於突破命運之時代中，抑或達到脫落最沉重之物質定律之程度，豈不令人驚奇。吾觀花園中之花朵，亦已彰顯出巨大之力量，假設吾人擁有其力量之一半，以克服痛苦衰老及死亡等種種轄制吾人之必然禍患，自信吾人之境況將不同於現狀矣"。植物如豎相。豎相義之真功德，亦在梅特林克所謂之逃離、脫落、解放、突破、逾越、滲透云者。使學人所習之佛學、儒學、哲學、文學、藝術等並無此等功德，則其非豎相必矣。)

惟理是視無所低昂

呂新吾呻吟語有云"以時勢低昂理者，眾人也。以理低昂時勢者，賢人也。惟理是視，無所低昂者，聖人也"。至言也。吾學之旨趣，亦可以此語統攝之。予學聖人者。公羊傳何氏云"至太平之世，則夷狄進至於爵，天下遠近大小若一矣"。誠然聖人之志。然今升平之世，則內諸夏而外四夷而已。或問，何日方能至太平之世耶。對曰，此心即是。在此心之平常中，夷狄進至於爵，天下遠近大小若一矣。人不悟此心之微妙平等，而必執著于時代世界之差異，其將入於糾結纏繞之中必矣。甚者內四夷而外諸夏，為中華文化之害。近世此等人極多。然此等中華文化之害者，以吾心視之，亦是一團精血，乃中華文化之變化之所必經歷者。反者道之動。非此等中華文化之害者，見道不能如此分明。非此一團精血，不能繼中國人之赤誠血性，證人類之血靈本覺也。（血靈本覺為方以智語。方以智與易堂林確齋云"所信者血覺本靈，躍然一氣。故無匦杖履，不受其累"。參玄義卷一第四十二條。）

　　內四夷而外諸夏之人，淺者以時勢低昂理，深者以理低昂時勢而已。昔也吾華之道，自吾華人行之，不必多顧于異域。今也以時勢而論，乃已混同于泰西。淺者為當代之新時勢所遮蔽，乃低昂中國聖賢之理，而深者又以近世泰西之理低昂中國之新時勢。雖深淺又別，皆失之偏頗。（近世有治儒家哲學者，披肝瀝膽，窮竭性命，欲將儒學接軌於西學，又獨立於西學，是誠有可敬者。此一派以牟宗三為代表。其他等而下之者，則以西學判教，鞭策國故，以時勢低昂理，而甘做西學之奴僕，泯本族之天性。百年來見之多矣。此一派以胡適之及唯物論者為代表。此二者高下有判。然皆非是。中西之間，須以平常心。國學自有道術，不假外鑠。其必將儒家哲學接軌於西學者，乃不辨古人之大體，而少德性本心之自證自信，亦不免以近世泰西之理低昂中國之新時勢矣。此皆非中道。牟學自有中華血脈，甚有偉力。其在內諸夏而外四夷、內四夷而外諸夏之間，乃成一糾結纏繞之體。近世代表內諸夏而外四夷之純正境界者為會稽馬一浮先生。然吾心之體，自天下遠近大小若一者流出也。非我能高過馬先生，時運使然爾。）

　　中道，為第一義。處當代時勢之中，中道若何。此須學人參證力行始能自得之。（如華夷觀念為古義。蓋彼時吾國之視野，不能深入古梵、希臘。自佛教傳入中國，國人遂知天竺之學，高明精微，有華夏所不能者。自泰西之學傳入中國，國人遂知古希臘之學，天真靜穆，有華夏所共通者，基督教聖賢之精神，有極可欽佩而合乎吾國之古義者。要以公羊學之準則觀之，其亦可入於夏。不必持舊日之華夷觀念視之。唐初高僧道宣著釋迦方誌。觀其中邊篇第三，則道宣又以中天竺國為中國矣。其謂吾夏振旦國云"此土諸儒滯於孔教，以此為中，餘為邊攝。別指雒陽以爲中國，乃約軒轅五岳為言，未是通方之巨觀也"。玄奘、道宣，皆當時具備世界之眼光者。傳統中邊華夷之觀念，在唐初已受釋教精研竺學之大師之挑戰矣。偶觀道宣之書,乃知古今一心而已。此心謂何。平等觀,平常心也。後覽大圓滿廣大心要前行次第法,其生於中國言"分地方之中國與佛法之中國"。其言印度自外道侵入,人心陷溺,佛法示衰,於地方之中國而言,已成邊地。藏地自松贊干布、赤松德贊以來,不啻為當日之菩提道場,偶經戰亂,教證一切,迄未衰失,是為佛法之中國。見江嘎編大圓滿上冊。如此則藏人亦以其地為中國也。故以平常心觀察之,亦是自然。漢藏自適其適,華梵各得其所,只是一心而已。此在吾國,當務之急,即須放下舊有之偏見也。)作春秋之孔子,應昔日之時勢。說論語之仲尼,合今日之機緣也。(使人類能迷途有省,共師函夏、古梵、希、羅、伊斯蘭之智慧,救其偏激病患,乃為人類未來之希望也。)

中華文化之優勝惡劣

辛卯遠遊尼泊爾、不丹國,感觸體認極多,生大敬畏,乃悟一大平等觀。圓覺經曰法性平等不壞。予有參悟焉。今了悟各國之文化實亦平等。凡優勝處,即是惡劣處。以道觀之,平等而已。(優勝、惡劣亦不二。一無甚特殊優點之民族,往往具其極可令人敬畏之品質。近世尊崇中華文化不遺餘力者甚多,實非平等觀。反之亦然。錢賓四大儒也,其晚年著述充棟,皆以尊崇中華文化為宗旨。今日觀之,其未得平等觀明矣。蓋其於佛學、西學所造皆不深有以致之。馬湛翁大儒也,其六藝統攝中土西來一切學術之說,至為精妙,願力極大。然亦屬權說,非盡平等觀。以予觀之,六藝為中華一大光明寶鑑,使以六藝為鑑,其可以統攝一切學術必矣。然亦只是一鑑爾。天下之大,實有無窮之寶鑑。中華之光明寶鑑亦非僅六藝而已。予此番以印度教為寶鑑而所悟如是。馬先生云"世界人類一切文化最後之歸宿必歸於六藝,而有資格為此文化之領導者,則中國也。今人捨棄自己無上之家珍,而拾人之土苴緒餘以為寶,自居於下劣,而奉西洋人為神聖,豈非至愚而可哀"。實則其所謂土苴緒餘者,亦西洋之光明寶鑑之影像。西洋、中東,固有其光明寶鑑。近世中西緣會如此,則所謂奉西洋人為神聖者,亦本平常，非是至愚而可哀之事。且如有所謂世界人類一切文化最後之歸宿者之存在，其自當是儒家、道家、佛教、印度教、希臘精神、耶教、伊斯蘭教、日本精神及其他聖賢之說之微妙合體，而非僅六藝而已。故其說固屬權說。非予與馬先生有異，此一時彼一時耳。）

以今信奉印度教之尼泊爾為鑑，予愈明乎中華文化之優劣矣。中華文化之特優勝者有三。其一曰務實性。中華之以務實性而根深蒂固，關注現世及未來之利益故也。華夏泰古以來之玄深智慧，多依此務實性而大用於世人。依此務實性，使中華成一世間法最長久最堅固之國度。秦漢之後，尤以政治、禮教發達而著稱。（秦漢之後，中央集權之政治制度及家族群居之禮法制度皆極發達。此二者蓋最關乎國家之治理、民族之生命力者。秦漢以降學術諸科中極發達者，莫若史學，為他國所無可及者。亦以此務實性故。而關係人生之凶吉禍福之占卜堪輿術數之學，亦特為興盛，非異域所能想見。此皆關注現世來未利益之務實性之體現也。惟占卜堪輿術數之學，本多有超越性之種子，而中國人多用之於務實性。是為一反。昔日聖賢於術數之學素持貶抑之態度，固有由也。宋又有理學興。而理學本亦多有超越性之種子，而理學家則多以務實性太過而漸奪其真體。程朱派尤甚。是亦為一反也。後遂為朝廷所利用，其蠱亦愈劇。理學之弗能獲精神之大圓滿，亦以此故。）其二曰包容性。中華之地理極博大，歷史極悠遠，民族極繁雜，生物極豐茂，又屢經外族武力之征服及文化之胡化之歷練，使其政治文化富伸縮性，善於融入新血液，而文化本位猶守華夏之格局。是以其包容性極大，素以融通中庸、和而不同為宗旨，道並行而不悖。（孔子曰，中庸之道大矣哉。惟中庸一詞在日常生活中之涵義，已為民族之務實性所侵佔爾。文化本位雖能猶守華夏之格局，胡化之挑戰則彌為加劇。）其三曰重生性。觀中華之歷史，每經大震蕩大毀滅之後，皆能恢復元氣，而政治、宗教、學術、藝文、樂舞諸科，亦皆能柳暗花明，另闢蹊徑。但凡歷代之毀滅，亦皆刺激新生，故以吾觀之，以中國文化而論，即使生逢亂世，亦非不幸。蓋亂世之所刺激之文化創造力，非苟安浮華之時所能思議者。

使無明、清之交替，吾人亦不能得見顧、黃、王、傅、方、李諸大家所爆發之高邁孤卓之精神世界也。其時代於中國文化之創造性，以數百年以上之長遠之眼光觀之，自多於彼等所遭逢之時代之破壞性也。故中華文化又多重生變化性。（此重生變化性，使以印度教之濕婆思想觀之，亦自然爾。吾嘗笑謂，此中國文化之濕婆性也。而印度文化，亦有此濕婆性。唯印度文化不以世間功業自喜，不似中國始終保持自我肯定之姿態也。今世又值一新之大變化大重生之時代。吾國之使命，即創造出適應時代及國情、人類所未有之新制度也。昔黃梨洲作明夷待訪錄，此即重生性之象徵所在。）

此三性實皆歷史之產物，故以此三特優勝性，亦生三惡劣性。所謂歷史者，本無自性，而其所顯現者，皆在因果律中。優勝之與惡劣，互為因果。其一曰固執少超越性。蓋中華之患常在務實性太過，少精神之超越性。周公以迄孔子，本兼務實性、超越性為一體。一民族生命力之穩健，必賴此務實性兼超越性為一體也。老莊之學，戰國以降中國超越性之代表也。自秦皇漢武之後，此超越性之力量遠不能與儒教務實性之體系相抗焉。（實則孔子之學之超越性，久失其真傳矣。漢家自有制度，本以霸王道雜之。漢代實稟暴秦政治之傳承，陽儒陰法，多以儒術為潤飾。故漢代之儒教務實性，實本具一種扭曲性。蓋究其根本，並不合於孔子之本懷故。此種扭曲性，令士人精神及心理不安。此種扭曲之儒教務實性，幾已與重法吏、尚實力之暴秦精神合流矣。雖然，儒教亦以此柔弱迎合之術，最大限度之保存擴大自身之勢力，乃有士族門閥之產生。）吾國先賢深知其患焉，故東晉南北朝隋唐諸代力弘傳自天竺之佛法，以其殊勝深邃奇異之精神性，補劑中華務實性太過之缺失。兼能發揚道教。是以唐人能集務實性、超越性之大成，關注現世又復超越現世，冥符大乘法性平等之妙義，而成其恢弘燦爛不可思議之文化。此唐代精神之真髓所在也。（人多知魏晉南朝多務虛之玄學，然或不知當時儒教之禮學亦極發達。此當時社會之家族禮法制度愈深固之故。故魏晉南朝之務實性，並不體現於政治之中央集權，而在家族門閥之禮教。魏晉玄學，亦乃對此扭曲之儒教務實性所作之本能之抵抗也。玄學其力不厚，而後遂大引佛教相為援助，佛教極盛，轉變秦漢以來務實性主導之形勢，乃有唐代文化之產生。以此務實、少超越性故，吾國國民之病障多在貪。可參下一節新五毒說。）其二曰猥瑣多麻木性。中華歷史中所受之震蕩破壞極大極多，國情亦極複雜極纏繞。是以在此包容性之文化中，國民易猥瑣多麻木性。（暴秦所創之大一統，實以抹平地方豪強勢力及地域文化之特殊性為前提。此為內部自生之大震蕩破壞也。蕭梁、南宋、朱明之亡，皆產生劇烈之文化破壞力。此為外部刺激之大震蕩破壞也。）士人以三教聖賢之學、詩書禮樂之教克治調燮此麻木性，於風俗亦見其功效矣。然清代以來士人三教聖賢之學漸趨衰沒，國民之麻木性亦愈沉重，以迄於今日。（近世會稽周樹人氏於此感痛尤深。日人大江健三郎尤能知之。）其三曰熙熙多庸俗性。中國歷史所經歷之震蕩愈深重愈頻繁，則其素有之典雅玄妙之古文化所受之摧折破壞亦愈嚴重愈徹底，故古之精華所餘存者愈少，而粗鄙之風愈多，是以世俗生活熙熙多庸俗性。加之中間階層之士大夫勢力之式微，庶民直接受君權官方文化之影響引導，故此種庸俗性亦彌深矣。（所謂眾人熙熙，如春登臺。當今之中國社會，實為文化之庸俗性所籠罩。昔日代表中國藝術最精微者之書畫界，亦難幸免也。）

　　百年來之中國，既處內憂外患之大震蕩中，故其專注於務實性、包容性、重生性之發揮，而窮途險墼，幾易其轍。近三十年來，國力漸盛。然國民之固執少超越性、猥瑣多麻木性亦發露無餘。道德淪喪，無明橫行，亦古所未有。人心非淪於麻木，即流於刻厲。文化之庸俗性，亦如滄海橫流。人皆憂之。昔日能汲取天竺智慧之精華，為我所用，今日不能也。（今日漢傳佛教極有庸俗衰頹之勢。僧寶自身難度，何能度化眾生。僧寶之有大志願者，可以出世矣。）昔日能使三教聖賢之學，活潑潑於日用平常之中，今日不能也。（今日幼童入學，大致皆落於重思辨、少直覺、易僵化、崇功利之教育體系之控制中。何能言活潑潑三字。幼童尚不能活潑潑，何論成人之生活。）故予倡唐學於今日，乃欲中華復能汲取天竺、泰西諸異域之大智慧為我所用，復能使世界聖賢之學活潑潑於日用平常之中也。重振國威，非此莫由。（如吾國西藏密教諸派之玄妙精微，有今日漢地所不及者，當有取之。今日印度、尼泊爾人印度教之精神超越性，有吾人所不及者，當有取之。日本文化之純粹性、幽玄性，有吾人所不及者，當有取之。惟在吾唐、五代、北宋之世，天竺之精神超越性、禪密之玄妙精微、生命存在之純粹性、品物樂舞之幽玄性等，皆嘗大備焉。後世漸亡爾。泰西之憲政，吾國當有取之，惟不必拘泥之。近世歐美人中亦多有智慧覺醒者。如尼采、施特勞斯、布魯姆諸氏一脈之思想，頗可為今人藥劑之用。尼采氏之智慧尤犀利深切，莫可測度。西人自相對論出，其於宇宙之認知愈高深矣。豈不可為吾人之師友乎。）常人多謂中國所需革新者，制度也，吾謂乃是精神。蓋精神不活，制度無用。人類未來之大利益，亦非此莫由也。各國有各國之歷史氣運形勢，有大差異者，而其理則同。方今天下同體，皆遭遇共同之大難題。其境遇亦所謂異中有同，同中有異。異中有同者，合其力也。同中有異者，取長補短自調之爾。

　　惟以唯識三性釋之，中華之務實性類乎遍計所執性，包容性類乎依他起性，重生性則類乎圓成實性。唯識教義云，遍計為虛妄之唯識性，依他乃因緣所生，為世俗、因緣之唯識性，圓成為真實之唯識性。務實性須以超越性調之，要世人識其虛妄也。（然以第一義說，真妄亦不二。遍計所執性豈盡為虛妄之唯識性乎。猶務實性固有虛妄，亦含真實，實真妄不二者。）包容性乃依他因緣而起，凡依他者終將陷於麻木之中。依自不依他，要世人識此真諦。國人亦不必每每以包容性而自豪也。重生性自有真實相，為人類精神之元力所在。而真實者凡聖無二。則吾所謂之文化庸俗性之世相之產生，亦自然爾。要仁者禮樂之，治化之，而非執著之，消滅之也。（文化庸俗性固有可鄙。然其本具真實相。使學人不能接受此庸俗性，每以庸俗文化為非，亦是一種病痛。)楞嚴經卷四有曰"猶如世間諸相雜和成一體者，名和合性。非和合者，稱本然性。本然非然，和合非合，合然俱離，離合俱非。此句方名無戲論法"。予所謂之務實性類乎本然性，包容性類乎和合性。而本然非然，和合非合，要須今日之國人重生之。重生之道，即合然俱離，離合俱非。國人依務實性而不執以實體，依包容性而不自恃為德性，是為合然俱離。雖離而實有其道，雖合而俱遣其障，是為離合俱非也。使國人能具此種重生性，則一愈健全愈圓滿之世界亦將生矣。

新五毒說

上一節言以此務實、少超越性故，吾國國民之病障多在貪。如飲食縱慾之貪，積蓄錢物之貪，子孫繁盛之貪，長生不死之貪，觀乎古今，乃最為明顯者。(當今之時代，乃將此貪性盡量釋放之，故其於社會道德、生態壞境之破壞力也甚劇。吾以為此貪性之過度膨脹，乃中國現在及未來諸多尖銳問題及災禍之根源所在也。)而泰西之人之病障多在瞋，印度之人之病障多在癡，而在中東則多在慢。故瞋怒所生之攻擊性，數泰西之人最強烈亦最本能。而祭神咒誦淫祠秘術之學，又數印度之人最發達亦最迷戀也。科學觀念，自近代歐洲興起，而今普遍存在，人稱全球化者，實建立於科學之基礎之上。秉持此觀念之人，其病障多在疑。貪瞋癡疑慢五毒，各地域各民族皆具之，而各有側重如是。此吾之新五毒說也。(竊謂西遊記以八戒為貪，悟空為瞋，沙僧為癡，三藏為道心。今人類實已為一大家庭，亦可譬喻為一取經之團體。泰西之瞋，中國之貪，印度之癡，而道心則人人皆具之。近世印人尼赫魯氏印度的發現嘗言"中國受到印度的影響也許比印度受到中國的為多。這是可惜的事，因為印度若是得了中國人的健全知識，用之來制止自己過分的幻想是對自己很有益的"。參見馬維光氏印度神靈探秘。)

　　吾以密宗觀之，五毒即菩提，善用其毒而轉化之，則其毒即是道。使中國人善用貪道，泰西人善用瞋道，印度人善用癡道，中東人善用慢道，科學人善用疑道，皆可獲大成就。如基督教、印度教等之極盛，皆彼地彼邦善用其毒之所現者。舊約之耶和華，則直一善用瞋怒道之典範。而中華之儒教，何嘗不是吾國人善用貪道之所生者哉。子曰，未知生，焉知死。又曰，飲食男女，人之大欲存焉。告子曰，食色性也。孟子實亦不非之。諸說甚有此微妙義，觀者不難自測之。以密宗無上瑜伽參證故，吾得漸窺煩惱菩提妙用之玄奧。不然，亦何能識此理。使科學家中具智慧妙悟者，善用其疑毒，則必能窮源本，探究竟，漸成一超越於科學之上之新科學體系也。（小說中如八戒善用其貪，則為安樂，故人人皆喜之。悟空善用其瞋，則為神力，降妖除魔非他莫任。沙僧善用其癡，則為堅忍忠誠，為人類不可缺乏之品質也。使八戒放縱其貪，則流為世俗生活之粗重無明。悟空放任其瞋，則其猜忌心及恐懼感也最大，其所产生之攻擊性之破壞力也甚劇烈。沙僧耽戀其癡，則缺乏更新之覺悟及力量矣。中國人最善於現實生活，泰西人最善於拓展開闢，印度人最善於人神混居，各如其所譬者，使其不善用之，則最善於現實生活者，流為世俗生活之粗重卑鄙，最善於拓展開闢者，其破壞力產生巨大之罪惡，業障深重，最善於人神混居者，局促因循於僵化之舊模式中，缺乏創造力也。中國人之於現實生活，泰西人之於拓展開闢，今人觀其人所拍攝之紀錄片中吾國人迷戀於各地之美食，西方人迷戀於荒野之求生即可知之。印度人如沙僧，宜其自古到今，最多苦行不輟之瑜伽士也。）

　　近覽方東美先生人生哲學講義，其各種文化對存在與價值的看法一篇甚有見地，然猶不脫二分法之分別成見，非能平等觀者。其將希臘、印度文化歸之為否認現實世界之價值者，為不健康之人生哲學，而中國文化則反之，乃無本位之宗教，無兩重世界之看法，亦無先天性惡論，為健康之人生哲學。其立論之格局，為此分別見所囿隔，以吾觀之，尚非大智慧也。（實則以泰西或印度人之眼光以觀中國文化，則亦將謂中國甚少宗教之出離精神，過於注重現實之生活，乃一不健康之人生哲學也。)其於現實世界之價值肯定或否定與否,亦只是名相,並非是心性之究竟義所在,故並不能作為劃分類別之標準。且方氏之所謂希臘,並非最真實之希臘,其所謂之印度亦然。其言中國文化無本位之宗教,不知中國素有強烈之宗教精神及宗教傳統也。(儒教、道教皆然。)其言中國人無兩重世界之看法,不知中國人實亦一直在巧妙之回避此種挑戰。其言無先天性惡論,至戴東原猶然,不知善用之者固合天德之自然渾成,不善用之者實易入於粗重混濁之地。如禪宗之張皇幽眇,乃善用此種傳統者。而如戴東原者,其說似是而實非,似合古義而實與古義相悖,聖人貌渾沌而實精微,戴說似精微而實粗重,而方氏又不足以識之。此其智慧之受局限處。故吾意當以平等觀統攝各種文化,超越於此種甚為流行之二分法分別心之上也。所謂平等觀,惟理是視,無所低昂,簡而言之,即說否定義時,大家一律平等皆否定之,如吾新五毒說,說肯定義時,則大家皆肯定之,吾以為希臘、印度文化之肯定意義實不在吾國之下也。(如古希臘激揚酒神精神之奧菲亞宗教,本具備強烈之肯定精神者,而方氏乃言其創立靈肉二元論、洗滌罪惡論,直以否定者而視之,又言蘇格拉底以死為生之開始,亦否定者,而此焉得為希臘精神之真面目耶。而欲知印度文化之肯定性,只須觀乎今日印度人之世俗或神教之歌舞即可知之。其於生命之肯定之飛揚氣質,實則往往在中國人之上。中國人之於生命之肯定,主在一種深沉之氣質。在印度人是飛揚氣質,在西方人是戰鬥之氣質。禮樂之道,樂是肯定義,禮是否定義。中國人以肯定而否定,希臘、印度人以否定而肯定,實則一也。其終也俱沒落矣。中國人以肯定而否定,最終落於自卑猥瑣。西方人以否定而肯定,最終落於自大傲慢。印度之佛教,本是以否定而肯定之最高典範也,而後在印度竟幾滅絕。而此以否定而肯定之最高典範乃扎根於吾國,使中國文化兼乎以肯定而否定、以否定而肯定之精神,乃成一太極圖,是吾國文化最大之優勢者。正是此種最大之優勢,造就出盛唐之文化。吾之學說,即主張繼續發揚此種最大之優勢者。)新五毒說以否定之精神統攝各種文化,雖本於印度之學說,而實為學術之公器。在此眼光之下，則知中國之貪性實根植於尊生重生之思想之中，然亦可謂春秋戰國時產生之尊生重生之思想，亦根植於吾國人根深蒂固之由注重現實利益所產生之貪性也。（蓋此貪性更為古老故。使哲學家以無先天性惡論，為健康之人生哲學之說而盡情美化此種特性，亦終不免自欺而欺人矣。）故吾言中華之儒教，亦正是吾國人善用貪道之所生者。泰西之瞋性根植於荷馬史詩、舊約，亦可謂希臘、耶教之思想根植於其由來已久之因猜忌與恐懼所產生之瞋性也。故希臘、耶教之思想，亦其善用瞋道之所生者也。

惟吾國人善用貪道而有儒教，亦正以聖人仁義道德之說，既節制其貪欲，又善用其貪欲，使發之中節。觀夫吾國之歷史，當一朝代氣數窮極時，則放恣貪性及五毒之亂世至矣。一旦兵戈澄清，必將重行儒教，回混沌於有序，回放恣於中節。而今日吾國儒教佛法零落，亦將何以節制之耶。故今日之放恣，尚未見得中節也。（今日中國獨特之政經制度，實亦吾國人善用貪道之最新體現者，然其道亦峭矣。今日所產生之各種問題亦已錯綜複雜，而尤以唯利是圖、普遍缺乏社會公共道德等最為驚心。吾以為以中國人貪性之頑固，任何現代制度化之建設皆無法真正駕馭之，只可本於人心之教化及以人心之教化為根基之新建設也。鼓吹民主憲政之士，實不知其並非真正解決中國問題之藥方所在。蓋以此頑固之貪性故，任何外立之硬性制度皆會為其所利用而腐敗、無德等弊病滋生焉，故必須自內德心性以克之化之，而外化於制度焉，此正孔子所曾深思熟慮者。所謂內德心性，乃指躬行實證而言。若只弘揚文字名相之聖人義理，其所滋生之所知障之反面作用，反高過其啟發性之正面力量也。而以今日中國獨特之社會制度及世界一體之新狀況，重新大行儒教，實已不切實際。竊謂欲使中國重歸於大道而化解貪欲太過所致之社會問題，必建設一能教化人心又善用其貪欲之全新之內德體系焉。此內德體系非是儒教或新儒教，乃新之德性體系也。其要有三。一曰在現有之制度之上，必汲取儒教學說仁本思想之精華及儒教政治之珍貴經驗如大一統等，以為政治制度之基石，然須消融過時之華夷觀念及由此滋長之狹隘之民族主義、國家主義。二曰必重振佛教、道教,并發揮新興之基督教之力量,以期以其空性、無為、信仰調濟貪性之頑固,而回復中和之位,期以佛法之悲智双運、方便道為主導,樹立適應現代生活之道德新法度,如在此新法度中印度、中國、欧美、中東諸聖教是一致而非相排斥者,在此新法度中婚姻、家庭、團體當有新之秩序及生命力,而舊之道德觀當更新之。三曰必於生活層面採用尊重人權、適應於現代人類生活之新儀式、新機制也。在此新之體系,吾意佛教之力量當發揮最巨大之威力。故於中華政治之未來,吾既不主張一味效仿西方之憲政,亦不贊同儒教政治之回歸。吾之主張,乃必須本於當今中國之實情及特殊之社會制度而有所創闢也。此吾之理想國,亦吾之烏托邦而已。)

今日之事,究其根本,則在教化人心之力量之重建。天下興亡,匹夫有責。而此教化人心之力量之重建,必有賴於士夫及匹夫能深造內德自證之境界焉,方能有大信心。儒者要須有成聖賢之膽魄、躬行,佛家要須有成就菩薩、佛之悲願、實證,而其他宗教人士亦然。而今知識階層普遍存在之虛無主義、科學主義,其弊端極大,當今吾人之使命,首在引導此龐大之知識階層,回復敬重聖賢之正見也。(西方世界根深蒂固之瞋性、猜忌、恐懼,吾人亦不能幻想其一日能自然平和之。其瞋性危害世界之程度亦極大。自西方人普遍拋棄上帝以來,其瞋性、猜忌及恐懼感愈難控制駕馭之矣。未來西方之發展如何,有待於西方有智慧之正人深思之謀劃之。近時盛名於吾國之斯特勞斯氏,即此等近世西方有智慧之正人之代表也。)

實證契楞嚴

內自證微妙境界,諸教萬聖所同,吾所實證,微不足道,然較之以往,亦可謂脫胎換骨矣。三年來勢如破竹,破我法二執、煩惱所知二障之體證愈多。一日讀大佛頂首楞嚴經,忽明予近來實證次第,皆與楞嚴暗契也。

一、其初也庚寅之秋,睹無相,驀地開悟,大地平沉,初體無分別心，破初關也。開悟偈云"逢佛殺佛臨濟禪，提刀四顧卻茫然。自從邂逅佳人後，方知無相可攀緣"。（偶見日記，乃是年公曆十月十九日。）所謂開悟，即是初次現證空性之謂。瑜伽之本義即是相應。此種不可尋思之開悟，本無意而得之。然究其契機，則在二十年資糧、加行既熟，得逢與我極為相應之人，亦只覿面歡語而已，頓生前所未有之大愛大喜悅，由此大愛大喜悅之激發，乃忽生此不可思議之開悟。當此開悟之際，即破予於儒家之執著，儒佛俱泯，凡聖兩忘。門戶之別，消融一體。即破日用平常中之我執障礙之大者。（如我氣質中與生俱來之控制欲、恐懼心，皆豁然有脫落之感。拙荊乃我控制欲最大之受害者。開悟之後，予敬禮之，謂之云"自此之後汝自為汝之主人，吾不復為汝之主人矣"。拙荊頓時淚落。）平素所有見地及生活之觀念，俱生變化。始信得我具佛性。昔日知之而實不知，今日信得乃為知。開悟以來，狂喜大發。（馬祖道一嘗云"自從胡亂後，三十年不曾少鹽醬"。見聯燈會要。睹此胡亂二字，極感親切。蓋予狂喜大發，所為多胡亂事。悟後嬉笑怒罵，十字打開，不復恪守故轍，常無世間所謂道德觀念者，隨心所欲，然亦逾矩矣。）遂著此狂癡之書以發明之。太公望嘗言大知似狂，又言不狂不癡，不能成事。偶見宋瑞新禪師有詩偈云"雲無人種生何極，水由誰教去不回"。不覺莞爾。予狂予癡，亦自如雲如水。

首楞嚴經卷一其初述阿難因乞食次經歷淫室，遭大幻術，摩登伽女以娑毗迦羅先梵天咒攝入淫席，淫躬撫摩，將毀戒體，世尊敕文殊師利將神咒往護，惡咒銷滅，提獎阿難及摩登伽女歸來佛所，是以阿難問法，乃有此經之開演。而吾三年來種種超悟機緣，亦三成與女子相關。（又三成與夢觀成就相關。其餘則與禪定修法、遠遊朝聖、六根感通等相關也。）其或如吉祥天女，或如摩登伽女，而皆助我得全新之覺受妙悟證量。以密宗觀之，此空行母是也。（天女善妙吉祥，加持力特大，裨益極多，有不可思議者，然或亦增人眷戀法執，眷戀既破，即得解脫。摩登伽女似邪亦正，乃所謂反者道之動者，尤能驗證心量之廣狹，心念之直曲，當瑞緣至，或亦能直助人得證量，證量既得，乃知其亦菩薩所化。楞嚴經卷四亦曰"如摩登伽宿為婬女，由神咒力銷其愛欲，法中今名性比丘尼，與羅睺母耶輸陀羅，同悟宿因，知歷世因，貪愛為苦，一念熏修無漏善故，或得出纏，或蒙授記"。)此實證契楞嚴之先為暗合、後方曉悟者。原先并不知楞嚴卷一有此密意。

近覽華嚴經卷六十八入法界品婆須蜜多開示，其奧義正與吾之實證甚相符契。(時癸巳仲夏。)婆須蜜多曰"若有眾生暫觀於我，則離貪欲，得菩薩寂靜莊嚴三昧。若有眾生見我頻申，則離貪欲，得菩薩摧伏外道三昧。若有眾生見我目瞬，則離貪欲，得菩薩佛境界光明三昧"。此不啻為吾開悟機緣之實錄。華嚴經善財童子參拜婆須蜜多一卷義理奇異，尤為常人所難解，不意大體為吾所勘驗之，乃確信無疑。雖未徹離貪欲，而得初證空性，以此愈知華嚴之禪機密義。以世俗諦說之，吾所邂逅之佳人並非真為婆須蜜多，成就我者乃內外機緣成熟，自性佛光明自顯初露。以勝義諦說之，空樂無二，凡聖無二，自他無二，人人皆是佛，則佳人又非即婆須蜜多菩薩耶。吾所證者，謂之寂靜莊嚴三昧、摧伏外道三昧、境界光明三昧，雖未盡然能通達，已初窺入其奧窔矣。

雖然，猶不悟楞嚴有曰"縱得妙悟，皆為婬根"。雖則開悟初證空性，習漏未消，未能貫通無間。自後而觀之，此為禪門之破初關，其後為入破重關之經歷。溈山靈祐禪師嘗答僧云"若真悟得本，他自知時，修與不修，是兩頭語。如今初心雖從緣得，一念頓悟自理，猶有無始曠劫習氣，未能頓淨，須教渠淨除現業流識，即是修也"。見景德傳燈錄。此正老和尚為我等人所發者。(若言修，頓然開悟，無心而至，非修而得。若言不修，開悟乃是真修之始，確為實證。故曰是兩頭語。予初心今從緣得，一念頓悟自理，猶有無始曠劫習氣，未能頓淨也。惟當時狂喜，尚不知此爾。)丹增善慧法日譯十七世紀藏地大修行者札勒那措朗著普顯中有共義正念明鏡論有云"於具量法器值遇阿迦陀藥時,有否事相灌頂法物置於頂門實非重要。灌頂本性之智慧能於行者心中現起時,即是獲得勝義真實灌頂"。當代密乘行人洪啟嵩先生亦嘗謂密宗灌頂之得灌,即是禪宗之開悟。誠然弗繆。予既開悟,禪、密二宗得為一門矣。

　　二、其次也破開悟之狂性,而發願歸於定、戒之微妙體。此翌年夏日之事。楞嚴富樓那論阿難曰"雖則開悟,習漏未除"。予亦如是。蓋非於定、戒諸行門深造,不能圓滿。此正楞嚴經卷六之末所闡發之修證密義所在。大半年來狂喜不已,為所欲為,一日狂醉,騎車墜地,血流不止,後乃幡然有省悟。此蓋遭遇我本能中極強烈之迷醉不知自制之故,遂有此痛,使我豁然自知無始曠劫習氣未能頓淨之事。此遍體鱗傷,乃消吾業障者。後方曉此實乃開悟之後,楞嚴經所謂五蘊魔相之受陰魔相之好喜樂魔,入我心腑,見人則笑,自歌自舞者,實失於正受。至此流血臥地,一朝醒悟,遂破此魔相。使人若未開悟,深入實證,亦難遇此諸魔相。故魔相之出,非好事,亦非壞事。訣竅在其悟則無咎,非為聖證。魔落道自出。修證愈妙,魔相也愈深,反者道之動也如是。

　　溈山禪師亦云"以要言之,則實際理地,不受一塵,萬行門中,不舍一法"。予雖於戒律不能貫徹,而於禪定愈自覺愈精進矣。其後以修大樂幻身有得故,狂性亦是空。楞嚴曰"狂性自歇,歇即菩提"。善哉。(予悟入本與持戒無關。持戒之義,予初不能圓滿而說。蓋以業障故,戒自是有。以空性故,戒自是無。予初證空性,不喜言有。而業障猶在,不能言無。故說話不得其要。近日忽悟持戒可以世俗諦、勝義諦二義而言之,而二義亦不二。以世俗諦言之,不能持戒,必使予現有之證量退轉,此身體之放任泄漏,必使予不得上達法身境界。下學始能上達。以勝義諦言之,開悟時我已現證六祖無相戒之奧義,此處云於戒律不能貫徹,乃謂於生活中不能始終貫徹無相空性之證量也。世俗諦、勝義諦,乃方便設施,實際亦只是一個。雖有世俗諦而實空，雖有勝義諦而本有，自須修而無修，無修而修。此間微妙，乃日後境界愈高而體會愈深者。孔子曰下學而上達。得乎中道矣。持戒下學是有，上達法身是空，空不礙有，有不礙空。昔日左說也不是，右說也不是。今日道得，我心始安然。言説本即是道。）萬行門中，不舍一法。此後予所破各關，皆由不同之行門達之也。（予於禪宗，天性與臨濟最近。然二年來悟後修行，則知己行亦暗契於溈仰、曹洞。五宗本是一宗。）

　　三、辛卯之冬遠遊異域，於尼泊爾、不丹生大樂焉，又破予於中國文化之愛執著，得大平等觀。（前已述之。）蓋所破者乃愈細微深入、亦愈根深蒂固之我法二執者。（予本一極熱愛中華文化、以儒家道統自期之人。此破予於儒家、中國文化之執著心之事，乃昔日立弘志、道問學以來所萬萬不能想象者。而今日人類所遭遇之共同大敵，即是各國普遍醞釀之狂熱之民族主義。）後見楞嚴經卷五持地菩薩有云，毗舍如來摩頂謂我"當平心地，則世界地一切皆平"。予所悟者，正此之謂。維摩詰經言菩薩隨諸衆生應以何國入佛智慧而取佛土，隨諸衆生應以何國起菩薩根而取佛土。如我以漢人中國入佛智慧，心地既平，則世界地一切皆平，佛土故也。遠遊之行門，乃吾得力極多者。

　　四、後一冬夜，沐浴溫泉後披髮散步於街衢，知得自己與聖人無異。（此即與藏地密乘寧瑪、噶舉各家所極注重之現觀自性佛、究竟佛慢義相契合也。）乃知前賢滿街都是聖人之說，確有得者。其實滿街都是聖人，亦是說這個。比來禪定，於身體之根本我執又多有微妙脫落之覺受。（自尼泊爾歸來專修噶舉派拙火瑜伽。此法門予二十歲時嘗略試修之，於心性無所證，然其後真气通任督二脉，恐亦嘗得其力。而今心性差熟，復修之，覺受極大，不可言説。拙火定之行門，亦吾得力極多者。自此由禪而入密，禪密一體，為吾專注藏密修行之始也。）

　　是為覺受，非證量也。乃增進一種近乎證量之覺受耳。

　　五、其後也斬情關，悟得愛亦是一種妄念，又破此種予自年少以來積累甚久之細微堅固之情識也。昔日男女相悅所奉之宗教式之純愛，實亦是妄念之一種。求男女融合之意志，亦是妄心狂性。此機緣成熟，一日讀楞嚴經忽所證者。卷四曰"想、愛同結，愛不能離"。此妄既消，又真有豁然開朗之感。此情識極爲隱秘，作圓善狀，亦正今世男女所極難破之心魔之代表。在女子尤甚。昔日吾以愛情本合聖道，其實亦乃魔說。世間之愛，乃想、愛之混合。愛中之想，必自妄心。愛中之愛，亦真亦幻。予今所破者，愛中之想也。惟愛中之真實感應，確是實地，與佛不二，予不離之。其受用於我多矣。愛中之愛慾情想，幻識交織，並非圓成，予不即之。不離不即，是爲愛之正法。（予在家瑜伽士，於無上密業印瑜伽雙身法有殊勝之體證。不離不即，亦謂此也。）愛之真實義，即是心心相映，心意契合。不能參得此妙者，其愛必多幻念情識。參得此妙者，其愛乃能自在。故仁者情可動而心不動也。斬情關，實爲破重關之中一關鍵處。此已逼近阿賴耶識之深藏矣。（洞觀今世愛慾幻識，因影視而愈演愈密，世人情關重重，認幻爲真，以妄爲實，難見脫落之機，一生糾纏，至死不悟，亦可悲矣。）

日後方悟予所以能於此時機透情關者，實拜楞嚴經五蘊魔相所謂之受陰愛欲魔所賜也。經曰"其心忽有，無限愛生，愛極發狂，便爲貪欲。此名定境，安順人心，無慧自持，誤入諸欲。悟則無咎，非爲聖證。若作聖解，則有欲魔，入其心腑"。予既經此魔相，悟則無咎，不期乃脫落情關，出我意料。愈驗楞嚴經五蘊魔相之訓，對症下藥，正爲入道之行人而發也。

六、又嗜欲所至，偶有病痛，忽生憂懼心，即悟生老病死，俱是密法。一切現成、輪涅不二之奧義，初有證入，往聖所言不虛。昔日見地，不能及此高度。不意偶有憂懼，乃得此法寶。是爲覺受，非證量也。乃增進一種近乎證量之覺受耳。

當彼之時，曾遠遊安慶灊嶽，自在無比。參禮三祖寺後，徐行於寺旁石澗流泉之際，驀地有大感應，清氣突降，渾身振動，前未曾有。靈山聖地,不負盛名。自初體輪涅不二之義後,愈知無生之微妙。後讀楞嚴經,乃知予修證之下一層次即是證初地無生法忍也。(此菩薩初地極喜地之無生法忍也,非是八地者。)今雖未至,已能望見。妙行任運中,一朝或能邂逅之。(其後所遇,有極喜之證,雖未必是圓成初地即入第二地之修行,亦愈近之矣。)

七、壬辰夏攜妻遠遊巴渝,於大足寶頂山、北山諸佛窟禮拜,修拙火瑜伽,大生慈、悲、喜、捨四種無量心之體證。又雲遊至永川松溉古鎮,枕長江而高臥。浩浩湯湯,橫無際涯。感長江即我,我即長江,乃生常、樂、我、淨之體證,亦前所未有者。後返重慶,得大歡喜,兩度參拜古佛崖羅漢寺,機緣成熟,乃生平、空、鬆、坦之全新證量,無修無作,本來現成。(此極喜也,亦極平常。蓋近乎藏密大圓滿之第四灌頂者。得此近乎第四灌者,頓覺滋生世間喜樂極致之男女交合亦味同嚼蠟。自此而後,食色欲念漸衰。此不加克制而自然消退者,予欲念素強烈,亦不以爲非,不期至此乃得如是,此不戒而自戒,非昔日所能知者。何也。空性深入使然耳。)乃知前期所證之煩惱即菩提、輪涅不二、一切現成,猶有分別意識,不似如今所得者愈爲自然輕快,全無思慮。彼時得煩惱即菩提之印證時,猶有煩惱與菩提之二取分別。言一切現成時,亦先有一分別意識,以現成義為先導。而此際所證,純然自呈,極爲簡易,先前分別意識泯然自盡,不見蹤影。今後所須消融者,乃細微之分別意識也。此非愈近於阿賴耶識乎。

又於羅漢寺五百羅漢堂生大喜悅心,流連忘返,五百羅漢,或醜陋,或莊嚴,個個開心,直指性地,無一不與我心通。觀彼皆世間勞苦衆生之形相,忽悟衆生皆為羅漢,街上都是菩薩。愚庸衆生皆在此佛地觀照之中。出寺行走之時,眼前有一人出現,即覺其是羅漢菩薩相,與佛不二。(此亦前所未有之覺受,較之去冬散步街衢知得自己與聖人無異之體證,又已不同。當此之際,一切衆生直是菩薩、佛,非以佛學要義謂其法性與佛無異也。歸來讀洪啓嵩先生智慧成就拙火瑜伽第二篇,忽見其云"如欲檢驗自己對於大圓滿之境界,有一簡易之法。即當你看到一切衆生時,能否生起他們都是佛之現觀。且此種現觀乃無間相續者。如能隨時安住於此,安住於沒有一個衆生不是佛陀之見地之中,如此就是大圓滿之境界"。予於羅漢堂之印證,頗爲相近。雖不能現觀純然無間相續,猶有細微分別意念,亦大體能有此種空性貫通,夜間夢寐亦然。夢中曾睹生、死爲一體,生死、涅槃自爲無二,極簡易,極輕鬆。亦曾見寶獅飛騰於文殊菩薩之腰間。至今瑞夢甚多,各具微妙義。現觀之體驗愈深。)心佛妙設夢境以幻相教人,此佛性之智巧也。心佛妙設外境以幻相教人,此亦佛性之智巧也。無論白日夢幻,外顯皆是法寶經典,而又赤裸空者。故大圓滿之境界,予雖遠未至而信心大增矣。黃蘗希運禪師嘗云"祖師西來,直指一切人全體是佛"。此又禪宗與大圓滿法契合無間處。石頭希遷"事存函蓋合,理應箭鋒拄",此正禪宗與大圓滿法之謂也。(予自量所内證之境界,乃有望以大圓滿之徹卻立斷,獲愈真實之成就,而距妥噶頓超之起用尚遠。吾當勉之。妥噶勝於徹卻略有七事,可參江嘎仁波切所編大圓滿一書所收之九乘差別略義。其文所述殊爲精要。又見劉立千先生譯無垢光尊者大圓勝慧本覺心要修證次第口譯本、直譯本。此等極秘密義,竟能於世間一普通之書店得之,此亦此時代不可思議之殊勝之事。孰謂此爲末法時代乎。吾從不信之。此時代與釋迦無別。)

八、自此勤修噶舉拙火瑜珈、那洛諸法,行住坐臥,不離中脈,以貪欲與大樂和合,以嗔恚與幻身和合,以愚癡與無分別和合,以夢境與光明和合,覺受、瑞夢頗多,行於康衢,時覺己身將化於太虛之中。乃悟拙著乃蓮花所生,非我所作。入秋忽有一日偶閱洪啟嵩先生蓮師大圓滿教授講記,言大圓滿不立一切見,不立一切修,不立一切行,不立一切果,大圓滿自生、自顯、自解脫、自然。又言以因道果論,大手印是道屬道,大圓滿屬果。(此書實即由陳健民上師之蓮師大圓滿教授勾提衍化而出。)不覺莞爾一笑。當下即是,不立一切見,將中脈、拙火、那洛諸法、已有證量諸見、修、行果全放下,蓋不妨一試。一試乃得微妙義。此不立一切見、修、行、果,自然生顯解脫者,平空鬆坦,微妙不可言說,乃悟昔日雖有證量,尚在見修行之道中,而大圓滿要義,尚不在此。孔子之前,尚有黃帝堯舜周公,釋尊之前,尚有婆羅門教吠陀、奧義書,然黃帝時造文字之前,吠陀、奧義書之前,無書可讀,無法可修,無佛可作,無聖可為,是何世界。此予昔所未深解者。夫渾沌無為之世界其法要何在,為不可知。今忽悟此不立一切見、一切修、一切行、一切果之要諦,即其懸解。伏羲神農原始人類之世界,其法要即不離禪宗、大圓滿所言者,不立一切見、修、行果,平空鬆坦,自生自顯。故金剛乘名之曰俱生原始智。(後覽方以智東西均道藝篇有云"上古無書,即以天地身物為現成律襲之秘本,而神明在其中"。所言極是。現成秘本之說,不可易也。吾說又直揭現成要訣所在,似較之又更上一層樓矣。偶見從容錄五十一萬松禪師有曰"盤古初分天地,已成對待。結繩畫卦,轉喪真淳。釋迦未出世,祖師不西來,還有真諦俗諦世法佛法麼"。亦與我不無冥契也。)

惟是為覺受,非證量也。乃增進一種近乎證量之覺受耳。

此又最新之妙悟,距破初關正二年整。數日在此不立一切見中,自然如禪定般,萬般皆自中心流出,輕快無比,與修拙火中脈時又自不同。吾知此種覺受不可眷戀,誓將返諸大手印,猛修諸法,機熟緣至,隨時放下即是。此為受用大圓滿法門之初次體證。在上上根器,自可以此法門無間保任,無修無證,自入圓成。在我則知非此根器,尚未到此時機,知此殊勝受用,不必貪戀。吾本能之選擇,乃還歸於業障習漏自消即菩提光明自顯、即煩惱即菩提之修證之中,亦即歸於空乐不二、空明不二之大手印之修法中。蓄積力量,時機成熟,此大圓滿法門之威力自發。後得觀陳健民上師原文,乃悟使行人亦以此最簡捷無上法門無間保任,固可大受用,然所據乃蓮花生大師之智慧法爾解脫偈頌義訣之教授,此等偈頌並非從其自身心性流出,行人或不免以攀緣為保任。吾歸於略為樸實之大手印修法,乃欲有一日使如此等偈頌心訣能從自身心性中流出也。平情而論，禪宗、大圓滿無法可修，以今人資質，使無大手印，又何能輕易深入證悟獲究竟。故藏地寧瑪巴之後，乃有噶舉巴相繼而生，亦自然爾。

九、癸巳元月，歸故鄉過年，有圓覺經在身，咀嚼數過，精義入神。殊有契會於經中"知幻即離，離幻即覺"一語。一夜於異夢中，應生全新之證量，醒時豁然自知，蓋知幻即離，大體化解色慾之關矣。在夢中心得不動，則白日更奈我何。昔得破情關，乃除情愛之幻結，已為殊勝，而色慾之纏繞未化。不期在此夢中有全新之驗證。知幻即離，離幻即覺，從此色慾大體可以為我所駕馭控制。忽思其初吾嘗引楞嚴經阿難、摩登伽女事，不覺莞爾，至此亦可謂如常山之蛇，首尾相應矣。宋儒忘筌編，亦吾自己之半部楞嚴經。此亦為日後第二地離垢地之修行預備一基礎而加行者。色欲未得自在，如何離垢，如何能於細微毀犯誤現行中正知而行耶。解深密經地波羅蜜多品第七，開示十地之奧深矣。（偶觀智慧空行母尼古瑪有要訣云"不達所顯即是修，事修對治何所得。所見由捨不能斷，若知如幻自得脫"。近日此種知幻即離、離幻即覺之體證，頗有其若知如幻自得脫之意也。事修對治，治標不治本。夢境中知幻自得脫去，雖未徹底，終是現證之下品一種。醒來歷歷，知非虛誕。在昔日之夢，絕無此事。）

後又有一夢，吾得參與華、梵、歐之大三教一致之集會，一基督教背景之長老語我云"汝言知幻即離，離幻即覺，尚有幻、覺之分說，還是不行"。洵為妙義，亦甚奇哉。吾今得入體修一味瑜伽，而一味之妙諦，即在此矣。（而基督教之奧義，在我觀之，亦不離此一味。其一味奧義為何。曰一言以蔽之，上帝也。）那洛六法有夢觀成就法者，吾知之，然并未刻意行之，而一年多以來瑞夢翩然，不可思議，成就我者甚多。愈信古聖賢之喜談夢境，其實際如是。吾且改易禪宗用語云"有時一夢不作一夢用，有時一夢卻作一夢用，有時一夢如踞地獅子，有時一夢如金剛王寶劍"。（有時夢境若愛欲餘習未盡者，醒來自省,忽觀察夢境之微細處,驀地曉悟,此竟乃空行佛母之非凡啓示也。此亦妙觀察智之所在。大手印言在妄念中現空性,如此類夢者,即是其驗證。)妄念即是法身,煩惱即是菩提,此義以此體會愈深。

有時覺夢境妄念愈密,而法身也愈密,以妄念發生如重瓣之花,乃有光明善巧不思議。後覽札勒那措朗著普顯中有共義正念明鏡論有云"於上品根性者而言,情器世間猶如中圍壇城自然圓滿,蓋因具緣有情能達所見所聞乃為本尊及真言。以彼等之心念能為法性之遊戲,一切悉為三身自性"。深契行證,直似出於我心者。我非上品根性,而諸緣所聚,使我今能稍窺其奧秘。情器世間猶如中圍壇城自然圓滿,實夢境亦如中圍壇城自然圓滿也。親友、仇敵之張力,世間八法之昏沉,皆乃本尊所現。所見所聞無有不是真言。如嬰孩、女子、禽獸之聲音,花樹、茶湯、萬物之芳香,在我尤有證會。眼是真色赤裸,耳是直指心性,鼻是身心融化,舌是一味統攝,身是樂空雙運,意是佛心妙用。臨濟嘗以六根為六道神光,未曾間歇,誠然不虛。

後悟楞嚴五蘊魔相述想陰魔相有曰"推究其心,破佛律儀,潛行貪欲,口中好言,眼耳鼻口,皆為淨土,男女二根,即是菩提,涅槃真處","其人不知魔著,亦言自證無上涅槃"。此又為我輩發者。但凡悟入愈銳進,魔相亦愈深。當欲樂定、妄念即法身之義有參證之時,亦正此想陰魔相入我心腑之際。然予當日並不因此自足而廢精進,亦以福德資糧故,雖履魔相而不自亂。夫魔道者,亦須以魔道破之。一朝澄清,內證又進。

十、癸巳三月遠遊潮州,於鳳凰山之高峰,天池之腳下,聞農人烘茶,奇香洋溢,盈鼓樓堂,遠溢嶺壑之間,頓覺身心融化,形如虛靈,六根俱忘,只有一味。空樂無別之妙道,吾已受用頗深。空明無二之奧義,亦將能愈有證會。返杭後翌夜靜坐,忽睜眼,見萬物與我本連成一體,不是兩個。其皆為空性本心所化現者。我之身體，本與萬物乃同為一境相，實本亦空虛，亦為心識所化。苟非此如來藏心識所化，汝不能尋找其他之可能也。我在何處。此肉身之我本是境相之中，如鏡中之人，其與鏡中之物，本連一體，皆是虛幻，何能分開。吾人通常所謂之色身，實則非惟此身體而已，眼目所見、六根所通之世界俱是色身也。究其極透，色身即是法身。物我自他，本無分別。蓋自無自，自他無他也。真之我只在此心。此心者，古聖曰如來藏。此雖人人皆能見到，而人人多不覺悟。人人多以此可見之肉身之我為我。誠如皇帝之新衣，亦唯赤子而能揭露之。（又安徒生童話皇帝之新衣，以我觀之，實即空性之形容也。）蓋在眼界中萬物與我本成一境，豈分兩個，此豈非人人能見者。試問孰能成就此境相、若實亦幻者，其舍諸善具空性妙用之本心而誰耶。汝只知心在耳。夢境所見，若實亦幻，唯此心在，尤能明之。此理極簡易，而極真實，故人多不信，亦不知。眼根如是，其他耳鼻舌身意諸根亦然。如耳根尤甚圓通，能聞即是所聞。理極簡易。我他之分別，在此耳根，最無用處，莫怪乎觀音大士用此法門而大化，亦適得其用者也。鼻是身心融化，舌是一味統攝，當其得意，自然忘形忘言。其他皆忘，只有本心虛明。身觸之道，所起貪著最大，而其法力也最大。實則如男女之事，當其貪著身觸之際，非內亦非外，非他亦非己，只有一心之妙用。似貪於外相而實出於內，故曰非外。似貪於內樂而實緣於外境，故曰非內。似貪於他而實出於己，故曰非他。似貪於己而實緣於他，故曰非己。去此內外己他四分別意識而說，則只一心耳。而意根之虛明妙用，不疾而速，靈敏之至，又甚於五根。其體本極虛靈清明，奈何凡夫使之負載重物、深陷污泥而沒其真性耶。不思聖道轉識成智，其最先成者，即此意根第六識之轉成妙觀察智也。故六根正是本心真空之妙用，具緣有情能達所見所聞乃為本尊及真言，亦自然爾。後於地鐵人群中，忽覺人人六根俱用，而心性空明，人人心體，本來交光互攝，只是一味,何有你我已他,何關凡聖之分。而人多為分別意識所欺瞞僭奪,強設疆限,遺落本心之妙用,六根反成分別意識之利器,而造就末那識之我執根本,六道神光乃成六種罪障矣。一切悉為三身自性,值此勝緣,初證其體,日後當益能包容一切,涵蓋乾坤。今所成就,尚屬淺陋,然光明已自生,好事不如無。

十一、四月初四文殊誕辰,文殊為我根本本尊,日誦心咒不絕。夜夢與友人行於街衢,忽值停電,純然漆黑,頓時極喜,不可言說。光明中所有分別,豁然了空,光明亦无,得大自在。醒來即知,此非洞山大師君臣五位頌所謂"折回還歸炭裏坐"乎。前修證所涉,其至也不過空明不二義訣,通六根為神光,故於此兼中到頌之末句,全無體驗,不意於夢中有此感遇覺受,有大自在。吾成佛之信心又大增矣。以上乃夢境使我有所覺受悟證者。六祖偈曰,平等如夢幻,不起凡聖見。善哉斯言。蓋白晝夢幻本具平等性如是,一切現成具足,體會愈深入,則凡聖分別之見自將消泯矣。(近讀蔣揚欽哲旺波大師傳,見此書中所記載大師之夢境極多,而其夢觀所成就之智慧亦極深。吾所成就者,不逮大師之一毫,而於夢境之自性智巧變化不思議,則深有體會矣。)

自具此情器世間猶如中圍壇城般之體證後,日子忽忽而過,似忙似閑,似勤似懶,一日驀地發覺,竟忘卻修行二字矣。不覺莞爾。此又昔日所未曾逆料之地。大寶法王自生金剛大手印願文有曰"超於意識任運無分別,願無間修離勤之修持"。(張澄基先生譯。)吾可以行之矣。又數日,涼風暫至,忽覺不喜修行二字。豁曉古尊宿有言"佛之一字,吾不喜聞",亦實證使然,非機鋒而已。雖然,修行二字或可忘,而吾乃修行人此事則實未忘。(離勤之修持或能至矣,而離勤之修持實不脫修持,故不如曰無修為圓。)

十二、孟夏一日,喜宴狂醉而歸,體極不舒,翌日晨獨行於屋旁京杭運河之畔,將腹中物傾吐一空,蕭然散坐,清風暢快之至,忽有妙覺。若此等清淨空洞之狀態中,亦已全然將所有吾乃在家瑜伽士、開悟者、大手印、大圓滿、禪宗、氣脈明點等意念放開矣。若此等頹然偃臥,別無所求,則所謂心性之妙理、修證之要訣,亦全已蕩空拋置。當此之際,懷如冰雪,前未曾有。所謂修行,直是多事。所有妙訣文字,都是污染。此義前人已說,此際自我心間流出,但感真切無比。(據解深密經地波羅蜜多品第七,此番體證,乃是為日後第三地發光地中舍諸等至愛與法愛,預備一基礎而加行也。)惟是為覺受,非證量。乃增進一種近乎證量之覺受耳。

此番醉後,苦不堪言,輾轉席褥之上,乃不意將潛藏已久之素來勇猛精進之強者之心、肯定之我化掉,而歸於卑微柔弱,頹然而已,反體會得更深之空性。昔日還須觀空,今日更不費力,即覺身心空洞。吾日後即做此柔弱空洞之人,不做豪傑,亦不做聖賢。於此乃真悟老子之義矣。老子曰"知其雄,守其雌,為天下谿。為天下谿,常德不離,復歸於嬰兒。知其白,守其黑,為天下式。為天下式,常德不忒,復歸於無極。知其榮,守其辱,為天下谷。為天下谷,常德乃足,復歸於樸"。昔日知其雄而守不得雌,乃以我為精進禪定之修士,為文宣王、大雄氏之裔也。昔日知其白而守不得黑,乃以我行樂空不二、明空不二之要訣者也。不意洞山大師炭裏坐之黑,老子先已道之。昔日知其榮而守不得辱,乃以我為目標極明確之人,欲成大學問、大證量之士,有濟於國,有濟於世界也。而今日乃悟,做一柔弱空洞之人,若無抱負,無目標,無聊賴,乃真是道。老子曰"古之善為士者,微妙玄通,深不可識。夫惟不可識,故強為之容。豫兮若冬涉川,猶兮若畏四鄰,儼若客,渙若冰將釋,敦兮其若樸,曠兮其若谷,渾兮其若濁"。吾讀道德經二十餘年,今日始庶幾解得此二章之真義。昔日似懂實非懂。趙州大師嘗自道家風云"內無一物,外無所求"。吾此日之前,內似無一物,而實尚有之。尚有修行精進強者之心及修證要訣也。外似無所求,實尚有所求,求心境之渾一、明空之不二也。不意此番運河邊，穨然虛弱坐於夏風中，吃半个西瓜，乃得此內無一物、外無所求更深之現量。當夜吟得詩偈云"竹簟新涼宿酒仙，清風淨裸任鼾眠。為溪為谷從今後，無肺無心四月天"。老子曰"反者道之動，弱者道之用"。今日觀之，反者道之動，純然為密宗修行無上要訣，無所不用其極，而弱者道之用，則為實證一超直入之心法秘旨所在及勘驗現證境界之微妙物事也。老子玄之又玄，直指人心，謂之無上密乘大宗師亦不為過。而吾之自述實證次第，自此似可收手矣。（自運河覺受以來，身心空洞，冰雪其懷，似全無渣滓，已無有此想。什麼在家、出家，什麼慧、定戒，什麼易生、易退，今日觀之，都是妄想。雖然，留之以為後來者誡。"超於意識任運無分別，願無間修離勤之修持"。此大手印願文吾最喜讀之，今日甚覺離勤之修持或能至矣，而離勤之修持實不脫修持，故不如曰無修為圓。運河悟後，吾轉入新一輪之循環矣。大梵王問經云"不執即佈施，不住即持戒，不勤即精進，不護即忍辱，不念即禪定，無緣即智慧"。此新一輪循環之心意也。實證契楞嚴已成舊有之一輪循環。新一輪當亦有不可逆料之變化也。此舊有之一輪其過程甚多玄妙，而實極簡易，似全無一事。雖然，彼實亦環環相扣。略靜坐而自知，使無四月初四夜夢停電類乎炭裏坐之現量，則運河身心空洞之覺受亦將不生也。歷年來吾醉酒多矣，緣何唯此次有此現證哉。見地雖超然如是，而業障猶在。顯教所謂菩薩十地之階級，實消業之過程也。）

　　吾讀格魯派之書，見文殊菩薩嘗開示于宗喀巴大師云"現分與空分二者，根本不可偏私，尤須重視現分"。（現分即現相，空分即空性。）此義實為佛法之真諦。吾自知於事而觀，予服習孔子之傳統，亦在家瑜伽士，儒行亦梵行，在家而出世，講學著書，以兼濟為期，其於現分與空分二者，庶幾能根本無偏私，而尤重視現分。然於理而觀，予自知今雖漸得深入空樂不二、空明不二，而終偏於空分，其於現分與空分二者，未能根本無偏私。如前者運河之證雖妙，猶屬空分之深入耳。

　　十三、六月初九，善緣既至，初遊西藏。於大昭寺前，見一老婦烈日下大禮拜不輟，不覺淚落，忽生領悟焉。寧瑪派有體、相、用之說，今借此而说之。奇妙之大悲周遍，無它何能開悟、領受心體本淨之空性，使無能開悟，又何能體證自性元成，使非能體證自性元成，又何能大受用於大悲周遍哉。原來本淨、元成、大悲三者，如常山之蛇，首尾相銜，原本一個，同時具足，不可擬議。空分、明分、現分不可離，現分大悲尤奇妙也。過去以空分為先，今則以大悲現分為首。此夜宿小昭寺旁。夜曾夢宗喀巴大師贈我典籍一部。翌日拜謁色拉寺。一僧人引一細木，一端連十一面觀音像，一端觸吾眉間天眼處，口誦密咒。吾忽覺觀音直入吾體。後入觀音正殿，不覺潸然淚濕，乃感大悲濟世，吾人不可回避之使命也。昨日新領大悲周遍之奧義，今與觀音大士結勝緣。昔日於緣深於文殊菩薩、勝樂金剛，而素淺於觀音，至此方深契之。又觀側立觀音像數尊，形神極美，極為感動。頓覺吾生平所遇啟我大法喜之女子，皆此觀音之化現也。此夜夢宗喀巴弟子一世達賴及其他幾位神通廣大之弟子與我說秘密事，其人甚清癯，其語甚輕靈。後又有感思，道從未斷絕，開悟只是回復本來之模樣，沒什麼可以驚異者。而從未斷絕者，即是大悲周遍。妙用不可思議。（蓋從心體、明分而言，不必言斷絕與否也。）遊林芝，神山聖水，又生大悲周遍之大感應，覺山川、萬物、朝聖、舞蹈者，直呈而出，皆如觀音之化身，莊矜而圓融，吾心亦然。究其本來，鋪天蓋地，色身即是法身，現分大悲，即是空分本淨。吾心亦是大悲現分，直呈而出也。至此吾自知於理而觀，亦能於現分與空分二者，庶幾無偏私矣，而尤重視於現分。此予遊雪域最新之證量也。後讀松巴佛教史，乃知藏人嘗言漢地乃文殊菩薩所調伏之處，而藏地則為大悲觀世音菩薩所化之地。莫怪乎予此番西藏之行，如此契機於觀音道之大悲周遍也。

　　至此，開悟以來種種悟後修行、加行具足，至初地極喜地。後覽談錫永上師解深密經密意，地波羅蜜多品第七云"經中所說極喜地即歡喜地。所謂歡喜或極喜，即是密乘所說之大樂，亦即如來法身功德。由如來法身功德始能有識境顯現，是故以世間之顯現為大樂。初地菩薩證入大樂，是即證入如來法身功德”。吾於西藏體證感應之大悲周遍、現分大樂，實即此由如來法身功德始能有識境顯現者，乃以世間之顯現為大樂，是為現分奧義所在。故實證甚與其說相契合。解深密經曰“善男子，成就大義，得未曾得出世間，心生大歡喜，是故最初名極喜地”。談錫永上師言此句依藏文應解說為“初地菩薩證得二喜，出世間之心喜及殊勝之大喜，是故最初名極喜地”。此說初地菩薩已能出離，得出世間，於是心喜。更能證得如來法身功德，於是殊勝大喜。是為二喜。玄奘譯不洽。若據藏譯，則吾其初驀地開悟狂喜、尼泊爾得大樂破我於中國文化之執著、斬情關破於至情純愛之執著等，已生出世間之心喜，又經歷諸殊勝夢觀、重慶、運河、西藏諸地體證現觀，乃使此證入如來法身功德之殊勝大喜，亦得成熟。故而成就二喜，得入初地。第二地離垢地遠離一切細微犯戒。予於此細微毀犯處尚未無礙，當精進之也。

　　以上皆予修行體驗之實錄。事皆有緣起，故亦不惜泄露。非我貢高，乃發菩提心也。使精通學術者觀之，或可令其明曉真修實證作用之微妙及其意義之重大。其人精通學術固佳，然不可不現證空性，於身心真實印證。不然則所知障難消也。（此是古來學者常有之通病，至近世尤粗重。今世學術思辨似極發達，而本末倒置者，實亦遍地多是也。）使崇聖愛國之士觀之，或可令其明曉崇聖愛國之心固為高尚行，然本亦不了義，切莫為其所困縛，從而滋生負面之力量。平常心是道，非凡亦非聖，乃是人類之希望所在。（處當今之世，使人能崇聖愛國，本已不易。然使其自滿於此，終亦是病。其破壞力亦甚大。崇聖適以辱聖，愛國適以殺國。）使赤心學佛學儒者觀之，或可令其明曉修行歷程之幽深莫測而確證非虛。吾之體證次第，可供其參鑒之用。（歷代典籍呈示開悟機緣及證量者比比皆是，而記載悟後修行功夫次第者甚少。吾說適可補其空闕。如五燈會元卷三南嶽懷讓禪師言馬祖道一"蒙開悟,心意超然。侍奉十秋,日益玄奧"。觀者往往惘然,不知日益玄奧者為何等物事。吾何能與道一比,然此為我日益玄奧之親身經歷。使修行初悟者觀之,或不為無益。竊謂詳言開悟機緣及鉗椎勘驗,密宗不如禪宗。備述開悟後修行功夫,禪宗又不如密宗。吾無所傳承,而實兼漢藏禪密之學。此無師智,智本不關師。此篇自述文字,亦不自覺流露禪密二家之本色矣。)使中、印、西方諸教已具一定修行層次者觀之,或可令其明曉我仲尼、禪、密宗風之喜樂威力,而有取焉。曹溪、大圓滿、大手印法門平易無作,自有妙用。中印西聖人之心,交光互攝,只是一個。(此正所謂君子和而不同者也。今世不同宗教間精神交流之深度,觀美國天主教神學家克盧尼氏所撰之印度智慧一書即可知矣。今有譯本。)

　　楞嚴經卷十曰"汝今欲知因界淺深,惟色與空是色邊際。惟觸及離是受邊際。惟記與忘是想邊際。惟滅與生是行邊際。湛入合湛歸識邊際。此五陰元重叠生起。生因識有,滅從色除"。色與空是色邊際,而予以睹無相而開悟。觸及離是受邊際,而予發願歸於定、戒,是為正法所在。記與忘是想邊際,而予得大平等觀,泯中、外之高下,斷愛、想之同結,豁然開朗。滅與生是行邊際,而予初悟輪涅不二之奧義,心忽明知初地無生法忍證量,乃為吾修行最近之階層。湛入合湛歸識邊際,原以為尚非予所能體會者,不意後於重慶偶有所證以來,庶乎初窺此所謂識邊際者。湛入合湛,玄之又玄,真可謂善狀其境相也。識邊際者,佛法之奧秘處。(而中觀、唯識二派教義,亦於此生分歧焉。其後藏地諸派亦然。)生因識有,滅從色除。本即修行之法要。要非現證初地無生法忍,何能曉知生因識有。要非證知六根正乃真空本心之妙用,何能知滅從色除。吾當勉之。五蘊有奧秘如是,非楞嚴無以明徹如此。忽有悟此,乃作實證契楞嚴一篇如是。(老友南朝波氏,虔心佛法,讀拙著徵聖錄,略嫌予著書不示人修行要領。此篇之寫作,究其初心,乃為渠所作也。其實亦何僅暗契楞嚴而已。近日重閱唐譯楞伽經亦有同感。乃知其集一切法品第二之二，已幾將予歷年有所印證之法要一網打盡矣。所謂集一切法，名不虛傳。）楞嚴經乃修行之大秘藏，權實俱演，予今日大知之矣。諸秘密法門微妙證驗，佛早開示顯露之，惟眾人讀書時不識爾。楞嚴經卷七至卷十，如述五蘊魔相者，正又為予今後修證之冰鑑。（如楞嚴經卷七有云"又彼定中諸善男子，見色陰消，受陰明白，慧力過定，失于猛利，以諸勝性懷于心中，自心已疑是盧舍那，得少為足。此名用心亡失恒審。溺于知見，悟則無咎，非為聖證。若作聖解，則有下劣易知足魔入其心腑，見人自言我得無上第一義諦。失于正受，當從淪墜"。此亦受用處。今人張玄祥居士撰楞嚴經五蘊魔相解說，功德無量。）又受陰諸魔相屢斥讚歎行婬，潛行貪欲，不毀麁行，將諸猥媟，以為傳法一類者，又可為密宗行人之警示。壇經曰婬性本是淨性因，除婬即是法性身。誠然至味。行人自當以禪密、定戒之道以化解諸魔相。密道之髓，即在以毒攻毒，以魔破魔。定戒之德，即在以藥解毒，以正破邪。兼而施之，混而為一，一朝互奪兩亡，空有泯然，即無上瑜伽俱生本覺，是为妙道。要以行門而論，最簡易最殊勝之法門，自是禪及大圓滿法，使行人初地圓成之後，則發揮此種最簡易最殊勝之法門之時機亦愈成熟矣。

　　六祖壇經有曰"三世諸佛，十二部經，在人性中本自具有，不能自悟，須得善知識示道見性。若自悟者，不假外求善知識。若取外求善知識，望得解脫，無有是處。識自心內善知識，即得解脫"。予從來無師自悟，亦從未外求師承，原亦契合曹溪本心如是。善哉。並非我慢至此也。昔永嘉玄覺因看維摩經，發明心地，悟佛心宗。玄策禪師云"威音王已前即得，威音王已後，無師自悟，盡是天然外道"。永嘉遂至曹溪一宿。將來必有大善知識為我證據之也。（然善疑者謂我天然外道，亦自然爾。忽憶疇昔馬湛翁先生亦嘗受此誣名，今世善疑者極多，吾焉得免之哉。當世佛教論壇誹謗如來藏、禪宗、密宗、無上瑜伽者甚有之，詆毀藏密業印雙修、內丹道陰陽派者甚多之，吾說之出，必生静論，然吾意使智福兼具、於佛法有一定之真實感應而非拘束於文字名相、於內證全未體味者觀之，或於佛法、中國文化當能產生新之信心及安定心，使其為然，此在下之法施、無畏施也。今世似正而實邪者甚多，而似邪而實正者亦有之，而常人不著其相。要非有正法眼藏者，何能以辨別之。故知通常學佛者，使其不能皈依深入方便善巧三昧之善知識，其路亦險峻矣。佛教門戶之爭，自古如是，然至民國，其爭猶不失法度。今日門戶之爭，已失法度。民國印光法師，雖亦弘淨批禪，其說尚有法度。至于今世，如有弘揚淨土者，功德不淺，然立說一味厚誣禪門歷代極少大成就者，欲將禪宗釜底抽薪之，此等學說絕非中正之道。其非古德判教之法度明矣。彼尚不念近世淨宗之所以成淨宗者，皆兩宋、元、明、清大禪師弘揚之力致之，禪淨合流，正是妙道，脫禪實不足以為淨也。今世揚棄禪宗之淨土法門，吾意其長遠之力量，當不能與深契禪宗之藏密法門相比。禪者，實為佛法之髓，中國文化之髓也。欲使淨宗之力量大興，必歸於禪淨不二。今日之藏密法門，雖亦龍蛇混雜，佛魔難辨，然其主體，尚不失巨大之佛教元氣，證量高深者，尚多其人。其尤善於方便道，亦合今日特殊之時代背景。雖然，今世學佛者亦當慎之焉。無論漢藏、淨密，使學佛者不入門戶之內，則恐其弗能深入法藏，窺入受用實修之門徑。使其入於門戶之內，則又恐其滋生門戶之偏說，弗能樹立正智正見，轉生語意業障。故今日學佛者所須者，乃一無門戶見之佛教法門也，而佛教之內，自當以蔣揚欽哲旺波大師為典範。吾觀今人門戶諍論習氣愈為深重纏繞，心甚憂之，今人詆毀之語亦愈為刻露醜陋，心甚恥之，使覽吾書者，雖加厲詞於我身，亦何惜之有也。甲午之末，得會寧瑪派大德噶陀寺住持莫扎法王。一見即知其人身心已融于法性之中，生大歡喜，與我無礙。予不禁以宗門露地白牛一語讚嘆之。席間略述修證及夢境感應，至玄微處，即得大德印可矣。補綴此語，以見昔言之一驗耳。）

　　吾雖有諸多微妙體證如是，惟根本我執堅固難化，稍有懈怠，所證之境界亦將退轉。米拉日巴尊者歌集嘗云"未斷我欲之成就，如手揉之成泥人，遇緣即碎甚可怖"。此誠為我輩而發。所謂我欲者，即堅固難化之根本我執。在我雖得二喜初地，日後修證，訣竅還在戒、定二字。戒、定俱是下學上達功夫。在家瑜伽士，世緣甚深,不比沙門清淨。沙門修道正行有次第者,善於戒定入般若,根底盤深,不易搖撼。此固是佛陀所傳之堅實大道。然亦以山林清淨、自善自了故,或不善於發大悲心,或不善於洞達世間情業煩惱而能隨宜說法度人。蓋順多逆少,多不能以逆為用,不能大受用於世間煩惱。居士中使已初證般若智者,以世緣甚深、順逆參半故,乃能以逆為用,轉煩惱為菩提,深知眾生皆苦,或易於發大悲心,不拘細行,或易成就方便智慧不二智。是以藏地寧瑪、噶舉諸派祖師,多此在家瑜伽士也。禪門六祖亦以居士身,而得五祖之傳衣。(忽憶大慧宗杲昔日亦曾道得此意,其說尤為明睿。示徐提刑有云"士大夫學道,與我出家兒大不同。出家兒父母不供甘旨,六親固以棄離。一瓶一缽,日用應緣處,無許多障道底冤家。一心一意,體究此事而已。士大夫開眼合眼處,無非障道底冤魂。若是箇有智慧者,只就裏許做工夫。淨名所謂塵勞之儔為如來種,怕人壞世間相而求實相。又說箇喻云,譬如高原陸地,不生蓮華,卑濕淤泥,乃生此華。若就裏許,如楊文公、李文和、張無盡三大老,打得透,其力勝我出家兒二十倍。何以故。我出家兒在外打入,士大夫在內打出。在外打入者其力弱,在內打出者其力彊。彊者謂所乖處重,而轉處有力。弱者謂所乖處輕,而轉處少力。雖力有彊弱,而所乖則一也"。昔日曾夢將遠遊天竺而自知不復得返,與大慧禪師別。吾語至生死痛徹處,悲欣交集,大慧乃鼓勵振策之,使吾愈生大无畏心。)然居士稍有不慎,即將退轉,亦將更速於沙門。使居士尚未得初證般若智,世緣甚深,順逆參半,加之酒肉男女,亦易令其泯滅正念,心性昏沉,難窺大道之門。逆多順少、福報愈淺者,修行愈難矣。已得初證般若智者,使其不能於心性光明中勝加行精進,亦甚難入離垢地。予在家瑜伽士,世緣甚深,自知其義利在大悲菩提心之易生,方便道之易行,其險峻則在微妙證量境界之難進易退。深有體會焉。禪門有云"不破初關不閉關,不破重關不入山"。閉關之妙,今愈知之。在家瑜伽士之道,必發揚居士之所善,而師沙門之所長。慧定戒三學,破初關,其要道在慧。破重關則在定、戒。夫子克己復禮、佛陀以戒為師之遺訓，其義大矣哉。

即顯即密修證次第論

菩薩十地為大乘顯教義，大手印、大圓滿為密宗義，禪宗即顯即密，如楞嚴經者，即顯即密。吾今乃以自身之體證，將顯密之說交互一體。是屬草創，唐突之論，通家哂之可也。湛然止觀輔行傳弘決卷一嘗論天台六即說云"果頭之理，初後無殊。約事差分，六位階降。名六，名即，不即不離"。（果頭即所成佛果。）愚說亦然。圓滿成就，初後無殊。約事差分，次第乃立。以成就說，實則佛亦不作。以實修論，則次第而誘之。不即不離，要仁者自識而妙用之爾。

吾意從開悟、初地到七地終，皆可以禪密法門層層通達之。八地以上，又必將諸法門俱打破，一任赤裸天真，自生自顯，自解脫也。從修行到開悟初證法性，即大手印四種瑜伽之專一瑜伽也。此知止而後有定。（後覽藏地大修行者札勒那措朗著大手印內義明炬有云"維持傳承諸師雖許三品專一瑜伽唯屬奢摩他，然就吾一己所知，行人之品位定當有所差別，復次，於一等已證知本元境位之行者而言，諸法自性乃是寂止與勝觀常住於一體雙運。是故，應知此處之寂止乃為勝觀所攝持"。吾說知止而後有定，正與之不謀而合。知止云者，即有寂止與勝觀常住於一體雙運，寂止乃為勝觀所攝持之意。）從開悟到打破開悟之狂性，定而後能靜，靜而後能觀，歸於平實，始大受用於煩惱菩提雙運，證得初地無生法忍，即離戲瑜伽也。煩惱菩提雙運並用，其修法大體包涵止、觀雙運及禪那之覺照也。（圓覺經三種方便隨順即奢摩他、三摩鉢提、禪那也。奢摩他即止，三摩鉢提即觀，禪那吾意即禪也。）從始大受用於煩惱菩提雙運，圓成初地無生法忍即二地之始，到七、八地之交，即一味瑜伽也。（實則以世俗思維觀之，一旦圓成初地，即進入二地之階段矣。）

八地到究竟佛果，即無修瑜伽也。此吾所自悟之即顯即密修證次第論也。

　　大手印專一、離戲、一味、無修四瑜伽，噶舉派又有人謂之顯教大手印，以與空樂大手印、光明大手印之密教大手印相區別也。吾說實則已將空樂、光明大手印略知之密意攝入四瑜伽之中，略證之功德亦已化入其中，謂之密教大手印亦可。一味瑜伽，實即相當於空樂大手印之實修，無修瑜伽，實即相當於光明大手印之任運也。（專一瑜伽成，我執始能真正大段減弱。不開悟，我執之減弱多被動，而不能主動，故甚為有限。我執分人我執、法我執。開悟之際，如良醫見得病根所在，人我執、法我執俱為頓減，心光明大喜故也。非開悟，見得病根不能如此分明。然見得病根，尚須施藥治療。自以良醫觀治人我執，以良藥根治法我執。離戲瑜伽成，我執之粗大者能逐漸消除，然我執堅固，細微我執難破。如病相已退，而病根猶潛伏不滅。當此之時，縱良醫可得休息，而良藥不可去身。法我執愈難消故。一味瑜伽成，顯境與心性融為一味，不必分別心、境，細微我執消融將盡，病根亦極接近於斷除，良醫、良藥只是一味。至無修瑜伽，不立一切法，不立一切果，無藥本亦無藥，無佛亦無眾生。專一瑜伽、離戲瑜伽，吾庶乎自證。所論一味瑜伽、無修瑜伽者，觀經論、密續、歷代聖賢開示及參以已有證量思維而得之者。望他日能俱以自內證量說之。惟禪者，當下即是。無修瑜伽，並非必在八地乃可行之，當下即可也。此方是禪，方是無修瑜伽。此又此禪密法門妙道之所在。然以顯教言語論之，無修瑜伽之階位，則非八地莫能任載也。）

　　後一日覽圖解大手印，偶見創古仁波切亦曾開示四瑜伽與十地之對應關係。（專一瑜伽又名專注瑜伽，離戲瑜伽又名無生瑜伽，一味瑜伽又名特殊瑜伽也。）其與吾說甚吻合者，即以八地為一味瑜伽、無修瑜伽之交界。其以離戲瑜伽為初地，吾說則以圓成初地在離戲瑜伽、一味瑜伽之交界亦即一味瑜伽之初始。故初讀時頗覺其說與我有異，即吾以為初證法性開悟之後，至於初地，其間必有一番離戲之深入修行，始能證得初地之無生法忍。證得初地無生法忍者,為離戲、一味之交界,是為一味之初始,而離戲是開悟及開悟之後至初地之階段,為初地之因,而初地之果則在一味之始。吾意以果論,不以因說。蓋離戲瑜伽雖有止、禪之功夫,終偏重於觀,而菩薩真實果位,非止觀雙融之一味瑜伽不能辦也。創古仁波切既以專注瑜伽為資糧道、加行道所在,則離戲瑜伽自當為初證開悟至初地無生法忍留一階段,如此則吾說似愈為穩健。後悟創古仁波切之以離戲瑜伽為初地,乃從因上、階段上說,非謂至離戲瑜伽即已得初地也,乃謂至離戲瑜伽即進入圓成初地之階段。如此則其說與我亦毫無差別。吾思以果論,故起初微覺有異如是。後覽札勒那措朗大師大手印內義明炬亦有十地說,其說與創古仁波切之說亦大體相似。

　　近又覽格魯派土觀羅桑卻季尼瑪之土觀宗派源流,其書載噶舉派大德桑昌法主郭倉巴言,專注瑜伽是勝解行地,離戲瑜伽是見道,一味瑜伽是二地至七地,無修瑜伽是後三清淨地之體性。(為劉立千先生譯本。)其旨頗與吾說合。其言離戲瑜伽是見道,則自包括開悟見性及至初地階段。其不言離戲瑜伽是初地如何,只言見道,亦殊妙哉。蓋一旦言其正是初地,則非。起初只見性尚未至初地也。吾已駁之。一旦言其非是初地,亦非也。非是初地又是何地。吾說圓成初地為離戲、一味之分界,既圓成初地,自即進入二地之階段矣。故其言一味瑜伽是二地至七地,與吾說可謂無間然。

　　此即顯即密修證次第論,實予為自身修證而方便設施者。吾之修證,以曹溪禪之悟入,發明本心,復願以密教金剛乘方便、智慧不二之修法,而踐驗顯教大乘開示之證量境界。顯教大乘經論所曾開示之證量,殊為細密,如解深密經地波羅蜜多品,行者可為依準。金剛乘其法門極殊勝,修法極善巧,吾必師法而實踐之,而其祖師開示之證量,亦極為玄妙,或涉於神變境界,不可擬議,不如參鑒大乘經之密栗精確也。故以藏傳各派而論,予之氣質,固近於噶舉派為多，其次自寧瑪。禪即密即顯，即方便即智慧。若以世間所謂宗派而言，吾固屬禪宗血脈。其初也近臨濟，今也近曹洞。

洞山禪噶舉密一致論

洞山大師以正中偏、偏中正、正中來、兼中至、兼中到為五位君臣頌。（正中偏，三更初夜月明前。莫怪相逢不相識，隱隱猶懷舊日嫌。偏中正，失曉老婆逢古鏡。分明覰面別無真，休更迷頭猶認影。正中來，無中有路隔塵埃。但能不觸當今諱，也勝前朝斷舌才。兼中至，兩刃交鋒不須避。好手猶如火裏蓮，宛然自有衝天志。兼中到，不落有無誰敢和。人人盡欲出常流，折合還歸炭裏坐。）昔所不解，近忽明其法要。正中偏之位，正，本心也，菩提也，主於理，而為大機大用所本。偏，根塵也，煩惱也，主於事，而為五毒障蓋所寄。正中偏，本心以根塵情識五毒之交織故，漸趨泯滅，縱有善念，其機用亦無力。是為凡夫位，吾又曰趨死位。至其窮極處，猛省發出離心，於妙理豁然有悟，欲反其道，是為偏中正之位之始。開悟初證空性本心，是為偏中正之位之終，正中來之位之始。偏中正是為知止位，吾又曰開悟位。悟後風光，是為正中來。因狂喜故，狂性大發，十字打開，一任天機，而恣肆橫行，粗豪自喜。是為光明位，吾又曰狂性位。實則破初關後，乃入於破重關之考驗矣。雖有搖動不定，本心瑩然不昧。（故五位君臣頌正中來云「但能不觸當今諱，也勝前朝斷舌才」。保任之謂是也。不觸當今諱云云，實言其恣肆橫行，常有患於觸當今諱，當下不能不動心也。）狂性位習漏未消，情識未盡，俱生我法二執猶暗自纏繞，故悟後又有大搖動。當此煩惱之際，忽悟得實地法要，以煩惱成就菩提之體性，以五毒轉成智慧之機用，力破數關，斬數心魔，行有證量，有大受用，是為正中來之終，即兼中至之始也。兼之者，兼正、偏，兼本心、根塵，兼菩提、煩惱，兼理、事，兼機用、毒蓋。兼中至者，以逆事深入正理之三昧，以煩惱深入菩提之三昧，以根塵情識深入本心之三昧。至其純熟處，乃得大機大用之道，亦不可思議者。故洞山大師五位頌兼中至云"兩刃交鋒不須避。好手猶如火中蓮，宛然自有衝天志"。是為進修位，吾又曰交鋒位。（邵康節歿前舉兩手示程伊川。伊川不曉，康節云"面前路徑常令寬，路徑窄則無著身處，況能使人行也"。此亦即兼之之密意所在。修證至兼中至，面前路徑愈寬大愈自由矣。所有妄念、煩惱、昏沉、無明皆可大用。北宋五子，邵子最有此兼中至之氣象。惜伊川終不悟其旨，至晦翁則成見已深，而路徑愈窄矣。）兼中至力破重重關，勢如破竹，行人亦奮發無比，當實證極受用時，經初地已達八地，則兼中到之位始矣。此前重關已破，至不動第八地，入破牢關之最末關。到其終極，牢關破而證佛果。是為徹證位。在兼中至第四位，尚有分別意識、細微分別意識，到第五位，則此細微分別意識亦消融矣。在兼中至俱生二執猶在，至第五位之初大體消盡，尚有極細微者未化，待到第五位之終，乃究竟大圓滿，全然融化矣。此位玄妙，無修無爲，自生自顯，故吾又曰無修位。故兼中到頌云"不落有無誰敢和"也。（雖無分別而分別極明達，自然呈露，虛明自照，不費心力。修者，尚具有無之分別者。不落有無，故曰無修。）

　　吾自量誕生以來，入正中偏，初自無欲清明，後亦渾渾噩噩。塵緣所至，少年時忽生大痛苦。十六歲讀老、莊而大悟，肆力為學，始入偏中正。其後情欲日增，而發心亦愈大，偏長正亦長，如膠似漆，而正終是日親，偏終是日遠。學儒學佛，終得開悟於二十年後。五位君臣頌偏中正云"分明覯面別無真，休更迷頭猶認影"。即開悟初證無相空性之證量之形容也。（以圓覺經三種方便隨順及二十五種清淨定輪言之，此初證空性，因禪那而奢摩他，愈增乎止者也。）遂入正中來第三位中。初得狂喜，豪氣沖天，神智清明，目空一切，而後煩惱日增，乃又猛省，破狂性，歸於平實，乃發願歸於戒定微妙體，眼前又自一新。乃知此為煩惱所成就者，忽有妙悟。煩惱愈深入愈隱密，所得覺受證量菩提亦愈不可思議。五毒妙用，初為甘露。（尤以貪欲、我慢最爲受用。貪欲與大樂融，我慢與佛慢化，體證愈微妙。瞋、痴、疑亦有大機用。）已斬數魔，如中國文化執著心及情關等即是。此實與三摩鉢提之道最接近也。乃得圓成正中來位，入兼中至之初級。（正中來在我為時近二載，當以参禮羅漢寺時獲大體證為界。吾意衡量圓成正中來、初進兼中至之標誌，乃在其是否已初步大受用於煩惱菩提之兼中互用，而能自覺明悟此兼中至之道之要訣之時也。正中來，因奢摩他而三摩鉢提，愈善乎觀者，而終兼禪那。三摩鉢提之道，圓覺經述之極善，而我以實證契合之。其曰"若諸菩薩悟淨圓覺，以淨覺心，知覺心性及與根塵，皆因幻化，即起諸幻以除幻者，變化諸幻而開幻眾。由起幻故，便能內發大悲輕安。一切菩薩從此起行，漸次增進。彼觀幻者非同幻故，非同幻觀皆是幻故，幻相永離，是諸菩薩所圓妙行，如土長苗。此方便者名三摩鉢提"。即起諸幻以除幻者，變化諸幻而開幻眾，乃轉煩惱為菩提之微妙法門所在。彼觀幻者非同幻故，非同幻觀皆是幻故，乃是實證大受用之殊勝因緣所在也。在兼中至，此三摩鉢提方便隨順，續有大用。幻相永離，則至兼中到，可以初達之矣。至此吾亦知圓覺經二十五種清淨定輪，實亦修行之秘密寶藏。禪門之推重此經，自亦因其於實修有大神益者也。）其後愈深味得"兩刃交鋒不須避"之微妙，止觀雙運，禪那兼覺，生大歡喜，初地及初地以上境界也。今日亦只到此初地地步而已。其後境界，非吾所知。想佛經言菩薩第八地始不退轉，當為兼中到第五位之始。蓋兼中至到此可以無憂，故曰兼中到。此吾臆測之詞。（五位君臣頌兼中到云"人人盡欲出常流，折合還歸炭裏坐"，此即不動義所在。）時人說君臣五位，多理勝於事。吾今以親身體證說之，事理持平。其為一家之見，供修行者參考之可也，非是定論。菩薩諸地微妙，尚非淺薄如我者所得窺也。

　　参以前一節所云即顯即密修證次第論，則偏中正，猶專一瑜伽，正中來，猶離戲瑜伽，兼中至，猶一味瑜伽，兼中到，猶無修瑜伽也。是又為自悟之洞山禪噶舉密一致論。偏中正，其猶專一瑜伽也。（後覽札勒那措朗大師大手印內義明炬言下品專一瑜伽有云"於此位中，後得智乃為實執所制，於夢位亦與凡夫無大差別”。偏中正之初亦如是也。言中品專一瑜伽有云“由於損減實執之後得智增長，令所見更爲廣闊，即使在睡眠中亦時能修習善法”。偏中正之中，當有瑞夢生起，雖尚淺，夢中光明初露。大手印內義明炬又云“能見專一瑜伽之心要與否，乃視乎汝等住於樂、明、無念之境時，能否成辦自明之信心”。此即吾云開悟初證空性本心，是為圓成偏中正之位之標誌也。開悟初證法性，即成辦自明之信心者。）正中來，其猶離戲瑜伽也。（大手印內義明炬言“總之，於此等離戲瑜伽之次第中，由於行者重於覺受空性，並具有不執一切所有爲實之覺受，故信心、正見及悲心或將退失”。吾破開悟之狂性，歸於平實者，即懲此失也。所謂行者重於覺受空性者，即開悟之狂性所在。內義明炬又言離戲瑜伽云“修學之圓滿亦視乎行者是否遠離希求怖畏，或是否已斷除所知與所空之妄想。妄念能否現爲修習，乃視乎有否認持一切妄念本面顯現爲無，然空性仍於後得覺受及睡眠中顯現之修位證德”。此即吾所謂於正中來因狂性而生動搖，忽悟得實地法要，以煩惱成就菩提之體性，以五毒轉成智慧之機用，力破數關，斬數心魔，行有證量，有大受用，是為正中來之終，即兼中至之始者也。破狂性，即斷除所空之妄想。力破數關，斬數心魔，即斷除所知之妄想。以煩惱成就菩提之體性，即妄念之現爲修習。吾在正中來位，瑞夢如連珠不絕，即空性仍於睡眠中顯現之修位證德也。）兼中至，其猶一味瑜伽也。（吾今所在，即在正中來、兼中至之交際處，亦即一味瑜伽之最初步耳。內義明炬言“縱汝或能把一切道相攝於自明之中，但只要緣此覺受略生執著，或貪著於自明，即名下品一味瑜伽”。吾今正有貪著於自明、喜樂之狀況，大師一語中的矣。日後有新證，當再從札勒那措朗大師書中體其契合處。）兼中到，其猶無修瑜伽也。（此尚非我所宜言者。）此洞山禪噶舉密一致論，本亦偶然得之，而不斷深入焉。不期後又偶觀札勒那措朗大師之書，乃有契合如此。乃嘆云，蓮華生大士所開之寧瑪巴，如六祖曹溪時，而噶舉家藏地三祖之教法，正如洞山、曹山禪也。（蓮華生大士之至於瑪爾巴大師，為三百年。六祖之至於洞山、曹山，為二百年。二三百年間，大圓滿復又出大手印，曹溪禪轉而爲臨濟禪、曹洞禪，相類似也如是。）

　　常人無論愚智，滯於境相，不能發心，一生不脫正中偏，至於命終。縱有善念，機用亦無力。而智巧者之偏，又每重於痴愚者。（又有常人，天真樸實，不了文義，渾渾然不能發心，然亦不滯於境相，亦可謂天然近道者。其雖未必能人兼中至、兼中到之地，亦可謂天然入正中來之境界者。而此等根器人一旦得大境界人指點，必得大成就。六祖當年或即是此種人。使此人未得大境界人指點，終身鄉里，亦足為一國元氣所在。吾鄉諸老輩中有此等人。）已發心修行，略有願力實證及正見智識者，而不能開悟，則不能到偏中正之極致，見般若智。開悟後狂性不歇，不能得實地方便法要，消融習漏者，僅是正中來之中。漸得妙道，火中栽蓮，正偏兼互，縱得極喜離垢，而不能不退轉者，是為兼中至半途中不到者。兼中到境界人，今世必亦有之，然非淺薄如我者所能形容也。使行人讀拙著參照之而有省焉，在吾說雖未圓滿，其機用亦生矣。吾自以兼中到為期。此正洞山所謂之衝天志者也歟。（“折合還歸炭裏坐”境界圓妙，其理趣非不能感應，然不在其位，不謀其政，非吾今所宜言者也。）

　　或問，開悟之後修行體證次第既已詳述之矣，開悟之前則如何。曰，開悟之後，謂之正行，開悟之前，乃為資糧道、加行道。資糧道者，古今弘法者述之極備。其因大體在戒、定、慧三學之聞思實修，其果大體在智慧、福德之圓成。在吾則研習老莊及儒家經史子集，博覽中西古今典籍，靜坐初窺端倪，遍遊天下名山道場，而以聖學為志，皆是資糧。使智慧資糧具足而福德弗能，不能開悟。反之亦然。偶檢開悟前二三年日記，乃憶得彼時日常、讀書、遠遊、講學所獲之小悟甚眾，滿紙條目甚多，亦如星璨。此等小悟，並非現證，而以體悟為主，實則皆是智慧資糧之增長者。故知智慧資糧增長之奧妙，讀書深入理悟而外，又在親身體悟之增進也。由理悟，至體悟，再至開悟，此正是次第所在。福德則不可安排，只須珍惜。吾是惜福人。福德未至，亦不可強求，只可隱忍積善不已。吾於加行道略有特殊之體會,復贅數語。使不能破己身數種大心病,亦絕不能得開悟也。(在我昔日有數種大心病,如對於出版之極強烈之欲望,如對於死者之身體之恐懼,後或因福報所至,或因因緣磨礪,俱得打破之。使加行道無此確實之體證受用,資糧雖善,猶不能開悟初證法性。)大凡資糧當深厚,加行當受用,正行當對機也。欲深厚,必須積德好學。孔子亦曰,我非生而知之者,好古敏以求之者也。欲受用,必須勘驗身心。如曾子,即聖門最善此道者。欲對機,必須以悟為則。對機之後,乃可展開悟後修行之新行程矣。

著述由來

　　學佛開悟之前,我本理學中人,主融通朱陸之學。講學精舍,常授門人以近思錄。玄義之草,亦有為入門者而發者。唐保唐寺無住禪師有云"夫造疏皆用心思量分別,但可著成,傳益初學"。是也。惟有患於叢脞。第一篇初草于甲申。其初衷,乃欲使程朱陸王歸于一也。第二篇初成于戊子。此稿原已棄去,後偶得於故簀中,觀之尚有可存者,乃補成之。曩註近思錄第二卷畢,意興已盡,遂擱筆,不復作。所謂意興者,即以陸王佛禪老莊解近思錄是也。近思錄首二篇言道體、為學大體,多關於性道玄理。玄義之釋此二篇而足,亦是自然。惟作此二篇為時甚早,悟後雖有改作增訂,終不能盡如人意。呂東萊粹言疏證粗成于庚寅之春。庚寅之秋驀地開悟後,頗以此書為胼指,著述為多事。焚之棄之,亦無不可。後讀之,又感其老婆心切,世間有志之學子,讀之或可以啟神智,廓胸襟,不為無助。遂更變之,修訂之,合二種乃成此書。(而忘筌編既成,復又生珍愛之心。此又為日後消融此心設一鋪墊也。)元儒許魯齋有云"先賢言語皆格言,然亦有一時一事有為而言者,故或不可為後世法,或行之便生弊。唯聖人言語萬世無弊,雖有為而言,皆可通行而無弊"。近思錄皆先賢言語，並非全無弊陋。斯編亦無意封守，其於弊端，或斟酌之，或針砭之，此又為拙著迥異於葉平巖、江慎修諸儒之書處。今人陳榮捷先生撰近思錄集評詳注，弘傳朱學有功。拙編所稱引朱子文字，多有出於是書者，不復多述。凡引葉采近思錄集解、楊伯嵒泳齋近思錄衍注、張習孔近思錄傳、施璜五子近思錄發明、張伯行近思錄集解、茅星來近思錄集注、江永近思錄集注、張紹價近思錄解義者，皆採自今人程水龍氏整理之近思錄也。

二書一體由呂東萊一以貫之

　　宋儒忘筌編上編近思錄首二篇玄義之主旨，在闡發三教一致之奧義，以其爲有宋以來中國文化之主流。下編東萊粹言疏證之主旨，在弘揚呂學之中正渾然，而斥朱子之偏頗激進。雖若二而實一，若異而實同。二書相互發明，真為一體。近思錄皆北宋理學諸儒之言。呂子為北宋性理、溫公、滎陽家學、蜀學各派諸儒之集大成者，碩果僅存。讀疏證可以明玄義之主旨，亦可以擴玄義之眼界。（疏證中亦多有以佛禪之學相融通者。）而二者之主旨，俱為前儒所忽，隱沒已久，今一舉揭出，亦自有脈絡相連處。且近思錄為呂子、朱子所同纂，而卷首道體篇之設，乃呂子力主所致之者。（可以呂子近思錄跋及朱子之書信為證。）近思錄影響後世極深，道體篇首當其衝，此即呂子所謂義理之本原、之梗概者。近思錄實亦呂子精神之所貫注。（道體篇之設置，實為三教一致之學深入宋人心性之自然流露也。）以此而論，則玄義、疏證二種，由一呂東萊先生一以貫之也。（尼采氏快樂的科學一百四十云"思想家這時成了這樣的人。在求真的本能欲望被證明是一種保存生命的力量之後，他內心求真的本能欲望便與那些保存生命的錯誤開展了首次鬥爭。與這鬥爭的重要性相比，其他的一切都無關宏旨"。予之以三教一致為北宋以來學術之主流,斥理學門戶之見之偏頗,予之弘揚呂東萊中正玄妙之學,批評朱子之不圓滿處,皆此內心求真之本能欲望致之者。予之行爲並非刻意標新,乃為中國學術尋求及保存真實之生命。故與此門爭之重要性相比,其他一切細節之爭辯皆無關此宏旨。尼采為本書之最大知己,乃予意外發現者。尼采遺稿選嘗云"我之前驅乃是赫拉克利特和吠檀多哲學"。又云"關於哲學和認識,我必須學會更加東方式地思惟,西方式地統觀歐洲"。又云"所有哲學之真正目的即神秘直覺"。忘筌本契於前蘇格拉底及古婆羅門教之思想,而多有所謂神秘直覺者,則尼采之爲我最大之知己,亦自然爾。遍觀尼采之書,超然遠覽,淵然深識,其智慧之高妙通透,機鋒之峻烈威猛,為泰西三百年來之冠冕。其學尚未大圓滿,其義未盡達乎釋迦大乘之諦、仲尼中正之道,尤少聖賢德性之實證涵養,其論又有流於偏頗而誤人子弟者,然放眼泰西數百年來人心顛倒、執著名相之局面,亦可謂卓爾不群矣。其最可繼古希臘前蘇格拉底之真精神,而可與天竺、唐賢相感通。以修行證地衡之,尼采乃一開悟者。其論說風格之燦爛銳利,直指心性,不期尤近於禪宗。宜其呵佛罵祖,直斥蘇格拉底、耶穌,聲若驚雷,貌似狂悖,而不失為正音者。然其悟後修行功夫,甚爲闕之。是其所以未圓滿者也。其乃歐洲之真元氣。沃格林氏以靈知主義一並論斥之,實非中正之見。)

　　拙著自序嘗云"是書之相,乃予拋迷而就悟,捨智而近愚。此是善巧權用。究吾心之實相,亦無生也。"。玄義自道修證之次第,近乎拋迷而就悟。疏證斥朱而弘呂,近乎捨智而近愚。然修證是頓,不是漸,是頓中漸,悟後修行,不是漸中頓,無頓實亦無漸。是悟自就,而迷自拋,不是拋迷而就悟。智愚亦只是世間分別意識,智原是愚,而愚真是智。朱子是察察,呂子是渾渾。真有實證,則非智亦非愚,無智亦無得也。

此說無有未曾有

　　宋儒忘筌編高弘我義,新論甚眾,多與舊說迥乎不侔。此學術之異爾。以實相觀之，本亦平常，並無新異之言。天息灾譯菩提行論讚菩提心品有曰"此說無有未曾有，亦非自我而獨專。我無自他如是時，乃自思惟觀察作"。正爲我心聲之所在。昔日吾視忘筌文稿爲骨肉，乃予著述中最可珍惜者，唯恐其遺失損壞。辛卯之末豁然一笑。使其有遺失損壞，忽然全滅，吾亦空空然不動心矣。蓋忘筌亦吾修行證悟之一筌爾。今既已得魚，亦可忘之矣。忘筌亦忘筌可也。此說無有未曾有，亦非自我而獨專。於此乃真內自證矣。（偶觀海明威氏流動的盛宴嘗記其友詩人希普曼氏云"我們在生活裏需要更多的真正的謎。完全沒有野心的作家與真正好的沒有發表的詩作，是當前我們最缺乏之物"。此亦契通空性之語，亦與我之體證甚相暗合。昔日視忘筌爲骨肉，乃予著述中最可珍惜者，實亦最具學術之野心者，而後渙然而自釋。吾出版發表之欲望本極強烈，自徵聖錄出版後，此欲得饜足，後得開悟，遂斬此心魔。然此心魔猶有細微子孫未盡，今覽希普曼氏之語，嘆爲殊勝，細微子孫之部分又蕩空之。完全沒有野心的學者、修行者，與真正好的、尚未發表的著作，亦是當前我等最缺乏之物。今忽悟歷代著述諸多抄本，未得剞劂版印行之，其真乃暗中護佑文脈之法實也。即使其終灰滅不存，其法力亦應不滅。）

　　德山禪師嘗語於雪峯義存曰"我宗無語句，實無一法與人"。昔日讀之，並無感應。此際偶得觀之，頓生空明大樂讚嘆心；蓋吾心亦如是，亦可謂親切無間也。（吾乃嘆蓮花生大士大圓滿之心法精髓，德山禪師一語盡之矣。）忘筌三十萬言，並無語句，不可死在三教一致一句上。雖說義理行門種種，實無一法與人。學人讀此書，時時回光覺照，思盡還源，可以自得之。洞山禪師弟子道膺有云"語句不要多，多則無用處"。使讀者各取所需，得魚忘筌，如實修者參其行門，治學者取其義趣，悅心者樂其玄言，明睿者破其敝論，則此三十萬言，大家各自取之去，亦庶乎無語句矣。一日忽覺悟，忘筌亦自蓮花所生，非我所作也。（想此語既出，觀者哂笑，亦是自然。老子曰，不笑不足以爲道。平心而論，忘筌爲我所作之與其爲蓮花所生二說之間，相較而言，其爲蓮花所生之說更具真實性。癸巳孟夏，一日忽自樂，三十萬言，大家各自取之去，庶乎無語句，亦正如那吒太子，析肉還母，析骨還父。莫怪乎一日忽覺悟，忘筌亦自蓮花所生，非我所作。那吒太子，岂非即蓮花所生者耶。）

道體篇第一

濂溪曰，無極而太極。太極動而生陽，動極而靜。靜而生陰，陰極復動。一動一靜，互爲其根。分陰分陽，兩儀立焉。陽變陰合，而生水火木金土。五氣順布，四時行焉。五行，一陰陽也。陰陽，一太極也。太極本無極也。五行之生也，各一其行。無極之真，二五之真，妙合而凝。乾道成男，坤道成女，二氣交感，化生萬物。萬物生生，而變化無窮焉。惟人也，得其秀而最靈。形既生矣，神發知矣。五性感動，而善惡分，萬事出矣。聖人定之以中正仁義而主靜，立人極焉。故聖人與天地合其德，日月合其明，四時合其序，鬼神合其吉凶。君子修之吉，小人悖之凶。故曰“立天之道，曰陰與陽。立地之道，曰柔與剛。立人之道，曰仁與義”。又曰“原始反終，故知生死之說”。大哉易也，斯其至矣。1

玄義　無極而太極一句，洩露氣運變化之機密。一葉落而知天下秋。此一句出而知理學之秘蘊。蓋理學者，孔、孟之血脈，亦佛、道、教、宗之別嗣。而其義理立說高妙之處，實多胎息教下、禪宗。王船山張子正蒙注乾稱篇上有云“濂溪周子首爲太極圖說，以究天人合一之原，所以明夫人之生也，皆天命流行之實，而以其神化之粹精爲性，乃以爲日用事物當然之理，無非陰陽變化自然之秩叙,而不可違。然所疑者,自太極分爲兩儀,運爲五行,而乾道成男,坤道成女,皆乾、坤之大德,資生資始。則人皆天地之生,而父母特其所禪之幾,則人可以不父其父而父天,不母其母而母地,與六經、語、孟之言相爲蹠盭,而與釋氏真如緣起之說雖異而同"。船山之所疑,適吾之所是。周子作太極圖說,固本古義,一如陳搏、邵子之言先天、後天八卦,然實有與釋教真如緣起、阿賴耶識諸說相闇契者。(大乘起信論之真如緣起如來藏說,所涉廣大,可先莫論。阿賴耶識之說,影響極其深遠者也。近世學者嘗云,瑜伽行派之興阿賴耶識之學說,乃為解決佛教中人格實體即輪回業報之深處實體存在爲何之難題,而欲成一愈嚴密愈圓善之學說體系。周子興無極而太極之說,使儒學義理太極而外多出一無極不可思議之物,蓋亦具相似之效用。葉采近思錄集解引蔡節齋語云"謂陰陽之外,別有太極常爲陰陽主者,固爲陷乎列子不生不化之謬。而獨執夫太極只在陰陽之中之說者,則又失其樞紐根柢之所爲,而大本有所不識矣"。此最與大乘佛義相符契。蓋自性本空,太極並無實體而能爲陰陽主者,是謂無極。阿賴耶識爲藏識,亦當作如是觀。據楞伽經,藏識、如來藏實爲一也。空宗說中論、空性,本已圓滿,而又有瑜伽行派繼而興起者,乃以其之新論能得乎樞紐根柢之所爲也。獨執于空性者,易入於虛無之病,是以有宗矯之以樞紐根柢之說,使大本易顯露。故吾觀節齋之說,爲之擊節。而節齋之說,又本於其師朱子與陸梭山書,其云"不言無極,則太極同於一物,而不足為萬化根本。不言太極,則無極淪於空寂,而不能為萬化根本"。此皆宋儒化用佛學理路之佐證。使以大乘起信論之真如緣起如來藏說解周子之說,固甚自然也。)而以禪密之義闡釋之者尤感契合。無極,先天也,正猶禪宗之所謂父母未生以前面目。米拉日巴大師集第九篇有云"子母心光當會合"。譯者張澄基氏注云"子光明者頗似起信論所指之始覺,母光明者頗似本覺。由本覺而生始覺,始覺經擴大鍛煉而與本覺合,名為妙覺"。無極而太極,亦如本覺而始覺,聖人與天地合其德,與日月合其明,四時合其序,鬼神合其吉凶,即始覺經擴大鍛煉而與本覺合者,子母心光當會合也。比覽南宗五祖白玉蟾全集,卷六亦有太極圖說。其云"夫道者，性與命而已。性，無生也，命，有生也。無者，萬物之始也。有者，萬物之母也"。乃隱以性為無極，命為太極。其與子母心光當會合，亦甚相似。內丹之言性、命，易學之言先天、後天，噶舉派之言母光明、子光明，自與濂溪之說同出一轍。近世道教西派大師汪東亭性命要旨體真心易卷四有云"純陽集云，天地不能生萬物，虛空能生天地。虛空無際，深得萬物之性，故又能生萬物。夫虛空能生天地一句，與周子著太極圖云無極生太極，同一意義"。周子之說契合佛道二教如是，此豈私言而已哉。

此說除起首五字洩露機密之外，所資皆公言。左傳劉康公曰"吾聞之，民受天地之中以生，所謂命也，是以有動作禮義威儀之則，以定命也"。所述義脈，甚與此章相近。濂溪之樹此說，鎔鑄道儒，原始易教，以一儒生，肇興新局，大類王輔嗣，融儒玄為一，自是不凡。然其言固為自古即有之文字，是所謂公言也。章實齋文史通義樹言公之義，其於學人，不啻醍醐灌頂。故創造之譽，實非人力所能稱，惟天德其可稱之也歟。學術之道，本來只是一個公。所謂私者，本亦公，因私而公，因公而忘。（宋儒之義理，前人何嘗不明。近世陳蘭甫著漢儒通義。劉申叔亦嘗言漢儒較宋儒為精確。其言未必盡是，亦自有味。）天德之全，萬物悉備，故仲尼有以述作，釋教有以和同，理學有以肇興，得其宜也。言為心聲。以人心具天德之全，得以言公。言公是以能周徧四宇，深化人心。學者見人而不見天，見私而未見公，皆未達也。故濂溪開闢風氣，為北宋五子之首，要其妙機，在能以公言應道，不任私智。在明道、康節，猶多溫厚中和，體用俱備，至伊川、橫渠，則私智之患亦自出矣。

禪門溈仰宗畫九十七圓相參禪，道教畫圖以明修行之秘，周子作太極圖說闡發大義，正乃道教禪門之遺風。周子太極圖，自與道教有甚大之淵源。（朱震漢上易解嘗言邵雍先天圖、周敦頤太極圖皆得於華山陳摶之脈。毛奇齡太極圖遺議、胡渭易圖明辨皆謂太極圖出於陳摶。明初僧人空谷景隆尚直篇謂周子叩問東林常聰禪師太極圖之深旨,周子廣東林之說而為太極圖說。明人編著之居士分燈錄記載尤詳。雖不知其事確鑿如何,周子之嘗親近於禪師道流而或有受其啓迪暗授者,亦可想見。空谷景隆言宋儒之學,皆出於釋。果為尚直之言也。)唐宋人飽讀佛道書,交遊多釋道,潛移默化,此事不容抹搬。而聰者欲以智巧而後來居上焉。實則葉水心早已說破。其總述講學大旨有云"本朝承平時,禪說尤熾。豪傑之士,有欲修明吾說以勝之者,而周張二程出焉,自謂出入於老佛甚久,已而曰,吾道固有之矣。故無極太極、動靜男女、太和參兩、形氣聚散、絪縕感通、有直內無方外不足以入堯舜之道,皆本於十翼,以爲此吾所有之道,非彼之道也。及其啓教後學,於子思孟子之新說奇論,皆特發明之。大抵欲抑浮屠之鋒銳,而示吾所有之道若此"。可謂深入肯綮。惟水心以周張二程之說非是聖人之正學,而云夷狄之學本與中國異,不以理學援釋入儒爲然,則非是。吾之意適反之。周張二程,固是新異之說,然奇中有正。涑水、元城、了齋一脈及呂氏滎陽、東萊之家學,為正學所在,而正中有奇。正學豈唯一哉。正奇本不二。學術之道,順應天道,天運有變化,則學術亦本來有變化。周張二程雖未圓滿,亦爲宋儒之成其變化者。葉水心見地甚深而失之狹隘。予言周張二程未圓滿,此以勝義諦而說之者。其亦爲宋儒之成其變化者,此以世俗諦而說之者。勝義諦不捨世俗諦,是方為中道。

太極語本繫辭,無極語本老子。太極、無極同出一書者,始於淮南子。(參潘雨廷先生論尚黃老與淮南子。)濂溪秉公言而挺出,以陰陽五行諸夏之舊說,成其天人通一之學,真可謂善學漢人及王弼者。王弼周易注復卦云"天地以本爲心者也。凡動息則靜,靜非對動者也。語息則默,默非對語者也。然則天地雖大,富有萬物,雷動風行,運化萬變,寂然至無,是其本矣"。此即濂溪主靜立人極之說所本者。儒者之化用老莊,自王輔嗣以來多矣。宋乃有周濂溪、程明道。其後學又甚衆。清儒治莊子者甚衆,多以莊子爲嗣孔子者,謂其學乃掃俗儒之末學而助孔。儒者之化用老莊如此者甚多,亦自然而然。豈刻意附會哉。朱子注太極圖說云"蓋太極者本然之妙也,動靜者,所乘之機也。太極,形而上之道也,陰陽,形而下之器也。是以自其著者而觀之,則動靜不同時,陰陽不同位,而太極無不在焉。自其微者而觀之,則沖漠無朕,而動靜陰陽之理已悉具於其中矣"。濂溪太極圖說本然而言之,尚多古意,晦翁形上形下分別之,於義已不渾。太極圖說本然而言之,尚多古意,亦可於莊子驗之。齊物論曰"有以爲未始有物者,至矣,盡矣,不可以加矣。其次以为有物矣,而未始有封也。其次以为有封焉,而未始有是非也"。明陸西星南華真經副墨云"未始有物之先,即無極也。有物,即太極也。有封,即動靜陰陽也。有是非,即五性感動而善惡分、萬物出也"。清人陸樹芝讀莊子雜說有云"先儒謂太極以上不容說,其實難說也。莊子偏向芴漠無形而上滾滾說來,鑪造化而繪虛空,極精微,極廣大,又極透亮。具此心眼,用以體認性學,自無復有理障矣。故得力蒙莊者,必能達難顯之理,而不病於膚庸"。(見今人方勇氏莊子學史。)濂溪之言無極而太極,豈非即類乎陸氏之所謂心眼者。乃具此無極之心眼,可以愈造乎性學之奧,無復有理障矣。惟後儒或不達斯旨,而理障愈增。後見陸氏讀莊子雜說亦嘗云"前人謂周子太極圖出於方外人。今觀南華,其於無極之理講之精矣。但宋儒由太極順說到人。莊子則由人收歸太極。雖歸趣有異,樞機則同也"。

　　惟人也,得其秀而最靈。陽明傳習錄云"該天地萬物與人原是一體,其發竅之最精處,是人心一點靈明。風雨露雷日月星辰禽獸草木山川土石與人原只一體,故五穀禽獸之類皆可以養人,藥石之類皆可以療疾,只為同此一氣,故能相通耳"。邵子曰"心爲太極"。故人心一點靈明,乃立身受命之樞也。中正仁義,主靜立人極，是以有動作禮義威儀之則，以定命也。船山四書大全說訓靈爲善，不可以機警訓。善哉。張習孔近習錄傳有云"主靜者謂何。曰此靜字不與動平對。蓋天德性真，心原道妙之總名，而中正仁義之主也。聖人定之以中正仁義，即是主靜，精莫精於此，一莫一於此也。惟主靜，則人理無以復加，而人之極立矣"。所言洵得之矣。主靜之義，乃於天德性真能把住要領。陽明云，殺人當以咽喉。其之謂也。故曰靈字豈是機警之意而已。惟靜而天，惟靈而善。妙哉。此予之心得也。（此二句融濂溪船山之精華，庶乎句義渾整矣。）

　　方密之致青原笑和上有曰"一用於二，萬古寂歷之順理也。若但軌一，何容兼互。曾知不二不一，天地未分，早兼互乎"。（其文見余英時氏方以智晚年詩文輯佚續篇。）乾坤、理氣、道器、體用、皆二也，非此無以致知，故曰萬古之順理。然千秋聚訟之學案，亦多癥結於此，後之學者多欲兼互而言之，心術繁密，反失淳樸，每況而愈下。故濂溪振臂棒喝曰，無極而太極，欲跳出兼互。此惟精惟一、允厥執中之道也。欲人理會天地未分意思，濂洛之學，多在此下腳根。王心齋示俞純夫云"只心有所向便是欲，有所見便是妄，既無所向，又無所見，便是無極而太極。良知一點，分分明明，停停當當，不用安排思索，聖神之所以經綸變化，皆本諸此"。（引自李中孚二曲集觀感錄。）所言甚簡明。然密之乃不以濂溪之說為然者，其必駁予曰，濂溪欲跳出兼互，實亦落入兼互矣。予只可應之曰，仁者見仁，智者見智。

　　歷代不以濂溪之說為然者亦多有之。如陸氏梭山、象山兄弟、黃氏宗羲、宗炎兄弟等，皆是也。此人多知之。（可參宋元學案卷十二。）釋教必不以其說為最上乘義。蓋其說只近乎論氣，未究靈心，尚不能與宗密原人論等量齊觀。二程不甚推崇濂溪之說，或亦以此故。王陽明書汪進之太極岩二首之一曰"一竅誰將混沌開，千年樣子道州來。須知太極元無極，始信心非明鏡臺"。鄧豁渠南詢錄有云"一竅誰將混沌開,千年樣子道州來。諷周子"。其以無極而太極多事,為鑿混沌,蓋不欲節外生枝,混元之中,強生出一個二來。陽明譏神秀以諷周子。然周子之說自具玄機焉。正所謂大成若缺者也。王、鄧之論,於理亦自有據,於事則不能圓。理事無礙之境界,談何容易哉。明末鼓山永覺禪師有云"夫三界惟心,萬法惟識。謂天地生於無極,謂一氣生於空界,遂執此空以為萬化之根源、一真之實性,殊不知此空從前壞劫而成,是有生也,天地生後,遂失其空,是有滅也。夫此一氣,非生於空也,乃從無始劫來,生生不息,闔闢不窮者也。學人於此達其生生之本,則三界萬法,實非他物,今古可以一貫,有無可以不二矣"。(見方以智藥地炮莊總論中。)所論極為精湛。濂溪曰,無極而太極。執此無極以為萬化之根源、一真之實性者,不可不讀永覺禪師此語。蓋無極本無極也。方以智尤不喜濂溪無極而太極之說。其東西均有云"周子方論始終、虛實、有無、道器之大綱,則實中有虛,虛中有實,有之前為無,無之前為有。有卦爻與無卦爻對,而太極無對也。太極之前添無極,則不能顯不落有無之太極矣。故愚從而三之"。又云"言無極也,亦慕其玄言耳。今人好翻字面,不論本指,如考卷之挑剔,以此敲駁,便為推掃勝義。目所謂極,則玄之曰無極。目所謂太,何不玄之曰無太乎。如言及從心不逾矩,便云還有矩在,矩是甚麼。天下人以為妙,真以孔子尚欠一步矣。驢年被瞞,何曾夢見。吾答之曰,汝噇飯尚有口在,口是甚麼。可笑千古人只換一個字面,便換了人眼睛,不見樹倒藤枯,向前一拶,空引溈山笑轉新哉"。亦自有真見,可藥時人慕玄之病。然濂溪本心,並非慕其玄言也。

濂溪曰,誠無為,幾善惡。德愛曰仁,宜曰義,理曰禮,通曰智,守曰信。性焉安焉之謂聖,復焉執焉之謂賢。發微不可見,充周不可窮,之謂神。2

　　玄義　發微不可見,充周不可窮,此極微妙者,亦心亦氣,非心非氣,心氣不二,故謂之神。濂溪只言無極陰陽,不言心理,尚多古風。程伊川言性即理,精巧有加,已失淳樸,亦猶子貢之用械槹。至象山言吾心即宇宙,則又發露太盡,似少含蓄之德矣。濂溪猶不失古人氣脈。然伊川、象山之精巧有加,乃假借佛學之智慧而善自用爾。雖淳樸有喪,而妙用自多,功德自大。蓋其本具大悲心使然。夫盈天地之間者皆氣也,成天地之德者皆心也。心氣不二。心氣之通於神明,故曰誠。惟其體無為,非人念之所能彊。故善學者以無為而通此神明,以天地之德而成其人之德。聖者又將通攝萬類,以與天德為一,天人兩忘。故濂溪屢言無極無為。陸象山則截斷衆流,登堂入室,曰道外無事,事外無道。惟天德之不可言,故聖人性焉安焉以為宅,賢人復焉執焉以為式。賢人其性未安而猶在逆旅也。聖人只是順。仁義禮智信,聖人順之者,即是德愛宜理通守而已。(順之理可參呂東萊粹言疏證第四十四條。)不見不窮之體,使學人少窺其奧蘊即得頓感其神,自可樂也。吾未見未有此樂而能成大人者。復本易經,執本尚書之允執厥中,皆蹈實就中之謂。然不如性、安之得位。性焉安焉,即程子所謂昔受學于周茂叔,每令尋顏子、仲尼樂處,所樂何事之旨趣所在。(參玄義卷二第二十一條。)復焉執焉,尚有著力。性焉安焉,已無所著力。其體則無為,非人念之所能彊。無所著力,即無念矣。

伊川曰,喜怒哀樂之未發謂之中,中也者,言寂然不動者也,故曰天下之大本。發而皆中節謂之和,和也者,言感而遂通者也,故曰天下之達道。3

玄義 易曰,一陰一陽之謂道。陰陽不測之謂神。道教南宗之祖張伯端嘗云"寂然不動,感而遂通,乃吾心之用也"。又云"心者君之位,以無為勝之,則其所以動者,元神之性耳"。(見青華秘文金寶內煉丹訣。)則寂然不動是心,感而遂通是神,大本、達道本為一體,猶心神實莫二也。五燈會元大洪報恩禪師曰"彌綸萬有而非有,統而會之，究竟寂滅而非無。非無亦非非無，非有亦非非有。四執既亡，百非斯遣。則自然因緣，皆為戲論，虛無真實，俱是假名矣。至若謂太極陰陽，能生萬物。常無常有，斯為衆妙之門。陰陽不測，是謂無方之神。雖聖人設教，示悟多方。然既異一心，寧非四見。何以明之。蓋虛無為道，道則是無”。報恩禪師所言甚精。先聖講未發之中，寂然不動，發皆中節，感而遂通，頗與彌綸萬有而非有，究竟寂滅而非無之義相契。（章太炎菿漢微言最知易傳為大乘之義。嘗謂“非斷非常，易傳契於中道”。）蓋感而遂通而實寂然不動，彌綸萬有而非有也。寂然不動而能感而遂通，究竟寂滅而非無也。報恩云自然因緣，皆為戲論，虛無為道，道則是無，乃破此大本、達道、自然因緣之相爾。此相不破，又如何來參未發時寂然不動之體。觀禪師之靜言，實能發明易傳之秘密。世儒治易，多不悟此理。易曰，神無方而易無體。聖人早已發明之。而彼直拘於方、體之中而不悟其非也。

船山四書大全說曾言“喜怒哀樂之未發謂之中，是儒者第一難透底關。此不可以私智索，而亦不可執前人之一言，遂謂其然，而偷以為安”。羅從彥令李延平靜中看喜怒哀樂未發前氣象而求所謂中者，愚昔頗是其言而蹈之有年，以為最落實處。然船山誠不可執前人之言之語，自亦為我輩而發。章太炎菿漢微言謂看喜怒哀樂之未發只落在意根，甚輕之也。使太炎能實踐而深入之，則其當能知己言之過矣。喜怒哀樂之未發謂之中，是儒者第一難透底關。豈僅只末那識耶。

心一也，有指體而言者，有指用而言者，惟觀其所見何如耳。[4]

玄義　此心猶張子為天地立心之心也。彌貫天地，莫非此心也。天地本無為，待聖人立其心。誠明之，以無極立太極，明誠之，則以立心通天地。彌貫天地，此心之德也。故天地未立心，猶鴻蒙也，心之能貫徹宇宙，人之聖德也。胡安國春秋傳序云“世有先後，人心之所同然一爾。苟得其所同然者，雖越宇宙，若見聖人親灸之也”。指體而言猶言理，指用而言猶言氣，亦是朱子所承於伊川處。心之體，寂然不動，如鬼神之德而不可聞睹，非破習見無以識心體。心之用，感之遂通天下，此人之所公聞睹者也。天人相感之體，最爲玄妙，聖人之心外無物也。人心即天心，人心即萬物之心，天之感萬物，萬物之心遂通其用而成焉。惟心本一名相耳，須因實而成義，故曰觀其所見何如。故未得實證而率言人心即宇宙者，未足以觀其實、悟其理，亦不識詩之比興之義。欲明心之體用，要須實證。實證莫先乎格物。格物致知，轉用成體。誠意正心，轉體化用。修身齊家治國平天下，即體即用。夫子興觀羣怨意思，皆在其中矣。

程朱論學之用體用一詞，或以體用爲對語如本章。其源於五經耶。抑出於釋教耶。清初李二曲、顧亭林二大儒嘗於書信辯論之。二曲集答顧寧人先生云“然天地閒道理，有前聖之所未言，而後賢始言之者。吾儒之所未言，而異學偶言之者。但取其益身心、便修證斯已耳。來教謂如考證未確，不妨再訂。竊以爲確矣。今無論出於佛書儒書，但論其何體何用，如明道存心以爲體，經世宰物以爲用，則體爲真體，用爲實用。此二字出於儒書固可，即出於佛書亦無不可。苟內不足以明道存心，外不足以經世宰物，則體爲虛體，用爲無用。此二字出於佛書固不可，出於儒書亦豈可乎”。李中孚之說氣象殊好，深達學術之心源，乃較顧氏神智之偏、考證之習爲勝也。（錢賓四中國思想史第二十二節謂體用二字先起於王弼之老子注。然王弼只說“不能捨無以爲體”。並未以體用為對語之用。賓四之說似不確也。）

乾，天也。天者，乾之形體。乾者，天之性情。乾，健也，健而無息之謂乾。夫天，專言之則道也，天且弗違是也。分而言之，則以形體謂之天，以主宰謂之帝，以功用謂之鬼神，以妙用謂之神，以性情謂之乾。5

玄義 “分而言之，則以形體謂之天，以主宰謂之帝，以功用謂之鬼神，以妙用謂之神，以性情謂之乾"。章太炎菿漢微言有云"問曰，論稱五十而知天命，皇侃疏曰，天本無言，而云有所命者，假之言也。斯論為閎達矣。今易傳數言命者，何邪。答曰，此土聖哲所立義諦，率是隨順故言，罕嘗自造名字。老莊多有自造名字，孔氏則少。以見量觀曾是蒼蒼者，而有教令詒人，若云上神默示，愈為非量，是故命是假言，天亦借表，明其假借，言之非有礙也"。亦頗可相印證。蓋謂天謂帝，亦假借而已，言之非有礙也。

蔡邕明堂論有云"故言明堂，事之大，義之深也。取其宗祀之貌則曰清廟，取其正室之貌則曰太廟，取其尊崇則曰太室，取其鄉明則曰明堂，取其四門之學則曰太學，取其四面之周水圓如璧則曰辟雍，異名而同事，其實一也"。此程子之說文法之相近者。又天台智者大師，凡釋諸經，皆立五重玄義。一釋名，二辯體，三明宗，四論用，五判教相。法華玄義即以此五重玄義釋經者。程子分而言之則以形體謂之天云云，亦甚與五重玄義相近。如以形體謂之天，近於釋名。以主宰謂之帝，近於辯體。以功用謂之鬼神，近乎明宗。以妙用謂之神，近乎論用。"聖人垂訓之謂教，分別同異之謂相"。（語出法華玄義。）以性情謂之乾而非其他六十三卦者，即聖人周易之教相也。此章極有精義，然亦暗契天台宗之義法如是。或亦可窺夫宋儒受佛學薰染之深也。

黃帝內經靈樞決氣篇云"人有精、氣、津、液、血、脈，余意以爲一氣耳，今乃辨為六者"。此章亦同。天、帝、鬼神、神、乾，余意以爲一天耳，今乃辨為五者。乾天本一物，互訓其體，形體性情之說，皆善取近譬者。先賢言為天地立心，今視天之有性情，主宰為之帝，功用謂之鬼神，皆善譬也，天人一體之理，益可明。故善讀此章者，莫如求諸己。馬一浮洪範約義云"天是至上義，至遍義，帝是審諦義，皆表理也。古人以爲理高於一切，德高於一切。其稱天以臨之者，皆是尊德性之辭"。程子以形體、主宰、功用、妙用、性情分而言之，如喻之於四體，是其不行而至，不疾而速也。分而言之，予於末端妄增一句曰“以人心謂之命”。蓋天、帝、鬼神、乾坤備於天而少於人，人心之明命，不可闕也。朱子大學章句云“明命即天之所以與我，而我之所以爲德者”。天道人心，一也。然天道唯以人心而見。故曰，以人心謂之命。

四德之元，猶五常之仁。偏言則一事，專言則包四者。 6

玄義 四德元亨利貞，五常仁義禮智信。一生萬物，天下之理莫非一。以道而觀之，濂溪言無極，伊川言持敬，莫非一也。孔子言仁，子思言中庸，大易言元，莫非一也。故曰專言則包四者。故易之變化，不離於一，天下之變化，亦不離於一。天道因心而顯，因力而晦，故今世之衰，非物之衰，心之衰也。為崇力故。蘇子由寶峰雲庵真淨禪師語錄序有云“水流於地，發為草木，鹹酸甘苦皆水也。火傳為薪，化為飲食，飯餅羹蔌皆火也。心藏於人，見於百骸，視聽言動皆心也。古之達人推而通之，大而天地山河，細而秋毫微塵，此心無所不在，無所不見”。譬喻極善。此心即元。此心即仁。元即亨即利即貞，仁即仁即義即禮即智即信。無所不在，遍乎一切。偏言則一事，專言則包四者。

天所賦爲命，物所受爲性。 7

玄義 天所賦爲命，故以命可知天，故曰知天命。物所受爲性，受者授也，故性者皆不離於物。故大學之義，以格物爲首。格物致知，是從本源上說，如周子語無極生太極，非從末節上說也。王陽明於末節處理會，故格竹子而疾，此非格物之義。格物致知，猶言以物明性，以天知命也。然後可以誠意正心續之。天命玄虛而物性切實，天命敬焉，而物格焉。（可參本卷第二十三條所引閔一得語。）朱子注太極圖說云“夫天下無性外之物，而性無不在，此無極二五所以混融無間者也，所謂妙合者也”。以物明性，以人倫為最近，故格天格地，莫若君臣父子夫婦。陸象山云“能知天之所以予我者至貴至厚，自然遠非僻，惟正是守。且要知之所固有者”。天所賦爲命，其義至大，乃先聖真正血脈所在。物所受爲性，清儒戴東原新闢一義。孟子字義疏證云“古賢聖所謂仁義禮智，不求於所謂欲之外，不離乎血氣心知，而後儒以爲別有物湊泊附著以爲性，由雜乎老莊釋氏之言，終昧于六經孔孟之言故也”。東原謂四德不離物欲心知，賢聖格物而致知，如此而已，頗能見出物字之實處。然東原之說，亦只一隅見，不識本然之渾。（章太炎菿漢微言云“戴東原已能灼知儒效，而封執名言，不能廢詮談旨，此拘於聲量，不任見量、比量之過也”。所言極是。所謂封執名言，不能廢詮談旨，不任見量，皆點到東原痛處矣。）程子天所賦爲命，物所受爲性一語立出大體，恢弘廓通。方以智藥地炮莊總論上嘗引熊文直曰“為物不二之宰，至隱不可推見。而費於氣則有象，費於事則有數。人身天地，二而一也。明乎天地之爲物，與物身者不悖，斯進於格物矣”。陳義甚妙。天所賦爲命，物所受爲性。天命之爲物性，本二而一。如東原者，二之者爾。其不諳格物之真義必矣。天命實即物性也。

鬼神者，造化之跡也。8

玄義　古人曰，聖人恭天，靜地，和人，敬鬼。（見意林引太公六韜。）老子曰“以道蒞天下者，其鬼不神。非其鬼不神，其神不傷人。聖人亦不傷人。夫兩不相傷，故德交歸焉”。道蒞天下，則鬼人兩不相傷，非則鬼能靈怪而傷擾人，人亦不敬於鬼，是為兩相傷矣。鬼神之秘，盡在其間。聖人用之則和，非人用之則犯，是為造化之跡，非恒體不變者。橫渠云“鬼神者，二氣之良能也”。得之矣。常人氣體簡靜和平者，不問鬼神而渾忘。而陰陽二氣之至者，或能感通鬼神之物於窈冥恍惚之中，似遠而近，似幻而真。然人畏之忽之疑之而太甚者，亦皆過矣。春秋之際，此種人甚多，夫子懲其病，故曰敬鬼神而遠之。此取其中道。文中子卷一云“子讀無鬼論，曰不知人，焉知鬼”。不知人，焉知鬼，故遠鬼神而親人事可也。鬼神應乎造化，造化則在人心，自須敬畏之，而不必恐懼焉。鬼神之祭，於禮可遠之，臨之則不能無誠心。鬼神之事出於記載及耳傳者，非不可疑之，然不能斥之盡為虛妄。仁者在德交歸而不相傷，要在得道。修行人知鬼神其為氣化，為造化之跡，切身利害，不可不慎。天衣義懷禪師云"虛明自照，不勞心力。上士見之，鬼神茶飯。中下得之，狂心頓息"。（見五燈會元。）鬼神之能，大德通之於茶飯日用。此鬼神，造化也。要非鬼神，造化無以致其極用。金聖歎唱經堂語錄纂有云"神者申也。鬼者歸也。一件事體，神體其前半，鬼體其後半。聖人看萬物不是物，都是鬼神。人為萬物中一物，獨能事鬼神"。所言甚妙。鬼神，又正大修行人之妙用也。此等記錄，在釋教尤多，詎盡為杜撰。明初高道張三丰識見超舉，三丰全集卷八水石閒談有云"自古忠貞節烈，殺身成仁之時，便有七返還丹景象。當其一心不動，一志不分，浩然之氣立其中而生其正，任他刀鋸鼎鑊，都視為妖魔試我，毫不動搖，我只收留義氣，聚而不散，凝而至堅，火候至此，則英雄之光氣，亘萬年而不滅。仙家入室臨爐，就要有此手段"。此亦深揭鬼神之秘，造化之跡。人而鬼，歸也。人而神，則申也，浩然之氣，凝而至堅不散。故曰聖人看萬物不是物，都是鬼神。然鬼神也只造化之跡。上士頂門一錐，還看造化之本。此無門關。虛明自照，不勞心力。惟達此者能知耳。

剝之為卦，諸陽消剝已盡，獨有上九一爻尚存。如碩大之果，不見食，將有復生之理。上九亦變，則純陰矣。然陽無可盡之理。變於上則生於下，無間可容息也。聖人發明此理，以見陽與君子之道，不可亡也。或曰，剝盡則為純坤，豈復有陽乎。曰，以卦配月，則坤當十月。以氣消息言，則陽剝為坤，陽來為復，陽未嘗盡也。剝盡於上，則復生於下矣。故十月謂之陽月，恐疑其無陽也。陰亦然。聖人不言耳。9

玄義　象曰"順而止之，觀象也。君子尚消息盈虛，天行也"。

順止天行,皆謂剝之為德,在於存陽也。程子言此,標舉此陽無可盡之理,亦北宋士風之所在。李道平周易集解纂疏云"陰消觀五成剝,剝雖消五,上陽猶存,猶有觀示群陰之象。故曰觀象也"。觀示群陰,實君子猶守澄清之志,故程子許其不亡。纂疏又云"消息者,乾坤也。陰出於陽,消息皆乾道,而實始於震,乾為天,震為行,故曰君子尚消息盈虛,天行也"。程子尚陽之精神,實與漢儒相通。陽與君子之道不可亡者,乃儒道血脉所在。儒道今日之困厄,前未曾有,諸陽消剝已盡。然天道好還,陽與君子之道不可亡也。此非人之私願私心,蓋天體合如是。今世之人憂儒之將亡者甚多,誠有悲心哉,然須知悟此義,不必效杞人也。惟吾儒之新陽,其非舊日之形跡所可擬,必矣。

周易以數立言設教,是天之心也。天之心同於人之心。是以饒魯曰,于是理與數合,然後知陰陽絕續之際,果無一息之間斷,而程子之言為愈信矣。(引自茅星來近思錄集注。)此以人心度天心也。理是人心之理,數是天心之數。理相隨人心而變,數則恒久而長存。人以剝復窺造化,乃以理相窺天數。張紹價近思錄解義云"剝者化之迹,鬼之歸也。復者造之迹,神之伸也"。所言極是。然不知剝者亦造之源,如古婆羅門教之濕婆。故曰變於上則生於下,無間可容息。復者亦化之始,如哲人謂誕生即死亡之始。(章太炎菿漢昌言有云"唯明道云,孔子言未知生焉知死。蓋略言之,死之事即生是也,更無別理。是有見於業識念念生滅念念不可得,故即生時未嘗不死"。)剝復理相雖精,與數有合,然亦非究竟義。六十四卦至未濟,尤造玄秘。實則陰陽同體,陰陽亦本假借之辭。究其心源,非陰非陽。故易曰,一陰一陽之謂道,陰陽不測之謂神。

一陽復於下,乃天地生物之心也。先儒皆以靜為見天地之心,蓋不知動之端乃天地之心也。非知道者孰能識之。10

玄義　周易參同契有曰"故易統天心,復卦見初。長子繼父

體，因母立兆基"。清人仇兆鰲古本周易參同契集註下卷仇氏補註
云"先儒以靜為天地之心，程子以動為天地之心。參同于爻動処，
指天地之心，其知造化之機者乎"。故知程子之說，可遙溯乎東漢
人也。莫怪後世有朱晦翁託名著參同契考異也。蓋其實知參同契
關乎天道之玄微，非可以闢異端而一概棒殺也。天地生物之心，實
與人心為一體，故有此發明。天地本無心，此言心者，實心體也。
心體者，無形無相，至靈至大者也。以禪宗而擬之，妙明真心也。
以釋典而擬之，如來藏也。此即所謂非知道者孰能識之者。程氏
粹言卷一云"子厚曰十詩之作將以驗天心於語默。子曰捨是有言，
亦烏得已乎"。驗天心於語默，是謂先儒以靜為見天地之心，非天
地之心本為靜也。動之端為天地生物之心之理，觀史記律書言律
曆氣數變化者最能體認之。其有云"黃鍾者，陽氣踵黃泉而出也。
其於十二子為子。子者，滋也。滋者，言萬物滋於下也。其於十母
為壬癸。壬之為言任也，言陽氣任養萬物於下也。癸之為言揆也，
言萬物可揆度，故曰癸。東至牽牛。牽牛者，言陽氣牽引萬物出之
也。牛者，冒也，言地雖凍，能冒而生也。牛者，耕植種萬物也"。
漢儒之學篤厚神明兼之，天人莫二，最關天地之動端，不流於空虛。
漢儒之說天道，醇厚著實，乃自然之花木。宋儒論天道，或太過虛
靈精巧，或太過執著義理，或太纏繞人事，不免如賣花漢擔上之花
草。此又宋儒不及漢儒処。章實齋文史通義方志立三書議有云
"古治詳天道而簡於人事，後世詳人事而簡於天道，時勢使然，聖人
有所不能強也"。確為通論。漢儒氣質安泰少煩惱障，天性淳厚少
所知障，即所謂理障也。是以文字簡古而義遠所謂陰陽不測之謂
神者，頗可想見也。

　　宋儒以動之端乃天地之心，亦不免洩露其習氣。蓋宋儒多好
動，如王荊公、蘇子瞻、朱元晦，其性皆然。宋人一筆記嘗言王、蘇
坐不住，幾無日不出戶。又如趙與時賓退錄卷五云"王荊公一日訪

蔣山元禪師,坐閒談論,品藻古今。元曰,相公口氣逼人,恐著述搜索勞役,心氣不正,何不坐禪,體此大事。又一日,謂元曰,坐禪實不虧人。余數年欲作胡笳十八拍不成,夜坐聞已就。元大笑。事見宗門武庫"。此又荊公坐不住之一證。蔣山贊元禪師,固識得此人心氣不正。(指月錄謂王荊公與贊元禪師遊如昆弟。荊公"問祖師意旨。師不答。公益扣之。師曰,公般若有障三,有道之質一。更一兩生來,或得純熟。公曰,願聞其說。師曰,公受氣剛大,世緣深。以剛大氣,遭深世緣,必以身任天下之重,懷經濟之志。用舍不能必,則心未平。以未平之心,持經世之志,何時能一念萬年哉。又多怒。而學問尚理,於道為所知愚。此其三也。特視名利如脫屣,甘澹泊如頭陀,此為近道。且當以教乘滋茂之可也"。此最能窺破荊公之心者。)觀荊公墨劄,張敬夫已哂其躁迫。朱子亦自承躁迫之偏。故動之端乃天地之心之說,出於宋儒之口,亦是氣數所在。先儒皆以靜見天地之心,此方是不刊之論。伊川標舉新論,得失參半。其得者,非知道者,孰能識之。其失者,在認妄為真,常人不辨,皆逐其動端而每自信矣。道本精微,予焉得不為辨之乎。

仁者,天下之公,善之本也。11

玄義　宋儒以性與天道講仁,以立其極。然落腳處,卻在體仁。馬一浮詩教緒論云"須知體仁亦有三義,體之於仁,以仁為體,全體是仁,如是三種次第。其初體之於仁,是求仁知仁之事也。以仁為體,則動心依仁,由仁而不違仁者也,全體是仁乃是安仁方為究竟"。義甚精妙。此與青原惟信禪師看山三境界說亦相似。體之於仁,看山是山,是求是知。以仁為體,看山不是山,是求之極深處,不免時而幽深難知,乃有理障。全體是仁,看山是山,自不必求,不必知矣。

有感必有應。凡有動皆為感,感則必有應。所應復為感,所感復有應,所以不已也。感通之理,知道者默而觀之可也。12

玄義　乾坤之內,莫非感應,不然何以成萬物。彝倫之內,莫非感應，不然何以推己及人，行忠恕之道。漢儒之所謂三綱五常者，皆感應之道也。奈何後人忘其道義而訑之以教條耶。聖人立言，使無感應，則無以成。子曰辭達而已矣。辭達而後有應，而後能知天下，格物致知之道，可以行矣。感應之理，實與格物致知無異。凡大人先生者，皆善感應之道。故孟子曰"君子深造之以道，欲其自得之也"。感而有應，應而有感，自得之妙，有在於此。人皆可為聖人，其理正在此。管子宙合篇有云"是以聖人明乎物之往者必以其類來也，故君子繩繩乎慎其所先"。蓋亦深體世間感應之理。感應者，誠天地妙理所在。其精善處焉可以言語道焉。觀方以智晚年詩文輯佚續篇又與潛文虎符云"尸居龍見，雷雨出雲，精變深幾，受命如響"。尤能見境地之自然坦蕩。釋教之奧，亦莫非感應二字也。（錢賓四宋代理學三書隨劄有云"二程提出此感應二字，實可謂會通兩千年來之文化精義而包括無遺。言人所未言，而實是發明前人所已言。述而不作，妙用如是"。其會通精義、包括無遺云云，實過矣。然會通二字，殊有深意。所謂兩千年來之文化精義，亦可以會通二字涵攝之。推予之意而言之，二程之學乃會通儒家佛道而致者。無此會通，何能有此靈妙之諦。感應二字，雖西漢人講之於前，後世用之者多在釋教道教。二程講感應二字，實亦當時之智識風俗使然，非所謂提出者，乃自然而得之耳。錢氏述而不作云云，亦可謂得之矣。）

天下之理，終而復始，所以恒而不窮。恒，非一定之謂也，一定則不能恒矣。惟隨時變異，乃常道也。天地常久之道，天下常久之理。非知道者孰能識之。13

玄義　馬一浮復性書院講錄開講日示諸生云"雷風動蕩，是變也，立不易方，是恆也。事殊曰變，理一曰常。處變之時，不失其常道，斯及酬酢萬變而無為，動靜以時而常定，故曰吉凶之道，貞勝者也，觀其所恆，而天地萬物之情可見矣"。先生言理一曰常，無為常定，則與程子以隨時變異乃常道之旨趣不同。能直抉程子之內奧者，為明末清初之僧藥地。（方以智出家後號藥地。）方以智晚年詩文輯佚續篇與藏一云"世教以身世爲經紀，家門以性命而以生死發藥，一且立恒，一且盡變。彼專執者不達，故齟齬耳"。其義極精。以此眼界，可知理學之借於禪道，亦盡彼所變而新此立恒也。此正其道訣所在。理學雖不能盡爲圓滿，功德自是極大。恒之義大矣哉。呂祖全書卷九八品仙經自序有曰"三才之所以互綿於長久者，蓋以恒也。至理之外，更無餘理。繁言之末，安贅多言。是以孔孟之後，不復有孔孟之書。老莊既往，不更聞老莊之語"。此又前修所未道者。觀其所恆，理一曰常。至理之外，更無餘理。隨時變異，乃常道也，盡變立恆，非有增減於理也。

程子云，惟隨時變異，乃常道也。王荆公文集卷二十六河圖洛書義亦嘗云"尚變者，天道也"。（此文又見荆公門人陸佃陶山集。）則此於政治如冰炭之兩派，亦具相類之見地。所謂尚變者，實爲宋儒共同之習性也。王荆公尚變之氣質，至朱元晦猶如是。（朱子於學爲反王荆公者，然其學術、政治之性格實相近。參呂東萊粹言疏證緒言。此極可深省者。）宋儒之古文、詩歌、書法亦尚變。尤關係宋代文化政治之劇變者，爲王荆公、程伊川、蘇子瞻。荆公變風俗。（參呂東萊粹言疏證第三十三條。）伊川變學術。（伊川、晦翁出而宣告中國第二古典時期之終結。）子瞻變文藝。（山谷題跋卷五跋東坡水陸贊有云"士大夫多譏東坡用筆不合古法。彼蓋不知古法從何出爾。杜周云，三尺法安出哉。前王所是以爲律，後王所是以爲令。予嘗以此論書，而東坡絕倒也"。其引漢人杜周之言而自辯焉，乃不願爲古法所縛，勇於新造。變法出新，別開生面。然吾國書法亦自蘇黃而大衰矣。可謂功罪參半。山谷此跋最是東坡變文藝之寫照。此與荆公變法之勇悍自信也正同。惟一於藝術，一於政治爾。蘇黃之開放性尚有限度，荆公乃無限度矣。）其後風俗愈壞，學術愈裂，文藝愈薄。中國之文化，自此大衰而變。（參呂東萊粹言疏證緒言兩宋之際爲一大轉折。程子云，惟隨時變異，乃常道也。此言之光明相，前已讚之矣。而此言之陰暗面，後人又不可不知之。）

　　人性本善，有不可革者，何也。曰，語其性則皆善也，語其才則有下愚之不移。所謂下愚有二焉，自暴也，自棄也。人苟以善自治，則無不可移者。雖昏愚之至，皆可漸磨而進。惟自暴者拒之以不信，自棄者絕之以不爲，雖聖人與居，不能化而入也，仲尼之所謂下愚也。然天下自棄自暴者，非必皆昏愚也。往往強戾而才力有過人者，商辛是也。聖人以其自絕於善，謂之下愚。然考其歸，則誠愚也。既曰下愚，其能革面何也。曰，心雖絕於善道，其畏威而寡罪，則與人同也。惟其有與人同，所以知其非性之罪也。14

　　玄義　宋儒性善說，實不出於孟子，而出於禪門。柳子厚曹溪第六祖賜謚大鑒禪師碑云"其教人，始以性善，終以性善，不假耘鋤，本其靜矣"。又云"身而性善，在物而具"。宋儒之以性理說性善，實有取于此。中唐之士，已目性善爲禪門之要義，而必有傳于五季宋代者。二程不可不受此影響。如性理二字，亦本指禪學，後理學興起，方轉指理學。宋人吳處厚，與伊川同時，其青箱雜記卷十三云"楊文公深達性理，妙悟禪觀"。又云丞相王安隨、曹司封修睦等，亦悟性理，皆言其深入禪學。性理一詞，當時猶指參禪。理學後世以性理稱代，其道術之本於禪，亦猶性理一詞之本意爲禪觀也。性理二字，可謂泄露機密。性善一詞之用，實亦樞機相似也。

　　愚論性素不主二程。初甚自異之。後讀書漸多，乃知更與司馬溫公相似。宋晁說之晁氏客語有云"溫公以揚子論性爲近，不取孟荀。又謂性如地，善如五穀，惡如莨莠。地豈容只生穀而不生莠耶。學者當除莠養穀耳"。所言最爲平實可取。邵康節戒子孫云"上品之人，不教而善。中品之人，教而後善。下品之人，教亦不善"。亦夫子唯上智下愚不移之義。上品，性善。中品，性混善惡。下品，性惡。世間上下二品極少而中品最多。故邵子之說，亦與溫公相近。後漢荀悅申鑒有曰"或問天命人事。曰，有三品焉。上下不移,其中則人事存焉爾,命相近也,事相遠也,則吉凶殊也。故曰窮理盡性,以至於命。孟子稱性善,荀卿稱性惡,公孫子曰,性無善惡,揚雄曰,人之性善惡渾,劉向曰,性情相應,性不獨善,情不獨惡。曰,問其理。曰,性善則無四凶,性惡則無三仁人,無善惡,文王之教一也,則無周公、管、蔡,性善情惡,是桀、紂無性而堯、舜無情也。性善惡皆渾,是上智懷惠而下愚挾善也,理也,未究也。惟向言為然"。劉向性不獨善,情不獨惡之說,乃由性渾善惡之說引申而來者。故周、漢以來,主性渾善惡者多,實為古義,主性善少,特乃新論。如孔子曰性相近,非言性善,即混然之意在焉。又如荀子,豈不知性向善之理,其特舉性惡之義,亦為孟子之說所激而發耳。溫公、邵子承此古義,而二程乃隱以曹溪性善之蘊,高標孟子之言,自具大義。雖然,古義為上。性善,理在事先,性渾善惡,事理兼備。性善,固可截斷眾流,超然物外,而性不獨善,情不獨惡,可以大悲周遍也。

釋教之中,愚於智者大師佛性具善惡之說,亦深喜焉。舊著徵聖錄有云,智者大師觀音玄義立性具惡之說,不失為大宗師。其論深徹獨到,殊有令俗士驚怖處,誠所謂不笑不足以為道也。儒家荀子倡性惡,揚子言性混善惡,豈非有湛思深察者。智者言性德善惡不斷,自有釋教玄理在。揚子言性混善惡,亦不欲孟荀分剖為二。修其善則為善人,修其惡則為惡人。揚子所言甚是。智者言佛行於非道,通達佛道,不斷性惡,化度眾生,義諦極高。後覽唐皇甫持正文集卷二孟荀言性論與愚意甚合。其有云"孟子荀卿之言,其於聖人皆一偏之說也。窮理盡性,唯聖人能之。宜乎微言絕而異端作,大義乖而一偏之說行"。孟荀性善性惡之判,皆非聖人之中道,本不必相薄。又云"即二子之說,原其始而要其終,其於輔教化尊仁義,亦殊趨而一致,異派而同源也"。所言甚是。智者言性德善惡不斷,其於化度眾生則一也。然皇甫湜亦云"軻之言合經為多,

益故為尤乎"。說性善固較說性惡為平正。自古以來,賢哲多喜說
性善,其理甚明。雖然,性惡說不可薄也。錢辛楣潛研堂文集卷二
十七跋荀子辨荀子云"人之性惡,其善者偽也"偽字之義,乃與為
通。有云"後之言性者,分義理之性與氣質之性而二之,而戒學者
以變化氣質為先,蓋已兼取孟、荀二義,而所云變化氣質者,實暗用
荀子化性之說,是又不可不知也"。乃發前人所未發者,殊有理致。
世之輕荀子者,不可不思之也。(見徵聖錄卷九。)愚得揚子、劉向、荀
悅、皇甫持正、司馬溫公、邵康節、錢辛楣諸人為助,可以自信其說
矣。宋陳祥道論語全解釋性相近有云"天命之謂性,人為之謂習。
性則善惡混,故相近。習則善惡判,故相遠"。(四庫全書本。)確乎
漢儒以來之正解。蓋與溫公同守傳統之意蘊,而不似二程之別開
生面。程子言下愚絕於善道,而非性之罪。性似本體,實最與佛說
一致。(可參本書卷二第三十三條。)智者性具善惡,密宗實修,於此義
發揚尤深,不斷性惡,化度眾生。古人性渾善惡,亦無非不斷性惡,
化度眾生也。主性善者,亦是化度眾生,性渾善惡者,亦是化度眾
生。有時當機者是性善,有時當機者是性渾善惡。周漢晉唐,是性
渾善惡者當機,宋明以來,是性善論者當機。當今之世,則竊謂非
性善論者當機,亦非性渾善惡者當機,乃智者大師性具善惡者是
也。無論善惡,妙用其性,方乃當世之達道所在。眾生即佛,眾生
之性,即是佛性。使能了達此義,亦不必纏繞於此性善性惡之聚
訟矣。

予昔日之持論,自悟後觀之,亦非第一義。夫子不曾言性善性
惡,乃上上道,所以後人不能及。以後人視之,此不犯正位之妙道
也。章太炎菿漢昌言有云"諸言性善、性惡、性無善無不善、性善惡
混者,皆不能於阿賴邪識之外指之。若佛書言佛性,佛者不生不
滅,則不可以性言矣。又言地水火風亦有性,此四者皆不含生理,
亦不可以性言矣。蓋譯梵書者無以名之,徑譯曰性云爾。然自孟

子已言水性，葛洪亦言藥性，則引申之義，自古而有之。要之不離生而言性者爲本義，離生而言性者爲引申之義。後世混此二者，故言性者多相詆”。所論特爲深湛。予謂夫子不曾言性善性惡，其所謂性相近者，乃上上道，近乎章氏之所謂皆不能於阿賴邪識之外指之者也。仲尼聖人也，其不說性善性惡，本具微妙第一義。阿賴邪識，唯識宗之根本義也。以此推之，則予亦可云，諸儒言性善、性惡、性無善無不善、性善惡混者，皆不能於夫子性相近之外指之也。（荀漢昌言又云“以藏識爲性者，無善無惡者也。以藏識所含種子為性者，兼具善惡也”。予謂仲尼不說性善性惡，為第一義。揚子言性混善惡，斯乃第二義也。）

在物爲理，處物爲義。15

玄義　葉水心習學記言云“古詩作者，無不以一物立義，物之所在，道則在焉。非知道者，不能該物，非知物者，不能至道。道雖廣大，理備事足，而終歸之于物，不使散流，此聖賢經世之業，非習文辭者所能知也”。其義甚精。最可爲此章之注解。朱子不能道也。與人接者，莫非物。大學以格物為先，所格者在物為理，處物爲義也。船山四書大全說論中庸云“盡人物之性者，要亦於吾所接之人，所用之物以備道而成教者，爲之知明處當，而贊天地之化育”。此處物之義也。漢書禮樂志云“六經之道同歸，而禮樂之用爲急。夫人函天地陰陽之氣，有喜怒哀樂之情，天稟其性而不能節也，聖人能爲之節而不能絕也，故象天地而制禮樂，所以通神明，立人倫，正情性，節萬事者也”。在物爲理，以象天地也。處物爲義，而制禮樂也。天地之理，萬物皆是。法天地者必先法物，故先聖以格物致知爲訓。而禮樂制節合度，莫非物理時宜也。在物之理，即在天之理，盡人之性，必盡物之性也。

王陽明文錄致王純甫書有云“夫在物爲理，處物爲義，在性爲善，因所指而異其名，實皆吾之心也。心外無物，心外無事，心外無理，心外無義，心外無善。吾心之處事物，純乎理而無人僞之雜，謂之善，非在事物有定所之可求也。處物爲義，是吾心之得其宜也，義非在外可襲而取也。格者，格此也。致者，致此也，必曰事事物物上求個至善，是離而二之也"。此理見得透徹。然亦偏於內而忽於外。物理物義，玄奧機神，有非人心所能窺測者。古聖之學，以物為主。觀堯典即可知之。物理即是物理，乃天地之大秘密。人也只萬物之一靈，實不必盡以人性情統攝萬物。宋元以降，人常說心說性，反與物理相悖。是以程朱理學、陽明心學之反動者，有顏習齋一脈及顧亭林一派生焉。彼皆欲得此真物理而實弗能至者。雖然，亦可豪也。顏李學派，後有日本古學派相呼應，為近世一大宗。顧氏開啓乾嘉學派，亦影響深遠。顏李、古學，欲歸于古聖之規模，不願復為理學心學所囿。樸學考證，亦欲歸于先聖物理之大義，而不欲空蹈於心性之玄學。其道未必然，其志甚可尚。其道所以未必然者，乃在此二種潮流中學者又愈不識真心之本體妙用矣。過猶不及，從來都犯此病。心物之義，孔顏以迄禪宗、藏密，可以為師矣。

動靜無端，陰陽無始。非知道者，孰能識之。 16

玄義 濂溪曰無極而太極。太極動而生陽，動極而靜。靜而生陰，陰極復動。一動一靜，互爲其根。程子遂有此說。（朱子注太極圖說云"推之於前，而不見其始之合，引之於後，而不見其終之離"。）然濂溪主靜立人極，雖動靜無端，終主於靜。朱子曰"靜者，誠之復而性之真也"。此靜實非動靜之靜，乃誠復性真之靜。然動中何嘗無誠復性真耶。主靜者，應乎本然之正名也。陽明傳習錄有云"心不可以動靜爲體用，動靜時也，即體而言用在體，即用而言體在用，是謂體用一源。若說靜可以見體，動可以見用，卻不妨"。義甚通透。中庸言戒懼乎不睹不聞、君子慎獨。即動即靜，何可辨哉。以第一義判之。道者非動非靜，非陰非陽，孰能識之。古德云"此事不可以有心求，不可以無心得，不可以言語造，不可以寂默通"。（大慧書答曾侍郎。）不可以有心求，非動，不可以無心得，非靜，不可以語言造，非陽，不可以寂默通，非陰。誠然也。故曰，動靜無端，陰陽無始。非知道者，孰能識之。

仁者，天下之正理，失正理則無序而不和。17

玄義　中庸言發而皆中節謂之和，失正理則不能中節明矣。喜怒哀樂之未發謂之中，即正理所在，即所謂仁也。然以喜怒哀樂之未發即仁，非論語所曾言者。頗能形容其義者，莫若莊子及梵典。仁者，天下之正理。然此正理以不犯正位爲正理也。仁者爲何。正理爲何。學者不可不自思自驗之，非有一固定、唯一之標準可為盲從也。欲知孔子之所謂仁德，亦不必拘囿於六經及儒家之著述。他山之石，可以攻玉。老莊梵典，乃至古婆羅門教之奧義書、耶教之聖經、希臘之哲思，皆可相互印證。孔子聖之時者。所謂正理爲何，尤須慎重。禮教綱常，昔日公認之正理，在昔日失正理則無序而不和。然今日公認之正理，自非禮教綱常之舊。今日公認之正理爲何。神而明之，待乎其人。吾儕之責任，即在令今人識得孔子之所謂仁德，而掃清舊說所翳眼障目者。故須不拘一格降人才。使今人識得孔子之所謂仁德，則今日公認之正理，自然呈露矣。

明道先生曰，天地生物，各無不足之理。常思天下君臣父子兄弟夫婦，有多少不盡分處。18

玄義　天地生物，各無不足之理。李泰伯常語有云"養人者不一物，闕一則病矣。世俗患其雜，則拘于一，是欲以一物養天下之人也"。如此則不盡分矣。養人者不一物，是以各無不足。萬物皆備於我，而我復歸為萬物。萬物皆我之體，我為萬物之靈。萬物與我齊，齊物論也。萬物之性與我等，平等觀也。故曰，天地生物，各無不足之理。夫君臣父子兄弟夫婦所以不盡分者，往往以不能兼其雜廣而欲拘于一之故。如古之君臣若只持以禮法，則不得大體。今之夫婦若只湎以愛欲，則不得真諦。皆不能長遠。春秋胡傳言周平王“晚年失道滋甚。乃以天王之尊，下賜諸侯之妾。於是三綱淪，九法斁，人望絕矣。夫婦人倫之本，朝廷風化之原。平王子母，適冢正后，親遭褒姒之難，廢黜播遷，而宗國顛覆，亦可省矣。又不是懲，而賜人寵妾，是拔本塞源，自滅之也”。如此君臣夫婦不盡分處，遂令“春秋于此，蓋有不得已焉耳”。胡氏云“春秋之旨，在於端本清源”。明道言各無不是之理，即在本源上說。今世五倫常中，夫婦之不盡分處尤多，苦楚亦愈重。禮記經解曰“故昏姻之禮廢，則夫婦之道苦，而淫辟之罪多矣”。不啻為今世發。然欲歸夫婦之倫於聖人之禮教，以今世之氣數及習氣觀之，蓋已不易行。今世須有大智慧大德性者，啓新之智慧，開新之教化也。維摩詰經曰“菩薩行於非道，是為通達佛道”。今世以古人觀之，非道橫行之世界也。然正是吾人驗證菩薩道之大時機。吾人乃能行於非道，不礙真性，在支離破碎之局面，得圓滿自在之果實。豈不快哉。今世所遇，多持悲觀論者，蓋皆為物所蔽，不識大道。故曰，天地生物，各無不足之理。

忠信所以進德，終日乾乾。君子當終日對越在天也。蓋上天之載，無聲無臭。其體則謂之易，其理則謂之道，其用則謂之神，其命於人則謂之性。率性則謂之道，修道則謂之教。孟子去其中又發揮出浩然之氣，可謂盡矣。故說神如在其上，如在其左右。大小大事而只曰誠之不可掩如此。夫徹上徹下，不過如此。形而上爲道，形而下爲器。須著如此說，器亦道，道亦器。但得道在，不系今與後，己與人。 19

玄義 可見中庸孟子之精神，藏密用顯，一貫而下。徹上徹下，不過如此。器亦道，道亦器。但得道在，不系今與後，己與人。此破今古人我之習見者。深合佛理。五燈會元云“僧問興善惟寬禪師，道在何處。師曰，秖在目前。曰，我何不見。師曰，汝有我故，所以不見。曰，我有我故即不見，和尚還見否。師曰，有汝有我，展轉不見。曰，無我無汝還見否。師曰，無汝無我，阿誰求見”。道秖在目前，何來道器今後己人之分別，明道先生用意在此。然惟寬禪師云“無汝無我，阿誰求見”。無汝無我，亦無須求見矣。夫上天之載，無聲無臭，亦無須求見者。惟其體則謂之易，其理則謂之道，其用則謂之神，其命於人則謂之性爾。此亦無汝無我時方證之境界。孟子曰我善養吾浩然之氣。此吾此我，非汝我之分別執著，乃大吾大我，類乎大涅槃經中之我者。故曰，徹上徹下，不過如此。（張紹價近思錄解義引魏源云“明道先生之言，高遠宏闊，當求其著落處、親切處、下手處。此段只是言天理流行，無乎不在，人不可有一息之不體也。終日對越在天，是下手處。曰忠信、曰誠，則存生之要也”。此解貌似中理，實不達明道之真義。明道謂器亦道，道亦器，但得道在，不系今與後、己與人，乃訓學者立一見道處。惟此際悟得道者，始能徹上徹下。其旨趣與禪宗甚相契。魏氏必以儒義為重，曰下手處、著落處，實不得明道之心。）

醫書言手足痿痹為不仁，此言最善名狀。仁者以天地萬物為一體，莫非己也。認得為己，何所不至。若不有諸己，自不與己相干。如手足不仁，氣已不貫，皆不屬己。故博施濟眾，乃聖之功用。仁至難言，故止曰己欲立而立人，己欲達而達人。能近取譬，可謂仁之方已。欲令如是觀仁，可以得仁之體。[20]

玄義 碧巖錄四十舉陸亙大夫與南泉語話次。陸云“肇法師道，天地與我同根，萬物與我一體。也甚奇怪”。南泉指庭前花，招大夫云“時人見此一株花，如夢相似”。圜悟解云“莊生大意，只論齊物。肇公大意，論性皆歸自己。不見他論中道，夫至人空洞無象，而萬物無非我造，會萬物為自己者，其唯聖人乎。雖有神有人有賢有聖各別，而皆同一性一體。古人道，盡乾坤大地，只是一個自己”。“法眼云，但唯我無不可。所以道，天上天下，唯我獨尊”。此與明道言仁者以天地萬物爲一體，莫非己也，認得爲己，何所不至，渾然一路，有何差別。明道妙用禪門之法，施諸仁體，其所謂自己者，豈有二致。圜悟又云“陸亙大夫之問不出教意，若道教意是極則，世尊何故更拈花。南泉答處，破他窠窟”。明道舉萬物一體之義，而未破其有爲法，實與教意相類。二程之學，蓋圭峰宗密、永明延壽之別嗣，其與華嚴諸教關涉甚深，而歸之于心性，並不獨取於禪宗，即于此等處可窺之也。

　　明道以前，范文正公上相府書已云“况聖賢存誠，以萬靈爲心，以萬物爲體，思與天下同其安樂”。明道言仁者以天地萬物爲一體，言博施濟衆乃聖之功用，實有稟范先生之精神而來者。（范文正於宋代之道德、政治影響極巨。）傳習錄答顧東橋云“蓋其心學純明，而有以全其萬物一體之仁，故其精神流貫，志氣通達，而無有乎人己之分，物我之間。譬之一人之身，目視，耳聽，手持，足行，以濟一身之用，目不恥其無聰，而耳之所涉，目必營焉，足不恥其無執，而手之所探，足必前焉。蓋其元氣充同，血脈條暢，是以痒痾呼吸，感觸神應，有不言而喻之妙。此聖人之學所以至易至簡，易知易從，學易能而才易成者，正以大端惟在復心體之同然，而知識技能非所與論也”。陽明此說甚精甚微。仁至難言，明道先生發明之，陽明先生精微之。（黃帝內經陰陽盈象大論篇云“惟賢人上配天以養頭，下象地以養足，中傍人事以養五藏”。亦可相發明。此即人與天地萬物同體之義。內經靈樞邪客篇、董子春秋繁露人副天數篇所述尤詳。）

　　手足之義，金聖歎甚有妙解。其唱經堂語錄纂卷二有云“足是極熬不住底。人若修行，足最要緊。手，諧聲為守。粗處收住了腳，細微裏邊，又要熬定手。故先云啓吾足，後云啓吾手。下臨深履薄，皆言足而不及手。然當臨履時，足為戰戰兢兢，手亦齊焉。世尊每作大三昧坐，先安其足，然後手結説法三昧印，次安其手”。

貌若戲論，為正統之學者所不喜，實有合於天道。醫書言手足痿痺
爲不仁。觀此則愈可會其苦痛不仁處。手足痿痺，本已有害于體。
手足痿痺者，如何修行。故釋教之初創，擇別人材，亦不取身體殘
缺者，亦以此故。

生之謂性。性即氣，氣即性，生之謂也。人生氣稟，理有善惡。
然不是性中元有此兩物相對而生也。有自幼而惡，是氣稟有然也。
善固性也，然惡亦不可不謂之性也。蓋生之謂性，人生而靜，以上
不容說。才說性時便已不是性也。凡說人性，只是說繼之者善也。
孟子言性善是也。夫所謂繼之者善也者，猶水流而就下也。皆水
也，有流而至海終無所汙，此何煩人力之爲也。有流而未遠固已漸
濁，有出而甚遠方有所濁。有濁之多者，有濁之少者。清濁雖不
同，然不可以濁者不爲水也。如此則人不可以不加澄治之功。故
用力敏勇則疾清，用力緩怠則遲清。及其清也，則卻只是元初水
也。不是將清來換卻濁，亦不是取出濁來置在一隅也。水之清，則
性善之謂也。故不是善與惡在性中爲兩物相對，各自出來。此理，
天命也。順而循之，則道也。循此而修之，各得其分則教也。自天
命以至於教，我無加損焉。此舜有天下而不與焉者也。[21]

玄義　此章於後世影響甚深，其奧機不可不辨。"善固性也，
然惡亦不可不謂之性也。蓋生之謂性，人生而靜，以上不容說。才
說性時便已不是性也。凡說人性，只是說繼之者善也。孟子言性
善是也"。程子此處說性，實如禪家說道。才說道時便已不是道
也。本來說"善固性也，然惡亦不可不謂之性也"，最爲平實，亦最
有味。(其本具甚高明之智慧。在佛教，可以智者大師為導師。在儒家，可
以溫公為典範，而歸于孔子。參本篇第十四條。)而程子不甘平實，而以
禪門之法說性，假借孟子性善說而行之，真乃偷天換日之手段。
(章太炎菿漢昌言云"不離生而言性者爲本義，離生而言性者爲引申之義，後
世混此二者，故言性者多相詆"。予觀程子之說，已混本義、引申之義為一體。

宜其有破綻也。）如云"及其清也，則却只是元初水也"。正禪家所謂本來面目。禪門常云"但去凡情，別無聖解"。此即所謂"不是將清來換却濁，亦不是取出濁來置在一隅也"。其之性善說，實與孟子本自不同，而更與釋教之說自性、真如相似。"故不是善與惡在性中爲兩物相對，各自出來"。夫真如無善無惡，不可分別思惟，焉能分出善與惡相對來。孟子說性善，荀子說性惡，本來亦自平實，不必計較。不似後人一說性善性惡，便如逢大敵，面紅耳赤。胡安國、五峰父子謂孟子性善之善不與惡對。實自明道此語化出。朱子謂爲龜山聞於僧人常總者，亦未必然也。（參本篇第三十八條。）

又如所謂繼之者善也，以程子之見，孟子言性善是也。以章太炎之見，則迥異。菿漢昌言有云"繫辭一陰一陽之謂道。依真如起無明，覺與不覺，宛爾對峙，是之謂道。非常道者，繼之者善也。繼謂相續不斷。善者，釋名云，善，演也。演盡物理也。此所謂一切種子如瀑流者也，成之者性也。荀子云，生之所以然者謂之性。由意根執前者爲我，於是有生也。虞仲翔說及"。程子所依托者禪宗。章太炎所依托者唯識。故其所見迥異如是。故知一切境相皆由心造，本不可據爲典要。學術之道，要在自悟自內證也。

中庸曰"天命之謂性，率性之謂道，修道之謂教"。"自天命以至於教，我無加損焉"，已開象山之悟入。象山言"在宇宙人間何嘗有病，但人自有病，千古聖賢，只去人病，如何增損得道"。甚可見其脈絡。說文曰"性，人之陽氣，性善者也"。清儒訓性甚用工夫，如阮芸臺之性命古訓、焦里堂之孟子正義。然清儒多不通佛學，其喜以古訓爲據，焉能知程子之心。（近人襲其說者如姚永概，其孟子講義卷十一訓性亦甚備。姚先生承桐城家法，亦足寶貴。駁者如傅斯年，其性命古訓辨證，以新資料、新觀念矯正阮氏之書，自有可觀。其有云"戴氏所標榜者孟子字義也，而不知彼之陳義絕與孟子遠也。所尊者許、鄭也，而不察許、鄭之性論，上與孔孟無涉，下反與宋儒有緣也"。所言甚大。可參拙著徵聖錄卷十四東原論欲一篇。）

觀天地生物氣象。22

玄義　此即大學格物之義。亦詩六義比興之義。禮記孔子閒居曰"天有四時，春秋冬夏，凡雨霜露，無非教也。地載神氣，神氣風霆，風霆流形，庶物露生，無非教也"。馬一浮復性書院講錄云"觀象，觀變，觀物，觀生，觀心，皆讀書也，六合之內，便是一部大書"。然學人亦不能為此觀天地生物氣象所惑。天地生物，固為可喜，然天地亦殺物。生物本來殺物。（性質乖戾者，亦觀天地生物殺物之象，傚其機械，遂為禍患。近世泰西奉優勝劣汰之說者，即此類也。莊子天地曰，有機械者必有機事，有機事者必有機心。此輩之善用機械，亦與其觀天地生物殺物之象而取其偏，傚其機械相應也。）古來善觀天地生物氣象而聖者，莫若伏羲、黃帝、堯、舜、文、周、孔。善觀天地殺物氣象而聖者，莫若婆羅門教濕婆派聖哲、耶穌、穆罕穆德。善觀天地生殺氣象而聖者，莫若老、莊。善觀不生不殺之密意而聖者，莫若釋迦。須會生物本來殺物，要究竟其本源。古人有言"制生殺者天也，順性命者人也"。真至言也。（見雲笈七籤卷九十七部語要。）禪門乃善觀天地生物、殺物氣象而會不生不殺之密意者。故竊謂禪宗血脈，固為佛祖心髓，實亦與周孔古聖相親，與老莊道家相近。吾國自禪宗出，華梵實已融一。（其時人物精神體之微妙處，自難以言語說。惟可於其時之文辭、詩歌、書法、繪事、音樂中窺其奧賾之一二。此唐所以獨成其唐之文質者，與周漢不同。）即梵即華，即華即梵，即殺即生，即生即殺，即解脫即實在，即實在即解脫，即寂滅即生生，即生生即寂滅。宋儒性理之學，其跡雖大異，究其內，乃傳其精神之衣缽者。理學之質地，實可以即儒即佛、華梵互攝一言以蔽之。（當漢地禪宗漸盛之時，天竺密宗無上瑜伽傳至西藏。鼻祖如降魔之蓮花生大士，乃真善乎生物、殺物者。密宗亦與藏地之苯教相混融矣。藏密自此即獨具此種生殺之氣象，較之禪宗，尤為顯明。其殺物之專能，莫若誅法。生物之極則，莫若雙修。在西藏,則即梵即藏,即藏即梵,即殺即生,即生即殺也。而藏密法脈之傳衍,較之禪宗,其力量尤深厚長遠。此自與藏地渾厚空曠、幽邃淨裸之天地氣象相關也。想其地歷代之聖賢,觀天地生物氣象,是何等之感應。)

章太炎嘗云"陽明一派始終隨順阿賴耶識,恒轉不斷,以為生機。斯語最明白,曰活潑與川水一般,曰若須臾間斷,即所謂恒能如瀑流也。孔子無我,顏淵克己,則舍此阿賴耶識矣"。(見章太炎藏書題跋批註校錄王文成公全書批語。)最具獨見。所言未必盡然,而啟人神智不淺。(如中觀、唯識之爭,藏人兼用其學而取大中觀,太炎言孔、顏舍此阿賴耶識矣,則其理路亦如藏人也。)使善觀天地生物氣象之人,而復著於相,不悟無生之理,則其自不免始終隨順阿賴耶識,恒轉不斷,以為生機。此尚未究竟之地也。舍此阿賴耶識,乃方究竟其本源者。使善觀天地殺物氣象之人,而復著於理,不悟生生妙有,則其病亦將入於頑空死空,縱有妙境,亦非至善。(近世泰西思想家,自尼采氏呵佛罵祖以來,其欲恢復耶穌之本色者多有其人,甚者如卡贊扎基氏作基督之最後誘惑,其理亦同。)今以佛法實證觀之,觀天地生物氣象,實即大悲周遍、幻身三昧妙諦所在。密集金剛本尊法,即修證幻身之法。予有得之。既悟幻身之奧義,則天地生物氣象,非皆密集之佛性乎。此佛性之密集,非即大悲之周遍乎。此大悲周遍,實可涵攝一切聖賢之教、一切善觀生物、殺物、不生不殺法門也。

萬物之生意最可觀,此元者善之長也。斯可謂仁也。23

玄義　制生殺者天也,順性命者人也。萬物生意,元者善之長,誠然仁也。然使觀者執之以為實體,則又繆矣。所謂元者仁也,本又自空性本然,生意燦然,生而無生。清世龍門派高道閔一得有云"道祖純陽翁,不更有言乎。匹婦唧冤,三年不雨。可悟劫厄頻仍,造物無心,不過因物付物焉耳"。(見古書隱樓藏書卷五行持佛說持世陀羅尼經法全部跋。)故萬物生意,而本無心,元者善之長,亦本因物付物,非有所謂實體主之者也。使理學家觀天地生物氣象,而偏執於其生之體，而忽其造物之無心，本因物付物，則亦病矣。

馬一浮孝經大義曰"聖人之教，即是天地之教"。濂洛關閩，皆倡觀天地萬教生意，以為得仁之端要。肇論曰"道遠乎哉，觸事而真。聖遠乎哉，體之即神"。觸事體聖之機，莫若以觀萬物生意爲便宜簡捷。故興於詩，而後立於禮，成於樂，易之四德，元而亨利貞矣。古遠之時，天竺婆羅門教，喜處森林之中，作吠陀、奧義書，想其觀萬物之生意，而以梵我為元神。六經之有風雅頌，若吠陀之讚詩、薄伽梵歌也。易為六經之神，詩為六經之元，書為六經之氣，樂為六經之魂，禮為六經之體，春秋為六經之情。此吾忽所悟者。萬物之生意，於易、詩、書、樂觀之焉。得其正者，為論、孟、莊子。萬物之殺意，於老子、禮、春秋觀之焉。得其偏者，為韓非子、鬼谷子。萬物之生意，於吠陀、奧義書、舊約、荷馬史詩、赫拉克利特觀之。萬物之殺意，於原始佛教、新約、蘇格拉底觀之。生殺一理，生殺一氣，惟各有分殊。（荷馬史詩、舊約以事觀之，乃多殺意，以氣體之，則乃生意也。）超於生殺之上者，則於大乘佛教、孔子、莊周觀之。生喜於氣說，殺喜於理說。故曰，天地有好生之德，善觀天地生物氣象。故曰，自性空空，涅槃寂靜。

橫渠喜於氣說，伊川喜於理說。是以橫渠文字多夏氣，伊川文字多霜氣。西銘一篇既出，二程折服。伊川終遜橫渠一段元氣。而橫渠又短於神智之圓，不及邵、程。古希臘前蘇格拉底之學者喜於氣說，耶教新約喜於理說，所以希臘文字多夏氣，耶教文字多霜氣。然自柏拉圖、亞里士多德興，古希臘霜氣愈興焉。至古羅馬，霜氣乃漸勝於夏氣，遂混化於耶教。氣數使然。是以尼采偶像之黃昏一書嘗謂蘇格拉底、柏拉圖為沒落之徵兆，乃古希臘解體之工具。耶教多霜氣，然舊約根底磐深，本富夏氣者，故終能以舊、新、夏、霜兼備於一體，是以其教生化之力特為深大。後世聖哲，往往各得一體。近世神教沒落，人皆奉理智主義為圭臬，霜氣極重，情何以堪。尼采氏乃以宏願偉力而一反之,為學喜夏氣本源之勃鬱,不喜霜氣私智之察察。然亦有患於偏。後人學之,得其精華者少,取其糟粕者多。近世二大儒論學,馬湛翁喜於理說,錢賓四喜於氣說,湛翁多霜氣,賓四多夏氣。觀賓四師友雜憶渾然具物,元氣沛然,湛翁書法歌詩清明森峭,逸格復深,尤可知之。二人生平行事亦然。賓四多夏氣,深具器識氣魄,落在實處,其學術之精粹,即在國史大綱、近三百年學術史諸書,然能知人而不知天,至說理則或流於機械膚淺,乃心量未造圓融,體道終覺尚有隔膜。(其病尤以其入港、臺後著作為甚。其於中西文化之比較,亦往往流於機械觀。)湛翁多霜氣,於心性如大明鏡,現量深湛,尊德性而道問學,以遊藝合道,而其根底則深茂沉摯,其渾樸之意,本不在賓四之下,是以其境界乃較賓四為愈圓滿。然湛翁細微之障亦正在此。如其作詩作書極用心,有極佳者,奈何夏氣終略少之。發之於歌詩藝術,則適成其逸格,睥睨旁流,然方之古之瘞鶴銘、楊少師一類,則夏氣終遜之甚多。亦以少夏氣故,其成就後學,不及熊、錢為盛。湛翁如仙人處雪山之巔,人自高不可攀。天下物類多如此,豈能盡善。如湛翁其人,足以陵邁三百年。(丁敬涵馬一浮先生年譜簡編十一歲條言馬先生之母親何定珠氏嘗評先生所賦菊詩有云"兒長大當能詩。此詩雖有穉氣,頗似不食煙火語。菊之為物如高人逸士,雖有文采而生於晚秋,不遇春夏之氣。汝將來或不患無文,但少福澤耳"。此不啻為我少夏氣說之注腳。且文中恰有不遇春夏之氣之語。先生之母,亦不可及。)在宋司馬溫公、呂東萊欲兼夏霜二氣為一,氣理一體,最為不易。予氣質多夏氣,精神多霜氣,善用之則兼濟圓成,不善用之則兩虧互損。故予學之所仰慕者,于兩宋必在此二先生,於近世則望能兼師馬、錢,一取其精神之圓融廣大,一取其實地之深沉厚重也。

滿腔子是惻隱之心。 24

玄義 船山四書大全說釋心之靈虛不昧云"虛者,本未有私欲之謂也。靈者，曲折洞達，而咸善也"。滿腔子惻隱之心，實亦是此種靈虛之謂。船山自注曰"尚書靈字，只作善解，孟子所言仁術，此也，不可作機警訓"。以此釋之，最見惻隱滿腔之生意。馬一浮詩教緒論云"感者，即常惺惺也"。滿腔子惻隱之心，則莫非感也，天下萬物常惺惺然，只看汝心地何在。滿腔子惻隱之心，亦肝膽相照之意。（奧義書梵名，意為近坐，乃為肝膽相照對坐之意。古之修士滿腔子惻隱之心，覿面相呈之狀，亦可想見。）古人惺惺相惜，非以情，非以義，乃以真性，乃以天理，乃以無分別，蓋只覺本來當如是，非安排所能致也。

　　漢書刑法志云"古人有言，滿堂飲酒，一人向隅而悲泣，則一堂皆為之不樂。王者之於天下，譬猶一堂之地，故一人不得平，為之悽愴於心"。便是此章好注腳。惟漢儒以之致和氣，勝殘去殺，而宋儒以之致仁道，為天地立心也。漢儒經用，而宋儒主體。經用者實兼體用而行天下，主體者則或偏主於體而寂於用，宋儒格局，弗能比於漢儒。漢儒編撰之書，公羊、穀梁、韓詩外傳、毛詩、新書、史記、漢書，皆滿腔子惻隱之心者。司馬氏史記尤昭顯。王充、王符、仲長統、劉幹，皆有滿腔子惻隱之心者。漢之古詩十九首、樂府詩、摩崖、碑銘，亦滿腔子惻隱之心者。漢人非惟血氣充盈，其真性天理自顯而不蔽，出之以高簡渾健，後世不能及。滿腔子惻隱之心，常人以為血氣使然，非也。真性天理，本然如此，血氣載道而行耳。靈樞經營衛生會篇有云"血者，神氣也"。本藏篇有云"人之血氣精神者，所以奉生而周於性命者也"。此方是正解之所在也。（宋人滿腔子惻隱之心者，范希文、司馬溫公、程明道、劉元城諸先生是也。徐熙、李成之畫，蘇軾之詩文藝術，最具其惻隱之心者。南渡後，朱陸呂而外，又有陳龍川葉水心，略能見古人之氣概神志。孝宗治政，放翁作詩，稼軒填詞，梁楷作畫，亦具此心在。幸有此輩人，為有宋略存血脈也。）

天地萬物之理無獨，必有對，皆自然而然，非有安排也。每中夜以思，不知手之舞之足之蹈之也。25

玄義 此仿佛程明道開悟語也。不然亦何能狂喜若是。吾開悟覯無相，程子開悟見無獨必有對，類乎平等性智。天地萬物之理無獨，必有對，皆自然而然，非有安排，妙哉，在吾思之亦不覺手之舞之足之蹈之。馬一浮論語大義云"文不能離質，權不能離經。此謂非匹不行，用之通變者，應理而得其中，從體起用，謂之自內出。夷必變于夏，刑心終於德，此謂非主不止，用之差忒者，雖動而貞夫一，會相歸性，謂之自外至。一致而百應，非匹不行也，殊途而同歸，非主不止也"。義理亦甚精妙。有對而出，非匹不行，必用之通變而歸於一。而有對亦非有對，非主不止，此又非可安排，而自然而然者。明道此語直表其喜樂證量，於義尚只道出一半道理。蓋有對必有止，非主不止，其玄奧處，尚待程子悟後修行完善之。然吾頗覺明道悟後修行功夫，未臻至善，不能如孔子之無我，顏淵之如愚也。而如伊川、橫渠、晦翁證量又不如明道。

周孔之學喜對，故論易則爲陰陽，論仁智之樂則有山水，論德則上知下愚，作文則自然生駢對，易傳如繫辭傳、文言傳，駢文之鼻祖也。（犟經室或亦有悟於斯理，作文言說，言孔子文言奇偶相生，音韻相和，爲萬世文章之祖。劉申叔中古文學史開篇演其宗旨。）自韓昌黎作散體，開闢風氣，宋之理學家喜單而不喜對，志趣殊高，而格局日隘。宋儒之喜單，實亦承禪宗喜奇之流風也。（日本禪茶猶盛行數寄之義。數寄者，奇數也。）禪宗喜言一隻眼，萬法歸一，茶禪一味，一無位真人，俱胝豎一指等，皆直指人心之手段。宋儒多慕其體用功能。禪門喜奇，則教下尚對。尚對是古法，喜奇是新風。橫渠亦云"大易不言有無，言有無者，諸子之陋也"。此亦即尚奇之意所在。而程子此處所悟者，乃深入先聖古義。此亦正見明道高過橫渠之處。

大易豈真不言有無耶。蓍之德圓而神，卦之德方以智，豈非即有無耶。大易之理無獨必有對，皆自然而然，非有安排。有無之理，自屬其有對者。故曰明道高過橫渠。濂溪、明道、康節深入古義為主，而能變之以新義，詠之以歌詩。伊川、橫渠、晦翁好尚新風為多，而喜托之以古學，寄之以經術。此又理學舊有之二大派也。如陸象山直以禪宗淪浹儒學之肌髓，則又開理學之新派矣。象山自亦喜奇之流。

中者天下之大本，天地之間，亭亭當當，直上直下之正理。出則不是。惟敬而無失最盡。26

玄義　此理觀詩最明。大雅大明曰，明明在下，赫赫在上。曰維此文王，小心翼翼，昭事上帝。聿懷多福。天地正理，敬而無失之理皆具也。馬一浮孝經大義云“圓成而無虧欠是至，才有一毫虧欠即非至，順應而無作意是要，才有一毫安排即非要”。頗能訓中字。然馬先生復云“德是自學自證，不求人知，道是樂循安處，無入而不自得”。程子曰敬而無失，意思尚未至此圓滿義。由此留多少公案於後世。龍樹菩薩造中論曰“不生亦不滅，不常亦不斷，不一亦不異，不來亦不出”。此亦程子之所謂天地之間亭亭當當直上直下之正理者。欲覷中道第一義，須離一切相，方能洞見性光獨耀、亭亭當當、直上直下者，是何模樣。敬而無失，確乎不易，然其微妙處，後儒往往未易證得，是以訟論歧說，日趨紛繁。可增四字曰“人皆自具，敬而無失”。乃愈明達矣。恐程子畏人之議其近禪，未能爲之也。

惟敬而無失最盡。近世論說最得其玄奧者，有道教之黃元吉。其道德經註釋道德經總旨有云“蓋聖人一道，不外一敬而已。人果以敬存心應事，天下有何難治者哉。孔子曰，能以禮讓為國乎，何有。不能以禮讓為國，如禮何。自古聖賢，無有只修其身，不應乎世者，觀天地即可知聖賢矣。夫天地以一元之氣自運，即以一元之氣育民,其間寒暑溫涼與夫風雲雷雨,即天之行其政令以施生化之功,雖變幻無窮,而天祇順其氣機之常。其在聖賢,以此敬自持,即以此敬及物,其間哀怒喜樂與夫禮樂刑政,即聖人順行其道以定人物之情,雖風土不齊,而聖人祇盡其在己之性,故曰,風雲雷雨,天所不能無,而不得謂風雲雷雨之即天。哀怒喜樂,聖人不能無,而不得謂哀怒喜樂之即聖。天有真天體,聖有真聖心。總皆主之以敬,一任天下事變萬端紛紜來前,無一不得其當”。敬即一元,圓通之至。天地以一元之氣自運育民,聖賢以此敬自持及物,天地之間,亭亭當當,其理極是。惟聖賢之此敬深妙,非可以世俗之法度測量之耳。聖人祇盡其在己之性,是為敬而無失最盡之真義也。

伊川先生曰,公則一,私則萬殊。人心不同如面,只是私心。 27

玄義 左傳襄公三十一年子產曰“人心之不同,如其面焉”。人心不同如面,近取譬也。然觀天地生物氣象,則知己不可不有私,不然無以成其公。理一分殊,本非就實相言,以實相言,何必以公私判。伊川此言甚險峻。莊子齊物論有曰“百骸九竅六藏,賅而存焉,吾誰與為親。汝皆悅之乎。其有私乎”。郭象註云“有私則不能賅而存矣”。成玄英疏云“言夫六根九竅,俱是一身,豈有親疏,私存愛悅。若有心愛悅,便是有私。身而私之,理在不可。莫不任置,自有司存。于身既然,在物亦爾”。此方為達論。伊川謂人心不同如面,只是私心。不知人面不同,其私以各成其私爾,而百骸九竅,賅而存焉,本無私也。人面固不同,本非其心必有親疏、公私也。此伊川之私心。以愚觀之,公則一,私亦一也。豈必私則萬殊哉。公亦萬殊也。天運篇曰至仁無親。郭注云“無親者,非薄德之謂也。夫人之一體,非有親也。而首自在上,足自處下,府藏居內,皮毛在外,外內上下,尊卑貴賤,於其體中各任其極,而未有親愛於其間也。然至仁足矣，故五親六族，賢愚遠近，不失分於天下者，理自然也，又奚取於有親哉”。至仁，無親自公，公則一，一則至仁。惟一方能萬殊。

凡物有本末，不可分本末爲兩斷事。灑掃應對，是其然，必有所以然。28

玄義　是亦象山“不可分裂天人而爲之”之義。伊川亦云“沖漠無朕，萬象森然已具。未應不是先，已應不是後。如百尺之木，自根本至枝葉，皆是一貫。不可道上面一段事，無形無兆卻待人旋安排，引入來教入途轍。既是途轍，卻只是一個途轍”。於天人之理如此，於事理亦然。書道，筆法是本亦是末。書之初是筆法，書之聖亦是筆法。文章，修辭是本亦是末。文章之淺是修辭，文章之深亦是修辭。道學，慎獨是本亦是末。道學日常是慎獨，道學精微亦是慎獨。詎能分本末爲兩斷事耶。平常心是道，則灑掃應對，是本亦是末。尤可知此處用灑掃應對四字，與馬祖、趙州大有緣故。張紹價近思錄解義云“本末精粗，一以貫之，爲其事而昧其理，俗學也。以日用爲粗迹，而別求玄妙之理，異學也。皆分本末爲兩事也。以事言，則正心修身爲本，灑掃應對爲末。以事與理對言，則事爲末，理爲本。事無大小，皆有所以然之理以貫之，故不可分本末爲兩段事”。義趣甚精，啓人神智。（俗學者爲其事而昧其理。如明清八股制藝之文，俗士爲之，多昧其聖賢之理。然使不俗者爲其事而不昧其理，則八股制藝之文，亦可一以貫之。科舉之學實亦能造就人材。俗學偏卑，異學偏高，過猶不及，從來如是。）

楊子拔一毛不爲，墨子又摩頂放踵爲之，此皆是不得中。至如子莫執中，欲執此二者之中，不知怎麼執得。識得則事事物物上皆天然有個中在那上，不待人安排也。安排著則不中矣。29

玄義　自性具足，不假外求。玄沙師備禪師云“古聖不安排，至今無處所”。二靈知和庵主云“道，紅塵浩浩，不用安排，本無欠少”。禪宗以言道，程子以言中。揚子拔一毛不爲，人常誤會其意為貪我慳嗇。非也。其自獨具深湛之思，自成一家言。（近世呂思勉先生先秦學術概論論楊朱之義出於道家，極爲深徹，前未曾見。其有云，列子載楊朱之言曰“夫善治外者，物未必治。善治內者，物未必亂。以若之治外，其法可暫行于一國，未合于人心。以我之治內，可推之於天下”。又曰“古之人損一毫利天下，不與也。悉天下奉一身，不取也。人人不損一毫，人人不利天下，天下治矣”。夫人人不損一毫，則無堯舜。人人不利天下，則無紂桀。無紂桀，則無當時之亂。無堯舜，則無將來之弊矣。故曰天下治矣。揚子為我之說如此，以哲學論，亦可謂甚深微妙。或以自私自利目之，則淺之乎測揚子矣。）墨子稟古史官尹佚之遺教，摩頂放踵爲之，乃勇猛精進、戒律肅嚴之學派。（據呂氏春秋當染，墨翟之師為史角，史角當為周武王之史官尹佚之後。）其操行精神特為偉岸，學術與儒家有相合者，亦有精妙獨到處，雖不如仲尼之中庸，其境地豈盡在儒行之下。宋儒喜排詆古賢，於楊墨猶蔑然，實多不知其學說之真諦。乃為孟子所誤導矣。（呂先生先秦學術概論云“欲知墨子之說，必先明於當日社會情狀，不能執後人之見，以議古人也”。不啻為宋儒發。）識得則事事物物上皆天然有個中在那上，談何容易哉。竊謂其惟聖人知之行之渾之化之，程朱知之而未能行，行之而未能盡，故亦非真能知之者。

夫子莫者，清初張習孔氏有妙論焉。其近思錄傳有云“子莫執字，未嘗不可，其病却是認不得中字。有是非之心者，方認得中字，既認得却正要他執。子莫如宋元祐末年諸臣，惟欲調停兩家，竟不知孰是孰非，如此一執，遂成大患”。以此而論，兩宋尊崇理學之政治陣營，亦後世政治禍患之源。理學陣營乃保守、懷理想主義者，近乎楊。荆公新黨乃激進、奉實踐主義者，近乎墨。非張氏此妙譬，吾不悟此事。宋儒政治以聖賢自命，所成不過楊、墨而已。

　　問時中如何。曰,中字最難識,須是默識心通。且試言一廳,則中央爲中。一家則廳中非中而堂爲中。言一國則堂非中而國之中爲中。推此類可見矣。如"三過其門不入",在禹稷之世爲中,若"居陋巷",則非中也。"居陋巷"在顏子之時爲中,若"三過其門不入",則非也。30

　　玄義　中字最難識,須是默識心通。橫渠曰"十詩之作將以驗天心於語默"。王船山四書大全說論中庸之德云"天下之理統於一中,合仁義禮知而一中也,析仁義禮知而一中也。合者不雜,離者不孤。審此,則中和之中,與時中之中,均一而無二矣"。識中之義,不可離庸也。庸者,用也,中者,體也,船山論中庸辨之甚明。合者不雜,離者不孤,尤爲精妙,可深達體用三昧。蓋亦自釋典論疏中化出者。船山云"如一室之中,空虛無物,以無物故,則亦無有偏倚者,必實一物於中庭,而後可謂之不偏於東西,不倚於楹壁"。頗合日常之實理。又云"道之見於事物者,日用而不窮,在常則常,在變則變,總比吾性所得之中以爲體而見乎用"。然在變中見體用最不易,觀史學最明。一正統論千載饒舌不休。吾意船山是以發憤著讀通鑑論、宋論,以達其志。其書弘達精闢,然確多有立論偏激之處,非真能合乎聖人之時中者。國語越語下曰"夫聖人隨時以行,是謂守時"。中道之標準,自不必刻舟而求劍。聖人隨時,不然一聖足矣。

　　近世程叔彪居士無門直指第二十節引圭峰圓覺略疏云"靈妙之體,上而無頂,下而無底,傍無邊際,中無在處,既無當中,何有東西上下"。一廳之中、一堂之中、一國之中,猶可知之。然中庸云莫見乎隱,莫顯乎微。在極隱極微之處,中又在何處。此儒家所未言,而釋教多有發明者。在極隱微處,中無在處,而中庸猶在,亘古永存。故曰"中字最難識,須是默識心通"。清初道教陶素耜周易參同契脈望有云"然天道運移,不離中極。人身亦有中極,所謂玄關也。但此玄關,不屬有無,不落方體,聖人只書一箇中字示人。

然中非四維上下之中。儒曰喜怒哀樂之未發，此中也。道曰念頭不動處為玄牝，此中也。釋曰不思善，不思惡，正恁麼時，哪箇是本來面目，此中也。寂然不動者，中之體。感而遂通者，中之用。苟能於舉心動念處著功夫，虛極靜篤之時，自然見玄關一竅，其大無外，其小無内。既見玄關，則藥物火候之運移，俱由乎中而不失矣"。此頗可見三教一致之學者之共同之心聲也。

无妄之謂誠，不欺其次矣。31

玄義 荀悅申鑒有曰"君子之所以動天地，應神明，正萬物，而成王治者，必本乎真實而已"。此本乎真實，即无妄不欺之謂。无妄，心體之純，通於天德者，仁也。不欺，自明也，如履薄冰之類，智也。五燈會元卷六云"昔有一老宿，因僧問，師子捉兔亦全其力，捉象亦全其力，未審全箇甚麼力。老宿曰，不欺之力"。此不欺之力，即是无妄。无妄不欺俱是誠，實本無分別。然以賓主之故，无妄之謂誠，不欺其次矣。禮記鄉飲酒義言天地嚴凝之氣，此天地之義氣。天地溫厚之氣，此天地之仁氣。主人者尊賓，故坐賓於西北。則不欺類乎嚴凝之義氣，无妄類乎溫厚之仁氣。是以賓主分矣。无妄，圓教也。邵子皇極經世觀物外篇下有云"人之為道，當至於鬼神不能窺處，是為至矣"。此處用功夫，即是无妄。如洞山大不為山神所窺師事。（尚氏易學謂馬、鄭、王肅諸儒无妄皆作无望，謂無所希望。則尤與佛學相參證。仁者既無所希望，則全放下矣，是以全無妄念。）

沖漠無朕，萬象森然已具。未應不是先，已應不是後。如百尺之木，自根本至枝葉，皆是一貫。不可道上面一段事，無形無兆卻待人旋安排，引入來教人途轍。既是途轍，卻只是一個途轍。32

玄義 體物之境，目擊道存。空無中但感法相森嚴之體，不可以知覺之先後而論。體之一貫，必以一貫而感之，不可支離分解。既是途轍，卻只是一個途轍。一途轍，一法即萬法之意。五燈會元禪宗二十三祖鶴勒那尊者云"一法一切法，一切一法攝"。沖漠無朕，萬象森然，本佛家語。近思錄此章意趣，亦最能於莊子中尋知音。如齊物論有曰"有始也者，有未始有始也者，有未始有夫未始有始也者。有有也者，有無也者，有未始有無也者，有未始有夫未始有無也者。俄而有無矣，而未知有無之果孰有孰無也。今我則已有謂矣，而未知吾所謂之其果有謂乎，其果無謂乎。天下莫大於秋豪之末，而大山為小。莫壽於殤子，而彭祖為夭。天地與我並生，而萬物與我為一。既已為一矣，且得有言乎。既已謂之一矣，且得無言乎"。莊子之言，尤較程子為閎達。然觀其意，則極為相似。（未始有夫未始有無也者云云，乃謂沖漠無朕，萬象森然已具。天地與我並生，而萬物與我為一云云，乃謂皆是一貫，只是一個途轍。既已為一矣，且得有言乎，且得無言乎云云，正道著"不可道"三字。不意符契若此哉。）

近取諸身，百理皆具。屈伸往來之義，只於鼻息之間見之。屈伸往來，只是理不必將既屈之氣，復爲方伸之氣。生生之理，自然不息。如復卦言七日來復，其間元不斷續，陽已復生。物極必返，其理須如此。有生便有死，有始便有終。33

玄義　禮記鄉飲酒義有云"德也者，得於身也。故曰，古之學術道者，將以得身也。是故聖人務焉"。近取諸身，百理皆具。觀黃帝內經諸醫書最明。詩經、老子、孟子，亦善乎近取諸身者。仁者以理為言，不以氣言，蓋恐常人不能隱忍含蓄，因氣便忘理。實則宋元以降，學者亦多不能隱忍，見氣便亂理。如清儒戴東原，便是此等風氣之極致。此氣運合如是，非東原之罪。究乎東原之心，猶有正念在焉。清廷所倡之偽程朱學，已失正道，東原之反動，矯枉過正，過猶不及，亦自然爾。故曰氣運合如是，非東原之罪也。近世泰西之學，亦往往有此患，而今世愈甚。世界之氣數已至此矣。幾不能談理字，只能說氣說欲。（既已如此，吾平日亦常與人說氣說欲，誘其深入理義。可參拙著徵聖錄卷十四、書史卷七明書頹怪之勢一篇。）

屈伸往來之義，只於鼻息之間見之。四十二章經有曰"佛問沙門，人命在幾間。對曰，數日間。佛言，子未知道。復問一沙門，人命在幾間。對曰，飯食間。佛言，子未知道。復問一沙門，人命在幾間。對曰，呼吸間。佛言，善哉，子知道矣"。程子以鼻息體屈伸往來、生生之理，釋教以呼吸體念念生滅、本非實法之義，其立義雖有別，機樞全同。實則屈伸往來生生之理則，與念念生滅本非實法之觀照，亦一心而已矣。（此予與章太炎菿漢微言最大之分歧所在。太炎以生生之理為阿賴邪識恆轉之瀑流。予則以之為一大悲周遍如來藏。雖然，亦能殊途同歸。）吾夏述之以陽，天竺闡之以陰，吾夏述之以竪，天竺闡之以橫，本亦一個。尚陽者著實，尚陰者神變。（此又華夏、天竺文化性格之差異也。章太炎菿漢微言論莊子田子方篇有云"觀此初心無念，唯證相應，依正不二，唯心所見，覺非修也，畢竟無得。諸勝義諦，非老子不能言，非仲尼不能受，非顏回無與告，所謂傳正法眼藏者歟。然釋迦得究竟覺，正師子吼，六種震動。老聃得究竟覺，乃掘然若槁木，慹然若非人者，中夏素風，不尚神變"。）

舊儒多右程子之說而斥釋教輪回之論，謂釋氏不明生生之理。於義實有未安也。清儒江永近思錄集注有云"程子破張子形潰反原之說，固爲正論。而人物間有投生者，又別有理。理固有常有變也。但學者不可以此溺其心爾"。乃爲持平之論。其能於清代崇朱之時發此言論，亦可貴矣。

明道先生曰，天地之間，只有一個感與應而已，更有甚事。[34]

玄義 此說極通透，乃愚所特喜者。以明道先生之意，只有感應，其他名相繁賾，皆餘事也。如說仁義、人心、志趣等皆非了義。惟感應二字，差能盡道其體。此天人之說也。故古人論天道，只說出簡陰陽五行。普照碧巖錄序云"須知趙璧本無瑕纇，相如謾誑秦王，至道實乎無言。宗師垂慈救弊，儻如是見"。衆人言天地之道者多矣，明道先生言天地之間，只有一個感與應而已。亦當如是見。清胡煦周易函書別集卷七籌燈約旨一有云"天人感恪,最親最切,最易最靈,六經皆言之。如作善降之百祥,積善之家,必有餘慶,永言配命,自求多福,皆言其親切易靈者也"。格者至也。感格即是感應。親切易靈四字,殊可形言其功用。雖然,尚有未至者。四明知禮四明尊者教行錄嘗云"性外無修,修外無性",庶乎可以至矣。修即是性,感應即是天道。修看似人爲,而實爲天道。感應看似人所感應,而實在天道中。使人說仁義、人心、志趣、哲學義理、宗教神學等皆是這個感應,則自然無病。倘是私意發作,法執纏繞,焉能真爲感應。故說仁義、人心、志趣、哲學義理、宗教神學等,最忌私意發作也。此等處毫釐之間繆以千里。非見道者,亦無以體會此繆以千里之效。在彼等人視之,亦相間僅隔一層爾。而在悟者觀之,繆以千里矣。

問仁。伊川先生曰,此在諸公自思之。將聖賢所言仁處類聚觀之,體認出來。孟子曰"惻隱之心,仁也"。後人遂以愛爲仁。愛自是情,仁自是性,豈可專以愛爲仁。孟子言"惻隱之心,仁之端也"。既曰仁之端,則不可便謂之仁。退之言"博愛之謂仁"。非也。仁者固博愛,然便以博愛爲仁則不可。35

玄義　天地生物莫非仁,自性具足,仁體自明。儒家言仁者實體用無間。孟子言惻隱之心,即用即體。此非文字之隔,觀者人心之隔也。象山曰宇宙不曾限隔人,人自限隔宇宙。伊川分別心重於明道,強說愛自是情,仁自是性,豈可專以愛爲仁。分判愛仁爲二,而不言其實莫二也。愛爲天體,與仁原本無二。大乘之根本,爲大悲心,莫非愛也,莫非仁也。以楞嚴言之,皆妙明真心之所在也。愛欲亦爲天然,與仁並非相悖。世間有仁之物,豈盡無愛欲者耶。佛法大乘亦不離愛欲也。維摩云行於非道,是爲通達佛道。愛仁莫二之義,密宗體之尤深切。伊川懼人執著愛欲,執愛爲仁,故有此分別說。惟未圓滿爾。韓昌黎云,博愛之謂仁。其言雖粗,亦甚暢直。直心是道場。要此不失唐人之氣格者。

問仁與心何異。曰，心譬如穀種，生之性便是仁。陽氣發處，乃情也。36

玄義 孔穎達周易正義乾象辭云"物之性命各有情，非天之情也。天本無情，何情之有，而物之性命，各有情也。所稟生者謂之性，隨時念慮謂之情"。此義甚高。陽氣發處，以彰物情，仁在其中矣。故心性情一體貫之，次第分明。陽明言"人心一點靈明，猶是實處"。體仁亦在實處，故發現以性情，惟仁為心靈體仁之所以然者，故莫可名說。伊川以心如穀種，乃以實體視之，而以生之性歸之仁。此其義未圓處。人心一點靈明，其與仁也，莫有二也。若說實處，俱是實處。非真有一如穀種有生之性者。略著相矣。本來無一物，何處惹塵埃。伊川近乎神秀。唐陸希聲嘗云"性情之極，聖人所不能異"。（見雲笈七籤卷一道德經傳序。）心者，實即性情之極之所在也。此心玄妙，不可言說，豈譬如穀種而已。

義訓宜，禮訓別，仁當何訓。說者謂訓覺、訓人，皆非也。當合孔孟言仁處，大概研窮之，二三歲得之未晚也。37

玄義 此語下得慎重。程子云當合孔孟言仁處，大概研窮之，二三歲得之未晚。然自二程生已過千載，仁當何訓，亦未見有能解之者。舊訓中禮運曰"仁者，義之本也，順之體也，得之者尊"。此理訓也。程子曰"心如穀種。生之性，便是仁"。此事訓也。然仁是個什麼，猶隔一層。陸王後學便學禪宗，以向上第一義、本來面目說仁，湛然常寂，恍惚玄妙，又落入虛靈一路，與仲尼著實血脈微有異。清儒訓仁，如阮芸臺專據典籍中孔孟言仁處而窮研之，然所得亦不過如此。著實則有之，又少天機。說文曰"仁，親也"。亦泛泛之見。（金聖歎唱經堂隨手通南華字製論說文云"世人曉得，彼亦稍通，若我不知，彼便缺然矣"。其序童壽六書云"夫天地造物而聖人造字，造字者，造天地所造之物之字也，造天地所以造物之字也"。

聖歎欲於說文尋此字學之奧義本旨，誠不可得也。）故仁當何訓，亦未見有能解之無礙者。是以吾人可一言以決之。名可名，非常名。道可道，非常道。仁可仁，非常仁也。（印度大哲室利阿羅頻多著述如海，高深莫測，以予觀之，即是一個仁字爾。）張習孔近思錄傳有云"仁字豈可以一言訓。若認得仁，雖無言可也。若認不得，即訓以人字，依舊是囫圇語。何也。未知人，焉知仁也。大抵德性有體有用，五常之性，墮地時即有，以人字訓仁，最有味。但學問之道，問者當徵實而言，應者當叩端而竭。今乃儱侗泛問，故先生亦以大概研窮答之也"。所言甚精。

舊訓之中，吾甚喜釋名，其次為春秋元命苞、尹文子。釋名曰"仁，忍也。好生惡殺，善含忍也"。春秋元命苞曰"仁者情志，好生愛人"。尹文子曰"仁者，所以博施於物"。（參桂馥說文解字義證。）近年踐履艱辛之中，頗體會忍耐、忍藏、忍辱、忍受之深意。在忍中有大天地，大受用。故吾於釋名曰忍也，大有感慨。"仁者，義之本也，順之體也，得之者尊"。亦是一個忍。忍而順，忍而尊。"心如穀種。生之性，便是仁"。亦是一個忍。忍而生，忍而仁。故仁可訓忍也。若以梵典會之，則曰，仁者，如來藏也，阿賴耶識也。阿賴耶識，為忍，為識之心，生之源，妄之本。近乎仁之本然。仁者，所以博施於物。其博施於物者，有生有死，有真有妄，亦近乎阿賴耶識之能也。故曰，仁者，阿賴耶識也。仁者，如何能爲妄之本。如母之愛子，是仁也。過之，則爲妄，如姜氏之於太叔段。如夫之愛妻，是仁也，過之，則爲妄，如明皇之於太真。以此而識，與阿賴耶識甚相類也。楞伽經云"如來藏名藏識"。梵語阿賴耶，直譯爲藏。藏有三義，能藏，所藏，執藏。此亦與仁具忍藏之義相似。蓋鄭伯克段之禍患已藏於姜氏之仁中，安史之亂已藏於明皇之仁中矣。世間之仁，多轉生虛妄之事。聖賢之仁，乃能實處使力，自立立人也。

性即理也。天下之理，原其所自，未有不善。喜怒哀樂未發，何嘗不善。發而中節，則無往而不善。凡言善惡，皆先善而後惡。言吉凶，皆先吉而後凶。言是非，皆先是而後非。38

　　玄義　性即理，天理流行，因性而明，非性無以見理，非理無以明性，故性理不為二物。世間只是一個塗轍。善惡吉凶是非莫非不善，非本有不善之體也，惟發而中節不中節爾。是理無處不在。程子曰，凡言善惡，皆先善而後惡。此自證其說者。然不免已自貶其意。蓋所謂原其所自，未有不善者，降而為不善則未有不善者，其先已生善惡之分別心，此非未有不善之真義所在。所謂吉凶是非亦然。以予觀之，則性善惡論，先善而後惡，無往而不善，其本不應在善字上執著。宋儒在此執著甚多，所以不能解荀子、楊雄之學，格局入於偏單而不自知矣。（同理推之，理學家多亦不能解瑜珈行派阿賴耶識之義，亦不能解智者大師性具善惡、禪宗無善無惡之旨。法執太深之故。）理學家略少此執著者，有胡五峯。五峯知言有云"性也者，天地鬼神之奧也，善不足以言之，況惡乎哉"。絕有超識。又言其父安國嘗曰"孟子之道性善云者，歎美之辭，不與惡對也"。乃真通論也。惜如五峯者太少。朱子答胡廣仲有云"性善之善不與惡對。此本龜山所聞於浮屠常總者"。此語朱子固所不解。蓋在彼心中，恆有一人欲與天理相對也。雖然，此條資料卻佳。使胡氏父子之說果源於龜山，而龜山又聞於浮屠常總，則此圓妙之義終出於佛家之人，而為儒家所用。此又可為吾有宋三教一致之說張本矣。（然其說亦未必出於常總也。或乃從明道語中化出。）

　　問心有善惡否。曰，在天為命，在物為理，在人為性，主於身為心，其實一也。心本善，發於思慮則有善有不善。若既發則可謂之情，不可謂之心。譬如水，只可謂之水。至如流而為派，或行於東或行於西，卻謂之流也。39

　　玄義　水流而為派，卻謂之流。然流豈異於水哉。流即水也。

陽明言良知只是一個良知，而善惡自辨，更有何善何惡可思。程子
涵蓋乾坤，陽明截斷衆流。"既發則可謂之情，不可謂之心"。情焉
得不謂之心。蘇子由寶峰雲庵真淨禪師語錄序有云"水流於地，發
為草木，鹹酸甘苦皆水也。火傳為薪，化為飲食，飯餅羹蔌皆火也。
心藏於人，見於百骸，視聽言動皆心也。古之達人推而通之，大而
天地山河，細而秋毫微塵，此心無所不在，無所不見"。其義甚大。
說文"情，人之陰氣有欲者"。人孰能無陰氣有欲。人孰能無心。
宋儒將情字看得太重，所以不自在。其實，情亦是心，不必自家裏
多樹出一個大敵來。此宋儒未弘廓處，非能得仲尼之微妙義也。
仁者自心而發情，因情而明心，可也。

　　在天為命，在物為理，在人為性，主於身為心，其實一也。此語
極善，可以為道學一以貫之者。清世高道閔一得有云"太乙有言，
心即天也，身即地也，念即人也。如是體之，三才一身也。原人一
身，自心以上曰天，自心以下曰物，自腹以下曰地曰海，而心能包
身，身能包念，故身亦名世，世身身世，不二不一。蓋謂主夫世者惟
人，主夫身者乃念，而念承乎心，心承乎天，身承乎地，地天無心，寄
心於人，故人得為造化主，人自小視身心耳"。（見古書隱樓藏書卷五
行持佛說持世陀羅尼經法全部跋。）合而觀之，故知天命在心，物理在
身，人性在念，其實一也。念兼未發、既發，而實與心、身合，不悖於
天命物理者也。情者，念之所生，究其本不離於性，故知"不可謂之
心"一語，尚非究竟。又"地天無心，寄心於人"，此語極善。人得為
造化主，則未發、既發皆當有天則在，詎能徑斥既發為情不可謂之
心而輕之耶。蓋造化本一張一弛，一闢一闔，未發、既發，亦本如
是。未發、既發，一張一弛，一闢一闔，實如母子，本只是一心。

　　**性出於天，才出於氣。氣清則才清，氣濁則才濁。才則有善有
不善，性則無不善。**[40]
　　玄義　二程遺書程子曰"德行謂天賦天資才之美者也"。以此

而論,性才並非為二。所謂性出於天,才出於氣,才則有善有不善,性則無不善,亦是強說。分天、氣為二事,隔膜已深,一句性則無不善,不能消其罅隙也。所謂氣清則才清,氣濁則才濁。亦不盡然。劉邵人物志九徵曰"凡人之質量,中和最貴矣。中和之質,必平淡無味,故能調成五材,變化應節。是故觀人察質,必先察其平淡,而後求其聰明"。方是至理。聖人平淡而聰明,能兼二美。程子所謂氣清才清者,乃人物志聰明之謂,並非為根本所在。中和之質,必平淡無味。此最貴之中和之質,自是融清濁而愈淳厚,明道而若昧者,其之不能單以清濁分別之也明矣。(矧氣清者未必善,氣濁者未必不善。如漢高、唐宗、宋祖,非純然氣清者,而其善甚大。才清而無可稱者亦甚多。蓋清有清之用,濁有濁之用,不必特揚清而抑濁,而有悖乎中道。中和者,非清非濁,亦清亦濁,所以能調成五材,變化應節。歷代成大功德者,往往更近於此中和之質。唐賢中多有此亦清亦濁者,其格甚高,往往渾健,而宋理學一派諸儒似多不達斯理,不復能渾成。利害是非分別太過,門戶太嚴,彼此詆訐,徒耗元氣,中和之質愈漓矣。陳龍川有氣濁處,便為晦翁詈罵,以為有不善,為外道。其實吾觀晦翁亦自有氣濁處,而其以大善自居。龍川之為龍川者,晦翁不可奪。宋儒常言性則無不善,實則其人常疑他人不善也。)茅星來集注引朱子云"氣稟之殊,其類不一,非但清濁二字而已。人有聰明通達、事事理會者其氣清矣,而所為未必皆中於理,則是其氣之不醇也。人有謹厚忠信、事事正穩者,其氣醇矣,而所知未必能達於理,則是其氣之不清也。推此類求之自見"。此朱子亦覺程子之說未圓,而作此修正之論。然觀其說,亦未能圓也。皆不及劉邵人物志之義為得也。

性者自然完具。信只是有此者也。故四端不言信。41

玄義 程子解之曰"四端不言信,既有誠心為四端,則信在其中矣"。朱子集注曰"四端之信,猶五行之土,無定位,無成名,無專氣,而水火金木,無不待是以生者"。然信者五常之末,似未足以稱土德也。朱子又曰"惻隱羞惡辭讓是非，情也，仁義禮智，性也。心統性情者也。因其情之發，而性之本然可得而見，猶有物在中而諸見于外也。信者本然如此，性情而為一體，無須見外。故曰四端不言信"。亦是強說，少自然之致。信如何本然如此，無須見外耶。抑惻隱羞惡辭讓是非者，非本然如此耶。豈必因其情之發，始性之本然可得而見耶。性之本然，實不必盡假乎情之發也。以第一義論之，性之本性，離一切事相，蓋與情之發原來亦無關涉。朱子之說，實有轇轕。程子言性者自然完具，信只是有此者也二句，方是要害所在。而四端不言信之說，畫蛇添足耳。象山語錄云"萬物森然於方寸之間，滿心而發，充塞宇宙，無非此理。孟子就四端上指示人，豈是人心只有這四端而已"。信自是一端，特未發耳。實不必強而為之辯。

心，生道也。有是心，斯具是形以生。惻隱之心，人之生道也。42

玄義　方以智與易堂林確齋云"所信者血覺本靈，躍然一氣。故無匜杖屨，不受其累"。血覺本靈，躍然一氣，即此心之生道，是形以具。吾甚喜血覺本靈四字，以爲能兼孔佛之美。周孔血脈，血覺也。書曰，先覺覺後覺。佛禪之要，本靈也。擒賊先擒王。有此本事，方足以語心生道也，有是心，斯具是形以生也。不然，只是一虛誕。心，生道也。非有聖賢之志，不能知也。非經心性錘煉，不能覺也。非歷顛沛造次，不能達也。非入般若道，不能證也。近世談儒學者，往往妄談此義，名相繁瑣，而不作切實體證功夫，皆是日鑿一竅之事，真元渾沌早竭矣。其所謂學問，非吾所謂學問也。使彼輩有聞此言而欲痛哭流涕者，方不愧一真心人。（吾門下有此種痛哭流涕之人。正有此種人在，方有如我此種人出。我此種人爲何。好爲人師者也。）張紹價近思錄解義有云"天地之大德曰生，人心之大德亦曰生。天地以生物爲心，人亦以生物爲心。生道二字，借用孟子。孟子云，以生道殺民。謂本欲生之也。程子所謂生道，猶言生理也，生意也，生機也”。亦頗可參稽焉。以生道殺民，乃真可爲“血靈本覺”下一注腳者。蓋惟生殺，最能見血靈之所在。生殺之際，天地之義備矣。

横渠先生曰，氣塊然太虛，升降飛揚，未嘗止息。此虛實動靜之機，陰陽剛柔之始。浮而上者陽之清，降而下者陰之濁。其感遇聚結爲風雨，爲霜雪。萬品之流行，山川之融結，糟粕煨燼，無非教也。43

玄義　孔子閒居曰“天有四時，春秋冬夏，凡雨霜露，無非教也。地載神氣，神氣風霆，風霆流形，庶物露生，無非教也”。此横渠所本者。修道之謂教，糟粕煨燼，修道之所資取者也。此章甚有博大真人氣象。王船山張子正蒙注義理殊深妙。“萬品之流行，山川之融結，糟粕煨燼，無非教也”。吾國古人觀物理，往往體察聖人之意。邵子皇極經世觀物篇五十四有云“觀春則知易之所存乎。觀夏則知書之所存乎。觀秋則知詩之所存乎。觀冬則知春秋之所存乎”。今世善觀物理者，萬品山川糟粕云者，皆是大學問。（如近世物理學之有相對論、量子力學、混沌學、宇宙學，皆逾越先前之拘囿，使人知其有大文章，無窮無盡，而究其極致，即是道。愚早歲頗喜讀此類書。）然古人之物，以我觀之，所以物我無間。此我，大我也，真我也。如奧義書之梵我。今人之物，以物觀之，所以爲物所役。此無我之物，死物幻物也。禪語嘗云，暫時不在，如同死人。（皇極經世觀物外篇下有云“以物觀物，性也。以我觀物，情也。性公而明，情偏而暗”。此邵子之說也。吾之所謂以大我觀物，所以物我無間而無我，正是其之言以物觀物也。吾之所謂以死物觀物，所以爲物所役而只顯我執分別意識，正是其之言以我觀物也。）楞嚴經卷一曰“如來常說諸法所生唯心所現，一切因果世界微塵因心成體”。卷二曰“不知色身，外洎山河虛空大地，咸是妙明真心中物”。此下士見而笑之者。其奧義豈淺人所能知哉。以佛理推之，則以心故，萬品山川糟粕煨爐，無非教也。非僅從中可見虛實動靜之機，陰陽剛柔之始而已。因心成體四字，實爲大易之密法。易教之學者，非孔不立，非佛不顯也。

遊氣紛擾，合而成質者，生人物之萬殊。其陰陽兩端，迴圈不已者，立天地之大義。 44

玄義　橫渠著書，粹然以易教樹義，以二氣良能發揮，框架既定，隨心所欲，方正之中，甚有變化，有漢儒氣象。象山云"大綱提掇來，細細理會去，如魚龍遊於江湖之中，沛然無礙"。此正橫渠正蒙之謂。然義理終屬偏單。清胡煦周易函書別集卷七有云"氣聚而形斯成，靈通而性始定"。橫渠欲以陰陽氣聚盡之，未能達也。（橫渠雖說性者萬物之一源，卻與此分別而說，若爲二事。）不在靈通性定上著力，不能窮神知變。二程於此勝過橫渠。然猶有未盡之處。二程亦成儒家門戶中人，未能無思慮如聖人。惟無思慮，無分別，始可達天地之奧賾也。

天體物不遺，猶仁體事而無不在也。"禮儀三百，威儀三千"。無一物而非仁也。"昊天曰明，及爾出王。昊天曰旦，及爾遊衍"。無一物之不體也。 45

玄義　張紹價近思錄解義云"天者理之所從出，一物一理，即一物一天。無一物無理，即無一物無天。故天體物而不遺"。其說甚簡而活。禮記孔子閒居孔子曰"天無私覆，地無私載，日月無私照。奉斯三者，以勞天下，此之謂三無私"。其義甚弘而深。以無私故體物不遺，則物皆相忘，如魚之相忘於江湖。仁至無私，其德類是。古人致仁養氣，莫若威儀禮節，三百三千，遂成其仁，出王遊衍，以廣其德，涵養遊藝，如鶴鳴皋，如龜曳尾，不覺之繁之累，而只感其自然，此境之全，豈徒憚禮繁者所能體味哉。萬物本性皆正。威儀三千。無一物非正也。人爲萬物之靈，彼等不及人之最得乎中和也。雖然，萬物之性皆正。故曰，草木有本心，何求美人折。

（唐張曲江詩。）人在宇宙之中，即在威儀三千、威儀三千大千世界中，一念三千即一念具此威儀宇宙。使仁者能體此義，不患無仁矣。

橫渠善言氣言天，章太炎甚輕之。菿漢微言有云"問曰，論稱五十而知天命，皇侃疏曰，天本無言，而云有所命者，假之言也。斯論為閎達矣。今易傳數言命者，何邪。答曰，此土聖哲所立義諦，率是隨順故言，罕嘗自造名字。老莊多有自造名字，孔氏則少。以見量觀曾是蒼蒼者，而有教令詒人，若云上神默示，愈為非量，是故命是假言，天亦借表，明其假借，言之非有礙也。若宋儒張子厚、近儒阮伯元輩，執箸名言，視同具體，此乃為皇生所笑矣"。所說意趣甚妙。然竊謂橫渠之說，本亦是假借，並非所謂執箸名言、視同具體者。橫渠實深於玄理。惟其闡發幽微之手段，乃在氣理篤厚之古法，不在心性玄奧之新詮，而為太炎所輕爾。阮伯元詎能與橫渠相提並論哉。漢學之蒙太炎之譏亦宜矣。

鬼神者，二氣之良能也。 46

玄義 葉采近思錄集解有云"良能者，自然而然，莫之為而為也"。本是妙義。鬼神者，本良能也。然橫渠卻云"鬼神者，二氣之良能也"。乃另立一格。陸象山云"中庸言鬼神之為德其盛矣乎。夫子發明，判然甚白"。橫渠以氣訓之，簡明正大，判然甚白，庶幾能免夫左傳近誣之譏。此方便法門，萬世之下，猶感清新。然終有鬼神在，不能純以氣訓之。須云，鬼神者，固二氣之良能，然亦各在其位，各司其職。吾人不可不敬懼之。象山先生語錄有云"子不語怪力亂神。只是不語，非謂無也。若力與亂分明是有，神怪豈獨無之"。有心在，即有鬼神。鬼神者，心之良能也。愚易之曰"鬼神者，心氣之良能也"。較之當愈完備。山谷題跋跋王荊公禪簡有云"荊公學佛，所謂吾以為龍而無角，吾以為蛇而有足者也"。予於橫渠此說終亦有斯感也。

物之初生，氣日至而滋息。物生既盈，氣日反而遊散。至之謂神，以其伸也。反之謂鬼，以其歸也。47

玄義　此說乃漢儒之遺義。說文訓神曰"天神，引出萬物者也"。徐曰"申卽引也，天主降氣，以感萬物，故言引出萬物"。爾雅釋訓曰"鬼之爲言歸也"。禮運曰"列於鬼神"。註云"鬼者精魂所歸"。列子天瑞篇曰"精神離形，各歸其眞，故謂之鬼。鬼，歸也。歸其眞宅"。神又有鬼神之意。陽魂爲神，陰魄爲鬼。氣之伸者爲神，屈者爲鬼。朱、呂二先生收此條入近思錄，蓋以其簡達可味。漢儒之言本來多義理精妙者，於此自可窺之。

至之謂神，反之謂鬼，則人之初生至中年，是神多。晚年至死亡，是鬼多。吾忽悟道教太平經之奧義所出。太平經錄身正神法有曰"爲善亦神自知之，惡亦神自知之，非爲他神，乃身中神也"。太平經出於漢代，其以神非外，爲身中神，鬼爲陰神，實亦本於古義，與漢儒之說同其本源。使以大乘佛教觀之，太平經之言身中神，神道、鬼物道，亦阿賴耶識所含之種子也。錄身正神法曰"人乃道之根柄，神之長也"。使人能真修實證，則轉識成智，亦自然也。

性者，萬物之一源，非有我之得私也。惟大人爲能盡其道，是故立必俱立，知必周知，愛必兼愛，成不獨成。彼自蔽塞而不知順吾理者，則亦未如之何矣。48

玄義　此章高屋建瓴，洞觀超然，點出性源，然落腳處卻在大人二字。性源之諦，懸解之筌蹄也。橫渠言性，似實而虛，誠可玩味。船山則爲崇實者。至戴東原則執著于實者矣。馬一浮復性書院講錄云"佛氏必悟一真法界，而後知空宗之爲權說。在儒者，則必至至誠無息，而後知文章不離性道"。大人者，通于至誠者。惟此方能體夫性者萬物之一源，天下莫非斯理。天下莫非斯理也，而必待大人之成而彰顯之，猶大乘中空宗、有宗相異之學說，必待親證一真法界之實地者，方得其位而不诤。吾儒性源之說，實亦大成之筌蹄，不可拘泥。後儒多在字眼上執著，未必大道。義理須落到實處方真切。萬物一源，豈俗流所能會。既曰性者，萬物之一源，何嘗有有我之可得私者。橫渠之說，亦尚未圓滿。程張諸子之說，皆不悖於道，立義正大精微，惟未至大圓滿，尚有微細隙漏。學者略有不慎，便染此微細習氣而不自知，遂漸入於歧路矣。

一故神。譬之人身，四體皆一物，故觸之而無不覺，不待心使至此而後覺也。此所謂感而遂通，不行而至，不疾而速也。49

玄義 孟子言"君子所性，仁義禮智根於心，睟然見於面，盎於背，施於四體，四體不言而喻"。此橫渠之所本。孟子言四德根於四體，而橫渠言一故神通，而以四體爲喻。可謂異曲同工。人體之靈，在心神，亦在人體。觸之而無不覺者，僅心神靈妙人體玄奧之粗跡耳。予樂於蹴鞠，直任天真，每每進球之後，都不記以何種方式進者。蓋以本能，不以思慮分別。本能先於分別心。此正所謂不待心使至此而後覺者。使心使至此而後覺者，非覺也。此是情解，不是開悟。心神之靈妙，尤可於釋教大修行人身體處觀之。香嚴智閑禪師一日芟除草木，偶抛瓦礫，擊竹作聲，忽然省悟。此一聲響，便爲心神身體之大振動，感而遂通，血靈本覺，不行而至，不疾而速，此乃心神靈妙之精者也。雖然，精粗實一，非有二也。橫渠言"不待心使至此而後覺也"。究其義蘊，似謂覺之先于心也，正與禪宗相合。曹溪之頓悟，是覺而非心，神秀之詩偈，是心而非覺。在橫渠未必有此意思，然究其奧義，終有此理在。

心，統性情者也。50

玄義 竊謂心統性情之說，乃從釋教心意識之學及天台圓融三諦說化出者。心者阿陀那識，意者末那，識者六識，今通而言之，心意識一也，分而言之，心統意識。蓋與心統性情，結構甚同。天命之謂性。天類乎阿陀那識，所命之性類乎末那也。一旦有性，則有分別。理學諍論大興，皆與談性辯性相關。情即六識，情熾則彌亂矣。（理學諍論，其初以性而辯，如程、蘇，其後以情而爭，如朱、陸。）天台三諦者，真諦、俗諦、中道第一義諦也。真諦，性也。俗諦，情也。中諦，心也。荆溪大師云"真諦泯諸法，俗諦立諸法，中諦統諸法"。此心統性情者也。以天台三諦之說解心統性情之義，亦甚相契。王船山讀四書大全說論朱子解大學正心有云"蓋曰心統性情者，自其所含之原而言之也。乃性之凝也，其形見則身也，其密藏則心也。是心雖統性，而其自爲體也，則性之所生，與五官百骸並生而爲之君主，常在人胸臆之中，而有爲者則據之以爲志"。其言心自爲體也，特爲精微。其言有爲者則據心性以爲志，亦正點到痛處。彼乃有為者之性情之意識，非無爲、阿陀那識之本然也。讀四書大全說論大學有云"性者，天人授受之總名也。故朱子直以爲心。而以其所自得者則亦性也，故舉張子統性情之言以明之。乃既以應萬事，則兼乎情，上統性而不純乎性矣"。此船山為朱子開脫者。蓋以儒學而言，心統性情之說，無以自圓其說。性者，天人授受之總名，故朱子直以爲心。性、心一也。性者焉能為心所統。然使以佛學觀之，則心統性情之說，同于心統意識，中諦統真俗諦，可以自圓其說矣。橫渠心中，實有佛學也。

　　焦里堂孟子正義引毛奇齡賸言補云"惻隱之心仁之端也。言仁之端在心，不言心之端在仁。四德是性之所發，藉心見端，然不可云心本於性。觀性之得名，專以生於心為言，則本可生道，道不可生本明矣"。是故心之為性情之本，性情為心所趣捨。象山語錄云"千古聖賢，若同堂合席，必無盡合之理。然此心此理，萬世一揆也"。又云"心只是一箇心，某之心，吾友之心，上而千百載聖賢之心，下而千百載復有一聖賢，某心才只如此。心之體甚大，若能盡我之心，便與天同"。心之意可弘恢如此。在宋儒，性情依理氣而立，皆在此心籠統中。而象山復以分別性、才、心、情為枝葉，言今之學者只是解字，更不求血脈。有云"聖賢急於教人，故以情以性以心以才說與人，如何泥得。若老兄與別人說，定是說如何樣是心，如何樣是性情才，如此分明說得好，划地不幹我事。須是血脈骨髓理會實處始得"。此為化繁為簡、截斷眾流之妙道，可為千古鍼砭之藥石也。竊謂欲於血脈骨髓理會實處者，不在心，不在性，不在情，亦是心，亦是性，亦是情。其第一義者，當於此中得之也。

凡物莫不有是性。由通蔽開塞，所以有人物之別。由蔽有厚薄，故有知愚之別。塞者牢不可開，厚者可以開而開之也難，薄者開之也易，開則達于天道與聖人。51

玄義 橫渠道理簡率，講得灑脫，固是本色，不容窒礙。然終是簡率。方以智又與潙文虎符嘗云"參究一門，直須反復窮盡，層層都有利害，聖人舉何思何慮，而即言往來，何也，又曰，屈伸相感，而利生焉。自非精入窮至，詎享此神明耶"。(見方以智晚節考方以智晚年詩文輯佚續篇。)最能道其中痛處。故今之學者，自不必拘囿於前賢章句如何，惟有精入窮至之願力，一種血脈，一層功夫，方可參究神明也。

為學大要篇第二

　　濂溪先生曰，聖希天，賢希聖，士希賢。伊尹、顏淵，大賢也。伊尹恥其君不為堯、舜，一夫不得其所，若撻於市。顏淵不遷怒，不貳過，三月不違仁。志伊尹之所志，學顏子之所學，過則聖，及則賢，不及則亦不失於令名。1

　　玄義　法言學行第一有曰"睎驥之馬，亦驥之乘也。睎顏之人，亦顏之徒也。或曰，顏徒易乎。曰，睎之則是。曰，昔顏嘗睎夫子矣，正考甫嘗睎尹吉甫矣，不欲睎則已矣，如欲睎，孰禦焉"。說文曰，睎，望也。桂未谷說文解字義證引法言語，又曰"注云，睎，慕也，通作希"。濂溪之言賢希聖，士希賢，即揚子之所謂顏睎夫子，人之睎顏。法言修身第三有曰"觀乎賢人，則見眾人。觀乎聖人，則見賢人。觀乎天地，則見聖人"。則可知聖之希天，實聖人睎乎天地之謂，以見聖人之道也。賢之希聖，士之希賢，皆若是。故濂溪之說聖希天，希莫若訓以睎，猶揚子觀乎天地則見聖人之意。聖希天之本意如此。故知志伊尹之所志，學顏子之所學，非觀乎聖人亦不足以知之。荀悅申鑒有曰"學聖不至聖，可以盡生。學壽不至壽，可以盡命"。志伊尹之所志，學顏子之所學，雖不至，亦可盡生盡命如是。又朱子語類卷九十四有云"問聖希天。若論聖人，自與天相似了。得非聖人未嘗自以爲聖，雖已至聖處，而猶戒愼恐懼，未嘗頃刻忘所法則否。曰，不消如此說。天自是天，人自是人，終是如何得似天。自是用法天。明王奉若王道，建邦設都。無非法天者。大事大法天，小事小法天"。朱子之不以聖人得似天，是也。聖人觀乎天地而已，豈即天地耶。惟釋教經論，究竟極則，則當聖人之至，八地至於佛地，則人不知是人，天不知是天。至人無我，聖人無名。維摩詰經觀衆生品有曰"無所悕望"。愚意聖人之於天地，亦無所悕望耳，故曰人不知是人，天不知是天。

濂溪言"過則聖，及則賢"，多爲勉勗激勵之辭，於理猶未圓融。陳乾初別集卷二瞽言有云"張子嘗云學者求知人而不欲知天，求爲賢人而不求爲聖人。此秦漢以來學者大蔽。不知正是張子蔽處。知人之盡，即是知天，賢人之盡，即是聖人，非有二也"。乾初非有二之義，較之"過則聖，及則賢"之說愈圓矣。智儼華嚴一乘十玄門言"因果同時"。教義理事等同時亦然。經云"雖成等正覺，不捨初發心"。智者童蒙止觀證果有曰"華嚴經中，初發心便成正覺，了達諸法真實之性，所有慧身不由他悟。涅槃經云，發心畢竟二不別，如是二心前心難。如是等經皆明初心具足一切佛法"。志伊尹之所志，非伊尹之志，聖人之初發心也。伊尹有聖人之初發心，故恥其君不爲堯舜，一夫不得其所，若撻於市。學顏子之所學，非學顏子之學之跡，學聖人之因果同時是也。顏子有聖人之因、之理，故能不遷怒不貳過，三月不違仁。因果同時，吾人所學於顏子者，學其因也。滯者執於伊尹之所志，顏子之所學，必欲傚焉而及其人，實不知其人本不必擬仿。濂溪過則聖，及則賢之說，著實太過。聖人之境，只認真心，不必如此測量也。

伊尹恥其君不爲堯舜云云，本古文尚書說命下。（唐初王珪嘗云"以諫諍爲心，恥君不爲堯舜，臣不如徵"。徵即魏徵。）孟子萬章上言伊尹思天下之民匹夫匹婦有不被堯舜之澤者，若己推而內之溝中。

亦如出一轍。宋明儒樂其高邁英偉而用之，推許不已。王荊公用
之於政治，朱子用之於學術。荊公之毒性甚明，而朱子之弊端甚
晦。(可參東萊粹言疏證緒言。)王心齋語錄有云"大丈夫存不忍人之
心，而以天地萬物依于己，故出則必爲帝者師，處則必爲天下萬世
師。出不爲帝者師，失其本矣。處不爲天下萬世師，遺其末矣。進
不失本，退不遺末，止至善之道也"。務必蹈其高邁之氣，以天地萬
物依于己，出不爲帝者師失其本矣，較之一夫不得其所若撻於市云
者，有過之而無不及。然高邁有過，亦是病痛。程子云"孟子有些
英氣，纔有英氣，便有圭角，英氣甚害事"。吾人欲知伊尹之所志
者，亦不可只為其若撻於市云者所動。伊尹之志固為高邁，究其實
行，有極篤切不可及者。朱子語類卷九十四言"伊尹終是有擔當底
意思多，更加些從容而已，過之，更似孔子"。故藥高邁之痛者，莫
若從容自然。朱子以伊尹更加些從容，較顏子更似孔子，亦自有
見。然從容大不易。(劉向列仙傳務光有云"湯曰，伊尹何如。曰，強力忍
詬，吾不知其他。"務光言伊尹之德，唯在強力忍詬，而不知其他。正亦見從容
之德，要非伊尹所長。恥君不為堯舜云者，亦即強力忍詬之注腳。後世如王
荊公，未得古聖賢之大體，而力學伊尹之強力忍詬，其終也國政淆亂。朱子自
亦不從容。以務光觀之，伊尹強力忍詬，已失至德，不忍見之。湯以天下讓於
光，光負石自沈於蓼水。蓋伊尹不圓滿處，自仙人觀之，已種下後世之禍端。
不期至荊公乃大驗焉。故知從容大不易。不從容者，即是禍種。惟伊尹之時
氣息醇厚，其禍猶小。後世氣薄，其禍乃大。近世之新文化運動，乃極不從容
者，幾斷中華之文脈，其害今猶未息。當新文化運動熾烈之時，馬一浮先生能
從容講學於城市山林中，承聖賢之學，此所以為大儒宗者也。馬先生高於同
時諸儒者，亦正此從容二字。)恥之義，後漢荀悅闡之殊深。申鑒有曰
"或曰，脩行者，不為人恥諸神明，其至也乎。曰，未也。有恥者本
也，恥諸神明，其次也，恥諸人，外矣。夫唯外，則慝積於內矣。故
君子審乎自恥"。伊尹恥其君不爲堯舜，此自恥也。魏徵恥其君不
爲堯舜，此恥諸神明也。宋儒恥其君不爲堯舜，或不免恥諸人矣。

使荊公、元晦深達自恥之道，其行其學，詎能猛利至此哉。

竊謂氣魄擔當必不可少，然非儒門根本義。儒門根本義，仁智勇一體而用之者也。仁、智、勇，致聖之三種原力。氣魄擔當乃儒者之勇，使其未能得仁智之體，亦何能登堂入室。在孟子智勇兼備，惟仁德不逮聖人。宋明人學孟子，亦一味學其智勇而愈偏。其所學孟子之智者，又多有流於世間之智巧而非孟子之本智。泰州學派最得王學之智勇，而王學之仁德，其所造弗能如江右、浙中。大日經入真言門住心品曰“佛言菩提心爲因，悲爲根本，方便爲究竟”。菩提心，智也。悲，仁也。方便，勇也。氣魄擔當，方便也，非此方便不能究竟。惟根本在大悲心仁德，大因在成就衆生之智慧心。菩提心、悲、方便一體而用之，乃能成佛。仁、智、勇一體而用之，乃能致聖。志伊尹之所志，學顏子之所學，正學其仁、智、勇一體而用之者。三者實不可分而言之。後世人不得此中要領，或偏於智，或流於勇，或兼有智勇而不仁，而皆不能一體而用之，其失也多矣。

聖人之道，入乎耳，存乎心，蘊之爲德行，行之爲事業。彼以文辭而已者，陋矣。2

玄義　荀子勸學篇有曰“君子之學，入乎耳，箸乎心，布乎四體，形乎動靜，端而言，蝡而動，一可以爲法則。小人之學也，入乎耳，出乎口。口耳之間則四寸耳，曷足以美七尺之軀哉”。聖人七尺之軀，皆德行事業之所爲施，彼以言辭而已者，惟四五寸間耳。有德者必有言，文辭本自然事，如風行水上。其單執文辭者，縱爛然可觀，然心量未弘，曷足以異小人。荀子解蔽篇有曰“凡人之患，蔽於一曲而闇於大理。天下無二道，聖人無兩心”。非但聖人無兩心，聖人之心體，其與小人之心，本固無差別，然其所化用，則天地懸隔。惟事文辭者，不足以致聖人之化用，復聖人之性體，所以爲陋。顏氏家訓文章篇言“自古文人，多陷輕薄。原其所積，文章之體,標舉興會,發引性靈,使人矜伐,故忽於持操,果於進取。深宜防慮,以保元吉"。剖析甚爲深徹。觀夫濂溪之世,六朝唐季文辭之餘習猶未歇止,故發斯語以懲之。實則文辭何嘗非聖人之道也。(可參拙著徵聖錄論文道合一之篇。)濂溪之說,乃以質救文奢之弊爾。

　　或問"聖人之門,其徒三千,獨稱顏子爲好學。夫詩、書六藝,三千子非不習而通也,然則顏子所獨好者何學也"。伊川先生曰"學以至聖人之道也"。"聖人可學而至歟"。曰"然"。"學之道如何"。曰"天地儲精,得五行之秀者爲人。其本也真而靜。其未發也,五性具焉,曰仁義禮智信。形既生矣,外物觸其形而動其中矣。其中動而七情出焉,曰喜、怒、哀、懼、愛、惡、欲。情既熾而益蕩,其性鑿矣。是故覺者,約其情使合於中,正其心,養其性。愚者則不知制之,縱其情而至於邪僻,梏其性而亡之。然學之道,必先明諸心,知所往,然後力行以求至,所謂自明而誠也。誠之之道,在乎通道篤,通道篤則行之果,行之果則守之固。仁義忠信不離乎心,造次必於是,顚沛必於是,出處語默必於是。久而弗失,則居之安,動容周旋中禮,而邪僻之心無自生矣。故顏子所事,則曰,非禮勿視,非禮勿聽,非禮勿言,非禮勿動。仲尼稱之,則曰,得一善,則拳拳服膺而弗失之矣。又曰,不遷怒,不貳過。有不善未嘗不知,知之未嘗復行也。此其好之篤、學之之道也。然聖人則不思而得,不勉而中。顏子則必思而後得,必勉而後中,其與聖人相去一息。所未至者,守之也,非化之也。以其好學之心,假之以年,則不日而化矣。後人不達,以謂聖本生知,非學可至,而爲學之道遂失。不求諸己而求諸外,以博聞強記、巧文麗辭爲工,榮華其言,鮮有至於道者。則今之學,與顏子所好異矣"。[3]

　　玄義　顏子好學論如圭峯宗密原人論。伊川曰,覺者約其情,使合于中。正其心,養其性。學之道,必先明之者心,知所養。圭峯曰"所稟之氣,展轉推本,即混一之元氣也。所起之心,展轉窮源,即真一之靈心也。究實言之,心外的無別法,元氣亦從心之所變,屬前轉識所現之境,是阿賴耶相分所攝,從初一念業相,分為心境之二"。養其性者,氣也。而根本則在明諸心,方能知所養,是為覺者。圭峯以元氣亦從心之所變,亦明諸心,知所養之道也。圭峯又曰"欲成佛者,必須洞明粗細本末,方能棄末歸本,反照心源。粗盡細除,靈性顯現,無法不達"。朱子私淑程子,其補格物傳曰"蓋人心之靈莫不有知,而天下之物莫不有理,惟於理有未窮,故其知有不盡也。是以大學始教,必使學者即凡天下之物,莫不因其已知之理而益窮之,以求至乎其極。至於用力之久,而一旦豁然貫理焉,則衆物之表裏精粗無不到,而吾心之全體大用無不明矣。此謂物格,此謂知之至也"。此即圭峯洞明粗細本末,反照心源,靈性顯現之意。故不以釋教解宋儒之書,不足以通其心思。後世王陽明極言朱子格物之訓之牽合附會,非其本旨,蓋當時未嘗以釋教會通之耳。陽明傳習錄倡知行合一之說,以駁朱子,實則知行合一之義,亦與前所引佛經因果同時、初發心即成正覺諸說契合。大善知識本以知為行,以行為知,為不二法門,維摩詰經此理已具。以此而論,陸王乃以禪宗之不二法門,斥程朱之宗密原人之論。理學門戶之辯,亦莫非釋氏各宗之爭也。圭峯原人論倡一乘顯性教,禪源諸詮集立三宗禪、三種教之說,而禪宗正系實未認同之。青原南嶽二系,乃化用維摩經極深徹者,其不以荷澤系重義學者之圭峯為然,固亦自然。以此而論,朱、王格物之辯議,實類乎曾通教宗者之與曹溪正宗之異論也。

　　伊川曰"後人不達,以謂聖本生知,非學可至,而爲學之道遂失"。聖本生知,非學可至,實禪宗之義諦。此伊川攻擊禪宗之語也。馬祖言"道不用修,但莫污染"。蓋本來具足,修學適足以蔽之。故永嘉玄覺證道歌亦悔當年"分別名相不知休,入海算沙徒自困"。此爲一貫宗風。圭峯曰"原夫佛說頓教漸教,禪開頓門漸門,二教二門各相符契。今講者偏彰漸義，禪者偏播頓宗，禪講相逢，胡越之隔"。其遂會通教宗，有曰"然本因了自心而辨諸教，故懇情於心宗。又因辨諸教而解修心，故虔誠於教義。教也者，諸佛菩薩所留經論也。禪也者，諸善知識，所述句偈也"。則其立三宗禪三種教之說，欲以破宗門聖本生知非學可至之論。故愈可明程朱之近乎圭峯，陸王之近乎禪宗也。伊川之述爲學之道，主乎聖人可學而至，猶釋典言佛可修而至。故顏子好學論，固為儒教而發，然亦懲禪流而出者也。（後覽近人湯用彤氏謝靈運辨宗論書後云"自生公以後，超凡入聖當下即是，不須遠求，因而玄遠之學乃轉一方向。由禪宗而下接宋明之學，此中雖經過久長，然生公立此新義，實此變遷之大關鍵也"。又云"康樂承生公之說作辨宗論，提示當時學說二大傳統之不同，而為伊川謂學乃以至聖人學說之先河。則此論在歷史上甚重要意義益可知矣"。所言甚是。辨宗論之至於原人論、禪源諸詮集都序，原人論、禪源諸詮集都序之至於顏子好學論學乃以至聖人說，實有一脈相承者。）

　　羅子汝芳近溪子集卷樂有云"汝輩只細心講求，顏子所好之學，果是何學。到工力專精，然後必有個悟處，悟則疑消，消則信透，透則心神定而光明顯。即顏子有不善，未嘗不知，知之，未嘗復行，其於過也，信哉紅爐之點雪矣，而又何貳之有也哉"。所言極是。惟工力專精，悟入信透，方足以語此。治哲學者欲以思慮解透之，而不求專精悟入，非大道也。此是以禪宗說之者。

　　橫渠先生問于明道先生曰"定性未能不動，猶累於外物，何如"。明道先生曰"所謂定者，動亦定，靜亦定，無將迎，無內外。苟以外物為外，牽己而從之，是以己性為有內外也。且以性為隨物於外，則當其在外時，何者為在內。是有意於絕外誘而不知性之無內外也。既以內外為二本，則又烏可遽語定哉。夫天地之常，以其心普萬物而無心。聖人之常，以其情順萬事而無情。故君子之學，莫若廓然而大公，物來而順應。易曰，貞吉悔亡。憧憧往來，朋從爾思。苟規規於外誘之除，將見滅於東而生於西也。非惟日之不足，顧其端無窮，不可得而除也。人之情各有所蔽，故不能適道，大率患在於自私而用智。自私則不能以有為為應跡，用智則不能以明覺為自然。今以惡外物之心，而求照無物之地，是反鑒而索照也。易曰，艮其背，不獲其身。行其庭，不見其人。孟子亦曰，所惡于智者，為其鑿也。與其非外而是內，不若內外之兩忘。兩忘則澄然無事矣。無事則定，定則明，明則尚何應物之為累哉。聖人之喜，以物之當喜。聖人之怒，以物之當怒，是聖人之喜怒不系於心而系於物也。是則聖人豈不應於物哉。烏得以從外者為非，而更求在內者為是也。今以自私用智之喜怒，而視聖人喜怒之正為如何哉。夫人之情，易發而難制者，惟怒為甚。第能於怒時，遽忘其怒，而觀理之是非，亦可見外誘之不足惡，而於道亦思過半矣"。4

　　玄義　明道定性書純然王輔嗣、僧肇一路，實為晉唐以來高古純粹之義。朱子謂明道答橫渠書"誠似太快，然其間理致血脈，精密貫通，盡須玩索"。朱子言其太快，實不滿其用莊老義過於彰顯暢遂。然天下無二道，聖人無兩心，明道之證性如是，豈可以門戶限之。朱子謂此書在鄠時作，年甚少，則明道天資之明睿，可以知矣。朱子之器近乎晚成，其於明道，自覺其太快。宋明理學家以器具而論，自分快晚二種，濂洛為快，關閩為晚，南軒東萊象山陽明為快，東發康齋敬軒整庵為晚。天道本合如是。明道謂大道患在於自私而用智。自私則不能以有爲爲應迹，用智則不能以明覺爲自然。此最爲真知灼見，義為殊勝。（自私而用智，最爲今世學人之病痛。自私者，使學人不能坦然領受天命。用智者，使學人不能豁然開悟明覺。是以心靈之迷霧彌深重矣。）

　　苟以外物為外一段，證性無內外之義，甚類楞嚴經，為釋氏破執相之常法。明道以性無內外，破自私用智之蔽，與佛理同。楞嚴經卷二有曰"一迷為心，決定惑為色身之內。不知色身，外洎山河虛空大地,咸是妙明真心中物"。釋氏歸究乎極,而明道以廓然而大公,物來而順應通繹之,此所謂不解之解者。老子曰"無名,天地之始,有名,萬物之母"。與其有名曰妙明真心,寧無名惟以順應,如斯方得妙道。解深密經勝義諦相品曰"言無爲者,亦墮言辭"。亦得之矣。故禪之興,號為教外別傳,亦不重有名,則華梵之智慧精神,至此融一莫二,互為體用而不分矣。或難曰"孔子有正名之義,荀子有正名之篇,儒家素重有名,何能得此妙道"。答曰"孔儒之正名,禮制也,為治道計。仲尼五十知天命,罕言性與天道,朝聞道夕死可矣,予欲無言,此仲尼之重無名也。焉有異哉。漢唐之儒,過重有名,是以宋儒興起焉,深味無名。至其窮極,則清初大儒疾焉,遂有名物制度之樸學興。天道變化,誠多如是"。今世得乎無名者淺,損乎有名者深,無名有名俱病矣,而其病實為一物。識者不可不痛自箴砭之。

　　不以明道此說為然者亦有之。明人泰州後學鄧豁渠南詢錄有云"程子動亦定,靜亦定。作定性論。白沙曰,定性豈能忘外物。(白沙詩曰,定性豈能忘外物,求心依舊落迷途。)寂而常照者,性也,未嘗不定。程子認識神作性,古今不達向上一竅,皆認識神爲性。性也者,不落有無者也,而于何處加定之之功。此程子之學,所以不得到家,雖造到廓然大公,還有個公在。物來順應,還見得有物在,豈能忘外物,所以致學者,不知本心,而有求心之弊。照而常寂者心也,曰寂則無查考,却于何處求之。是認念作心,認意作心。深造者認神作心,認機作心,故有曰神明之舍,有曰方寸之間。種種方所言之,妄上加妄,終無了期也。本等是一江清水,被這迷人攪起波來,故曰,依舊落迷途"。此以佛家第一義責明道者。明道定性論近乎教門,而非禪宗,所以為後人所議。豁渠非無眼也。然豁渠言其認識神爲性,認念作心,認意作心,妄上加妄云云,實乃過苛過察,不免挾帶意氣,乃不能以平常心觀之。明道固非至聖人之境,然定性論自有其符合天理處，如僧肇之作物不遷論，僧肇雖非至聖人之境，其說自合於道無疑也。以此而論，又豁渠尚有用智處。明道境界甚高，敦厚光明，非豁渠所能及。豁渠之異議於明道者，確有所得，然亦乃太著力於文字名相義理之辨。不知明道功夫之高，非可以名相義理相苛求之也。

伊川先生答朱長文書曰"聖賢之言，不得已也。蓋有是言，則是理明。無是言，則天下之理有闕焉。如彼耒耜陶冶之器，一不制，則生人之道有不足矣。聖賢之言雖欲已，得乎。然其包涵盡天下之理，亦甚約也。後之人始執卷，則以文章為先。平生所為，動多於聖人，然有之無所補，無之靡所闕，乃無用之贅言也。不止贅而已，既不得其要，則離真失正，反害於道必矣。來書所謂欲使後人見其不忘乎善，此乃世人之私心也。夫子疾沒世而名不稱焉者，疾沒身無善可稱云爾，非謂疾無名也。名者可以厲中人，君子所存，非所汲汲"。5

玄義　聖賢之言不得已也。許慎說文解字序言"神農氏結繩為治而統其事，庶業其繁，飾偽萌生，倉頡遂造書契，百工以乂，萬品以察"。此所謂不得已者。許氏又曰"書者如也"。段若膺曰"謂如其事物之狀"。愚謂順其物象之興，即伊川所謂蓋有是言則是理明，無是言則天下之理有闕者。伊川之說，實符文字訓詁之本義。清儒字學極盛，惜鮮有能道及者。論者謂天下之理本自具足，焉有闕者。乃不知伊川之意，乃聖賢之言文，非言道有闕也。清世樸學家疾理學末流之膚濫臆造，欲以實事求是為則度，求聖言經義之不得已者，自異於宋儒。而不知此義宋儒亦自知之。惟求聖言經義之法，宋儒大異於清人耳。宋儒以義理，清人以訓詁，以訓詁者先機奪人，神光自鑒，以訓詁者循規蹈矩，已居下乘。漢儒今文古文之學，實皆有先機奪人者，清人治漢學者，未能學也。常州今文派欲拯其溺，發揚蹈厲，然矯造過甚，彊事聖解，亦無足以服厭士類。

（禪門云，但盡凡心，別無聖解。常州今文學，有强求聖解之失也。）章氏太炎甚疾廖、康之說，固屬古文之攻今文，實亦樸學家之不欲以奇說誣聖賢。章氏後轉治諸子、佛學、宋明儒之書，亦可謂樸學之終局，反以義理之學為歸墟。故知宋理學諸儒不可輕非也。

　張紹價近思錄解義有云“學者巧文麗辭，借口於聖賢立言，大抵名心未化耳。名心一萌，爲人而不爲己，而知行敬義之功弛矣”。所言甚爲深徹。此名心未化者，實乃古今學者之通病。亦本乎阿賴耶識之薰染者。愚嘗謂宋世禪宗大德之書，老婆心切，動輒數十萬言，如圜悟、宗杲。（宗杲嘗焚其師圜悟之碧巖錄，蓋亦知當時文字障之深重也。自宋初文字禪出，此弊肇矣。）較之唐世大德語錄之簡妙，高下自顯。此有近乎伊川之所謂後之人始執卷則以文章為先，平生所為動多於聖人者。非僅儒家為然。（或難曰，此學術風氣所致，非刻意而為之。對曰，亦似是而非之論。理學諸儒朱子著述最多，然並非最上乘。濂溪、明道、象山之書皆簡粹，而道高於朱子。禪門至明季有指月錄出，愚觀其書錄後人頌唱評語甚備，蕪叢近贅，其或損於道者，其書體例恐有以致之。或謂指月錄諸書出而宗門衰沒，亦自有徵，非盡虛誕之言。理學而論，則自御纂性理精義出，理學亡矣。）

　夫子疾沒世而名不稱焉。清末簡氏朝亮論語集注補正述疏論之甚精。簡氏曰“孝經云，立身行道，揚名於後世，以顯父母。此沒世之名也。君子所貴也。豈不異當世之名以無實而的然日亡哉。中論云，貴名，乃所以貴實也。其論明矣”。名者，利器也，可以存聖人之光，可以永佛菩薩之化。名之重，關係教化，極深極徹。是故儒家亦嘗號為名教。其為聖人之所重，不亦宜乎。董子春秋繁露有深察名號之篇，白虎通專釋名號之義，此漢儒血脈所在，所以偉長作中論能言貴名乃所以貴實之精義。伊川言，名者可以屬中人。實則，名者可以屬聖人，可以屬一切人也。如菩薩十地，亦名也。成就佛地前，名亦可以屬諸地菩薩也。

內積忠信，所以進德也。擇言篤志，所以居業也。知至至之，致知也。求知所至而後至之，知之在先，故可與幾，所謂始條理者知之事也。知終終之，力行也。既知所終，則力進而終之，守之在後，故可與存義，所謂終條理者聖之事也。此學之始終也。6

　　玄義　大戴禮記保傅篇有曰"春秋之元，詩之關雎，禮之冠、婚，易之乾、坤，皆慎始敬終云爾"。此正六經之鈐鍵、儒學之妙義所在。六經之學，可以始終二字括之。始條理者智之事，知之在先，故可與幾，猶釋教之所謂初發心即成等正覺。大學以格物致知在先，其所致之智，即此妙明真心之正心，方以智嘗謂之血靈本覺。此智覺者須於順格物理之中自然引發，或豁然而起照，或闇然而自彰，爲條理之始力。終條理者聖之事，守之在後，故可與存義，猶宗門之言明心見性，見性之後，亦須保任守存，消除業障習漏，非真有所謂終者。論學之始終，近世王驤陸居士乙亥講演錄所述極精。其書以啟機分、正修分、印證分爲次第，登堂入室，真孟子之所謂始條理終條理者。儒門言之甚備者，莫過於小戴禮記。智聖之理，發明極徹。禮運禮器少儀學記諸篇如啟機分，曲禮檀弓祭法冠義諸篇如正修分，中庸大學樂記經解孔子閒居諸篇如印證分。其始終構成之醇深縝密，非他經所能擬也。王驤陸之心，謂之即先聖賢之心，亦可矣。鄒東廓文集復王東石時禎有云"始終條理者，知行未嘗離也。由此觀之，則智之不可專以知言，聖之不可專以行言，其亦可知矣"。所言極是，陳義愈圓矣。

　　君子主敬以直其內，守義以方其外。敬立而內直，義形而外方。義形於外，非在外也。敬義既立，其德盛矣，不期大而大矣。德不孤也，無所用而不周，無所施而不利，孰爲疑乎。7

　　玄義　明道曰"性無內外"。主敬守義，權說也。守義何嘗不能以直其內，主敬何嘗不能方其外。故知立說不圓。然後人或責伊川主敬之偏，似少寬大氣象，亦非盡是恕論。伊川立敬義之說，爲進德故。劉蕺山聖學喫緊三關曰"人己關，敬肆關，迷悟關"。守義以方其外者，人己關也。己之於人，須守義方。主敬以直其內者，敬肆關也。敬勝百邪，所以爲重。德盛不孤，無所用而不周者，迷悟關也。覿體承當，歸於覺地，非德業深粹不辦。伊川此語，實蓄三關大義，而蕺山發露於後世。古今聖賢，相爲印證，梵典解深密經玄奘譯本第七品有義利一語，尤可玩味。蓋所謂義形而外，無所施而不利，是所謂義利也。張習孔近思錄傳有云"內與外合，非一偏之德，故曰不孤。孤則偏於一善，而其德狹。不孤，則眾善畢集而其德大矣"。所言甚善。孤則偏於一善，乃政可爲天下有才識而孤獨者之箴砭也。主敬之義，前所引黃元吉之說盡之矣。主敬，實乃盡己之性，如此說方圓善矣。

動以天爲无妄，動以人欲則妄矣。无妄之義大矣哉。雖無邪心，苟不合正理，則妄也，乃邪心也。既已无妄，不宜有往，往則妄也。故无妄之象曰，其匪正有眚，不利有攸往。8

玄義　雖無邪心，苟不合正理，則妄。朱子語類卷七十一有曰"有人自是其心全無邪而却不合于正理。佛氏亦豈有邪心者"。又曰"如楊墨何嘗有邪心。只是不合正理"。所言甚辯。然未必的當。觀程子意，乃謂天與人欲爲二。分別太過矣。天者，豈能離人欲。天者正行，不離人欲也。觀朱子意，乃謂有一正理超然在無邪之上。繆哉。（唐君毅、牟宗三，均為程朱此說所誤導矣。）正理即無邪，無邪即正理，豈有二哉。楊墨有不合正理處，即其不能無邪處。楊墨皆向道之士而失之偏者，究其精微，其心不能盡能無邪也。佛教，無邪而空明者，遍宇宙之妙義。老莊，無邪而虛靈者，法自然之妙義。儒家，無邪而正大者，治世間之妙義。人皆世間人，亦皆自然人，亦皆宇宙人。人不可脫世間，亦不可脫自然，亦不可脫宇宙。溪山各異，風月是同。唯以世間之妙義為真諦者，不識宇宙自然之奧義微妙，自錮也。世間聖賢能得儒家妙義者，實皆能體宇宙自然之奧義微妙,如仲尼、子思。程朱以雖無邪心苟不合正理則妄之說詆佛教,乃以小蔽大,弗能得也。其所謂正理,並非儒家之正理所在。儒家之正理,以體而言,在無聲無臭、予欲無言處,非有一固執不變之所謂正理者。儒家佛氏,以用而言,皆純正之體而各有陽陰之偏,儒偏于陽,佛偏于陰,故可相互輔助,以致中和,不必彊生分別。歷代學者喜判其正邪優劣,亦多屬權法,不得已耳。吾儕當於無邪中辨無無邪者,方是的然正理。關雎之篇,可以令人忘無邪,豈非即正理所在。故子曰"人而不爲周南召南,其猶正牆面而立"。明道曰"必有關雎、麟趾之意,然後可行周官之法度"。僧璨信心銘,亦可令人忘無邪者。三藏中文字能至此者甚鮮,而禪宗獨多。此亦函夏無邪之教之所致也。(張習孔近思錄傳有云"如至誠之博厚高明,與天地並也。若作戒勉,便有安排,有安排則妄矣"。此又與禪何異。宋學之以無妄爲無安排,禪宗一脉耳。實則漢儒有解无妄爲無望者。可參尚秉和之尚氏周易學。)

人之蘊蓄,由學而大,在多聞前古聖賢之言與行。考跡以觀其用,察言以求其心,識而得之,以蓄成其德。9

玄義 白虎通辟雍有曰"學之爲言覺也。以覺悟所不知也。故學以治性,慮以變情。子夏曰,百工居肆以成其事,君子學以致其道"。人之蘊藉,由學而大。此學非徒博聞文獻之謂,亦言其覺悟致知,能致其道者。世人目學爲外,非也。自周孔以迄程朱,其所言學者,皆兼乎內外之義。故多聞前古聖賢之言行,非徒考其迹,實欲求其心。以吾心之明覺悟古人,則古人之心非爲古人之心,乃吾人之心也。聖人無兩心。心之用本溥大靈妙。楞嚴言妙明真心,圭峯言真一之靈心,究至精微,洞徹奧突,可以爲吾師矣。吾固知夫陸王之所以興起者。劉宗周全集語類八證學雜解解九有云"學者最忌識神用事。識者,載妄之官,神之有漏義也。夫心,覺而已矣。覺動而識起,緣物乃見。物交物,則引之而已矣。覺雖本位,情識熾然,聰明乘之,變幻百出,其最近而似焉者為理識。理識之病,深則鑿,淺則浮,詭則異,僻則邪,偏則倚,支則雜,六者皆賊道之媒而妄之著焉者也。妄非真也,識非覺也。妄盡而覺還其初,神在何處。識在何處。故曰,學者,覺也"。不啻出老僧口。(理識之說,頗與唯識家說第七識末那識相近。)蕺山之釋學者覺也,實同釋氏之理,亦可與斯說相印證。王龍溪集卷二九龍紀誨有云"一部論語,開首只說個學字。學者,覺也。時習便是常覺。覺與夢對,夢中顛倒呻吟,苦境萬變。苦與悅對,學而常覺,則苦境自亡而悅,所謂禮義之悅我心也。悅者,入樂之機,人心本樂,本與萬物同體,朋來則遂其一體之心,故樂。然此樂無加損,根於所性。雖遁世而無悶,惟聖者能之,學之大全也"。

蓄德應須以神覺爲先,無覺之蓄,非大蓄也。然亦有一團淑和之氣者,全任天真,無聲無聞中蓄其德者,此聖者之業。世人之患,在蓄德無覺識爲先機,無正念爲啓發,其所作類乎童蒙而已,未能恒也。惟神識覺照者,本體亦空,在第一義觀之,本不可執著。故梁武問達摩"朕起寺度僧,有何功德"。摩云"無功德"。問"如何是聖諦"。云"廓然無聖"。此誠碧巖錄雪竇頌之所謂千古萬古空相憶者。庸常之善行,皆有聖諦之念,而不知以此猶不足以爲真覺照。真可爲覺照者,乃廓然無聖者也。伊川云"識而得之"。非必謂識得是非凡聖之念,此淺者之所爲。善聞古聖賢言行者,渾然自化,若無町畦,知之行之,飲水吃飯,乃真廓然無聖者。雪竇曰"師顧視左右云,這里還有祖師麼。自云,有,喚來與老僧洗脚"。得之矣。

論語曰,溫故而知新。金聖歎唱經堂語錄纂卷一有云"故是平等智,新是差別智"。洵爲妙解。多聞前古聖賢之言與行,溫故也,平等智也。考跡以觀其用,察言以求其心,識而得之,知新也,差別智也。是即妙觀察智。自程子標舉斯義,道學家多喜鈔纂古人言行,以行教化。其開風氣之先者,莫若朱子、呂子所編之近思錄。（東萊又編著少儀外傳諸書,皆萃古人言行,以爲著述。呂氏堪稱斯體之先導,流澤遠長。近思錄之後,歷宋迄清,續近思錄者有二十種,可見其風氣。參見陳榮捷氏書引言。故漸開以鈔書著書之法。劉蕺山人譜雜記、孔孟合璧、五子連珠、聖學喫緊三關、聖學宗要諸書皆善用其法。此風明世愈盛。曹月川作夜行燭,述前言往行之經告於家嚴,纂集成書,最稱名著。甚者如李卓吾作初譚集諸書,亦有此意。鈔纂著書之法,至清初黃梨洲撰學案,顧亭林撰肇域志,馬宛斯著繹史,愈窮極弘廓之。再至惠定宇阮芸臺諸儒,則施諸漢學,靈用不竭。此宋明儒之獨詣,澤及清人者。）

咸之象曰,君子以虛受人。傳曰,中無私主,則無感不通。以量而容之,擇合而受之,非聖人有感必通之道也。其九四曰,貞吉悔亡。憧憧往來,朋從爾思。傳曰,感者,人之動也,故咸皆就人身取象。四當心位而不言咸其心,感乃心也。感之道無所不通,有所私系則害於感通,所謂悔也。聖人感天下之心,如寒暑雨暘,無不通無不應者,亦貞而已矣。貞者,虛中無我之謂也。若往來憧憧然,用其私心以感物,則思之所及者有能感而動,所不及者不能感也。以有系之私心,既主於一隅一事,豈能廓然無所不通乎。10

玄義 中無私主,則無感不通。至言也。然亦非謂中無主,則無感不通也。此隨根塵而流轉,背覺合塵者。故知中不可無主,亦不可有私主。中豈有二主邪。“聖人無兩心”。（荀子語。）故知私主亦主之流變,善用其心者,導其私主,歸於主可也。或謂當須斬絕私主方好。若然,則主亦被斬絕矣。故維摩詰所說經菩薩品曰“不捨有爲法,而起無相”。私主,有爲法也。主,無相也。不可捨私主以求主。蕺山人譜改過說二有云“故學在去蔽,不必除妄”。其義湛矣。（蕺山真深於佛學。其排異端之說,實亦場面上話爾。）

問,如何爲主。曰,維摩經文殊師利問疾品有曰“雖觀諸法不生,而不入正位,是菩薩行”。此宗門不犯正位之先機。亦與老子無爲之義闇契。李太白誌公畫讚言寶誌禪師虛空其心，寥廓無主。可爲伊川易傳下一注脚。所謂中有主者，正位也，不可入矣。故不可言說。伊川亦不敢犯。惟曰，貞者虛中無我之謂。然微有過矣。愚意貞者，虛中有我之謂也。桂馥說文解字義證云“貞者，卜問也者。釋名，貞，定也，精定不動惑也。鄭玄曰，貞之爲問，問於正者，必先正之，乃從問焉”。貞者有正定之意，雖在卜問，自正不動惑。虛中豈可無我，廓然自有主人。不然，非正定之相。故曰，貞者，虛中有我之謂也。虛中有我，而不入正位，是爲道也。

君子以虛受人。張習孔闡其義甚深。其云“虛是心體本然。原與人物感通無間者。君子能全其心之本體，故能受人之感。舜之不異野人，孔之無意必固我，虛也。故邇言善行，沛若江河，孺歌鄙問，無不翕悟。要知感通之道，其辨最微。心極真而不可謂之有心，意極摯而不可謂之有意，如大孝之號泣，良臣之賡歌，天性頗發，而絕無安排揣度之私”。習孔爲清初之儒士。觀其妙義，則愈可以知其後宣穎、孫嘉淦、陸樹芝、方潛、劉鴻典、楊仁山、章太炎一輩人物注解莊子，多以莊子爲別傳孔子者。莊子之義乃可與仲尼相印證者。習孔謂舜、孔之虛，全其心之本體，豈非即莊子內篇之義耶。

君子之遇艱阻，必思自省於身，有失而致之乎。有所未善則改之，無歉於心則加勉，乃自修其德也。 11

玄義　蕺山人譜改過說有云“凡此皆郤妄還真之路，而工夫喫緊，總在微處得力云”。又云“大易言補過，亦謂此心一經缺陷，便立刻與之補出，歸於圓滿，正圓滿此旭日光明耳”。君子之遇艱阻，使無有過失以致之，亦自有病痛在，即爲過矣。補過還真，不可無此覺照功夫。旭日光明，則病痛漸消，無歉於心矣。張習孔云“此君子所以有終身之憂也”。蓋終身之憂，適爲終身進道之資也。（章太炎菿漢微言於憂患之義尤有深切之思也。）

非明則動無所之，非動則明無所用。12

玄義 蕅益教觀綱宗有曰"佛祖之要，教觀而已矣。觀非教不正，教非觀不傳。有教無觀則罔，有觀無教則殆"。教謂藏教經論，觀謂止觀照心。明者近乎觀，止觀能生明照故。動者近乎教，藏教須勤精進講論故。故有動無明則罔，有明無動則殆。儒佛闇契，實爲一理。程朱實唐宋賢人如圭峯、永明者之別嗣，會通教宗，最知明動之不可離。然非明之動，非動也。非動之明，非明也。豈有真明而無動，真動而無明者。宜乎陸王之不盡愜於此種學說也。然延壽永明注心賦卷一有云"所以藏法師云，自有衆生，尋教得真，會理無礙，常觀理而不礙持教，恒誦習而不礙觀空，則理教俱融，合成一觀，方爲究竟博通耳。斯乃教觀一如，詮旨同原矣"。儒家合明動爲一體，以致大道。程朱、陸王二派各行其道可也，輔仁共進亦可也。神而明之，存乎其人。

習，重習也。時復思繹，浹洽於中，則說也。以善及人，而信從者衆，故可樂也。雖樂於及人，不見是而無悶，乃所謂君子。13

玄義 時復思繹，浹洽於中。此傳習錄中所謂如雞覆卵，如龍養珠，如女子懷胎，精神意思，凝至融結，不復知有其他者。（王龍溪滁陽會語嘗引用之。）世人以思繹爲思慮玩索，實不知其所謂思慮玩索，爲精神之凝融之用，非向外發散擴放也。故能浹洽於中可樂也。今之學者，喜以泰西哲學之法思繹聖學，不免有外向之嫌，其有悅乎中、精神凝至者，亦鮮矣。

善及人而信從者衆，故可樂也。此宋明諸儒講學之樂，猶釋教開士講法之高致感應也。高僧傳義解五論曰"故須窮達幽旨，妙得言外，四辯莊嚴，爲人廣說，示教利憙，其在法師乎"。唐世玄宗以後，士子多喜遨聚山寺，以受經籍制業，其被高僧講法之薰愈深矣。宋儒廣開書院於山嶽靈丘之中，其所傚慕者非釋教而誰。嘗至中嶽嵩陽書院，愈體乎此矣。及人信衆之樂，至明儒極盛。陽明而後，會語聚講之風，熾興乎東南，流及天下。觀龍溪、東廓、念庵、近溪之書，可以知之。鼎故以後，斯風漸斬。大儒或殉難成仁，或不食周粟，或逃禪藏遁，或溷迹市肆，無可聚會，精神亦無復能大爐陶冶。今日欲興中華者，不可不重講學也。

雖樂於及人，不見是而无悶，乃謂君子。講學者之蔽，即執著信從聲響，必求知音。伊川深明其中微妙，故說此而破其迷癥。明儒講學極盛，而此病亦不輕。東林必聚君子以攻小人，已非中道。君子者，不求知者也。詎能聚萃成黨，相互標舉耶？此明季黨社習氣之蔽所在。雖一時氣節極盛，亦衰徵爾。天下物事，其非自然之致者，多無福。是以鴻範九疇，必先陳五行。五行者，自然之致也。（近百五十年來，世界動盪極劇。聚萃成黨相互攻擊之事，極爲慘烈。皆各是其是，而用暴力。各國歷此大震盪後，皆元氣大傷。）

古之學者為己，欲得之於己也。今之學者為人，欲見知於人也。14

玄義　碧岩錄舉慧超咨法眼和尚，如何是佛。法眼云，汝是慧超。圜悟克勤曰"有者道，大似騎牛覓牛。有者道，問處便是。有甚麼交涉。若恁麼會去，不惟孤負自己，亦乃深屈古人"。此即古之學者爲己之意。向外求佛，不若學之爲己，汝是慧超。今之學者行爲人之學，不惟孤負自己，亦乃深屈古人。古聖賢之學固高絕，然捨汝身汝心，如何能得，若不爲汝身心計，而爲他計，則又必愧對古人矣。古聖設教，豈爲汝而設哉。古聖設教，自為自家而設。惟汝自體證之而已。古聖賢之學非他。伊川以今之學者欲見知於人訓之，尚未圓徹。所謂爲人者，非惟攀緣外物他人，亦言尚執於法。孔子佛陀，豈非人哉。世之尊孔子佛陀而爲人者多矣，其為己者，方不負孔佛之學也。

孟子曰，萬物皆備於我。此即古之學者學己之意。爲己之學，能備萬物。爲人之學，則有闕焉。孟子云，反身爲誠，樂莫大焉。

求仁莫近焉。所謂身者近者，皆爲己之注脚。王龍溪宛陵會語言萬物一體之義甚深湛，嘗援引上諸條，而未及爲己之說，其實一也。惟陽明學每好以致良知爲入手，虛靈有餘，著實不及，焉能無理障。不若孔子爲己二字，著實無病也。

伊川先生謂方道輔曰，聖人之道，坦如大路，學者病不得其門耳。得其門，無遠之不可到也。求入其門，不由於經乎。今之治經者亦衆矣，然而買櫝還珠之蔽，人人皆是。經所以載道也，誦其言辭，解其訓詁，而不及道，乃無用之糟粕耳。覬足下由經以求道，勉之又勉，異日見卓爾有立於前，然後不知手之舞、足之蹈，不加勉而不能自止矣。15

玄義　經者，廣大精微，高明中庸，不可思議，非僅所謂道者而已。蓋道可道，非常道。程子謂經所以載道也，乃小視乎經矣。雲笈七籤卷九有曰"經者，徑也，由也，常也，正也，成也。徑直易行，由之得進，常通不塞，正以治邪，轉敗爲成，經緯相會也"。是始足以言乎經者。伊川所言，究其極致，只得其徑、由、常、正之義，而不得轉敗爲成、經緯相會之奧蘊。矧誦其言辭，解其訓詁，而不及道，豈盡爲無用之糟粕乎。古人之音辭訓詁自是有道在。古人證道之法有異乎宋儒。非宋儒能學經以證道而漢唐人不能也。此伊川言語激邁未合大道處。宋儒闇化於釋氏義理之精微，導其道體之念，轉證諸儒門典籍，故以親證爲易，若覿面相呈者。然其實亦甚難。蓋悟易而悟後修行難也。宋儒往往自信太過，而成自欺矣。惟理學不失爲精妙法門。魏晉人有此法門之萌糵，唐人此法門已生而未熟，至宋儒熟矣。漢唐人自有證道之法，有非宋儒所能者。且漢唐人資質醇厚通達過於宋儒，其證道之境界亦自高。清儒治經，誦其言辭，解其訓詁，而少及道者，然豈皆爲無用之糟粕耶。朴學之邃之進，自亦有益於道化。清儒雖不逮於古人，其於後進，亦有大裨益。矧清儒治經亦有能及道者，如焦理堂、莊存與。觀阮芸臺之書,亦有道氣。言辭訓詁之學,亦載道之一乘也。

明道先生曰,修辭立其誠,不可不子細理會。言能修省言辭,便是要立誠。若只是修飾言辭為心,只是為偽也。若修其言辭,正為立己之誠意,乃是體當自家敬以直內、義以方外之實事。道之浩浩,何處下手。惟立誠才有可居之處。有可居之處,則可以修業也。終日乾乾,大小大事,卻只是忠信所以進德為實下手處,修辭立其誠為實修業處。16

玄義　修省言辭,便是要立誠。然一念之間,在人則生死迥異。二程視逐文辭之末而不返諸道者為患,以修飾文辭為進道之大敵,誠像法之末仁人德士之所共憂者。如根脉源泉漸竭,無以養樹之全體,故必斫伐枝末,袪盡繁華,以全根柢軀幹之充養。故二程深黜文辭,不近情理,蓋以有此志在。此可生者。然其所未細量者,乃其所謂枝末之文辭,實非盡如譬喻之斫伐枝末之理,其本亦關乎根柢軀幹,本末不貳而為一體,文辭既黜,其損乎道元者亦不淺。此可死者。善哉古道人之言也。雲笈七籤卷九十七部語要有云"養鹽貴葉,功乃就之。養神貴道,真乃可登。貴本尚末,上下通達。敬根重枝,天道可為。存母得子,可保終始"。此方是至理。明道之說,其貴處即在明心,使人立誠,其失處即在偏枯,亦能使人失誠。法無定法,本因人而異。後儒如朱學執為定法,宜其不達。貴本尚末,上下通達。敬根重枝,天道可為。周孔之統,本來如是。明道之說近乎尚質,質多於文,不能文質彬彬然。故宋儒又有涑水一派重史學博聞及數理心性,蘇蜀一派重文辭藝術及佛老玄解,東萊一派經史文學並重兼舉,皆非黜文辭者。如涑水、東萊,乃真所謂貴本尚末,敬根重枝者。而二程之黜文,實亦禪門不立文字宗風之流變耳。故道學家創語錄之體,記日常言語,不重專門之學,皆禪門之餘習所在。而禪門之精華,其所得則未盡。(明道云"道之浩浩"。鮮見前人有此修辭。竊謂實亦本於天台德韶禪師語"如何是道,十方浩

浩”。見景德傳燈錄卷二十五。）然此書緒言文字之學不能洞當人之性
源有云“文字之學，對正法人而言，即是道之體，對像法人而言，直
是道之助，對末法人而言，則多是道之障”。二程以至東萊，正是像
法時代、末法時代過渡之世，則涑水、東萊自是全守像法貴本尚末
之風氣者，而二程等乃是對末法人而說者。此又其微妙之別。如
此論說，則事理俱備。故不可以對錯判定二程之說也。所謂像法、
末法，並無自性，心淨則國土淨，心是正法則時是正法。使人能實
悟得此地步，則可以明吾著書之苦心矣。

　　修辭立其誠，爲實修業處。六祖壇經嘗曰“一切修多羅及諸文
字，皆因人置，因智能性，方能建立。若無世人，一切萬法，本自不
有。故知萬法，本自人興，一切經書，因人說有”。六經四史孔孟荀
揚，皆因人置，因般若智能性，修辭而能建立之。修辭者，聖賢之所
重，爲人天樞機之所在，萬世皆不可廢。故昌黎柳州一派，降至歐
曾蘇張，欲以文證道擬式典謨，專乎修辭之道，雖有未逮，其心志法
度亦有萬世不可廢者。豈可以文人而菲薄之。張紹價近思錄解義
有云“學者當由經以求道。而世之治經者，往往以立言傳後爲修
辭。不知易所謂修辭立其誠，乃謂人當修辭省言辭。言不妄發，必
忠必信，便是立誠，非著書之說之謂也。若以修飾言辭爲心，則僞
也，非誠也，爲人也，非爲己也”。所言極善。使知此義，吾人亦不
必苛責於古文家。其人作古文，雖不能全無修飾言辭之心，究其大
體，亦自有誠不妄發也。朱子之排詆三蘇，不能無過矣。

　　象山語錄云“道有變動，故曰爻。爻有等，故曰物。物相雜，故
曰文。文不當，故吉凶生焉。昔者聖人之作易也，幽贊於神明而生
蓍，參天兩地而倚數，觀變於陰陽而立卦，發揮於剛柔而生爻，和順
于道德而理於義，窮理盡性以至於命，這方是文。文不到這裏，說
甚文”。陳義極爲通徹，直如馬祖一喝，可令人耳聾三日。黜文迷
文者，可不爲誠乎。明道云“道之浩浩，何處下手。惟立誠才有可

居之處"。其說爽利,立義高超,然亦或流於邊見。以此而論,理學家取徑佛禪,其人或並未深諳不二法門。色即是空,空即是色。（此佛家極微妙義。實證境界愈高,其了悟此義也愈深。如米拉日巴尊者,堪稱典範。）色如文,空如誠。夫子文質彬彬不二也。尚文、立誠亦不二。而象山所謂文不到這裏說甚文者,乃可謂不二法門也。（亦難怪章太炎菿漢微言推崇象山高過明道也。）劉彥和文心雕龍原道云"故知道沿聖以垂文,聖因文而明道,旁通而無滯,日用而不匱。易曰,鼓天下之動者,存乎辭。辭之所以能鼓天下者,道之文也"。子曰,中人以上,可以語上也。中人以下,不可以語上也。原道此義,即所謂語上者。利根者可不勉之哉。（利根亦非極致,尚有上上根器者,此種人無修而得,無勉而中。）

伊川先生曰,志道懇切,固是誠意。若迫切不中理,則反為不誠。蓋實理中自有緩急,不容如是之迫。觀天地之化乃可知。17

　　玄義　迫切不中理,反爲不誠。大學所謂誠意者,非惟志道懇切之謂,亦言其意中乎天理,不偏頗也。蕺山學言有云"先儒謂中庸是大學注脚,直是字字體貼出誠意功夫"。可謂精切之至。此猶釋教之言勇猛精進,非一味猛力苦行之謂,亦必有覺照功夫在前,方是受用。此即南岳磨磚成鏡,以誘馬祖者。馬祖先前自有迫切不中理之處,南岳破其執著,遂令其開悟。此種事在禪林中極多。實理中自有緩急。緩處便緩,急處須急。亦非一味從容爲是。孫子兵法云"侵掠如火,不動如山,其疾如風,其徐如林"。緩急之道當如是。修者峻烈時當如雷霆破柱,綿密時當如春風化雨,行善道時善道,行惡道時惡道,皆是一誠所在。此一誠者,無分別心是也。韓信之蔑項羽,即在其多分別性,而無此渾成。漢高所以成事,有此渾成之故。智者大師之言佛性具惡,即稟此無分別心,一念三千,不容不性具惡也。故所謂迫切不中理者,皆有分別心、雜念致之。學人可以師夫輪扁、庖丁矣。

孟子才高，學之無可依據。學者當學顏子，入聖人為近，有用力處。又曰，學者要學得不錯，須是學顏子有准的。18

玄義 有宋諸儒因孟子而大，亦因孟子而小。以孟子而興，亦以孟子而亂。聖賢之事，蓋亦難矣。朱子文集答林擇之第九書有言"孟子直是把得定，但常放教到極險處，方與一斡旋，斡旋後便見天理人欲判然，非有命世之才，見道極分明，不能如此"。宋儒之所以喜孟者，大致有三。宋儒理學之基，乃即性即理、凝定道體之說，導自佛禪道教者，而孟子性善養氣之說，闇契其理脉，不容不大力弘廓之。一也。宋儒每痛儒術之不振，聖業之不復，好古而不行，而歸咎於異學之僭奪，而孟子力闢楊墨，欲行井田，意氣亦同。而孟子險峭處，宋儒多不免有薰習之。如王荊公，具大志學孟子者，極剛愎而褊狹。理學諸儒如伊川、元晦者，亦學孟子者，而皆有峻切不廓之病。二也。子思、孟子之儒學，聰明睿達，立言虛玄粹正，而少治國之實學。荀子非十二子篇至詆其"甚僻違而無類，幽隱而無說，閉約而無解"。王先謙荀子集解亦謂其"但言堯舜之道而不知其興作方略"。宋儒之理學，後人冷眼觀之，亦立言虛玄粹正，而少治國之實學。其學說之流弊，亦是僻違幽隱一類。故其氣質與思、孟暗合，其之喜孟，亦可謂物類相近也。三也。（可參見玄義卷二第二十六條。）

顏子之學，高於孟子。孟子既無可依據，顏子豈易得之哉。（明儒高景逸嘗云"程子云，孟子才高，學之無可依據，且學顏子。余則曰，顏子才高難學，學者當學曾子"。蓋即有見於此。見熊賜履學統卷四。）宋儒此說，貌似悖于常理，實合妙道焉。蓋天下聖賢士類，德性境界愈粹大者，其學愈中正坦夷，愈簡易可行，故愈可爲來世之矜式。顏之高於孟，其學之法度，亦較其爲中正坦夷，無有險峻病痛，適於初機築基立定，闇然而彰，入於大道。天下之理，莫非如是。馬祖道一曰"若欲直會其道，平常心是道。何謂平常心，無造作，無是非，無取捨，無斷常，無凡聖”。平常心者，自在平常日用中參之也。顏之高<u>孟</u>，即在其近乎此平常心，而<u>孟子</u>尚未及之。觀<u>孟子</u>之書，凡造作是非取舍凡聖處，亦夥矣，其之不及夫子<u>論語</u>，亦以此可判。<u>宋</u>儒有中正坦夷、簡易可行之風者，為<u>濂溪</u>、<u>明道</u>、<u>溫公</u>、<u>東萊</u>、<u>象山</u>。乃予私淑所在。（深知我心者清季有<u>陳蘭甫</u>先生。近讀其<u>東塾集</u>，與予符契者多矣。）<u>張習孔近思錄傳</u>有云“<u>顏子</u>是學者底事，<u>孟子</u>是教者底事。學者未至行道，須先學道，故須學<u>顏子</u>”。又自成一說。使學人能於學處得<u>顏</u>之奧，於教處得<u>孟</u>之神，亦庶乎仲尼之境界矣。

<u>明道</u>先生曰，且省外事，但明乎善，惟進誠心，其文章雖不中，不遠矣。所守不約，氾濫無功。 19

玄義　<u>老子</u>曰“是以聖人之治，虛其心，實其腹，弱其志，强其骨”。但明乎善，惟進誠心，即實其腹，强其骨者。<u>河上公</u>曰“懷道抱一，髓滿骨堅也”。文章外事，且可省也，即虛其心，弱其志者。<u>河上公</u>曰“除嗜欲煩亂，和柔謙讓也”。歷代學者文士，好騁心志相鬭，其能中乎聖度者，蓋亦鮮矣。<u>明道</u>曰“所守不約，泛濫無功”。即<u>老子</u>多言數窮，不如守中之旨。<u>葉采近思錄集解</u>云“此段恐是<u>呂與叔</u>自<u>關中</u>來初見<u>程子</u>時說話。蓋<u>橫渠</u>學者多用心於禮文制度之事，而不近裏，故以此告之”。此與禪師之語於教下者又相似。外事可省，惟進誠心，此即是所守者。禪人參悟，其初亦自如是功夫。惜今世學人之大患即外事太多，則如何進道哉。

學者識得仁體，實有諸己，只要義理栽培。如求經義，皆栽培之意。 20

玄義　<u>程子</u>曰識得仁體，猶<u>大學</u>曰格物致知，<u>中庸</u>曰自明誠，<u>孟子</u>曰養心，<u>荀子</u>曰知道，<u>濂溪</u>曰誠而已矣，<u>橫渠</u>曰大心，乃至<u>陽明</u>曰致良知，<u>蕺山</u>曰慎獨。千古聖賢標舉各異，實為一事。<u>荀子解蔽</u>有曰“此數具者，皆道之一隅也。夫道者，體常而盡變，一隅不足以舉之。曲知之人，觀於道之一隅而未能識之也”。又曰“聖人知心術之患，見蔽塞之禍，故無欲無惡，無始無終，無近無遠，無博無淺，無古無今，兼陳萬物而中縣衡焉。何謂衡。曰，道。故心不可以不知道。人何以知道，曰心。心何以知。曰，虛壹而靜"。知心知道，即識得仁體之謂。聖人無欲無惡無始無終云云，亦與前所引馬祖語渾然符契。荀學精微處，豈在孟之下。周子通書曰"聖，誠而已矣"。其之言誠，仁體已在，識行渾化矣。横渠正蒙大心篇有曰"大其心則能體天下之物"。又曰"能以天體身，則能體物也不疑"。夫體天下之物，轉以天體身，即仁體之體用也，而大心以致之。豈非即識得仁體實有諸己之謂。陽明致良知之說，其後學如龍溪、近溪、東廓、念庵者，發明愈細微，無愧前賢。其書實皆識得仁體一語之注腳也。（今世研哲學者多喜著眼於差異，而不喜凝神於同一。此其所以分析愈密，而愈下墮者。邵康節曰，凡人為學，失於自主張太過。）

　　夫實有諸己者，須自家體證，非可假於外人。惠明對六祖曰"惠明雖在黃梅，實未省自己面目。今蒙指示如人飲水，冷暖自知"。宗門證道，最能明此真諦。周子通書務實曰"實勝，善也。名勝，恥也。故君子進德修業，不息，務實勝也"。吾儕尚不能至純實之境，期乎實勝可也。蓋虛名不盡，純實不至。宗門常曰，但去凡情，別無聖解。純實之至，自知之矣。張紹價云"守約莫要體仁"。此體字大是關鍵也。

　　昔受學于周茂叔，每令尋顏子、仲尼樂處，所樂何事。21

　　玄義　漢季周生烈有曰"伯樂相馬，取之於瘦。聖人相士，取之於疎"。見意林卷五。所謂取之於疎者，非即在此每令尋顏子、仲尼樂處所樂何事乎。使士無悟乎此樂，則其疎通，非真疎也。小戴禮孔子閒居孔子曰"無聲之樂，無體之禮，無服之喪，此之謂三無。夙夜其命宥密，無聲之樂也。威儀逮逮，不可選也，無體之禮也。凡命有喪，匍匐救之，無服之喪也"。又曰"天無私覆，地無私載，日月無私照，奉斯三者以勞天下，此之謂三無私"。仲尼樂處，即此日常間無聲之樂，無體之禮，無私覆無私載無私照之心，廓然而大公，虛然而順應者。孔子閒居又曰"天有四時，春秋冬夏，風雨霜露，無非教也。地載神氣，神氣風霆，風霆流行，庶物露生，無非教也。清明在躬，氣志如神"。此即孔顏生平樂處，與四時風露神氣風霆庶物渾然而化，爲無聲之樂，無體之禮者。其所樂爲何事，無私而已矣。邵子皇極經世觀物外篇下有云"學不際天人，不足以謂之學。學不至於樂，不可謂之學。記問之學，未足以爲事業。凡人爲學，失於自主張太過"。義殊透徹。爲學自主張太過者，往往不能樂，不能達疏通之體，不能際天人之妙，以成見法執太多故。周茂叔每令尋顏子仲尼樂處，先欲其放下也。（二程中伊川成見法執略重，茂叔必有先見之者。伊川臨歿前數年，境界有透，成見法執略少矣。伊川高弟張繹思叔在伊川晚歲門人中最得其傳。吾觀其祭伊川文，亦可想見。）竊又嘗謂所樂何事，一言以決之，曰即樂天也。胡氏周易函書別集卷七有云"畏天者，觸於機而有不敢之心。敬天者，凜於微而有奉若之志。樂天者，贊于幽而涵位育之量"。胡子此語尤能見樂天之義大。使學者能識孔顏樂處，則能體其贊于幽而涵位育之量，其學乃直接聖人血脉矣。此非畏天敬天者所能達者。平常師教，不過導其至畏天敬天之地耳，而濂溪有此手段，足見其器識非凡。白玉蟾全集卷八修道真言有曰"昔人教人尋孔顏樂處。此樂非章句可能尋，在天命也。心靜則神清，神清則氣和，始可得之"。在天命三字，亦得其環中矣。

　　尋顏孔樂處所樂何事，爲理學一根本義諦。濂溪通書有曰"夫富貴，人所愛也。顏子不愛不求而樂乎貧者，獨何心哉。天地間有至貴至愛可求而異乎彼者，見其大而忘其小焉耳。見其大則心泰，心泰則無不足，無不足則富貴貧賤，處之一也。處之一則能化而齊，故顏子亞聖"。啓初機者，固由乎是。以至純熟，亦由乎是。求顏子之樂，其初可脫名利世機，其至則廓然無私，其體用大矣。宋儒多篤實，論旨不脫初機，明儒喜發微，言語每演圓善之論。如陽明後學龍溪、近溪二子，皆極善言此圓善無私之樂境，春風浩然，亦前未曾有。王龍溪集卷三答南明汪子問有曰"樂是心之本體，本是活潑，本是脫灑，本是無掛礙繫縛。堯舜文周之兢兢業業，翼翼乾乾，只是保任得此體不失，此活潑脫灑之機，非有加也。戒慎恐懼是祖述憲章之心法。孔之蔬飲，顏之簞瓢，點之春風沂泳，有當聖心，皆此樂也"。又云"懼與樂，非二也，活潑脫灑由於本體之常存，本體常存由於戒慎恐懼之無間。樂至於手舞足蹈而不自知，是樂至忘處，非蕩也。樂至於志，始爲真樂。故曰至樂無樂。濂溪每令尋孔顏樂處，所樂何事，必有所指。明道云，鳶飛魚躍與必有事。同一活潑之地，不悟只成弄精魂，其旨微矣"。不悟只成弄精魂，誠然。明季狂禪熾盛，亦多有不悟只弄精魂者。所樂何事，豈易事哉。非深入戒慎恐懼功夫，無足以語此。王學末流之蔽，即在於此。然其學之神明天機，豈能因陰翳而盡爲貶絕之耶。

呂東萊左氏博議卷二十五有云"吾嘗聞孔顏之樂矣，蓋樂其樂而未嘗倚於一物也。請問孔子之樂，曰飯疏食飲水，曲肱而枕之，樂亦在其中矣。請問顏子之樂，曰一簞食，一瓢飲，在陋巷，人不堪其憂，回也不改其樂。然則飯也，飲也，曲肱也，非孔子之樂也，特樂在其中而已。簞也，瓢也，陋巷也，非顏子之樂也，特不改其樂而已。即六物而求孔顏之樂，邈不可得。意者孔顏之樂，果窅然而無物耶。彼所謂樂在其中者，在之一辭，必有所居也。彼所謂不改其樂者，其之一辭，必有所指也。居何所居，指何所指，吾黨盍共繹之"。已啓玄機。蕺山學言有云"或曰，顏子所樂者，道耳。程子曰，使顏子而樂道，則亦不得爲顏子矣。夫既非樂貧，又非樂道，則其所謂樂，自非言語形容可以相喻。孟子曰，君子所性，仁義禮智根於心，其生於色也，睟然見於面，盎於背，施於四體，四體不言而喻。其近是乎"。又云"後儒王心齋著學樂歌，頗是發其蘊。予謂孔顏之樂易尋，而吾心之樂難尋。學者試反求自心，樂在何處。與孔顏有差別否。從此劃然一下，鳶飛魚躍，盡在目前"。其義微妙，難以言喻。按程子言顏子亦非樂道，即金剛經所謂"佛法者，即非佛法，是名佛法"之意。經又曰"說法者，無法可說，是名說法"。說孔顏之樂，亦無樂可說，是名孔顏之樂也。（後覽章太炎菿漢昌言有云"伊川云，使顏子而樂道，不爲顏子矣。王信伯申之曰，心上一豪不留，若有所樂，則有所倚。功名富貴固無足樂，道德性命亦無可樂，莊周所謂至樂無樂。今按顏子自述，先忘仁義，次忘禮樂，次乃坐忘，若所樂在道，則猶有法我執，非坐忘也"。亦可相印證。）

　　揚子法言學行有曰"紆朱懷金者之樂，不如顏氏子之樂。顏氏子之樂也內。紆朱懷金者之樂也外。顏不孔，雖得天下不足以爲樂。顏苦孔之卓之至也。茲苦也，祇其所以爲樂也與"。語平實而義弘達。此漢儒之神采也。蕺山學言補遺有云"顏子簞瓢陋巷，不改其樂。仲尼蔬食水飲，樂在其中。聖人之樂，若即境而在。賢人之樂，若離境而存。其造道之深淺亦自可見"。即境而在，猶維摩詰經菩薩品所言"不舍有爲法，而起無相。知一切法不取不捨，入一相門"。僧肇注曰"即有而無，故能起無相。即無而有，故能不捨。不捨故萬法兼備。起無，故美惡齊旨也"。夫子即境而在，不捨不取，顏子似猶有捨相，故蕺山以爲不及。（然此乃蕺山多事。顏子境界，實在聖人地位，非賢人也。謂其若離境而存，造道之深淺亦自可見，非是也。）學言補遺亦嘗云"此一點靈氣無所不有，而實無一物之可指，這便是天命之性"。與僧肇所言之義純然符契。無所不有，即萬法兼備。實無一物，即無相也。益可知宋明儒者之學，其與佛理，一脉而下也。（蕺山大儒嚴毅之至，實邃於釋學者也。）

　　所見所期，不可不遠且大。然行之亦須量力有漸。志大心勞，力小任重，恐終敗事。22

　　玄義　所見所期遠大，自難免夫志大心勞之蔽，恐在賢者亦不免。蕺山全集語類十立志說有云"然立志亦不得浮慕。有根器人，雖沈迷歧路，久久一覺，便一日千里，所謂敗子回頭金不換是也。白沙年二十七，而發憤從聘君。陽明出入仙佛，四十而始志於道。若董蘿石，垂暮之年而始從學於陽明之學，更爲晚秀"。故志大心勞，力小任重，亦須有此一番歷練坎險，不可遽絕之。待功深機熟，久久一覺，可以無此患。程子尚未道出此種意思，終恐敗事四字，未免太嚇人也。

朋友講習，更莫如相觀而善工夫多。23

玄義 小戴禮學記曰"大學之法，禁於未發之謂豫，當其可之謂時，不陵節而施之謂孫，相觀而善之謂摩。此四者，教之所由興也"。朋友講習，摩也，亦豫也，時也，孫也。同道者相繩以道則，同志者相勗以志氣，禁其所未發，此豫也。朋友定期而會，循時而發，相勸相規，各遂其欲，多可得力受用者，此時也。友道尚虛受，坦懷豁朗，謙禮善藏，消除孤高忿窒，轉能化人，此孫也。故知相觀而善，亦不離乎此四者。孫氏希旦禮記集解有云"中人以上，可以語上，中人以下，不可以語上，孫之謂也。夫子以回方賜，而子貢自知其弗如，摩之謂也"。朋友講習，可以知材性之上下，而能有自知之明，此亦摩之義。（不陵節而施之謂孫。孫氏以夫子中人以上，可以語上，中人以下，不可以語上之說釋之，殊妙哉。蓋使中人以下，亦以語上，則中人亦不受，反以施者爲陵節而犯者矣。故曰，不陵節而施之謂孫。如大乘有諸大妙法門，遊戲三昧，使語於嚴於戒定三學之中人，中人亦以當以施法者爲陵節而犯者矣。故不聞寶志、傅大士、布袋、濟顛有傳人也。當日不悅之梁武帝，蓋以達摩爲陵節而犯者。實則是其資質未至上達所致耳。故禪宗常言"資不過師，不堪傳授"。近世有大愚法師、王驤陸居士之妙法門，淨宗大德如印光法師者亦嘗詆之，則其亦嘗以之爲陵節而犯者矣。此亦門戶之見囿之。使漢藏佛教各宗不能相觀如是，則善工夫愈少矣。金剛密乘三昧耶戒，尤重不可輕易泄露密法於非根器者也。）

須是大其心使開闊，譬如為九層之台，須大做腳始得。24

玄義　王驤陸居士金剛般若波羅蜜經分段貫釋總說有云"金剛經開口即曰諸菩薩摩訶薩，原非指樂小法之賢位而言，彼不敢承當荷擔而信入也，以尚未具此福德也，蓋心不具足廣大，不足以語此"。亦可與此章義相發明。心不開闊，亦無足以承當荷擔聖學。樂小法之賢位，非孔孟之志也。橫渠正蒙大心篇有曰"大其心則能體天下之物，物有未體，則心爲有外。世人之心，止於聞見之狹。聖人盡性，不以見聞梏其心，其視天下無一物非我，孟子謂盡心則知性知天以此"。不以聞見梏其心，則心欲開闊，非此莫達。世人謂大其心使開闊，即博覽羣籍泛觀物類之意，非也。此猶在聞見之內。聞見之外者，玄思也，感應也，心神也，不可不體而受之。故善學者不可不虛靜養氣，以致其玄思感應，心神之妙也。衛夫人筆陣圖云"自非通靈感物，不可與談斯道"。竊謂聖賢之道亦如是。周易毋論，觀夫尚書、詩經，實多通靈感物之心。如禮之樂記，春秋之獲麟，亦感物之深者。故曰，自非通靈感物，不可與談斯道。(清儒治經，特研訓詁名物之實體，而少此通靈感物之心，所以多不能得古人之意。惟焦里堂二三人方足以語此耳。)儒學固是著實躬行之學問，然本具此靈心，並不與著實躬行相悖。清人疾宋明儒無實用而詈其虛無，實有誣古人。蓋後人心愈不大，不能容之爾。(百年之前，胡、顧諸人心量愈小，其於古聖賢亦不能容，幾欲剗除殆盡。先是宋儒不能容漢唐，復有清儒不能容宋明，至此乃有民國之人不能容一切古聖賢，遑論唐宋以下。世運如此，亦不必嚴責于胡、顧諸人矣。)

明道先生曰，自舜發於畎畝之中至百里奚舉於市，若要熟，也須從這裡過。25

玄義　佛遺教經有曰"忍之有德，持戒苦行所不能及。能行忍者，乃可名爲有力大人"。解深密經地波羅蜜多品曰"忍有三種者，一者耐怨害忍，二者安受苦忍，三者諦察法忍"。(諦察法忍，即法思勝解忍，謂堪能審諦觀察諸法也。)德清憨山夢游錄與張守庵有云"一切禍患，了然不動於心。古稱大力量人，便是此等樣子"。舜、孫叔敖、百里奚，皆能行忍者。使義理浹治心法純熟，而少此行忍歷練，亦不爲真純熟。佛門六度，必重忍辱，儒家自有相符契者。太史公報任安書中一段，即是。謂其爲忍辱仙人，亦可矣。漢之黨錮如李元禮、張元節，唐之大臣顏魯公、陸宣公，宋之元祐黨人如劉元城、陳了齋，明之講學入牢獄者如楊椒山、黃石齋，明亡不事二主遁世者如李二曲、方以智，皆能行大堅忍者。如亭林、船山、梨洲，其學皆廣大精微，爲大力量人，勝於前輩。究其緣由，即其於畎畝山野中行忍有得，感應深切，復能得若諦察法忍者，洞悉古今得勝解，故能陵轢古人，氣象獨立。後覽藥地炮莊總論下有云"鶡冠曰，賢人之於亂世也苦哉。吾黨未入世，先學忍。或以寂忍，或以曠忍，聖人以中和忍。大舜忍泣，牖里忍囚，雷首忍餓，閔損忍凍，皆一宅而寓不得已者也"。頗與愚說甚相契。歷代聖賢於此尤可味者，爲阿底峽尊者。大圓滿廣大心要前行次第法四無量心有云"阿底峽尊者由印入藏。一日，將歸。弟子請其故。尊者云，汝等均隨順我，我難修忍辱。後尋一慢心人在側，常以為忍辱境焉。此說仇人為增上緣，正為自己修菩薩行也。應知對自不貪愛，對人不瞋恨者，為修第一舍心。抑知仇人使我受苦，親愛者獨於我無苦乎。作是思維，故當發平等心，怨親無二"。（見江嘎仁波切編大圓滿上冊。）忍之妙用也如是。以此推之，則大舜忍泣，牖裏忍囚，雷首忍餓，閔損忍凍，又舜發於畎畝之中，百里奚舉於市，恐皆諸聖賢自樂致之者。忍泣忍囚之苦，世俗之情對之，恒感悲憫，不知聖賢自樂其辱，而深造於道焉。此樂又豈世情所可測知哉。（今世交通、通訊之便利，使人愈不會忍之妙義。山本常朝之葉隱嘗言"最上之愛味為忍戀"。今世之忍戀也愈鮮矣。今世人之病，多在不能忍。予亦然。蓋氣數至此，凡昔日隱秘深藏之物，在今世皆發露之。此非不善，亦非不惡。氣運不可逆。發則發矣，露則露矣，順運任緣，然有大成者，還須得於大忍處。此不變易者也。）

參也竟以魯得之。26

玄義　子曰"中人以上，可以語上，中人以下，不可以語上"。使曾子真爲魯者，焉能得孔聖之道。參之魯，非愚夫愚婦之魯也明矣。道德經有曰"明道若昧，進道若退，夷道若纇，上德若谷，大白若辱，廣德若不足，質直若渝，大器晚成"。參之魯，實若其昧其退其纇其晚成者，焉能徑以魯鈍解之。蓋其貌魯而實廣，天資近道，識其天資者亦鮮，善藏厚儲，所以能爲晚成。此猶傳弘忍法者，非爲聰慧之神秀，乃嶺南之獦獠。曾子根性，豈不爲利哉。其之能傳聖脉，自得乎其若昧晚成者。不然，何能有子思、孟子之傳。此派儒學乃特以聰明睿達擅長者。然荀子非十二子篇斥子思孟軻"材劇志大，聞見雜博，甚僻違而無類，幽隱而無說，閉約而無解"。荀子大儒，不至失言若此。其言有偏激者，然必有中其痛處。其言子思孟軻幽隱閉約，實謂其尚圓靈而少實學。王先謙荀子集解亦謂其"但言堯舜之道而不知其興作方略也"。此派儒學之尚圓靈，亦可於大戴禮記曾子天圓篇可窺之。張紹價云"曾子誠篤，其學皆自艱難辛苦中得之。資魯而能深造乎道，得力全在一毅字"。雖言之成理，猶隔一層。蓋其未能洞破曾子之資實不魯也。(以今日之語闡之，曾子之智商非高過衆人，而智能實甚大。予比來自信深造乎道矣。而予之智商本非傑出者。是以有此發明。曾子見夫子時年尚少，夫子見其骨氣非常而智商非高，故曰參也魯。實則曾子智能甚大，其後乃能深造夫子之奧。故前儒謂參也魯鈍者，皆爲名相所惑矣。以智能而言之，曾子乃大根器者。豈資魯之人哉。吾中學時有一同學擅數學，智商甚高，然知予非凡器。乃謂予曰"汝乃智能型之人也"。此予印象特深者。孔子乃兼智商、智能上根之人。後世儒者，智商上者得其精密，智能上者得其渾厚。凡擅長周易象數者，多屬於前。而敏於直覺目擊者，多屬於後。然能兼之者蓋甚鮮。康節差能兼之。二程、橫渠皆智能型之人。要論其智商，在宋人中只是中駟，不及王介甫、蘇子瞻。朱子則智能亦僅中駟，不及象山智能能得第一流。朱子乃真紹價之所謂其學皆自艱難辛苦中得之者也。）

　　王龍溪集卷四東游會語載楚侗子曰"僕於陽明之學，初間不惟
不信，反加訾議，所以興起信心，全在楚倥舍弟。舍弟資性拙鈍，既
不能讀書，又不會理家，苦苦在山中靜坐，求個出頭，致成血疾。一
旦忽然開悟，胸中了然無滯礙。凡四書六經未嘗經目之言，與之
語，當下曉了，多世儒所未道語。深信陽明先生之學爲千聖的傳，
人無知者。僕因將遺言體貼，在身分上細細理會，簡易明白，愈尋
究愈覺無窮，益信舍弟之言不我誣也。故信之獨深"。耿天台述其
仲弟耿定理之學，實亦參竟以魯得之之實例。想洙泗當日，曾參亦
本若資性拙鈍者，而能傳孔聖忠恕之道，必由其嚴正苦修，遂有妙
悟之故也。

　　明道先生以記誦博識爲玩物喪志。（時以經語錄作一冊。鄭
**轂云，嘗見顯道先生云"某從洛中學時，錄古人善行，別作一冊，明
道先生見之曰，是玩物喪志"。蓋言心中不宜容絲髮事。）**27

　　玄義　永嘉玄覺證道歌有曰"了了見，無一物，亦無人，亦無
佛。大千沙界海中漚，一切聖賢如電拂"。金剛經曰"所謂佛法
者，即非佛法，是名佛法"。釋氏勇破世諦法執，顯性證真，故視
記誦博識而不識真性者爲顛倒，非大道也。德山宣鑒之焚青龍
疏鈔，向孤峰頂上盤結草庵，亦以此故。理學祖師，薰習宗風既
久，故論學主直搗黃龍，釜底抽薪，以明先聖心髓爲大體，根柢既
得，枝末自附焉。故明道斥謝上蔡玩物喪志，欲其捐弃枝葉，直
切根脉。蕺山讀書要義說云"子曰，克己復禮爲仁。此孔門論學
第一義也。求仁是聖學第一義，克己是求仁第一義"。第一義本
自釋典。既以求仁克己爲第一義，記誦博識，乃向外求。詎得不
破其迷執哉。

　　夫大儒者，圓善整栗，體性純明之外，枝形亦必可觀。其學之
通明，達乎家國天下，物類彝倫，其之能記誦博識，亦自然之致。近

世無錫錢默存氏記誦博識之功極深，慧解妙義，陵駕前人，惜乎未曾於道體聖功專致得力，其所成就，繩以古義，未免不濟。惜時無如明道先生者棒喝點醒之。（默存氏於道體亦甚有興趣，然未得門而入，而死於文字中。一生持論，均一英式經驗論者而已。然明道之語終究有過。呂東萊實不以爲然。可參呂東萊粹言疏證第五十四條。）鄒東廓文集卷十復夏太僕敦夫有云"良知之明也，譬諸鏡然。廓然精明，萬象畢照，初無不足之患，所患者未能明耳。好問好察，以用中也。誦詩讀書，以尚友也。前言往行，以蓄德也。皆磨鏡以求明之功也。及其明也，只是原初明也，非合天下古今之明而增益之也。世之沒溺於聞見，勤苦於記誦，正坐以良知爲不足而求諸外以增益之，故比擬愈密，揣摩愈巧，而本體障蔽愈甚，終亦不能照而已矣。博文格物，即戒懼擴充一個工夫，非有二也"。陳義甚圓。其雖倡良知之說，其理致與先聖則無異。"博文格物，即戒懼擴充一個工夫，非有二也"一語，尤爲精妙之義，是所謂格物充志，非玩物喪志者也。（蕺山慎獨之學，實亦契合於此。）

　　王重陽重陽立教十五論第三學書有云"學書之道，不可尋文而亂目，當宜採意以合心，捨書探意採理，捨理採趣。採得趣，則可以收之入心。久久精誠，自然心光洋溢，智神踴躍，無所不通，無所不解。若到此，則可以收養，不可馳騁耳，恐失其性命。若不窮書之本意，只欲記多念廣，人前談說，誇訝才俊，無益於修行，有傷於神氣，雖多看書，與道何益。既得書意，可深藏之"。其旨趣與明道無異，而所說愈爲潤澤可親，非如明道之峻猛可畏。捨書採理，捨理採趣，收之入心，而深藏之。其間妙諦，亦與晉人如陶靖節讀書不求甚解者何異也。故重陽得趣收養之說甚得從容之致，勝於明道也。

禮樂只在進反之間，便得性情之正。28

玄義　禮記樂記曰"故禮主其減，樂主其盈，禮減而進，以進為文。樂盈而反，以反為文。禮減而不進則銷，樂盈而不反則放，故禮有報而樂有反。禮得其報則樂，樂得其反則安。禮之報，樂之反，其義一也"。聖賢立教，通遂天道，創此禮樂之度，密邃高朗，誠中道之所在。後世吾國釋教宣化，其法度亦稟禮樂之遺義，所以能深長不竭，非僅天竺之傳而已。慧皎高僧傳設有明律，近乎禮，設有唱導，近乎樂。其明律論曰"禮者出乎忠信之薄，律亦起自防非。三世佛道，藉戒方住。然後定慧法門，以次修學"。此即禮主減而進之義。其唱導論曰"唱導者，蓋以宣唱法理，開導眾心也。夫唱導所貴，其事四焉，謂聲辯才博。懇切感人，傾城動物。皆以賞悟適時，拔邪立信。若夫綜習未廣，諳究不長，既絕生善之萌，祇增戲論之惑，始獲濫吹之譏，終致代匠之咎"。此即樂主盈而反之義。不然，則必為放矣。故曰進反之間，歸於中止，儒佛所同。戒律無論矣，今世中土釋教之樂放而不反，甚者多淫聲，是為衰徵也明。慧皎謂祇增戲論之惑，予心有戚戚焉。

　　金剛經曰"諸菩薩摩訶薩，應如是降伏其心。所有一切眾生之類，若卵生，若胎生，若濕生，若化生，若有色，若無色，若無想，若非有想非無想，我皆令入無餘涅槃而滅度之"。樂記有曰"是故大人舉禮樂，則天地將為昭焉。天地訢合，陰陽相得，煦嫗覆育萬物，然後草木茂，區萌達，羽翼奮，角觡生，蟄蟲昭蘇，羽者嫗伏，毛者孕鬻，胎生者不殰，而卵生者不殈，則樂之道歸焉耳"。佛陀之心，禮樂之道，其相若者如是。進反之間，豈非即降伏其心，令歸於性情之正耶。樂之德，又有玄秘而真實者。清人王鵠汀有云"樂之體寄乎詩，樂之用寄乎禮。夫以言語教人者，其物情矯。以文字教人者，其天機淺。夫樂也者，其感人速而不迫，顯而不露，深而不幽，婉而能毅，直而能曲，俯仰感慨，欷歔懇切。其入人之際，悚然以懼，慄然以警，怛然以虛，回然以思。是言語文字之外，別開難言之語，不字之文"。（見朝鮮朴趾源氏熱河日記忘羊錄。）所論極妙。難言之語,不字之文,則樂之德,亦猶禪也。是所謂在進反之間,便得性情之正者也。

父子君臣,天下之定理,無所逃於天地之間。安得天分,不有私心,則行一不義,殺一不辜,有所不為。有分毫私,便不是王者事。29

玄義　蕺山學言有云“枉一尺不以利尋丈者,吾儒也”。王者行一不義,殺一不辜,有所不為,此之謂也。此論貌似迂闊,實則關係甚大。非如此,孔儒之學不臻純善之境,亦無以與大雄氏之妙法相擬倫。然義理純善如是,行之於事,自可有經權變化。如周武伐商,夷齊嘗諫,而武王不失為其經權。其理可自推之。惟不可不以戒慎恐懼之心持之也。蕺山學言有云“戒有毅然止截意,慎有恪然封守意,恐有惕然阻喪意,懼有懍然崩隕意”。君子處世變,用經權,不可不以此戒慎恐懼之心。不然,小人無忌憚,皆可自飾以權道矣。儒門之善行權法者,夷齊實不如周武,孟軻實不如荀況,宋儒實不如唐賢,伊川實不如東坡,朱陸實不如永嘉。善用經術者則反之。各有本事,不必相輕也。(拙著書史嘗引尼采氏語云“迄今使人類愈進乎道德之所有手段,究其根源,乃非道德者”。予云,周武之伐商,在伯夷叔齊觀之即非道德者,而後有西周之禮樂。孔子周游列國,欲藉諸侯霸主乃至家臣之力,立一新秩序。公山弗擾以費畔,召,子亦欲往。佛肸召,子亦欲往。其在舊派人士觀之,固亦非道德者,是以多有隱士沮之於路途。其門人子路蓋類此舊派之人也。其後乃有孔孟儒教之大盛。見書史卷十二。予云“善行權法者,孟軻實不如荀況,宋儒實不如唐賢,伊川實不如東坡,朱陸實不如永嘉”,則荀況、唐賢、東坡、永嘉,皆曾負不道德之名聲者。以此論之,正與周武、孔子之傳統有相合者也。)

論性不論氣,不備。論氣不論性,不明。二之則不是。30

玄義　永明延壽禪師心賦注有曰“藏法師云,真俗雙泯,二諦恒存,空有兩亡,一味常現。所以華嚴疏云,真俗雖相即,而各不壞

其相。謂即有之空,方是真空,即空之有,方爲妙有。空有不二,兩
相歷然。所以十方諸佛常依二諦說法,若不得俗諦,不得第一義
諦。以俗諦無有自體,即第一義諦故"。性氣猶空有,性猶空,氣猶
有,其說爲二,其理則一。性氣雖相即,而各不壞其相,故論性不論
氣,論氣不論性,皆非是。即氣之性,方是真性,即性之氣,方爲真
氣,性氣不二,兩相歷然。故二之則不是。自古理學諸儒常依性氣
二諦說理,若不得氣諦,亦不得爲第一義。故朱子語類卷五十九有
云"蓋性即氣,氣即性也。若孟子專於性善,則有些是論性不論
氣"。又嘗云"論性不論氣,孟子也不備,但少欠耳。"(見茅星來注。)
以氣體而無有執滯,性理自在,即是第一義。故朱子云"論氣不論
性,荀子言性惡,揚子言善惡混是也"。實可知程朱之學,有本自華
嚴學、禪家者。圭峯、永明二大師,爲其肇源乎。心賦注所言之藏
法師,即華嚴宗賢首大師法藏也。朱子言孟子專於性善,論性不論
氣,也不備。此似又過苛之說。孟子甚善言養氣之義。近世高道
黃元吉道德經注釋第二十四章有云"昔孟子之所長,在於養氣,氣
不動則神自靈,神靈則心自泰,故不曰養心而曰養氣,誠以志壹而
動氣,氣壹則動志也。苟不求養氣而徒曰養心,無惑乎終身不得其
心之甯者多矣"。故孟子性善、養氣之義兼備互補,實非朱子所言
者。究其奧秘,即在宋儒暗以曹溪之性善,換孟子之性善,故彌覺
孟子之論性極高妙,旋即覺其論氣之說平實,不足以抗衡焉。當局
者迷,旁觀者清也如是。

　　王重陽重陽立教十五論第九煉性云"理性如調琴弦,緊則有
斷,慢則不應,緊慢得中,琴可調矣。則又如鑄劍,剛多則折,錫多
則卷,剛錫得中,則劍可鑄矣。調煉性者,體此二法,則自妙也"。
故論性不論氣,論氣不論性,如緊慢剛錫之不得中,宜其斷折不應。
人謂張伯端南宗也,先命而後性。王重陽北宗也,先性而後命。命
猶氣也。此二宗修煉之微妙差異,亦由其琴劍之品質自調之者,非

有定式可循守也。

論學便要明理，論治便須識體。 31

　　玄義　宋儒論學，主於明理，納釋教之玄義，施乎聖賢之雅言。
其之所謂明理，修道之謂教也。其論治則猶守漢唐諸儒之舊軌，尚
體格制度，惟愈重乎心術精微之辨，不欲枉一尺以利尋丈也。治體
之學，宋儒重之。明道先生文集有論十事劄子，論師傅、六官、經
界、鄉黨、貢士、兵役、民食、四民、山澤、分數十事，皆治體之所在。
伊川先生文集有上仁宗皇帝書、爲家君應詔上英宗皇帝書，議天下
之事，皆開治體。明道云"聖人創法，皆本諸人情，極乎物理，雖二
帝三王不無隨時因革，踵事增損之制。然至乎爲治之大原，牧民之
要道，則前聖後聖，豈不同條而共貫哉"。故論治識體，亦必本乎論
學明理，以明乎爲治之大原。儒家論學治爲一體，會理體爲同塗，
以修身而志乎邦國天下之太和，而托諸制度綱條，其格局規模，自
非釋道主乎真如法界者所能有。近思錄有治體、制度二卷，備矣。
（嘗謂門人云，制度治體，近乎外學，本爲儒家所擅長者。黃老內學本亦高明
微妙，然不及釋教之精確神化，辯才無礙。吾夏能師天竺之精微，收釋教之精
華，以補己內學之不足。是以成一內外兼備之體。而天竺不能師吾夏之學，
不能擴充完備其外學，是以重內而遺外，其二千年來國運不能與吾夏比，而佛
教在其國亦已早亡矣。宋儒師釋教之心，而成一內外兼備之理學，而未聞天
竺有此種學派。外學固其所不屑。觀近世彼邦大哲之書，如室利阿羅頻多、
克里希那穆提、奧修者，皆可爲老子之知己，而不能會孔子之真髓。而吾儕受
釋教之智慧而有證悟者，又可與室利阿羅頻多、克里希那穆提、奧修把臂入林
矣。今日之印度，似有擴展外學之大志。其成就也如何，尚未可知也。）

曾點、漆雕開已見大意，故聖人與之。 32

　　玄義　簡朝亮氏論語集注補正述疏吾與點也一章有云"孟子
云，廣土眾民，君子欲之，所樂不存焉。中天下而立，定四海之民，
君子樂之，所性不存焉。君子所性，雖大行不加焉。雖窮居不損
焉。分定，故也。今三子之志，其君子欲之樂之者乎。曾點之志，

其君子所性者乎"。宋儒皆樂道曾點之見大意，朱子集注言之甚備。此所謂大意，當即道體而言。然以此而論，漆雕開之對，則未見其於道體之深造也。朱子文集答曾擇之第四書亦嘗云"所論曾點大意則然，但謂漆雕開有經論天下之志，則未必然"。故知程子之所謂大意者，非專乎道體氣象之謂。後儒彊而釋之，義有未圓。朱子不盡得乎程子之心也。

　　竊謂大意者，乃言中時也。孟子言孔子爲聖之時者。孔門義旨，實重時義。簡氏論語集注補正述疏有云"故孟子云，古之人得志，澤加於民。又云，不得志，獨行其道。蓋君子之志若斯也。夫子以酬知問諸子。當是時，夫子與諸子其無知己而不得志也久矣。故點以狂者之異，不言酬知，而言其素位之樂。夫子遂喟然嘆而與點焉。周生氏曰，善點獨知時也"。所論甚平允，無宋儒高譚道體玄虛之失。而子使漆雕開仕，對曰"吾斯之未能信"。朱子集注引程子曰"古人見道分明，故其言如此"。謝氏曰"其材可以仕，而其器不安於小成，他日所就，其可量乎"。實則程子所言見道分明，本非道體之謂，言其能知時合宜也。謝氏言其不安於小成，實可知其能待乎時位，不急於仕。故知曾點漆雕開二子，皆以知時，悅於夫子。其所謂大意者，朱子道體之謂，不如斯說之爲平允得體也。

根本須是先培壅，然後可立趨向也。趨向既正，所造淺深則由勉與不勉也。 33

　　玄義　學記曰"三王之祭川也，皆先河而後海，或源也，或委也，此之謂務本"。根本培壅，務本也，祭河也。自河而入海，趨向也，聖人之學也。或磅礴而主導，或附翼而陪流，或頽散而漸消，由勉與不勉也。王龍溪南雍諸友雞鳴憑虛閣會語有云"語其漸，自萌蘗之生，以至於枝葉扶蘇，由源泉之混，以至於江河洋溢，雖非二物，要未可以躐等而致也"。其非二物，則根本培壅關係聖基。在釋教，根本培壅即在初發心，尤爲緊要。不可以躐等而致者，則勉力之功也。荀子性惡篇曰"聖人者，人之所積而致矣"。豈爲謬哉。維摩詰經之語蓮花，亦同然。（維摩詰經佛道品曰"譬如高原陸地，不生蓮華，卑濕淤泥，乃生此華"。）竊謂荀卿造性惡之說，乃必欲置之卑污之地而後生者也。其與孟子性善之說，殊途而同歸。（使論者謂孟子性善說得大乘義，則荀卿性惡說亦然也。）元中峯明本東語西話有云"存之之理有二焉。有混合而爲存者，有操守而爲存者。惟悟達之者，雖曰混合，亦不知爲混合，是真存者也。在學地者以操守爲存也。謂操守者，純以正念，念所學之道，離凡聖，絕憎愛，孜孜焉，不敢斯須忽忘也。如執至寶，如蹈春冰，操之益堅，履之益愼，忽焉開悟"。（混合而爲存者，言世間事法與出世之至道表裏混合也。）荀卿造性惡之說，近乎混合而爲存者。孟子性善之說，近乎操守而爲存者。惟學荀卿之法門者，特爲高明險峭，須具敦厚能悟達之資質者。雖曰混合，亦不知爲混合，方是正大之道。淺薄者學之，易入於歧途魔道。而學孟子之法門者，甚爲平正坦夷。學者純以正念，念所學之道，功夫既到，豁然聞道，不至於多出歧途。然此亦法門之一種爾，不可以己獨尊，而目其他法門爲外道。漢唐之間，暗用荀卿之法門者多。宋明之間，顯揚孟子之法門者多。蓋皆時代沉浮，根器使然。自宋以來，諍論大興，末法時代，自此始矣。其所大用之孟子之法門，正招諍論之物事也。一切皆在因果中。

敬義夾持直上，達天德自此。[34]

玄義　蕺山學言有云"道本無一物可言，若有一物可言，便是礙膺之物。學本無一事可著，才有一事可著，便是賊心之事。如學仁便非仁，學義便非義，學中便非中，學靜便非靜。祇有誠敬一門，頗無破綻"。誠敬之道，直達天德，宋明儒皆推其旨尚，自有由也。然誠敬太和之體，須以義方夾持輔弼之，方爲無患。無爲法不捨有爲法，方爲無爲。太和不捨造作，方爲太和。此政所謂求全之毀也。故曰"敬義夾持，直上達天德自此"。直上達天德一語，極有豪氣。象山語錄有云"吾於踐履未能純一，然纔自警策，便與天地相似"。所謂警策者，敬義夾持，靈明自昭也。與天地相似，豈非即直上達天德耶。

懈意一生，便是自棄自暴。 35

玄義 胡煦氏周易函書別集卷七有云"身涵天德，褻身是褻天也。心為身主，棄心是棄身也"。蕺山學言有云"纔見聖人為不可為，姑做第二等人，便是自棄。纔說聖人為必可為，仍做第二等人，便是自欺"。義甚痛徹。懈意一生，其蔽則愈重乎此。禪門語云，暫時不在，如同死人。（吾於日僧白隱慧鶴墨跡見之。）懈怠一生，則十八層地獄惡鬼矣。泰州後學鄧豁渠南詢錄有云"學者以同流合污為混俗，以肆情徇物為率真。與其同也，不如立己於峻。與其黨也，不如踽踽涼涼。和而不同，群而不黨。非學問明白腳跟穩當者，不能也。終日乾乾，夕惕若，无咎。學者不可容易撒手"。所謂懈意一生者，非極懈怠不堪之貌，其人蓋往往以混俗率真、有道之士自居焉，其實不過同流合污、肆情徇物耳。（中峯明本云，此混合而為存者，惟悟達之者，雖曰混合，亦不知為混合，是真存者也。見本篇第三十三條。混俗率真，本亦一高妙法門，唯甚難也，非大根器者不能受。小根者用之則入魔道。）豁渠謂學者不可容易撒手，即程子言不可自棄自暴者也。此間自欺欺人者極多，不可不慎。

不學便老而衰。 36

玄義 程子深契養生之理，於遺書屢見之。卷十五伊川有云"修養之所以引年，國祚之所以祈天永命，常人之至於聖賢，皆工夫到這裏，則有此應"。（可參本篇第五十條。）修養其與聖學，其理一致，故以聖學為修養，必永年之道。然其亦嘗云"今之學者，惟義理以養其心，若威儀辭讓以養其體，文章物采以養其目，聲音以養其耳，舞蹈以養其血脈，皆所未備"。此宋儒之養不如古人者，伊川蓋有自知之明。惟其所言學之者，亦不足以盡養生之道。（理學諸儒如濂溪明道横渠皆未及七十，南軒東萊皆未及五十，伊川朱子亦七十餘而已，其養生之拙，衡以釋教大德之壽，甚遠也。贊寧高僧傳中過九十歲者無慮數十計，過百歲者亦甚多，幾為諸儒壽之倍。信乎釋教之所養壽者，有在儒門之上者。蓋其靜攝安養，凝道廣心。儒者其殉乎邦國世道者耶。此不必細辨者。金剛經云，不可著壽者相。)張紹價近思錄解義云"人能用力於敬義之學，而無敢少懈，則志堅識定，神明內蘊。血氣雖衰，而志氣不衰。不學則怠勝敬，欲勝義，壯盛之時，客氣用事，悻悻自得，及血氣既衰，則客氣消盡，頹爾如萎，神識日昏，無復能自振拔矣"。其說以血氣志氣升降之理闡發之，亦可鼓舞人心矣。(惟志氣太盛太堅，亦非圓滿長久之道。吾恐理學家之不能長壽，或多與其志氣太盛太堅相關也。)

人之學不進，只是不勇。37

玄義　荀子性惡篇曰"有上勇者，有中勇者，有下勇者。天下有中，敢直其身。先王有道，敢行其意。上不循亂世之君，下不俗於亂世之民，仁之所在無貧窮，仁之所亡無富貴，天下知之，則欲與天下同苦樂之，天下不知之，是傀然獨立天地之間而不畏。是上勇也。禮恭而意儉，大齊信焉而輕貨財，賢者敢推而尚之，不肖者敢援而廢之，是中勇也"。程子所謂勇，自非以期勝人為意之下者，乃上勇中勇之謂是也。仁者之勇，體仁明覺而後乃具，初機者莫能有，故程子責人之學不進只是不勇，勉勵之語耳。於義理則未圓。上勇中勇之資，焉能輕易即有。師者恆責人之學不進只是不勇，則其弟子恐皆畏而遁之矣。

夫勇之義，若釋教六度之勇猛精進，尤能振奮學人心神。大智度論卷一五有曰"精進法是一切諸善之根本"。雜阿含經卷三一有曰"諸是一切善法，不放逸為其根本"。觀高僧傳，知釋教人物治心修持之勇，亦可駭歎。竊謂儒子之好習梵典燈錄，非惟樂其玄旨精義之入神，亦多傾慕其人之能精進勇毅，而受其薰冶。愚嘗觀趙雍繪高峯大師像印本，肅然敬揖，蓋先嘗服其苦行嚴峻矣。且習道當以退為進。愚開悟前，每歲中往往有數懈怠之時期。然每愓若振作，其進亦愈為猛利，有未可思議者。故悟得老氏以退為進之理，合天道也如是。惟開悟後，懈怠亦是功夫。

學者為氣所勝，習所奪，只可責志。38

玄義　氣質近道，薰習醇厚者，其志必也正大。氣質乖濁，薰習譎邪者，其辨志則為難矣。其易於為氣習所奪，豈可徒責乎志。然使其不責乎志，抑責乎天邪，地邪，父母邪。則愈非理矣。故知只可責乎志也。志者，為靈明本覺之所在，學人不可不注重之錘煉之導揚之。象山語錄有云"傅子淵自此歸其家，陳正己問之曰，陸先生教人何先。對曰，辨志。正己復問曰，何辨。對曰，義利之辨。若子淵之對，可謂切要"。陸子靜尤能得辨志之直而大者，其教所以廣而捷。志之為用，亦可謂大矣。然須明覺有得，其志方能大明，其用方能通徹。常人往往不能立大志。華嚴會佛特許大心凡夫，其雖未成菩薩，猶為凡夫，而心量已大，為大根器。其所謂心量之大，即志氣之大也。蓋非心量廣大，無足以立大志。故知初學者，責其義利之辨。初機者，責其大小之辨。中機者，責其真俗之辨。上機者，責其有無之辨也。

王龍溪穎賓書院會紀有云"古之欲明明德於天下，是學者最初所發大志願"。蕺山學言有云"君子以作事謀始，慎初念也"。儒門立志正大，猶佛門悲願之弘，重初發心。所以二教能泯其廉棱，而歸於一體。如何發心。亦非文字所能窮盡。顏曾合應遇仲尼，使不遇仲尼，恐亦不達。此天命如是，非人意所能測。人之患，在無發心之時機。此非他人所能賜予者。格物致知，即感格于物事境相，忽生正覺良知，即生初發心之謂是也。此予之格致說也。

內重則可以勝外之輕，得深則可以見誘之小。39

玄義　老子曰"重為輕根，靜為躁君"。孔子曰"君子不重則不威,學則不固"。<u>邵子皇極經世觀物外篇</u>下有云"人必內重,內重則外輕。苟內輕,必外重,好利好名,無所不至。義重則內重,利重則外重"。可謂簡明扼要。內重則可以勝外之輕,根深蒂固,自不為外境所撼。內重者,道行深茂,養氣湛大之謂。外輕者,氣質未定,外境馳逐之謂。<u>莊子</u>曰"嗜欲深者天機淺"。非天機真有深淺也。學人修養深湛,明覺自始,天機豁露,則嗜欲自淺,見誘而能無動乎中矣。<u>龍溪</u>常言"吾人原與天地萬物同體,靈氣無處不貫"。此即所謂天機者。善學之士,善復其天機爾。故曰,得深則可以見誘之小。予本多欲之人,亦不以為意,蓋以此亦元氣充沛之體現也。道何能離欲,道欲一體也。然行欲之際,終覺不安,覺有非者,未得圓滿。自悟後,離一切相,乃於外誘生厭離心,誠所謂得深則見誘之小者,已非前時所可同日而語。昔日之見,猶著相之見爾。

<u>董仲舒</u>謂,正其義,不謀其利。明其道,不計其功。<u>孫思邈</u>曰,膽欲大而心欲小,智欲圓而行欲方。可以為法矣。40

玄義 <u>荀子君子篇</u>有曰"論法聖王,則知所貴矣。以義制事,則知所利矣。論知所貴,則知所養矣。事知所利,則動知所出矣"。既正其義,論法聖王,以義制事,則其利養自得之矣。何須多言,以致窮滯。故曰,正其義,不謀其利,非不謀也,不欲多言數窮而已矣。膽欲大者,言其心量氣魄欲廣大,慈悲心欲弘廓也。心欲小者,言其心神氣息欲凝一,審思欲細微也。智欲圓者,言其行合天道無間之運,智慧欲圓遍無礙,文理欲密察也。行欲方者,言其操行有法度,實修軌持欲方正嚴密,不迷於外智之幻也。<u>朱子語錄</u>卷九十五詆<u>江西</u>諸人便是志大而心不小者。過矣。<u>象山</u>之學,亦可使學人心神凝一,豈容輕議。<u>朱子</u>以<u>象山</u>心不小,責其不仔細不踏實,其實此非心小之真義所在。(<u>朱子</u>以心小者自居,亦不免心眼太小矣。此雖是戲言,亦點中<u>朱子</u>之痛處。)宋人<u>楊伯嵒泳齋近思錄</u>衍注有云"如臨深淵，如履薄冰。謂小心也。赳赳武夫，公侯干城。謂大膽也。不爲利回，不爲義疚。行之方也。見機而作，不俟終日。知之圓也"。妙哉斯注也。

宋儒踐行得思邈之語之精要者，莫如韓魏公一輩人物。葉夢得石林詩話卷下有云，韓魏公初鎭定武時，年纔四十五，德望偉然，中外莫不傾屬。公亦自以天下爲任，御事不憚勤勞。晚作閱古堂，嘗爲八詠，其壘石、藥圃、溝泉三篇，卒章云"主人未有銘功處，日視崔嵬激壯懷"，"吾心盡欲醫民病，長得憂民病不銷"，"誰知到此幽閑地，多少餘波濟物來"。其意氣所懷，固已見於造次賦詠之間，終成大勳，豈徒言之而已哉。（卷下第二十條。）觀壘石、藥圃、溝泉諸句，誠可謂膽大、行方者。而魏公終能以心小、智圓而達成之，踐履充實，不負所言，此非荊公、東坡、伊川、元晦所能及者。魏公猶多唐賢之風，真宋儒之豪也。

大抵學不言而自得者，乃自得也。有安排佈置者，皆非自得也。41

玄義 象山語錄云"讀書之法，須是平平淡淡去看，子細玩味，不可草草。所謂優而柔之，厭而飫之，自然有渙然冰釋，怡然理順底道理"。朱子云"涵養持守之功繼繼不已，如此而優游涵泳于其間，則浹洽而有以自得矣"。意與陸子同。不言而自得者，自然而致也。惟此自然之致，方可與言自得。其非自然之致者，假物也。發明此理莫若道家。道德經曰"聖人處無爲之事，行不言之教"。河上公注曰"以身帥導之也"。錢大昕養新錄卷十八通鑑多採善言紀第五倫曰"以身教者從，以言教者訟"。政可與河上公說相發明。陳了齋亦嘗化第五倫語曰"身教者從，言教者訟"。不言而自得，得者亦可作自得而得衆解。不言之教之真諦也若是。且學不以師言得之，乃以自身體得之，方是自得。張南軒言其義爲自得之于己，妙契我心。

宗門不尚義學言教，獨印心宗。楞伽經云"語心爲宗，無門爲法門"。主乎自證自得，非假於外。其學亦是不言而自得者。宋儒薰感禪義深切，自有取之焉。然儒者六經四史，典籍燦爛，焉能舍義學言教，而獨尚性理。故諸儒闇契圭峯、永明一路，教禪合一，混合一體。永明延壽撰宗鏡錄，取華嚴、慈恩、天台諸教玄義，合於心宗，圓徧通達。理學多有華嚴、禪宗妙旨，亦以此故。理學高標性理誠明之說，類乎禪門。兼重經義發明，博涉四部，類乎教下。而合其二而爲一，泯然無間，所以爲大也。（伊川元晦，近乎圭峯、永明，陸、王近乎臨濟、雲門也。程朱之學所以後為朝廷所取，亦必有此緣由也。朝廷之根本關乎正名，正名即語言之道術也。陸王不重乎經學，不重於語言，此所以後世之功用，有異於程朱。凡須推倒正名之秩序者，皆喜假借陸王學。而欲維持正名之秩序者，則多假借程朱派。近世日本推倒德川幕府之尊卑名教，所用者正是陽明學也。）

視聽、思慮、動作，皆天也。人但於其中，要識得真與妄爾。 42

玄義 尚書鴻範曰"五事，一曰貌，二曰言，三曰視，四曰聽，五曰思。貌曰恭，言曰從，視曰明，聽曰聰，思曰睿"。馬湛翁洪範約義有云"蓋在天爲五行，在人爲五事，皆此一氣，皆此一理。釋氏所謂明不循根，寄根明發，故有無目之視，無耳之聽。六根互用，皆得圓通。豈曰專滯一官一能哉。總此五事，並爲一心之妙用。聖人敬而用之，則以踐形盡性。凡愚肆而失之，則以徇欲忘生"。程子言視聽思慮動作，皆天也。即本此鴻範之古義。湛翁援黃石齋語曰"天道言行，天之所自行。人道言事，人之所有事。人事者，天道之精神也"。其義殊精。湛翁以楞嚴經一心之妙用圓通釋五事，亦同於圭峯宗密原人論之旨，義亦深切。

於視聽思慮動作中識得真與妄。真妄之辨，亦本釋典。楞嚴經曰"當知一切衆生，從無始來，生死相續，皆由不知常住真心性淨明體，用諸妄想，此想不真，故有輪轉"。儒者攝化其義，而歸諸仁體禮義。馬湛翁洪範約義有云"天人之精神皆聚於敬。非敬則五事無其體，非敬則五行無其用。貌敬則恭，言敬則從，視敬則明，聽敬則聰，思敬則睿。貌言視聽思，皆人也。恭從明聰睿，則皆天也。人而天之，敬用之效也。全氣是理，即人而天。理有所不行即性有所不盡，而天人隔矣"。敬則真，理行無礙，不敬則妄，性有未盡，其義切甚。惟此敬者，乃忘乎敬者，此不敬者，乃真執乎敬者也。吾補此語，則湛翁之說愈圓矣。張紹價謂"循理則真，從欲則妄"。非圓滿見。

　　揚子法言學行有曰"學者，所以修性也。視聽言貌思，性所有也。學則正，否則邪"。太玄玄棿曰"維天肇降生民，使其貌動口言目視耳聽心思有法則成，無法則不成"。學則正，法則成，自能辨識真妄。其與程子之說，原無隔閡。奈何彼必斥揚子不知性而小之哉。宋儒好立異於古人，實則古人之心又何嘗異於今賢。近儒汪榮寶法言義疏義理浹愜詳密，洵為名著。其有云"蓋孔門論性，無不兼理欲而言，即無不以存理遏欲為治性之要，未有離耳目鼻口心知百體以為性者，故亦未有捨容貌顏色辭氣以為學者"。其與程子之說無間然也。

　　明道先生曰，學只要鞭辟近裏，著己而已。故切問而近思，則仁在其中矣。言忠信，行篤敬，雖蠻貊之邦行矣。言不忠信，行不篤敬，雖州里行乎哉。立則見其參於前也，在輿則見其倚於衡也，夫然後行。只此是學。質美者明得盡，查滓便渾化，卻與天地同體。其次惟莊敬持養。及其至，則一也。43

　　玄義　程子云"仁者以天地萬物為一體"。又云"仁者渾然與物同體"。此處言明得盡，查滓便渾化，即仁者境界，涵混物我，順化而已。羅近溪有云"天地之大德曰生，夫盈天地間只一個大生，則渾然亦只是一個仁矣。中間又何有纖毫間隔，又何從而以得天地，以得萬物也哉"。可謂直截了當。朱子云"渣滓是私意人欲之未消者,人與天地本一體,只緣渣滓未去,所以有間隔"。竊謂渣滓亦有自然而然者,豈皆私欲所在。老子曰"善人者,不善人之師,不善人者,善人之資"。善與不善,轉相爲資,精明之與渣滓,亦有相類者。然明季李卓吾輩認私欲爲天理,猶徑以渣滓爲精明,則失之太快矣。明道云其次惟莊敬持養,乃不以莊敬爲根本義。其以敬以直內,義以方外爲坤道,進德之誠爲乾道。後世陸王學者,多從此處發源。

忠信所以進德,修辭立其誠,所以居業者,乾道也。敬以直內,義以方外者,坤道也。44

玄義　唐李鼎祚周易集解釋乾有云"言天之體,以健爲用,運行不息,應化無窮,故聖人則之。欲使人法天之用,不法天之體,故名乾,不名天也"。明道標仁者與天地同體之勝諦,此乃直法天之體者,故與大易之法天之用,已爲新義。蓋自晉唐王輔嗣、李通玄以降,或以老玄通易,或以華嚴會證,皆已關涉天體,濂洛承其流風,而喜以法天體之學另樹新義,開闢新途,實亦聖賢風尚流轉所致,非為挪造也。

忠信立誠,進德居業,此法天之用者,故曰乾道。彖言"乾道萬物資始,乃統天,大明終始,各正性命,保合大和"。進德為一切學問之根柢資始,為凡愚致聖地之第一正位。居業者,即各正性命之義,保合大和,凝道正位也。故以忠信修辭致之,欲以致乾道也。進德無止境,居業無定式,金剛經曰應無所住而生其心,大易之道,亦與此無所住而生其心之義相契。故繫辭曰,不可據為典要。

凡人纔學便須知著力處,既學便須知得力處。45

玄義　初學之蔽,在隨文生解,因師轉迷,蓋以不切身心,未獲體要之故。此即所謂著力處。實非能著力,蓋以他力,非自力故。宗鏡錄卷一有曰"又若欲研究佛乘,披尋寶藏,一一須消歸自己,言言使冥合真心。但莫執義上之文,隨語生見,直須探詮下之旨,契會本心，則無師之智現前，天真之道不昧"。消歸云者，即痛自關切身心之處，如此爲學，可以著力矣。著力所以得力，其未得力者，功夫未至耳。學者治學，初念當合正體，持敬篤誠，勘切吾身，方可致遠。時時自勘學問得力之處，覺照頓生，格局漸大，明其始終，亦復自信。宗鏡錄亦曰"以自覺之智刃，剖開纏內之心珠，用一念之慧鋒，斬斷塵中之見綱"。非有大得力處，何足以致此自覺一念也。

茅星來近思錄集注云"著力處是當然工夫，如顏子博文約禮之類是也。得力處是自然效驗，如上蔡去個矜字之類是也"。陳義甚妙。欲初學者一一消歸自己，關切身心，是中上根器者事，非下者所能。聖人設博文約禮之教，徧適諸根，百類咸通，是爲著力履實，不犯虛玄之道。而所謂得力者，皆自得也，自然效驗之說，的然不謬。無師之智現前，天真之道不昧，亦正忘筌編之宗旨所在也。

有人治園圃，役知力甚勞。先生曰，蠱之象，君子以振民育德。君子之事，惟有此二者，餘無他焉。二者，爲己、爲人之道也。46

玄義 清李道平周易集解纂疏有云"當蠱之時民德已傷，當如養子作善以育之，艮爲少男，巽爲申命，兌爲講習，故取養子作善爲育"。振民之與育德，其爲一事，何來二者？程子之說，非古義也。然既剖爲二，亦有可觀。振民爲儒者之務，而必以育德爲其道。育德爲儒者之本，而必以振民爲其用。其義備矣。張紹價云"振民，愛物之仁。育德，成己之仁。學者所當著力，惟此二事而已。役知力於園圃，成己成物，兩無當焉，君子不爲也"。聖人所求，在物我無間，渾然一體。此謂愛物成己。豈非即本爲一事、何來二者之證耶。

博學而篤志，切問而近思，何以言仁在其中矣。學者要思得之。了此，便是徹上徹下之道。47

玄義 釋教智窮性海，覺洞心源，立第一義，離文字性。可謂徹上徹下。理學諸儒，嘗有取焉。故於此章，立徹上徹下之義諦，言儒教之圓通，實亦與釋教之因果兼該、性相圓善之義無異。諸儒蓋欲青出於藍，後來而居上者，所以立此絕高之義諦，以顯儒學之無善不備。程子喜言體用一原，顯微無間，即此徹上徹下義之注脚。而此語亦即華嚴家十玄門之旨也。蕺山學言有云“不二不測，只是一個。不二言實有是理，體即用。不測言本無是事，用即體。不測云者，隱微之至也。昭昭撮土，卷石一勺，總言不盈一些子，正爲物不二之真情狀。及其無窮，及其不測，只在昭昭撮土中看出，中庸如此說得根據”。亦此義也。自程子以迄蕺山，爲學一貫如是，而其覺悟之血脉，實與釋教唐賢無二致。此覺悟之血脉，古今只是一個。非止古今，古今中外，只是一個。

弘而不毅，則難立。毅而不弘，則無以居之。48

玄義　子曰“不得中行而與之，必也狂狷乎。狂者進取，狷者有所不爲也”。弘而不毅爲狂之失，毅而不弘爲狷之失。朱子集注云“狂者志極高而行不掩。其所虧欠者，非志之不弘廓，力行未爲堅栗也”。集注又云“狷者知不及而守有餘。所以不及者，非力行不剛毅，神志未爲高邁也”。其理甚合。六度備弘毅之體用。檀施捨棄，廓大心量，般若智慧，明徹心源，近乎弘。持戒慎懼，曲禮三千，忍辱攝藏，水處卑污，近乎毅。精進禪定，止觀俱用而不分，理事混一而無二，乃泯同弘毅，而備其體用。釋教弘毅之道，備矣。老莊之書，弘義奢富，志氣神駿，虛靈不住，而于剛毅蓄隱之義，亦深有發揚。老玄弘毅之道，亦備也。儒家立弘毅之義，非一家之私智，乃真實之妙理。誠如法華玄義云“上中下根皆與記莂也”。

伊川先生曰，古之學者，優柔厭飫，有先後次序。今之學者，卻只做一場話說，務高而已。常愛杜元凱語，若江海之浸，膏澤之潤，渙然冰釋，怡然理順，然後爲得也。今之學者，往往以游、夏爲小，不足學。然游、夏一言一事，卻總是實。後之學者好高，如人游心於千里之外，然自身卻只在此。49

玄義　學道尚自然之致，順應理脈，待於機熟，不可強為。其於學問亦然。法言問神篇有曰"天神天明，照知四方，天精天粹，萬物作類"。學問之至，必極高明而道中庸，類乎天之德用，此尤非強為所能致者。惟學者務高尚虛之病，由來已久。象山語錄有云"古者風俗醇厚，人雖有虛底精神，自然消了。後世風俗不如古，故被此一段精神為害，難與語道"。所言極確。務高尚虛之風，即此一段虛底精神。晉唐之時，猶存醇實篤厚之風。逮至宋世，澆漓儇薄愈甚，故伊川疾此務高尚虛之病在前，象山發明鞭策其痛處在後，宋儒甚能覺察之。伊川言游夏一言一事，卻總是實。象山語錄亦云"古人皆是明實理，做實事"。諸儒蓋能辨明風俗之變，氣運之乖，早做警誡。奈何自道學興，程朱陸王，滔滔天下，務高尚虛之風，愈為熾烈，無可挽回。此實非伊川象山之本懷。張習孔云"此節古今學者爲己爲人之別。然子夏之時所謂今之學者，又勝於程子時今之學者也"。程子時所謂今之學者者，又超勝於今日之今之學者矣。

伊川所言今之學者務高不實，以游夏為小不足學，實亦疾王介甫一流而發。新學必務堯舜事業，好高鶩遠。經術雜揉玄言，好為臆造，尚虛為變。其禍於天下後世者也甚深。此亦宋世風俗衰變之徵兆。蓋太古以迄晉唐，無王安石一類人物。宋之有荊公，其禎祥乎，其妖孽乎。蓍龜有神，誠者將自明之矣。（宋世爲前所未有之局。宋之前，正是正，邪是邪，各得其所。宋之後，正似邪，邪似正，正中有邪，邪中有正，往往淆混，不知其所以然。如熙寧、崇寧之時，乃前未曾有者。烏臺詩案出，遂有文字獄一異物，孳生於天地間。王荊公出，正邪是非之標準遂致迷亂。宋世乃真莊子所謂七聖迷塗之際也。）

修養之所以引年，國祚之所以祈天永命，常人之至於聖賢，皆工夫到這裏，則自有此應。50

玄義　壽、道之理，後漢荀悅闡之尤圓融，後人所不及。申鑒有曰"或問凡壽者必有道，非習之功。曰，夫惟壽，則惟能用道。惟能用道，則性壽矣。苟非其性也，修之不至也。學必至聖，可以盡性。壽必用道，所以盡命"。宋儒言修養之所以引年，皆工夫到這裏，則自有此應，固非謬，然不及苟非其性，修之不至一語圓融無礙。宋儒之說，猶著眼於功，不如苟悅於此吃緊處，卓然說性。宋儒壽多中等，亦難自圓其說，故曰吃緊處。三教善修養者，莫若釋、道，其引年長壽者超於儒家極多。其功夫高朗綿密，靜攝安隱，自有靈異感通，非可常理測焉。然人之壽夭，有命數在，亦不純在修養引年功夫。故世人好以引年多寡窺測其道行，乃著壽者相，非大道。故曰苟非其性，修之不至也。(可參本卷第三十六條。)清儒劉鴻典莊子約解養生主有云"人自有生以來，性命爲形骸所錮，以知覺運動爲生，而所以生者，汩沒於情識之中，則知生之足重者鮮矣"。又云"孔子言仁者壽，中庸言大德必壽，孟子言修身以立命，自古聖賢未有不以養生爲要者。但養生之學不得真傳，則旁門小術，怪誕奇袤，皆足爲名教之害"。所言甚是。雲笈七籤卷之一百三翊聖保德真君傳真君有云"至於周公、孔子，皆列偓品，而五經六籍，治世之法，治民之術，盡在此矣。世雖諷誦，多不依從。若口誦而心隨，心隨而事應，仁義信行禮智之道，常存于懷，豈惟正其人事，長生久視之理，亦何遠矣"。儒經實行亦自合養生如是。宋高僧傳感通篇云天后嘗問慧安甲子。對曰"不記也"。曰"何不記耶"。乃曰"生死之身如循環乎。環無起盡，何用記爲。而又此心流注，中間無間，見漚起滅者，亦妄想耳。從初識至動相滅時，亦只如此，何年月可記耶"。此真所謂破壽者相者也。

常人之至於聖賢，修士之至於佛菩薩，不至其地，不有其應。贊寧宋高僧傳感通篇有云"我教中以信解修證爲準的。至若譯經傳法，生信也。義解習禪，悟解也。明律護法，修行也。神異感通，果證也。孰言像末無行果哉"。此釋教之應。儒家西漢今文家亦每好言感應，實為古義，亦非盡為虛妄。公羊傳西狩獲麟有曰"何以書。記異也。麟者仁獸也。有王者至，無王者則不至。西狩獲麟，孔子曰，吾道窮矣"。蓋非孔子，亦無以應之。聖賢佛菩薩之應，工夫所至而自有之，不可以常理俗情測之。（印人奧修氏蓮心禪韻開篇亦闡此義。其言宇宙猶人之母親，凡人子之行，其宇宙母親必產生相應之感應。人子之至於聖賢，則其感應必有常人莫可聞見知測者。所言洵妙。）

　　國祚之所以祈天永命，仁德積蓄之所致。此王者之事，非霸術者所能為。其與修道之理同。王船山宋論開篇即云"天日難諶，匪徒人之不可狃也，天無可狃之故常也。命曰不易，匪徒人之不易承也，天之因化推移，斟酌而曲成以制命，人無可代其工，而相佑者特勤也"。天即難諶不易，豈人意所能私測。事天之道，其惟敬和而已。非仁德積蓄不止，何能自天之佑。尚書尤反復斟酌此意。書咸有一德曰"天難諶，命靡常"。其義甚大。天難諶，命靡常，命曰不常。（歷代亦有藉此而自命者，恆不長久，如曹魏、織田信長。曹孟德之自命，觀其短歌行、觀滄海，可知之矣。日月之行，若出其中。星漢燦爛，若出其裏。此其心中以天意自命之表現也。織田則有俳句云，人生如夢。亦天日難諶之別解。）蓋不知天日難諶，積蓄仁德，方是長久之道。霸者只見有形之實力形勢，而不見無形之仁德天命。是以其往往不能洞悉數十年後之實力形勢也。

忠恕所以公平。造德則自忠恕，其致則公平。51

　　玄義　公者廓然無私，與天地一體。平者虛靜觀復，為守藏之德。荀子勸學有曰"天見其明，地見其光，君子貴其全也"。公平者，此天明地光德全之所由也。先聖之學，本極明徹，函夏之學，本乎公平。鴻範曰"無偏無陂，遵王之道。無黨無偏，王道平平。會其有極，歸其有極"。風俗通曰"王者，往也，為天下所歸往也"。王道者，即公之義也。象山語錄云"天之所以予我者，至大至剛至直至平至公，如此私小做甚底人。須是放教此心，公平正直"。陳義高朗直捷，若有雷聲。釋教法門，亦不離此道。金剛經破我相、人相、眾生相、壽者相，即公之義。五燈會元卷十聖壽至昇禪師云"若論佛法，更有甚麼事。所以道古今山河，古今日月，古今人倫，古今城郭，喚作平等法門。絕前後際，諸人還得信及麼。若信得及，依而行之"。此平之義。四相既破，平等法門，為古今一貫之公義，為大圓智鏡，震旦天竺泰西，諸聖所同。人蹈履常自省察，感私欲消融一分，公德天理即愈為廓然可親，心氣愈平和有深致，能化物類。公平之義，仁言靄然。茅星來云"無間物我之謂公，施之各當其分之謂平。蓋道本如此也"。義諦亦甚善。公而平，乃一貫而下。予謂"廓然無私之謂公，虛靜觀復之謂平"。公而平，乃互相印證。其法為異，而旨趣亦合也。

仁之道，要之只消道一公字。公只是仁之理，不可將公便喚做仁。公而以人體之，故為仁。只為公則物我兼照。故仁，所以能恕，所以能愛，恕則仁之施，愛則仁之用也。52

玄義　夫公之義，諸聖所同。程子不欲混儒釋為一體，而必歸乎於人。故既曰只為公則物我兼照，又曰公而以人體之故為仁。此程子不欲違自古聖賢重人之義而強為之說者。實則吾儕人也，公者本以人體之，豈有離於人體之而能造公之德乎。程子之說，畫蛇添足，神理未為圓徹。仁者，不必強說其人字。天地萬物皆有靈性，亦皆有仁德，萬物中非僅人類而已。只為公則物我兼照，不必特說人。理學諸儒欲守儒家矩矱，樹異義於義源，難免有斧鑿痕跡。實則圭峰、永明二大師之學說，亦微存此憾也。（禪門之不以為圭峰為正脈，亦自有患于此。）

朱子語類卷九十五謂"公在仁之前，恕與愛在仁之後"。實則公者焉能在仁之前，其為一體而已，名相別致耳。金剛經曰"凡所有相，皆是虛妄，若見諸相非相，即見如來"。可謂破除有情分別滯礙，極為痛徹。理學諸儒好執名相之譚，自南宋之后，其後學愈好諍論,實有悖忠恕公平之道。此像法既終,末法根器愈降之徵相。周孔董揚之際,何來此有情滯礙、名相之障哉。既在唐人,猶少此患。天台、賢首、慈恩、禪、密、律諸宗,各相涵容混苞,不似天水一朝,儒釋各派自內相諍若此。如儒門之有朱、陸、金華、永嘉之諍,釋教天台一宗猶有山家、山外之諍。此根器不若從前,風氣愈趨澆薄所致。後世反尊其教義,以其精密過於前人,而讚嘆之。顛矣。不知此精密過人者,正是鑿七竅於渾沌爾。美則美矣,亦幾於死也。(今人牟宗三極讚賞宋天台宗山家四明知禮之說,以爲哲學思辨有巨大之進步。此乃以西方人之眼光觀之者。然執著哲學思辨者,欲以哲學思辨為中國文化之正流,則大謬不然。中國文化之正流,從來在道中,在格物致知中,在實行實證中,知行蓋本為一體。其所知者,乃是證悟爲主,亦非所謂哲學思辨也。即如四明知禮,其學說雖極有思辨性,然其亦歸于懺法之實行也。知禮之本懷,豈欲後世以哲學家稱之哉。)

今之為學者,如登山麓。方其迤邐,莫不闊步,及到峻處便止。須是要剛決果敢以進。53

玄義 大儒之迥殊於常儒,即在此峻處能剛決果敢,進乎巔極。常儒講學,義理亦能圓熟浹洽,方其迤邐,莫不闊步,然行履德操,當坎陷之際,則往往氣不足以致用,神智不足以致遠。大儒則能進之。小戴禮儒行一篇,尤能明此剛絕果敢之義。儒者奮振剛德,沛然莫可禦也。觀葉隱聞書,知彼邦武士之道,亦從儒行佛道中化出。剛烈之性,乃與儒門甚相近也。

人謂要力行,亦只是淺近語。人既能知,見一切事皆所當為,不必待著意,纔著意,便是有個私心。這一點意氣,能得幾時了。54

玄義 法句經曰"若起精進心,是妄非精進"。程子云人謂要力行亦只是淺近語,乃揭出修行之微密緊要處,即不能著意。常人謂要力行,多失於著意太過,我執遂為大累,不能大成。心性之行如是,治道之行亦如是也。荊公治道之病,即是著意太過,乖悖中道。這一點意氣,能得幾時了。此條義蘊甚明。纔著意便是私意,純然佛理。人謂要修佛,然金剛經云"佛法者,即非佛法,是名佛法"。宗門亦常謂無佛可做,無道可修,纔一著意,便入鬼窟活計。程子謂人能知見一切事皆所當為,不必待著意,即僧璨信心銘"至道無難,惟嫌揀擇"之義。何時能了此意氣。待其了時,即信心銘所謂"虛明自照,不勞心力,非思量處,識情難測"之境也。

知之必好之,好之必求之,求之必得之。古人此個學是終身事。果能顛沛造次必於是,豈有不得道理。55

玄義　知之必好之,非好之不足以為真知。仲尼顏淵樂處即在此。知之好之求之得之,一脈而下,自然之至,天道本合如是。聖賢所以成就者,莫非如此。老子曰"道生之,德蓄之,長之,育之,成之,熟之,養之,覆之"。齊物論曰"庸也者,用也。用也者,通也。通也者,得也。適得而幾矣。因是已,已而不知其然,謂之道"。亦此自然之致。關雎寤寐求之,琴瑟友之,鍾鼓樂之。亦同。齊物論又曰"勞神明為一,而不知其同也,謂之朝三"。顛沛造次,非謂勞神明為一者,君子雖顛沛造次,其本不以神明為二也。古賢顛沛造次,而不亂其神,亦以此故。今人顛沛造次,刻苦追逐,每見其勞神明而朝三,不知其本同,不期適與衆狙為同伴矣。

古之學者一,今之學者三,異端不與焉。一曰文章之學,二曰訓詁之學,三曰儒者之學。欲趨道,舍儒者之學不可。56

玄義　莊子駢拇曰"自三代以下者,天下莫不以物易其性矣"。大凡孔顏以下,天下莫不嘗以學易其性矣。非僅文章之學、訓詁之學為然,即所謂儒者之學,亦有之。宋之性理學派,以其學問為儒者之學,聖賢之血脈。然其實亦有分裂道術之效。此予以真實相顯之者。法言吾子篇曰"或問吾子少而好賦,曰,然。童子彫蟲篆刻。俄爾曰,壯夫不為也"。揚子以史篇莫善於倉頡,作訓纂。典謨正於爾雅，作方言。此文章訓詁之學也，而終蔑焉，以聖賢事業自期，以為經莫大於易，故作太玄。傳莫大於論語，故作法言，此儒者之學也。法言之書，義理深弘中正，實為孔孟血嗣，宋儒輕之，非公道也。故知西漢之際，學者已分為三。揚子捨文章訓詁而趨於大道，實為宋儒之先導。程子所謂古之學者，自秦漢之前，唐虞以迄周孔諸聖賢之謂也。子曰，吾道一以貫之，此即古之學者一之確解。莊子天下篇言"道術將為天下裂，天下多得一察焉以自好，後世之學者，不幸不見天地之純，古人之大體"。則學之分為三，蓋自戰國始也。天地之純，古人大體，既不可見，則欲趨道者，不可不求清虛渾沌之老莊。天地之純，古人大體，既不可復，則欲趨道者，不可不求敦厚實行之儒家。然名教之患，在易趨於偽詐。幸有釋教融入，可解其病患。釋教者，中華之藥石也。非此，不能有唐宋元明儒者之學。（陽明高弟薛侃研幾錄有云"儒學不明，其障有五。有文字之障，有事業之障，有聲華之障，有格式之障，有道義之障。五障有一，自蔽真體。若至寶埋地，誰知拾之。問為異學竊柄，誰復顧之。曰，五者皆理所有，曷謂障。曰，惟其滯有，故障"。惟其滯有故障，此亦與佛說不異。使程子所謂儒者之學亦滯有，則儒者之學亦成一障。故知陽明出，乃欲破此儒者之學之障者也。其後學分歧，則又成障矣。）

　　文章訓詁，固亦可趨道，然致遠恐迷耳。揚雄、劉向、徐幹諸賢，專趨儒者之學，而其文章訓詁皆深醇華茂，為不可及。降而次者，則為葛洪、劉勰、王通、陸贄諸賢，兼道術文章訓詁為一，而才性極高，有不可思議者。至宋則洛關專於儒者，歐蘇專於文章，經生專於訓詁，以純儒自詡者不復有文章訓詁之高華深密，而專譚性理之言，遂不及古人之全。朱子之格局，趨道專儒，又能兼攝文章訓詁，蹈古人之大體，此其卓然處，又為南軒象山諸儒所不及。（此朱學最爲優勝處。）朱子語類卷一三九言"道者文之根本，文者道之枝葉。惟其根本乎道，所以發之於文皆道也"。神理瑩透，所謂天地之純者,亦在此中矣。其德性見地雖未圓滿,要其格局則大矣。

問,作文害道否。曰,害也。凡為文,不專意則不工。若專意,則志局于此,又安能與天地同其大也。書曰,玩物喪志。為文亦玩物也。呂與叔有詩云,學如元凱方成癖,文似相如始類俳。獨立孔門無一事,只輸顏氏得心齋。古之學者惟務養情性,其他則不學。今為文者,專務章句悅人耳目。既務悅人,非俳優而何。曰,古者學為文否。曰,人見六經,便以謂聖人亦作文,不知聖人亦攄發胸中所蘊,自成文耳。所謂有德者必有言也。曰,游、夏稱文學,何也。曰,游、夏亦何嘗秉筆學為詞章也。且如觀乎天文以察時變,觀乎人文以化成天下,此豈詞章之文也。57

玄義　作文害道四字亦有病。須更之曰,作文可益道,亦可害道。尚書湯征佚文有曰"湯曰予有言。人視水見形,視民知治不。伊尹曰明哉。言能順,道乃進"。(見王先謙氏尚書孔傳參正書序一,乃史記殷紀語。)言能順,道乃進。此作文益道之真諦也。漢文益道,六朝隋唐文益道亦害道,五季宋初,益道漸銷而損道愈多。當北宋中葉,文章之溺已重,非惟二程棒喝振怖之,以其為玩物喪志,蘇黃諸儒亦嘗深憂之。山谷與洪氏四甥書云"數十年先生君子但用文章提獎後生,故華而不實"。與元勛不伐書云"今之君子好以文章輕重人,似是千慮之一失,最能溺後生,願足下鉤其深而勿遊其瀕也"。程子斥其害道,其合勢態也如是。(程子之前,孫復、石介已有此類言論矣。惟不似程子逕云作文害道為毒辣耳。)程子不主作文,所陳之義固佳。有德者必有言,務養情性而自成文,觀乎天文人文而自化,其於先聖之旨,盡之矣。然先聖之發斯義,自有其時位之宜。程子處其已易之時位,而蹈襲先聖之遺言,泥守高古之玄義,其鍥舟求劍之過,亦有之。法言問神篇言"夫道非天然,應時而造者,損益可知也"。揚子言道猶可損益,應時而造,正所謂易始八卦,而文王六十四,詩書禮春秋,或述或作,而成於仲尼,其益可知也。較之宋儒之守成於道，而莫敢倡作文以損益者，其神機之高邁，已邈焉難及。程朱動輒斥蘇氏文章為邪道，自非平恕之論。蘇氏於儒家新出之義理之學，不及濂洛之精深，然其作文則有損益時造之志，不愧作者，豈可輕誣。讀宋儒書者，不可不慎思之。黃魯直詩云"文章本心術，萬古無轍迹"。程朱論作文，論蘇氏，不免太以轍迹視之矣。實則有德者觀天文養情性諸說，晉唐人何嘗不知，何嘗不做，其自有弘深之造，非盡可以綺靡誣之也。（張習孔云"後儒之文，莫善於朱子，今其書具在。觀其精深閎博，典雅和粹，且曲折盡致，古今能文之家，何以加之"。此其推崇太過，有失實地者。吾觀朱子之文，精深而義不圓融，閎博而神不飄逸，典雅而氣不古奧，和粹而辭不高簡，曲折盡致而失之繁褥。其在宋文中亦只在中駟。何以加之云云，溢美有過矣。其詩歌書法亦然。）

涵養須用敬，進學則在致知。[58]

玄義　涵養本非為涵養計，爲入道故。進學本非為進學計，為入道故。豈能剖而為二，若殊塗者。致知，實爲入道之根本。延壽永明心賦註有云"又知之一字，眾妙之門。禪源集云，夫言心者是心之名，言知者是心之體。真性靈知，湛然恒照。亦云無念之知"。六經，聖賢之墳典，不致其知，則其書徒爲輪扁者所譏者耳。惟致知有得，其心體方能與聖賢為一，讀書方能相自印證，施諸物類，而不悖於道。大學曰格物致知。明儒王陽明致良知說，亦從此出也。故曰，致知者，其為入道之根本，非僅進學涵養向已。持敬涵養，戒慎意念之微，其境之至，豈非無念之知。其亦致知之道之精微者。永明又云"洪州云，心不可指示，但以能語言等驗之，知有佛性，是比量顯。菏澤直云，心體能知，知即是心，不約知以顯心，是現量顯"。持敬涵養功夫既熟，心體自照，致知顯露，如現量也。如此則涵養進學，渾為一事。且持敬之持字，本有妙義。文心雕龍明詩篇有曰"詩者，持也，持人情性。三百之蔽，義歸無邪，持之為訓，有符焉爾”。持敬本亦持人情性，渾渾如詩之無邪，後人往往以持劍之持而解持敬之持，宜其惑矣。

大戴禮記武王踐阼曰“安樂必敬”。非安樂，不足以語聖人之境。安樂者，涵養功夫也。安樂必敬四字，即上即下，較涵養須用敬一語，愈簡而粹，不必再補進學則在致知一句。蕺山之學得陽明之髓，而不欲蹈龍溪、泰州後學虛玄之病，故論學欲得古人之全，而不欲落於偏單之義。學言有云“慎獨是學問第一義”。蓋慎者，持敬涵養之義。蕺山喜引康齋、敬齋之說，言主敬爲千聖相傳心法。鄒東廓簡方時勉嘗云“聖門修己以安百姓之功，祇是一敬字。果能實見敬字面目，則即是性分，即是禮文，又何偏內偏外之患。若歧性分、禮文而二之，則已不識敬，何以語聖學之中正乎”。義理瑩甚，蕺山論敬，實有取之。（鄒東廓簡呂涇野宗伯有云“聖門之教，祇在修己以敬。敬也者，良知之精明而不雜以私欲也”。則慎獨之義，東廓實已粗具，惟不及蕺山之愷切明達爾。明儒學案卷首師說蕺山亦言“東廓以獨知為良知，以戒懼謹獨為致良知之功，此是師門本旨而學焉者失之，浸流入猖狂一路。惟東廓斤斤以身體之，便將此意做實落工夫，卓然守聖矩，無少畔援。諸所論著，皆不落他人訓詁良知窠臼”。蕺山論學精義，蹈行之風，實有自東廓出者。）獨者，致知悟入之義。學言云“獨是虛位，從性體看來，則曰莫見莫顯，是思慮未起，鬼神莫知時也。從心體看來，則曰十目十手，是思慮既起，吾心獨知時也。然性體即在心體中看出”。故蕺山立慎獨之說，乃融持敬致知為一事。所慎即獨者，所獨即慎者，真妙諦也。延壽宗鏡錄卷二有云“唯之名獨，性相俱收”。蕺山慎獨，亦正性相俱收之意。然其聖學喫緊三關立迷悟關在敬肆關之後，有云“由主敬而入，方能覿體承當，其要歸於覺地，故終言迷悟”。則致知持敬之間，終以致知覺悟為根本。然此不免與其視主敬為聖人心法之說微有不合。此猶圭峰原人論云攝元氣於靈心，元氣亦從心之所變，攝儒道入佛地，似有類於強說者。蕺山欲合敬知為一體，亦焉能毫無破綻乎。理學家學宗門教下而不能純熟，蓋其先已種下此種破綻矣。（致知以心說，持敬以氣說。致知如言靈心，持敬如言元氣。攝元氣於靈心，如言主敬而致知，歸於覺地。蕺山先言慎獨是學問第一義，實在主氣、主心之間徘徊，於心法闡之未透未圓。其不能如大乘不二法門透徹亦自然。蕺山之慎獨，雖欲兼善，性相俱收，不流于偏弊，而實不如陽明致良知之說直捷自在。蕺山不如陽明，兼善不如直捷也。延壽宗鏡錄雖圓熟絢爛，義如大海，然亦何能與唐代宗匠簡潔之語錄比也。）惟以佛法修證而言之，元氣亦從心之所變，乃可為大修行人所印證者。倡即身成佛之義之歷代藏密大德，尤精邃此中奧秘。（所謂神通者，即元氣亦從心之所變之實例也。）蕺山欲合敬知為一體，以慎獨為第一義，非大修行何能印證耶。蕺山品操清正，躬行篤深，乃儒門之大修行者。然身遭亂世，綱紀頹靡，邪人橫行，後又有覆國之恨，兵戎之劫。其多憔悴憂憤於世間之法，弗能專養於心氣之間，其致知覺悟之境地，尚未大圓滿。雖然，其大悲心自可照耀古今。其慎獨之學，確乎為一精妙之學說。其門後學實弗能得其真傳。蓋義旨甚圓，而實踐不易。覩體承當，歸於覺地，非有大修行大印證，談何容易也。（儒者殉道於亂世。世間之苦難深重。學人性命不保，仁德難養。亦唯真儒如方以智者，兵敗後遁入佛門，專一於心氣之玄奧，乃庶幾造乎精神之大圓滿也。）

莫說道將第一等讓與別人，且做第二等。才如此說，便是自棄。雖與不能居仁由義者差等不同，其自小一也。言學便以道為志，言人便以聖為志。[59]

玄義　言學便以道為志，猶釋教之學以證般若為志也。言人便以聖為志，猶釋教之人以成佛果為志也。道之于般若，聖人之與佛，亦一而矣。世人或惑於事相感通之異而疑之，實著相矣。天道惟誠而已，凡所有相皆為虛妄，顯性遮詮，豈非一物。蕺山學言云“纔見聖人為不可為，姑做第二等人，便是自棄。纔說聖人為必可為,仍做第二等人,便是自欺"。斬釘截鐵,方是大儒本色。有清常州諸儒,自稱不欲作第二等人,然不識聖人之志,終其身不過為樸學、藝文之傑者耳,何足以言第一等乎。

問,必有事焉,當用敬否。曰,敬是涵養一事,必有事焉,須用集義。只知用敬,不知集義,卻是都無事也。又問,義莫是中理否。曰,中理在事,義在心。60

玄義　集義之用,亦致知而已。用敬集義,渾合無二,方為聖學。知行合一,不可易也。程子云"中理在事,義在心"。中理以事言,義亦心言。釋名曰"義,宜也。裁制事物,使各宜也"。易乾曰"利物足以和義"。近世靈隱寺方丈慧明法師心地法門講錄有云"透事障須從理上鑽研,透理障須從事上磨練"。義殊精辟,正可為程子此語之妙註也。持敬應乎物理,致知歸於真心,實則理事無礙之境,豈非靈心之致。夫靈心之諦,唐五代釋教諸賢發明極微,以迄宋儒,反有迷障,強生異論。或謂乃以治世衛道故,必將排詆異端二氏,其為不得已。實則亦根器愈下,不易深入聖位使然。使其深入,當知不必詆毀若此。伊川晦翁實僅為賢者,若以境界論,弗能過司馬溫公、邵康節也。(康節之智慧實遠在伊川之上。)金李純甫作程伊川異端害教論辨,駁其排佛之說,吾引為同調。(見全遼金文。)其云"吾讀周易知異端之不足怪,讀莊子知異端之皆可喜,讀維摩經知其非異端也,讀華嚴經始知無異端也"。特為妙達,可破其執著。雖然,伊川晦翁,亦自備一格。吾人不必復強求於斯人,一如昔日其所強求于所謂異端者也。不然,亦陷乎其中矣。

問,敬、義何別。曰,敬只是持己之道,義便知有是有非。順理而行是為義也。若只守一個敬,不知集義,卻是都無事也。且如欲為孝,不成只守著一個孝字。須是知所以為孝之道,所以侍奉當如何,溫凊當如何,然後能盡孝道也。61

玄義　羅近溪盱壇直詮、近溪子集諸書,極善於人倫中體發天理,感發人心。程子言須知所以為孝之道,已開後世講家無數法門。敬者,於事上體。義者,於理上體。事上體者,相覿即是,為自家主人翁。血脈氣息如是。理上體者,自合承擔,為順應天則物類。致知靈覺如是。理事不二,敬義亦無二致。修學者非敬無以知義,非義無以持敬,血脈靈知,本渾融無間也。

學者須是務實,不要近名方是。有意近名,則為偽也。大本已失,更學何事。為名與為利,清濁雖不同,然其利心則一也。62

玄義　實學亦不離名利。夫子疾夫死而名不稱焉。大易元亨利貞。利者,義之和也。大戴禮記四代曰"義者,利之本也。委利生孽"。又曰"子曰,食為味,味為氣,氣為志,發志為言,發言定名,名以出信,信載義而行之,祿不可後也"。義者,利之本。食祿不可後。真通達之論。名利之正者,亦天地間不可少之物。自堯舜而下,先聖賢經營綢繆,豈無名利之計。故知不近名利之說,懲忿窒欲之教也。大人君子者,順應天則,名則正名,利則義利,非此亦無以成其教化。(希臘古哲赫拉克利特嘗云"最優秀之士,其選擇所以高于其他一切事物者,即於易逝者中,唯其永垂其榮譽耳。凡庸之眾饜足如牛而已"。)好名利之蔽,起於戰國諸子,自茲以降,儒者論學,不敢正名利之說,董子遂云"正其義不謀其利,明其道不計其功"。

宋學嚴於持敬自省,尤重乎義利好名之辨動心忍念,欲證聖境。然世之奮然欲有為者,亦知其歸於守攝安隱,非遠圖實業之略。婺中永嘉之儒蓋其儔也。其論學不拘習見,以功業為正業,欲與古聖賢繼踵連肩,亦庶乎大人君子之念。其狂則有之,奚可以邪妄目之哉。然器小者,亦何足以語此。使邪士小人學永康永嘉,則禍不踵至矣。王介甫之欲行周禮,韓侂胄之欲復故國,皆其徵驗。鄒東廓簡湛甘泉先生有云,近有友人勸令緘默以藏者,益答之曰"古人理會利害便是義理,今人理事義理猶是利害,須是吾輩自考自證,無一毫夾雜始得"。北宋諸儒欲戒慎乎心念之微,不入於名利。而永康永嘉諸儒,乃欲效古人理會利害即是義理者。雖縝細有不足,其心志之高邁,亦可稱焉。東廓欲無一毫夾雜,不免揀擇太甚。儒者不能少陳龍川之氣,如其師陽明先生即有之。清儒特異者,汪縉大紳其一也。近觀其汪子二錄内王附陳,推尊王通陳亮,亦尊朱内陸王,乃真有先獲我心者。雖推尊王陳有過,亦可謂獨具慧眼。大紳亦謂龍川"已有欣羨漢唐之心,則已滯心于事物矣。去其滯心于事物,皆備于我者,即其流行于事物也"。竊謂程朱之失,則已滯心于理。去其滯心于理者,即其流行于事物也。

回也其心三月不違仁。只是無纖毫私意,有少私意便是不仁。63

玄義　顏淵不遷怒,不貳過,三月不違仁。三月不違仁究竟是何種微妙境界,先儒之說,亦可謂衆説紛紜。偶觀佛說般舟三昧經有曰"菩薩有四事法疾逮得是三昧。一者所信無有能壞者。二者精進無有能退者。三者智慧無有能及者。四者常與善師從事。是為四。復有四事疾得是三昧。一者不得有世間思想如彈指頃三月。二者不得睡眠三月如彈指頃。三者經行不得休息三月除其飯食左右。四者為人說經不得望人供養。是為四"。顏淵三月不違仁,非言語所能說,欲究其精神微妙處,亦不得不從般舟三昧而參透之。不得有世間思想如彈指頃三月,此正為顏淵三月不違仁之注腳。此種不違仁之無分別心,貫通三月而無間相續,乃是菩薩之大證量。是所以能不遷怒,不貳過者。以佛教修證觀之,顏淵三月不違仁已證實相自性,疾逮得是三昧,固可以空明覺性,瞬間化解遷怒、貳過之世間常情也。使無此空明覺性,焉能以所謂之道德自律心化解之。欲以道德自律心強自不遷怒,不貳過者,吾知其終弗能勝也。蓋道德心尚是有為法,三月不違仁乃已至無為法矣。

初學者觀此說,常哂其迂遠不通,此真所謂不笑不足以為道。或云"有少私意,便是不仁,然私意何嘗能去盡。豈不見私意亦天性之所當有乎"。實則此猶屬想象,不知真實不虛者。聖賢境地,天體灝灝,純任天真,而不逾矩,其去私意,洪爐點雪,如抖飛塵,豈容纖芥之翳目。仁而無私,亦自然之致,非初機所能想見。昔修學十餘年,漸有體證。想功夫圓熟之際,其精明超然,無一私之累。庚寅悟後,乃知離一切相,與私意多少,全無關涉。有私意亦可,無私意亦可,不相礙也。中道實相,無可無不可也。

仁者先難而後獲。有為而作,皆先獲也。古人惟知為仁而已,今人皆先獲也。64

玄義　古人惟知為仁而已,即孟子曰天降大任於斯人也之義。舜發於畎畝之中,傳說舉於版築之間,仁者先難而後獲也。苦其心志,勞其筋骨,動心忍性,曾益其所不能,古人惟知為仁而已。今人執先聖賢之遺言,以為己出,陳義甚高,而實學多未至其萬一。如釋教末流之執習藏教義學,而無自主。禪宗末流之襲話頭棒喝,全失本意。理學末流之空譚性理,而不知此性理妙義全為先賢苦勞動忍中自家體認出,與汝何幹。此今人皆先獲者也。

金聖歎唱經堂語錄纂卷一有云"上篇屯卦是學聖人第一步,到得大過,纔結個果。然後請出坎離來,以天地莊嚴而自莊嚴,是為先難。下篇聽了咸恆遯罷了,放下心丟開手便是,是為後獲。先天弗違,吃盡老力。後天奉時,蕭然無事"。古來發明仁者先難而後獲之義,未有若此之奇特者。其理確有可觀。易經上下篇之次第,自合天道也。

有求為聖人之志,然後可與共學。學而善思,然後可與適道。思而有所得,則可與立。立而化之,則可與權。65

玄義　論語曰"可與共學,未可與適道。可與適道,未可與立。可與立,未可與權"。此條乃為論語之注腳。古人含蓄未發之義,程子揭之。有求為聖人之志,始可與共學。今世學者鮮有求聖人之志者,故多不可與共學也可明矣。今世之研習理學之人,鮮有求

聖人之志者。彼之道在哲學研究，在利祿名望，在政治改革。吾儕
之道在求聖人之志，在弘道明德，內聖外王，其揆莫由一。然以仁
心觀之，哲學研究亦聖人之學之助緣，善用之則辭達理徹。利祿名
望亦聖人之學之同體，善用之則慈悲喜捨。政治改革亦聖人之學
之作用，善用之則經權並行。吾所不喜言哲學研究者，以其好作語
言名相之密蘺以自縛也。吾所不喜言利祿名望者，以其沈溺人心
令其無超越之志也。吾所不喜言政治改革者，以其往往學未至而
好語變將終致大患也。故知有求爲聖人之志始可與共學者，其義
深矣。蓋非有此志，則三者之害不足以化。法苑珠林卷九十八云
"佛涅盤後當有五亂。其四云魔家比丘自生現在，於世間以為真道
諦，佛法正典自為不明，詐偽為信，世之四亂"。今世之研習理學
者，恐亦有此種魔家儒者在其間。世間以其為真儒學，詐偽為信，
是以儒學正義愈為不明。今世儒學之凋敝，猶在佛門之上。彼以
哲學研究為道者，使其有維特根斯坦之覺悟，亦可發願轉識為智，
同歸于聖人之道。彼以利祿名望為道者，使其機熟，發厭離心，亦
可為儒門之護法。彼以政治改革為道者，使其不為血氣所蔽，而能
深入仁德、智慧之三昧，亦可為儒門之功臣也。

　　此條分爲四節，實爲一體。華嚴宗云初發心即成正覺。有求
爲聖人之志者，即初發心也。立而化之，則可與權，即成正覺也。
權道最奧最難。葉采近思錄集解云"既立矣，又能通變而不滯，斯
可與權。蓋權者，隨時制宜，惟變所適，又非執一者所能與也"。然
此權道又幾誤盡後儒矣。理學之融通佛道而成一新體系，雖以儒
爲門戶，嚴排異端，仍不失其隨時制宜惟變所適者。然若謂理學即
是權道，則予又以爲然。理學不圓滿之處甚多。權道乃圓滿之
道。理學只得其一體耳。

　　**古之學者為己，其終至於成物。今之學者為物，其終至於喪
己。**[66]

玄義 僧肇涅槃無名論有曰"會萬物以成己，其唯聖人乎"。為己實乃聖人之學根本法門。周易六十四卦三百八十四爻，有能皆為己卜設者，始不失與天地準，彌綸天下之道之義也。蓍德之神，亦由乎為己而生，非為人也。周書多方曰"惟我周王，靈承于旅，克堪用德，惟典神天。天惟式教我用休，簡畀殷命，尹爾多方。今我曷敢多誥，我惟大降爾四國民命"。尚書中極多言予我者，懇切殷實，豈非即古之人為己之義。堯舜夏殷西周，成物之聖代也，皆先聖賢切於為己，而成彌綸天下，成物廣業。（葉采云"爲己者，盡吾性之當然，非有預於人也。其終至於成物者，蓋道本無外，人己一致，能盡己之性，則能盡物之性，然其成物也亦無非盡己之事也"。此种義理，頗與佛教相類。）時至春秋，老子乃曰"弱其志，強其骨，虛其心，實其腹"。強骨實腹，為己之體。弱志虛心，緣乎志心易馳於外物，故不可不虛弱之。春秋時人強志實心之習氣之重，亦可想見。所謂禮崩樂壞者，皆此強志實心有以致之。此種習氣落於我執，泯滅正念，而使人不識真我大心。（人類一切墮落之根源，即此強志實心。此為老子所發明者。與釋迦之說可謂不謀而合。）孔子乃倡導尊卑隆殺之禮教，類乎以毒攻毒者。蓋以一若為強志實心之禮教，以治此由強志實心習氣導之之時代危機也。以此而論，老子乃大醫師，洞悉病理，極為清晰。所開之方，正大弗繆，而悠遠難行，不切時用。（惟漢初黃老之治，休養生息，是其施諸政治少數之亮點也。）惟修道之士，始合於用。故老子之真正影響，不在政治，而在風俗。（蓋修道之士，在民間將老子之妙義大機大用之，影響於風俗日常。東漢以來，此種力量乃以新興之道教為其典範，遂又重新影響於政治。）孔子亦大醫師，洞悉周遍。其所開之方，乃是善於活用而易於行爲者，使一繁密博雜之政治社會有一清晰之改良之方向。其方亦有毒性，善用之適可以解其病，不善用之則病中增病矣。（雲笈七籤卷一唐陸希聲道德經傳序曰"仲尼闡三代之文以抉其衰，老氏據三皇之質以救其亂，其揆一也。蓋仲尼之術興於文,文以治情。老氏之術本於質,質以復性。性情之極,聖人所不能異。文質之變,萬世所不能一也"。老子之方,本於質以復性。孔子之方,興於文以治情。本於質以復性,極淳厚而難行於薄世。興於文以治情,能行於薄世而亦易於乖性。)唐宋之前,大體善用者多。明清以降,大體不善用者多。時至民國,則孔子政治禮教之藥方,亦似已喪其大體之功能矣。(如於政治體制而言,孔子之制度不復能維繫國家之運作。然民國以來孔子之宗族禮教猶存其生命力於某地區之鄉村也。如今,則尚存孔子禮教精神之鄉村亦正受時代之大挑戰。傳統之鄉村因經濟之開發故,生活愈趨於城市化。鄉村之居民因通訊媒體之發達故,心靈亦混同於現代城市之人。孔子之宗族禮教所殘存之生命力,亦將日趨於蕭索。儒家舊日之制度將朽,而孔子之精神常活。孔子昔日所設之禮法政治制度不能僵守,然孔子大一統、尚仁義之政治精神乃是中國國家穩定永恒之基石也。且孔子之大智慧,本在日常生活中,而擴充於政治事業。今既自政治舞臺退出,可以從容發揮其本具之智慧於日用矣。予又有思焉。中國未來情形之變化亦不可預料。當今社會之道德體系有崩潰之勢,人心混亂,精神疾病叢生。將來必有仁人重新整頓中國之社會道德,其所用者必亦包涵孔子之學說也。)而此正陸希聲之所謂文質之變,萬世所不能一者。惟當此孔子之影響力空前萎縮之際,佛教之生命力愈彰顯其善功用也。(佛教之藥方,中觀以空性去其實心之執幻為有,唯識以無自性性去其強志之遍計所執,如來藏說則直以真我大心,消融其強志實心。近人王驤陸乙亥講演錄有云"我之為物,其大無量無邊,人如真能知我,即見真我,或聖或賢或人,或鬼或畜生或地獄,皆我自由之所擇。擇之者心也,明此心方是真我大我。使我心由迷轉覺,由亂轉定,由愚轉慧,亦是我之權衡"。真為我計者,方是弘道之根器。以此真我大心,而進乎真空妙有如來藏我之印證,而為人類樹立新之自我完善之信心。在當代之社會,佛教之藥方,作用甚大。而孔子之學,亦將開出適合此時代之新藥方矣。予之藥方,乃合仲尼、曹溪為一體也。其雖微不足道,亦在此時代貢獻我一份力量爾。)方今之人類,其強志實心之病愈重,馳於外物而不返,楞嚴經曰背覺合塵者,即此之謂。莊子曰"判天地之美,析萬物之理,察古人之全,寡能備於天地之美,稱神明之容"。馳於外物者,多具此專尚判析察解之病，而虧於天然神我，所以其終至於喪己。
（今有治哲學者，專以判析察解為日常事務，非明睿所照，而強索至此，可不為誡乎。其所謂哲學，乃泰西近世日趨分別意識之扭曲之哲學也，非希臘羅馬正大仁慈之哲學也。歷來學者之患，本在強志實心。奈何今之學者愈喜為物，如近世盛行之唯物論者，則其志愈強，其心愈實，其執著不化者也愈重，故曰其終至於喪己。）

　　君子之學必日新。日新者，日進也。不日新者必日退，未有不進而不退者。惟聖人之道無所進退，以其所造者極也。67

　　玄義　惟聖人無所進退，以其所造者極也。莊子齊物論有曰"注焉而不滿，酌焉而不竭，而不知其所由來，此之謂葆光"。豈非即所謂無所進退者。郭象注曰"至人之心若鏡，應而不藏，故曠然無盈虛之變也"。聖人之道，蓋已圓成，進退之跡，非其本體，故不必以進退論之。故成玄英疏云"可謂即照而忘，忘而能照者也"。聖人之道，愚希慕焉。欲求此道，非主靜不足以證感其體，故自濂溪以降，宋明儒者，皆尚主靜一路。主靜者，進也。乃以退為進也。亦合乎老聃氏之玄義。故明道曰"性靜者可以為學"。然拘於主靜亦不是。聖人之心，實與靜動無關。靜亦可，動亦可，性靜者可以為學，性動者亦可以為學也。釋教有言菩薩不退轉之義。（菩薩之不退轉，有信、位、行、證等說。諸宗所言亦有異。法相宗以第六信為信不退位，第七住為住不退位，初地以上為證不退位，八地以上為行不退位。）故曰，使非至此地，未有不進而不退者。

　　明道先生曰，性靜者可以為學。68

　　玄義　明道之言性靜者可以為學，猶黃帝內經之言清靜則生化治也。素問經至真要大論有云"氣之相守司也，如權衡之不得相失也。夫陰陽之氣，清靜則生化治，動則苛疾起"。生氣通天論又云"蒼天之氣，清靜則志意治，順之則陽氣固，雖有賊邪，弗能害也。此因時之序。故聖人傳精神，服天氣而通神明"。內經主清靜以治

身,明道倡性靜以為學,其理一也。白玉蟾全集卷八修道真言有曰
"清靜二字是換骨法"。誠然神妙正解。聖人之學,必自此出。出
三藏記集卷六謝敷安般守意經序有云"苟厝心領要,觸有悟理者,
則不假外以靜內,不因禪而成慧"。明道所謂性靜者,非言氣質之
性靜者,乃謂格物致知,妙悟性體之凝定虛靈,方可為學之根柢。
不然荒迷浪逸而已。此性體之凝定虛靈,誠謝敷所謂不假外以靜
內,不因禪而成慧者。(王弼周易注復卦云"天地以本為心者也。凡動息
則靜,靜非對動者也。語息則默,默非對語者也。然則天地雖大,富有萬物,
雷動風行,運化萬變,寂然至無,是其本矣"。此最得靜之義。明道承其理脈
也。)刻意為學,往往落入假外以靜內,因禪而成慧一路。程朱後學
其病痛或有在此者,所以有象山陽明哂之。實則象山陽明之氣質,
皆非特為安靜者,陽明尤有豪氣,而其學卻特能得性靜之義。正可
為吾說之注腳。昔日自揣氣質粗豪放浪,然自知生平微有一二學
問真粹處,乃皆從此性體凝定虛靈中妙悟而得之,遂知其非假外而
得者。故曰,性靜者可以為學。自悟後,則又知明道先生多事。性
動者何嘗非可以為學耶。行人一旦深入實證,靜動兩性,互奪雙
亡,靜即是動之用,動即是靜之體。如此庶乎可語道矣。(近世泰西
哲人榮格氏有云"對最強烈衝突之克服,乃使吾儕斬獲一種穩定超然之安全
及寧靜感。欲獲得有益而持久之心理安全及寧靜,其所需者,正是此種強烈
衝突之大暴發也"。此即吾之所謂性動者何嘗非可以為學者。使學人身中無
此強烈衝突之大暴發,則其大抵亦將不能造此大性靜也。)

弘而不毅則無規矩,毅而不弘則隘陋。 69

玄義　象山語錄云"學者須是弘毅,小家相底得人憎。小者,
他起你亦起,他看你亦看,安得寬弘沉靜者一切包容。因論爭名之
流,皆不濟事"。此言不弘者隘陋,無包容之度,徒取憎於人,何足
成物。象山又云"士不可不弘毅,譬如一個擔子,盡力擔去,前面不
奈何,卻住無怪。今自不近前,卻說道擔不起,豈存此理。故曰,力

不足者,中道而廢。今女畫"。此言不毅者無以行道,道者法度規
矩之謂。夫規矩法度者,為大力人設。其力小者,往往自以爲合乎
規矩法度,實幻識以自欺耳。蓋其生平本未能實踐,誠如象山所云
"千虛不如一實"。抑何足以語夫法度之實義哉。

知性善以忠信為本,此先立其大者。70

玄義　象山語錄云"須是有智識,然後有志願"。知性善以忠
信為本,兼敬慎、獨知之勝義,既為本體,亦是功夫,如此方有精明
智識,氣脈方平,始得先立乎其大者。儒者喜謂人皆可為堯舜,使
有本覺智識,證切其體之規模,如性善忠信之道,如此便有此成堯
舜之志願。此亦陽明致良知說之明睿所在。東廓、蕺山之說,實亦
多與明道先生相合。知性善以忠信為本,乃渾渾而說,不分別細
察,猶有周漢之古風也。(今人如牟宗三氏,常譏諷宋明之儒者,缺乏思
辨分析之能力,而已能陵越之,古今莫二。此全不識古人之大者。在古人乃
是知性善以忠信為本,在今人則顛倒之,必歸之於理性之觀念為本。在古人
是千虛不如一實,在今人是千實不如一虛。所謂思辨分析之能力者,貌似實
者,實為虛者。先儒缺乏思辨分析之能力者,貌似虛者,實為實也。)

伊川先生曰,人安重則學堅固。71

玄義　安者,安泰安隱,德性貞粹,氣體舒寬之謂。重者,篤厚
穩重,氣質莊嚴,容體凝定之謂。世有博識彊記者,其學貌若可觀,
而實體未安重,易為外境內邪所擾移,未足以成教化,開物務。惟
志乎聖賢氣象,臻于安隱篤重之境者,其學方堅固如金剛。佛說般
若之以金剛為喻者,蓋般若有堅利明三德,堅者為體,利者為用,明
者為相,三德本一,體用非二,而金剛具此三德,故以名般若。伊川
僅言學之堅固須得安重。今可擴而言之曰"人安重則學堅固,人睿
覺則學爽利,人粹正則學光明"。治學須會安重睿覺粹正為一體,
則所起堅固即爽利即光明,庶乎大道矣。

博學之,審問之,慎思之,明辨之,篤行之。五者廢其一,非學

也。72

玄義　老子曰"道生之，德蓄之，長之，育之，成之，熟之，養之，覆之"。博學，長之者，審問，育之者，慎思，成之熟之者，明辨，覆之者，篤行，德蓄之養之者，而五者廢其一非學者，即道生之也。蓋道體渾成，仁者將与天理一體，五者不可缺一，否則非渾成自然之道。曹洞宗綿密回互，妙用親切，以寶鏡三昧、五位君臣之說化人，較之臨濟之機鋒峻烈，剿情絕見，尤有吾國古聖賢之風。觀老子道德經及禮記之語，往往綿密回互，春風化雨。五者不廢其一，而養其全體，此古人之教也。惜宋儒不復能實蹈其言矣。程子亦嘗自嘆云"今之學者，惟義理以養其心。若威儀辭讓以養其體，文章物采以養其目，聲音以養其耳，舞蹈以養其血脉，皆所未備"。（二程遺書卷二上。）以此而論，有宋理學之儒，審問、慎思、明辨功夫太過太察，反有虧於真氣，轉有法執之患。至後世之性理學者，博學之滋養愈少，篤行之不得法，弗能受用亦愈大矣。是以有如王陽明者出焉，志欲復古人之全體。顏習齋亦有大志焉。豈能以習齋之有失偏激而盡蔑之哉。

張思叔請問，其論或太高，伊川不答，良久曰，累高必自下。73

玄義　習陸王者，易墮空病。習程朱者，易入法執。龍树提婆，建般若中觀之空義，學者有蹈空之病，遂有無著世親，立瑜伽唯識之有義，以救其空病。伊川言張思叔其論太高，其人高識俊逸，恐亦上謝一類，其乃有空病者。伊川報以淵默，良有由也。累高必自下，其理愚凡愚婦亦知之。然伊川所言自下者為何物，非大賢莫能辨。涵養須用敬，其下者之謂乎。然執此以為入手，心眼不在高明，又往往落入小乘之修，戒慎苦行，固嘗能之，而不識大乘義諦。永明注心賦引古德云"一身即以法界為量"。累高必自下，然身心之量，不可不存于高明。故竊謂伊川之所謂下者，實涵攝高下之旨，卑實非卑，高亦非高，殊有微妙，故非大賢莫能辨也。淺者往往只執著于所謂累高必自下者，以爲聖人之學，盡是自約禮博文始。其實不然。聖人之學，實亦自生初發心始也。故曰，一身即以法界爲量。（江慎修近思錄集注有云"思叔與尹彥明同事伊川先生。思叔以高識，彥明以篤行，俱爲程子所稱。然又謂尹焞魯，張繹俊。俊者，他日過之。魯者，終有守也。故思叔請問常有過高之病。累高必自下。所以抑而救之也"。此亦孔門常用之手段也。）

明道先生曰，人之爲學，忌先立標準。若循循不已，自有所至矣。74

玄義 明道不欲先立標準，乃为破法执。朱子语类卷九十五云"纔立標準，心裏便計較思量幾時得列聖人。處聖人地位又如何。便有個先獲底心"。所言甚是。先立標準，正是先有分別心，不是大乘初發心。初發心即成正等正覺。此初發心者，自非先立標準者所能知也。聰明者善先立標準，正合為大慧禪師痛斥。呂東萊麗澤論説史說云"大凡人多爲世態習俗所驅，有爲善所驅者，有爲惡所驅者。不爲惡所驅，猶可用力。至於不爲善所驅，方始見胸中有所立"。不爲善所驅者，亦是不先立標準之謂是也。又無住禪師對杜鴻漸云"法句經云，若起精進心，是妄非精進，若能心不妄，精進無有涯"。若起精進心，亦猶先立標準者。惟循循之不已，自有所至，方乃法爾自然之道。

尹彥明見伊川後半年，方得大學、西銘看。75

玄義 蕺山證人會約嘗云"則雖謂讀書即致良知工夫，亦無不可者。所慮誇多鬥靡，轉入荒唐，炫奇弔詭，反增逃遯，然非讀書之罪也。昔和靖先生見伊川半年後，方與大學西銘看，古人不輕讀書如此。語云，先入者爲主。發軔一步，尤須先防歧路耳"。所言極是。張習孔近思錄傳云"此學記所謂不陵節而施之也"。伊川此處確有古賢施教之法度。清人讀書多勤苦，而鮮入聖域，可以爲誡矣。高僧傳卷五釋曇徽年十二，投道安出家。安尚其神彩，且令讀書,二三年中,學兼經史,十六方許剃髮,於是專務佛理。曇徽見道安後,四年方得剃髮,方得佛書看。四年之間,道安自有以教之,待其機熟。尹和靖見伊川半年間,所爲何事。朱子云"想見只是且教他聽說話,自就切己處思量"。葉采云"有待於半年之後者,蓋欲其厚積誠意,益蠲除氣習,以爲學問根本也"。愚意其所爲者,當亦不脫乎此。然其半年間所讀爲何書耶。既不得大學、西銘看,必有他書。吾疑必有佛書。或正與曇徽之所歷者相反也。

有人說無心。伊川曰,無心便不是,只當云無私心。76

玄義　說無心者,亦陳論過高,非中行之道。儻標此義,不惟無以異幟乎釋教玄老,亦無以合於夫子之道中庸。伊川不欲學者蹈於空病,亦言其不是。無私心,則義理貫徹上下,上則廓然大公,與天地一體,下則懲忿窒欲,歸諸身心,所以為當。然終是權說,非是實相。有志於聖人之學者,不可拘於此言也。伊川只是下一轉語耳。而後世多執著之。張習孔謂此儒釋之分也。江永謂無心之說入於空寂,聖賢之心公而已矣。張紹價謂無心,禪學也。無私心,聖學也。伊川本不死,奈何後儒多死於句下。伊川只一轉語作活機,而後儒反滋生分別心爲死局。此最其微妙之處。

謝顯道見伊川。伊川曰"近日事何如"。對曰"天下何思何慮"。伊川曰"是則是有此理,賢卻發得太早在"。在伊川直是會鍛煉得人,說了又道"恰好著工夫也"。77

玄義　上蔡高明,動輒以第一義諦相玩,然聖人境界,乃在無言。使踐履功夫未至,則淪入光影之譚,易入魔說,是謂化神奇為腐朽。龍溪留都會紀云"近溪之學,已得其大,轉機亦圓,自謂無所滯矣。然尚未離見在,雖云全體放下,亦從見上承當過來,到毀譽利害真境相逼,尚不免有動。他卻將動處亦把作真性籠罩過去,認做煩惱即菩提,與吾儒盡精微、時時緝熙功天尚隔一塵。此須覿體相觀,非可以口舌爭也"。近溪之學,有與上蔡相近者。上蔡之蔽,亦有與近溪相似者。他亦將動處把作天道籠罩，其實尚遠未逮。故程子勸其恰好著工夫，此正時時緝熙功夫也。

謝顯道云"昔伯淳教誨，只管著他言語。伯淳曰，與賢說話，卻似扶醉漢，救得一邊，倒了一邊。只怕人執著一邊"。78

玄義 朱子論語或問卷五云"蓋其所謂浴沂、御風、何思何慮之屬，每每如此，豈非有所發於玩物喪志之一言，而不知其反，以至於斯乎。陸子壽嘗論此，以為如謝氏者，未免為程門之醉人，蓋得之矣"。所論甚妙。上蔡只知醉而不知醒，猶修者深辨玄義而不用日常功夫。續高僧傳法融以為慧發亂縱，定開心府，如不凝想，妄慮難摧。乃為三論師而發。上蔡每樂於浴沂之屬，近乎慧者，使無持敬戒慎日常綿密功夫，自易發亂縱，流於放肆，故不可不用攝定功夫，堅固其學。不然，浴沂、御風、何思何慮高妙之屬，亦妄慮而已。明道以救得一邊倒了一邊喻之，殊妙哉。世間修道治學中人，此種人甚衆也。時或偏於空，時又偏於有。時或偏於義解之分析，時又偏於實行之偏執。時或偏於平實樸素，時又偏於神怪玄秘，皆如扶醉漢然。其未得有主人翁，合喫棒喝也。

橫渠先生曰，精義入神，事豫吾內，求利吾外也。利用安身，素利吾外，致養吾內也。窮神知化，乃養盛自至，非思勉之能強。故崇德而外，君子未或致知也。79

玄義 精義入神，言慧學精微，以攝定故，入於般若。勝鬘經曰"聖諦者，說甚深義，微細難知，非思量境界，是智者所知，一切世間所不能信"。精義入神，正智者所知者。窮神知化，非思勉之能強，正非思量境界。深得聖諦，一以貫之，內外圓徧，則崇德而外，不見他事，致知之道，惟德而已。利用安身者，安隱受用，自屬感應，全無隔閡。學者之功，即在利用安身中圓熟，內外同攝，非惟利外養內之道而已。船山張子正蒙注義理精邃，切劘深利，觀之悚然。其有云"蓋作聖之一於豫養，不使其心有須臾之外馳，以為形之所累，物之所遷，而求精於義，則即此以達天德。是聖狂分於歧路，人禽判於幾希，閑邪存誠，與私意私欲不容有毫髮之差也"。利用安身，豫養之道，精義入神，上達所由，窮神知化，不可說也，惟崇德而已。致知之道，亦惟崇德而已。然船山言佛老為強致，不免門戶之面。此亦時代氣數使然。使船山生於今世，當復平情而懷之。

古人精義入神功夫，莫若六經論孟老莊。此天之道也。六經論孟老莊而外，莫若史記漢書。此地之道也。史記漢書之外，莫若唐宋之歌詩文辭語錄，如李杜之詩集、陸宣公之奏議、二程之遺書。此人之道也。故中華至於宋代，三才之道盡備至極。唐是乾之九五，宋是乾之上九。（九五曰飛龍在天，利見大人。上九曰亢龍有悔。）後世能補充者蓋甚鮮也。如明之王新建，清之章實齋，乃為能補充者。清之顏習齋、戴東原，亦欲為補充者，其說雖新奇，炫目異常，然已有乖於中道，僅能成其降而求其次者耳。橫渠云，崇德而外，君子未或致知也。六經論孟老莊史記漢書唐宋之詩文語錄，莫非崇德之事。使以崇德之外之事求之，乖乎道矣。（近世泰西之學多以崇德之外之事求之，發明深刻，前所未有，然亦如打開潘多拉之盒者，遺禍無窮。近世哲人施特勞斯氏嘗云"徹底質疑近三四百年來之西方思想學說，乃一切智慧追求之起點"。其言雖未得中道圓滿見，尚有偏頗，而實為歐洲崇尚智慧正見之士之共同心聲也。中道圓滿見，無所取，亦無所捨。橫渠云，崇德而外，君子未或致知。此殊有得於古義。言致知者，後世之習氣也。近三四百年來之西方思想學說，窮竭於致知，其終也大惑矣。）

形而後有氣質之性，善反之則天地之性存焉。故氣質之性，君子有弗性者焉。80

玄義　白玉蟾修道真言有曰"修道總是煉得一箇性。有天命之性，有氣質之性。本來靈靈，是天命之性。日用尋常，是氣質之性。今一箇天命之性，都為氣質之性所掩。若煉去氣質之性，即現出天命之性來，而道自得矣"。其與橫渠之說，如出一轍。善反之，亦即內丹家逆修成聖之理所在。萬物生有天地之性，形而後有氣質之性。船山云"天地之性原存而未去，氣質之性亦初不相悖害，屈伸之間，理欲分馳，君子察此而已"。極是。實則天地之性、氣質之性本是一物，原無二致，聖賢立言，彊為之說爾。萬物皆有天地之性，猶法身遍一切處。楞伽經曰"境界，法身也"。大乘起信論曰"從本以來，色心不二"。又曰"智性即色故，說名法身遍一切處"。故道在乾屎橛，土木瓦石皆可坐禪聽法。函夏畫學素從山水樹石體認天理，感應聖情，亦以此一切色法即有智性法身故。人為萬物之靈，能以修習進學，了明心性，窮神知化，故易於反焉，歸證法性，洞徹原本。他物則放其心以徇小體之攻取，類為聲色臭味之所奪，根塵境困，所以不及人之靈覺善反。畫師之大而神者，使平常混昧之物，盡顯其真性，轉物能仁，故其神力德業，亦幾與法師之神通同。畫道之大，莫甚於此。既證真實，如何復認氣質為性。故三教聖人皆弗性焉。戴東原認氣質之性為本義而性焉，逆忤聖人之言，而獨斷成理，誠函夏衰變、世道顛倒之異兆也。

德不勝氣，性命於氣。德勝其氣，性命於德。窮理盡性，則性天德，命天理。氣之不可變者，獨死生修夭而已。81

玄義　德不勝氣，則為根塵所囿，莫能轉物能仁，故一生氣稟之狀而已。德勝其氣，則可辨知楞嚴經之所謂汝身汝心，皆是妙明真精妙心中所現物者。故廓脫物累，靈光獨耀，純然天德而已。氣稟之狀，乃與禽獸混同，惡濁亦所難免。純然天德，則事理無礙。識此不禁悚思。吾人已將至其境乎。抑或猶淪於氣稟物累，同於禽獸乎。學者不可不三省乎吾身也。

氣稟之狀，其與天德之間，最有品性之異。魏劉邵人物志論之尤備。其九徵有云"物生有形，形有神精，能知精神，則窮理盡性"。聖賢般若之學，皆能知精神者。人物品性之辨，由乎此也。象山語錄云"人品在宇宙間迥然不同。諸處方曉曉然讀學問時，吾在此多與後生說人品"。極有見地。吾儕效之可也。（其後果然作同氣十五品說。）

莫非天也，陽明勝則德性用，陰濁勝則物欲行。領惡而全好者，其必由學乎。[82]

　　玄義　莫非天也，猶楞嚴經言身心皆妙明真精所現之物。陽明勝則德性用。陽明之力，道行也。道行深湛，則有剛健湛明之相。道行勝則純入天德，施乎身心。楞嚴經曰"四大原如來藏"。陰濁勝則物欲行。陰濁者，根境重拙，蠢然無靈之相。既無超拔之志，沉湎根塵，具陰濁相，則惟物欲而已。非聖學無以拯其濁溺。然所謂道行者，亦不脫於身心四大物性陰濁。船山云"陽動而運乎神，陰動而成乎形，神成性，形資養，凡物欲之需，皆地產之陰德，與形相滋益者也"。其義極美。儒教大易陰陽之理，簡明微妙，釋教之契其神旨者，莫過維摩詰所說經。聖人豈可捨陰濁物欲而獨成陽明德性哉。橫渠先生為初機而發，自本乎己身之體切，其說簡而達。然較於第一義諦，終屬漸教。讀者若謂陰濁物欲盡屬惡業，則謬矣。輓世理學之壞，不為大眾信念，亦由乎此義不彰，使士民疾其禁欲，不合天性，生厭惡心故。

　　大其心則能體天下之物，物有未體，則心為有外。世人之心，止於見聞之狹。聖人盡性，不以見聞梏其心。其視天下，無一物非我。孟子謂盡心則知性知天以此。天大無外，故有外之心，不足以合天心。[83]

　　玄義　或欲格盡天下之物以窮理，人皆知其不可。橫渠之言能體天下之物，亦非言體察盡天下之物，實則言湛明心體，能於天下之物類見其本性也。木石土瓦，皆為法身，道在矢溺，萬物有靈。惟體物無遺，周遍無礙，始足以語其心之廣大。朱子語錄卷九云"心理流行，脈絡貫通，無有不到。苟一物有未體，則便有不到處"。陳義或過於玄虛，不若明道引素問云"手足痿痺為不仁"以狀仁體，能得切要。物有未體者，不仁處也。惟不仁，則心為有外，未能盡心。然猶是玄學，不如當下直踐真性。使真性可證，脈絡貫通，始不枉此番玄學也。"其視天下，無一物非我"，世人多笑其誕。使真性已證，此种言語亦如稻穀粟飯而已。胡煦周易函書別集卷七有云"有形無形，皆天靈也。謂無形無靈，風雷之氣，電雨之形，何爲其然也。謂有形非靈，腐草而用以筮，朽龜而立之卜，何爲其然也。萬物各一形，而形皆天賦。人心各一我，而我即天靈"。乃真深獲我心者。萬物皆天所賦，所以有天靈。人爲萬物之靈，大其心則能體天下之物。蓋萬物之靈與我之靈，實為一爾。（萬物有靈。如水所具通靈感物之能，近有日人江本勝以科學證得之。古聖賢屢陳觀水之義，如大戴禮記勸學篇之君子見大川必觀，如老子之上善若水，如孟子之觀瀾。吾今日始悟，乃水本亦能觀人也。君子之觀水，亦君子之觀於水也。水之能辨正邪善惡，萬物實皆然。人之不可不慎于萬物，亦同理也。江本勝以科學證真性之所在，頗驗於章太炎之言。其菿漢微言有云"今之物理學者，但明同業所感器界而已，其說電子、原子，明言假定，非如勝論執箸極微為實，亦何障於真諦邪。一類居士深疾此學，不知唯物論宗說至極端，尚即唯心見量，況物理學者並無唯物論宗之執箸邪"。"唯物論宗說至極端，尚即唯心見量"一語，確乎真知灼見。菿漢微言又嘗云"唯物之極，還入唯心。倒見之極，幾於正見"。誠然也。）

　　世人以見聞自梏，固狹矣。中庸開卷即曰"君子戒慎乎其所不睹，恐懼乎其所不聞，莫見乎隱，莫顯乎微，固君子慎其獨也"。不睹不聞者，在見聞之外，有物存焉，淵兮湛兮，君子戒慎恐懼，始能中正無病。隱微之處，乃有真性，修者慎獨，可以識其奧窔，洞其玄秘，其義大哉。陽明之學，及東廓、蕺山，盛推獨體之功。其所謂獨體，亦非以見聞自梏者所能感切。盡心者，明心見性之境，知性知天，亦同時而至。天心者，即天即心，亦妙明真精妙心而已，非有他也。

　　仲尼絕四，自始學至成德，竭兩端之教也。意有思也，必有待

也，固不化也，我有方也。四者有一焉，則與天地為不相似矣。84

玄義　仲尼絕四，朱子集注實不若何晏集解之體大圓融。何氏論語集解云"以道為度，故不任意也。用之則行，舍之則藏，故無專必也。無可無不可，故無固行也。述古而不自作，處羣萃而不自異，惟道是從，故不有其身也"。以道為度，則私家意測已盡，純任天則。用舍行藏，則任物應緣，隨處天機呈露。無可無不可，近乎大乘空宗有而非有，無而非無之義，中道實相，亦不捨有為法，惟無定法耳。不有其身，則破除我執法障盡，明道若昧。故橫渠云"四者有一焉，則與天地為不相似矣"。集注此節瑣細，弗如魏晉人遠甚。

程樹德氏論語集釋引宋鄭汝諧論語意原云"子之所絕者，非意必固我也，絕其毋也。禁止之心絕，則化矣"。程氏按云"此解最勝，恰合聖人地位。蓋僅絕意必固我，此賢者能之。惟聖人乃能并絕其毋。姑以佛學明之，能不起念固是上乘功夫，然以念遣念之念亦念也，并此無之，乃為無上上乘"。仲尼絕四，未必本意如此。然此義殊可玩味。其於始學者而言，所絕者意必固我。其於成德者言，則所絕者乃毋起念也。故橫渠云"自始學至成德，竭兩端之教也"。聖人之學，莫可執泥以定說也。

焦弱侯焦氏筆乘、李二曲四書反身錄解此章皆以意為意慮起念，乃達測度之本意。二曲至云"四者之累，咸本於意，所謂意慮微起，天地懸隔是也。意若不起，三累自絕，不識不知，順帝之則"。程氏樹德謂陸王派更為強經就我。亦有理。此處實不必急切，以意慮釋意，愚亦不取。然程氏亦終以陸王派所說尚有心得，故錄之。真可謂達人。此非清人之排宋儒者所能為也。

上達反天理，下達徇人欲者歟。85

玄義　老子曰，反者道之動。上達反諸天理，盡性知化，非此反，不足以言上達。形而上之謂道，通於物理之謂達，上達之通，實通上下，逢命順性，所為聖賢之則。下達於人欲，雖得安佚暢快，實愈濁滯無靈，禽獸不如也。蓋禽獸猶有靈知，彼下達徇人欲者，靈知亦將泯滅矣。天地閒活路，只在一個反字。不能生反之動者，落於偏單，易入於死局。故智者皆蓄反之動者，是所謂有容乃大。維摩詰之修行，蓄煩惱為菩提之反之動，而終證大乘不二法門，煩惱即菩提。天台智者大師蓄性具惡論為正統性善說之反之動，而成一吾國佛教極具啓發之學說也。

知崇，天也，形而上也。通晝夜而知，其知崇矣。知及之，而不以禮性之，非己有也。故知禮成性而道義出，如天地位而易行。 86

玄義 繫辭傳曰“知崇禮卑。崇效天，卑法地，天地設位，而易行乎其中矣。成性存存，道義之門”。明道言仁者與天地同體，此向上知崇一路，後世陸王一派最擅其法。伊川言涵養在敬，此向下禮卑一路，晦翁康齋一派極有契證。知崇禮卑，本皆不可廢，而各有偏重。橫渠正蒙極知崇之學，而曰知及之而不以禮性之，非己有也。其亦知學人蹈襲知崇之說而無實學者之弊。故正蒙太和、參兩、天道、神化、動物、誠明、大心、中正、至當諸篇尚知崇而外，亦設作者、三十、有德、有司、樂器、王禘諸篇，為禮卑法地之意。又設乾稱篇上下，喻知禮成性之境，不可不謂體構渾整，乃有宋第一等著作。（然據范育正蒙序，橫渠歿後，乃蘇季明離其書為十七篇。則正蒙體構之美，有橫渠後學助成之者。）明季劉蕺山之學，亦兼重知崇禮卑之義，其所作人譜正續篇及雜記，亦稟持此義也。

知崇者莫若釋教。三國吳闞澤有論佛語。吳主曰“孔子制述典訓，教化來業。老莊修身自玩，放蕩山林，歸心澹泊。何事佛為”。澤曰“孔老二教，法天制用，不敢違天。佛教諸天奉佛，不敢違佛。以此言之，優劣可見也”。出吳志及宗炳明佛論。其說固未可據為典要，然佛學之湛奧邃密，圓融無礙，其知之崇，實不可及。宋儒承隋唐五季佛禪極盛之勢，諸儒多出入佛老十數年以上，尤能深體其知崇，故道學之肇，其高華知崇處，雖導源於大易，而實多有取自佛禪之學者。如正蒙似純用大易。其實亦有自釋典化出者。正蒙之書，純顯性道，直詮心理，試看古之儒者有此著述否。其體要蓋亦效乎唐僧原人論者也。然理學諸儒雖讀佛書，實證則多不極高，鮮能深入其微妙果位。是以常有諍議詆毀，此亦政治風俗澆薄及根器愈降使然，亦在因果之中。正蒙禮卑法地諸篇，實亦少卑恭之意，甚多高揚之大義也。

困之進人也，為德辨，為感速。孟子謂人有德慧術智者，常存乎疢疾以此。87

玄義　正蒙有云"自古困於內無如舜，困於外無如孔子。以孔子之聖而下學於困，則其蒙難正志，聖德日躋，必有人所不及知而天獨知之者矣，故曰，莫我知也夫。知我者其天乎"。孟子亦云"獨孤臣孽子，其操心也危，其慮患也深，故達"。宣聖以降，困之進人甚顯者，莫若元祐黨人及有明諸儒。劉元城論章惇十九章，章欲殺之嶺南。人言，春循梅新，與死為鄰，高寶雷化，說著也怕。而元城歷其七。廢斥幾三十年，而學愈剛粹，行愈峻潔，自謂"杜門獨立，其樂無窮，憑怎生也動安世不得"。其所造之境甚高矣。白玉蟾修道真言有曰"天下人不難立志，最怕轉念富貴二字，是鉤人轉念的香餌。所以每每得道者，非貧寒，即大患難之後。何也。割絕塵累，回頭皆空。故孫真人注惡疾論曰，神仙數十人，皆因惡疾而得仙道。是塵緣都盡，物我俱忘，毫無轉念，因得福也"。元城之歷廢斥而愈粹，陽明之得悟於龍場驛，非亦同理乎。又伊川嘗自言，昔貶涪州，過漢江。中流船幾覆，舉舟之人皆號泣。伊川但正襟安坐，心存誠敬。已而船及岸，於同舟眾人中有老父問伊川曰，當船危時，君正坐色甚莊，何以。伊川曰，心守誠敬耳。老父曰，心守誠敬固善，不若無心。伊川尚欲與之言，因忽不見。此事見邵氏聞見錄。邵伯溫之言，甚可信。蓋君子在困境，無富貴諸緣之鉤牽，五根既閑，故其心之觸端機遇，恒多於平時。使忽有高人點之，或能脫落冰釋。伊川暮境所造，粹於前時，自有自涪州之困中進之者。（明儒極能以困而進，徵聖錄嘗述明儒獄學一篇，稱譽其德。明儒學案載楊斛山漫錄自述獄中得語，實可以感動鬼神。如黃石齋者，非皆獄中著書寫字乎。）

言有教，動有法。晝有為，宵有得。息有養，瞬有存。88

玄義　蕺山證人會約言有云"禮者，體也。近取之，即一進一退，一飲一食，一問一答，一視一聽，莫不具有三千三百。苟能致謹於斯，而心有不存者蓋亦寡矣。作聖之地，其在斯乎"。其與橫渠語言動有法，晝宵有得，瞬息有存，渾合無間。蕺山言此一時莫不具有三千三百，曲禮經禮，頗與天台宗一念三千之說有相類者。有一禮，而全體在焉。有一念，而法界俱攝。其理為一致。一禮之念，即蕺山所謂存心者。然天何思何慮，橫渠之語，固甚貫通，終感費力。息有養，瞬有存，未免太密。聖人無為之旨，似非此之謂。又釋教之化人，尤合橫渠此語。言有教，藏教經論也。動有法，戒律禮儀也，晝有為，行住坐臥皆修行也。宵有得，夢觀成就法也。息有養，四十二章經曰人命在呼吸間，佛贊其知道。瞬有存，禪家揚眉瞬目，行菩薩道也。橫渠所及者，實皆釋教之體證法門所在也。

橫渠先生作訂頑曰，乾稱父，坤稱母。予茲藐焉，乃混然中處。故天地之塞，吾其體。天地之帥，吾其性。民吾同胞，物吾與也。大君者，吾父母宗子。其大臣，宗子之家相也。尊高年，所以長其長。慈孤弱，所以幼其幼。聖，其合德。賢，其秀也。凡天下疲癃殘疾、惸獨鰥寡，皆吾兄弟之顛連而無告者也。於時保之，子之翼也。樂且不憂，純乎孝者也。違曰悖德，害仁曰賊，濟惡者不才。其踐形，惟肖者也。知化則善述其事，窮神則善繼其志。不愧屋漏為無忝，存心養性為匪懈。惡旨酒，崇伯子之顧養。育英才，潁封人之錫類。不弛勞而底豫，舜其功也。無所逃而待烹，申生其恭也。體其受而歸全者，參乎。勇於從而順令者，伯奇也。富貴福澤，將厚吾之生也。貧賤憂戚，庸玉汝于成也。存，吾順事。沒，吾寧也。又作砭愚曰，戲言出於思也，戲動作於謀也。發於聲，見乎四支，謂非己心，不明也。欲人無己疑，不能也。過言非心也，過動非誠也。失於聲，繆迷其四體，謂己當然，自誣也。欲他人己從，誣人也。或者謂出於心者，歸咎為己戲。失於思者，自誣為己誠。不知戒其出汝者，歸咎其不出汝者。長傲且遂非，不知孰甚焉。[89]

玄義　王龍溪私警錄後語有曰"弈之譜、畫之粉本，皆國工之所不廢，然徒譜且粉本而已，而于臨枰展素之際，顧悠悠焉，則罔矣。惟儒之於筆記也亦然。知於此，則為妙契疾書為訂頑，而為橫渠氏之苦心。不知乎此，則為續經，為擬易，而為文中、子雲氏之獵名，毫釐之辨也"。以獵名目文中子、揚子雲，固過激之論。然龍溪所謂于臨枰展素之際顧悠悠焉者，橫渠知此而妙契疾書為訂頑，則真妙說也。私警錄後語又言李氏之筆記曰"此雖不害其終為國工也，而亦未免於入國工而未入神品者之小疵也"。訂頑者，誠然理學文章之神品，性理之文字般若也。明道伊川極推西銘之高，其理意自亦能了然，而其文不能及，所以浩嘆。東銘砭愚愷切，閱之悚動，其文法亦極有筋骨聲氣，蓋自尚書訓謨化出。北宋五子中橫渠文最高簡，尤能追摩周漢，正蒙之書，多為此體，西銘自其精華。二程常有黜文之論，文辭求其達意而已，作文亦未有若西銘渾整高華、灝灝噩噩者。揚子法言重黎有云"或曰，聖人表裏。曰，威儀文辭，表也。德行忠信，裏也"。二程於文辭之表，略有所闕，似不及橫渠能表裏兼重。南宋諸儒，以表裏兼重論，東萊又高過朱、陸。吾鄉北山四先生承朱、呂之傳，兼重而以裏勝，而後乃有黃溍、柳貫、吳師道、胡翰、宋濂、王褘諸家之興，兼重而以表勝。王應麟，南宋晚季表裏兼重之首選也。其亦兼師諸家而私淑東萊者也。

"予茲藐焉，乃渾然中處"。莊子天下曰"聖有所生，王有所成，皆原于一"。混然中處,亦一而已。伊川晦翁皆喜言西銘理一而分殊,實亦莊子原於一之意。"天地之塞之帥,吾其體性"。天下曰"不離於宗,謂之天人。不離於精,謂之神人。不離於真,謂之至人。以天為宗,以德為本,以道為門,兆於變化,謂之聖人"。吾其體性,則自具其宗精真聖者,吾之體性自具聖人之奧,乃天地之所以為天地者也。(董子春秋繁露謂人副天數,身猶天也。道教謂人體為小宇宙。確有根據也。)邵康節皇極經世書觀物篇五十五有云"如其必欲知仲尼之所以仲尼,則舍天地將奚之焉。如其必欲知天地之所以為天地,則舍動靜將奚之焉。夫一動一靜者,天地之至妙者歟。夫一動一靜之間者,天地人之至妙至妙者歟"。天地之塞,一靜也。天地之帥,一動也。塞帥之間,宗精真聖備矣。天下又曰"以仁為恩,以義為理,以禮為行,以樂為和,薰然慈仁,謂之君子"。又謂以法為分,以名為表,其數一二三四,百官以此相齒,以事為常,以衣食為主,蕃息畜藏,老弱孤寡為意,皆有以養,民之理也。西銘所謂民吾同胞,物吾與也,天下疲癃殘疾云云,亦當不過如是。"違曰悖德",猶天下曰"不幸不見天地之純,古人之大體,道術將為天下裂"。天下述論墨翟、宋鈃、彭蒙、關尹諸派,批其不足而外,皆嘗稱其德美之處,此所謂善述其事,善繼其志者。其與西銘之稱述潁封人、舜、申生、參、伯奇,甚有相類者。仇兆鰲古本周易參同契集注例言亦云"仁者以天地萬物為一體,主宰流行,初無間斷。西銘云,不愧屋漏為無忝,存心養性為匪懈。言主宰也。又云,尊高年以長其長,字孤弱以幼其幼,常懷民胞物與之意。即流行也。仇氏道教內丹之修士也。總而言之,西銘一篇,氣脈神理全與天下篇相似,愈可知橫渠出入佛老,淪肌浹髓,其所造者,與古人渾然若無隙。此西銘所以為不可及者也。

張子正蒙注乾稱篇有云"人之與天,理氣一也。而繼之以善,成之以性者,父母之生我,使我有形色以具天性者也。理在氣之中,而氣為父母之所自分,則即父母而溯之。其德通于天地也,無有間矣。若舍父母而親天地,雖極其心以擴大而企及之,而非有惻怛不容己之心動於所不可昧"。又云"張子此篇,補天人相繼之理,以孝道盡窮神知化之致,使學者不舍閨庭之愛敬,而盡致中和以位天地,育萬物之大用。誠本理之至一者以立言,而闢佛老之邪迷,挽人心之橫流,真孟子以後所未有也"。義理湛切深遠,皆學西銘者不可不奉為圭臬者也。以孝道盡窮神知化之致,明儒中發明此義極深微者莫若羅近溪。近溪子集及孝經宗旨中頻見其義,生理暢達,天機渾完。船山之說,或有本乎近溪者。而小乘捨家求法,小道獨棲岩林。船山佛老邪迷云云,可斥小乘小道之不達,非大乘大道所應受。與船山同時諸儒中,桐城方以智先生乃最能明達儒釋之大同者。其氣概學識不在顧黃諸大儒下。妙悟神解,顧黃諸大儒亦不能及也。清儒胡煦讀西銘尤多絕卓之說。其周易函書別集卷七有云"由乾坤而推諸繼善之後,則民胞物與,皆吾之左提右挈者也。自傷其手足,是謂不仁。由祖宗而溯諸資始之初,則乾健坤順,皆吾之形生神發者也。不返諸最初,烏能合德"。又云"煦言天,與西銘之仁孝無異。第西銘之仁孝是自下說向上,煦之言天是自上說向下,西銘自作用說入源頭,煦自源頭說出作用,順逆不同,其旨一也"。吾觀其周易函書,弗繆也。

　　將修己,必先厚重以自持。厚重知學,德乃進而不固矣。忠信進德,惟尚友而急賢。欲勝己者親,無如改過之不吝。[90]

　　玄義　大學之道,格物致知誠意正心而後,始言修身。豈非即修己必先厚重以自持之意。知止而後有定,定而後能靜,靜而后能安,安而後能慮,慮而後能得。定靜安慮,豈非即厚重自持、靜為躁君、重為輕根之意。揚子以威儀文辭為聖人之表,德行忠信為聖人之裏。忠信進德,尚友急賢,有過則勇於改正,固函夏教化之大體也。張習孔云"此言君子之學,四條總是一事。威重如耕田,忠信如下種,取友如灌溉,改過如去莠"。亦妙譬也。

尚友急賢固是正法,然厚重自持、寂寞中慎獨功夫,其作用更在其上。隆欽燃絳巴尊者句義寶藏論廣講金剛處第八云徹底解脫修法有兩種,一如乞丐般修行,一如野獸般修行。如乞丐者,不見他人之法,不炫己之功德。如野獸者,到墳冢山谷中去,棄身語意三事而修。(劉立千先生譯。藏地厚重自持慎獨苦修之典範,莫若噶舉之米拉日巴大師、岡波巴尊者。又皆能尚友急賢。是以有行、學全面之大成就。)其法奇特,儒家固不尚之。然此寂寞中慎獨功夫,乃上乘者進德所必由。其次莫若尚友急賢。厚重自持是第一法門,尚友急賢是第二法門。(能厚重自持者,以尚友急賢輔助之,必得圓滿。而果於尚友急賢而不能於自持得力深造者,恐將中道而廢也。)改過正乃功夫之驗證也。而改過尤難。以佛家言,必以大定大慧、轉識成智功夫始可。不然,亦不足以正之。儒家之大賢,往往多此慎獨、尚友功夫。如伊尹傅說,如孔明淵明,如王通李泌,皆出入寂寞間,而不負往聖者。其之尚友,如孔明之有司馬徽、龐德公,淵明之有慧遠、周續之。然考其生平最得力處,終歸于慎獨。獨字大有密意。

橫渠先生謂范巽之曰,吾輩不及古人,病源何在。巽之請問。先生曰,此非難悟。設此語者,蓋欲學者存意之不忘,庶遊心浸熟,有一日脫然如大寐之得醒耳。91

玄義　此純從禪門機鋒施教手段化出,猶後世所謂看話禪、參話頭也。看話禪筆端於唐季五代,起於北宋,如汾陽善昭頌古之權輿,雪竇重顯拈古、代語之作,至南宋初遂有圜悟克勤、大慧宗杲一派看話禪大盛。橫渠適當其時,生在善昭卒前四年,卒在圜悟生後十四年,其出入佛老甚久,必有熏習於時風者。(據朱謙之譯忽滑谷快天中國禪學思想史。)圜悟有云"古來作家宗師不貴人作解會,唯許人舍知見,胸中不曾留毫髮許,蕩然如虛空,悠久長養純熟。此即本地風光,本來面目也"。橫渠發問,亦並未作解會,其遊心浸熟,如寐之醒云云，即圜悟所謂悠久長養純熟者。宗杲大慧普覺禪師書有云“但辦得長遠心與狗子無佛性話廝崖，崖來崖去，心無所之，忽然如睡夢覺，如蓮華開，如披雲見日，到恁麼時，自然成一片矣”。則與橫渠之說純然一脈。惟橫渠言存意不忘，禪師曰心無所之，實則亦毫釐之間耳。（張紹價近思錄解義有云“吾輩所以不及古人者，多因高視古人，以爲不可企及，自卑自小，安於頑而不知所以求仁，安於愚而不知所以改過，甘爲人下，絕不愧耻，病原常在，無藥可醫”。又云“學者常能以不及古人爲憂，存意不忘，則激昂奮發。不安於頑愚，進德必勇，改過不吝，庶有一日脫然如大寐之得醒耳”。病原常在，無藥可醫一語，尤爲沈痛。禪宗之以識自性即至佛地，本元自性清淨，乃使學人自知身具佛性。此所以能激昂奮發者。轉而悟平常心，入於不卑不亢之境。章太炎菿漢微言第九十三條爲孟子辯，陳不卑之義甚精也。）

　　未知立心，惡思多之致疑。既知所立，惡講治之不精。講治之思，莫非術內，雖勤而何厭。所以急於可欲者，求立吾心於不疑之地，然後若決江河以利吾往。遜此志，務時敏，厥修乃來。故雖仲尼之才之美，然且敏以求之。今持不逮之資，而欲徐徐以聽其自適，非所聞也。92

　　玄義　“求立吾心於不疑之地，然後若決江河以利吾往”。此不疑之地爲何，尤爲關鍵。一部華嚴經不出信解行證四門，而信爲首要，此即求立吾心於不疑之地者。於修士而言，乃急於可欲方可。不然，無以真解行證也。今世治釋學之人，多先已不信，如何解證。橫渠欲立吾心於不疑之地，當有與之相類者。後世象山論學，每陳先立乎其大者之義，學者須先立志。志小不可以修大人事，此象山之欲立吾心於不疑之地者。蓋必信人皆可以爲堯舜，謂無靈骨，是謂厚誣，始是入道也。亦是以信爲首，與華嚴同。然象山語錄亦曾言“須是有智識，然後有志願”。如何能至不疑之地，世人恆以爲信非解證不能發，故汲汲於解會而茫無歸宿。其人皆自問既無證據我如何能信。信是第一步。然彼輩認作第二步。一步即錯，百步皆錯。信者，志者，不疑也，終須敏以求之，智識靈明既生，自能興焉。惟智靈之求，不可以世俗思維解會之法，須效法聖賢之學，於日用中體認，親近六經藏教，日久機熟，智靈自生焉。大根器者，則自有活計，不須學習亦得，莫可測焉。

明善為本，固執之乃立，擴充之則大，易視之則小，在人能弘之而已。93

玄義 明善之善為何指，前人註解似少措意。檢故訓匯纂。孝經聖治章"不在於善"，唐玄宗注云"善，謂身行愛敬也"。方言卷一"黨曉哲知也"，錢繹方言箋疏云"相親愛謂之知，亦謂之善"。書咸有一德"主善為師"，宋儒蔡沈集傳云"善者，德之實行"。此蓋引申義。船山謂橫渠之學以孝道盡窮神知化之致，使學者不舍閭庭之愛敬，而盡致中和之大用，確屬的論。則橫渠謂明善為本，則此善乃謂人倫親愛身行相敬之德美也。蔡沈至謂"為德之實行，擴人倫之德，為一切德性之實體證行，而歸諸吾身者，亦可矣"。此所以為根本所在。惟在人能弘之而已。

今且只將尊德性而道問學為心，日自求于問學者有所背否，於德性有所懈否。此義亦是博文約禮，下學上達。以此警策一年，安得不長。每日須求多少為益。知所亡，改得少不善，此德性上之益。讀書求義理，編書須理會有所歸著，勿徒寫過，又多識前言往行，此問學上益也。勿使有俄頃閑度，逐日似此，三年，庶幾有進。94

玄義 論語曰博文約禮，下學上達，中庸曰尊德性而道問學，本如易之言陰陽，老子之言有無，渾然不可剖以二端。一團元氣，自然之致，本合如是，如莊子之言渾沌，不可鑿以竅也。儒家血脈，即在此一團元氣，自然之致。其之貌為二者，猶華嚴十玄門同時具足相應、純雜具德、隱顯俱成諸義，不可剖分偏單而解之。宋儒則強釋尊德性如何，道問學如何，雖精思有進，實則愈支離矣。故訟言不銷，耗散學人精力不少。在橫渠猶存渾樸，至南宋諸儒則漸漓矣。朱子中庸章句云“尊德性，所以存心而極乎道體之大也。道問學，所以致知而盡乎道體之細也”。似猶存華嚴十玄門微細相容安立、因陀羅網境界諸義之遺意。道學本多有取諸華嚴教義者。然朱子又云“二者修德凝道之大端也。玉山講義又云，學者於此固當以尊德性為主，然於道問學，亦不可不盡其力”。則終覺剖分支離，不復有賢首大師雅意矣。孔孟血脈，至此一漓。象山語錄云“既不知尊德性，焉有所謂道問學”。其欲歸諸一，猶多古意，近乎賢首宗十玄必歸諸唯心迴轉善成門。象山至謂“建安亦無朱晦翁，青田亦無陸子靜”。蓋學黃檗大唐國裏無禪師之語者，以消學人我執法執之病。其之化用佛理，亦可謂卓絕。後人根器愈下，象山之意，鮮得其傳，使無天挺如陽明子者出焉，古意愈為昏昧矣。

為天地立心，為生民立道，為去聖繼絕學，為萬世開太平。95

　　玄義　馬湛翁泰和會語有橫渠四句教之說。其釋為天地立心有曰“天地之心於何見之。於人心一念之善見之。蓋人心之善端，即是天地之正理。善端即復，則剛浸而長，可止於至善，以立人極，便與天地合德。故仁民愛物，便是為天地立心。故天地之大德曰生，人心之全德曰仁，學者之事，莫要於識仁求仁，好仁惡不仁，能如此，乃是為天地立心”。三才之道，而以人心貫。宗密原人論以真一之靈心貫天地元氣，會通本末，湛翁之說之源本，或可溯之於此處。漢儒劉陶陳事疏有云“人非天地，無以為生。天地非人，無以為靈”。其義之深妙，又非後賢所能及。蓋天地非人，無以為靈，人為天地立心，天地始成其靈也。此所以為三才之道，非僅天地之道而已。人之道亦大矣哉。橫渠之語為天地立心，實亦本乎漢儒之義。湛翁之釋承襲唐宋人之遺說，似尚未及此也。

　　湛翁曰“儒者立志，須是令天下無一物不得其所，方是圓成，萬物一體，即是萬物同一生命。朱子注云，立命謂全其天之所賦，不以人為害之。今人心陷溺，以人為害天賦，不得全其正命者，有甚於桎梏者矣”。今世人心之陷溺，又倍蓰於湛翁之時，視聽淆濁，義理昏昧，物欲極熾，前未嘗有，斫害天賦，使今之人多迷茫而無歸，談何立命正命。為生民立命，本儒者之責。今習儒者己之命尚未能立，如何為生民立命。故今之急務，乃應須先自為己立命也。

湛翁曰“道之不明不行，只由於人之自暴自棄。故學者立志，必當確信聖人可學而至，吾人所稟之性與聖人元無兩般。今當人之心晦盲否塞，人欲橫流之時，必須研究義理，乃可以自拔于流俗，不致戕賊其天性。學者當知聖學者即是義理之學，切勿以心性為空談而自安于卑陋也”。所言剴切如是。然聖學似不能以義理之學概言之，猶佛教不能以三藏之學教門義理概言之也。聖學必重通經致用，猶禪宗之必主明心見性，般若波羅密多，不可純以義理之學語之。吾觀今世愚夫愚婦，不知自拔于流俗，然往往猶能有合於道者，日用而不知。今世讀書人，不肯自拔于流俗，則道德風教悖矣。其實今世之病患，不在愚夫愚婦，而在讀書人。湛翁之說，實為讀書人而發。蓋愚夫愚婦無知見，讀書人有知見也。吾觀今世之讀書人，不肯自拔于流俗、戕賊其天性者比比皆是，所以人心愈否塞，人欲愈橫流。此種讀書人之罪，乃不可逃譴者。故春秋公羊傳有惡厚而責薄之義，責小人恕而責君子嚴。亦以此也。

湛翁曰“從前論治，猶知以漢唐為卑，今日論治，乃惟以歐美為極。從前猶以管商申韓為淺陋，今日乃以孟梭里尼、希特勒為豪傑。諸生但取六經所陳之治道，與今之政論比而觀之，則知碔石民不可以為玉，蝘蜓不可以為龍，其相去何啻霄壤也。中國今方遭夷狄侵陵，舉國之人動心忍性，乃是多難興邦之會。若曰圖存之道，期跂及現代國家而止，則亦是自已菲薄。今舉橫渠此言，欲為青年更進一解，養成剛大之資，乃可以濟蹇難。須信實有是理，非是姑爲鼓舞之言也"。從前士類自幼即知聖賢可致，王道可期，所以資質中正之士，力極剛大，志極高遠。今世讀書人不信聖賢可致，王道可期，所以立論往往平實卑守而已。其人必哂湛翁此說爲迂遠不可達，而每以實行泰西制度爲弧的，非惟不達國情經權，其志亦恐貌恢而實狹，未足以養成大體。今之言吾國政治者，或視王道爲秕糠外道，而自居以歐美正格，其不足以語大也明矣。讀書人心中，不可為外物所動，為外境所撼，心有須有此聖賢可致、王道可期之智能氣魄，惟此方足以續中西天竺先聖賢之文脈，為後世子孫造大福也。（張習孔云"四語唯孔子當之，堯舜之聖，不能謂之繼絕學也"。所言差矣。堯舜之時，自有其絕學可繼也。可參呂東萊粹言疏證第九十二條。）

載所以使學者先學禮者，只為學禮，則便除去了世俗一副當習熟纏繞。譬之延蔓之物，解纏繞即上去。苟能除去了一副當世習，便自然脫灑也。又學禮，則可以守得定。96

玄義　橫渠使學者先學禮，猶存漢儒遺風，亦其所以能作西銘者。學禮雖嚴，似多拘束而實能掃除世俗習氣，反可自然脫灑，此正老子所謂反者道之動之理。此亦夫子克己復禮，天下歸仁之意。復禮而歸仁，歸仁則大自在也。明道云，禮樂只在進反之間，便得性情之正。正可與橫渠學禮脫灑之說相發明。橫渠云"苟能除去了一副當世習，便自然脫灑也"。此即禪宗"但去凡情，別無聖解"之解。又禮之為制，其要曰戒律、威律。雲笈七籤卷六有曰"戒律者，如六情十惡之例是也。戒者，解也，界也，止也。能解眾惡之縛，能分善惡之界，防止諸惡也。律者，率也，直也，慄也。率計罪衍，直而不枉，使懼慄也。威儀者，如齋法典式，請經軌儀之例是也。威是儼嶷可畏，儀是軌式所宜。亦是曲從物宜，為威法也"。其曰戒者解也，洵為妙義。此即橫渠學禮除去世俗習則自然脫灑之謂也。律者，直也，直而不枉。此即學禮則可以守得定之義。儼嶷可畏，曲從物宜，則自然以正治邪，以一統萬矣。

須放心寬快公平以求之，乃可見道。況德性自廣大。易曰，窮神知化，德之盛也。豈淺心可得。97

玄義　此真有道之語。寬快公平四字極可玩味，寬者心量似海，包容逆流。快者機鋒如電，瞬息之力，決生決死。公者，行菩薩道，給予他人。平者，平常心是道，平澹天真也。德性自廣大，豈私意所可推助。莊子大宗師有云"魚相造乎水，人相造乎道。相造乎水者，穿池而養給。相造乎道者，無事而生定。故曰，魚相忘乎江湖，人相忘乎道術"。放心寬快公平求之，無事而生定也。德性自廣大，無思慮中自然相造乎道，因無私意推求，純任真心，所以曰相忘乎道術。淺者急迫峻硬，無以相忘，是故不能造乎道。莊子論造道之理，極爲純熟。釋氏如吉藏三論玄義、歷代法寶記、無住禪師語錄，皆嘗譏莊老淨說自然，不識因果，實則莊老之于道體印證，於理雖未能如藏經之嚴密而直詮，亦能大用圓通純熟。豈天下造道之由，僅惟因果之說始足以立哉。莊老不說因果，非不識因果也。

人多以老成則不肯下問，故終身不知。又為人以道義先覺處之，不可復謂有所不知，故亦不肯下問。從不肯問，遂生百端欺妄人，我寧終身不知。98

玄義　使少年天資明睿，識道獨契，或發乎仁體，智勇駿厲，則老成人亦當師之。夫顏淵、王輔嗣、僧肇諸聖賢，豈非皆爲萬世老成人之師耶。彼之壽皆止乎少年而立而已。道義先覺者，未必無蔽，其之恥于下問，則浸入窮塗而不顧。未證曰證，未悟曰悟者，亦爲釋教大德之所斥也。人以老成而肯下問者，陽明門下有從吾道人董澐，年六十七聞陽明講學，幡然就弟子列，最爲典型。人以道義先覺處之而能下問者，自舜而下，歷代聖賢多矣。尤以仲尼堪爲師範也。明初格魯派之宗喀巴亦然。是所以能集大成者也。

多聞不足以盡天下之故。苟以多聞而待天下之變，則道足以酬其所嘗知。若劫之不測，則遂窮矣。99

玄義　天下之變故，莫可測焉，欲彌綸天下者，非可以見聞之知而達之也。區區見聞之恃，博識彊記之術，奚能達其神奧，而應化無窮耶。莊子養生主曰"吾生也有涯，而知也無涯，以有涯隨無涯，殆已。已而為知者，殆而已矣"。郭象莊子註云"已困於知而不知止，又為知以救之，斯養而傷之者，莫大殆也"。見聞之知，即有涯之物，其之不可隨無涯，亦明矣。世人多困於見聞之知而不知止，以救之者，又為見聞之知以救之，愈鑿吾天性，殆矣。今世之所謂科學、哲學者，豈非即此欲救困而又為見聞之知者耶。愈救而愈困，而尚不知返，悲哉。近世科學之新說，漸有知返者。其知返者往往有靈覺。雖世道可虞，靈覺之生，亦是希望所在。茅星來曰"心通乎道，則隨事物之來而順其所當然之道以應之，故可以肆應不窮。若徒事記問之末，則見聞有限，而事變無窮"。亦得之矣。唯見聞之知，非止記問而已。今彌天下者，多此物事也。

為學大益，在自求變化氣質。不爾，皆為人之弊，卒無所發明，不得見聖人之奧。100

玄義　張習孔云"為學在變化氣質。先賢格言也。先生增自求二字，意更深切。不自求，卒難變也"。所言甚是。宋儒自求變化氣質之說，竊謂乃自公羊大義化出。宣十二年邲之戰。春秋繁露竹林篇云"春秋無通辭，從變而移，晉變為夷狄，楚變而為君子"。中國行乎夷狄，則亦夷狄之。晉伐鮮虞則夷狄之。(昭十二年)秦襲鄭，則夷狄之。(僖二十三年)鄭大夫欲從楚，則視為夷狄之民。(襄七年)東萊曰"善惡無定位，華夷無定名，一渝禮義，旋踵戎狄"。純然公羊之大義也。此與宋儒變化氣質之說，皆本聖人之意，大則外國進於中國，小則一身進於君子，其理為一致。理學變化氣質之說，亦公羊華夷變易之古論之轉化者，為吾國人心一貫之所傳者也。(自求變化氣質，何明簡明神奧，為宋儒極粹之言。橫渠作乾稱篇、四句教及此言，皆驚動天地，為濂、洛所未有者。後世船山大儒極推其學，自有由也。船山亦驚動天地之人，而淵默雷聲，發之於二百年後。蓋亦奇哉。橫渠聲望之隆，不及濂、洛、閩諸大儒，船山生平名稱，不及黃、孫、顧、李諸時賢，然其驚怖震撼處，每能過之。宋文中有西銘，明儒中有船山，皆超軼絕塵，為不可思議者。使譬之以樂，其猶鼓乎。橫渠誠宋儒之天鼓也。周如琴，邵如簫，明道如笛，而伊川如篳篥也）

　　白玉蟾修道真言有曰"學道先以變化氣質為主，再到與人接物上渾厚些，方是道器"。亦與橫渠之說合。由自求而變化，復與人接物而變化，此自是窺入聖人之奧之次第。不能自求變化氣質，焉能與人接物上加以渾厚乎。圭峰宗密遙稟清涼國師書有云"習氣損之又損，覺知百鍊百精"。佛學之視變化氣質，猶漸盡習氣，佛果自成。禪家所云，但盡凡情，別無聖解者也。儒家言天理氣質之性，本非為二，所謂變化氣質，乃化氣質之入於偏者，而入於純正，非氣質盡須變化為天理。圭峰圓覺經略疏實已具此義。其又云"此虛妄心雖假緣生，不離真心氣分，故曰緣氣"。其所謂真心氣分，即其序中所云"元亨利貞，乾之德也，始於一氣。常樂我淨，佛之德也，本乎一心"。宗密攝氣於心，實亦認氣為真心所發，非純為習氣而須變化者也。此最為吃緊處。真心氣分之微妙，須以藏密寧瑪大圓滿妥噶法義或噶舉大手印之學闡說之，最能圓通。自求變化氣質，即自求變化心性。心性既超，氣質自變，氣質自變，與人接物自渾厚，境界自日趨弘闊矣。

　　儒者言自求變化氣質，已極精進語，而不知實則性亦無定體，蓋以性善一義而自封之，遂不敢言自求變化性質也。自求變化氣質一語，何如自求變化性質為透徹。變化氣質，即變化心性。性本無形，而為形質所限。性本無名，而為言語所累。使君子能變化氣質，善矣，然使其雖變而猶不足以明心見性，雖見性而猶不足以悟後修行圓成，而將達聖人之奧，則其變化只是在陶鑄之中，終未至於道。變化性質，則庶至於道矣。雲笈七籤卷九十七部語要有云

"海蚌未剖，則明珠不顯。崑竹未斷，則鳳音不彰。情性未鍊，則神明不發。譬諸金木，金性包水，木性藏火，故鍊金而水出，鑽木而火出。人能務學，鑽鍊其性，則才慧發矣"。其言鑽鍊其性，較之變化氣質，更為直捷。性無定體，如何不能變化之。宋儒往往執性為定體，不敢越雷池一步，是以弗能突破之。其雖學佛參禪，然往往以門戶自封焉，多不能透徹空性之證量，故一提孟子性善論，已令宋儒氣緊矣。

文要密察，心要洪放。 101

玄義　葉平巖近思錄集解云"文不密察，則見理粗疏。心不洪放，則所存狹滯"。所言甚精。夫六經聖哲之書，乃至老莊三藏，皆文理密察，心量洪放。儒之易傳，道之齊物論，釋之楞嚴，皆其尤者。漢儒董揚毛鄭，猶存其規模神理，而後浸衰。歷六朝至隋，古風猶在，而以文中子為巨擘。至唐則孔穎達、顏師古諸儒，已墜前緒。韓、柳之作，文理密察有之，而心量未得洪放。韓之心失之剛猛，柳之心失之峻峭。觀夫儒者二美兼備者，唐有陸宣公可以語此也。入宋則濂洛諸儒，心量洪放容或有之，而文理密察多未至。橫渠差能兼重之，有漢儒遺風，頗能用文理密察功夫，所作文字門人編成正蒙一書，乃文質彬彬、體格完備之作，大異於他賢。故其頗以文理為重，而有是言之發明。隋唐釋教精元極盛，其大德往往能兼二美，神氣貫注。天台之智者、湛然，華嚴之法藏、宗密，法相之玄奘、窺基，密宗之不空、一行，禪宗之臨濟以迄延壽，皆心量洪放，體魄廣大，又多能文理密察，辯才無礙，實為彼時之士類所不及。理學諸儒實有師之。宗密、延壽之學，影響深長。伊川之作易傳，二程弟子之編語錄，康節之作皇極經世，橫渠門人之編纂正蒙，朱子之徧注羣經，呂子之挈貫經史，觀其表相皆儒者經子之書之常例，究其真實則必有追摩釋教大德經疏燈錄之旨趣在焉。惟其時氣脈漸漓，諸儒文理之境界，不復唐賢高華嚴密之境。其疏朗弘闊之美，固多有之，而高華嚴密，則未之逮。邵子之書最能嚴密，亦最獨創。然著大日經疏、大衍曆之唐密宗大德一行，實其師範也。（一行學問之獨創嚴密，豈在邵子之下。而邵子文理之獨創性，實又追溯於道教之陳摶。邵子之學，實乃三教精華之所化。）朱子之書，辨析思致，貌甚嚴密，而多有破綻。後世論之者多矣。故以氣而論，唐人高華嚴密，疎密相間，即疎即密。而宋人多能疎而不能密爾。其能疎密兼得者，唯乃以通鑒、通志為典範之宋代之史學也。通鑒、通志諸書，可謂宋人文理密察之作。故宋代儒家貢獻於中國文化者，自以理學為勝。然其貢獻於學術之道者，實以史學為最。詩歌、書法，固有獨創，實則僅成唐人之餘爾。

不知疑者，只是不便實作。既實作則須有疑，有不行處是疑也。 102

玄義　儒家懲忿窒欲，克己復禮，蓋以氣質之偏蔽，不可不轉移變化之。然孟子又主性善之說，人人皆可為堯舜，宋儒亦謂自性天德具足，明儒亦謂天理人欲為一體，則學者如何不能無疑。其無疑者，未將學問實作於性命者也。此輩人論學襲用妙義大乘，圓融無礙，實則紙上談兵，甚少實作，使其實作，則知疑竇極多，惟戒慎恐懼而已矣。吾文行此，亦悚然自省，當有自誡。庚寅悟後，方知人人皆可爲堯舜，然欲會此義者，何等不易。豈人人可談此語哉。彼輩輕談之而不之疑，乃爲文字所欺矣。朱子語類卷十一云"讀書無疑者，須教有疑。有疑者，卻要無疑。到這裡方是長進"。未免爽捷有過。有疑者乃要無疑，談何容易。恐自古多少學人，於此關口，自欺而過。禪門云，疑情生道性。誠然也。

心大則百物皆通，心小則百物皆病。 103

玄義　夫子心大，而厄於陳蔡，不得實行其志，焉得謂心大則百物皆通。嬴政心小，純任霸道，而一統禹域，開函夏二千年之政體格局，焉得謂心小則百物皆病。故知橫渠此語，非涉政治之實事,乃言性理之微妙,實從佛經化出。華嚴經弘大心之旨,其大心之說極精。橫渠之言心大則百物皆通,恐有取之於此。(藏密寧瑪宗大圓滿法有心色二元之義,空明不二,而各有體質,色法非虛幻,不純屬心識所生。以此而判,橫渠所言,乃屬心法。前所辨議,乃屬色法也。)理學倡心大之義,然宋之國勢日蹙,內亂日劇,以至於亡。理學之不能使萬物皆通,亦人皆見之矣。理學倡心大之義而其心實非大也。周漢開國,確有心大之氣象。西周毋論。漢高祖鄙野之人,然其心量之大,乃古今罕覯者。蘇子由謂其道云"先據勢勝之地,以示天下之形。廣收信、越出奇之將,以自輔其所不逮。有果銳剛猛之氣而不用,以深折項籍猖狂之勢"。非心大何能至此。(見三國論。)唐太宗心量亦弘大,觀其時俊彥若雲霞,皆為其所用,即可知之。宋太祖何能與之競哉。宋代政治、學術之患,即是心量不大。橫渠性理諸儒倡心大之義,亦可對症下藥也。然所藥不免適增所病矣。(心色二元之義,乃極玄奧之問題者。以色爲純然實在者,固不足爲訓。以心識為絕對、言色法純屬心識所生者,亦非中道。一如橫渠此語,非妄亦非真。讀者欲得圓滿之知見,非修證悟入、知天命耳順,詎有二路哉。)

人雖有功,不及於學,心亦不宜忘。心苟不忘,則雖接人事,即是實行,莫非道也。心若忘之,則終身由之,只是俗事。[104]

玄義　心苟不忘,雖接人事即是實行,莫非道也。子曰"弟子入則孝,出則弟,謹而信,汎愛眾,而親仁。行有餘力,則以學文"。以接人事即是實行,儒家本有古意如是。劉寶楠氏論語正義謂其是古教幼學之法,若教成人,則百行皆所當謹,非教術所能偏及,故惟冀其博文,以求自得之而已。竊謂孔子本義未必若是,非僅為幼學而說也。然後世未能如其言,而以學文為先,踐行為次,既成風氣,寶楠之說,亦契其常理。惟寶楠不思,冀其博文以求自得之者,尚須真心不忘也。故橫渠亦言不及於學,心亦不宜忘。其所謂學者,亦學文讀書之謂也。

橫渠此說，與其云其導源於論語，毋寧謂其出自禪宗。馬祖道一倡觸境皆如，隨處任真之說，即是一切人事，莫非實行道真之意。景德傳燈錄卷六有云"若了此心，乃可隨時著衣喫飯，長養聖胎，任運過時，更有何事"。橫渠言心苟不忘，此心乃志乎聖人之心也。道一所言之心，乃三界唯心，森羅萬象，一法之所印。其心有二乎。實無也。儒家聖人之心，豈非即日用平常之心乎。日用平常之心豈非即森羅萬象中天地太一之心乎。

合內外，平物我，此見道之大端。105

玄義　合內外，明道定性書發明湛切，言性之無內外義。內外既合，則亦無內外。莊子知北遊曰"古之人，外化而內不化。今之人，內化而外不化"。外化而內不化，成玄英云"外形隨物，內心凝靜"。外形既順應物化，其實無自性，萬象森羅皆內之所印，亦即定性書之所謂"聖人之常，以其情順萬事而無情"。內外合矣。內化而外不化。成玄英云"內以緣通，變化無明，外形乖誤，不能順物"。則心為緣擾，生無明緣起，外物亦無由感化，而支離悖亂，內外分矣。明道徑言無內外，或自楞嚴經來，釋教之破相也。橫渠穩健，言合內外，則愈見莊老渾成手段。橫渠不言忘物我，而言平物我，亦其穩健本色。其所謂平者，猶莊生齊物論之齊。齊物論曰"聖人不由，照之於天"。蓋非此，無由以平物我也。茅星來云"或說到細微精密處，則當就內外物我間一一各究其當然之極，而不使有毫髮差謬，乃真爲見得到。從此實下工夫，方可深造自得"。陳義極精，乃真有功夫之語。予開悟之初，亦嘗於內外物我間一一各究其極，以驗己之悟之真實與否。使有毫髮之差謬，心即知之，即不真實者矣。是以讀茅氏之語，發此贊嘆也。

既學而先有以功業為意者，於學便相害。既有意，必穿鑿創意作起事端也。德未成而先以功業為事，是代大匠斫，希不傷手也。106

玄義　如修佛之人，既學而有先以得道為意者，終有相害。故禪門古尊宿每言無佛可作，無道可修，以破其妄執。欲其水到渠成，不待揀擇也。聖賢之事業，須有聖賢之德之位方能致之，德業未至，即欲行之，此僭越之事，鮮克善終。新莽以降，僭者不絕。宋世王介甫，生於國勢蹙危之際，有志之士皆欲更變之時，而介甫急迫行之，穿鑿創意，峻切猛厲，為害社稷，非惟不能建功立業，亦已落入邪妄矣。故明道先生始贊同之而後棄之去。然王安石非無志者，其志非盡乖於大道。然不免先有功業為意者，於道便相害，必穿鑿創意作起事端。彼勤苦深刻而昧於第一義也。第一義者何。仁本也。中庸也。章太炎菿漢微言有云"王夷甫重老子，知其無為，不知其無不為。王介甫重老子，並知申韓之法，亦出於是矣。殊塗同歸，俱用敗亡者，何哉。不知以百姓心為心也。輕則失臣，躁則失君。老聃以爲至戒。有道之君貴靜，不重變法。韓非亦知之矣。而介甫不悟，豈明老氏之術者邪"。此亦荊公學、德未成而先以功業為事之證。（荊公學老子而未得也。呂惠卿學莊子而未得也。方以智藥地炮莊總論上亦嘗云"黎美周曰，介甫若善莊子，自不如此。愚曰，彼正窺得莊子，而實用管、商，以圖一世之功，勿為所謾。然而不達物理，不知因物，毋乃究竟為挾莊者謾耶"。）袁枚書王荊公文集後有云"荊公上仁宗書，通識治體，幾乎王佐之才，何以新法一行，天下大病。讀其度支廳壁記，而後歎其心術之謬也。夫財者，先王以之養人聚人，而非以之制人也。今其言曰，苟不理財，則閭巷之賤人，皆可以擅取與之利，以與人主爭黔首，而放其無窮之欲。然則荊公之所以理財者，其意不過奪賤人取與之權，與之爭黔首，而非為養人聚人計也。是乃商賈角富之見，心術先乖，其作用安得不悖"。又云"宋室之貧，在納幣、郊費、冗員諸病，荊公不揣其本，弊弊焉以賒貨取贏，考其所獲，不逮桑、孔，而民怨則過之。以利為利，不以義為利，爭黔首，反失黔首矣，悲夫"。所言極是。先以功業為事，而心術謬矣。

過者過之，不及者不及之。過者如王，不及者如宋理學諸儒。（此為最敏感之歷史問題也。此種人類世界之未圓滿處，蓋自孔子、耶穌以來即已顯露矣。近世印度哲人克里希納穆提一生講學，然於晚年亦甚失落，覺己一生心力投注於教化，而於印度之現實並無一二真實之改變。此亦此種未圓滿也。陳寅恪寒柳堂集讀吳其昌撰梁啟超傳書後自謂"余少喜臨川新法之新，而老同涑水迂叟之迂"。蓋極慨深慨之嘆。百年來吾國新法如巨瀾層湧，其初也多喜好之鼓吹之，其終也多痛哭之懺悔之。嗚呼。其事今世猶未竟也。過猶不及。夫子見之深矣。）

以王莽比荆公者，自蘇子瞻始。（二老堂詩話載陸放翁云"王性之謂蘇子瞻作王莽詩譏介甫云，入手功名事事新"。）然王莽又大異於荆公。尤知王莽之志爲呂思勉先生。其秦漢史總論有云"秦漢之世，先秦諸子之言，流風未沫，士蓋無不欲以其所學，移易天下者。新室之所爲，非王巨君等一二人之私見，而其時有志於治平者之公言也。一擊不中，大亂隨之，根本之計，自此乃無人敢言"。秦漢史論新室始末，亦言"新莽之所行，蓋先秦以來志士仁人之公意，其成其敗，其責皆當由抱此等見解者共負之，非莽一人所能尸其功罪也"。其識見特閎達，乃前人所未言者。（或難云，其說高舉王莽改革之心，迥異于舊論，恐亦有時代風氣使然者，非盡為真實相。予對云，此固有理。然仁者試思之，非此特殊之變革之時代，亦不能使呂先生醒悟發明此理也。）其說確乎不俗，且多有佐證。蓋在漢人心中，天下本非一家之天下也。觀王莽得位後改革之舉措，則其人確乎有大志向大抱負者。惜學未至而好語變，必知其終有患。德未成而先以功業為事，是代大匠斵，希不傷手也。故呂思勉之論，可備知人論世之龜鑒。漢書徒以一佞邪奸詐抹殺之，所謂以理殺人，即此之謂。亦惟此可以知揚雄之劇秦美新，所遵循者並非一朝君臣之小道德，乃是秦漢以來士無不欲以其所學移易天下之大道德也。且章太炎訄書嘗憫其志微憔悴，言其秩不逮大縣丞尉，漢穀至賤，故去就新故，不爲携貳。劇秦美新外示符命,內實以亡秦相風切。則予說愈可立矣。王安石之志亦弘大,振動朝野,以家國積弊極深、疆場多難之際,應乎形勢之需,而行變法。然荊公並無所謂士無不欲以其所學移易天下之大道德之可傳襲者,而其乘君道之衰,以臣而求君,欲歸于秦漢以來士無不欲以其所學移易天下之大道德,而不知時勢大異,其行甚危。王巨君之變革乃有文化思想大傳統之根基者,王安石之新法乃無文化思想大傳統之根基者。故其亦欲於文化思想之根基著力彌補焉。然三經新義及字說等之推行,本亦不得人心。況其學術之造詣本不純正深厚,且多新奇之說,待夫政治之權威既衰,其新學亦為人所棄盡。荊公亦可謂不知時,非僅不自量而已。故其亦非范文正慶曆新政之精神之真傳,改革以興利為主導,誤入歧途而不自省也。夫北宋之士,不能因荊公而興起,反因荊公而摧折。荊公陵鑠諸儒,勇於自信,其心偏頗不正,而嶽嶽兀兀。其新法貌似應乎時勢之需,而不知適與中道悖,欺後人亦遠矣。(可參疏證緒言、疏證第三條及拙著徵聖錄卷五涑水學案第五條。昊天為何於北宋生荊公一輩人物,誠不可測。然必亦有因果焉。其後但凡國家積弊極深、疆場多難之際,皆滋生如荊公者。近世亦然。其禍也愈烈矣。抑或必出此類峻猛之士,淆亂天下及人心,乃使後賢撥亂反正,濁之徐清耶。抑惟如是之峻猛、淆亂,能令國家積弊透於極致,剝盡復來,歸于正途耶。尼采遺稿嘗謂蘇格拉底為人類歷史上最深刻之反常因素。予謂王荊公亦然也。)荊公與王莽不為一類。後儒之以王莽、王安石並舉者,實非宜也。

　惟荊公此種穿鑿創意之氣質,施諸政治,固多生僭亂之事,用諸詩文書法,則盡為峭奇新警之意。故荊公之真能引人入勝者,在此不在彼。其我執太大,故參禪不高,亦不能透,而適可以成詩趣,成文字之禪悅。政事降而為文藝,吾國儒者之事,亦幾以荊公為分限。(荊公之前,儒者成事者亦多能成文藝。荊公之後,儒者成事者多不能成文藝,成文藝者多不能成事。)荊公一擊不中,其後朱子繼之亦然,遂令元、明儒者，反多為君權所鉗制，萎其真氣。明太祖之暴虐，亦不可不謂乃宋儒以臣而求君之峻切之風所激之也。（如明太祖欲黜孟子即是顯證。）使後世無陽明、湘鄉振作，儒者愈失其根柢矣。（雖然，陽明、湘鄉於政治所成就者亦甚有限也。）

竊嘗病孔孟既沒，諸儒嘿然，不知反約窮源，勇於苟作，持不逮之資，而急知後世。明者一覽，如見肺肝然，多見其不知量也。方且創艾其弊，默養吾誠。顧所患日力不足，而未果他為也。107

玄義　横渠言漢唐以下諸儒，不知反約窮源，勇於苟作。實為理學家常見之激論，非公道也。宋儒能反約窮源，其事業反遠不逮漢唐諸儒，則又何以辯之哉。漢唐儒者，血脈豐盛，雖不尚性理微妙之論，而規模閎廓，氣息深穩，文辭雅訓，非宋儒所能及。矧不尚性理，亦非即謂其不能反約窮源也。漢儒根源，尤為深厚，唐人靈心，亦極玄奧，豈宋儒所能輕議。横渠自謂默養吾誠，顧所患日力不足，而未果他為。此即血脈不及前人豐盛剛健之徵驗。自宋學起，儒者愈內趨於默養主靜，於外愈無力於致用經世，以至於今日。横渠之言，今日視之，亦類乎讖者也。

學未至而好語變者，必知終有患。蓋變不可輕議，若驟然語變，則知操術已不正。108

玄義　變者，經權也，非聖賢大人莫足為。學未至，德業未隆，智慧未大，如何可輕議權變之道。此儒者之所戒慎，而刑名霸術者之所樂踐行者。漢鹽鐵論辯正此義極備。荀悅申鑒有曰"君子所惡乎異者三，好生事也，好生奇也，好變常也。好生事者多端而動眾，好生奇者離道而惑俗，好變常者則輕法而亂度"。宋儒之論，焉能凌駕而上。理學諸儒之卑視漢人，實乃學天台宗、華嚴宗之判教耳。如佛陀及親傳弟子開演之學，後人以小乘薄之。實則其乃佛教本源所在也。漢儒亦近承孔孟夏荀之傳，宋儒亦薄之，實則其乃契近於孔門儒家之真實相者。此固非僅宋人之過，實為古今中外之通病。宋儒能深達漢儒之道者，莫若溫公、東萊。理學諸儒氣息類於漢儒者，莫若橫渠。橫渠此語恐亦為王荊公新學而發者。荊公好驟然語變者，時賢知其操術不正，終有患害。（茅星來亦云“若學未至而輕於語變，未有不流為邪妄者，如王安石之新法是也”。東萊皇朝文鑑卷七十五張詠擬富民侯傳贊專諷漢武帝晚年以丞相為富民侯事，其文極可玩味。其有云“亦由止奔流之舟，雖萬斯篙，未若五尺之纜之要也。療已弊之民，雖百斯術，未若一正其本之仁也”。使以此文擬新黨，王安石學未至而輕於語變，乃不知五尺之纜之要者。使其學問已至，當知正其本之仁者最為樞紐，詎能為療已弊之民而甘犯險以毀其本之仁耶。萬斯篙，百斯術，適成一難治之亂局矣。而北宋政勢之險惡，乃使安石出此惡手者，亦可想見矣。王安石學問淵博，又乃一極聰慧富才藝之人，然其學終未至而自居聖賢之地，如高人參禪未至，走火入魔，只成一野狐禪爾。且荊公之學佛，確未得當時高僧之印證許可。贊元覺海言其有般若障三種。見禪林僧寶傳。黃龍禪師暗諷荊公險隘不通，少大人用心。可參禪林寶訓。）

清世公羊學之初，莊存與、孔廣森弘大義，黜微言，不喜語變。至於劉逢祿及龔、魏二君子，乃發微言之幽深，以通時變之新機。然學術所尚者實地，所重者法度，其人尚有實地，變之尚有度，不敢獨斷也。此特為清儒之勃勃有生氣者。惜自康有為出，發露殆盡，以民主政體擬張三世之說，學術不實不正，而好驟然語變更，其操術不正，終成患害。康氏實為公羊學之罪人。康氏出，公羊亡。龔魏之苦心，亦付諸東流矣。（陳寅恪寒柳堂集讀吳其昌撰梁啟超傳書後有云“至南海康先生治今文公羊之學，附會孔子改制以言變法。其與歷驗世務欲借鏡西國以變神州舊法者，本自不同。故先祖先君見義烏朱鼎甫先生一新無邪堂答問駁斥南海公羊春秋之說，深以為然。據是可知余家之主變法，其思想源流之所在矣”。寒柳堂集附寒柳堂記夢未定稿補寅恪先生亦嘗評公羊學云“南海應用華嚴經中古代天竺人之宇宙觀，支離怪誕，可謂神遊太虛矣”。）錢賓四先生中國近三百年學術史評莊存與云“其始則為公羊，又轉而為今文，而常州之學，乃足以掩脅晚清百年之風氣而震蕩搖撼之。卒之,學術治道同趨澌滅,無救厄運,則由乎其先之非有深心巨眼、宏旨大端以導乎夫先路,而特任其自為波激風靡以極乎其所自至故也"。則賓四徑以公羊今文學即橫渠之所謂學未至而好語變者也。(錢氏謂莊氏之學乃有蘇州惠氏好誕之風而益肆。)此誠為釜底抽薪之論。雖然,其持論亦不免過於峻峭矣。予悲乎莊劉龔魏之弘志苦心,何忍睹此嚴論哉。其所謂深心巨眼、宏旨大端以導乎夫先路者,在王荊公誠未能當之,在程張朱陸有志當之而不能圓善。則近三百年來孰可當之耶。賓四以此責常州之學,不免過嚴。實則較之康雍之程朱、乾嘉之考據,常州之學心眼旨端之大,往往在其上。惟德力所積不厚,又有輕薄者發露敗壞之,是以不能大成也。(橫渠此語,正是宋以來吾國歷史、政治之難題。自宋迄今,猶多諍論。國朝方今行市場經濟之策略,人亦嘗譏其為學未至而好語變者,驟然語變,則知操術已不正。是耶非耶。於數十年、一百年後觀之可也。或謂今日世界之時勢,只可將錯就錯而已。是耶非耶。世界潮流及國事如何,玆事體大,吾所不知。惟修行之事,學術之道,豈可輕易落此虛無主義中。學未至而好語變者,必知終有患。若驟然語變,則知操術已不正。此確乎為至理也。)

凡事蔽蓋不見底,只是不求益。有人不肯言其道義所得所至,不得見底,又非於吾言無所不說。 109

玄義 五燈會元雪峰義存自言聞德山語,當時如桶底脫相似。首山懷志亦答問如何是佛曰,桶底脫。此不僅見底而已,乃脫底矣。凡事蔽蓋不見底,去蔽蓋,則差能見底。然亦惟脫底,乃能將人欲見底之心之蔽蓋脫去,始是真見底也。儒者不能朝聞道夕死可矣,禪家不能豁然頓悟脫落,如何得見底。所以不見底,只是不求益。求益之志之願,當如洪爐化物,渴驥奔泉,當如舍身飼虎,割肉藥親,以道義為血肉,始能有見底脫底之日也。葉采云"行己無隱,則是非善惡有所取正,庶可以增益其所未知、所未能。苟故為

蔽覆恐人之知,是則非求益者也"。故爲蔽覆恐人之知者,不能君
子坦蕩蕩,失之者多矣。其心總在雜念中,何能如洪爐,何能如渴
驥。論語曰"回也非助我者也,於吾言無所不說"。無所不說,則其
心融融,真切坦蕩,蔽覆掩飾之心,皆消融掃蕩去。夫道義所得所
至者,皆可以揭出與人肝膽相照,是乃可取正於有道。蓋自秘自寶
其道義所得所至者,往往沾沾自喜,誤入歧途而不自知。使其袒露
之於有道,則其自秘自寶皆自蔽自覆而已。學人至此,則洪爐也,
渴驥也,何患不進於道哉。

**耳目役於外,攬外事者,其實是自墮,不肯自治,只言短長,不
能反躬者也。**110

玄義　攬外事多,內治則荒,猶著根塵外境,背覺合塵,不能
反躬,靈覺詎能自明。儒者主以心官役耳目,其譬喻先見於荀
子。後人喜用其說,陽明傳習錄亦有之。釋典亦有相類者,說理
更精。金剛果論王舍城論第三十五曰"文殊菩薩問佛。云何是王
舍城。世尊曰,心喻舍,性喻王,清淨齋戒喻城牆,六根喻六部宰
輔,六塵喻六賊強梁,六識喻六門出入,五欲喻五道井坑。見聞
覺知,喻住國四相,同佐性王,一體家邦。性王一出,坐於心舍,
常共六臣四相,同理國政。若性王有道,不順私情,有功則賞,有
過則罰,體天行道,死者無怨。如此刑政,能令在外戒牆堅固,六
門警慎,六賊不起,在內六臣清政,四相體公,不敢作弊。內外如
一,性王大平。若性王無道,聽讒納佞,背公向私,賞罰不平,上
下相乖,在內六臣相背,四相作弊,在外六門不關,六賊亂起,攻
破戒牆,入自家邦,劫自功德,福盡法無,身心落泊,便受沉淪。
是故治世有法,治心有理。不公不行,不正不立。直交內外一
如,上下無失,君臣道合,心性圓明,體用一致。性王君民,同樂
太平。故名王舍城也"。(此論昔得之於汴京大相國寺。)如此說經,
可謂解頤也。

學者大不宜志小氣輕。志小則易足，易足則無由進。氣輕則以未知為已知、未學為已學。111

玄義 張紹價近思錄解義云"學字志字，遙應卷首濂溪先生語"。亦不知當日呂、朱二先生有此意否。莊子列禦寇曰"小夫之知，不離苞苴竿牘，敝精神乎蹇淺"。志小，即心不大，初發心即狹促卑平，如何能證大道。氣輕，即不固重，不重則不威，學則不固。志小者無足語遠大，氣輕者無足語真實，蓋由志小者囿於俗務，氣輕者易入憸薄，實為學人之大誡。夫子謂公西華"赤也為之小，孰能為之大"。大事須吾儕承擔也。夫子謂子路不得其死然。氣輕者其可以猛省矣。（子路境界高大，非後儒所得測。章太炎菿漢微言最能識之。然其患確在氣輕也。）諸葛武侯亦云"淫慢則不能勵精，險躁則不能治性"。（見誡子書。）志小者易入於淫慢，氣輕者多入於險躁，皆非君子之行也。明季歸莊作誅邪鬼以詆金聖歎，固是過激。聖歎以曾點流亞自居，易佛之學，妙悟殊多，非歸莊輩所能有。然其氣輕憸薄之病，確為進道之障礙。其之不得死然，智非夫子者，亦可預見矣。清季康梁諸賢，亦有氣輕憸薄之病。志小則易足，易足則無由進。志小之患，莫甚於此者。然志之大小，又不可以表相論。有志貌似高遠弘大而實意氣主之者，其智慧神明無足以稱之。其志若大而實小。宋人如王荊公即此輩人也。又有其志若獨善、或小乘者，而智慧神明內蓄極大。其志若小而實大。詩人如陶靖節即此輩人也。氣輕則以未知為已知、未學為已學，自欺欺人，在豪傑尤多此弊。呂新吾呻吟語立深沉厚重一境界，在磊落豪雄之上，亦深知之也。

大小之辨，由來久矣。大戴禮記小辨有曰"夫小辨破言，小言破義，小義破道。道小不通，通道必簡"。此語極有分量。又云"夫道不簡則不行，不行則不樂"。曹魏時人桓範世要論序作篇有云"故作者不尚其辭麗，而貴其存道也，不好其巧慧，而惡其傷義也。

故夫小辯破道,狂簡之徒,斐然成文,皆聖人之所疾矣"。(見群書治要。)通道必簡者,則在道儒兩家,所以能行能樂。時運愈降,小辨小言小義者愈多,近世尤眾。(近世之儒,不欲為小辨小言小義者,為陳蘭甫、朱鼎甫、沈寐叟、章太炎、馬湛翁、錢賓四、王靜安、陳寅恪、劉鑑泉、柳翼謀、湯錫予、錢子泉等。其學術成就固有優劣高下,而其人皆志大而氣息深厚者。章太炎氣稟偏於輕躁。其早年言論義理多有偏激,有小義破道處。然學養底蘊極深,又能精研佛學,甚得力於性理之微妙。晚歲著菿漢微言、昌言,義理圓熟深湛,靈光獨曜。故謂之氣息深厚亦不為過。錢賓四學風樸索,氣格開張,其乃能先立其大者。然至港臺後著作,亦多小辨小言小義者。此其不通佛學、不深西學使然,亦港臺全盤西化之風氣逼之爾。鑑泉先生著書,亦多能在大體上著力,而論斷甚精微。惜無壽,所留文字間猶有未圓熟者。如馬先生者,則無間言矣。)一時志大而氣輕者甚多。(康南海志大而氣輕。其心有偏頗,其言亦易失之譎放,其學術著作終不能深厚穩健。南海成就固是不凡,然非中正之脈為第一等者。劉申叔天賦甚高,學養底蘊極深,而性極輕躁。又不能如太炎從佛學得力。是以成就終有限。熊十力志大而氣稟偏於輕躁,而底蘊不深,學問有小辨破言、小義破道處。新唯識論、原儒諸書,演說新義,洋洋灑灑,似自成體系,而實有生硬強合之病,遂遭內學院及後人痛擊之。其修行亦未見轉移氣質之功。乃使後世讀者不免有桓範所謂狂簡之徒斐然成文者之憾。熊門諸儒牟氏思慮精密而喜小辨,唐氏體構豪健而成小義。小辨破言。牟氏轉儒學知行為哲學思辯,文字名相繁複糾結,使讀者生厭倦心,不能直指心源。儒學之言,乃愈混淆,愈多諍論,是所謂破言也。唐君毅生命存在與心靈境界,義理極豐滿,結構極龐大,而不悟心源真體,終成小義。此數人志大亦矣,而多有患於氣輕,所謂以未知為已知、未學為已學之患,皆有之也。其流弊也甚多。唐君毅氣脈最厚重,故熊門諸儒中,愚最青睞之。牟氏臨終自謂古今莫二。蘧伯玉五十而知四十九之非。則其至死猶不悟其非也。通道必簡。諸儒皆不簡者也。氣輕其患也如是。志之大小,不可以表相論。則氣之輕重,亦須以心性之精微辨別之也。劉申叔文辭高古,學問深厚,而其氣脈若重而實輕也。)

下編
呂東萊粹言疏證

呂東萊粹言疏證緒言

本書選輯所本

是書先有三十三條選自宋元學案東萊學案中所錄東萊之言。(宋元學案用浙江古籍出版社本。)其餘選自麗澤論説集錄(簡稱麗澤論説)、東萊呂太史文集(簡稱東萊集)、增修東萊書說(簡稱東萊書說)、東萊先生左氏博議(簡稱左氏博議)諸書。皆以己意去取之,是為東萊粹言。蓋仿楊龜山選輯二程語所成之粹言也。(諸書用浙江古籍出版社呂祖謙全集本。)復以己意實證疏解之,故名之曰東萊粹言疏證。麗澤論説集錄在宋元學案名麗澤講義,所選諸章從舊。增修東萊書說唯洛誥至秦誓為東萊親筆,粹言有取焉。由其門人時瀾所補作、鞏豐所記錄者,是編闕如也。所選粹言如學案例,大抵為原文,極少數略有刪整,以便粹言之簡潔。唯選自左氏博議者文句甚長,欲全其文氣故。

東萊最得中正之道

南宋諸儒中,東萊先生呂伯恭最得中正之道,事理兼備,氣象中和，朱陸弗若。朱子之偏，見性不高明，性理之學單傳伊川而不得明道之髓，勿論周、邵一也。經學之刻意尖新，不得渾完二也。（可參本卷第十一條。）器量智德甚狹，不容異己如蜀學、江西、金華、永嘉三也。闢佛老言論之峻猛忤理四也。究其質性急躁，欠和平忠厚之氣象者也。朱子文集卷三十三答呂伯恭書云“道間與季通講論，因悟向來涵養功夫全少，而講説又多彊探必取、尋流逐末之弊，推類以求，衆病非一，而其源在此”。又云“向來所聞誨諭諸説之未契者，今日細思，脗合無疑。大抵前日之病皆是氣質躁妄之偏不曾涵養克治，任意直前之弊耳。自今改之，異時相見，幸老兄驗其進否而警策之也”。卷三十四答呂伯恭書云“弘大平粹四字，謹書坐隅以爲終生之念。稟賦之偏，前日實是不曾用力消磨，豈敢便論分數。然自今不敢不勉，更望時有以提撕警策之也”。是爲自知之明。（章太炎菿漢微言以佛義判諸儒，其評朱子云“晦庵之説，雜有二乘、人乘、外道，是爲不定種姓信分微劣者”。評價甚低。亦自成一家之説。菿漢微言評陸子云“陸子靜、楊慈湖、王陽明知見高過明道、白沙，而受用不足，當是大乘十信將發心者”。陸王之知見實承明道之脈，其立論發露處，圓通直截，以相觀之，固過於明道。究其實際，則與明道一，非真能高過明道也。朱子傳伊川而不嗣明道，察識思慮甚深甚苦，而未得簡易圓神之體。亦自成體係及法門，于教化有大用焉。雖然，其道終有偏駁之處，不似明道、象山之學較爲直簡圓明。）陸子見性高於朱子，於量亦弘於朱子。陸子之偏，在其用禪而諱禪，在其重德之體而疏學之用，在其高明有過而沉潛不足。象山心性光明純粹，得乎古聖賢簡易之道，然其弗若東萊者，即其有心性實行之功夫，而少實學擴充之器具。是以格局略小。（可參讀疏證第三十八條。）金人銘曰“好勝者必遇其敵”。（見説苑敬慎。）朱子好勝者也，其生前所敬畏之同道者爲東萊，所遭遇之勁敵者爲象山、龍川、永嘉諸儒。金人銘曰“我，古之慎言人也。戒之哉。戒之哉”。其義大矣哉。

　　朱、陸成就甚高，於後世影響極遠，實為南宋學術之齊桓、晉文。然如東萊者，乃為王道所在。齊桓、晉文雖霸，猶尊王也。陸、朱亦可謂王霸雜用。朱子終是英雄氣多，太有意於作，不似東萊有夫子述而不作之意思。陸子弗有意於作，品格絕高，而述功又不及東萊為達。東萊承呂氏寬大篤厚之家學，要以忠恕為體。其心性論説之精微，嗣傳明道之學，往往與象山契合。經術兼取伊川，而不輕漢儒，於經學最爲渾正穩健，不取尖新特異之途。史學承涑水之傳而自立門面。（宋代史學，實為當時儒學血脈最純正者，其意義又超於宋代經學之上。蓋宋代經學尚新太過，不似史學渾然，猶存漢唐之氣體，而亦有甚新之開闢。惜朱子不識此義。竊謂宋代儒家學術之首席代表，並非程、朱，而乃溫公、東萊。參本卷第七十六條。）東萊器局宏大有容，不作門戶之爭，最得古賢之大體。學問高明沉潛兼而有之。且不輕蜀學，其辭章之道，又得三蘇之正傳。雖亦以風氣所趨，有排異端之說，然以家學崇佛故，不似朱子言論之峻猛可畏。實則其亦深於佛老之學也。氣象之弘大平粹，非他人所能及。（樓鑰祠堂記言其“推明道德性命之說，而不流於迂。盡排佛老異端之論，而不至於甚”。不至於甚四字，尤蘊深意。見呂祖謙全集第一冊附錄拾遺。）故曰，南宋諸儒中，東萊最得中正之道，朱陸弗若也。（朱子文集卷三十三答呂伯恭又嘗云“大抵伯恭天資溫厚，故其論平恕委曲之意多。而熹之質失之暴悍，故凡所論皆是奮發直前之氣。竊以天理揆之，二者恐皆非中道。但熹之發，足以自撓而傷物，尤爲可惡。而伯恭似亦不可專以所偏為至當也”。其自承暴悍，自撓而傷物，自知之明也。文集卷七十八名堂室記嘗云，先君子又每自病其卞急害道，尉尤溪時，嘗取古人佩韋之義，牓其聽事東偏之室曰韋齋。而熹之躁迫滋甚。則朱子氣稟之偏頗，有得於今世之所謂遺傳者。然吾未見朱子終能消融其躁迫暴悍者也。以東萊爲友時，每知自懲之。而待東萊歿後，其病反有增重之患。一氣質躁迫暴悍而未得消融之人，其所發之言論義理，豈能無病乎。答呂伯恭言“伯恭溫厚平恕，以天理揆之，亦非中道”。似亦有見。然東萊實亦一氣質剛峻、早年患於卞急之人，而能造乎溫厚平恕之地，乃其轉移氣質之功夫甚深也。以聖人之境界衡之，東萊自有其偏失不盡圓滿之處。惟相較而論，其得乎聖賢中正之道，朱陸弗若也。要以事理不二之圓成性論之，朱弗若陸，陸弗若呂。亦參疏證第三十八條。呂東萊不求出語爽利，而忠恕靄然。此呂子為學氣質之特性所在。蓋猶守司馬溫公之遺風者。以泰西掌故擬之，朱陸乃浪漫主義之氣質，呂子為古典主義之氣質。朱子乃貝多芬一流，氣格高張，搖撼人心，而亦騷動不安。呂子為莫扎特一派，高貴嫺靜，穩健縝密，然亦曲高和寡，不合時俗之好。)

　　夫北宋性理、涑水、蜀學、中原文獻之學之集大成者，自是呂伯恭，而非朱元晦。是書所選粹言，多有與朱、陸異趣者。呂子與二先生為學侶，學術有相通者，然自有其獨立高遠之處。君子和而不同。予本亦非刻意求異于朱陸也。朱子語類卷一百一有云“呂與叔惜乎壽不永，如天假之年，必所見又別。程子稱其深潛縝密，可見他資質好，又能涵養。某若只如呂年，亦不見得到此田地矣。五福說壽為先者，此也”。東萊亦深潛縝密，資質好，又能涵養者。與叔壽四十七，東萊壽尚少二歲，使東萊有朱子之年，其境又當何地。吾書乃續東萊之壽者也。(古來駁朱子說最犀利者，有顏習齋朱子語類評。其六十三條評“陳同父縱橫之才，伯恭不直治之”云云有言“呂伯恭眼還寬，量還大，其本傳中說當時豪傑歸心，蓋書生文人中之欲有為者也。極敬重同父，又極密交晦菴，費許多牽合苦心，欲二人相交，而終成冰炭。反恨伯恭不直治同父，不剖破他說，任他縱橫包裹在裏，不知二子之勝於腐儒，正在縱橫包裹四字也。儻晦菴而能此四字分毫，三家打成一片，不惟有宋社稷生民之幸，亦五百年乾坤之幸矣。奈渠原是以禪宗為根本，以章句為工夫，以著述為事業，全不是帝、皇、王、霸路上人。二老反覆過望，渠解合金、銀、銅、鐵鎔成一器為何道，包裹在裏為何略哉。宜乎致其師弟斷絕之，欲殺之，而並罪伯恭也”。此真能識呂伯恭、陳龍川大處者。惜習齋見地，只對了一半，尚未圓滿。蓋不識禪宗實為宋代文化之真血脈，三教一致實為宋代文化之真主流。習齋處處駁斥朱子，然不知其所染宋儒之毒，只去了一半耳。)

以一導四遙啓先機

　　今儒陸寶千先生言乾嘉考據之學刓敝精神而無益於世用，稍具慧根者於是翻然而厭之，若倦鳥之思返焉。常州今文之學，一倦鳥也。浙東之史學，一倦鳥也。士林之佛學，又一倦鳥也。(見其清代思想史第五章。)竊謂此三端已先蓄於宋儒，而大體可歸攝於呂子一人。浙東史學，近者源出於黃梨洲，其為陽明、蕺山之後學，遠者則以東萊為鼻祖。陽明之睿智，往往暗契於東萊，而不僅遙合於象山。此予讀東萊全集時常有所感者。是以知呂子潛移默化之力，殊為深遠。章實齋謂浙東之學"言性命必究于史"。豈非即東萊其人之謂哉。性理學派中深於史學者，其自為第一人。又東萊家學，自呂公著以來，世代學佛禪，亦甚深入，多與高僧大德交遊。東萊雖亦有排異端之論，而實亦稟承此家風，深於禪學，而鮮露痕跡。然識者可於其文字中窺之。清中葉士林佛學之代表，為彭尺木、汪大紳、羅臺山三先生。汪大紳汪子二錄甚推陳龍川之學，而陳龍川乃受東萊所影響者。且汪子二錄内陸王而尊朱子，乃欲合陸朱為一體。此正與當年東萊招朱陸二氏鵝湖相會之初衷相合。東萊之學，其心學之圓妙平直近乎陸，其學術規模之浩博貫通近乎朱，乃能兼其長處。以此觀之，有清中葉以汪氏為代表之士林佛學，實與東萊之學具潛在之理路關聯。蓋三先生融通儒佛，欲尋一愈圓滿之精神體系，而此汪子二錄之說之冥契於呂子，亦其心性所致之必然結果也。東萊為南宋儒士中精神體系最圓滿者。予素以三先生為同路人。(見近思錄首二篇玄義緒言。是以汪大紳所得者二錄，而予所得者宋儒忘筌也。雖不盡合，而理路實有一致者。)常州春秋今文學，求聖人之心者，而東萊亦恆有此志，有契於公羊傳，而不盡以左氏為然。可參其甲午左傳手記。東萊春秋學甚多生氣，亦富新穎之思想。常州學派之氣息，可與之遙相呼應。(惟常州公羊學自劉逢祿、龔定盦出，多新氣象，非復呂學所能籠罩。)故清中葉此三種活潑之學說，多可溯源於東萊。又乾嘉考據學者，尊奉宋儒王深寧為其先導，而深寧學問之所師法者，即東萊也。東萊學術考辨之趣頗深，不失為清學濫觴之一。南宋如王觀國學林、程大昌考古編，皆清人考據學之遠祖。故以此以一導四、遙啓先機者而論，則東萊之學格局之大、藏蓄之全，亦可知之矣。且東萊心性之學，其精察明睿處，真可謂陽明心學之先導。以此而論，則非僅以一導四而已。(常州春秋學與呂關涉最少，則亦可去彼而取此，以成導四之實。)

惟東萊之名聲，遠遜於朱考亭氏，而其淵流移化之長，則可相軒輊之。蓋考亭之學，本甚傑出，又以朝廷之故，為顯學，成一大源流。東萊之學，則為後世思想學術之母胎，亦成一潛在之大源流。朱學呂學，和而不同，相反相成，而成宋元以來中國學術演變之大枝幹。龍川、永嘉之學，皆曾受呂學之影響，而為朱學之論敵。北山四先生，亦素承呂學之遺風，而為朱學之嫡系。陸學、朱學，呂子亦望其切磋琢磨，互相補益。後世遂多有調和朱陸之學者。而呂子啓發鞭策朱學處固甚多。朱學非呂學實亦弗能成。(朱子之正面能量，有為呂子所輔助而成者。朱子之反面能量，又有為呂子所刺激而成者。)乾嘉考據之學，朱學之反動者，而常州、浙東史學、佛學，又乾嘉學之反動也。考據、浙東史學、佛學，大體先在呂學範圍之內。以此衡之，程朱、陸王學派之交替，尚是小節目爾。

中華文化三大轉折四大時期

竊謂中華文化有三大轉折四大時期。

第一大時期為上古至春秋，以孔、顏、子路為分界，而子貢、曾子、子思、孟、荀入第二期。春秋戰國之際為第一大轉折也。(此第一期中又可分四期。上古至黃帝為一期，黃帝至大舜為一期，禹至箕子、伯夷為一期，文王、周公至孔子、顏子為一期。孔顏猶是古聖之氣脈格局，而曾孟弗能。朱子嘗云"孔子只一箇顏子，合下天資純粹。到曾子便過於剛，與孟子相似。世衰道微，人欲橫流，不是剛勁有腳根底人，定立不住"。不啻為予說下一注腳。蓋孔顏、曾孟之間，氣象天質已有根本之不同矣。朱子為第三期之鼻祖，亦極剛勁，其讚第二期之鼻祖曾孟也如是，亦宜矣。子路多渾厚古直之氣，其行止也素樸勇敢，其思想也忠誠保守。公山弗擾、佛肸召孔子，子見南子，子路皆嘗諫之。此特為不易。其極懇切處，如子路有聞，未之能行，唯恐有聞。極細微者，如子曰"片言可以折獄者，其由也與"。此皆淳古之遺風也。故子路亦在此第一期。）

　　第二大時期為戰國至兩宋之際，以胡五峯、呂紫微、李延平、呂東萊為分界，朱元晦、陸象山、陳龍川、葉水心入第三期。兩宋之際為第二大轉折也。（可參近思錄首二篇玄義卷一第十三條、呂東萊粹言疏證第十一條。伊川之學雖為元晦之祖，氣息尚厚，故亦在第二期。以氣象論之，北宋如春秋，而南宋如戰國。宜乎北宋諸儒多仁厚，而南宋諸儒喜諍鬥也。春秋時列國之才士將相，多出於公族。至戰國，則才士將相、一時豪傑出於公族者甚少，出於庶民甚多。北宋諸儒多家學傳承，世代簪纓，最為典型者，如呂氏、范氏。文學之傳，又如眉山蘇氏。而南宋學者，如朱、陸及其後學，皆非是者。求如呂氏、范氏者幾不可得。此又吾言之驗也。北宋之儒學尚能以血統傳，甚有古義。南宋之儒學，則純然如釋教之燈錄法嗣矣。理學產生之北宋之中後期，最為微妙。當此轉折之時代，藏地有米拉日巴大師、岡波巴尊者噶舉派之興。最以實證圓滿震動佛教、一反空談教理、不事實修之風氣也。蓋與中原理學之興起同時。米拉日巴大師年晚明道先生二十歲。理學固為時代蓬勃之新生命。然理學之大儒，玄談性理愈多，其實行之志氣雖有極大之激發，而證道之境界又未見其大成，法執使然也。一代宗師如伊川、元晦，以德性實證論，其精神境界尚不能如司馬溫公、呂東萊。司馬溫公在理學之外，而呂東萊乃入宋史儒林傳，而非道學傳者。溫公、東萊所具之此種渾成充實之古典氣質，自不遜於唐賢。東萊之後儒者中求能及二公之境界者，不復有矣。故當此轉折之時，藏地之氣運為上揚，中原之氣運為下衰。中原開化極早,精元消耗已多。藏地開化甚晚,宜其反有上揚之勢也。)

第三大時期為南宋至清季民國,以章太炎、辜鴻銘、馬一浮、錢賓四為分界,歐陽竟無、呂秋逸及熊十力、唐君毅、牟宗三、徐復觀新儒家諸先生入第四期中。清季民國為第三大轉折也。(惟至此新時期,中華與泰西已顯然同處一運勢中,步驟相貫。泰西近世之大時期亦已終結,而以陀思妥耶夫斯基、尼采、維特根斯坦為分界。以氣而論,海德格入下一時期中。凡每一大時期終結之時,皆有大哲生焉,遠如老,如孔,近如馬,如辜,如尼,如維等。東萊即此第二期終結之時所生之大哲大儒也。凡處一時期終結時之大哲,往往多厄,或無壽。如顏回早逝,東萊亦然,尼采瘋癲,馬先生晚遭文革之劫。亦是氣數。辜氏學問雖新,而心性乃極古典者,故不在第四期。惟其學問之新,眼界之大,消除中西之隔閡,共證古典之精神,則為第四期學人之大啓發也。予亦嘗受其影響焉。茲編之抉歐洲精神之秘義,而與中華精神相參證者,實以辜氏為先導。吾自弱冠蓄髮,亦有辜氏導之者。)

兩宋之際百年中,爲中華道德大墮落之時期。(參見疏證第三十三條。)蓋熙寧、崇寧以前,正是正,邪是邪,正邪各在其所。熙崇以後,正似邪,邪似正,正邪幾真不分矣。完人如溫公者,入奸邪之黨碑,而有邪氣如荊公者,則爲人奉若神明。邪人如二蔡,君臣相得為一體。昔日之邪,戕正人之身,身傷而可復。今日之邪,惑正人之心,心壞則難醫。此乃於中國文化最大之傷害者也。(自荊公新法以降,朝野正邪不分,道德標準混亂,不僅在當時百年內如此,又延於近代。近世學者盛譽荊公者極衆,多為時代變法之鼓吹所激發者爾。觀今日之中學教科書中,猶奉荊公若神明。荊公魔性之大,於此可以窺之矣。)而清季民國以迄於今世百年中,亦爲吾國道德大墮落之時期。(民國初年梁巨川、王靜安痛道德之墮落而自沈。辜鴻銘痛文化之沈淪而留辮。而致使其時道德文化之墮落者,皆有極冠冕堂皇之理由。民主也,自由也,平等也,科學也。此又崇寧諸奸臣所難料之手段。此皆泰西近世之文明觀念也。其理義、制度甚有優長。然三百年後視之,吾恐其皆已漸入歧途矣。蓋民主流於黨爭,自由流於放縱,平等流於偏執,科學流於自毀,其心愈迷,其病愈劇。而制度易死，而人心常活。人心既病，制度自滯。而吾華建國之後，尚存之道德文化，先戕折於政治之運動，而近三十年來，乃復大變異於崇尚消費、膜拜金錢之社會風潮。道德之墮落加劇，亦自具因果。今人類之大患者不在制度，而在人心。）道德及文化之大墮落，皆時代大轉折之時必出之現象。春秋戰國之際亦然。自第二期以來，每一期之初始者較前一期其精神體皆有不圓滿者。如曾、孟之於孔、顏，朱、陸之於司馬、呂氏，熊、牟之於章、馬。其道愈漓而猶不墜者何。蓋猶有大悲心使然也。無此，人類其殆盡乎。

　　曩者第三期之初，理學家卑視漢唐、陵邁第二期而直追孔、顏。予嘗笑謂今日既處於第四期之初，則予不取理學家之舊說、陵邁第三期而直追隋唐儒釋道三教聖賢及涑水、東萊諸儒，亦自然爾。（玄義緒言之末，予嘗云尼采為本書之最大知己。今忽悟尼采陵邁柏拉圖、基督教以來之世界、康德以來之近代哲學傳統，而直追荷馬以迄赫拉克利特之精神世界及東方古老之智慧，予正與之相類。惟予學乃證悟而來，淵源於儒佛老，並未受尼采直接之影響也。）惟所謂第四大時期者，乃有史以來至險至難可悲可痛之境地也，亦是至為可喜可愛可生可死之時代也。吾儕處此大時段之初，自當有深心巨眼者，統攝全流。予忘筌之作，亦有志于此。（若以今人著書之習慣，此書蓋當題獻于此時代。）

　　於此第四期中，儒、道、釋、天竺、日本、泰西、伊斯蘭，可兼而取之，為我所用，其高大絕妙處，將亦未曾有。其有待乎聖者智者之格之致也。室利阿羅頻多薄伽梵歌論第一節有云“今者，吾人值一新時代之方始，當入乎人類思想經驗與企望之一大綜合與和諧。自無能守韋檀多之一端，亦不能趨密乘之一徑，更不能皈依往古敬神之一教，終不能局促於薄伽梵歌之四隅。非是者，則自他人古人知識與本性中，而創立我輩之精神生活，未是依我自有之本體與潛能而創設精神生活也。我輩非屬於過去之黃昏，而屬於將來之日午。各種新鮮資料潮湧而至，印度及世界各大神道之勢力，正有待於吾人之同化。且佛教有復興之意,而近代知識之發現,雖有限亦有可資,甚且人類知覺性上久已遺失之秘密,邃古之奧義漸爾啟明,凡此皆足以指示一新生豐富浩大之綜合將臨。凡吾人所役者,舉新之而一體廣大化為和諧,實為將來精神上與智識上之需要"。可謂深獲我心。(尤可驚異者,予嘗語人云,今日正當正午,而非諸神之黃昏。不意阿羅頻多先我已言之矣。後見尼采亦喜言正午也。)

兩宋之際為一大轉折

第二期中,世人多謂唐季五代宋初為中華文化劇變之期。竊謂晚唐五代雖亂,其時之制度典章及文脈,猶守盛唐中唐之體。觀夫宋初之學術、禪宗、詩文、書畫,皆為唐五代之風氣也。(清儒邵晉涵嘗云,五代雖干戈相繼,而制度典章,上沿唐而下開宋者,要不可沒。見南江文鈔卷三。引自陸寶千氏清代思想史第七章。宋初變更制度,然風俗尚未變,其劇變當在一百年後。)夫人心道德學問藝術之劇變,乃在熙寧以降、靖康前後百餘年間。歷元祐、崇寧、靖康、建炎以迄慶元,風氣、格局乃真大異矣。此函夏文化之大分水嶺,萌蘖于元和前後,醞釀于五代,造極于兩宋之際。是書知人論世,主是說也。如宋代政治制度之更革,有懲于中唐之割據。宋人疑經之說,萌蘖于啖助、趙匡。宋人性理之說,萌蘖于韓愈、李翱及釋教之圭峯。宋人融通儒釋之學,又以梁肅、柳宗元為典範。禪宗之影響,亦在中唐之時,軒輊於天台、華嚴、唯識諸教,會昌法難之後,遂後來居上,而爛熟于五代北宋。其在古文、詩歌、書法亦然。夫尤關係此劇變者為王荊公、程伊川、蘇子瞻。荊公變風俗,伊川變學術,子瞻變文藝。其後風俗愈壞,學術愈裂,文藝愈薄矣。(參近思錄首二篇玄義卷一第十三條。)周末麴武有云"快於意者虧於行,甘於心者傷於性"。(見燕丹子。)宋儒自石徂徠一輩人物以來,多快意甘心者。或快意於恩讐報復如新、洛之黨爭，或快意於藝術自娛如蘇、黃、荊公、徽廟，或快意於論辯爭鋒如朱子，而皆有失於中正。其之將虧於行傷於性者，亦不免也歟。

　　北宋之學實迥異于南宋，亦可自東萊之學而悟之。南宋之性理，實非北宋之性理。其他如詩、詞、書、畫諸事皆然。蓋北宋之學大體說得自然分明，具渾樸之性，南宋之學大體自相纏繞糾結，具曖昧之性。王國維人間詞話言"白石暗香、疏影格調雖高，然無一語道著"。又云"白石寫景之作，雖格韻高絕，然如霧裏看花，終隔一層。梅溪、夢窗諸家寫景之病，皆在一隔字。北宋風流，渡江遂絕，抑真有運會存乎其間耶"。又引劉融齋曰"北宋詞用密亦疏，用隱亦亮，用沉亦快，用細亦闊，用精亦渾。南宋只是掉轉過來"。此即予所謂曖昧之性者。所謂掉轉過來者，即用疏亦密，用亮亦隱，用快亦沉，用闊亦細，用渾亦精。可謂入木三分。而此正是朱子之學之寫照也。偶活用融齋一語，不意洞悉此種幽深情狀。本來北宋理學傳下來之脈絡是疏、亮、快、闊、渾之氣質，如胡五峰猶守其風範，而朱子乃以密、隱、沉、細、精之手段應對而改造之，是以於道大壞，其病亦在一隔字。

　　近世陳寅恪先生論韓愈嘗云"綜括言之，唐代之史可分爲前後兩期，前期結束南北朝相承之舊局面，後期開啓趙宋以降之新局面。關於政治社會經濟者如此，關於文化學術者亦莫不如此"。竊謂此乃似是而非之論。蓋趙宋文化之將變，確乎造端於中唐，然並非中唐以降，即是趙宋之初體。中唐以降，猶是唐之血脈氣象，極富創造力，非趙宋所能想見。唐是唐，宋是宋爾。彼時雖已有變異之萌芽如韓愈闢佛尊孔之言論者，而彼等並非唐人思想氣脈之主流。如韓愈弟子李翱，後世亦奉為宋學之遠祖者，而其乃深入禪道、三教一致之人。故中國文化真正之鴻溝，並非中唐，亦非唐宋之間，乃在兩宋之際百年間。（從荊公變法到朱陸鵝湖之會共一百零六年。)唐人之餘脈猶存於北宋，窮竭於熙寧以後，至南宋則幾絕矣。寅恪先生尚未識此。（其胸中蓋先橫有一個宋學在，以爲衡量古今之一基本之尺度，而不知實南宋以降此宋學方成立。其宋學觀念尚不能涵攝北宋之精神也。）姑且略更其語云“綜括言之，宋代之史可分爲前後兩期，前期結束南北朝隋唐五代相承之舊局面，後期開啓南宋乾、淳以降儒家政治以理學爲主導之新局面也”。（近見劉咸炘學術論集哲學編右書有北宋政變考、南宋學風考二篇，甚有洞察力，其論雖未必皆然，而所引證之文獻則頗爲詳備。學人可取而觀之。）

宋儒黨爭不同心之患

　　管子法禁篇有云“昔者聖王之治人也，不貴其人博學也，欲其人之和同以聽令也。泰誓曰，紂有臣億萬人，亦有億萬之心，武王有臣三千而一心。故紂以億萬之心亡，武王以一心存。故有國之君，苟不能同人心，一國威，齊士義，通上之治以為下法，則雖有廣地眾民，猶不能以為安也。君失其道，則大臣比權重以相舉于國，小臣必循利以相就也。故舉國士以為己黨，行公道以為私惠，進則相推於君，退則相譽於民，各便其身，而忘社稷，以廣其居，聚徒成群，上以蔽君，下以索民。此皆弱君亂國之道也。故國之危也”。最能中宋代之病癥。兩宋儒士中黨爭之多，為前代所未有。如元祐之洛、蜀、朔、新，如慶元之理學家、舊官宦。且理學家之內亦以學術之異而分裂，彼此詆毀。其人多博學之士，而不同心。舉國士以為己黨，行公道以為私惠，進則相推於君，退則相譽於民，各便其身，以廣其居，聚徒成群云者，其皆不免矣。所以大臣比權重以相舉于國，小臣必循利以相就，弱君亂國，北宋滅于靖康，偏安亡于祥興，合之三百餘年，然多苟且而已。在宋儒固不可逃責。呂東萊為南宋儒者中有數之清醒之士，其言說往往能揭時賢之大弊。是編忘筌，往往有繫於此焉。清初陳乾初別集卷二瞽言嘗云"君子小人別辨太嚴，使小人無法站腳處，而國家之禍始烈矣。自東漢諸君子始也。天理人欲分別太嚴，使人欲無躱閃處，而身心之害百出矣。自有宋諸儒始也"。實則君子小人別辨太嚴之禍，東漢何能與有宋比。蓋東漢之禍甚明，在當時人觀之，乃小人害君子。正邪之標準未亂。而北宋之禍甚晦，在當時人觀之，乃不辨孰為君子孰為小人。正邪混淆，是以百害叢出。而其學術之道，亦分別天理人欲太嚴，蓋與前者同在一氣數中。心術、政治，其病患則一也。亦所謂境由心生者乎。

　　管子法禁篇又云"行辟而堅，言詭而辯，術非而博，順惡而澤者，聖王之禁也"。此即王介甫新學之寫照。順惡而澤一語尤傳神。蓋呂、章、二蔡諸奸，皆其澤也。惜諸賢欲禁而不能，而神宗獨任之。近讀東萊皇朝文鑑卷五十呂誨論王安石有云"至如少正卯之才，言偽而辨，行偽而堅，順非而澤，強記而博，非宣父聖明，孰能去之"。則呂誨已先我而言之矣。孟子曰"分人以財謂之惠，教人以善謂之忠，為天下得人謂之仁。是故以天下與人易，為天下得人難"。介甫固能以天下與人，然其所得人，乃呂、章、二蔡耳。莊子漁父篇有曰"所謂四患者，好經大事，變更易常，以掛功名，謂之叨。專知擅事，侵人自用，謂之貪。見過不更，聞諫愈甚，謂之狠。人同於己則可，不同於己，雖善不善，謂之矜。此四患也"。此又介甫新學之寫照。好經大事，變更易常，專知擅事，侵人自用，見過不更，聞諫愈甚，人同於己則可，不同於己，雖善不善，可謂鞭辟入裏。釋典有正法、像法、末法時代說，如楞嚴經預言末世賊人，假我衣服，裨販如來，造種種業，皆言佛法。吾國春秋戰國之聖賢，實皆警言當時此種聖王之禁、事有四患之人物之存在。而此種人物，復現於北宋之中晚，亦正合於釋教末法時代之始時。天意其巧設若是乎。

　　管子一書，作於春秋、戰國，編於西漢，緣何所言竟與一千年后之兩宋之事相合耶。觀法禁篇之文辭，當作於戰國。法禁篇立聖王之禁之說，其所針對者即戰國時期諸國產生之新現象也。此新現象之共性即善於議政之客卿橫行，崇尚政治功利主義，以現實利益動國主，拋棄舊有之道德禮法之信條。韓非子所謂"上古競於道德，中古逐於智謀，當今爭於氣力"是也。此新現象中，多法家之人物。吾嘗言宋儒自號所師者孟子，實則效法荀子者也。乃可援此而證之。（可參玄義卷一第十四條。）故兩宋三百餘年，亦可分爲春秋、戰國兩期。王荊公之前，政體猶存前代遺意，爲春秋。王荊公之後，則群雄相競，或以道德，或以智謀，或以氣力，乃戰國之期也。介乎此春秋、戰國之際者，司馬溫公則如當日之仲尼，王荊公則如當日之少正卯。仲尼誅少正卯，而魯國終未得治，諸子興起，天下政事彌亂，魯國亦亡。溫公澄清荊公之新政，而北宋亦未得安，新黨復興，政事彌亂，北宋亦亡。是以管子一書，所言竟與一千年后之兩宋之事相合。以此而推知，南宋激進政治家步荊公而起者如朱子，亦猶戰國之荀子、韓非、商鞅一流也歟。惟所用之理論工具大異耳。漢政陽儒而陰法，宋政其能免乎。南宋理學之政治，乃行其法家之實者也歟。（法禁篇又曰"詭俗異禮，大言法行，難其所爲，而高自錯者，聖王之禁也"，又曰"審飾小節以示民，時言大事以動上，遠交以踰群，假爵以臨朝者，聖王之禁也"，又曰"以朋黨爲友，以蔽惡爲仁，以數變爲智，以重斂爲忠，以遂忿爲勇者，聖王之禁也"。此皆可令人浮想熙寧變法不盡者也。）

大知閑閑小知間間

明陸西星南華真經副墨齊物論有云"大知閑閑。閑閑者，從容暇豫之象。孟子亦言知者行所無事。無事，非閑閑乎。小知則日以心鬥，故常間間。間間者，立町畦，別人我，一膜之外皆爲藩籬，自謂心計精密，而不知此但小人之知耳"。觀朱子語類忽有感焉。

其書卷一百二十二訾呂東萊，卷一百二十三譏陳君舉、龍川，卷一百二十四批陸象山，卷一百二十五排老莊，卷一百二十六闢釋教，甚多間間之象。恐其講學，不免日以心鬪，而為門人錄之。其學之立町畦，別人我，我學之外皆為藩籬，亦每每自謂乃心思精密、格盡物理而豁然開朗者，然終究非是大人大知氣象。中峯明本嘗云"是非之習愈厚，則心器之量愈狹"。（見東語西話續集。）誠哉斯言。朱子之襟度不如象山。象山嘗云"建安亦無朱晦翁，青田亦無陸子靜"。乃學黃檗大唐國無禪師者，真光明之象。東萊先生著述講學，弘大平粹，導人于善，精察明覺，深蓄少發露，故未嘗有此間間之弊端。東萊雖亦未至孔顏所樂、從容暇豫之大知境界，大體尚為近也。拙著往往不滿于朱子者，多以此故。（武夷山氣候特異，人謂一日有寒暑。朱子居茲山甚久。吾笑謂其學亦有類此氣候者，變易無常。其於呂伯恭，或愛慕畏懼，或輕慢斥責，亦類乎一日有寒暑矣。其中、晚年義理之學說，亦善變也。後世王陽明作朱子晚年定論，雖非盡合，亦朱子善變之個性早自埋其端緒。山嶽之中，吾所好者，猶是嵩、華、五臺、峨嵋磊磊光明者。）莊子曰"道隱於小成，言隱於榮華。故有儒、墨之是非，以是其所非而非其所是。欲是其所非而非其所是，則莫若以明"。（隱者，晦也。）正是南宋諸儒之謂。朱、陸、永康、永嘉諸家，皆有其道之小成、言之榮華者，而往往不悟以明之道，而各得其偏。（陸子知言之榮華不可恃，所以無意於著述，此其高風所在。然其遂不以著述為然，則又失之偏枯。使其雖無而有，以有著述之體而得無著述之心，述而不作，則能大圓滿矣。）呂子之學，差近乎中矣。大知閑閑，惟未至爾。雖然，古之學者為己。學者，為我之學也。不聞東萊曰"知此理，則知百年之嫌隙，可以一日解。終身之蒙蔽，可以一語通"。（見麗澤論說易說。）而小知最為後世之害，近世尤甚。宋儒忘筌之宗旨，即在融大知之閑閑，化小知之間間也。（吾嘗云，分別心者，知識分子之地獄也。分別心即小知之主腦也。近世西人路德維希克拉格斯氏有云"精神乃靈魂之敵

人"。其以小知為精神者，則其確為靈魂之敵人矣。其以大知為精神者，則精
神靈魂何有二哉。亦可以克拉格斯之言，而覘近世西方精神之愈偏于小知
也。）

宋代釋教諍論

　　有宋非僅諸儒間間呈小知相，在釋教亦然。北宋之初，教宗內
之諍論已多，如天台之山家、山外之辯。山家四明知禮義學精深，
自居勝者，得志一時，而不意身前傳衣鉢者淨覺仁岳即已畔之。真
可嘆息。（以一本當傳衣鉢之弟子，公然背叛師門，悍然不顧。此種事亦可
謂前所未有。此乃衰變之兆。參潘桂明氏、吳忠偉氏中國天台宗通史。）予
讀山家、山外之辯文，實無勝者，各有根據。後世奉四明為正宗，未
必合於中道。而其義理之辯，不免流入文字之學。（文字之學不能洞
當人之性源。參近思錄首二篇玄義緒言。）惟彼時尚多學理之交鋒，少意
氣之詈罵。逮至南宋，則意氣多矣。如志磐作佛祖統記，尊本山而
黜山外，其他諸教禪宗，更在偏位，至以孟子尊孔道排楊墨擬之。
（見佛祖統記卷七。）門戶之見極深，嚴酷可畏。在佛家已如此。其書
用春秋、正史之體，亦可謂大而無當。天台宗焉得不衰耶。（清初朱
學之熊賜履作學統，又乃受佛祖統記之啓發者。其書詆毀揚雄、陸王學等語
甚惡毒，其狹隘偏激之失，愈爲可笑而可哀矣。）唐代之高僧往往參學受
用於各教宗派之間而無礙，無此門戶之防。彼時雖教理宗旨有異，
而氣息平和，襟度弘大，皆以致道為歸宿。何等大氣象。（今人推四
明知禮為大哲學家，以其擅長思辨故。然精密之相外，終不免間間呈小知相。
仁岳之畔知禮，亦猶近世熊十力之畔歐陽氏。觀歐門弟子與熊氏諍論之文，
愈嘆文字之學之可畏。歐門之謬在執著，熊氏之謬在生造。執著者執著于經
論言語，生造者生造出種種是非，皆乖于平易圓滿之道矣。）予素喜孤山智
圓之通達，於義學亦更近山外之說，如觀心義，益覺志磐佛祖統記

之作爲多事。其於事固屬創闢，然於理有未合道者，故曰多事也。

程朱所以成第一顯學者

　　程朱所以成第一顯學而陸學不能者，予嘗有惑焉。呂學所以闇然不彰者，予亦嘗有惑焉。夜中偃臥，忽有悟者。呂學尚渾完，重實學，性理之精微，直接唐虞周孔之道，闇傳佛禪之妙諦，德性實行，淳厚深大，學術有本有末，質文彬彬，乃可由深沉厚重之中上等資質人學之。（後學資質如四明王深寧者，始克擔荷之。）陸學尚心學靈悟，立仁心之大者，自稱直傳孟子，闇承禪法，豪放真率，膽魄雄直，乃可由磊落豪雄之中中等資質人學之。（如楊慈湖輩，皆此中中之資質者。）朱學重涵養持敬，格物致知，持尖新玲瓏之見，非駿發猛利如陸，非深沉厚重如呂。而其經學之論，喜標新立異。如詩集傳乃追隨當時新說而變本加屬者，順乎時趣。如易本義，則一反舊說，面目一新。其學術或清新通世情，或奇特炫耳目，易令人喜受，乃可由聰明才辯之中下等資質人學之。（如陳北溪輩，即此資質中下者。）南宋以降，風氣日漓，時至末世，學者資質多中下者，朝廷科舉銓選，尤庸庸不能用高明之說，是以程朱學之漸成官學，顯曜數百年，亦時勢所趨爾。故爲時代所選擇之朱元晦，並非當時學行之最中正者，亦非智慧之最高明者，乃略備中正高明之質而最能平易流行者也。（近世泰西哲人尼采氏快樂的科學一百一十云"知識的力量不在於真實的程度，而在於知識的古老，被人接受的程度，以及它作爲生存條件的特性"。後世之推崇程朱學，有奉若神明者，往往不脫此三種緣由之籠罩。程朱學真實之程度，不能如呂學、陸學。作爲生存條件的特性云云，尤切中後世程朱官學之質地也。）

　　然程朱學尤具政治及禮教之務實性，亦乃其易爲中國朝野社會所接受之最根本之原因也。此其從實境深入、格物致知者，亦自具先聖賢之古義。(呂學之政治進取性不如程朱,陸學之禮教篤守性亦不如程朱,是以程朱一派易為以務實性為主導、崇尚經術之政道之中國社會所接受也。而朱子後學所以亦能得中上等資質如魏了翁者,亦多以此故,而非朱子之學術境界使然。自朱子一派得勢,遂極力壓制呂學、陸王、永嘉。此蓋其所具政治性之本能如此。而近世以來,時勢大異,理學之政治性、禮教性皆大體已喪失其社會基礎,程朱派之官學退出歷史舞臺亦必然矣。而陸王學、呂學之生命力,在此後千年中必遠超於程朱之上,亦自然爾。)由陸王而入於三教一致,由呂學而入於文質圓滿,事理不二,此當今之世中正之大道所在也。此三教一致、文質圓滿,乃此後千年中國人之精神根基及其方向,亦是人類精神之未来希望也。

　　王荊公、朱元晦之政治性格,乃欲壯寒門出身之士族之陣營,而與君權相抗焉。然其勢力本單薄,又皆牴牾於舊有之士族團體,故不復能如六朝隋唐之清貴門閥,使君主亦嘗屈尊也。程朱派得君治國之讜論,亦將反激起君權之恣肆,轉使程朱官學化而奴役操控之。而程朱學之儒士,亦樂於為官方所利用操控也。彼亦藉君權而擴充其勢力,壓倒舊有之官宦勢力,滲透入鄉村之宗族世界。王權之妙用程朱學而操控之,此誠非宋代理學儒者之本願所在。此種變數,恐世族出身之呂東萊早有預見焉。故其政治性格迥異于朱子。東萊法眼灼灼,深知利弊,蓋不主張以激烈方式倡導理學政治者。然當時理學陣營中具此洞見如東萊者,鳳毛麟角而已。荊公、元晦主張恢復儒道之剛性,乃不恤做一挑戰者、破壞者,亦道亦魔,而東萊猶守東漢儒家世家之柔性文明,為長遠計故。(近觀當世傑作劉仲敬先生從華夏到中國一書第一章有云"印刷術若不普及,任何選官之法必不出世家範圍,故唐興科第,終不能奪門第之餘焰。寒門大興,尚待馮瀛王印五經。宋明士人皆出寒人,其勢孤弱。時君日尊,儒臣益卑。社會之進步恰為政治退化主因,歷史之複雜性遠非社會進化論所能概括。西歐絕對主義削除貴族而自亡,為民主所驅除。而東土王權、貴族及國民之三角鬥爭,永遠以君民合作,不斷削弱中間階級為結局"。社會之進步恰為政治退化主因,此語尤警策。寒族士人程朱派之興起,正為社會之進步力量所在,然自後觀之,其亦不免淪為後世政治退化之主因。至清代,程朱派官學幾徹底成一君權之工具矣。在程朱派官學之前,舊有之士族力量尚能矜守唐代門閥之遺意,其周旋王權之間,尚多彈性空間。程朱派官學之後如明、清,整體士族官宦力量為理學推向前沿陣地,其與王權可謂針鋒相對,故不得不墮落品操以自保也。程朱派之學問,本為一種尖銳不圓融之學說,此亦使士族力量轉向前沿陣地之諸原因之一端也。)

呂新吾呻吟語卷三云"以時勢低昂理者,衆人也。以理低昂時勢者,賢人也。惟理是視,無所低昂者,聖人也"。予自不以時勢論人物,亦不以玄理定高下,惟用我本心而已。世俗間理學著作之推尊朱學,多以時勢低昂理者。(彼等近乎以成敗論英雄。八百年來,朱子之於世俗世界之影響,固無人可代替也。)近世牟宗三之以哲學判教,尊陸抑朱,乃以理低昂時勢者。皆非予所樂者。用我平常心,以求無所低昂之境,予之志也。雖然,亦甚難矣。(如牟氏,志向亦極大,晚年亦極矜高,自言古今莫二。然其所成者終究不能如意。以今日之語言言之,其亦一學術之試驗爾。此予私評。抑其公論何如,姑拭目以待之。同時惟唐君毅氏,差有自知之明。舊著徵聖錄卷十一嘗論之云,近世得恕之道者,有余嘉錫、唐君毅二先生。余氏四庫提要辨證,為近世第一流著述,而其序錄乃謂"易地以處,紀氏必優於作辨證,而余之不能為提要決矣"。唐氏撰生命存在與心靈境界,光焰煌煌,亦前所未有之書,而其自序乃謂此書"亦只是一可讀可不讀之書,亦天地間可有可無之書,唯以讀者之有無此書之問題以爲定,此非自作謙辭,而乃克就哲學論辯之著之分位,作如實說"。此皆他人所難能者。以愚之見,余、唐之說不誤。而二先生能坦然自道之,此尤非他儒所可想見。蓋唐氏,能自知其學術哲學論辯之自生性、私人經驗之試驗性,而不自矜高,勝於牟氏多矣。)

世俗諦評朱子

李涵虛圓嶠內篇道竅談之仙佛同修說有云"今設一大道主人

於此,為三教說法曰,夫三教者,吾道之三柱,分而為三,合而為一者也。道若不能分則無變化,道若不能合則無統宗,是故以三柱立其極,釋道言性默言命,仙道傳命默傳性,儒道則以擔荷世法為切,言性難聞,言命又罕,並性命而默修之,遂使三家後裔,各就祖派分為專門,掀天震地講起是非,開出無邊境界"。所謂變化者,以究竟了義觀之,實即幻現之有,不脫緣起因果。此為世俗諦。所谓統宗者,即真實之元,本來面目。此為勝義諦。勝義諦不離世俗諦,世俗諦不離勝義諦,是为道也。朱子之新學術,即所謂道若不能分則無變化者。朱子之變化,成就其道。是以各就祖派分為專門,掀天震地講起是非,開出無邊境界。(此與上編緒言所謂寧瑪派四重緣起說之相礙緣起觀有暗契者。)惟此變化新學術,實專以世俗諦而說。

　　吾人從此窺入,審觀朱子之變化,誠可歎息也。朱子所以成一儒學之大宗師者,乃有數端焉。朱子著述完備,仿佛漢季大儒鄭康成之規模,條理一貫,獨成一大體系。後又為官家所用以取士。呂子學術境界,質極淳厚,文太高明,著述博而未盡約,擴而未盡收。而其體構精弘,外人觀之,又似有患于駁雜,亦不能易于效仿。而朱子之著述教學,有平實流利、直白分明之特性,易于仿學傳習、實踐操行,是以為官家所用。一也。(以世俗之眼光觀之,此朱子在文字名相、意識形態層面之成功也。朱子文集卷三十三答呂伯恭有云"此說固太淺,少含蓄,然竊意此等名義古人之教自其小學之時已有直白分明訓說,而未有後世許多淺陋玄空、上下走作之弊,故其學者亦曉然知得如此名字但是如此道理,不可不著實踐履"。正夫子自道也。)朱子乃豪傑之士,願力深大,師道尊嚴,氣魄雄健,常作獅子吼,加之年壽略長,所得弟子尤眾,且多篤厚者。感發人心甚深。此最得伊川教學之精髓者。呂子於此亦莫及焉。二也。當其批駁諸家之說,亦仿佛大慧宗杲之罵默照禪。(以世俗之眼光觀之,此朱子在傳教弘法層面之成功也。程朱於教育事業之熱情,宋人中罕有可匹敵者。此二人宗教精神之體現也。)朱子學養格局，甚為完備，又仁藝相長，擅詩文書法，多有妙悟，風流倜儻，既為彼時士儒之領袖，而又為後世文士所貴重。呂、陸無此遊於藝之風雅通達，三也。（國朝宋學淵源記卷下附記彭尺木居士云尺木"閒作漢隸，收弄金石文字。嘗謂予曰，朱子亦愛金石碑版。此論語所謂游於藝，非玩物喪志也"。以世俗之眼光觀之，此朱子在人格魅力、藝術人文層面之成功也。拙著書史亦有朱元晦一席地。）然此三種成功，轉以究竟真實之眼光觀之，亦並非真能站住腳根、八風不動者。

予前云朱子之偏，在其見性不高明，性理之學單傳伊川而不得明道之髓。在其經學之刻意尖新，不得渾完。在其器量智德之狹、不容異己如蜀學、江西、金華、永嘉。在其闢佛老言論之峻猛。予所不契于朱子者有此數端。性理之學，朱子之說未能渾完高明，以同時而稍早之李延平、胡五峯、同時之陸象山、呂東萊較之，已呈分別心重、支離未渾之相，非大知氣象。朱子力量威猛，鞭撻古今人物，而其分別心，亦強于他人。（前引章太炎菿漢微言評朱子云"晦庵之說，雜有二乘、人乘、外道，是為不定種姓信分微劣者"。言其不得大乘義。然延平、五峯、象山之學，自愚視之，亦有不足。且其皆闢佛老，門戶之見終難消泯，終究滋生障礙。）朱子見性不高明，元代高道陳致虛已嘗譏之矣。其上陽子金丹大要卷五判惑歌有云"誦大學，講中庸，不偏不倚朱文公。正心誠意求章句，誠意元非章句中"。乃言朱子終未能跳出章句文字之學，不能直見虛靈不昧之真性也。又朱子之經學，特尚宋人尖新深鑿之論，如詩、易、四書。竊謂治經學者，當大體參以孔顏之心，而以孟荀及漢儒之學為輔佐，而間用宋儒之說激發之，引申之，方不失聖賢中正之旨。（章太炎菿漢微言云"老子稱知者不博，博者不知。辯者不善，善者不辯。朱元晦亦解治經大法，然說易說詩，枉戾奇觚，違反大義，此汎覽而不專精之過也"。又云"朱晦庵不尚高論，其治經知重訓詁，以少長福建，為呂惠卿、蔡京舊鄉，習聞新學，性好勇敢，故多廢先師大義，而以己意行之。其言道，以天理人欲為不並立，內以持躬，固足寡過，外以隸政，即不能以百姓心為心"。所言極爲深切。朱子之易學，又甚具複雜特殊之性格焉。以勝處論，其易學甚注重象數之學，為近世易家正本清源遙啟先聲，是以至今猶為易學大家潘雨廷氏所稱讚也。以劣處論，其言周易為卜筮之書，一反晉唐以來崇尚聖人義理之易學，有失中正之道，誠為標新立異、具革命家破壞力之性格者。此即太炎所斥之枉戾奇觚者也。此種學術性格，皆後文尼采所謂之天才人物之特性也。)其器量智德之狹、不容異己之弊，拙著論之多矣。此其精神未能圓滿之數端也。

朱子排詆佛教之力最猛最利，而其學實又有類於禪宗。(朱子嘗蒙大慧宗杲開示。見致道謙書。道謙禪師圓寂，朱子亦嘗祭之以文。其早年與禪師之關係甚爲密切。朱子語類卷四朱子嘗讚大慧"特立獨行"，"如龍如虎"。清儒顏習齋嘗云"朱子凡到闢佛肯綮處，便談禪有殊味。只因其本來有禪根，後乃混儒於禪，又援釋入儒也"。又云"朱子沉迷于讀講章句，更甚於漢儒。玩心於空寂，更甚於陸子"。所言甚犀利。習齋之學，亦屬偏激，非吾所肯。然其眼光則毒辣無比。玩心於空寂更甚於陸子，此說尤具啓發性。蓋常人只知朱子罵陸子是禪也。溈山禪師曰"窮研至理，以悟為則"。朱子之格物傳，實有類於此也。惟其素忌憚人謂其說如禪，故其於文字亦甚有糾結之心態。近觀其文集卷七十二雜學辨斥呂氏大學解云"愚謂以悟為則乃釋氏之法，而吾儒所未有"。然其格物傳所謂"所謂致知在格物者，言欲致吾之知，在即物而窮其理也。蓋人心之靈莫不有知，而天下之物莫不有理。惟於理有未窮，故其知有不盡也。是以大學始教，必使學者，即凡天下之物，莫不因其已知之理而益窮之，以求至乎其極。至於用力之久，而一旦豁然貫通焉，則眾物之表裏精粗無不到，而吾心之全體大用無不明矣。此謂物格，此謂知之至也"，實與其所斥之呂氏大學解義極相近也。呂氏云"知者，良知也，與堯舜同者也。理既窮則知自至，與堯舜同者忽然自見，默而識之"。又云"草木之微，器用之別，皆物之理也。求其所以為草木器用之理，則為格物。草木器用之理吾心存焉，忽然識之，此為格物"。竊謂朱子後來作格物傳，乃實受其之影響。豁然貫通，豈非即忽然識之。惟朱子最不欲己說與禪宗混淆，乃強自辨別之。究其精神之底蘊，實與深究禪宗之呂氏無根本之差異。故其學說名實不一，時有自相鉾楯之處。以溈山"以悟為則"說之者，予讀書自得之。不意

呂氏先我而得之，契合無間。此又予與古人之不謀而合者。明亡張宗子西湖
夢尋卷五錄雲棲大師事跡有云"仁和樊令問，心雜亂，何時得靜。師曰，置之
一處，無事不辦。坐中一士人曰，專格一物，是置之一處，辦得何事。師曰，論
格物，只當依朱子豁然貫通去，何事不辦得"。則以釋教大師觀之，朱子格物
傳誠然與禪宗無異也。）

　　朱子學又有近乎教下者。（格物傳又如宗密原人論。可參玄義第二
卷第二條。瑜伽師地論有云"云何事邊際性，謂若所緣盡所有性如所有性"。
朱子之格物說，欲學者即凡天下之物，莫不因其已知之理而益窮之，以求至乎
其極，頗有與此盡所有性相類者。綜上所述，予遂悟朱子所謂"莫不因其已知
之理而益窮之"之益窮者，若以正解解之，非窮於物之理也，乃謂窮極於心理
之邊際之極致也。此雖未必為朱子之本意，然其學說亦自具暗合於釋典者。
後儒以朱子分心理為二，或亦為誤解。此種誤解，實為朱子於佛家之自相鉾
楯、內在糾結性自肇之者。亦不可盡責於後儒。）故朱子之於佛教之態
度，實有此鉾楯糾結處。此亦其精神未能圓滿之一端也。（舊著徵
聖錄卷五有云，朱子實亦能知宋儒學佛之可貴處，非盡排佛也。文集卷八十
四跋趙清獻公家書云"趙清獻公之為人，公忠孝慈，表裏洞徹，固所謂無間然
者。然其晚歲學浮屠法，自謂有得，故於兄弟族姻之間無不以是勉之。前後
見於家間手帖多矣。如此卷稱其弟心已明瑩，見性復元。教其姪以不失正
念，要使純一不雜，又教以公私謹畏，踐履不失，便是初心佛事。且引古人三
業清淨，即佛出世之語，以為此亦直截為人處。則與今之學佛者大言滔天而
身心顛倒、不堪著眼者蓋有間矣。嗚呼。聖學不傳，其失而求諸野者若此，尚
為有可觀也。予是以表而出之。慶元丁巳十月十一日庚辰"。故可知朱子所
排者，實儒士學佛之末流。而矯枉過正，殃及釋教。此跋至謂聖學不傳，其失
而求諸野者若此。何其褒也。慶元丁巳，朱子六十八歲。抑其晚年持論愈平
恕耶。豈非亦可入晚年定論一類耶。恐朱子心聲流露於題跋若是。）然自二
程以來，此種鉾楯糾結之病即已有之，至朱子亦愈彰明耳。本無足
怪。欲識朱子之本相，尚不在此也。

勝義諦評朱子

觀夫朱子政事之實施、學術之爭辯，其行其言特爲剛猛，而其於政治、學術二事，影響時人及後世亦極深遠也。此衆人所知者。（今世桐城余英時先生撰朱子的歷史世界一書，發明朱子之政治思想行爲甚爲深切詳備。然以予觀之，此皆從世俗諦而說者。）予兹有特識焉，乃前人所未發者。此爲吾窮究根源，釜底抽薪之說，後而觀之，蓋與老子"大道廢，有仁義，智慧出，有大僞"之論相若也。（姑且名之曰朱子仁義說。今人譯本尼采氏快樂的科學第四條有云"最強大和最邪惡的天才人物是推動人類前進的首要功臣，他們一再點燃人們那昏睡的激情。井然有序的社會使激情昏昏慾睡。他們一再喚醒人們的比較意識、矛盾意識，喚醒他們對未經試驗的、需要冒險的事物的興趣，迫使人們對各種觀點和範例進行比較，常常伴隨使用武器、推翻界碑、破壞虔誠，不過也不排除借助新的宗教和道德"。朱子固非品操邪惡者。然尼采法眼灼灼，其所形容之此種天才人物，正是朱子之寫照。尼采之所謂邪惡者，非言其品操，乃言其建設性中所蘊藏之破壞力也。予所不喜朱子者，即其身所具之喚醒比較意識、矛盾意識，喚醒冒險之興趣，迫使人們對各種觀點、範例進行比較，破壞士人佛教之虔誠者，而其所借助者正是作爲新之宗教與道德之理學也。亦以此故，朱子著述、文集、論學書札、語類數量為最多。朱子答呂伯恭嘗自承之暴悍質性，自撓而傷物，亦正與尼采之所謂使用武器、推翻界碑之戰鬥性相符。不意尼采之書乃成宋儒忘筌之最佳注腳。此亦可為前論中華文化三大轉折說以朱子不為第二期而為第三期之注解也。尼采云喚醒人們對未經試驗、需要冒險之事物之興趣，理學政治即是此種未經試驗、需要冒險之事物也。以世俗諦觀之，朱子乃推動中華文明發展及人類前進之大哲、英雄。以勝義諦觀之，朱子之知之行，乃古聖賢大道之墮落之體現。所以在第三期。勝義諦不捨世俗諦，是為中道。予以中道說之，乃還朱子之本相如是。近世以革命精神推倒程朱學，今之學者多痛之憫之，而不知朱子當年實亦具此種革命精神，行宗教道德之革新者。而近世不喜朱子之牟宗三先生，實亦此種一再喚醒人們之比較意識、矛盾意識之弄潮英雄也。近讀布魯姆氏巨人與侏儒中西方文明一文有云"基於歷史的觀察，我們應該知道，被每個時代當作最偉大美德的東西其實常常是其時代最大的誘惑、邪惡或危險。比如古羅馬之男性氣質、西班牙之虔誠、不列顛之階級、德意志之本真。我們必須學會把手術刀放在我們的美德上"。誠可謂傳尼采之衣缽者也。）

　　朱子於學術、政治之立場，皆為反王荊公之陣營，然其學術、政治之性格，實又與之一脈相承。（參疏證第八十九條。王荊公即尼采氏所謂最強大、最邪惡之天才人物在北宋之典型人物，而朱子則為南宋之首席代表。惟王荊公合乎尼采之說者甚明，而欲觀朱子之真面目，則甚為不易。）荊公、朱子二人，真可謂相反而相承者。終結荊公之時代者，朱子也，而延續荊公之即道即魔之性者，亦朱子也。（王荊公人號拗相公，許學夷詩源辯體卷一亦謂朱子執拗。二人執拗之性甚同。尼采所謂最強大、最邪惡之天才人物乃推動人類前進之首要功臣，一再喚醒人們之比較意識、矛盾意識。予謂之即道即魔之性。即道即魔，而為混體，其手段自不凡，而以道位觀之，其尚在半途，時患走火入魔，絕非聖人圓滿之境界者。使士夫開悟後深入修行而猶不脫此性，究其極致，亦不過在洞山大師五位君臣兼中至第四位耳。而荊公、朱子不過在偏中正第二位，尚未開悟破初關。在彼之時代，修行境界在其之上者亦多矣。非僅溫公、明道、東萊、象山而已。然荊公、朱子手段不凡，才又極高，時人末法，因緣際會，迷人尤甚。如朱子韓文考異評定昌黎與大顛三書為真。其事似右韓子者。錢默存談藝錄推朱子之深意而有云"方見韓公於吾儒之道，祇是門面，實無所得。蓋深嘆其見賊即打，而見客即接，無取於佛，而亦未嘗有得於儒"。正可見朱子手段之刻屬。而此韓昌黎反成其比較意識、矛盾意識之犧牲品矣。黃東發日鈔嘗冤其不平有云"朱子博於二氏書，而他日謂昌黎與大顛，乃平生死案。何嚴也"。見談藝錄第十七條。此恕於己而嚴責於人者，自亦其內在不圓滿性之體現。而其非僅嚴責於昌黎，乃盡責於歷代人物及同時諸賢。其說之刻屬，甚具震撼性，時人迷之。故尼采之說，正為此種天才而發。又荊公、朱子以此混道魔性故，其於詩文書法之稟賦俱甚高超，荊公尤甚。然此又焉能瞞過法眼灼灼者。以此愈可知論宋代之詩文書法者,往往不能因其跡相而得其真心,蓋具欺騙性故。在晉唐人,則尚易于循外跡而得實相。此又中國文學藝術之一大分水嶺。自荊公、米芾、朱子一輩出,中國文藝之天機縱橫又富欺騙性之文人時代始矣。故姑且謂之即道即魔、道魔混體性。而近世最能喚醒人們之比較意識、矛盾意識而搖撼乾坤之泰西大學者誰,學人亦不難猜之也。而開悟已在兼中至第四位中、尚未盡融道魔混體之患者,可以深入楞嚴經,覓其入圓滿之道之關鍵也。)

王龍溪雲間樂聚冊後語闇諷朱學末流有曰"自聖學晦亡,人失其本心,一種似是而非之學,流傳世間,倚傍于名義,揮霍於氣節,以計算為經世,以知解為通微。甚至黨同伐異,自以為公是非,恣情混俗,自以為同好惡,兜攔羈絆,不得自由。雖在豪傑,習陷其中而不自覺,其所由來者,漸矣"。所言鞭辟入裏。似是而非之學,予所謂混道魔性故。倚傍于名義,過於爭勝于性理玄義之辨別故。揮霍於氣節,動輒以仁義道德綱常大節為言故。以計算為經世,拘於曲隅,不識經世之大體故。以知解為通微,不達現量實證,猶滯于分別意識故。黨同伐異,意固必我,門戶之諍故。自以為公是非,恣情混俗,使人耳食不辨公道,亦正混道魔性故。自以為同好惡,兜攔羈絆,亦門戶之諍故。雖在豪傑習陷其中而不自覺,此豪傑乃為名義、氣節、經世、通微、黨同、公是非、同好惡等所鼓動導引,而不辨本心之簡易昭著故也。

朱子之學,素為陸王所議,人盡知之。其亦多為道教之高道所斥焉。丹道家專研命性,不尚世俗諦,乃喜直指勝義者也。元人陳致虛判惑歌已讚朱子"正心誠意求章句,誠意元非章句中"。明初張三丰,道行神妙,見地超然。三丰全集卷三大道論有云"朱子少年亦嘗出入二氏,蓋因不得其門而入,為二氏之匪徒所迷,故疑其虛無荒誕,空寂渺茫,回頭抵牾耳。迨其晚年學博,則又愛讀參同契,並云參同之書,本不為明易,蓋借此以寓其進退行持之候耳。

更與人書云,近者道間不挾他書,始得熟玩參同。是更津津然以仙道為有味也。然則韓、朱二賢,特闢其非佛非老之流,非闢真學佛老者也,否則前後一身自相矛盾,則二賢亦可笑也"。然朱子從來不自承非闢真學佛老者。故不免有可笑者。三丰因不得其門而入一語,點中要害。朱子於心性之甚難悟入大道,恐資質限之耳。然不期朱子彊事學力執拗而逆襲之,斥象山,譏東萊,排佛老,似得自圓其說,而後世誤信其真,遂令中國文化千年以來為之氣緊。幸吾浙又有王陽明開姚江學派,乃稍紓解之。比覽近世高道汪東亭體真山人丹訣語錄,徑謂朱子為外道,乃甚能識認此種混道魔性者。(其四十九有云"你要駁朱子是外道,總須引出易經來作證據。易經是四聖共作之書,把此一證,方能壓倒朱子的心,否則也仍是不中肯綮"。五十有云"朱子在前清時,不能說他一句不好,你說了,人家就加你的罪。你看陳上陽注參同契,面子上亦不敢說他不好,要敷衍他幾句。可知宋元明清,歷代皆是如此。不過到了民國,言論自由,只要透理,隨你說什麼話。所以我把朱子的外道表明一下,免得遺害無極"。又言"凡是得道的,都要駁朱子。鄭和陽駁得很厲害"。儒門中人,自難接受朱子為外道之說。然以道而論,則朱子之道尚不及東萊之中道、象山之精微,確乎外矣。)

近世儒者評朱子

近世新儒家中,牟宗三先生批評朱子甚多,皆斷斷于義理思路,言其性理之學傳伊川而不嗣明道,非是大易孔孟精神之正宗,固是有據。然其於勝義諦本自不圓,故論朱子之義理者,雖有甚深之心得,未達通透之境地。其於世俗諦,則亦不甚通達朱子學術格局之大,未洞悉其於歷史奧蘊之特殊意義也。(牟氏判朱子為靜涵靜攝之橫攝系統,而非縱貫系統,固亦有所發明。然予以為其終究分別太過分明,乃今人之聰明習見,在古人必不如是。不聞象山曰"建安亦無朱晦翁,青田亦無陸子靜"。想象山當並不以己與朱子有如此巨大之分別及差距也。在呂子亦如是。且朱子於心性之理幾無統一、清澈之立說,所言至為繁複,亦非盡是所謂橫攝系統者,亦有屬所謂縱貫者,而牟學為自圓其說故,不免武斷。又如朱子主格物窮理,語類嘗言"格物致知處便是凡聖關"。此自其一門深入之法門所在。而牟氏乃以泛認知主義判之,亦非得情。朱子主格物窮理,強自標舉,自非圓滿。然宋人猶是惇厚。朱子所言者並非僅是見地而已,亦是實行。以平常心觀之,諸儒實行修證之法門有異,本各有因緣,非法門真有高下優劣。如釋教中有人不學教下,不參本心,一心念佛,亦生淨土。法門自有難易,而無高下。淨土宗,易行道也。朱子主格物窮理,亦性理儒門之易行道也。使真儒從格物窮理一門深入,亦自優入聖域。豈必從致知誠意直入,始為孔孟正傳之心法耶。道之根本,實在於人之實行中。究其極微妙處,非可以名相論。牟學之失,即在過執名相。不知真修之儒,到甚高境界,自不必看來時路也。)

牟氏譏朱子學問支離,不得正宗,不知自己之學問亦弗能作無分解之陸象山,亦直是與重分解之朱子相似而已。若以氣質而論,牟氏直是朱子一路。朱子學術之過,即在分辨太清,察識太細,而涵養不足,又往往以理奪事,不能事理俱到。牟學之弊端亦甚相似。以此而論,牟學於義理層面為反朱學者,然於方法層面亦如朱學者也。予於義理、方法之二端,皆不以朱學爲然。於此二端,亦不以牟學為然也。上陽子譏朱子"正心誠意求章句,誠意元非章句中"。牟氏亦極以其哲學體系而自高,實則圓善之大道,本極簡易,元非在其複雜纏繞之哲學體系中求也。(牟學之義理層面,亦多破綻者。牟學太重思辯,亦執著於思辯。此種哲學家習氣,尼采早已揭發之。快樂的科學第三三三條嘗云"長久以來,人們把有意識的思考視爲思考的全部。現在我們才逐漸明白,思維活動大部分都是在我們無意識、無感覺中進行的。但我還認爲,這些相互鬥爭的各種本能彼此是十分的敏感,並力圖給對方增加痛苦。這就是思想家往往會突然感到精疲力竭——戰場上的精疲力竭——的根源所在了。不錯,在我們內心也許潛藏著英雄氣概,但它絕非是斯賓諾莎所說的神聖的、永自安眠的東西。有意識的思考,特別是哲學家有意識的思考,其實是一種最軟弱,因而相對也是最溫和、最寧靜的思考方式。如此看來,對于認識之特性的理解,最容易出錯的恰恰是哲學家了"。可謂鞭辟入裏。如古人聖賢之學,如禪宗,其所用則絕非此種最軟弱、最溫和、最寧靜之思考方式。呂學微妙處,即在其契合所謂無意識、無感覺者,亦不願給對方添增痛苦,而朱子則反是。朱子乃尤具英雄氣概者,然並非尼采所希慕之希臘式者。自朱子出,諍論近千年,所謂相互鬥爭之各種本能,亦愈為敏感痛苦、精疲力竭矣。此予所以對宋明儒之諍論久生厭離心者也。讀牟氏之書,實亦有此種精疲力竭之感。朱子、牟氏之思辯,亦有近乎釋教之所謂尋思者。解深密經勝義諦相品有云"我說勝義是諸聖者內自所證。尋思所行是諸異生輾轉所證。尋思但行有相境界。尋思但行言說境界。尋思但行表示境界。尋思但行諍論境界。是故法湧,由此道理當知勝義超過一切尋思境相。法湧當知,譬如有人於其長夜,由有種種我所攝受諍論勝解、樂著世間諸諍論故,于北拘盧洲無我所、無攝受、離諍論,不能尋思,不能比度,不能信解。如是法湧。諸尋思者於超一切尋思所行勝義諦相,不能尋思,不能比度,不能信解"。所言極是。大道超於一切尋思之上,唯諸聖賢內智所證示正道理。彼樂著世間諍論者,尚隔一塵。)

錢賓四氏之弘揚朱子,識其學術格局之大矣,又不辨其精神之不中正、不渾融、不圓滿處,而一味褒揚讚嘆。此其精神昏昧之處。竊謂其亦不識朱子之真實面目者。(賓四中國學術通義朱子學術述評有云"朱子說理,既不近於佛氏之涅槃佛性,而與道家自然之理復不同。蓋朱子思想,不僅綜合會通了二程與周張,並亦綜合會通了道家與釋氏。而能不為道釋、不爲周張二程之所縛,而調和折衷,別成一套,此見朱子思想之卓然不可及之集大成處"。然其所謂調和折衷、別成一套者,正是朱子說理義理不瑩、模棱混亂之處。正可見其智慧未得高明圓融之境界,而賓四乃謂其集大成、卓然不可及。不亦昏昧之甚乎。錢先生早年亦喜陸王學,後始特崇朱子。晚年居臺灣,遭全盤西化之世潮,乃弘揚朱子學不遺餘力,自有其功德焉。雖然,觀朱子新學案,終覺忠恕之道,厚重有餘,而其識見智慧,則不能超邁前人之籠牢,乃一朱子學極詳明之教科書耳。牟宗三一派,固已譏其缺乏創造力矣。然牟學所自詡之創造力,實多貌似精密之奇說怪論,並非中正平實、渾融圓滿之真實相。賓四門人余英時撰朱子的歷史世界一書，意蘊深厚，而甚有創造力，可以光大師門矣。此書於朱子之歷史意義，乃有甚深之發明，而特為所謂新儒家者所忌，諍論出焉。甚可悲也。）然觀賓四先生晚年文字，又有不以宋儒理學之道統為然者，頗與拙著之旨趣相合。（其中國學術通義中國儒學與文化傳統一文第九節專駁道統之說，甚見通透公正之識。其文收尾有云“昔邵康節臨終，伊川與之永訣，雍舉兩手示伊川，曰面前路徑須令寬，路窄則自無著身處。況能令人行。我們今天來講中國文化，也就不該只講一儒家。又況在儒家之中，標舉出只此一家、別無分出的一項嚴肅的、充滿主觀意見的、又是孤立易斷的道統來。這是我這一番講演最後微意所在。盼在座諸君體取此意，各自努力去”。此種言論，自與其推崇朱子之說有自相矛盾之處。邵康節臨終之語，乃予印象極深刻者，嘗於徵聖錄中議論之。賓四先生此種言說，正忘筌之旨趣所在。以此而論，先生晚年之靈悟，又可為吾學之同調也。）

　　錢、牟二先生皆有失之偏者，可謂臧、穀亡羊。而朱子精神之不中正、不渾融、不圓滿處，正以呂子、陸子、龍川為鑑而愈彰，亦猶荊公精神之不中正、不渾融、不圓滿處，正以程明道、司馬溫公、蔣山贊元禪師為鏡而彌顯也。（朱子學術之特質，又可參疏證第七十三條。）東萊，吾鄉之先賢。友人謂拙著乃吾浙學者自陳龍川、葉水心、王陽明、毛西河、章實齋以來於朱學之最新之反擊也。或謂此為鄉曲之私，在予則天然如是爾。實則予之見地，又已異於陳、王、毛、章諸儒，非蹈襲也。此予天然自成之學，鄉曲之私，僅為一助緣而已。剗天下之公事，學術之公器，亦非私不成乎。（朱子乃一天生氣稟中特具事業、學術之大野心之人。此可以泰西之星座學度測之。是以其政治行為及學術爭辯皆極有攻擊性。要論其氣稟之大體，乃熱情洋溢、追求中和精深之境界者，並非喜偏激、好攻擊之人也。朱子嘗自謂氣質躁妄之偏、失之暴悍、自撓而傷物，是為自知之明，然不知其可曾明曉己身躁妄暴悍之失，乃多此先天所潛藏之本能欲望、非凡野心所致者。其學術風格實多為其性格所決定。古之聖人大賢，皆能轉移其氣質，融化其廉棱不和平，使一為先天之氣稟因素所控制、束縛之人，能超越自身，成一大圓滿大和平之境界。觀朱子一生之言行學說，實未能真正轉移其氣質。於此東萊高過元晦多矣。惟予之批評朱子，並非針對其人之得失，實乃有懲於自宋以來偏見小知橫行於世界，遂樹此自信愈為圓滿之智慧知見，以矯正今世人之偏見小知也。予先天之氣稟，乃一烈性之人，然亦唯此等性格之人，方能發如此駿利之批評。予開悟後，氣質已見轉移之機。見空性使然也。後自證自性與聖人無異。自心之空明使然也。惟禪門有云“具足凡夫法，凡夫不知。凡夫若知，即是聖人。具足聖人法，聖人不知。聖人若知，即是凡夫”。吾自證自性與聖人無異，乃聖人而知者。以此而判，吾猶為凡夫必矣。楞嚴中富樓那嘗評阿難云，雖則開悟，習漏未除。此誠予之寫照。雖然，予心體已不復為偏見小知所遮蔽。大圓滿境界，吾之志向也。今日觀之，予之朱子評，乃爲一遊戲，爲一悲心，亦為一戰爭，為一空明也。）

　　勝義諦不離世俗諦，世俗諦不離勝義諦，是為道也。論朱學不通世俗諦，無以見其功用，不辨勝義諦，無以見其幽微。蓋中華道術氣脈至於朱學，勝義之不圓通，而適成其世俗諦之功用，亦天意如是，非人力可彊。中正篤厚如東萊，四十餘即歿。此正釋教所言之末法時代之肇始時。所謂世緣深者，實即人類社會之習氣無明愈趨深重之意。荆公、朱子弗能脫之，乃決意順應而達用，一念之間，已混道魔。明道、溫公、東萊亦弗能脫之，乃不欲順而混焉。此其所以續先聖之絕學者也。予論朱學，非喜論朱子其人之是非，乃辨天人之際之幽微耳。

朱子如荆公

　　朱子學術、政治之性格，實與王荆公甚相近。惟所借助之道術不同耳。究其根源，竊謂亦與朱子自幼受荆公之影響相關也。文集卷八十三跋王荆公進鄞侯遺事奏稿有云“先君子少喜學荆公書，每訪其蹟。晚得此稿以校集本，小有不同，意此為未定也。熹常恨不曉寫進李鄴侯傳於宇文泰、蘇綽事何所預，而獨愛其紙尾三行語氣淩厲，筆勢低昂，尚有以見其跨越古今、斡旋宇宙之意，疑此非小故也。後讀熙寧奏對日錄，乃得其說如此。甚矣，神宗之有志而公之得君也”。甚可見荆公之於朱子之潛移默化也。朱子讚其跨越古今、斡旋宇宙之意及公之得君也，亦可見其仰慕之高。同卷又有再跋王荆公進鄴侯遺事奏稿，尤可見其於荆公之仰慕讚嘆及同情也。觀其所讚嘆者，荆公之詞氣激烈，筆勢低昂，高視一時，下陋千古者也。而此正是朱子性格之所喜者。其生平不亦詞氣激烈，筆勢低昂，高視一時，下陋千古耶。東萊抑之，彼亦恆有自省，而終未能自化之也。二跋皆作于紹熙年間，朱子時六十三、六十五歲，距其歿亡僅六年耳。而其仰慕荆公之激烈高視之心猶如此之甚，可以知其氣質矣。

贊元禪師嘗評王荆公曰“公般若有障三，有近道之質一。更一兩生來，或得純熟。公受氣剛大，世緣深。以剛大氣，遭深世緣，必以身任天下之重，懷經濟之志。用舍不能必，則心未平。以未平之心，持經世之志，何時能一念萬年哉。又多怒。而學問尚理，於道為所知愚。此其三也”。此荆公般若三障，在朱子亦極相符焉。受氣剛大，世緣深，以未平之心，持經世之志。此朱子學之利弊所在處。其固是儒者經世之志，後世朝廷亦行之有效焉。然弊端即是以未平之心，故其學說又素招古今通人之貶議。以剛大氣，遭深世緣，此二語道盡朱子人事矣。多怒。此朱子學之偏。鋒芒畢露，不免劍走偏鋒，挾怒氣故。學問尚理，於道為所知愚。此語尤道中朱子病痛所在。朱子道問學，一生太過尚理，重思惟，不能直下明心見性，目擊道存。此於道為所知障。不意贊元一矢，連斃二士。贊元評荆公“特視名利如脫髮，甘澹泊如頭陀。此為近道”。則朱子又不如荆公。（朱子之私德，素為政敵執為把柄。其非甘澹泊如頭陀者，今無必諱言矣。）

章太炎菿漢微言云"朱晦庵不尚高論,其治經知重訓詁,以少長福建,為呂惠卿、蔡京舊鄉,習聞新學,性好勇敢,故多廢先師大義,而以己意行之。其言道,以天理人欲為不並立,內以持躬,固足寡過,外以涖政,即不能以百姓心為心"。其言朱晦庵少長福建,為呂惠卿、蔡京舊鄉,習聞新學,性好勇敢,故多廢先師大義,而以己意行之者,即拙著言其氣質性格與荊公相近之注腳也。(溫公曾上禘廟議。當遷僖祖於西夾室。時未遷,至英宗禘乃遷。熙寧中荊公當國,言僖祖廟比稷契,不宜毀廟而下禘於子孫,宜還廟享。韓維、孫固不以為然。神宗頗主維、固議,而荊公持之堅,卒奉僖祖為始祖,東向。而太祖居第四室。至孝宗升禘,鄭僑請正太祖之位,諸儒樓鑰、陳傅良等翕然附議,相汝愚主之,於是自昌陵禘廟踰二百年,而始正太祖東向之位,如公議矣。而時朱子獨主荊公之說,與汝愚爭辨,謂神宗奉僖祖為始祖,已為得禮之正。見清顧棟高司馬太師溫國文正公年譜嘉祐八年六月。顧棟高亦以溫公之說為正,朱子未盡合也。觀此事,亦可知朱子之契合於荊公,有不可以常情測之者。後世以南宋理學家之政治陣營為正,以荊公之新學集團為邪。實並非盡然如是。二派之道術為分歧,然政治性格乃有一脈相承者。理學政治家激烈之作風,未必盡合乎中道。東萊之政治觀念,本有與朱子相近者,然不求激烈之作風,更近乎北宋之韓魏公,而不盡合於理學陣營也。)

陸 子 評

象山見性之高,造道之深,章太炎菿漢微言、昌言論之甚明。(可參近思錄首二篇玄義緒言。)菿漢微言云"陸子靜、楊慈湖、王陽明知見高過明道、白沙,而受用不足,當是大乘十信將發心者"。吾以為象山固已開悟,一片天機,然尚未實證圓成菩薩地,在初地、五地之間。太炎受用不足之說,甚有眼力。使象山之天機了悟,復加大慧禪師之受用廣闊,則一儒家之大聖出焉。元晦之患,在天機不純正。象山之憾,在受用之不足。(東萊天機與象山等,然壽促。觀宗喀巴大師傳記，知其五十五歲時病重，尚能與弟子修大威德金剛法數年，終得延壽，於六十三歲圓寂，最晚八年間弘法功德極大。惜東萊弗能之。此又東萊不及宗喀巴處。宗喀巴為明初人，其真乃兼乎象山之天機、大慧之受用者也。)

象山豪邁挺拔，膽魄開張，於南宋諸儒中最近於唐人。學術類禪宗，直指人心，別無它法。(象山語錄中屢次自言吾只是這個。然陸子終持排佛論。予於陸王學有妙譬焉，參見近思錄首二篇玄義緒言開悟始知孔子心之末。)獨重實行，不事著述，亦如唐賢作風。歌詩所作不多，存者多為李太白之風，非是宋人腔調。常作獅子吼，力量振怖。此其獨樹一幟之所在。其學術自詡直承孟子，後人多以其為程明道之學脈而青出於藍，固亦不差。(而近世牟宗三氏又推許太過。過猶不及。)

象山之精神，純粹光明，勝於時賢。是以後世學陸者多是英豪人物，器識不凡。然衡之以周漢晉唐之聖賢，其精神不墜高致，格局則遜于古儒。如漢儒之能知，知中具行，唐儒之能行，行中具知。象山之格局偏薄矣。其知雖高明純粹，而不能通攝經史羣籍，可謂質而不文。此不及呂子處。章太炎菿漢昌言嘗讚之云“陸象山先立其大，以六經為我注腳。然云讀經須精看古注。此高明而知柔克也”。此或即象山不事經學著作之由。蓋有古注在。然象山於此終欠單薄。其行雖剛毅果決，而不能盡力於整頓乾坤之功。此猶待乎王陽明及其後學發揚之。(吾所謂後學者亦包涵日本近世明治維新陽明學諸儒者烈士也。)

予天性特喜象山，弱冠時即嘗深研其書，然所希慕者，終是於質於文境界圓滿之人。朱子文勝於質，陸子質勝於文，惟東萊差可當之。然東萊之境界，以古聖賢之標準衡之，則尚有不盡。蓋亦為一時氣運所限。三賢各有優劣，一時旗鼓相當，今日觀之，實歷史影響最隱晦之呂東萊，為南宋最殊勝之儒學家也。明道若昧，不亦冥合老子之義也歟。(前中華文化三大轉折說以東萊為第二期之末,朱陸為第三期之初。以道而論,陸子當在第二期,然其不免與朱子辯,逞口舌之利,是以落於下乘。是所謂物以類聚者。如呂子,即不如是。其與朱子論學亦甚多,宗旨方圓兼備,氣息深厚。朱子多不敢與之爭辯,待其歿後始詆之耳。予前已言朱子乃近乎尼采之所謂點醒人們昏睡之激情、借助新的宗教和道德之天才人物,呂子則近乎尼采之所謂返祖現象者。快樂的科學十有云"我喜歡把一個時代裏罕見的人物看成是突然冒出來的晚生幼芽,亦即往昔文化及其力量的晚生的幼芽,猶如一個民族及其文明教化的返祖現象"。呂子為北宋諸種學派之集成與新生,北宋承唐之氣脈,東萊正是三唐北宋精神體之晚生者。快樂的科學十又云"在一個民族較爲穩定的各代和各社會階層尤能湧現先民的本能欲望之餘緒。而在種族、習慣和價值評估變更過於匆遽的地方,則不大可能產生這類返祖現象"。兩宋之際種族之衝突、價值評估之動盪不定,正如尼采之所形容,是以此類返祖現象如呂東萊者,鳳毛麟角。在此價值評估動盪之世,所以能生東萊先生者,乃因其特具一深厚穩定之家族家學之土壤及基因之故也。予讀快樂的科學此節,不禁拍案稱絕。蓋予亦即其所謂返祖現象者。過去之百年,正是種族、習慣和價值評估變更過於匆遽之時代。中國之劇烈程度尤甚。今之社會,稍穩定矣。拙著微聖錄、書史即此返祖幼芽之微光。彼雖是西人,豈非異代之知音乎。固信此心此理,萬世一揆也。尼采固古希臘之晚生餘緒,而予自擔當為唐代之晚生幼芽也。)

東萊博議雪誣

　　自朱子在東萊身後詆其文字儇薄工巧,東萊先生左氏博議一書遂漸為後人所輕。不知此書具諸美焉。東萊博議義理深邃,心學精微,深造天人之際,疏通古今之變,粹言極富,有義理極正大閎達者,非大智慧人不能道焉。後人為朱子誤導,不能平心讀此書,遂不知其中之奧秘。此其一也。後人耳食,貽誤至今。此書本為訓導門人策論課試而作,非是解經訓詁之正體,其自序亦已言之。

後儒以經義訾議之，非也。博議之體乃由呂子創闢，開後世史學史評一派，尤以王船山尚書引義、讀通鑑論諸書為典刑。此其二也。（船山讀通鑑論高遠深邃，見地不凡，前人輕視博議，以爲非其匹儔。非也。實則船山乃真得乎博議之髓者，博議確有權輿開山之功。而讀通鑑論、宋論立論之偏激處亦甚多，博議反少此病。故謂之讀通鑑論乃博議之變本加厲者可也。）其辭章議論之文法，承三蘇之正傳，文氣駿奔，光明圈達，其巧妙處，無損其氣體之亮。朱子疾蜀學，遂以儇薄工巧笑之，實非公允。朱子蓋不能以平常心觀之也。東萊實以此書而爲南宋議論文之冠冕。比覽劉鳳苞氏南華雪心編天下篇有云"沈雄絕麗之文，理歸平淡，旁見側出之說，義取滑稽，是以真宰內充，藏於不竭之源者，乃窺及無窮之境"。忽悟左氏博議之法脈，實又本乎莊子。其書誠然雄麗旁側而理歸平淡者，真宰內充，窺及無窮，正其意蘊深長所在。此又東萊由大蘇而直師南華之處。其文法未必能過大蘇而其意蘊有超之者。此其三也。（朱子所以訾此書者，究其原由，蓋亦朱子之智慧實不足以識此書之妙旨以致之。呂子之智慧較朱子圓滿高明多矣。又此書文辭駿發靈動，乃三蘇正脈，亦正觸發朱子嫉蘇之心魔。朱子性偏狹，待呂子歿後，其不平之氣遂盡泄無遺。所謂朱子嫉蘇之心魔者，可參見疏證第八十二條。）

朱子之蠱論，影響甚深。如近世鴻儒劉鑑泉，在其學略猶云呂氏左傳博議，挑剔輕薄，尤足誤人。鑑泉乃有眼目者，不意亦為舊說所籠罩。實則此書大體深邃健朗，雖立論時或偏于新奇，無損其氣體之一貫。挑剔輕薄，尤足誤人云者，可謂不識東萊之大體及其真心也。東萊自亦嘗辯之。左氏博議卷十九有云"待人當寬，世固已知之矣，至於論人當盡，學者每疑其近於刻，而不敢為焉。抑不知論人者，借人之短，以攻我之短，借人之失，以攻我之失，言主於自為，而非爲人也。品題之高下，所以驗吾識之高下。與奪之公私，所以驗吾心之公私。苟發於言者略而不盡，則藏於心者必有昏而未明者矣。吾夫子譏賜也之方人，言未絕口，而自操春秋之筆，善善惡惡，無毫髮貸，是豈遽忘前日之語哉。待人與論人，固自有體也"。後世之詆博議者，多言其抉摘古人情偽之刻也。左氏博議卷二又云"君子之論事，必使事爲吾用，而不使吾爲事所用。古今之事所當論者，不勝其多也。苟見事之難者，亦從而謂之難。見事之易者，亦從而謂之易。甚者反遷就吾說以就其事，豈非爲事所用乎。所貴乎立論者，蓋欲發未明之理，非徒議已見之迹也。若止論已見之迹，是猶言火之熱，言水之寒，言鹽之鹹，言梅之酸，天下之人知之，何假於吾說乎。惟君子之立論，信己而不信人，信心而不信目，故能用事，而不用於事"。此頗能見東萊之真心也。

予先亦為朱子之說所誤，未曾留意此書。以作東萊粹言疏證之故，細讀博議，始豁然悟往日之非。同治間王樹之跋此書云"是書明乎天人義利之分，理亂得失之蹟，古今事為之變，典章名物之繁，英光浩氣，伸紙直書，按之聖賢精微之奧，不爽毫釐。得是書而讀之，於以擴其識，晰其理，鬯其機，無卑靡龐雜之習，具海涵地負之觀，真升堂入室之階梯也"。最爲知言。（見全集左氏博議附錄。）道光間瞿世瑛之跋，亦承朱子之說，然亦云"以其稽古之博，畜理之多，觸機而發，持之必有故，而發之必尤爲。精言奧論，往往震發於其中，足以箴切物情而裨助意智。抑其所為反復抉摘古人之情偽者，雖不皆無失，亦足以見巧詐之不足恃，可飾當時而不可掩後世，於學者正心正行之術非小補也"。亦非無見。（見全集左氏博議附錄。）此書蒙誣八百年，予自當雪之而為正名也。

東萊文道合一

宋末大儒王應麟深寧嘗以十五年之苦功，於寶祐四年中博學宏詞科。著有詞學指南，今猶傳世。其所效仿者，政呂子也。東萊嘗於隆興元年連中進士、博學宏詞二科。（參見四明文獻集。深寧文集已散佚，而獨傳後人所編之四明文獻集，其中大體皆是制誥表奏、詞科文字也。）此种廟堂文筆，必深造六經，氣體典雅莊重者始能作，南宋之中，尤以呂東萊、王深寧爲最高。東萊辭章之道，亦可謂宋文之正宗也。其所編著之皇朝文鑑、古文關鍵、東萊標注三蘇文集，皆可見其文道合一之深心巨眼。論者乃謂東萊標注三蘇文集所選之文，蓋視三蘇文章之學與孔孟、韓柳、二程互爲聲氣者。（見今人黃靈庚先生東萊標注三蘇文集點校說明。）此又朱陸所弗能者。朱子以三蘇爲敵，時覺偏激，陸子則無意于辭章之道，只事立本。惟呂子秉此中正之心念，乃可謂得乎忠恕之道者。呂子有本有末，其學術之大格局，自以此文道合一之道一以貫之也。（徵聖錄卷十六嘗論其古文之成就也。）揚子法言重黎有云“或曰，聖人表裏。曰，威儀文辭，表也。德行忠信，裏也”。二程於文辭之表，略有所闕，似不及橫渠能表裏兼重。南宋諸儒，以表裏兼重論，東萊又高過朱、陸。王應麟，南宋晚季表裏兼重之首選，其亦兼師諸家而私淑東萊者。吾鄉北山四先生承朱、呂之傳，兼重而以裏勝，而後乃有黃溍、柳貫、吳師道、胡翰、宋濂、王褘諸家之興，兼重而以表勝。（參見上編卷二第八十九條。）此呂子兼表裏、合文道之學。後世乃有王陽明、曾文正二大儒，能嗣此傳承也。王、曾之文，有極可喜者。吾鄉近世則有朱一新鼎甫氏，觀無邪堂答問，可知其亦此兼表裏、合文道之傳承也。

東萊深於佛老

東萊雖以風氣所趨，有排異端之論，實則其深於佛老之學，蓋以呂氏家學之故。此亦與張南軒有相似處。（其父張浚崇佛，而其師胡宏闢佛，以師故而從之。）自其七世祖呂正獻公著、高祖呂滎陽希哲以來，世代尊佛，親近禪門，學兼儒釋，不同時賢之排詆異端。滎陽雖尊崇二程，而不似其排佛之嚴。曾祖呂舜徒好問，嘗於靖康元年上奏朝廷，賜大慧宗杲以紫衣及佛日大師之號。觀好問子紫微本中之師友雜志，尤可知其崇佛家風矣。東萊之深於佛老之學，並無昭著之專著，而常可窺之於其言論中。是編所選之粹言，亦可略窺其消息。吾觀夫東萊之湛思，常有極深切幽微者，為朱陸所未發，實往往與其深於佛老相關。惜東萊之佛學，其本已隱諱之，後學亦鮮得其傳。此又當時風氣所致者。金華學派至元季宋景濂出，始復精究釋藏。故東萊之心之微妙義，後世不識已極久矣。宋景濂潛溪前集卷七思媿人辭瓌奇無比，乃讚歎呂東萊之騷體奇作也。其有云“吾鄉呂成公實接中原文獻之傳，公歿始餘百年而其學殆絕，濂竊病之。然公之所學，弗畔於孔子之道者也。欲學孔子，當必自公始。此生乎公之鄉者，所宜深省也。嗟乎，公骨雖朽，公所著之書猶存，古之君子有曠百世而相感者，況與公相去又如此之甚近乎”。不啻為予所發者。又云“予既為此辭，嘗錄一通寄王子充，子充蓋有志同予學呂者”。金華呂學之傳，豈真殆絕乎。

東萊二種未圓滿處

東萊境界在陸、朱之上，然亦有二種未圓滿處。其一曰，東萊佛學造詣及修證，不復呂氏家學之舊觀。北宋諸儒修佛層次之高，東萊已弗逮焉。此東萊未圓滿處，乃以修行證量衡之者。儒者約禮窒慾，淹博儒典，其通聖心，悟天道，不學佛而證量不凡者亦有之，溫公是也。然亦鳳毛麟角而已。（此道甚難。）在北宋及南渡之初，學者儒佛一致，事佛猶可勇猛精進，不以為諱。迨乾道、淳熙之世，風氣已變，東萊亦有排異端之論。其心雖通禪宗，而已不願公然事佛。其不能一門深入之宜矣。修佛不能深入，不得殊勝證量。

不得此殊勝證量，境界何能大圓滿。東萊明心體之本然，亦與象山同，在禪門觀之，俱已破初關者。然其不能於修證愈深入之，反大耗心力於著述，所得不如所失。（象山乃無意於著述，則修證深入之必要及緊迫性，象山亦愈愈曉之矣。象山云，千虛不如一實。竊謂一實之實，即實證之意。吾最推重呂學，然自知天性最與象山相類。象山善悟，發明心學，而有心於保任，無意於著述。在我則明心見性，亦復有意於著述。吾發願以著述為保任，以消耗心力為深入般若，此即所謂兩刃交鋒不相避者。東萊著書未免太苦，而象山又未免太懶。吾不欲太苦，亦不喜太懶者也。）濂溪、康節境界，勝過東萊。其所以然者，善養之道故。東萊心氣明睿深切處，不在諸儒之下，惟養之道遜之耳。

　　其二曰，東萊學術博浩，所成固已豐碩，然效仿仲尼，述多作少，尚未能爐火純青，人書俱老。（此書謂其著述也。）此東萊未圓滿處，乃以學問成就衡之者。朱子敢於立言，目空一切，陸子乃學孟子，直指人心，皆非東萊之志所在。夫子述而不作，東萊之志也。然夫子此種路徑，必其人知者樂、仁者壽，有晚年之安閒暇養者方能成。子在陳，曰歸與，歸與，吾黨之小子狂簡，斐然成章，不知所以裁之。故其述其作，亦自然而然，非刻意而屬行也。孔子五十五歲周游列國，六十八歲返魯，七十三歲終。六十而耳順，七十而從心所欲不逾矩，亦待其晚年，方有此殊勝證量。東萊壽只四十五，其缺夫子周游列國一番歷練，亦少夫子耳順從心之安養，則其學術之未能盡善盡美亦是自然。東萊經學，如呂氏家塾讀詩記述而不作，淳厚中正有之，識論善察不足，亦須深入之，而終未能。（欲於詩經之學愈深入之，必超邁毛序。使其不屑如朱子詩集傳之作法者，必將尋討西漢三家之古義。宋季乃有兼宗朱陸、私淑東萊之王應麟出，始考稽三家義，亦可謂東萊之真法嗣而補其不足也。）東萊史學，大事記亦未成。不然實可媲美北宋之史學名著。豈綱鑑一類所能及哉。東萊子學，其必將能成如文中子、二程遺書之規模者，而天不佑之。東萊集部，發明文法及三蘇之功甚巨,而古文辭章,亦有待其進乎道者。而此數端,朱子皆以具年壽而有成就焉,天佑之故。古人云,芝草無根,醴泉無源。當乾、淳之世,天命不復在巨族之呂氏,而在起於草澤之陸、朱矣。故東萊生之稟也厚,其心性也高於時儒,其學問也拔於當世,而其終也太遽,若天妒之者。(浙學以呂學為砥柱。呂學雖亦講性理,惟朱子早認浙學為其生平之勁敵,一旦東萊歿後,即全面開戰矣。至此南宋道術愈裂。使理學能得呂學之扶持滋潤,中道是親,必能少甚多是非偏頗激烈處。惟儒士乾、淳以降,已少此福德矣。元、明道術愈裂,遂有王陽明出,蓋欲還其渾朴精爽不二者。吾婺之學,東萊之後,又有北山四先生者,乃扶持朱學而壯大之,實亦以呂學之潛傳滋潤理學故。其亦可謂不失東萊之遺志者。然畢竟皆在朱學籠罩中,王魯齋尤甚。朱學一旦成官學,功德固有之,流毒亦愈大。此學派分別心太劇太重之弊端,遂橫行於朝野上下君臣黎庶日常之中矣。)

　　使此二種未圓滿處亦能圓滿之,則東萊足為東漢以後第一大儒,固知甚難成。東萊心志與孔子等,非他人比,而求之太遽,欲速則不達。其終不失為南宋第一人,嗣溫公、明道諸公之軌則,而為後世學人之大光明藏也。

大悲大喜大機大用

　　中華文化今入第四大時期。此為有史以來至險至難大悲大痛之境地,亦是至為可喜可愛大機大用之時代也。當日兩宋性理諸儒亦稟此大悲念,欲脫世道士民於萎靡昏頹之中。其間是是非非,門戶之諍,吾固已辨之矣。往者不可諫,來者猶可追。其當日所懷之大悲念,今日猶是也。憶予講學於靈隱寺時,嘗云末世厄難愈重,而其生機也愈大。識者不以予言為忤。當此大悲大痛之時,吾儕所為,當為何事。豈蹈舊儒之陋習,猶以門戶相詆毀哉。懷此悲心,以告來者。夫學術之道,關涉世道之大,學者焉能復以私意自小之。東萊曰,必有大彫落,然後有大發生,必有大摧折,然後有大成就。(見左氏博議卷十三。)予信其言矣。(尼采嘗云"生兒育女,其目的即是造就出比我們更自由之人"。見遺稿。使吾儕無此覺悟,詎能續先聖之絕學、保人類之慧命於不墜乎。)維摩詰經觀眾生品文殊問,何謂為悲。答曰,菩薩所作功德,皆與一切眾生共之。此言得之矣。吾言大悲大痛者,其深義正在此。吾弘明呂學之渾實,而斥朱學之分別,其深義亦在此焉。孰能識之乎。

　　此亦為至為可喜可愛大機大用之時機。可喜可愛者謂何。在內而言之,聖學之曲肱悅樂、修證之大樂極喜也。在外而言之,此時代融通交匯、不為舊法度囿隔之新運勢也。大機大用者謂何。在質而言之,乃佛門、孔門、道門及印度教、基督、伊斯蘭一切聖人之法門,在此時代所激發之新證量及所創造之新法度也。在文而言之,乃亦凡亦聖亦正亦邪、一切活潑潑之新物事、新氣象也。然使學人能開悟,初證中道法性,則古今之別亦消融。此時本與孔子、釋尊之世無異,則又不必斤斤於四大時期論者矣。康衢歌曰"立我蒸民,莫匪爾極。不識不知,順帝之則"。吾亦可以息矣。考槃有曰"考槃在澗,碩人之寬。獨寐寤言,永矢弗諼"。吾亦可以遊矣。鶴鳴九皋,聲聞於野。夫有心者,其亦可以興矣。近世高道黃元吉道德經注釋第三十七章有云"及創造頻仍,繁華肇起,人心愈險,禍亂彌多,此又天地之氣數,人所不能逃者。惟聖人具保泰持盈之法,久安長治之謀,於文物初開之世,而以無為無作,無思無慮,渾然無名之太樸,為之修諸己而措諸民,導於前而引於後,純乎天,不雜以人,所以內鎮宮庭,外鎮天下"。陳義極深。未來之聖人之道,縱多新體,究其根本,亦無外乎此矣。

呂東萊萃言疏證

　　聖作物覩，須詳體此意。吾胸中自有聖人境界，能反而求之，則當有應之者，克復歸仁事也。（麗澤講義易說）1

　　疏證　乾彖曰"九五曰，飛龍在天，利見大人。何謂也。子曰，同聲相應，同氣相求，水流濕，火就燥，雲從龍，風從虎。聖人作而萬物覩。本乎天者親上，本乎地者親下，則各從其類也"。聖人之心，與萬物之靈，本為同類，其之相應相求，同聲同氣，惟聖人最能體之。此聖人，非僅堯舜禹湯文武周孔之謂。黃老釋迦，亦聖人也。莊列教宗，亦聖人之徒也。列子黃帝篇有曰"人未必無獸心，而禽獸未必無人心。禽獸之心，奚為異人。形音與人異，而不知接之之道焉。聖人無所不知，無所不通，故得引而使之焉。太古之時，禽獸則與人同處，與人並行。帝王之時，始驚駭散亂矣。逮於末世，隱伏逃竄，以避患害。太古神聖之人，備知萬物情態，悉解異類音聲，會而聚之，訓而受之，同於人民。言血氣之類心智不殊遠也"。此最能得聖作物覩之奧義。非惟血氣之類而然，山水植物之類，亦皆有靈性，而能與人心感應。函夏畫學之喜作山水花木禽鳥，亦緣此通靈感物也。（通靈感物四字出自衛夫人筆陣圖。）故呂子曰，聖作物覩，須詳體此意。

吾胸中自有聖人境界。使進而言之，即言吾心自即聖人之心，吾性自即聖人之性，不假外求，反而求之即得之。此與釋惠能之演壇經，旨意同轍。宋儒說性多如是，非禪而何。惟深淺顯晦有不同爾。葉水心最能洞此機奧，而不欲染此風氣，另開一路。後世千言萬語，欲辯明理學絕非禪說，而實不能。惟呂子之異於程朱處，乃其用一應字，殊為穩健。此應之義，即前之聖作物覩，各從其類之義蘊。胸中聖人境界，非有實體可得，虛靈不昧，混若有物，惟可以感應貫通之，歸仁之歸，乃與此應之義為一貫。（一個應字，一個歸字，回味無窮。忘筌三十萬言，亦先只一個應字，後只一個歸字。）象山明睿，出語多爽捷，晦翁細密，出語多纏繞，而呂子清簡而慎重。東萊答潘叔昌有云“天地間何物不有，要皆丕冒太和之內。胸次須常樂易寬平，乃與本體不相違背”。氣息深厚平和，亦揭出本體，不失警策義。頗可與此條之意蘊相參證也。（吾心自即聖人之心，吾性自即聖人之性。義理甚高，是現量語，然未現證者不能識。使未現證者語此觀此，且增一種法執，以吾心即聖人之心，吾性即聖人之性者，不知聖人境界，無形無相，非有實體可得。故呂子云“吾胸中自有聖人境界，能反而求之，則當有應之者，克復歸仁事也”，既得道之體要，又少法執之患，回味悠長，乃合於平常心者。然使以俗世之學者觀之，則皆謂呂子少思想性、哲學性，何能與朱陸相比哉。）

天道有復，乃天行自然之道。人之善心發處，亦人心固有之理。天道復，便運行無間。而人心多泯沒，蓋以私意障蔽。然雖有障蔽，而秉彝不可泯沒，便是天行無間之理。（麗澤講義易說）2

疏證　“人之善心發處”，不講性善，而說亦人心固有之理。程朱說此固有之理，純以性善說之，乃如佛禪之詮性，喜發露透徹，略失儒家著實含蓄之本色。子曰，剛毅木訥近乎仁。程朱陸王之學，出辭或太爽利，非有木訥若仁德之近者。東萊不求出語爽利，而忠恕靄然。“天道復，乃天行自然之道”、“天道復，便運行無間”諸語，乃本乎禮記孔子閒居"清明在躬，氣志如神，耆欲將至，有開必先，天降時雨，山川出雲"之氣象。其尤妙者，乃謂"雖有障蔽，而秉彝不可泯沒，便是天行無間之理"。究其深義，人心之私意障蔽，自然而生，雖其有生，為道之害端，然秉彝自不可泯沒，為道之正源，亦自然而興，彼生此生，生生不已，相反相成，所以天行無間。障蔽秉彝，本是一體，障蔽雖生雖減，秉彝實不增不損。障蔽非大敵，反者道之動。老子曰不善人者，善人之資。所以曰天行自然之道。障蔽雖生，人心雖泯，奔騰不定，而秉彝不滅，障蔽可消，人心可復，亦如川流之歸於大海，而大海不增亦不損。東萊亦嘗云"天理所在，雖以人欲遮之，其終必還"。（見疏證第九條。）東萊出語矜重含蓄。吾窺其學境界極深，必有此涵意在。其若木訥而實有大慧，其語愈樸而意愈深也。

天道二字，訓之精妙者，莫若宣聖。禮記哀公問曰"君子何貴乎天道。孔子對曰，貴其不已。如日月東西相從而不已也，是天道也。不閉其久，是天道也。無為而物成，是天道也。已成而明，是天道也"。又曰"仁人不過乎物，孝子不過乎物"。無間二字，用之最妙者，莫若老莊。老子四十三章曰"天下之至柔，馳騁天下之至堅，出于無有，入于無間，吾是以知無為之有益。不言之教，無為之益，天下希及之"。此老子之無間，與哀公問之不已同。老子無為之益，與哀公問之無為而物成者同。不言之教，尤與孔子閒居"天有四時，無非教也"之義同。呂子此章之妙處，實基於此。禪門茶道有禪書曰天衣無縫者。亦可為天道無間之注腳也。

君臣之間，君當求臣，臣不可先求君。（麗澤講義易說）3

疏證　諸葛武侯云"夫臣易而主難，不可以輕用"。（見陰符經序。）自古得賢臣易而遇明主難。君臣之道，事之難矣。其後君道既隳，臣則先求其君。唐末羅昭諫讒書伊尹有言有云"伊尹放太甲，立太甲，則臣下有權始于是矣，而曰，恥君之不及堯舜"。又云

"伊尹不恥其身不及和、仲、稷、契,而恥君之不及堯舜,在致君之誠則極矣,而勵己之事何如耳"。羅隱之文,乃假伊尹以疾彼時僭亂之權宦藩鎮耳。然亦有深義。蓋君道之大壞,始於東漢之季。歷魏晉六朝,略整於初唐、盛唐而後愈降。宋承極亂之五季,君道亦難大中,是以宋祖有崇文黜武之異制,不欲武人得志,以臣而求君。然此崇文黜武之異制,隱蓄禍患。此異制能防將帥之戟矛,不能閑心中之戟矛。權入文臣,則文臣心中之戟矛,亦能禍害乾坤,塗炭生靈。其於熙寧以降驗之矣。(又權不入武臣,則夷狄之禍,孰能禦之。)呂東萊此說,愚意乃特為王安石輩發也。荊公即羅昭諫之所謂恥君不及堯舜者。在致君之誠則極矣,而勵己之事何如耳。荊公雖清苦不求嗜好,然不能勵己入聖賢之堂奧,反墮邪氣之中,意必固我,多有悖于聖人之旨。古人云"君知其道也,臣知其事也"。(為申不害語。見全上古三代文。)至荊公則臣知其道也,君知其事矣。(司馬溫公性亦剛,常誦孟子之言曰"責難於君謂之恭,陳善閉邪謂之敬,吾君不能謂之賊"。見清顧棟高司馬太師溫國文正公年譜卷八。然此尚不失人臣之正則。不為過也。東萊皇朝文鑑卷九十六司馬溫公功名論則云"人臣不能立功,凡立功者,皆其君之功也"。是君當求臣之義。主體在君。政與荊公之求君得志、主體在臣者相反。此間即宋代政治之最微妙處。元城語錄云"公於國子監之側得故營地,創獨樂園,自傷不得與眾同也。以當時君子自比伊周孔孟,公乃以種竹澆花事,自比唐晉間人,以捄其弊也"。當時君子自比伊周孔孟者,即荊公一流之謂。此亦與羅隱之所謂伊尹者如出一轍。)宋之儒臣學術不同,然於此處,多喜荊公之求君。南渡後理學諸儒亦皆恥君不及堯舜,動輒以格物致知訓導君主,乃以己意強施於上,諸帝往往不懌。朱元晦致君之誠則極矣,然觀其所發之言論,豈皆合乎中道哉。其詆毀唐仲友,亦不盡公也。夫臣之先求君,實宋世禍端之所在。(太學之橫,造端於北宋之末,而熾烈於南宋。論者謂宋之亡,此輩有以致之。劉咸炘右書南宋學風考述之甚備。此太學之橫,亦荊公以臣求君之遺風所致者,而南宋理學之興盛又使其加屬焉。)東萊遂造經史之奧,而發此警論,惜時賢後儒弗能悟也。坤六三曰"含章可貞,或從王事,无成有終"。文言曰"弗敢成也,地道也,妻道也,臣道也。地道无成而代有終"。使臣求君,使地道求成,非天之道矣。(可參玄義卷二第一百六條。東萊亦為理學中人,然其政治思想,同人之中,實最深沉而冷靜者。是所以為中正之道者。)

遜字是入道之門。(麗澤講義易說)4

疏證　宋儒之病即在不遜。其初有石徂徠作慶曆聖德頌強判正邪為不遜,作怪說詆楊大年為不遜,歐陽文忠闢佛為不遜。觀歐陽文忠與石推官書,則知徂徠於書學亦極不遜。其嘗云世之善書者能鍾、王、虞、柳,不過一藝,己之所學,乃堯、舜、周、孔之道,不必善書。此等不遜,乃開二程深黜藝文、斥作文害道之習氣也。熙寧後又有王介甫恥君不及堯舜、剛愎自用排除正類為不遜。(溫公與王介甫書嘗云"竊聞介甫不相識察,反督過之,上書自辨,至使天子自為手詔以遜謝,又使呂學士再三諭意,然後乃出視事"。此天子之遜謝事,介甫之不遜也。)又有二程詆嘲董楊鄙夷漢儒唐賢,嚴排佛老為不遜。崇寧間有蔡京諸姦立黨錮為不遜。建炎以降,士風大壞,而理學諸儒漸興,亦多剛屬而少遜德。朱陸亦然。彼以學術有異,而互有詆訐,器局已非廓達。其學問開千年之風氣,其習氣亦施千年之薰染。呂東萊家傳中原文獻之學,深得正獻、滎陽諸先祖、溫公、淳甫諸先賢溫厚之涵蓄,蓋早已洞悉此世道之病癥。故曰,遜字是入道之門。呂學氣質之異於朱陸者,亦在此也。

伊川云,涵養須用敬,進學則在致知。其以持敬致知為入道之門。於陽明則為致良知,於蕺山則為慎獨,各有殊勝之義。而東萊云,遜為入道之門。此遜之義甚大。于易謙卦可知之。遜道又即恕道。呂學於南宋諸派中尤有深造者即恕道。朱陸智術勇敢,或在呂之上,仁恕之道則不及之。此亦其家學使然。其太祖呂公著、高祖呂希哲，學兼儒釋，不同時賢之排詆異端，乃得其恕道者。曾祖呂好問，亦講理學而入江西詩派者，不同習理學者之排黜詩文，乃得其恕道者。呂氏家風，兼崇儒佛，深厚含蓄，觀呂好問子本中師友雜志，尤可知之。希哲雖尊崇二程，而不似其排佛之嚴。東萊承此家風，自有深粹渾密處，非他人所可及者。此種深沉厚重之格，乃最可貴重者也。呂新吾呻吟語云深沉厚重為第一等資質，磊落豪雄為第二等，聰明才辯為第三等。確乎弗繆。

"初六，發蒙，利用刑人"。"上九，擊蒙"。師嚴然後道尊，蒙始終皆以嚴。（麗澤論説易説）5

　　疏證　師嚴然後道尊，為禮記學記語。凡學之道，嚴師為難，是明道所以許可伊川者。惠能初見五祖，差惠能破柴踏碓，如用刑人。待惠能請人代題詩偈後，五祖知其根器，潛至碓坊，以杖擊碓三下而去。能知祖意，三鼓入室，受金剛經而得法，知悟本性。此如上九擊蒙。此東萊所以言始終二字者。啓發初機須嚴，破蒙開悟亦須嚴也。禪門師嚴道峻者莫若臨濟、雲門。盡見其威儀堂堂，法律森嚴，發蒙利用刑人之意，亦盡見其門禪師機鋒峻利，作獅子吼，啓誘門人擊蒙手段。啓發初機須嚴。此嚴者，嚴肅也。欲知禪門之利用刑人，觀元僧德輝所編之敕修百丈清規，最能知之。禪宗雖以無法為法，清規則嚴整有法，觀之慄然。破蒙開悟亦須嚴。此嚴者，嚴密也。學人至極嚴密處，將得大疏朗，開大光明。當此生死關頭，瞬息之機，非擊不破。德山棒，臨濟喝，非等閑法，而皆是嚴密之道。（是所以抱朴子謂上士悟道於戰陣，弘忍云輪刀上陣亦得見之也。戰陣輪刀，正見擊之妙義。金光明經懺悔品信相菩薩夢見金鼓。智者大師金光明經文句云金鼓光明，喻法身法性，般若妙智。以枹擊鼓，喻觀智之機，叩擊法身之境。出微妙聲，喻法界大用，起教利益衆生。擊之理詮，無過於此。印度大師帝洛巴之擊弟子那洛巴，使其證悟大手印。擊之事詮，莫逾於此也。）故師嚴然後道尊之嚴字，非僅嚴峻肅穆之謂，亦嚴密睿利之謂是也。若無嚴密之境地、睿利之打擊，不能爲高明之師，利益衆生。是以知師嚴然後道尊，道不虛行，待乎其人也。

儒家素重嚴法，其初也嚴，其終也嚴。其初蓋自童蒙小學，其終則爲家國天下聖賢之學。春秋嚴責於君子而薄責於小人。漢季以來有清議盱衡天下士人，其法甚嚴，而成風俗，以迄明清。然此嚴法之傳，衰變於百年之前。新風既興，其初也童蒙不受利用刑人之嚴，其終也士夫不受擊蒙錘鍛之峻，而盡以人情放之弛之，其末遂無以歸宿。觀當世之文教，童蒙之學無師道之威儀，掌教權之學者又無清議之責任，無聖賢境地之自期，所以懦軟昏庸之輩極多，而學風日墮，道尊日隳，較之舊日制藝科考之時，氣象亦已弗若遠甚。今日庠序中氣象，師嚴之不立，道尊之不成，乃可爲痛哭者也。（此蓋國初有司不欲師嚴道尊有以致之，亦猶明太祖之欲黜孟子，清順治之禁結社，勢爲一致，而變本加厲焉，士人之真氣盡靡矣。豈國家之福哉。今日庠序中之真氣，實已稀少，將賴林野中賢達以元陽振之濟之。師嚴然後道尊，吾有待夫野士先進之興。子曰，吾從先進也。）

"嚮晦入宴息"，曉便起，晦便息，饑便食，渴便飲，堯舜便禪讓，湯武便征伐，八元便舉，四凶便逐。姑舉一事以明之，則知事事皆如饑食渴飲，晝作夜息，不費思量，本無一事，祇爲見得理明，時到自應。天下之理，既如渴飲饑食，晝作夜息，理甚明白，初無難知，惟人自見不明，往往求之至難不可卒曉之處，故多辛苦憔悴而無成。殊不知天下本無事，所以然者，以其不善推之故也，此之謂不受命。（麗澤論說易說）6

疏證　此條義理深徹之至。東萊之智慧，卓然高明，詎能僅以一所謂傳中原文獻之博學儒者而視之耶。惟其智德高明處，若嗣明道之學者，而實多與禪相似。如言饑便食渴便飲，不費思量，本無一事，即亦馬祖道一之意。東萊言堯舜便禪讓，湯武便征伐，八元便舉，四凶便逐，事事皆如是，祇爲見得理明，時到自應，便與臨濟義玄答僧問"如何是人境俱不奪"云"王登寶殿，野老謳歌"相同。
唐虞之道，即此事理無礙，渾然天成之地，人境俱不必奪矣。禪師
亦是多餘人，蓋本無一事也。故黃檗云大唐國無禪師。學人得此
平等觀，亦知世間離奇不凡之事極多，惟人自見不明，往往求之至
難不可卒曉之處，故多辛苦憔悴而無成。彼不知本體平常，而刻意
求深，發心不能如唐虞，則事理感應，尤多隔閡障礙，心神憔悴，離
於道本愈遠。本無一事，事本平常，此一念之中，乃能函蓋乾坤，截
斷衆流，乃能隨波逐浪，順乎天道。而不達者求之至難至險之路，
而自詡為智，炫才露技，適得其反爾。(新約哥林多前書保羅曰"上帝不
會誘惑我們做我們力所不能及之事"。亦是事本平常，人皆所能，而非須於至
難之處求之之意。孟子離婁下有曰"仲尼不為已甚者"。蓋與保羅此語異曲
同工者。)後觀藥地炮莊總論下有云"物物自旋自達，聖人何所事哉。
無為垂拱之舜，即命官勤死之舜，要不出於深山決河之舜也。大同
小康，時宜一致"。最可為此條之箋注也。

不可卒曉云者，亦即道不在言外之義。本體平常，而言說本皆
可曉，如饑食渴飲般。近世人心大亂，异論奇學，層出不窮，其言說
亦往往不可卒曉，從學者如皓首窮經然，於奧箋曲詁中耗過一生，
而終未有得。(西之哲人維特根斯坦欲將語言由形而上學用法，帶回至日
常用法，亦其靈光獨耀，欲歸於本體之自然平常也。惜其不能遂其志。彼晚
年哲學研究一書亦求之至難不可卒曉者。)華夏道術之大分裂有三。其
一為春秋戰國。其二為兩宋之際。其三為清季民國。東萊當彼分
裂之時，而覺察其時代之弊端，往往有求之至難不可卒曉之處之偏
僻，而自悖於大道日常，遂有此論之發明。故東萊不喜作彼種玄奧
糾結之爭辯討論，如朱、陸之論太極圖說等，而歸於實地實學。非
東萊不能作此文字，研此性理，乃其不願入此至難不可卒曉之門徑
也。其亦云"思索不可至於苦"。(見疏證五十九條。)東萊此論之至
理，象山亦知悟甚明。觀象山語錄中粹言極多，尤可與東萊作知

己。象山云"古人皆是明實理，做實事"。兩宋最具此氣象者爲范希文、司馬溫公、呂東萊。惜東萊之實學，時賢後儒，甚少知音，風氣既變，衆人喜虛而不喜實，故愈寥落矣。今世已歷第三度之道術大分裂。衆人喜虛之趨也極矣，而當世熱衷迷戀之事物，亦愈近乎幻化者。衆人可不一思義玄、東萊、保羅、維特根斯坦諸賢之語以自明哉。

"君子以獨立不懼，遯世无悶"。蓋大過雖本於理不過，然其事皆常人數百年所不曾見，必大驚駭，無一人以我爲是，非有大力量何以當之。若見理不明者，見衆人紛紛，安得不懼。見理明者，見理而不見人，何懼之有。我所行者，左右前後，縱橫顚倒，無非此理，又何嘗獨立乎。彼衆人紛紛之論，人數雖衆，然其說皆無根蒂，乃獨立也。至此則我反爲衆，衆反爲獨矣。（麗澤論說易說）7

疏證　有宋自熙寧以來，歷元祐、崇寧，以至於靖康、建炎，風雲譎變，即所謂常人數百年所不曾見之事也，必大驚駭。吾人考彼時之史料筆記，可以驗之矣。朱、呂、張、陸諸先生之崛起，蓋非有大力量何以當之。自荊公新學興，諸奸當道數十年，正邪不分。自金人滅北宋，擄徽、欽，華夷禍熾。當彼危難驚駭恐懼之時，使諸儒所以見理不明者，不知正邪之辨是也。（蓋正邪之標準早已爲新黨諸奸賊及徽宗擾亂混淆矣。）胡五峯所見之理，即天理人欲，同體異用，先識仁體，盡心成性是也。李延平所見之理，即身以求，默坐澄心，體認天理是也。此爲二程周邵之傳。呂東萊所見之理，本體平常，實理實事是也。此如唐虞之道，仲尼、禪家之傳。朱元晦所見之理，主敬涵養，格物致知是也。此古聖賢之實學之一種。陸象山所見之理，道外無事，心即宇宙是也。此古聖賢之心髓之一種。諸賢既出，彼衆人紛紛之論，其說皆無根蒂，至此則我反爲衆，衆反爲獨矣。理學士人羽翼漸豐，自此吾國形勢，又爲之一變。然理學之進展，並未一循北宋諸儒及五峯、東萊之心神而行，五峯欲歸於渾，東萊欲歸於實,彼二賢皆以渾實爲尚者,而後世最崇之朱、陸二先生,朱子不渾,陸子不實,其道大行。故胡、呂之精神,漸爲後儒所忽,其深心巨眼,不復爲人所知悉矣。(可参疏證緒言三大轉折說。)此當時所無可逆料者。雖然,胡、呂二先生自足不朽,其潛德閟光,終有昭著戀揚之日也。

　　"明入地中,明夷。君子以莅衆,用晦而明"。此君子養明之道。日至暮則入乎地,人皆見其入於地,而不知所以養其明,故不有虞淵之入,烏有暘谷之明。故古人曰,雖有千丈清,不如一尺渾。無其渾,不足以養其清。(麗澤論説易說)8

　　疏證　東萊之學,主渾主實,最爲宗風。其經學端厚穩健,讀詩用毛序,不廢漢儒。撰少儀外傳,最重禮法家教。撰大事記,最重史學之攷辨經世。撰左氏博議,闡發至理於策論課試之中。加之其生平克己復禮,懲忿窒欲。此皆見其學之主實。此亦行門實地也。其不喜門戶之相互諍議,不喜以性理幽微險難之辭相為辯駁,不以三蘇辭章之道爲非,亦不嚴排佛老如仇寇,歿前又編臥游錄,以資養神怡性,此皆其學尚渾之所現。此無分別心也。雖有千丈清,不如一尺渾。即水至清則無魚,人至清則無徒之意。此種精義,尤可見之於老、莊、列、文、淮南子諸書中,如莊子之言渾沌氏。蘇潁濱三國論有云"蓋嘗聞之,古者英雄之君其遇智勇也,以不智不勇,而後真智大勇乃可得而見也"。又云"然高帝以其不智不勇之身,橫塞其衝,徘徊而不得進,其頑鈍椎魯,足以為笑於天下,而卒能摧折項氏而待其死"。(見呂東萊標注三蘇文集潁濱先生文集卷之三。)其所謂不智不勇者,即渾之義也。渾之大用,有在於是。東萊深於三蘇之學,亦有契於其尚渾之義,非僅喜其文辭而已。(三蘇自具其獨到之智慧,為他氏所弗有者。如蘇老泉之辨姦論,是何等識見超絶之文字。非二程、朱子所能作。使此文非老蘇所親作,亦二子所為也。"凡事之不近人情者,鮮不為大姦慝"。誠乃振聾發聵之言。東萊之學,尚實主渾,最是近人情者。朱子生平操守甚嚴，其攻唐仲友，即有不近人情之處。自程朱之學存天理滅人欲之說爲官方所利用，其不近人情之處亦愈烈矣。）

無其渾，不足以養其清。又自是東萊體證所得。大凡聰明人之才性，患於太清，察察焉不能保合太和，往往不能窺聖賢之奧。東萊之質性甚清，其主渾全，自有大智焉。（可參疏證第六十九條，亦論此主渾之義而視此加詳焉。惜東萊之質性終太清，所以少壽。此亦天意。）朱子之學，察識太細，不能得此渾。其亦自承之。朱子文集卷三十三答呂伯恭云“道間與季通講論，因悟向來涵養功夫全少，而講說又多彊探必取、尋流逐末之弊，推類以求，衆病非一，而其源在此”。所謂彊探必取、尋流逐末之弊，即分辨太清、察識太細之意。陸子大體自具此渾矣。（惟朱子氣質本能乃較呂子為渾，其原始生命力更爲旺盛故。朱子出於山野，適其元陽初升之機。而呂子生於世家，處君子之澤既衰之時。虞仲翔曰，芝草無根，醴泉無源。朱子亦天地間一新生命、新血液。此亦天意。又清者，聰明之謂。歷代文士中呵聰明之失尤銳者，莫若明季屠長卿。其晚年所作續娑羅館清言有云“童子智少，愈少而愈完。成人智多，愈多而愈散。絕代聰明，盡是鬼家生活。拍天簸弄，無非石上精魂”。賣弄聰明、崇尚智思之弊，自宋儒大開之，于明尤重。程朱、陸王之後學，大抵難逃此弊。文人尤多此障。屠氏此語，乃極沈痛者。宋之儒學，終未能循東萊之中道渾實，而多逐朱子之聰明察識。此亦氣數如是。朱學中差能守渾實之道者亦有之，如吾婺北山四先生之傳。四先生實亦為呂學之餘緒。王深寧號亦朱學，實為得呂學之正脈者。）

然天理所在，雖以人欲蔽之，其終必還。蓋剛戾暴很之人，千猜萬忌，如山之積。其情之既通，則如煩歊蒸鬱之遇雨，胸中頓然融釋蕩滌，無一或存。知此理，則知百年之嫌隙，可以一日解。終身之蒙蔽，可以一語通。滔天之罪惡，可以一念消。（麗澤論說易說）9

疏證　此確乎有道之言也。惟深得大易之心者，乃能知天理所在，雖以人欲蔽之，其終必還。一個還字，乃能頂天立地。此猶釋教之言萬法唯識，言一切世間諸物皆即菩提妙明元心，耶教之言末世大審判，皆此一個還字。既稟此念，通天道之必還，乃能洞悉因果，知悟本體，是以百年之嫌隙，可以一日解，終身之蒙蔽，可以一語通，滔天之罪惡，可以一念消也。禪門有云"具足凡夫法，凡夫不知。凡夫若知，即是聖人。具足聖人法，聖人不知。聖人若知，即是凡夫"。羅近溪嘗云"聖人者，常人而肯安心者也。常人者，聖人而不肯安心者也"。凡人若知，若肯安心，何患不能一日解一語通一念消也。百年之嫌隙者，近世中西文明諍論之謂是也。今朝可以一日解。使汝能了悟本心，會通三教耶回，此種嫌隙，不足爲礙。諸聖道皆歸於一致也。終身之蒙蔽者，我執法執之謂是也。使其明心豁性，醍醐灌頂，不難以一語通之。東萊少時性褊急，聞論語"君子躬自厚而薄責於人"一語而通之者。禪門類此者極夥。滔天之罪惡者，近世二戰以來人類之罪孽之謂是也。佛云，放下屠刀，立地成佛。一念之間，六通四闢，還復本初，非不能達。使一發心，粹然大正，業障爲心識所生，亦可爲心識所化。此一念之大，將消融滔天之罪惡矣。近世人類罪孽滔天，非此一念之消，不足以續人道之正命。（滔天之罪惡可以一念消之說，乃是佛家之說，而爲儒者所鮮道。如壇經曰，自性內照，三毒即除，地獄等罪，一時銷滅。此亦東萊深於佛老之一證。以佛理說之，所謂滔天之罪惡者，亦乃遍計所執，爲依他起，本非實有。使人證悟空性，一念之間，能所雙亡，以究竟實相之淨光，即可廓清業障也。噶舉派岡波巴大師亦嘗有此說。南凱諾布仁波切大圓滿一書第四章有云"業果事實上並非物質的集合，也不依假外在的環境而存在。牽制我們的是它那些障礙智慧的功能。如果我們將業果和產生業果的無明化喻爲一間黑屋子，原始狀態的智慧就如一盞明燈，它瞬間便可驅走黑暗，照亮一切。同樣，如果修行者獲得了本初的智覺，便可能在一瞬之間克服一切障礙"。所言可謂深切且簡易也。）

　　滔天之罪惡，可以一念消。或疑之云，歷代開國之君主，往往有大殺戮，若以罪惡論之，亦滔天也。然或國祚長久，何也。竊謂其所以然者，乃即其罪已一念消之矣。一念謂何，曰，仁心也。如武王之殺紂滅商，如劉邦之滅秦、項建漢，甚如唐太宗之弒兄逼父，皆是也。惟此仁心，非言其心為仁也。太宗弒兄，必有不仁。漢高品性，亦多卑劣。此仁心者，非一二人之仁心也，乃群庶之仁心也。此滔天罪惡能一念消之者，非彼一人之心念之力也，乃時代眾生之心念之合力也。（紂，君也，非獨夫也。武王伐之，伯夷尚知其罪。孟子以獨夫論之，後世之新說耳。然武王之罪，眾生消之。眾生自亦不願神武英睿之太宗為其庸兄所忌殺也。）此義甚秘。庸庶眾生，獨論之則為凡夫，合論之則合聖人。凡夫可測，眾生則莫可測。故凡世間、出世間真正之大學問，皆合眾生之根機者。如佛家孔學皆是。而如陰陽堪輿等，皆須別才為之，不合眾生，是所以為小。眾生者，實為世間、出世間所有學行之道之真歸宿也。

此二事，在學者分上最切。大抵聖人言近而旨遠，最明白親切。天下最損無如忿與慾，最益則無如遷善改過。此二象若甚易知，然推到精密，雖爲聖爲賢，亦不外此。（麗澤論說易說）10

疏證　此二象若甚易知，然推到精密，雖爲聖爲賢，亦不外此一語，足見東萊聖學所造之深湛。周易，古聖極精密之學，究其樞機，皆是損益二事。論語，仲尼夫子極精密之書，究其樞機，亦不過損益二事。如夫子答問語多用損道，自述語多用益道，涉人事語多是損道，明德性語多是益道。損益兼行。古聖極損益之精密，而爲其圓融中正之學。佛道亦精密，修者亦可以此損益二事而盡其底奧焉。如諸教乃先損後益者，禪宗乃先益後損者，密法乃損益並行者，淨宗乃損益俱忘者，皆各有門道，而俱精密。精密二字，大可玩味。其實世間事本極平常，亦極精密。惟此精密者須以平常心觀之，使以精密心觀之，則折其福德，散其精元。此平常者須以精密體持養之，使以弛散體持之，則墮其慧德，昏其真心矣。平常心即是渾，精密體即是實。爲聖爲賢，亦不外此也。

看詩欲懲穿鑿之弊，只以平易觀之。然有意要平易，便非。

（麗澤講義詩說）11

疏證 宋儒説詩者甚衆。其最中正平和者，爲呂東萊呂氏家
塾讀詩記，其次爲嚴粲氏之詩緝。朱子詩集傳，特識過人，然無其
溫厚典正。（參見徵聖錄卷二。）東萊之書，乃真能懲穿鑿之弊以平易
觀之者。晦翁傳詩，從鄭樵説，專攻小序。四庫提要言其治易前後
不符，又云"楊慎丹鉛錄謂文公因呂成公太尊小序，遂盡變其説。
雖意度之詞，或亦不無所因歟。自是以後，說詩者遂分攻序宗序兩
家，角立相爭，而終不能以偏廢"。又晦翁目鄭衛爲淫詩云云。此
皆其治詩之穿鑿處。（晦翁治易亦然。其周易本義謂易本是卜筮之書，卷
首九圖，以數説易，尤爲後儒所攻擊。易固爲卜筮之書，然聖人作易作傳，自
有義理邃密貫通，易固亦爲義理之書也。朱子直以卜筮之書視之，亦標異立
新之論。此其治易之穿鑿處。）穿鑿之弊，由來已久。清儒莊方耕存與
四書説有云"新説自鄭康成始，莫巧於魏晉人。五經正義所篤信，
實非儒林傳諸老先生古義也。若正義之變爲新經，萌芽於元和，波
濤於北宋熙、豐、元祐。大抵南人倡之，北人從而和之，卒成於南宋
孝、光、寧之世。朱子之學，宋之鄭公也，皆非七十子所受之大義，
況微言乎"。（引自今人黃開國先生清代今文經學的興起一書。）方耕以鄭
康成尚非西漢儒學之正脈，所論固是。所斥歷代之新説，確多穿鑿
尖新有過，或有悖於聖人之心者，而尤以朱子爲此種新説之集成。
所説是也。竊謂漢儒不可非，鄭康成集漢儒之大成不可非，魏晉人
援玄入儒不可非，唐宋人化佛入儒亦不可非，蓋天運無間，緣起如
此，當不失孔子本懷。惟不得中而用之，穿鑿尖新有過，則失之矣。
如西漢之儒或失之巫，康成或失之新巧，魏晉人或失之幽玄，朱子
或失之尖新。本可以愈爲中正圓滿者，而彼等亦只到此地。此豈
予求全責備乎。此予所以不盡愜意於伊川、朱子而愈推乎涑水、呂
子者也。（或問，既云鄭康成、魏晉人不可非，如何朱子解經可非耶。答云，

以吾之歷史眼光觀之，鄭康成、魏晉人與戰國以來孔門後學同在歷史第二大時期中，氣脈大體渾成。而朱子已在第三期中，氣脈已異，愈支離矣。第二期中能變化學術之鄭康成、魏晉人，其猶可恕，而第三期能變異學術之朱子，則無此待遇矣。此春秋所謂嚴責於君子者。第三期者，中國文化之末法時期也。在此時期，學術變異愈為劇烈，其變異皆具業力無明之色彩，直如冤冤相報。而第二期中學術之變化者，猶有古希臘悲劇之氣質，變則變矣，痛則痛矣，猶不失光明峻偉之相。吾心不在第三期。故曰朱子無此待遇也。）

東萊之學，最得平易二字。欲知平易二字之精義入神，莫若尚書論語。此古聖賢所作。唐宋以來，莫若禪門。馬祖道一曰，平常心是道。東萊謂只以平易觀之，或亦有本於古尊宿之意。呂氏自七世祖呂正獻以來，世代尊佛，焉能不通禪書。書論聖人之平易，與馬祖之平常心，貌似不同，實無二致。莊子德充符嘗云"自其異者視之，肝膽楚越也。自其同者視之，萬物皆一也"。誠然也。惟呂子又曰"然有意要平易，便非"。此亦與宗門言不可安排、有意要平常心便非之義甚合。朱子之註詩易，便有此意。蓋亦有意要平易也。國風以歌謠淫辭之說還其本，周易以卜筮象數之論歸其原。前儒先有此疑，至晦翁時氣候已成，晦翁遂順其流勢而作二書。此其有意要平易者。實則適得其反。外人觀之，此二書只以平易觀之，然在晦翁，乃其有意要破除漢晉以來之舊說，還其平易，欲樹立己說，取而代之。故晦翁終是英雄，不似東萊安於述而不作者也。（近世胡適之、顧頡剛輩，看詩亦欲只以平易觀之，遂倡學子認情欲為天性，其禍至今尚未窮。昔范甯斥王弼何晏"蔑棄典文，幽沈仁義，游辭浮說，波蕩後生，其罪深於桀紂"。范甯之說固未盡是。王何之學，絕有高致，然以道視之，確為一種周漢渾樸之氣之扭曲墮落者。王何之後，乃有如范甯者能揭其過。吾謂近世胡顧輩適可當范甯之說。其蔑棄典文，幽沈仁義，游辭浮說，波蕩後生，其罪深矣。今之俗世不罪胡顧，反多褒揚，則此又今世之業力顛倒相續也。雖然，天道自公平。胡顧俱往，不必深計矣。使天未喪斯文，後世之學子，當不復為其學說所蠱惑。反者道之動。胡顧正為吾道之動也。予於近思錄首二篇玄義緒言已言之矣。此等中華文化之蠹害，以吾心視之，其亦是一團精血元氣，乃中華文化之變化之所必經歷者。非此等中華文化之蠹害，見道不能如此分明。非此一團精血元氣，亦不能繼中國之赤誠之性，證人類之血靈本覺也。）

窒欲之道，當寬而不迫。譬治水，若驟遏而急絕之，則橫流而不可制。故人不禁欲之起，而速禮之復。漢廣之詩，已知游女之不可求，而猶思秣其馬，秣其駒，是不禁欲之起。終之以不可泳，不可方，是速禮之復。心一復，則欲一衰，至再至三，則欲亡而純乎理矣。（麗譯講義詩說）12

疏證 唐五季以來行欲之風熾，理學遂倡窒欲之說，兼排佛老。不料存天理滅人欲之說既行，而愈長其時縱欲之風。呂紫微本中師友雜志有云"歷觀自古儒者，未嘗以食肉、殺生、淫欲為當然者。惟近世學者，因攻佛說，遂以此數事為當然，處之益安。至禽獸斷命受至苦，以為於義當爾。殊不知推原遠庖廚本意，擴而充之也"。殊為警策之論，特識不遜葉水心。南宋以迄元明，理學獨尊，雖有釋教兼輔，其勢不可與之比。然世道風俗恣欲之習，未得銷斂，愈為熾烈，至明季而極，乃真以淫欲等為當然矣。以人欲為天理之說，盛行於其世。常人每謂明代風俗之變乃貨殖繁盛交通順遂致之，而不知理學之倡，亦為其根源之一種。明人包鴻逵嘗云"魏晉好莊，掇膚遺髓。詭托虛夷，我人方熾。侈談玄勝，嗜欲更酣"。見藥地炮莊總論上。不意宋儒侈談天理禁欲，其時我人愈熾嗜欲更酣也。魏晉人、宋人實有一脈相承者。又晉人以易老玄談誤國，宋人亦以學術靜論而自亂，亦如出一揆。性理諸儒左手持至利之矛，謂存天理，滅人欲。右手持至堅之盾，謂吾學至聖大中，佛老為異端，當排之滅之。釋教既以食肉殺生淫欲為非，則至聖大中之學，自當以其為是。以矛擊盾，不知何者為堅利，抑或兩敗俱傷。紫微之說，真乃平實之言。而法眼灼灼，啟人神智不淺。東萊其侄孫也,亦承其平實,論欲主不禁欲之起,而速禮之復。最爲忠恕之論,有古聖和平中正之意,尤得於國風之旨。要非他儒所能及。寬而不迫,正其宗風所在也。

清初陳乾初別集卷二瞽言嘗云"人欲不必過爲遏絕,人欲正當處,即天理也"。又云"學者只時從人欲中體證天理,則人欲即天理矣。不必將天理人欲判然分作兩件也。雖聖朝不能無小人,要使小人漸變爲君子。聖人豈必無人欲,要使人欲悉化爲天理"。此最可爲東萊之說之注腳。不禁欲之起者,無所捨也。速禮之復者,復者自然而然,無所取也。釋教以無所取無所捨爲中道。東萊之說,亦符契焉。以此推之,詩經意蘊之能如此微妙者,即其符契中道之故。章太炎氏嘗謂易經傳義合中道大乘。竊謂六經之奧,莫非中道。聖人豈必無人欲,要使人欲悉化爲天理。踐行此義尤深者,即金剛密乘也。今之君子,不可不知密宗之法要也。

衛詩三十有九,其淫亂者十有一。陳、鄭之風亦然。其可鄙可恥如此,何爲載之於詩耶。蓋聖人之心與天爲一,雖其詩之辭似乎淫佚,而其詩之意則未嘗淫佚,桑中之詩可見也。如易曰"崇高莫大乎富貴","聖人之大寶曰位",聖人未嘗以富貴、寶位自嫌,故說時不見有嫌,故自然道得安穩。若後世之人以是自嫌者,宜乎以爲可鄙可恥而不敢言也。(麗澤論說詩說) 13

疏證　胡五峯知言云"夫婦之道,人醜之矣,以淫欲爲事也。聖人則安之者,以保合爲義也。接而有禮焉,交而有道焉,惟敬者爲能守而弗失也"。又云"天理人欲,同體而異用,同行而異情。進修君子,宜深別焉"。如此方可謂達者。近世牟宗三一派辯之云"五峯所謂同體是同一事體,而非同一本體,異用是異其表現之用,而非體用之用"。此非正解所在。蓋事不離理,所謂事體、本體者,在聖人看之本是一體爾,如何可分別之。是以東萊云,聖人之心與天爲一也。是天理即天理,是人欲即人欲,本無可嫌者,亦本無可

分別者。不然,亦必招**孔融**、**禰衡**一輩之奇論矣。(漢末**路粹**奏**孔融**
與白衣**禰衡**跌蕩放言,云"父之於子,當有何親。論其本意,實爲情欲發耳"。
然不期其說正與佛教以愛欲為輪回之因之論相合也。抑**孔**、**彌**嘗受佛教之影
響耶。**孔**、**彌**之前,蓋無此等言說。使愚說非妄,則**孔**、**彌**一輩人物之興,實亦
為**釋**教將興之先兆。此種與儒家相反之論調,適推動儒學深究心性之理,數
百年間乃不自覺融鑄**釋玄**,理學出矣。而使宋明儒學家正視並肯定人欲之意
義者,實乃源自佛教之此種最嚴峻之挑戰也。)**東萊**持此平常心,論詩陳
衛之風,較之**朱子**詩集傳之詆爲淫詩,**王魯齋**之刪詩,自然高明爲
多。在**唐虞**之道,人欲、富貴、寶位本無可嫌者,**仲尼**嗣傳此道,而
欲學者用此平常心以治天下,即其所謂詩教溫柔敦厚之本懷所在
也。(可參本卷第一百十三條,視此加詳焉。)

秦漢以來,外風俗而論政事。(麗澤講義禮記說) 14

疏證　惟於人身也,行之明覺精察處即知,知之真切篤實處即
行。(化用**王陽明**語。)於世道也,風俗之明覺精察處即政事,政事之
真切篤實處即風俗也。古聖以來,政事風俗本為一體,不可相離,
虞舜由風俗而政事,**文王**由政事而風俗。書、詩、禮記,典籍之粹
者,政事風俗合一之典要也。尤以詩教為溫厚平易,全無刻意,為
聖心之妙造。政事風俗合一之義,尤可於**左傳國語**中諸議論大文
字中觀之。周語中尤多。春秋之際,孔門四科,政事為一,不與其
三科同,已略顯政事風俗相離之相。**嬴政**整頓乾坤,鞭策天下,剖
政事而獨偉,隳風俗而靡亂,二者遂大離。**西漢**獨有古義,黃老之
術、公羊學者,尚能一政事風俗而為論策。逮**王莽**篡位,復周禮,欲
歸古聖之舊軌,而不合時宜,適得其悖反。自**莽**死,政事風俗合一
之論遂亡矣。淳風精元至此盡耗。自茲外風俗而論政事。後又歷
劫變,其氣體愈下。**唐**世風俗殊厚,乃為中興之相。(**唐**代賢相大臣
多由風俗而入政事,如**姚崇**、**宋璟**、**李泌**。以**敦煌**區區一邑所留之文獻,可知
其地域風俗之深厚。**宋**後文獻雖多,然其精神氣魄,不可與**藏經洞**中物同日

而語也）。經五季之亂，宋有文臣求君之變。王荊公至謂天變不足畏，祖宗不足法，群言不足恤。熙寧元祐之後，政事風俗幾為異物矣。此王荊公之罪也。然元祐諸賢如溫公、伊川，亦無可逃其責。東萊處巨變之際，蓋深體其中之險峭。遂曰，秦漢以來，外風俗而論政事。

五帝三王名史曰惇，尤有深意。大抵忠厚醇篤之風，本于前言往行。今之學者，所以澆薄，皆緣先王長者之說不聞。若能以此意反覆思之，則古人之氣味，庶猶可續也。（麗澤講義禮記說）15

疏證　禮記內則曰"凡養老，五帝憲，三王有乞言。五帝憲，養氣體而不乞言，有善則記之為惇史。三王亦憲，既養老而後乞言，亦微其體，皆有惇史"。此為東萊語所本。惇史，史惇厚者。孔疏言老人有善德行則記錄之，使眾人法則，為惇厚之史。麗澤講義禮記說有云"五帝憲老而不乞言，何也。當時風氣未開，人情惇厚，朝夕與老者親炙，觀其仁義之容，道德之光，自得於觀感不言之際，所以不待乞言。三王雖不及五帝，然其問答之際，從容款曲，忠敬誠懇，亦與後世問答氣味不同。蓋尊老之至，不敢急迫叩問，伺間乘暇，微見其端，而徐俟其言，其誠敬氣象可見"。又云"孔門惟顏子少有憲而不乞之意，子貢即有不言何述之憂"。（少有即稍有也。）頗可與此章相發明。天下之真學術當如是，古人之氣味，庶猶可續。其師妄心而自造者，往往入於邪僻。呂子云"今人學者，所以澆薄，皆緣先王長者之說不聞"。不啻為今世發。今世幸猶有識者，欲行撥亂反正之事，而時習先王長者之說。吾黨不孤哉。

前言往行之崇，諸儒所同，然各有異致。程子曰"人之蘊蓄，由學而大，在多聞前古聖賢之言與行。考跡以觀其用，察言以求其心，識而得之，以蓄成其德"。程子考觀察求，乃是精察功夫多，涵著功夫少。呂子乃本於前言往行，以養其忠厚醇篤之風，涵養為主，甚為篤實。此其微異於程朱處。故東萊治學，不尚精察睿思之尖新,而求涵蓄古人之氣味,亦每有感悟焉。其治易、書、詩多如此。(惟其本亦不脫宋儒明銳峻峭之質習,而發諸東萊博議及文辭中。)其於前言往行中蓄養醇風之書,莫若少儀外傳。呂氏以傳中原文獻稱,實則非徒文獻也,其所嗣者,亦中原老儒忠厚醇篤之風也。

古人為學,十分之中,九分是動容、周旋、灑掃、應對,一分在誦說。今之學者,全在誦說,入耳出口,了無涵蓄,所謂道聽塗說,德之棄也。(麗澤講義禮記說)16

疏證 竊謂古人為學,十分之中,九分是農稼、舞蹈、歌詩、養氣、情志、動容、周旋、灑掃、應對,一分在誦說。章太炎訄書儒墨有云"儒者之頌舞,熊經鴟攫,以廉制其筋骨,使行不惰步,戰不惰伐,惟以樂倡之,故人樂習也。無樂則無舞,無舞則荼弱多疾疫,不能處憔悴。將使苦身勞形以憂天下,是何以異於騰駕塞驢,而責其登大行之阪矣"。(大、太通。)古人為學,不能無樂舞也。不然,儒行篇中諸儒,其仁勇養於何處耶。唐人猶習樂舞,後傳於日本。至今猶可見其遺制。自天下道術罐裂,學風日降,至漢盛經學,一隳於利祿,二隳於章句,從此道聽塗說之弊日重,禍患無窮。唐儒尚不重著述,其儒中之魁偉者如陸宣公、顏魯公,絕少著述,乃重實行使然。自宋儒喜作著述,雕板而行,入耳出口之風,則靡於天下。禪門唐時亦不重著述,只重實證頓悟,至宋亦成文字禪學。禪林著書,往往充棟。雕板術愈興旺,學風實愈澆薄。唐末五代,禪宗五家各宗之祖亦往往告誡其弟子不可刻意記錄並傳抄其語錄,追逐文字。此種風氣唐已有之。東萊有觀於此,乃斥之曰,德之棄也。此非老子之語耶。世運如是,老莊最能卜之也。

聖賢千言萬句,會其有極,歸其有極,皆在乎致知。致知是見得此理,於視聽、言動、起居、食息、父子、夫婦之間,深察其所以然,識其所以然,便當敬以守之。大學固是以致知為本,然人之根性有利鈍,未能致知,要須有箇樓泊處,敬之一字即是。(麗澤論說禮記

說）17

疏證　陽明學之闇契於東萊，此亦其佐證之一。東萊以致知爲第一義，以敬爲第二義，所以嗣明道之心髓，而非伊川之學脉。亦與胡五峯之倡先識仁之體、先察識而後涵養同。王陽明以致良知之說，貫通宇宙物我，乃能追溯於此。東萊云"致知是見得此理，於視聽、言動、起居、食息、父子、夫婦之間，深察所以然，識其所以然"。置諸陽明傳習錄中，莫之辨也。惟東萊體格穩健，有本有末，不欲一超直入，遂以敬之第二義輔之，使其完備。致知是仁，棲泊於敬是恕。仁恕之道，本是一體。此亦後世劉蕺山之所倡者。其倡慎獨，蓋亦融致知、持敬爲一，而致知終是先於持敬工夫。此又可以東萊爲其先導者。東萊又謂大學固以致知爲本，根性利者自然致知而上，根性鈍者亦可以敬棲泊之而進，則又類於釋門理趣。蓋前者頓，後者漸中頓也。

總統一代謂之政，隨時維持謂之事。前漢之政，尚有三代之遺意。光武所設施，皆是事耳。前漢有政，後漢無政。（麗澤講義論語說。）18

疏證　前漢總統一代之政，究其原始，天人感應之道術，即其一也。清胡煦周易函書別集卷七有云"聖學王道合一而不分，道在忠恕，端在教養，事在禮樂刑政，矩在挈好惡以平其情。抗者抑之，卑者舉之，枉者直之，屈者伸之，亂者理之，結者解之，塞者通之，渙者聚之，促者舒之，昧者明之，顛者扶之，怠者振之。人心舍此，莫與正也。氣化舍此，莫與調也。故茲數道立，而參贊化育之事可爲"。又云"漢世宰臣，尚言變理，去聖人未遠也。董子繁露，全向天人交關處留神打點，此外則天文五行志，率據人事以為佐證，固其遺教然哉。六朝以下，浮文既盛，天人之故，罕有能言者矣"。其實天人之學之政，壞於王莽、光武。蓋其皆好讖緯，光武尤甚。緯固有奧義，然亦有不可信者。讖尤譎異非聖人言，而爲二人所利用，操持天下權柄。其與前漢天人之學之為聖人遺意，雖相承而實已遠矣。故前漢可曰政，後漢光武設施僅可曰事耳。此特其一端爾。其他如春秋之學，亦可窺之。春秋者，聖人之心。前漢之春秋，為公羊、穀梁，以公羊為主。周易標天人合一之旨，春秋驗天人感應之機，故曰聖人之道盡在易象、春秋。而後漢公羊衰，左氏大盛。左氏以史為主，或有失之巫者，雖亦明天人之道，文義贍富，然不復能如公羊古意深厚，法度渾整。前漢用公羊者多大臣，後漢用左傳者多學者。故前漢之春秋可謂政，政治也，後漢之春秋僅可謂事，史事耳。

　　唐如前漢，宋如後漢。（五代如新。）清儒陳蘭甫贊古帝王篤好經學如光武者，未之有也。光武二十八將德行經學純篤者如此之多，較之販繒屠狗者，相去霄壤。三代以上不敢知，三代以下所未有。（見陳澧集東塾雜俎卷二。）此猶近世陳寅恪之言華夏民族之文化，造極於趙宋。（見金明館叢稿二編宋職官志考證序。）此二人皆從文治而論之。竊謂不然。實則後漢儒學之盛，氣節之高，其根本在前漢。趙宋藝文之盛，氣格之特，其根本在李唐。後漢、趙宋之極燦然者，乃為前漢、李唐之古木所舒擴綻放之偉枝奇葶耳。故後漢、趙宋雖有獨絕處，如經學氣節等，僅能曰事。前漢、李唐雖有粗獷處，卻能以政稱之。所謂事者，根本在政也。（吾考宋代之理學、佛教、道教、學問、詩文、書畫，皆從唐賢五代變化而來，如母生子。其本身實缺乏根本之創造力。後漢之於前漢亦有相近者。故函夏之文化，造極於唐，宋代特具變異耳。自不以寅恪先生之說為然。近見劉咸炘學術論集哲學編右書有南宋學風考亦云“昔東漢之末，士多矯行，應仲遠作風俗通義以針砭之。宋末之俗，同於東漢，而加甚焉。惜乎當時學士罕能論述，惟一二雜記尚存其跡”。亦云宋有同於東漢者。）

　　以史證之，前漢黃老之術，總統高、惠、文、景，獨尊儒術，則總統武、昭、宣以下，政以變革而活。後漢惟事因襲，政事愈瑣。王莽雖篡國,要不失西漢變革之精神,膽魄極大。此其一。國非人君私有,此為三代之古義。前漢之初,此義尚為昭明。故高祖行封建而不敢獨有,公羊學之眭弘上書勸帝求索賢人,禪以帝位。(參呂思勉秦漢史。)自後漢盛讖緯,此義遂亡,求帝如高祖、臣如眭弘者,不復可得矣。自此視天下為帝王之物,代代因襲,直至明亡黃梨洲作明夷待訪錄,此義復揭於天下。此其二。前漢宰相,體制頗尊,權限亦廣,所置掾屬尤詳,能總統眾事。後漢以降,事歸臺閣,非復舊觀矣。(見呂氏秦漢史。)此亦關係重大者。宰相職權漸消,則天子愈為尊貴專斷。故前漢之相,乃真為政事之本株,後漢之臺閣,為政事之蘗枝耳。此其三。(仲長統昌言有云“光武皇帝慍數世之失權,忿強臣之竊命,矯枉過正,政不任下,雖置三公,事歸臺閣”。又云“曩者任之重而責之輕,今者任之輕而責之重,光武奪三公之重,至今而加甚”。見資治通鑑漢紀四十一永初元年三公以災異免自徐防始。)東萊謂後漢隨時維持,此四字適可道其為政之大體。蓋非於天人之際、聖學體用有深湛之思者,不能出此論也。

春秋之末,先王之澤將盡,高見遠識之士,多是不事王侯,高尚其事。以聖人論之,病痛便見。若以後世學者論之,荷蓧者之底蘊,亦未易窺。既識聖人之心,且天下事皆是經意,曾去體量,知其深又做不得,淺又做不得,與其他望風口說者不同,但心不虛耳。

(麗澤講義論語說) 19

疏證　論語荷蓧章皇侃疏云“玄風之攸在,聖賢相與必有以也。夫相與於無相與,乃相與之至。相為於無相為,乃相為之遠。苟各修本,奚其泥也。同自然之異也。雖然,未有如荷蓧之談議甚也。按文索義,全近則泥矣,其將遠則通理。嘗試論之,武王從天應民,而夷、叔叩馬謂之殺君。夫子疾固勤誨,而荷蓧之聽以為硜硜。言其未達耶。則彼皆賢也,達之先於眾矣。殆以聖人作而萬物覩,非聖人則無以應萬方之求,救天下之弊。然救弊之跡,弊之

所緣,勤誨之累,則焚書坑儒之禍起。革命之弊,則王莽趙高之釁
成,不搐擊其跡,則無振希聲之極致"。其義遠較朱子論語集注為
高明通達。朱子只知贊聖人視天下猶一家,只云荷蕢亦非常人耳。
東萊能感荷蕢之賢,亦賢哲之流亞,不可不敬也。其言荷蕢者"既
識聖人之心,且天下事皆是經意,曾去體量,知其深又做不得,淺又
做不得"云者,頗可與皇侃言"非聖人則無以應萬方之求,救天下之
弊,然救弊之迹,弊之所緣"云者相契。荷蕢者之深心遠慮,亦可窺
之矣。豈僅一遁世逃責之非常人耳。以此而論,東萊之思甚豐潤,
更近於晉唐之古賢。朱子之思失之單瘠矣。(朱子貶抑聖門弟子,已
受譏於後世。見程樹德氏論語集解。亦可參徵聖錄卷二疑孟。聖門弟子已
貶抑如此,無論荷蕢一流矣。朱子心中,有一執著。蓋其視聖人之外,恐皆異
端也。其論或失之嚴而迂矣。)

**曾子曰唯。曾子一唯之外,無復問難。顔子問仁,孔子既告之
以克己復禮,方請問其目。蓋曾、顔子於道,皆悟之者也。曾子之
言雖已悟,而自有顔子之未得在其中。顔子雖未若悟,然自有曾子
已悟者見其中。故聖賢之於道,貴其不已。**(麗澤論説論語説) 20

疏證 宋儒極崇曾子、子思、孟子一派,以為得孔子之正傳,而
葉水心最疑之。實則最得夫子之心髓者,莫如顔淵。東萊謂曾子
之言雖已悟,而自有顔子之未得在其中。政可告示極崇思、孟者,
曾子雖悟入聖道而未究竟。故聖賢之於道,貴其不已。崇思、孟學
派者固佳,然所貴在其不已也。使崇思、孟者只止於思、孟,則自不
能大圓滿。故葉水心習學記言云"以孟子能嗣孔子,未為過也。舍
孔子而宗孟子,則於本統離矣"。所言極是。宋儒崇孟子學者極
多,而多有未能貴其不已者,頗各有病痛。(可參徵聖錄卷二疑孟説。)
近世牟宗三氏一派,亦極崇孟子學,以其為粹然正傳,乃亦不能貴
其不已。而其門戶之隅見也愈重,懷抱之自高也愈不平,漸乖儒道
中正之塗而不自知。於此乃思東萊之言聖賢之於道貴其不已,乃

真具深心巨眼者也。水心"舍孔子而宗孟子,則於本統離矣"之說,亦可謂入木三分。(宋儒如程朱,新儒家如牟氏,以予觀之,皆偏離孔子之本統者。)

象山亦當有此疑問。象山語錄卷上有云"顏子爲人最有精神,然用力甚難。仲弓精神不及顏子,然用力却易。顏子當初仰高鑽堅,瞻前忽後,博文約禮,遍求力索,既竭其才,方如有所立卓爾。逮至問仁之時,夫子語之,猶下克己二字,曰克己復禮爲仁。又發露其旨,曰一日克己復禮,天下歸仁焉。既又復告之曰,爲仁由己,而由人乎哉。吾嘗謂此三節,乃三鞭也"。(可參玄義緒言開悟始知孔子心。)又云,至於仲弓,想其人沖靜寡思,日用之間,自然合道,夫子但答以出門如見大賓,使民如承大祭,己所不欲,勿施於人。只此便是。然顏子精神高,既磨瓏得就,實則非仲弓所能及。又云"顏子問仁之後,夫子許多事業皆分付顏子了。曾子雖能傳其脉,然參也魯,豈能望顏子之素蓄。幸曾子傳之子思,子思傳之孟子,夫子之道,至孟子而一光。然夫子所分付顏子事業,亦竟不復傳也"。所言極是。讀者既觀東萊之語,復可假象山諸說而益思之,方可知孔子、顏子境地之微妙,非他子所可擬。子思、孟子承曾子之傳,何如顏淵承夫子之傳哉。後世儒者,當有志乎體於孔顏之間。豈可盡爲曾子之傳所籠罩乎。王陽明別湛甘泉序云"顏子沒而聖人之學亡"。乃真懸崖撒手之手段也。

聖人如太和之氣,渾然初無所惡,人以乖戾干之,故不能入聖人爐冶中,蓋自取其惡也。君子遏惡揚善,順天休命,與稱人之惡者大段不同。觀夫子與子貢之所惡,便見聖賢分量有差等。夫子之所惡,如太和之於戾氣。子貢之所惡,但辨疑似,守疆界而已,此正學者事,非聖人比。(麗澤論説論語說) 21

疏證　中庸子曰"舜其大知也與。舜好問而好察邇言,隱惡而揚善,執其兩端,用其中於民,其斯以爲舜乎"。此正聖人之事。渾然初無所惡，人以乖戾干之，所以隱之爾。夫子學<u>虞舜</u>之道者，保合太和，順天休命。而<u>子貢</u>則不免辨疑似、守疆界矣。當<u>東萊</u>之時，學者之所惡甚蕃甚屬。如自詡正宗者之惡崇佛之儒、尚文之士，如尚<u>伊洛淵源</u>者之惡如禪之<u>象山</u>、尚功利之<u>永康永嘉</u>，皆是此種辨疑似、守疆界之事。<u>唐</u>賢尚無此閑功夫。<u>東萊</u>言其乃學者之所惡耳，非聖人之事也。君子當遏惡揚善，順天休命，而不應反爲所惡之事所轉移所窒礙。此亦是<u>東萊</u>一貫之見地，而高出時賢者。奈何時賢後儒以駁雜譏之。彼多不識<u>呂子</u>之大心如是。此一條論君子遏惡揚善，頗能見理學家遏惡過激之弊，甚可重也。夫子之所惡，如太和之於戾氣一語，尤傳神。蓋既遇戾氣，自有一遏，而終為太和所化，泯然無跡。戾氣之人，亦得忘其戾氣。不似<u>子貢</u>之所惡，其戾氣之人，弗能自忘其戾氣而或愈屬矣。隱惡而揚善，執其兩端，用其中於民。至理也。聖人如太和之氣，渾然初無所惡。至言也。（治國如此，修證亦然。使修行者過遏其惡而益生疑似、疆界之分別意識，亦何能參悟究竟實相，而得允執厥中之妙。執其兩端，而用其中，一如中觀學派之云中道離兩邊，亦如文殊之語於<u>宗喀巴</u>云，空分、現分當無偏也。修行之要訣，自是疏導其惡，消融善惡。中土如<u>玄奘</u>之引導<u>窺基</u>入道之事，亦堪稱典範。當日<u>尉遲</u>家兒，自有一團戾氣也。）

學者非特講論之際，始是為學。聞街談巷語，句句皆有可聽，見輿臺皂隸，人人皆有可取，如此德豈不進。（<u>麗澤講義孟子說</u>）22

疏證　此章予感切尤深。己丑先岳葬奠之時，在街談巷語輿臺皂隸間，忽悟其間皆有文理妙義，可為師資者。喪禮實古人修行之時機。此非高坐書齋偃臥山林時所能知者。雖輿臺皂隸，學識卑陋，而其性情之真，世情之透，往往反在學者之上。予復思夫明人<u>鄧谿渠</u>之言矣。南詢錄有云“百姓是學得聖人的，賢智是學不得聖人的。百姓日損，賢智日益。百姓是個老實的，賢智是弄機巧的。一個老實就是，有些機巧便不是”。又云“學得一個真百姓，纔是一個真學者。纔是不失赤子之心”。使吾人已無輿臺皂隸之真心，固已悖離中道。使聞街談巷語，句句皆有可聽，見輿臺皂隸，人人皆有可取，如此方足語夫進德問學矣。清初邵念魯思復堂文集卷四和平縣重修王文成公祠碑記有云“夫庶民之心淳古，經生之見雕薄。庶民興，斯邪慝息。處士議橫，致有坑儒焚書之禍”。雖未必盡然，亦頗可相參證。（吾國之精神，素重街談巷語、輿臺皂隸之學。古之諸子，已有小說家之目。班固藝文志云“小說家者流，蓋出於稗官。街談巷語，道聽途說者之所造也。閭里小知者之所及，亦使綴而不忘。如或一言可采，此亦芻蕘狂夫之議也”。然小說家固為人所輕。直至明清，彼方漸成大氣象，有非經儒文士所能及者。讀明清小說之傑作，乃真有聞街談巷語，句句皆有可聽，見輿臺皂隸，人人皆有可取之感。故亦可知明清之小說，亦乃先民之精神之流露也。惟仁者觀之足以進德，不仁者觀之亦足以亂性爾。近讀金瓶梅，亦感其可使予之精神愈趨于圓滿也。清儒如錢辛楣甚詆小說。此其知見未中正通達處。）

孔孟門人，所見迥然不同。孔門弟子，或失之過，然所見卻不狹。孟氏弟子，只去狹處求，所以不得不嚴其教。（麗澤講義孟子說）23

疏證　朱元晦論學抑聖門弟子，為後儒所議。呂東萊亦嘗諫焉，其與朱侍講有云“折理當極精微，雖毫釐不可放過。至於尊讓前輩之意，亦似不可不存也”。章實齋丙辰劄記有云“毛西河氏性與朱子歧趨。所著四書駁議，誠不免過苛。其專立一門，摘朱子之貶抑聖門，則語語允心切理，雖閒有措辭過激之處，要於是非得失，不得謂其非持平之論也”。（可參微聖錄卷二。）聖門弟子，顏回而外，境界亦極有可觀者，實非程朱所能逮。東萊云孔門弟子，其於聖人之中道，或失之過，然亦狂狷之流，所見往往弘廓不狹。其與孟子，亦伯仲之間。孟子智慧辯才，誠高於諸氏。然於德行或不若閔子騫，於政事或不若子貢，於膽魄或不若子路。孟子弟子，尤少材器，亦何能與聖門諸子相擬。孟子，戰國儒家之雄才鬥將，而非其時得人育人之聖師。孔子己立立人，門下士多成賢達。孟子內聖之學極有心得，然於外事不免偏薄，其弟子亦極少有高識者。（荀子弟子尚有李斯、韓非，其學雖有偏頗，確有搖撼天地整頓乾坤之才具。近覽錢賓四中國學術通義泛論學術與師道一文，亦有相同之觀點。其又言孔子道術兼盡，孟子偏重在道，忽略於術。荀子似偏重於術。竊謂荀子乃道術兼備者，惟皆未盡爾。荀子亦精於內聖之學。）孟子境界，未可與夫子並列。後世以孔孟稱之，權教也。須稱孔顏、孟荀，方為無病。惟子輿氏嚴其教，亦不得不然。宋人張樂全云"儒門淡薄，收拾不住，皆歸釋氏耳"。吾恐戰國儁材，多被道墨楊名諸家收拾去也。孟子乃不欲儒門淡薄者。宋明之理學家亦然。是所謂只去狹處求者也。（理學家之不得不嚴其教、產生其一貫之攻擊性者，亦為東萊此語所道破。蓋理學家之傳承弟子多是只去狹處求者爾。伊川之弟子尚有不排佛如謝上蔡、游定夫等，不欲去狹處求。元晦之弟子則無其人矣，只知與師一個鼻孔出氣。）是以宋儒引孟子為同調，而鄙薄荀子。實則荀子確有實學，亦能造就人材。荀學重興於清季、民國。今日觀之，孟荀旗鼓相當，各有優劣，二人同稱，亦宜也。

三五四事，皆於平常處看。惟孟子識聖人，故敢指日用平常處言之。楊子不識聖人，乃曰聰明淵懿，冠乎羣倫，把大言語來包羅。（麗澤講義孟子說）24

疏證　孟子之智慧辯才，或有勝於孔聖諸子者，以此亦可窺之。劉邵人物志九徵有云"凡人之品質，中和最貴矣。是故觀人察質，必先察其平淡，而後求其聰明"。孟子之指日用平常處言之，即先察其平淡之謂。聖人者，皆稟中和之質，而有睿明之覺。孟子以好色好樂說聖人，固亦合道。後世慧可調心於淫肆，圜悟以豔詞說偈，本亦自然。此亦於日用平常處言聖人之道也。（色不異空，空不異色。日用平常處，本即道體所在。參之佛理，此理愈明。）非惟聖人如此，百姓之日用平常處亦往往合道，吾恒嘆三王五帝，不過如是。孟子深得此髓，說好色好樂，坦泰自若，真有釋教古德遊戲三昧之度。竊謂孟子之菁華，並非倡性善、排楊墨諸說，乃是養氣、盡性、日用平常識聖人諸義。其書所以能純粹，即此所謂於日用平常處看聖人之意者也。以此觀之，倡性善、排楊墨諸說乃為跡，而養氣、盡性、日用平常之義乃為本。程、朱、陸氏極喜者為性善、排異端之說，亦及養氣之論，惟鮮能發明孟子日用平常之義。此又呂東萊獨到之處也。

　　東萊謂揚子不識聖人，把大言語來包羅，不能於平常處觀之。竊謂此非篤論。自伊川輕子雲，東萊不免有所承襲。司馬溫公集說玄有云“揚子雲真大儒者邪。孔子既沒，知聖人之道者，非子雲而誰。孟與荀殆不足擬，況其餘乎。觀玄之書，明則極于人，幽則盡于神，大則包宇宙，細則入毛髮”。予讀太玄經，頗嘆其睿思近聖，如溫公之所稱譽者，而觀其卦爻之辭，實亦能由日用平常處，發明聖人之意。（溫公孟與荀殆不足擬云云，則又過矣。子雲學優而行卑。孟荀董楊，實甚相當。）讀法言，亦有同感。法言仿論語，絕非苟作。論語皆日用平常處著力，法言雖未臻其神，實亦多著力於此，每有啟發。東萊言以大言語包羅，未免以偏蓋全，失之武斷矣。

　　大抵讀古人之書，聞今人之言，要得受之有力。且如語、孟，人都作等閑看，故受之無力。若是看得有味，便是大禹。孟子既說子路、禹，又說“舜有大焉”，見得前三者雖是有力，到舜則天開地闢，四通八達，到極至處。大抵天下之至理，渾渾乎在天地萬物之間，人自以私意小知阻隔蔽障。舜何異於人哉。無阻隔障蔽而已。子路與禹猶有工夫，至舜則無工夫，洋洋在天地間，與天地同體。天地間無非善，舜則“舍己從人”而已。“舍己從人”，唯大舜地位方盡得論其本原天地萬物一體。人既受七尺之軀，舍己最難，唯到無我地位，方能舍己，方能聞一善言，見一善行，若決江河，莫之能禦。

疏證 四書章句集注論語序說引程子曰"讀論語，有讀了全然無事者，有讀了後其中得一兩句喜者，有讀了後知好之者，有讀了後直有不知手之舞之足之蹈之者"。又曰"今人不會讀書。如讀論語，未讀時是此等人，讀了後又只是此等人，便是不曾讀"。東萊謂若是看得有味，便是大禹，恐即此程子之所謂讀後直有不知手之舞之足之蹈之者。（此讀論語而近乎開悟狂喜者。）舜之四通八達，在其正直、平易，平常心是道。是以無適無莫，善與人同，而與天地爲一體，無有間隔。馬祖道一云"何謂平常心，無造作，無是非，無取舍，非聖賢行，是菩薩行。只如今行住坐臥應機接物，盡是道"。此頗與東萊所言之大舜舍己、無我、善與人同、聞善言行莫之能禦之境界相當。舜應道而行故，無造作也。惟從善者故，順天休命，無是非也。善與人同故，無取舍也。無工夫故，無斷常心也。無我舍己故，無凡聖也。大舜非凡夫行，亦非聖賢行，只與天地萬物一體而已，是爲菩薩行。唐虞之道，乃與菩薩行，亦渾然而莫二。禹以下鮮有至此境地者。子路毋論矣。欲知大舜之境界，亦不必只據論語孟子，參之奧義書、大乘佛典、禪書、聖經亦可也。後觀章太炎菿漢微言有云"孟子稱由仁義行，非行仁義也。此則地上大士之行。必忘仁義如顏回者，始能之耳。虞舜功德可見，然其內證未嘗自言。千載以還何由窺識。孟子直以顏淵之行相擬耳"。正可爲東萊之說之注腳。虞舜功德，乃爲東萊窺識。豈易得之。李卓吾焚書卷一答耿司寇云"舜初未嘗有欲與人爲善之心也，使舜先存與善之心以取人，則其取善也，必不誠"。亦可爲此舍己從人之義之注腳。答耿司寇又云"耕稼陶漁之人既無不可取，則千聖萬賢之善，獨不可取乎。又何必專學孔子而後爲正脉也"。爲極精闢語。觀此，亦可爲予參之奧義書等可也之說之注腳也。

若後世雖有直諫者，徒多至於怨懟，皆是不曾講究。恕之一字，但只責君不能容己，殊不知己不能容君。如朱雲、褚遂良輩，君

一有訶譴，便至於折檻納笏。後人看此二事，多以爲君不能容臣，不知臣亦不能容君。君不能容臣，其失固明。臣不能容君，此亦害事。此恕字觀之，則遂良亦自有可責。學者欲講求事君之道，須是平時開廓心中能容人乃可。（麗澤論説孟子説）26

　　疏證　麗澤論説集錄易説云"君臣之間，君當求臣，臣不可先求君"。（參疏證第三條。）麗澤論説雜説云"君臣之間，不是不可説話，此皆士大夫愛身太重，量主太淺"。東萊政治思想之迥異於時儒處即在此。宋儒雖於學術不以漢儒爲然，然於政治思想，則多有希慕者。如所謂臣之先求君者，究其極致，無如漢儒習公羊之眭弘勸漢帝求索賢人於天下，禪以帝位。谷永災異之對曰"垂三統，列三正，去無道，開有德，不私一姓，明天下乃天下之天下，非一人之天下也"。尤能見漢儒之宗旨。宋儒自王荆公以臣求君之後，此種風氣甚盛，以至朱、呂、張、陸諸儒所處之世，理學一派士夫持論尤峻猛。東萊先覺其有諸流弊，冷眼觀之，遂發諸説，欲以矯其過激。日後慶元之黨禁，實此過激之言行所招致者。朱雲褚遂良折檻納笏，素爲忠直之典刑，而爲儒者所樂道。東萊一反常情，而揭臣不能容君、此亦害事之義，殊爲警策。蓋以臣求君之風氣，其長處在能抑君上之獨權，其流弊在能助長儒者之我執我慢，而不能深思夫仁恕之道。忠而不恕，所以君臣之間多是非，小人趁機而深入焉。宋儒剛健進取之道，或不免適得其反。故東萊云"學者欲講求事君之道，須是平時開廓心中能容人乃可"。其於峻急儒者之心中，即學術有異見之同道君子亦恐不能容矣，如何能容無學之君、邪僻之臣哉。慶元黨禁中雙方之議論，使吾人平心以觀之，當能愈體夫東萊之深心也。（朱子於政治一味用剛，奏議、治郡、劾唐仲友等皆然，亦正是疏證緒言所引尼采氏所説之天才人物之行爲。此非東萊盡能贊同者也。）

　　大抵自鄉進國，自一國進天下，尚易到得善。蓋天下又尚論之古人，此一步最難進，非真知義理無窮者，不足以進此。"頌其詩，讀其書，不知其人可乎"。此三句最是驚動人處。學者平日所頌皆古人之詩，乃不知文武成康所以爲文武成康。所讀皆古人之書，乃不知堯舜禹湯所以爲堯舜禹湯。則雖日誦讀亦奚以爲。"是以論其世也，是尚友也"。此二句有深意。然自秦漢看虞唐，以變詐之人看淳厚之時，如何看得。如須是身處唐虞之時，與堯舜皋陶之徒爲友，方是尚友。(麗澤論說孟子說) 27

　　疏證　莊子天道篇輪扁譏桓公之所讀者，古人之糟魄已夫。蓋古之人與其不可傳者也死矣。此與東萊言所讀皆古人之書，乃不知堯舜禹湯所以爲堯舜禹湯者何以異。故學者論其世，尚其友，乃欲使已死之古人之不可傳者，復生於吾心，如此方可以真知義理之無窮，而爲大學之道。然欲使古人不可傳者復生吾心，不可揣之以後世澆漓之法。如欲明唐虞周孔相傳之道，不可盡據宋明之理學。如欲通希臘、耶教之古義，不可盡據康德以來之哲學。必須明道實行，頓悟修行，而袪其障礙，啓其智慧，破其遍計所執，通其圓成實性，始足以尚友古人，得其不傳之秘。學問又其輔者也。東萊爲宋儒中讀書種子，讀書時往往有此戒懼、覺照，所以能成其大。故曰，頌其詩，讀其書，不知其人可乎。此三句最是驚動人處。驚動二字，最有擊蒙之意。(擊蒙之義可參疏證第五條。)袁中郎廣莊大宗師有云"聖人即生無生，故不舍生，不趨生。善我者無體，諸法同體也。善行者無時，古今一時也。伏羲、神農，至今猶在。善因者無果，無因非果也。此非識心分別可知，智證乃見"。所言玄理甚妙。伏羲、神農，至今猶在，則文武成康所以爲文武成康，堯舜禹湯所以爲堯舜禹湯者，正須學人智證證之。豈誦讀識心分別功夫所能至者乎。(藏密歷代大修行者常有其曾親受蓮花生大師灌頂傳授之傳聞，豈盡為杜撰耶。伏羲、神農，至今猶在。蓮花生、無垢友，至今亦猶在。)

　　道初不分有無時，自有汙隆。天下有道時，不說道，方才有。蓋元初自有道，天下治時，道便在天下。天下無道時，不說道，真可絕。蓋道元初不曾無，天下不治，道不見於天下爾。以道殉身者，如堯舜文武，仁義禮樂皆燦然在人耳目，精神心術亦昭然於人，當時賢者，但恐吾身不能從道而已，故以道殉身。以身殉道者，桀紂幽厲時，教化不行，人心不正，當時賢者以道自任，必欲使人知道當自我而明，則責在賢者，故以身殉道。（麗澤論説孟子説）28

　　疏證　天下有道時，不說道，方才有。天下無道時，不說道，真可絕也。至言也。天下有道時，渾樸自然，應乎天道，何須說破，只可擊壤而歌。（實則擊壤歌亦已説破，恐是後人筆。）莊子齊物論言"道隱於小成，言隱於榮華"，逮此時即已說破矣。故莊子曰"欲是其所非而非其所是，則莫若以明"。明者，德性之自湛，仁體之自光也。此明既昭，可以照耀今古，反樸歸真。天下無道時，諸賢人、高士、異才，皆演說其道術，亦是好事。雖是非諍論不休，猶勝於不說。然此正孟子所謂以身殉道，而非古人以道殉身者。自曾、思、孟、荀、墨、莊以來二千五百餘年，說得已甚多，已甚過，今日又當不說矣。蓋於不可說者，當回復於緘默。（西人維特根斯坦亦有是説。）道本不可說，不說道，方才有。曾、思、孟、荀、墨、莊勉强說之，衆生勉强聽之，亦自傳其脉而不絕。然至今日，值大劫變，諸賢亦不可再勉强說之，衆生亦不願再勉强聽之矣。此亦歷史之一大轉折處。（東萊所處之時，則幾一千年前之一大轉折也。）處此種時機，惟緘默者能得先機。向上一路，須以緘默為繩索。金人三緘其口之誠，其為吾儕之圭臬乎。以身殉道者太多，亦是可畏，不如二三以道殉身者出，可以明心復性，保養天地間元氣也。

　　自古文武只一道。堯舜三代之時，公卿大夫在內則理政事，在外則當征伐。孔子之時，此理尚明。冉有用矛，有若與勇士，孔子亦自當夾谷之會，未嘗以武士為醜。西京之時，亦知此理，故宣帝詔黃霸曰，邊境有急，則左右大臣皆將帥也。至於大臣韓安國之徒，亦皆出征守邊。及東京末，士君子高自標榜，妄分清濁，善惡太明,流品太分,遂成黨錮之禍。故劉巴之徒猶有餘風,宜其見弃於劉備也。然當時人不必盡如此,其中亦自有人。如鄭康成,後世只視爲箋注腐儒,至劉備論赦事,曰:"昔予在陳元方、鄭康成之間,終身佩服其言語不忘"。則其所以相與語者,必不止箋注之間矣。(麗澤論説史説) 29

疏證 夫文武異塗,乃趙宋政事之癥結所在,東萊此條揭之矣。(吾嘗引唐仲友、章太炎之説以論之。見拙著書史卷五以政事窺宋之書道一篇。)此種制度,實本畸形,乃帝王擅權之陰術,而冒崇文優士之美名。王船山黄書古儀云"宋以藩臣暴興鼎祚,意表所授,不寐而驚。趙普斗筲菲姿,負乘鉉器,貢謀苟且,肘枕生猜。於是假杯酒以固歡,託孔云而媚下,削節鎮,領宿衞,改易藩武,建置文弱,收總禁軍,衰老填籍,孤立於强虜之側,亭亭然無十世之謀。縱佚文吏,拘法牽縶,一傳而弱,再傳而靡"。又云"生民以來未有之禍,秦開之而宋成之也。是故秦私天下而力克舉,宋私天下而力自詘"。所言雖有偏激,其義亦可謂極為深徹也。宋代之政治理學藝文書法,實多有畸異之特質,如政治之文武異途,理學之嚴排佛老,士儒之黨派惡攻,書法之放恣尚意,皆有悖乎漢唐以來中正之格。境由心造。宋人心術,自有別於昔賢。此予船山之後變本加厲之説也。又東萊云"如鄭康成,後世只視爲箋注腐儒,至劉備論赦事,曰,昔予在陳元方、鄭康成之間,終身佩服其言語不忘。則其所以相與語者,必不止箋注之間矣"。此語尤有神采,為歷來論鄭康成之學所不及者。誠令人神往也。(范石湖吳郡志卷二風俗言吳之土風云"其人並習戰,號為天下精兵。俗以五月五日為鬥力之戲,各料强弱相敵,事類講武。宣城、毗陵、吳郡、會稽、餘杭、東陽,其俗皆同。然數郡川澤沃衍,有海陸之饒。珍異所聚,故商賈並湊。其人君子尚禮,庸庶淳厖。故風俗澄清,而道教隆洽,亦其風氣所尚也。華誼論云吳有發劍之節,趙有挾色之客。郡國志云吳俗好用劍輕死,又六朝時多鬥將戰士。按諸説吳俗,蓋古如此。本朝文教漸摩之久，如五月鬥力之戲，亦不復有。惟所謂尚禮、淳厖、澄清、隆洽之說則自若。豈詩所謂美教化、移風俗者與"。吳郡之地，周漢至唐，文武並舉，禮兵俱隆，至宋則獨以文教顯，其後愈流於華靡之風。此最可為東萊之說之注腳者。蓋東萊、石湖為同時代人。東萊大憂之，而吳郡志反以美教化、移風俗讚之。此正宋人右文卑武之通識所在也。）

　　天下之事，最是互相譏揣，妄分清濁，為禍最大。此一段正是學者大戒。大抵為學須當推廣人心，凡執卷皆是同志，何必與親厚者及相近者方謂之同志，而疏遠者便不是同志之理。此只是一個忌心。孔子曰"老者安之，朋友信之，少者懷之"。此三句，抑見聖人廣大氣象，又如何有可厭可弃之人。蓋四海之內皆兄弟，何嘗有內外。人人有此心，和氣自然薰蒸，太平豐年之氣自此感格。（麗澤論說史說）30

　　疏證　有宋儒士黨同伐異、自分清濁之風氣甚盛，東萊借史說以斥之。如守成之儒者與激進之新學之爭，性理之洛學與藝文之蜀學之爭，彼此皆不免乎互相譏揣、妄分清濁之病，為禍之大，已驗之史矣。根本在一個忌心，不能如夫子安之信之懷之氣象。臨濟錄義玄有云"夫至理之道，非靜論而求激揚鏗鏘，以摧外道。至於佛祖相承，更無別意"。黨同伐異，高自標舉，其激揚鏗鏘之靜論，所以層出而無窮，然此並非聖人之本懷。呂子見當時朱、陸二派多有此靜論，是以招鵝湖之會而欲化解之，不意適得其反，二人愈敵對矣。此亦無可奈何之事。禪林寶訓卷一黃龍禪師謂荊公曰"凡操心所為之事，常要面前路徑開闊，使一切人行得，始是大人用心。若以險隘不通，不獨使他人不能行，兼自家亦無措足之地矣"。此即聖人廣大氣象之所在。元祐諸公不欲新學行得，革盡新法，其終也使己亦無措足之地。朱元晦欲使陸學、婺學、永嘉皆行不得，其終也使己亦樹敵甚眾，歷代多有持異調者，其道遂不能渾完之、長久之。陽明出，朱學真血脈差已盡。旋又有顏元、戴震二氏搖撼之。清代尚有少許真儒，然無救其弊敗。東萊乃具此大人氣象者，惜天不與之。(是以為第二期末路之大哲，為大道唱挽歌者。)

大凡人多爲世態習俗所驅，有爲善所驅者，有爲惡所驅者。不爲惡所驅，猶可用力。至於不爲善所驅，方始見胸中有所立。(麗澤論説史説) 31

疏證 東萊智德之高明，此條尤能見之。楞伽經云"夫求法者，應無所求，心外無別佛，佛外無別心。不取善，不捨惡，淨穢兩邊俱不依怙"。東萊不爲善所驅之説，正合其不取善不捨惡之妙諦。惠能云"不思善，不思惡，正與麼時，那箇是明上座本來面目"。臨濟錄義玄云"只如今有一佛魔，同體不分，如水乳合，鵝王吃乳。如明眼道流，魔佛俱打。汝若愛聖憎凡，生死海裏浮沈"。佛猶善，魔猶惡也。義玄之言魔佛俱打，猶東萊之言不爲惡善所驅。佛亦須打，即不爲善所驅也。常人愛聖憎凡，法執甚深，儒者亦每言性善，而執之太過，不能得乎中道平常。其實善亦不可恃，乃至不爲善所驅，方始見胸中有所立也。唐虞三代之時，彼時人物多不爲惡不爲善所驅者。又如莊、列書中所言之王駘、申屠嘉、黃帝一流，如天竺婆羅門教之言梵天、濕婆，藏密傳承之祖師蓮花生、帝洛巴，皆若是也。(蓮花生、帝洛巴之時代為最近。當時正盛唐、宋初。唐人中境界高超、不爲惡亦不爲善所驅者亦有其人。覓之禪門多矣。)古希臘神話之奧林匹斯山宙斯諸神，亦往往有此超常之格，蓋亦不爲善所驅者。(不達此理者，弗能讀荷馬史詩。即須超越世俗善惡對立之觀念方為解人也。)後世能窺此秘者甚罕。宋儒剛健，然其流弊，大是為善所驅，適得其反。東萊法眼灼灼，可謂一針見血。兩宋之際中土有呂東萊，近世兩甲子間泰西有尼采，皆欲深造乎古人之德者。以此而推，唐之禪門，實亦古唐虞之道之延續，謂之周孔之隔代之傳，亦無不可。

國語釋詩自古在昔，先民有作，溫恭朝夕，執事有恪。此是古

聖相傳，非一人之私言。如孔子告顏淵、仲弓，亦非孔子自說。左氏云，志有之，克己復禮，仁也。又云，出門如賓，承事如祭，仁之則也。曰志曰則，皆是古人相傳，乃知三代下此氣脈不曾斷。（麗澤講義雜說）32

疏證　清儒章實齋文史通義卓有特識者，如說六經皆史，近人辨證之，以為源于前賢。錢默存談藝錄嘗詳論焉。實齋云"浙東之學，言性命者必究於史"。竊謂乃源于呂東萊、葉水心。又如言公之說，溯其源流，又不可不歸于此條。言公有云"論語則記夫子之言矣。不恒其德，證義巫醫，未嘗明著易文也。不忮不求之美季路，誠不以富之嘆夷齊，未嘗言出于詩也。允執厥中之述堯言，玄牝昭告之述湯誓，未嘗言出于書也"。又云"夫六藝為文字之權輿，論語為聖言之薈萃，創新述故，未嘗有所庸心。蓋取足以明道而立教，而聖作明述，未嘗分居立言之功也。故曰，古人之言，所以為公也，未嘗矜其文辭而私據為己有也"。觀實齋文，乃知其旨趣與東萊此義可謂同一血脈。其雖極少言及東萊，實為日用而不知。蓋浙東學術之真鼻祖，乃呂東萊也。東萊"此是古聖相傳，非一人之私言"一語，尤相符契。吾亦可說，南宋以下迄於今日，此浙學氣脈不曾斷也。

辭受之際，辭不必與人商量。若受，卻宜商量。（麗澤講義雜說）33

疏證　素謂熙寧崇寧以來，為古今一大厄，其禍劇於甘露之變、五季之亂。而其初并無兵戈，而實蓄鉅變，究其根本，乃人心之大變也。凡為古今之大厄者，皆人心之大變，而非可拘於形跡。五季雖慘烈，然人心尚存元和，不若是之隳裂也。其後乃有靖康之變。（釋教以兩宋之際為末法時代之始，亦與此相符契。自此大厄之後，中華氣運急轉而下矣。）彼時風俗人心之大變，造端於王荊公之新政。葉正則水心別集財總論二云"是以熙寧新政，重司農之任，更常平之法，排兼并，專斂散，興利之臣四出候望，而市肆之會，關津之要，微至於小商、賤隸什百之獲，皆有以征之。蓋財無乏於嘉祐、治平，而言利無甚於熙寧、元豐，其借先王以爲說而上下以利，曠然大變其俗矣"。其時人心之變，尤可徵諸世風道德之墮落，有前未曾有者。游定夫論士風有云"天下之患，莫大於士大夫無恥。士大夫至於無恥，則見利而已，不復知有他。如入市而攫金，不復見有人也。始則非笑之，少則人惑之，久則天下相率而效之，莫知以爲非也"。此亦當時道德墮落之寫照。(見東萊皇朝文鑑卷六十一。惟導致士大夫無恥者，明眼人皆知與王氏新政有直接之關係也。)江西詩派中人謝逸作祭汪伯更教授文有云"廉恥道喪，忠義氣塞，乘時射利，變節從俗者滔滔皆是，乞食墦間、舐痔得車者面有德色。故讒邪如山貪墨成市，而莫之救藥。正人端士無辜籲天，而無以明白"。(見溪堂集卷十。)頗能狀彼時之情態。(尼采遺稿選嘗云"古代消亡之原因即在於誠實之淪喪也"。所言極是。漢唐誠實之底蘊遺風，北宋猶有存焉。尤以溫公、元城師弟二人爲典刑。然兩宋之際，此風氣幾絕矣。東萊於此種事，蓋最具史家兼哲人天生之敏感度者也。)呂氏公著、希哲入元祐黨籍碑，本中、祖謙皆其後人，於此痛徹頗深。予揣東萊此語，或有因茲而發者。辭不必與人商量，所謂正邪在一念，須辭則辭，仁者必勇，乃是向上之道，須有斬釘截鐵之果決。此正類完保此身氣節之根本。依自不依他，確爲大道。若受卻宜商量，則是儒門本分。當受則商量之，當辭則獨行之，當受時須以長老師友爲商量之資，當辭時任己身剛健之德，此所以爲君子也。世人則反之。受則自受之，辭卻躊躇，每與人商量，所以寵辱俱驚，何能光風霽月。宋人譏陸放翁爲韓氏作南園記云"山林之興方適，已遂掛冠。子孫之累未忘，胡爲改節。雖文人不顧細行，而賢者責備於春秋"。見浩然齋雅談卷上。放翁當辭未辭之際，恐即與家室子孫商量矣。東萊之語，可謂警世之恒言。吾蘄乎今之人能有取焉者也。

禮表記曰"子曰，事君難進而易退，則位有序。易進而難退，則亂也。故君子三揖而進，一辭而退，以遠亂也"。東萊之說或本於此。清季朱鼎甫一新無邪堂答問卷五論荊公有云"元城語錄溫公嘗謂金陵曰，介甫行新法，乃引用一副當小人，何也。介甫曰，方法行之初，舊時人不肯向前，因用一切有才力者，使法行已成，即逐之，卻用老成者守之。溫公曰，介甫誤矣。君子難進易退，小人反是。若小人得路，豈可去也。若欲去，必成讐敵。他日將悔之。案溫公之言，如燭照數計。荊公未嘗不知小人之不可用，而欲苟取以幸成，他日終有福建子之悔"。元城語錄所載者，必東萊所知之掌故也。（東萊之說亦或本於禪說。禪林寶訓卷三有云"山堂退百丈，謂韓子蒼曰，古之進者，有德有命。故三請而進，一辭而退。今之進者，惟勢與力。知進退而不失其正者，可謂賢達矣"。韓子蒼江西詩派中人，東萊伯祖本中嘗與之遊。東萊或嘗於家中長輩中聽聞此語。宋之禪師，往往深於五經，化用無礙，如出己口。此亦彼時佛儒通融之氣象也。）

人二三十年讀聖人書，一旦遇事便與里巷人無異。或有一聽老成人語，便能終生服膺。豈老成人之言過於六經哉。只緣讀書不作有用看故也。（麗澤講義雜說）34

疏證　讀書不作有用看，蓋自漢設經學博士始。其本欲有用而漸離於用，西漢猶存古義，而東漢愈乖大本。其設經學博士之弊，乃使學者人人碎義難逃，苟得利祿，而不識遠略。（用尨書學變語。）此弊之極深，在熙寧王荊公之以經義替辭賦，以迄徽宗，一時無恥之徒，皆以此拾青紫，遂有亡國之禍，踵接其後。東萊懲此病患，而發明斯理。（荊公實為明清科舉制度之作俑者。後世以程朱之學為科舉經義之內容，乃承荊公之遺軌也，而其弊愈重。明亡胡石莊讀書說有云"以試官為儀的，卷牘為弓矢，一發相值，志滿意得，顧視舊學，不啻虛器。自此以後，一生所務，皆在利祿顯榮，而不及事業。此何故哉。想來急於射策之念,結乎胎骨,不可滷浣,所以大有害于為學之志也"。引自陸寶千先生清代思想史第一章。石莊之言,可謂痛徹心肺。)北宋之老成人,莫若韓魏公、司馬溫公、程明道、呂滎陽、陳了齋。了齋雜說有云"身教者從,言教者訟"。見宋元學案。老成人,身教者也。六經之書,言教者也。故曰,或有一聽老成人之語,便能終生服膺。(可參徵聖錄卷六陳鄒諸儒學案。)南宋之老成人,寥若晨星,是以門戶立異,日有訟辭,諍論不絕于耳,元氣愈竭。老成如東萊先生,鳳毛麟角,無足以濟時艱也。

子路、管仲孰賢。固是子路擇術正,管仲主功利。然須見得子路力量不同,子路只孟子與明道特拈出來。古人論人,直是事理俱到。孔門諸弟子,若論趨向,固非管仲可比,使他見用,卻恐未必有仲事業。學者看古人,要須看得至此。(麗澤論說雜說)35

疏證 孟子言五霸者,三王之罪人。管仲,曾西之所不為,而子為我願之乎。所謂仲尼之門,五尺之豎子,言羞稱乎五伯也。此等於理則是,於事則非。葉水心習學記言卷十三辯之曰"按子貢子路及孟子所稱曾西羞比管仲,其實不知孔子之意"。顏習齋四書正誤卷三有云"孔門五尺童子羞稱五霸,誰氏之言乎。老孟救時之言,誤死宋人矣"。錢澄之田間詩學十五國風論云"詩以霸主而存,春秋因霸主而作,齊桓晉文之功,曷可誣哉"。(可參徵聖錄卷二疑孟說,所論視此加詳焉。)東萊謂古人論人,直是事理俱到,最得乎忠恕之道。是為中正之說,乃可為孔子之意。不然,齊桓晉文亦可謂受誣於後人矣。使他見用,却恐未必有仲事業云者,亦甚爽利。孔子既不見大用,其必有心事存焉,故許管仲之仁之功。無奈門人不解之,而愈趨附於呂新吾之所謂以理低昂時勢者。是以道愈降。吾華文化之第一大劇變,蓋以孔、顏、子路為分水嶺。其他門人,入第二期矣。

古人論人,直是事理俱到。此方是聖學之正脈所在。北宋季年潛庵清源禪師亦每謂弟子曰"無事外之理，理外之事"。（見石門文字禪潛庵禪師序。）朱子之學說，乃以理低昂時勢者之典型，而尤偏離於此種正脈。（徵聖錄卷二疑孟說嘗云，愚嘗笑謂朱子語類中古今人物幾為此老指摘責難略盡，亦可謂前無古人。楊升庵集論朱文公書亦嘗云"蓋自周孔已下，無一人能逃其議。昔人謂君子當於有過中求無過，文公語錄論人皆無過中求有過者也"。非盡誣也。劉申叔國學發微有云"宋儒尚論古人，以空理相繩，筆削口誅，有同獄吏，胡寅朱子其尤著者也，是為法家之支派"。亦不為過。蓋於此端，後來者惟清初毛西河堪與軒輊。而西河排擊最甚者莫若宋儒，於宋儒中排擊最甚者則莫若朱子。豈偶然哉。章實齋丙辰劄記有云"毛西河氏性與朱子歧趨。所著四書駁議，誠不免過苛。其專立一門，摘朱子之貶抑聖門，則語語允心切理，雖間有措辭過激之處，要於是非得失，不得謂其非持平之論也"。近人程樹德先生論語集釋亦言朱子有意貶抑聖門，殊有失忠厚之旨，不可為訓。見卷三十八。）陸子無此病患，然作王荊公祠堂記，為其辯護之，亦不能事理俱到。朱陸之後，風氣愈降，偏見愈多，盛行天下。後如顧亭林之痛斥王學，顏習齋之排斥理學，力量剛大，然不能事理俱到。乾嘉漢學之詆毀宋學，則直事不到，理亦不到。常州公羊學至康南海亦大壞。觀其學說，殆已理不到，事亦不到矣。（其理不到處，為學術之道之蠹。其今文學之狂譎，吾鄉朱鼎甫一新先生佩弦齋文集中與康長素論學諸書早已識破之矣。識者謂其文極銳發。見錢子泉古籍舉要序。章太炎、錢賓四亦嘗破康氏之說。其事看似到而實不到。惟南海不得中道，而規模宏濶，才學確高，亦甚有獨特之思想性及微妙之精神性。要亦人傑。吾素不以其說為然，然於其才學，亦有惺惺之意。）民國新學人之廢孔子，其事理不到又無足論也。近世論人事理俱到者，有陳寅恪先生。其所著柳如是別傳，最得乎此種中道，亦甚不可思議。此書可謂哀而不傷，樂而不淫者也。（泰西文化其始也，猶能事理俱到。中世紀尚有此遺風。然自啟蒙運動之後，偏離于此種宗旨多矣。其後風氣愈為震蕩顛倒，事理俱不到，以迄于今日。近世唯尼采、維特根斯坦諸君子欲歸于本然。然其光明力量，不能拯救西方文化之沉淪也。）

君臣之間，不是不可說話，此皆士大夫愛身太重，量主太淺。（麗澤論説雜説）36

疏證 此義前已疏解之。（見疏證第三條、第二十六條。）自秦漢以來，君主之專權集權，其與臣子之求君束君，乃爲政治之兩大潮流，相互交替，而皆有利弊焉。往者人皆責斥君主專權私天下之罪惡，而不言集權亦有其正面之功用者。往者人皆頌揚臣子束君分權之公道義舉，而不知臣之求君亦有其負面之作用者。東萊於此洞若觀火。其與朱陸乃同一政治陣營者，朱子一意進取，欲得君治國，剛屬有爲，而呂子則洞悉機奧，時懷警醒之心，於其利弊及時勢之變化，先有洞察焉。（觀宋史，周必大、朱熹之理學陣營，王淮、韓侂胄之官宦陣營，勢相敵對。觀朱子奏章，多以格物之學教訓帝王，自尊殊高，雖言之愷切，而不能真切動主。東萊言士大夫愛身太重，量主太淺之說，亦自有見。蓋性理之學以直傳孔孟之心自詡故，遂自尊太重，滋生我慢。帝王家多喜三教一致，如孝宗。彼遂量其淺薄也。觀慶元中諸人攻擊道學之猛，選人余嚞至上書乞斬朱子，若與胡銓之乞斬秦檜同，則東萊之深心巨眼，亦可想見矣。）

五十年前，好話在衆中說，不好話在屏處說。五十年後乃反此。（麗澤論説雜説）37

疏證 疏證緒言謂兩宋之際爲中華文化一大轉折。當此轉折之前後，習俗風氣之變化必劇烈。此條亦其佐證之一。朱子文集卷八十三跋余巖起集有云“近年以來，風俗一變，上自朝廷搢紳，下及閭巷韋布，相與傳習一種議論，制行立言，專以醖藉襲藏、圓熟軟美為尚，使與之居者窮年而莫測其中之所懷，聽其言者終日而不知其意之所鄉。回視四五十年之前風聲氣俗，蓋不啻寒暑晝夜之相反。是孰使之然哉”。此亦五十年間風俗大變之佐證也。五十年前，好話在衆中說，不好話在屏處說。五十年後好話在屏處說，不好話在衆中說。可謂一針見血。五十年前風俗，猶有忠厚之意。呂氏家風所傳者即此。五十年後，此意蕩然。如觀朱子之攻擊陸子、呂子、永嘉諸賢，皆是在衆中說也。在屏處又嘗說其好話。讀朱子語類，每有是嘆。語類者於衆中說，書信者於屏處說。故朱子之書信時有忠恕之氣，藹藹可觀，語類則多嫌不厚道。非惟朱子而已。象山門下袁絜齋爕作沈定川先生行狀云其"其始面目嚴冷，清不容物，久久寬平，可敬可親。面攻人之短，退揚人之善。切磋如爭，歡愛如媚，古所謂直而溫、毅而宏者，殆庶幾乎"。面攻人之短，退揚人之善，正是東萊所謂五十年後乃反此者。絜齋以此褒揚沈定川之切磋如爭，亦不知實亦古風陸沉之驗耳。（予亦嘗面攻人之短，退揚人之善，亦嘗不好話在衆中說，好話在屏處說。觀此可以自省矣。）

人須恭默思道，恭默是降下沈潛之意，降下便實。（麗澤論說雜說）38

　　疏證　呂學尚渾尚實。實者，實行也，實學也。其學術之尚實不尚虛，觀其讀詩記不廢毛序、大事記辯證縝密尤可知之。其德性修行之尚實不尚虛，觀其生平踐履之粹然正大可以知之矣。此德性實行之錘鍛，非一循禮法而已。蓋禮法是外，心法是內。其云人須恭默思道，恭默是降下沈潛之意，降下便實。此即可見其心法之所在，乃恭默降下之道也。恭默者，收攝精神，退藏於密，用心平常，四通八闢。此東萊師法大舜所參悟者。此恭即有大舜舍己從人、善與人同之意。此默即有夫子天何言哉、予欲無言之意。心性有此覺照，方可以言降下，方可以言實行。夫心性之實行，爲聖賢根本之門徑。實學乃爲此實行之輔爾。若政治之實行者，則皆此心之所發者。萬事萬理，皆不離此心。陸象山亦每倡實義。語錄云"古人皆是明實理，做實事"。又云"千虛不博一實，吾平生學問無他，只是一實"。其心學精微，則其所謂實理實事，皆偏主於此心性之實行，而略少實學之輔助。象山之弗若東萊者，即其有心性實行之功夫，而少實學擴充之器具。故象山語錄在他人平心觀之，終不免流於尚虛高揚一路，不能爲沈潛下降。而觀呂子文字，乃有此沈潛下降氣象。

予性亦多尚虛高揚者。憶予十五六歲爲俗學困厄之際，始有此恭默下降之意，研索玄理，豁然有超解之靈。後追逐西學，放恣新說，血氣方剛，高揚不已。二十餘歲，一朝棄去，嘗於蜀山樓居一載，潛心六經，亦有此恭默下降之驗證，大爲受用。後又高揚多年，浪蕩情海，婚後始乃於此下降沈潛之道，復有彌深之體會。乃知婚姻之道大矣哉。三十歲後修佛，亦有相似之驗證。開悟後曾極高揚，而後明悟須歸于定戒之降下沈潛也。尚虛高揚，本非病也，亦是精神光明之處，惟易令人不實，是以聖賢云恭默之道，下降沈潛也。使愈有所證，則亦不必有高揚沈潛之分別矣。（室利阿羅頻多嘗自論其瑜伽學有云“他派瑜伽中若有下降，那只是道上偶爾有之。或由上升結果而得，上升乃其真事。在此，上升乃第一步，但此爲招致下降之手段。由上升而得新知覺性之下降，乃此修持之鈐記標識。甚至密法及維瑟努派，皆終于從生命解脫。惟此道之目的，乃生命之神聖圓成”。見瑜伽的基礎題記。東萊云，人須恭默思道，恭默是降下沈潛之意，降下便實。陸子、朱子多高揚剛猛之意，而東萊之新學說，乃主張多降下沈潛，甚有不同。室利阿羅頻多瑜伽學之下降義，頗可與東萊之說相參證也。阿羅頻多云，上升乃第一步，但此爲招致下降之手段。觀此予忽然明悟，予性之高揚剛猛者，正予降下沈潛之資也。予開悟後略有此平實境地，其初皆此種高揚剛猛上升之氣質帶動之。惜乎陸子未能至其所謂生命之神聖圓成之境地也。朱子之境界猶在其下。東萊雖亦未至，其境界較之陸、朱，則愈近乎圓成也。予此生精神圓成性之實踐，未必能過吾師東萊，然超越朱子之前景，亦可謂一片光明。此以精神之圓成性論之，非論以才學功業也。）

釋氏只管說空說悟，吾儒不道者，政把做尋常事看了。（麗澤
論說雜說）39

疏證　陽明傳習錄亦嘗云“佛氏不著相，其實著了相。吾儒著相，其實不著相”。可謂與東萊同一鼻孔出氣。而東萊之說，境界更妙。此處呂子雖批駁釋氏如此，實則其所說者，本亦是禪門一貫作風。禪宗之指責諸教者，往往即斥其說經說論，入海算沙，糾結文字，不悟自性，說空說悟，終是未能切實躬行，而禪門乃不道空，不道佛，殺佛滅祖，只是日用平常，坐臥行止，即是道體，即所謂政把做尋常事看了。呂家世代參禪，東萊不自覺間流露此種因緣矣。其所謂吾儒不道者，則其之所謂儒者，實已有禪之血脉。（象山有禪之血脉尤昭著，在晦翁先已言之。實則東萊亦然。而晦翁實亦有華嚴宗諸教之種子。程朱一派，其架構乃與釋教中融通教宗之圭峯宗密、永明延壽相仿佛。故若以佛判儒，則呂、陸是禪，程、朱是教禪合並之體。如朱子之格物窮理，有近乎天台教之六即，朱子之先涵養後察識，如教下之先藏教後證悟，而其理一分殊之說，則又自華嚴宗而來。惟其手段之猛利，行爲之果決，又是禪風峻烈之遺緒。故曰其是教禪合並之體。陸子則純是禪。觀其點化楊慈湖之手段，豈不與五燈會元中物事一般。呂子平常不露痕迹，實亦近乎禪宗，而不欲顯露耳。在象山則是盡情顯露，而終不自承之。此予所不直之者。呂子高過象山，亦在此。）

原夫中國國情特異於他域，儒者所究之事體，本較天竺之國更為實在、尖銳，故其學說自大異之。章太炎菿漢微言嘗有精妙之論斷焉。宋代以來，儒者所遭遇之時代之挑戰愈為嚴峻矣。其學說遂又生大變異焉，而迥別於漢唐。故東萊亦責釋氏只管說空說悟，吾儒不道者，政把做尋常事看了。弘揚儒道，正彼時士大夫之志願所在。惟彼不曉弘揚儒道，詆毀釋教，亦不足以救宋朝之亡。弘揚儒道，亦何必詆毀釋教，徒增其新業障哉。宋儒在此嚴峻之時代挑戰之下，其所產生之反應，實可謂是非參半也。而吾人今日所處之時代，其挑戰愈發嚴峻矣，則吾人之反應，當如何耶。豈不可以宋儒之得失為鑒乎。抑將又不如宋儒乎。（宋儒所謂儒道所以勝過釋教者，還須參用禪宗之手段。此今人之所謂自相矛盾、具吊詭者。此又東萊精神格局為時代所限制之處。）

釋氏之學，唐爲最盛，近日無其人焉。蓋唐之釋氏皆有行門實地，所以變易不窮，連高明之士皆爲引去。後來却只傳其語言，此其所以衰也。（麗澤論説雜説）40

疏證　呂子於釋學甚有造詣，於此章亦可窺之。其言唐之各派高僧皆有行門實地，所以變易不窮，乃真有眼目者。唐僧惠能壇經機緣品有云"乘是行義，不在口爭。汝須自修，莫問吾也"。此最可當行門實地之義。唐代天台、三論、華嚴、唯識、律、禪、密、淨各宗盛行，雖學理義趣有異，修行法門各殊，而皆根於行門實地。惟觀各派高僧親證境地之高明廣大，殊途而同歸，則莫問來時路可也。（莫問來時路爲禪語。）唐代釋教諸宗義理之學變易無窮，然此所謂義理者，皆有相應之行門實地配之合之印證之。在禪則義理之障亦斬除之，行門即理，理即行門。釋教之學理，龍樹、世親以來闡之已極深極妙。吾國智者以來，亦能有所發明演變，樹諸新義。然真能生大功德者，乃唐人於行門實地之驗證弘揚也。故佛道諸宗之最可貴者，即此行門實地所顯所證之佛心，而非義理之完善之一端而已。其尤卓偉者爲南宗之禪門及同時藏地之寧瑪派。（藏人於佛教行門實地之貢獻尤可稱頌。今日正其大放異彩之時。而禪宗已式微。蓋以禪宗之文字知之者甚多，禪宗之行門實地知之者甚少故。）而唐代文化之變易無窮，亦皆有此行門實地之故。如李、杜、王、孟、韓、白之流，變易無窮，亦以其有實地故。此實地自非僅修行而言，亦言其質性、風神、才學、襟抱之實地也。其他如書畫之道皆然。一切皆法門也。以行門實地故，所以變易不窮。（唐之詩人所以不可及者，實亦以其多修行人也。摩詰、樂天皆虔心修佛，道行不淺。太白修道教。少陵、昌黎篤志儒教。孟浩然純然隱士。隱士亦一修行法門也。唐之書畫家亦然，多修行人。唐之書畫所以變易無窮、超邁萬古者，亦以為藝者多有修行實地也。拙著書史，於唐五代一卷，可謂濃墨重彩，闡發其變易不窮之由。佛家云,境由心造。諸藝之境相,皆由此心之統攝也。)

　　東萊云"連高明之士皆爲引去",即是北宋張樂全"儒門淡薄,收拾不住,皆歸釋氏耳"之意。有唐中後葉,禪宗獨盛,爛熟於五代北宋。建炎以來,自虎丘紹隆、大慧宗杲諸大德没,禪門衰矣。(東萊生之年在紹隆殁後一年,卒之年在宗杲殁後十八年。)禪門之將衰,彼時大德亦自覺之。禪林寳訓卷一云"真淨聞一方有道之士化去,惻然嘆息,至於泣涕。時湛堂爲侍者。乃曰,物生天地間,一兆形質,枯死殘蠹,似不可逃,何苦自傷"。真淨曰"法門之興賴有德者振之,今皆亡矣。叢林衰替,用此可卜"。東萊言近日無其人焉,蓋深識其中之奧底。以通達心觀之,理學實繼禪宗之慧命者,惟改換門庭耳。門庭只是幻相。惠能云"乘是行義,不在口爭。汝須自修,莫問吾也"。至宋,濂溪、涑水二先生尚有此遺意。自二程之後,則口爭耳食者愈多矣。是以行門實地愈不能受用矣。

　　行門實地之微妙,惟行而深入者知之。寧瑪家大師無垢光尊者書中有一語極妙,甚能形容行門之玄祕也。大圓勝慧本覺心要修證次第口講本有云"六百四十萬偈中日月合明經云,一如蜂,探尋法味。二如野畜,遠離煩惱。三如啞,斷絕語言。四如燕,密尋良棲。五如瘋,普顛而行。六如獅,無畏而赴尸陀林。七如豬狗,不檢淨穢苦樂"。此七如極可受用,皆有密蘊寶藏,唯在仁者行而得之。法門無盡誓願學。於予而言,何事不是行門。(修身、齊家、勞作、講學、會友、授徒、持咒、静辯、書畫、音樂、飲酒、蹴鞠、游泳、飲食、睡夢、慈、悲、喜、捨、怒、哀、樂、愛、惡、欲、貪、瞋、癡、疑、慢皆是行門也。近日讀噶舉派史略見日瓊巴大師主張三類和合説有云"貪慾與大樂和合,修猛屬火。瞋恚與無實和合,修幻身。愚癡與無分別和合,修光明"等。而貪慾與大樂和合、愚癡與無分別和合,乃與我之法門契合者。初不解日瓊巴大師瞋恚與無實和合修幻身之法要,然經其此番點撥,隨後與拙荊一瞋,頓了其妙用。瞋恚即無實,一瞋見空性,是生瞋之身本是幻身也。)而予最得力最殊勝之法門有四,曰讀書、遠遊、禪定、空行是也。讀書者,博覽內外群籍,直探法要,通聖人之心,使人無師而自達。此如蜂者。(此拜當今出版業發達所賜。)遠遊者,放浪形骸,虛靈任運,通天地之心,受河嶽林野古道場不可思議之加持灌頂。此如野畜如獅者。(此拜當今旅遊業發達所賜。)禪定者,止觀雙運,晝夜兼行,裸人體之真心,因氣明心,以心攝氣,心氣不二,乃發肉身之自性光明寶藏,脫落言語而消融我、法二執,現證玄旨而不離身體,輪、脈、明點、奇經八脈,玄機無窮。此如啞如燕者。(此予通任、督以來即有大受用者。)空行者,渾然自適,入無思慮,大愛或是大樂,各得其所,融色空性相之隔閡,證原始俱生空性智慧。此如瘋如豬狗者。(此空行含實體與觀照之二種。空行明妃之法門,本寧瑪派、噶舉派之遺教。此法門最爲漢地傳統觀念所難接受,而其威力亦往往最出奇制勝。惟尚未開悟者不宜行之。不然,恐自增業障無量。境界高邁如陳健民上師者,其佛教禪定一書中亦嘗自言此法甚險甚微妙,其曾修習之,而後不敢再修。在此極縱慾之時代,識此法門之殊勝者愈少矣。而濫用此法門者必多。)此予最受用之四大行門。實則無法之法,乃是最大者也。

　　爲學只要信得及。信之及者,雖識見卑,過失多,習氣深,日損一日,無不變也。信之不及,雖聰明才智,徒以爲賊身之具,無術以救之。(麗澤論說雜說) 41

　　疏證　此章意趣深湛,亦與釋教極契合者。釋教宗旨之根本,在信解行證。以信爲先,非信不立。信爲道源功德母。如善導大師之講淨土,亦祇此一信字。故曰,信之及者,雖識見卑,過失多,習氣深,日損一日,無不變也。信念之力,極大極徹,最是根本。無論儒佛,所謂學問者皆非命門所在,命門在此信念之力中。此信力貫徹深厚,始能躋聖賢之門庭,窺古德之堂奧。此信力爲先天後天之貫通,過去未來之橋梁,有非人力所能刻意培養者。須學人銷融心障而自豁露之,格至物理而自致知之,情深願重而自弘誓之,始能大也。中峯明本說信尤妙，觀之莞爾，蓋與我符契也。其東語西話有云"古者之信，不待有所警省，亦不待有所勸發。惟信根於心，如飢者之欲食，念念未嘗間歇。窮情竭慮，信信不已，一旦觸發，如久忘忽記"。誠然。此予所曾印證者。學人若能深入體認所謂信根於心者，待以時機，自將一旦觸發而發大信真信。而聰明才智，徒爲賊身之具云者，最中末法學者之大障。東萊前輩中大慧宗杲平素常標舉此義，告誡習禪之儒士，勿爲聰明才智所蔽。如大慧書答曾侍郎天游第二書即嘗云"今時士大夫多以思量計較爲窟宅。近至江西，見呂居仁。居仁留心此段因緣甚久，亦深有此病。渠豈不是聰明"。呂居仁即東萊伯祖紫微先生本中也。宗杲責居仁之禪病，東萊當有聞之者，其言聰明才智之賊身，自是深沈。禪宗至南宋不得不衰者，蓋即以聰明才智之輩太盛，深沈厚重之器太少，不得不然。中峯明本東語西話亦嘗論此云"蓋天資俊敏，以多聞博記之風，鼓動情竇，曾不期鳴而鳴，鳴足以滋其勝，勝足以潤其情。生死結縛，愈說而愈固矣。親見之者，雖終日不言，其誠諦之音，充塞宇宙。故永嘉謂默時說，說時默，大地門開無壅塞。其效若此。豈欺人哉"。明本元僧也。其所慨嘆者，正南宋以來之習氣。明本之師高峯禪師，住天目山死關中十數年，苦修嚴戒，特立獨行，沉默寡語，即一反此種南宋禪宗之風氣者。理學至南宋不得不盛者，蓋以禪門漸衰，高明之士不復爲其所引去，乃用其聰明才智，自立於儒家之門庭，另張漢幟。南宋理學之弊端，亦在聰明才智太多，不能如北宋之渾厚少分別心。以此疏解，甚可窺見其時儒禪交互之潛湧暗流者。自此數十年，禪門理學之勢力消長大變。建炎紹興以前，尚是禪學盛，理學弱。乾道淳熙以後，則是理學稍盛，禪宗稍弱矣。

致知、力行不是兩事，力行亦所以致其知，磨鏡所以鏡明。（麗澤論說雜說）42

疏證　予以東萊爲陽明學之先導者，此亦一端也。陽明知行合一之說，警覺學者極大。其言行之明覺精察處即是知，知之深切篤實處即是行。可謂靈光獨耀，啓人神智不淺。東萊先已得之矣。其云致知力行不是兩事，力行亦所以致其知，即陽明行之明覺即知之意。磨鏡所以鏡明一譬尤爲傳神。（力行，磨鏡也。致知，鏡明也。力行所以致知，磨鏡所以鏡明。天下無不磨而自明之鏡。知行莫二。或問有聖人生而知之，則致知即得，何須力行。然汝觀孔子、釋迦，聖人也，皆嘗力行者也。惟學人境界至高深微妙之時，則致知力行二說俱泯。既無行止可用力，亦無知可致也。磨鏡之譬陽明弟子鄒東廓亦嘗用之，參見其文集卷十復夏太僕敦夫。參見近思錄首二篇玄義卷二第二十七條。）常人致知只是致知，窮究物理，玄辯邃思，思惟固可至極細微者，然終有窮竭之時。聖賢乃從致知中力行，亦從力行中致知。於實行中發明天道，往往更有渾整自然之妙。在聖賢知中行，行中知，知行合一，知行俱忘，乃是向上一路，無有窮際。近世之哲學，所以不能如聖賢之學者，即在其致知只是致知，而不能於力行中證道，落於偏單，往往有窮竭之相。維特根斯坦悟之矣，遂不欲再事俗學。

東萊磨鏡之譬，佛典多有之。如大毗婆沙論卷二二有曰"聖道現前，與煩惱相違，不違心性。爲對治煩惱，非對治心。如浣衣、磨鏡、煉金等物，與垢等相違，不違衣等。聖道亦爾。又此身中，若聖道未現在前，煩惱未斷故，心有隨眠。聖道現前，煩惱斷故，心無隨眠。此心雖有隨眠、無隨眠時異，而性是一。如衣鏡金等，未浣、磨、煉等時，名有垢衣等。若浣磨煉等已，名無垢衣等。有無垢等，時雖有異，而性無別。心亦如是。"（引自印順如來藏之研究第三章。）使以此義引申東萊之語，則人具本覺良知，力行者去本知之蒙蔽爾，力行所以致其知，而其所致之知本與本覺良知無分別也。而此者即是王陽明致良知之說。可知陽明之學，東萊本已蓄其樞機矣。而陽明之致良知，亦本與佛說不異也。

欲窮理而不循理，欲精義而不徙義，欲資深而不習察，吾未知其至也。（麗澤論説雜説）43

疏證　此亦斥致知而不力行者之意。斯等最爲當代學者之通病。某人有數十年窮理之功而無一日循理之勝行，有淹博華、梵、西哲精義之學養而無徙義之心行，蓋亦可怪之甚。橫渠云，爲學在變化氣質。此等人學富五車，而其終也，氣質絲毫未變。此種人甚多。故其窮理精義，固甚奢美精巧，却非大道所在。（吾觀熊十力晚年書信，其乖戾不平和處甚多，頗爲詫異。大儒晚年境界多愈圓善，焉有此病態乎。後以泰西之星座學察之，忽悟其乃一典型水瓶座老人之性格也。其狀頗與生日密碼資料相合。乃知熊氏道問學一生，而其氣質並未變化一分。尚不如其師歐陽竟無晚年功夫之有進、略能轉移氣質也。竟無乃性格極固執之人，而其晚年學説，有大變通者。）資深而不習察者亦極多。當世文獻之學極盛。某人有數十年爬梳積蓄文獻之功，資之深矣，而無一朝聞道夕死可也之覺悟，不習察其文字之奧秘智慧，不自悟其本心良知，神智昏瞶，則其學之不能大，必矣。此種學者，亦見之多矣。此種風氣南宋已具焉，東萊悲其不正，而特宣此説。明清以來，其患愈重。道學家之末流，窮理而不循理，只是光影中清談度日。天天講學，日日研性，而不能沈潛下降，爲一實在人。而乾嘉之儒，往往資深而不習察，雖學識淵富，超於前代，而不能躬自省察，歸於心門，遂往而不返。清之考據學，本導源於宋。而宋之病，亦流於後世而彌重。戴震、凌廷堪輩雖有心返之，而又識見不正，適得其反，愈成其宋明以來義理道統破壞之效。是以聖道日降，叛者亦愈衆。近世以來，其患愈巨，予亦不忍言之矣。

今人習氣深重，天理昏隔，本是順，今卻是逆。若能於逆處用力，即是順。（麗澤論説雜説）44

疏證　吾嘗論順逆之道云"得逆之道者，如江流中，鼓枻操槳，竭其精力,始能前進。或者僅得不退爾。得順之道者,則順流而下,不著絲毫之力,不用絲毫之精神,饑食渴飲,便自一日千里。然過順懈怠亦恐爲礁石所毀"。順逆之別,只在一心。心順則順,心逆則逆,非時勢境遇爲之主宰也。如王陽明謫龍場驛而開悟,境逆而心順,從此得順之道,學行日進。然陽明所以能心順者,即其乃能於逆處用力也。使能於逆處用力,轉逆爲順,則一片光明正大之前程,盡在眼前。泰古以迄周公,氣運大體是順。蓋自仲尼後,入於逆矣。順時不須分別,順天休命,一旦入逆勢,則諸子爭鳴,天下道術裂矣。誠李涵虛所謂不得不分者。今世人習氣之深重,天理之昏隔,又甚於八百數十年前,多是逆之道中。當此之際,不在逆中用力,勢必爲此瀑流所衝激,席捲而下,入於無明之淵。然自得順道者觀之,日日是好日,此時同於唐虞,怡適自在,日用平常,本是真實相。順逆之辨,一心而已。一心之道甚難哉。蓋非開悟不得此一心。既明心見性,悟後起修,逆愈重則受用也愈大,分裂愈多則神明也愈旺也。然又有甚可畏者。有欲轉逆爲順者,在其修行中,又轉出一魔障來。八百年前,亦一大逆勢中,禪門之大德,儒家之大賢,於此恒有警覺焉。如禪林寶訓卷三萬庵曰"叢林所至,邪說熾然。乃云,戒律不必持,定慧不必習,道德不必修,嗜欲不必去。又引維摩、圓覺爲證,贊貪瞋癡殺盜淫爲梵行。烏乎,斯言豈特起叢林今日之害,真法門萬世之害也。今後生晚進,戒律不持,定慧不習,道德不修,專以博學強辯,搖動流俗,牽之莫返"。所說此輩人物,即吾所謂欲轉逆入順而入於魔障中者。(其所謂戒律不必持,定慧不必習,道德不必修,嗜欲不必去者,本一殊勝法門,禪、密皆有之,無可厚非者。如無修無作之阿底瑜伽大圓滿法。末法眾生,參之能得,自是菩提道。參之不能得,往往入魔趣。宋亡之年,高峯原妙禪師遯迹西天目山死關,設三關語,以驗訪者。鮮有中意。據高峯行狀,其三關語云"大徹底人,本脫生死,因甚命根不斷。佛祖公案,只是一個道理,因甚有明與不明。大修行人,當遵佛行,因甚不守毗尼"。毗尼即戒律也。其第三句即針對當時禪林此種風氣而發者。然高峯三關,只是三問,並非定論,全看答者有無眼目,腳根下能無搖撼否。使吾以答之,曰,命根不斷,本是大悲。明與不明,只如晝夜。不守毗尼,與佛何關涉。)使吾人不能在戒定中沈潛下降,縱已開悟,亦將墮落此魔障中也。(過順懈怠亦恐爲礁石所毀。)而觀當世以博學強辯,搖動流俗者亦甚多,在中西皆如是。此種人成事不足,只能暫成事功,不能發揚聖賢之內奧,而往往自恃才高,聲氣飛揚,牽之莫返。亦可惜可慚也。

　　從前病痛,良以嗜欲粗薄故,卻欠克治經歷之功。思慮稍少故,卻欠操存澄定之力。積蓄未厚而發用太遽,涵泳不足而談說有餘。(呂東萊集與張荆州) 45

　　疏證　智者大師童蒙止觀正修行第六有云"修止觀者有二種,一者於坐中修,二者歷緣對境修"。操存澄定之力,猶坐中修。克治經歷之功,猶歷緣對境修。惟智者所謂歷緣對境,言行住坐臥作作言語色聲香味觸法十二事也。儒家之歷緣對境,則是農政禮兵刑修身齊家治國平天下也。然究其內,亦無非坐臥色聲十二事也。積蓄未厚而發用太遽,涵泳不足而談說有餘一語,切中宋儒之病痛,而尤可爲今人之大誡。堯、舜、禹、湯、伊尹、文王、太公古聖賢之典型,皆積蓄厚而發用緩,非惟聖賢如此,其時之百姓亦然。自東周齊桓、晉文興,積蓄未厚而發用太遽之風氣始生。君子敏於事而慎於言,周漢之儒有此風焉,乃至隋唐猶承其遺緒,大儒躬行爲主,經世爲務。自宋肇興性理之學、文字禪法,涵泳不足而談說有餘之患遂重。東萊洞悉奧窔,而有此言。而談說有餘之弊,愈演愈烈矣。清儒專務考據,深斥談說,實則其考據又不如談說。蓋談說所說尚是聖道,考據所考直是名物訓詁耳。劉鑑泉學略有云"宋儒雖訓詁不精,其繁衍只在義理。今漢學直并經文而歧異,吾誰適從。六藝從此裂矣"。所言極是。今世風行天下者,泰西近世之哲學也。其貌似精密，然究其大概，往往涵泳盡少而談說極多，其弊又深於理學之末流。撥亂反正之術，莫若涵泳修行，收斂玄辯。不聞德山大師曰"窮諸玄辯，若一毫置於太虛。竭世樞機，似一滴投於巨壑"。涵泳既足，談說自然左右逢源而無濫肆之病矣。（儒家近世有樓霞牟宗三氏，極哲學玄辯之能，自謂古今莫二。其人確乎不世出之異才。然以予視之，其學並非濟世扶正之大道所在，而甚具破壞力。蓋自牟學出，乃真變儒學為思辨嚴密之哲學矣。在有心習儒學者觀之，以其學說之艱深繁密，人已望而畏之，敬而遠之，何能親近於聖人之教哉。乃使儒家真成今世之所謂象牙塔中之專業學問矣。牟氏門人推尊其師極高若聖人焉，亦甚可畏。彼輩皆言使無哲學思維之訓練，不足以語儒學。嗚呼。彼等乃亦為康德所異化矣。古聖曰，通道必簡。大善知識開顯之修行之道，亦必寬坦可行，而為眾生所能受用者。牟學險峭難行。其所特尚之智性，以予視之，並非孔孟之智德。王安石晚年自謂本欲變學究為秀才，不謂變秀才為學究。牟氏本欲變模棱含糊之舊學究為精察明覺之真秀才，不謂變資質尚佳之真秀才為研究思辨哲學之新學究。惜其至死猶未悟此。宗杲嘗曰，聰明人有三斗昏。是矣。矧其所闡發之義理亦未盡合於大道耶。）

近時論議，非頹惰即孟浪，名實先後具舉，不偏者殆難乎其人。此有識者所深憂。（東萊集與朱侍講）46

疏證 頹惰者，究其根源，在心地不明澈，易墮於昏亂掉舉。孟浪者，探其本末，在養氣不深沉，易失於輕遽泄漏。北宋尚少此弊。狂者如蘇子瞻，奏議猶奉陸宣公為圭臬，深切著實，乃少孟浪之病。南宋之朱晦翁、陳龍川，已不能有此深切著實。彼時儒者如朱、陸、陳、葉，竊謂皆有孟浪之病。南渡之後，士節凋壞，而頹惰之習多矣。頹惰者能名而不能實，孟浪者能實而不能名。頹惰者多負清望而自守，孟浪者多喜激進而讜言。名實先後具舉，而恒患其難一。不偏者殆難乎其人，誠為實錄。非惟論議為然，竊觀南宋人物詩章書畫，亦非頹惰即孟浪，不偏者殆難乎其人。楊誠齋之詩、范石湖之字、馬欽山之畫，皆新巧可人，然不免頹惰。陸放翁之詩、張樗寮之字、梁楷之畫,皆豪明爽利,然不免放浪。求如北宋之氣象者弗能也。其不偏者,學術如呂東萊,禪宗如宗杲,書道如思陵,繪事如李晞古,皆承中原正統之緒者也。

保養奸凶,以擾善良,固君子之所恥,要當無忿疾之意乃善。詩云,豈弟君子,民之父母。若霜雪勝雨露,則不可也。（東萊集與朱侍講）47

疏證　"若霜雪勝雨露則不可"一語極精闢。宋人王明清玉照新志卷一論元祐黨有云"然而禍根實基於元祐嫉惡太甚焉。呂汲公、梁況之、劉器之定王介甫親黨呂吉甫、章子厚而下三十人,蔡持正親黨安厚卿、曾子宣而下六十人,榜之朝堂。范淳父上疏以為殲厥渠魁,脅從罔治。范忠宣太息語同列曰,吾輩將不免矣。後來時事既變,章子厚建元祐黨,果如忠宣之言。大抵皆出於士大夫報復,而卒使國家受其咎,悲夫"。此即君子霜雪勝雨露之事。宋儒志追孔孟,而多以霜雪凜冽勝。如徂徠、荊公、伊川、元城、晦翁皆是。其書往往多秋殺之氣。宋儒多甘露者,爲濂溪、明道、溫公、東坡、東萊。其德性藝文沾漑後世尤深長。（程朱不以東坡爲然。然今日平情觀之,蘇子忠厚通恕之風,性靈藝文之道,實毓養後世極深,有朱子所未及者。雖有流弊,不足以廢仁者。朱子霜雪尤勝。其王梅溪文集序極狀君子之偉岸磊落,小人之瑣細隱伏,亦未免分別太過矣。在古義絕非如是。趙宋以後君子小人之戰,亦有所謂君子者激成之者,非盡小人之過。朱子此種霜雪之性,即疏證緒言所引尼采氏所謂其一再喚醒人們之比較意識、矛盾意識者。予授三教之學,詩文、書論、畫論多年,愈知東坡為南宋以來吾國文化藝術之一廣大教化主,其雨露多於霜雪多矣。予主唐學,本不以蘇子之學為究竟。然其影響力確乎極大。民國以來,程朱之影響力銳減,而東坡之影響力弗減也。）以氣而論,元、明以降,則宇內盡是霜雪勝,雨露少矣。洪武永樂差已酷霜虐雪。明世欲爲雨露者,道學如吳康齋、陳白沙、王陽明、王龍溪,文辭如宋景濂、王子充、唐荊川、歸震川,書畫如沈石田、文徵仲、董香光、王煙客。若論學之極推泰州後學,論文之推前後七子，論書之推祝枝山，論畫之推徐青藤者，皆未達斯旨者。乾嘉以降，諸儒之多雨露者推錢辛楣、阮芸臺、焦里堂，尤以陳蘭甫爲殿軍。其東塾讀書記、東塾雜俎諸書，皆多雨露之意。殆至清季霜雪特重，欲覓雨露亦甚難得。馬湛翁、錢賓四、劉鑑泉、錢子泉、張舜徽諸先生，是其選也。予昔霜氣多，而亦今發願爲雨露。但蘄今世之士，亦多雨露而斂霜雪。伊川嘗謂諸公曰"新法之弊，吾輩當中分其罪。使當時盡如伯淳，何至此哉。以諸公不能相下，遂激怒而成爾"。當以無忿疾之意乃善，此語最可爲其注腳。使有忿疾之意，則正士亦生邪氣，而因果不昧也。

行有不得者，當返求諸己。外有齟齬，必內有窒礙。反觀內省，皆是進步，不敢爲時異勢殊之說以自恕。（東萊集與劉子澄）48

疏證 呂新吾呻吟語卷三有云"以時勢低昂理者，衆人也。以理低昂時勢者，賢人也。惟理是視，無所低昂者，聖人也"。其義可謂洞悉本原。文王拘而演周易，仲尼厄而作春秋，屈原放逐乃賦離騷，左丘失明厥有國語，孫子臏腳，兵法修列，韓非囚秦，說難孤憤。此皆行有不得者，當返求諸己也。外有齟齬，必內有窒礙。文王仲尼聖人者，外有齟齬，其內之窒礙自當存焉，所以周易不得不演，春秋不得不作，其皆所以解其窒礙者也。故知太史公之所謂倜儻非常之人，實皆能返求諸己，惟境界有深淺之異耳。然時異世殊，於儒者而言，外之齟齬愈重，宋世尤然。抑其內之窒礙愈大之故耶。竊謂宋儒內之窒礙之大，確乎勝于前代。蓋自太祖出，文武異趨，自荊公出，正邪淆混，自理學出，理事不一，黨諍日酷，國體愈畸，所以劉鑑泉氏譏宋儒不識大原。（見學略。）聖道不可棄也。聖道者，中道也。宋學性理之說雖日趨邃密，而窒礙亦愈重。後世藥之者吾國有陽明、亭林、習齋，東瀛有伊藤仁齋、荻生徂徠，東國有丁茶山，然藥愈猛而其病愈重，齟齬愈深。是以宋學先沮于乾嘉，後廢于民國。國朝興于草昧之際，多歷磨難，而願撥亂反正。剝極而復，今日之機不可失也。（日本徂徠學興而聖道荒。明治而後，純任霸道，喜逞計謀之小聰明，而少宏遠之大智慧。後幾覆國。如今其國之精神風俗猶多古風，文藝生活亦甚有創造性，為吾國所不及，然其國政事民生之大體，今日觀之，甚多畸異怪態，實非長久之澤之所在，而其國人亦無如之何也。故其國之困惑糾結亦愈深重，而其行爲亦愈乖戾張狂。其禍猶未止。此或即其國舊日悖棄聖道多行惡業之果報之體現也。因果可不畏乎。天道可不畏乎。日本民族性本具一種特殊之極端性，凡事皆喜求其極致。自平安時代而至德川幕府，日本文化所以能悠遠燦爛者，學中華儒教、佛教之中道也。以此中道可以統攝並調和其民族性，故而能另闢蹊徑。明治維新為確立其國家安全感而毅然蔑棄中華之中道，遂放任其身心之偏執，其終也禍害世界，自食惡果。中華之文化本是日本國家之保護神。而其自棄其神而反加害于其文化之母邦，此實特為天道所惡絕者。予言其甚少宏遠之大智慧者，即以此也。使其國人不能反觀內省至此，則終淪于爲時異世殊之說以自恕者耳。雖然，其國學人尚多賢達之士，如大江健三郎。其國民元氣亦猶充沛。使其國家能覺悟昔日之失道，而歸於平實之則，則其國之未來猶有大光明。而吾國自清末以來，亦自棄聖賢之中道，其內部自相破壞之程度之大，亦前所未遇。過則過矣，凡業自須消，業消自清靜，而今日乃有大時機。故中國未來之大利益，還是須於國家精神上建立中道為其根底也。時機一旦錯失，則新業障又彌滋矣。）

人情法意經旨，本是一理。豈有人情法意皆安，反不合經旨者。（東萊集與潘叔玠）49

　　疏證　吾觀焦氏易林而忽有悟焉。人情之所安者，往往本乎經旨，經旨本乎天道。人情之所不安者，非僅因緣命數之有乖，亦必內有窒礙，乃有悖于經旨所致。自具因果不昧。合經守常，乃第一安心法門。然經旨亦不能拘泥於文字名相，鍥舟求劍，不能行也。經旨之變，一如釋教小乘變大乘，顯教變密教，乃佛法智巧方便。天命隨時而遷，經旨自求權變通達，乃有各種新興之學說，燦然而放，而不悖於聖人之初心。而律法本隨世遷易，大致本乎聖道而變通之。人情亦善變易，其變易之由甚多。究其深因，乃釋教所謂根器之變化也。人情根器相應之變化，經旨法意自具相應之方便道也。以此而論，人情法意經旨，皆非僵固不易者。以此變易之道，亦可謂本是一理。其變易皆有脈絡相連續，謂之一體亦可也。後世人情、法意、經旨碎成三個。毛詩尚有一貫一理之氣象，至朱子則不免分解破碎，乃強欲合之而實不能。學者疑之。東萊已洞悉其所處時代之共同疑惑，乃發斯論曰，豈有人情法意皆安，反不合經旨者。然此共同之疑惑，已不能爲此古義所消融矣。今世人情、法意、經旨愈破碎。世人皆安於人欲之縱恣，已落下流。（此種人情世界，亦是無明世界。亦唯聖賢方便道可以合人欲與天道，而以人欲為證道悟入微妙法門。此即倡智慧、方便不二之金剛乘法門，所欲度化衆生者。）稍有識者，能脫人欲之桎梏而又安於法意，眼界狹隘，堅固執著，又不識聖人微妙意，而多反斥其為虛妄。（此種法意世界，雖有高貴之思想，明確之標準，易於操作執行，而不善於通達於內明，故亦易流於外在之偏執。）學院之中經旨之學之真生命幾已亡矣。在此嚴峻之時代，學人當合三為一，化一為渾，以真修實證貫通解悟之。此事在修行者之心性道場中尚能大體通達之，而在政治經濟之大社會則極難推行也。經旨之墮落，須重新振作之。法意之頹敗，須重新樹立之。人情之猥瑣，須重新陶鑄之。此為聖人之事，亦與當年仲尼所發之心願無有二也。當年仲尼受挫而返，以整理典籍、講學授徒為事。吾儕可不勉之乎。使吾儕弗能在政治經濟之大社會有所振作，其於修行之心性道場不可不以真修實證為後世蓄積真氣也。實則內外本不二也。

義理無窮，才智有限，非全放下，終難湊泊。然放下政自非易事。（東萊集與陳君舉）50

　　疏證　夫子曰予欲無言，即是放下。莊子養生主"吾生也有涯而知無涯"云者，即是無窮、有限之意。子曰，剛毅木訥近乎仁。木訥之質，亦有此義理無窮才智有限而放下之意，非真為癡鈍也。誠非易事。古聖尚德不尚智，尚智者戰國諸子之風。孟子亦云"始條理者智之事"。尚智之風既開，流蕩百代，往而不返。（噶舉派日瓊巴大師主張愚癡與無分別和合，修光明。木訥即修無分別心法門。呂新吾呻吟語云聰明才辯僅是第三等資質，第一等為深沉厚重，始有放下氣象。第二等磊落豪雄，尚有放不下者。以呂新吾之語衡之，孟子尚多第二等資質，顏子乃為第一等資質。）故後世之大人先生，往往尚愚守拙，以存天地之元脉。尚書太甲上伊尹曰"先王顧諟天之明命，以承上下神祇"。如此方足以語放下。老子曰"有物混成"。如此方足以擬放下。泰誓上曰"惟天地萬物父母，惟人萬物之靈。亶聰明，作元后，元后作民父母"。古聖所尚之德，亦聰明之靈者，而非後世之所謂才智也。洪範曰，王道平平。其非窮搜物理、竭心思慮之學也明矣。後世之所謂才智，後天之才智。古聖之所謂聰明，先天之聰明。放下、湊泊二語，出於禪門。古尊宿演發此種意旨者尤為豐贍精切。以才智窮研義理者，以釋教視之，乃不解返源，隨名逐相，迷情妄起，造種種業。須是長養聖胎，任運過時，更有何事，乃是放下。此是無上法門，自非易事。永嘉諸儒，殊少此種涵養功夫，所以東萊亦不惜道破。然東萊畢生苦學，窮竭精神，亦未能全放下也。其涵養固已上乘，然尚未見其達乎孔顏之樂之時也。（予悟後復於禪定精進，坐後每覺愈為愚癡渾噩。當此之際，才智二字，烟消云散。非惟才智如此，義理二字，亦將了無痕迹矣。）

學者自應本末並舉，若有體而無用，則所謂體者，必參差卤莽無疑。然特地拈出，卻似有不足則夸之病，如歐陽永叔喜談政事之比。（東萊集與陳同甫）51

　　疏證　本末并舉、體用兼備者，初學者皆知其為至言，而實難體證其微妙。或偏主於本，或逐討於末，彼此詆詰，時易勢殊，而未見有圓滿無礙、人無間言者。釋教為大圓滿，是出世間法。世間政事生計征伐賑災諸大事，棘荆密布，皆非佛教所能整頓者。佛教教

人一超直入法性圓滿，極為殊勝，而世間尚多患難及諸多實際之問
題，欲救而不能，亦不免悲憫。是以世間又有如孔子、耶穌者生焉。
（其皆能關心根本之問題，又能面對實際之挑戰者。故以大乘佛教觀之，其皆
為佛菩薩之化身。佛菩薩境界，無民族，無國籍，無名相，不可以世間思維格
之。）朱陸固主於本者。而近世大儒劉鑑泉學略謂其不識大原。以
朱子觀之，永嘉固重於所謂末者，然吾人窺其體格，却頗有古人之
風，经術制度，亦為一大宗。體用之辨，亦是棘枳之地。彼乃宋元
以降吾國學者血腥之戰場，予生厭離心久矣。（徵聖錄卷八論永嘉諸
儒嘗析之。）東萊語此，本亦非有深意如是，大致謂須為有用之學，不
然学問必入卤莽偏枯矣。然有用乃真有用，凡真有用者，自然而
致，如雲出岫，並非安排可得。歐公遇後輩不談文辭喜論史事，有
不自然者。有用二字極可玩味。（當代陸寶千先生著清代思想史，以清
初國運興隆乃為程朱學之功澤，而譏顏、李抨擊程朱不識其奧機。竊謂非是。
開國固有元氣存，關乎天運氣数，非人力所能致，豈盡是提倡程朱之功。程朱
之學，只是為國所利用耳，而非真有大用於國。不然，如何至雍、乾則斬矣。
陸書以吕留良案解其轉变，亦甚突兀，似非真解。蓋熊賜履、李光地輩，看似
有用，實為無用，此輩之程朱學，詎能久長。所以有用二字，極見底蘊。）

**辭章古人所不廢。然德盛仁熟，居然高深，與作之使高、濬之
使深者，則有間矣。願更留意于此。**（東萊集與陳同甫）52

疏證 竊謂作之使高、濬之使深者，即韓、柳、李、樊以来之古
文。作之使高者，莫若韓子之原道。濬之使深者，莫若柳子之天
論。高者莫若韓，深者莫若柳，樊宗師作之濬之太過，而刻意奧澀，
乃其怪異之至。有宋歐曾蘇王張晁諸家承韓柳之風氣，而實不能
得其渾厚古奧，氣體先已虛弱，故作之愈使高，濬之愈使深，變異雜
出，具眼者洞若觀火焉。劉鑑泉學略文詞略云"言修詞者誠高，而
失之彫琢，非立誠之道。言行氣者誠渾，而失之粗滑，有易言之譏。
尚簡或至詰屈晦漏，背詞達之旨。主詳則又淺露薄弱，失敦厚之

裁"。辭章之道甚難,在唐賢尚有八代之積蘊,作文勃然有奧健渾朗之氣,逮至宋代則弗及焉,多轉於清剛坦夷之格,所以宋弗若唐,唐弗若漢晉。漢晉之文,乃有德盛仁熟,居然高深之意,而尤以西漢為高。而漢晉之文,又弗若六經。東萊亦尚辭章,乃理學家中文氣尤篤健明達者。其勉龍川向上一路,其意殊善。然德盛仁熟居然高深之境,宋文中恐亦惟有橫渠西銘等二三篇文字方足以當之耳。王介甫之文獨出一頭,最似高深之意,而德仁有不光明不圓滿者,行悖而堅,學非而博。曾子固之文深厚,甚有德仁,而不能高明。蘇老泉銳發而不淳厚,能深而刻。蘇子由高明而不深厚。歐陽永叔不高亦不深,而適成其佳處。蘇子瞻有高有深,與王介甫旗鼓相當,然不能樸茂而略患于薄。(以文字而論,不及王介甫沉著多矣。而王介甫亦不能如彼之靈通變化無盡。)是以皆不如橫渠一篇西銘,德盛仁熟,居然高深,能遠嗣漢儒之文脈。東萊有德有仁,文氣甚厚,亦有英才,文思泉湧。所作春秋左傳博議,多彼時議論習氣,近於三蘇。其書並非東萊文字之正宗,而盛傳於後世。其文亦高亦深,自多神采,亦如子瞻一流,豈易及哉。(東萊文辭理氣兼備,文質彬彬,雖不能及北宋之絕高者,放眼南宋,則亦無人能及也。朱元晦、葉水心,皆不能如其渾健也。)

天資之高,得氣之清,其所以迎刃破竹者何,莫非此理。不知其所自,則隨血氣盛衰,此一段精明不能常保。論至于是,則所謂克己者,雖若陳言,要是不可易耳。(東萊集與陳同甫) 53

疏證　夫得氣之清者,聖人之大體之一端耳。漢魏之際,劉邵人物志九徵有云"其在體也,木骨、金筋、火氣、土肌、水血五物之象也。五物之實,各有所濟,是故骨植而柔者謂弘毅。弘毅也者,仁之質也。氣清而朗者謂之文理。文理也者,禮之本也。體端而實者謂之貞固。貞固也者,信之基也。筋勁而精者謂之勇敢。勇敢也者,義之決也。色平而暢者謂之通微。通微也者,智之原也。五

質恒性，故謂之五常矣"。得氣之清，只是五常之一，故所謂不知其
所自者，亦即不識五常之大體之謂。蓋人物之本，出乎情性，情性
之理，甚微而玄。不知其所自，專恃血氣之精明，而不善養五常之
大體，不能求其中和之質，鮮有能達大道者。陳同甫氣清而朗，筋
勁而精，然剛躁而不能柔，亦不能謹實貞固，而平暢通微之智原，尤
爲其所闕者。使其能克己，當能不遜古人。然此甚是艱難。欲識
其大體甚微而玄者，已屬不易，而能於履行中徵驗之完善之者，尤
非大人君子、大修行人莫能至。知此方可讀尚書。蓋尚書典謨誥
誓，皆大人先生克己之事也。

著書大是難事，雖高明之資，亦不可不思有餘不敢盡之語。
(東萊集與陳同甫) 54

疏證 邵康節安樂窩中吟有曰"苟非先聖開蒙吝，幾作人間淺
丈夫"。極有滋味。實非先聖開蒙吝，乃其語有餘不敢盡耳。使其
語太盡，學人或自謂已甚了達，反生懈怠，病一也。義緒太繁，學人
承其說，或失之穿鑿支離，病二也。故先聖願學人善自悟，故取簡
而馭繁。此吾國聖賢著書之宗風也。古書簡奧，往往有餘不敢盡，
非惟群經爲然，諸子亦多有此意。莊子、韓非子文極恣暢，而猶有
不敢盡者，雖不復大樸，有餘之度猶在焉。漢人承其古風，太史公、
揚子雲瓌偉異常，而著書能有餘不敢盡，所以卓然爲大儒。後漢以
來，此風漸歇。王充作論衡，已有敢盡之意。劉邵作人物志，識見
精卓，而析理過察，已非有餘之氣貌。降至後世，此類頗多。六朝
隋唐，猶知高簡之則，迄于趙宋，其格則患于冗濫矣。歐公作新五
代史，爲史籍之異格，乃有類於敢盡者，逞快論於一時，而不能持之
以厚，其病非僅議論有類祭文而已。王介甫等作三經新義、字說，
摒絕古義，而盡以己意奪之，亦古來未有之事。敢盡之人，孰能與
斯人比。朱晦翁作詩集傳，盡棄毛序，強樹異幟。毛序尚具有餘不
敢盡之意，朱傳則將此意摧廓幾盡，其說多有不足據者，而開後人

恣肆之習。(東萊文集己亥秋所記有云"學者多舉伊川語云漢儒泥傳注。伊川亦未嘗令學者廢傳注。近時多忽傳注而求新說,此極害事。後生於傳注中,須是字字參考始得"。朱晦翁乃東萊之道友密侶,其盡棄毛序,恐亦與東萊相關。蓋其往日敬畏東萊,論學每為其所抑,而生性素好強勝,是以有往後之逆反。其治詩本從小序,與東萊同,後忽然從鄭樵之說,遂分道揚鑣,甚為突兀,亦恐與其好勝喜變之性格相關也。)朱子性理大儒,著書已是如此,後學往往變本加厲,著述能涵養深致有餘蘊者,殆愈寡矣。宋儒之病,即在泄露太過,高明太多,而涵養不濟。自歐、王以來多如此。想二程力闢異端,大談性道,已不免泄露多少精神。一個盡字,點出宋儒最喫緊處矣。

賢士大夫,蓋其學甚正,識甚明,而其道終不能孚格遠近者,只為實地欠工夫。(東萊集與陳正己)55

疏證　　實地工夫,為修士學者之根本所在。釋教中人,實地工夫既至,往往有感應之不可思議者。下士聞之,往往笑之,目以誕怪。老子曰,不笑不足以為道也。此類事於史傳不勝枚舉。(宋高僧傳卷二十二有曰"若夫能感所通,則修行力至必有天神給侍是也。能通所感,則我施神變現示於他是也。能所俱感通則三乘極果,無不感通也","佛法中之怪則異於是。何耶。動經生劫依正法而修致,自然顯無漏果位中之運用也。知此怪正怪也。在人情則謂之怪,在諸聖則謂之通。感而遂通,故目篇也。故智論云,以禪定力,服智慧藥。得其力已,遂化眾生"。)儒者不語怪力亂神,然其實地工夫既至者,往往孚格遠近。中庸述論此德尤備。至誠無息,實亦多不可思議者。象山先生語錄有云"子不語怪力亂神。只是不語,非謂無也。若力與亂分明是有,神怪豈獨無之"。實地工夫,猶釋教之所謂果位,真實不虛,非關讀書見地如何。儒者實地之工夫,無非仁義禮智信。後世之通儒文士,未必具此五德之一二。自性理之學大興,儒者奢談天理漸多,實踐事功漸少。實地工夫,愈可貴重。想南宋諸儒之實地工夫,如何與溫公、明道諸賢比。陽明之後學，如何與康齋、敬軒諸賢比。戴東原、紀曉嵐輩，如何與亭林、楊園諸賢比。康、梁一流又勿論矣。

近世史學之家，實地工夫尤深者爲呂誠之先生。觀其著述氣象之篤實，識論之明偉，亦可想見其氣格之厚。誠之固庶乎兼備五德之大體者。學如其人，人如其學。（顧、胡、傅、郭輩何可同日而語哉。）儒學之中，熊子真豪雄自喜，然實地工夫不逮馬湛翁、梁漱溟。其粗豪乖異處，政見其工夫不深粹。子真特能行師道，學子爲其激發者亦甚多，此其優於二先生者。（實地工夫馬湛翁近乎仁，梁漱溟近乎勇，熊子真則偏主於智。使智達性地之實，亦是光明大境界。然吾恐子真尚未至也。其私智尤非能令釋教信服，諍論至今不止。而湛翁之仁而藝，漱溟之勇而敢，今世之士愈稱道之。熊門諸子亦多偏主於智，尤以牟宗三先生爲極致。其智學極尖新精細，亦有血肉渾整凜然可敬之處，然並非孔子之真血脈。唐君毅先生亦尚智，而得仁為多，竊謂猶在牟之上，不在熊之下。諸先生學術之尚智之風，實亦為時勢所逼，深有其苦衷焉。彼時浮薄之士以泰西之邏輯理性相逼，不得不以其人之道，還諸其人之身也。雖然，竊謂今之學子欲習聖人之學者，不必以此曲綫救國之路徑矣。且今日泰西之學大衰，亦何必復仰其鼻息哉。還我中國心，做我平常事可也。）釋教之中，虛雲、能海諸高僧實地工夫尤篤厚，其境又非歐陽竟無、呂秋逸諸居士所能知。實地工夫，乃爲勘驗之准繩。東萊吐露心聲，蓋深有體切於茲道也。其與喬德瞻亦云"切要工夫，莫如就實。深體力行，乃知此二字甚難而有味"。誠然也。

靜多于動，踐履多于發用，涵養多于講說，讀經多于讀史。工夫如此，然後能可久可大。（東萊集與葉正則）56

疏證 東萊歿後，晦翁平日譏詆故友之語甚多，多錄于朱子語類卷一百二十二。東萊常言要須公平觀理而撤戶牖之小。（見與陳君舉。）自東萊歿，朱子戶牖愈小矣。晦翁誣東萊於史分外子細，於經卻不甚理會。繆甚。東萊於易、書、禮記、春秋及左傳皆有專著。

晦翁笑東萊治詩爲毛鄭之佞臣，豈必如彼之廢小序，方足以言理會哉。東萊之鍾情于史學，亦自古聖賢之道問學者，無可厚非。且有宋史學大興，自具深大之意義。錢賓四中國學術通義嘗論之甚切。史者，實爲新之經。不可因經而薄史。（參本卷第七十六條。）東萊史學之超博，遠在晦翁之上，而彼每詆之爲馳外。戶牖之狹，亦殊可嘆。氣象已非渾弘。東萊此語乃殊有寬厚中正氣象，亦彼生平得力所在。惜有宋之士，多發用多于踐履如王荊公，講說多于涵養如朱元晦，讀史多于讀經如葉正則。若呂伯恭者，亦鳳毛麟角而已。東萊集門人周公謹所記亦嘗云"司馬遷有變風變雅意，惜無正風意"。東萊豈是不理會經者。

論致知，則見不可偏。論力行，則進當有序。並味此兩言，則無籠統零碎之病。（東萊集與邢邦用）57

疏證　致知需見地中正，漢唐以來，儒書之典範，莫若法言、中論、中說及其陸宣公奏議等。宋賢中溫公、明道大體中正，然皆不喜佛，不免微為門戶所蔽。（然溫公、明道境界亦不可測，其闢佛之言論，自有其微妙處，不可徒以其闢佛之表相而直輕之。關於溫公之闢佛，近思錄首二篇玄義緒言有云"宋儒司馬溫公不學佛者，而甚能知孔子之大體。即其人也。溫公不學佛，而能學太玄。此其精神圓成性之資也。溫公不喜釋、老。不聞其曰，其微言，不能出吾書。其誕，吾不信也。蓋以儒家自具極微妙義，不假他求。王暐道山清話錄溫公曰，呂晦叔之信佛，近夫佞。歐陽永叔之不信，近夫躁。皆不須如此，信與不信，纔有形跡便不是。見溫公年譜。觀此最可明溫公境界之微妙高深，非常人所可測。朱子語類云溫公見得淺。亦形跡之論而已。朱子自信見得深，實所知障亦愈深矣"。）其旨趣尤得中道者，為濂溪、滎陽、元城、了齋諸人，皆尊崇六經，融通釋玄，心量廣大，而操行明潔者。其他儒者如泰山、荊公、伊川，各有偏重，而皆少此中正寬博氣象。論致知，則見不可偏。論力行，則進當有序。其或偏於見地，或進不能有序。靖康後中原之道術隳裂，朱、陸、永嘉、永康，各立宗派，訾議不休，欲覓一二見地中正如前賢者，亦不可得。惟東萊大體守明道、溫公之矩矱，所以尚近乎中正。故曰，論致知，則見不可偏。在朱陸之學，偏見略多。致知力行，如鳥之雙翼，此理人皆知之而不能行。無力行功夫而致知，必有籠統不切實之病。無致知境地而力行，必有零碎少睿明之患。陽明言行之明覺精察處即知，知之真切篤實處即行。於知見之圓滿固如是，於實事則不可不循序漸進之。楞嚴亦曰"理則頓悟，乘悟并消。事非頓除，因次第盡"。是也。論者或譏陽明一超直入，終是禪門習氣不盡。東萊亦嘗云"知猶識路，行猶進步，若謂但知便可，則釋氏一超直入如來地之語也"。（見與學者及諸弟。其實云門宗一超直入之說，自有其禪機奧義，豈常人所能知。宋儒譏之，實亦門戶之見所致，非真實相也。）此陸王一派學者，無可避免之挑戰也。陽明之說輕靈，東萊之說深厚。使陽明精神輕靈處能以深厚而用之，則無病矣。東萊深厚處自然輕靈。此宋賢所以勝於明人者也。

欲求繁冗中不妨課程之術，古人每言整暇二字，蓋整則暇矣。微言淵奧，世故崢嶸，愈覺功夫無盡。（東萊集與學者及諸弟）58

疏證　整暇二字，典出左傳成公十六年晉欒鍼對楚子重問晉國之勇。黃山谷闐州整暇堂記闡整暇之義甚精，啟人神智不淺。其有云"無事而使物，物得其所，可以折千里之衝，之謂整。有事而以逸待勞，以實擊虛，彼不足而我有餘，之謂暇"。又云"豈唯人事哉。天之於物，疾風震雷，伏於土中者皆萌動，然後阜蕃而成夏，落其實而枯其枝，然後閉塞而成冬。夫惟整故能暇，上天之道也"。又云"詩曰，迨天之未陰雨，徹彼桑土，綢繆牖戶。今此下民，或敢侮予。可謂能整矣。又曰，來歸自鎬，我行永久。飲御諸友，炰鱉膾鯉。侯誰在矣，張仲孝友。可謂能暇矣"。其義尤能與呂東萊語相爲印證。微言淵奧能整，則世故崢嶸能暇。處繁冗自當鎮定忍耐，方不失整之道。亦惟不失整之道，始能真得乎暇之養。今之學子只圖暇逸之趣而畏整肅，往往亦失於暇之真諦矣。（其理於釋教之修行亦然。戒定為整，智慧為暇。戒定不得從整處受用，智慧亦何能真得自在脫落。不從戒或定處受用，只從經論學問中受用之智慧不是真慧。使有此功夫後，一旦脫落意根，初見本心，則智慧轉為整，戒定為暇，無戒無定，亦得自在。禪門及密宗阿底瑜伽、大手印，直從無整無暇處見性成就，其法門亦愈為不可思議矣。大寶法王自生金剛大手印願文有云"不為作意修觀所詬病，亦離世間散亂纏繞風。無整安住本體於自然，願得善巧護持修心義"。此即整暇之妙義所在。整而無整，是為暇也。暇而非暇，實為整也。整暇之道，乃生善巧方便如是，諸佛之心髓所自也。釋教又有暇滿之義，亦可見此暇字之微妙處。）

思索不可至於苦，玩養不可至於慢。（東萊集與學者及諸弟）59

疏證　東萊之語，前者薪學人慎入性理名相繁密纏糾之域，後者誡學人勿玩養而溺志，不識大體。思索之至於苦。觀朱陸諸家爭辯，動輒往復數十紙，豈非有思索至於苦者。此種事在今之哲學家觀之，尤樂道焉弗倦，予則甚不以為然。陸梭山九韶與朱子辯太極圖說，以其求勝不求益，不復致辯，是為正智。夫思索至於苦者，固非天道所在。思索本應乎天道者，以其求益而入聖也。以道眼盱衡之，思索之功，自合以其曲深玄密之智，而達乎弘明樂遂之境。詎能止於苦滯慢執，而自損其天性乎。濂溪通書云，思者聖功之所本。如此，方足以語之。思之只止於苦，並非因其人資質不高，究其根源，實乃其人或見地未得簡易之道，不知圓而神，何能方以智，或心生執著，求勝太固也。玩養之至於慢。宋代詩文之學、書畫諸藝大盛，可資玩養者極富，固為風雅樂事，可為道助。然一旦深入，鮮有能脫其習氣者。慢即其習氣之大者。逮至東萊之世，其風彌熾，亦流於金國矣。（詞人之慢，莫若柳耆卿。書家之慢，莫若米海岳。畫人之慢，莫若宋徽廟。文辭之慢，則蘇黃一派不能辭其咎。蘇、黃皆極有道性之人，然習氣終未能廓清。其江西後學往往承其薰染，而少其道性，不免玩養而至於慢。恐惟饒節、呂本中諸人能超舉耳。饒氏出家精修為高僧，呂氏則守家學,重經術,所以又別於諸子。)而苦之於慢,又往往並生焉。朱陸諸家,皆我慢未消者。近世學者,其思索之至於苦者,近世泰西之哲學也。(在古希臘、羅馬、中世紀則不如是。彼時之哲學潤澤多於損害,而近世哲學適反之。近世哲學思維之創造力確乎不凡,然此創造力愈不凡,則此損害性亦愈大。溈仰宗有云,思盡還源。海德格氏乃近世哲學欲思盡還源者。近世泰西之哲學,非不智巧明銳也,使上智利根者習之,亦可超凡入聖。如謝林、狄爾泰、維特根斯坦、海德格等,其書皆能洞悉正源,欲究極玄奧,方於其思維邊際極限處,自有靈光獨耀者。尼采之學,尤有古希臘之血脈。利根者習之,得意而忘言。然常患於名相邏輯之繁瑣,葛藤纏繞,中下之資質者學之,恐其超脫未至而適增其縛爾。)玩養之至於慢者,則尤眾焉。(吾國自倡新文學,則文學慢,不知文學本於心性,文字根於經術。古人文質一體之古文學,遂為傲慢之新文學所摒棄。蓋傲慢往往與偏見為孿生也。遂使今世文字愈趨破碎。自推崇現代藝術,則藝術慢,不知藝術與仁德不二,偏單而尚之,則如小道致遠恐迷。遂使今世藝術愈不振。文學藝術固可為士類之玩養,然一旦至於慢,誠已害道矣。)

乾九三,在下體之上,未離乎下而尊顯,最是危懼難處之地,故以乾乾兢惕始能无咎。且就學者分上言之,在流俗中德行學業在眾人之上,則忌疾者多,非十分戒懼,豈能免禍。只為未離得流俗,而名出流俗之上,所以招忌疾也。若是道尊德重,已離流俗,則流俗自不敢忌疾,亦不須戒懼。(東萊集讀易紀聞) 60

疏證 此條義蘊殊為深徹。夫子曰天生德於予,桓魋其如予何。此即離得流俗不須戒懼之謂。子畏於匡,夫子曰文王既沒,文不在茲乎。天之未喪斯文也,匡人其如予何。亦其道尊德重,自然流露者。然若謂流俗自不敢忌疾,則微過矣。在聖人如周公、仲尼、釋迦,猶不能免夫流俗之忌疾,矧弗若聖人者。釋迦所受流俗之忌疾者,尤可見於後漢康孟詳所譯之佛說興起行經。(如孫陀利謗佛緣、奢彌跋謗佛緣等。此釋迦所受之報。後世賢哲尤有重厄。或傳龍樹自刎,提婆殞命於外道弟子之手,米拉日巴為人毒殺。吾國則有漢之黨錮、宋人之黨籍。豈非皆流俗忌疾所致者。而佛教大修行者即生成佛，或以中陰成就法身，或以中陰往生淨土，以其死而成就。死亦密法妙用。周、漢以來大儒亦有以其死成就其不朽者，死亦聖人之志。死又何懼哉。近世儒家馬湛翁、熊十力晚年皆遭文革之劫而歿。讀者亦不必義憤太過。蓋大賢之有厄難，自古而然。一死又有何惜。惟心不可動爾。竊謂文革之劫，以佛觀之，實千百年來知識分子素蓄之業障罪惡所應得之報也。此猶高圓如釋教，亦有數次滅佛之報。知識分子之業障謂何。分別心也，我慢心也。知識分子之罪惡謂何。權術功利心也，縱欲奴役心也。而觀今日之知識分子，舊士人之志節品操、才學風流其不能續之，而舊士人之業障罪惡則猶得其傳焉。嗚呼。此世道之日下也。然中國之知識分子既經此一段劫數歷練消業，自此亦已開啓一輕快坦蕩、有朝氣之新生命新生涯矣。）

夫未離得流俗而名出流俗之上者，往往招忌。漢書儒林傳王式為博士江公所嫉辱，其讓諸生曰“我本不欲來，諸生強勸我，竟為豎子所辱”。遂謝病免歸。故知非十分戒懼，不能免辱。實則儒林本亦在流俗中，儒士而未離得流俗者比比皆是。非有道尊德重涵養深厚，亦必不能離得流俗矣。今世之學者，大致皆在流俗中，而多是非譽毀。觀之可以有省矣。予氣類素秉烈性，今則遠辱如淵明。一日忽悟，我類淵明，淵明類我。蓋陶靖節本亦一烈性之人，觀其詩心可知。當日朱子名最高，而招忌愈重。然慶元黨禁，亦有理學諸儒意氣所招致者，非盡韓侂胄一派之罪。（亦如伊川所云“新法之弊，吾輩當中分其罪。以諸公不能相下，遂激怒而成爾”。韓侂胄之先祖韓魏公不以王安石為然，侂胄則以朱文公為敵，雖二人正邪成敗有異，而其政治性格亦有一貫相承者，亦皆喜論兵，主進取。蓋王、朱皆當時欲以其全新之學術思想得君治國，行其革新之目標者，皆口號鮮明、行爲猛利之激進知識分子也。）道尊德重，離得流俗，朱、陸猶有未能。何其難哉。故從來儒者有隱逸之心，欲藉此離得流俗，順命遂志。漢唐宋元，儒之隱逸者甚眾。道尊德重，而在山林，流俗自亦不必忌疾。然明清以降，真隱愈少亦愈難。蓋彼時之山林，亦成流俗之一種矣。（近世馬湛翁先生半生隱逸,逍遙林泉。抗日戰爭時避地西南,始講學於庠校。後辦復性書院於樂山烏尤寺。自此受流俗世界之衝擊。觀其彼時之書信,乃有甚大之牢騷苦惱者。故其戰後歸隱西湖,不復辦學。蓋已深知聖賢事業之難濟,流俗世界之齷齪矣。)

貞固足以幹事。世人多謂疏通者能幹事,貞固者不能幹事。此蓋錯認朴拙為貞固耳。殊不知世所謂疏通者,雖能趣辦目前,然不貞不固,終必敗事,故惟貞固者為能幹事也。(東萊集讀易紀聞) 61

疏證 疏通有真偽。其真者,疏通而必貞固,如諸葛亮、謝安。其偽者,有疏通之氣貌,而乏貞固之器具,如袁紹、殷浩。殷淵源時人以管、葛擬之,而終無濟時之業。葉水心習學記言卷三十有云"當時之人如殷浩者多,就有負敗亦常數"。又云"余每論東晉人一進一退,乍卻乍前,風俗所驅,如在衝風駭浪中立身,不自求定,與諸葛鞠躬盡瘁死而後已是一種見識,殆與浪戰無異。若春秋戰國人,先做一二十年工夫,使出必有成者,不獨東晉人不能辦,雖亮亦未能也"。諸葛雖敗,不可謂之無成,水心之言過苛。然所謂東晉人不自求定,殆與浪戰無異,確有見地。此東晉殷浩一流疏通而不能貞固之寫照。貞固足以幹事,即自求定固,始可謀遠之意。使貞固之人又有疏通之懷抱手段,則事庶乎可成。唐太宗君臣之相輔相成,即其體也,遂開三百年格局,非劉裕、楊業所能。唐世賢臣亦甚多貞固之士。宋朝開國少貞固氣象,而君臣過崇疏通之術,疾患叢生,一俟王荊公施猛藥,便有瓦解之勢。時賢如韓魏公者嘗謂其終必敗事,而後遂驗矣。

或躍在淵,乾道乃革。自凡人聖,全在一躍。四離下位而升上位,如人自凡入聖也。非一躍,豈能變革乎。(東萊集讀易紀聞) 62

疏證 東萊乾四自凡入聖之義,實屬新造。東萊亦排佛者,然呂氏自公著、希哲、好問、本中諸君子以來數代佛禪之家學,終不能盡泯。東萊言自凡入聖,全在一躍,不免泄露其消息。究卦爻之義,乃文言所謂上下無常,非為邪也,進退無恒,非離群也之意。此躍字乃蓄無常之意,而非一超直入若禪家者。其義實不至於自凡入聖。然畢竟此位為乾道之大進,非此一躍,不能造於飛龍在天之皇極。惟此乾道之變革動盪,始能定九五之道尊。如世間事物之將圓滿之時,先有一番波折,然後臻之於至善。此乾四或躍在淵无咎之義也。朱駿聲六十四卦經解言此爻為武王舉兵孟津,觀釁而退之時也。守柔順,則逆天人之應。通權變,則違經常之教。聖人不得已而為之。故其詞疑也。所言甚精。東萊以自凡入聖解之,自非正詁,然亦可窺其家風之遺存。宋儒解經喜以己意出之,往往生動。端重若東萊者,亦終不免流露其時風如是。想東萊生平踐履仁義,克己復禮,亦有此一種一躍自凡入聖之現證體驗也。或以近乎禪故,不願盡示於人也。雖然,觀其言語亦可窺之矣。

天地變化草木蕃。天地閉,賢人隱。人與天地萬物同是一氣,泰則見,否則隱,猶春生秋落,氣至即應,間不容髮,初不待思慮計較也。若謂相時而動,則已作兩事看。所以獨稱賢人隱者,蓋眾人強自隔絕,故與天地之氣不相通。氣至而覺者,獨賢人而已。(東萊集讀易紀聞)63

　　疏證　明道先生曰"仁者以天地萬物為一體,莫非己也。認得為己,何所不至"。(參近思錄首二篇玄義卷一第二十條。)明道之主旨,乃仁者須認得為己,乃能以天地萬物為一體。使不能認得為己,亦不能至以天地萬物為一體之境界。此猶有主賓者。明道意旨固善,然使其在禪門,亦必受棒喝。蓋其細微我執猶在,何如全忘也。東萊此語大旨與明道同,而又有異焉。其主旨乃以人與天地萬物同是一氣,不待思慮計較,不可作兩事看,即不容有主賓者。明道認得二字,本亦朴素,然亦恐誤引後學,以為思慮計較之功,可以致道也。朱子格物傳欲使學者即凡天下之物,莫不因其已知之理而益窮之,以求至乎其極。恐即有為明道此語所誤導者。(認得之認,本是現證、現量,而朱子乃分別意識甚發達而少現量之體認者。)以此而論,東萊之銷融賓主,不欲作兩事看,而杜絕思慮計較之弊,蓋亦卓矣。賢人氣至而覺,間不容髮,尤有妙諦。凡萬物具天性之靈者,莫不具此感通之能,其在禽獸草木山泉猶如是。(如禽獸昆蟲等,在地震之前,有先能感應其氣息預兆者。氣至即應,間不容髮。此真可謂地震至,禽獸隱也。山泉有靈知,而城市用水弗能及者,可參江本勝氏之書。)人本具真心,原來皆能如賢人知泰否,覺見隱,初不待思慮計較,而並非賢人道德勝於衆人,智慧勝於衆人也。然衆人利令智昏,物欲障明,而強自隔絕,背覺合塵,所以不能感應天道,混融物我。春生秋落,只是動情搖性而已。此種人一生思慮計較而弗能知真性,與物相刃相靡,其行盡如馳而莫之能止,不亦悲乎。予固非賢人,乃期與天地之氣相通。春與萬物并蘇,而忻子瞻之畫竹籜無節意。夏與林嶽并沐,而誦思無邪之詩。秋與紅樹俱寂,而感周禮春官之雍容。冬與梅雪俱滅,而蘄衆生之守藏。氣至即應,人之樂莫大於是也。當日孔顏之所樂,不亦近於是乎。

以五味五穀五藥養其病。先以五味五穀始,繼以五藥。治病以藥,醫之下也。雖然,豈獨醫哉。(東萊集乙丑課程) 64

疏證 呂本中紫微雜説有云"文中子稱,北山黃公善醫,先寢膳而後針藥。孫思邈千金方惡疾大風論云,難療易療,屬在前人,不關醫藥。又古醫書稱,凡病自治八分,師治二分。觀此數者,則所以治疾者,亦可知其大概矣"。頗可與此章相參證。黃帝內經五常政大論有云"病在久新,方有大小,有毒無毒,因宜常制矣。大毒治病,十去其六。常毒治病,十去其七。無毒治病,十去其九。穀肉果菜食養盡之,無使過亡傷其正也"。(有毒無毒謂藥也。)東萊之說,亦合於醫理也如是。藥太過,則傷其正氣。危矣。此理豈獨醫乎。治國者,正德利用厚生,近乎五味五穀,而兵師刑律,近於五藥。治國先以兵刑之術,道之下者。此徵驗於史多矣。

後世多喜言五藥之利害，而不識五味五穀之本源。世界皆然。近世吾國之大患，亦即在此。究其繆處，尤在誤認五藥爲五味五穀而加劇焉。先以泰西近世之學說爲五藥，其失也乾坤淆亂，禮法崩裂。後又以貨殖開放爲五藥，其失也道德淪喪，信義不存。惟此恐亦中國特殊之命數所在，必經過此番大振蕩也。亦惟乾坤淆亂，禮法崩裂，掃蕩一切，乃能促發新生命之誕生。道德淪喪，信義不存，衆生不安，乃能重啓良知本心之覺悟。方今當大轉機大生死之時，其首務必乃深謀遠慮，歸於五味五穀之本源，始能大正中國之心，善用泰西之術也。此非僅執政者之大事，亦讀書人之大責也。

蠱傳，蠱乃有事也。天下本無事。（東萊集乙丑課程）65

疏證　天下本無事，惟至誠無息天道循環而已。人惟萬物之靈，然亦惟人能蠱，能有事多事，而或為萬物之害。此章東萊見地極深。道釋二教於此義發明皆極明徹，儒者可以資取焉。蠱上九不事王侯，高尚其事。誠齋易傳云"不事王侯非不事也，不得事也。非以為高尚也，人高尚其事也"。所解固佳，然猶未達。以東萊之意推之，不事王侯高尚其事，本亦是蠱，本為多事。故仲尼之遇接輿、荷蓧、荷蕢，而諸賢皆遯之不與語。蓋彼等皆自知己亦為多事，本不必與仲尼相接，非其畏與夫子辯言也。（其不事王侯高尚其事，本亦是蠱，為多事。而彼等視夫子乃知其不可為而為之者。政所謂五十步笑百步耳。所以不見夫子而去。）不事王侯亦是多事，然已屆上九之變。其雖有蠱而將銷化，亦不失為大道。伊尹、傅說、太公、孔明，皆從此蠱中出，而進入向上一路，奮發有爲。孔明雖賚志而沒，其志固未嘗悔。上九象曰，不事王侯，志可則也。

春秋所謂切近者，豈無所在邪。通古今為一時，合彼己為一體，前和後應，彼動此隨，然後知吾夫子之筆削，本非為他人設。苟尚有絲髮之蔽，判然已為二物矣。經非疎我，而我則疎經，盡內訟

我之未近，不當妄疑經之遠也。（東萊集春秋講義序）66

　　疏證　明道曰，仁者以萬物為一體，莫非己也。自此義興，己學漸風靡。然亦自此己學興，宋儒之我執亦愈大，性理中程朱一派尤甚。故明道曰，仁者以萬物為一體，莫非己也。此乃一雙刃劍也。東萊謂春秋合彼己為一體，本非為他人設，亦此己學之一種。稍後之楊敬仲簡，乃撰己易，則直標己義矣。其文有云"易者，己也，非有他也。以易為書，不以易為己，不可也。以易為天地之變化，不以易為己之變化，不可也。天地，我之天地。變化，我之變化，非他物也。私者裂之，私者自小之"。敬仲之學，傳自象山之心學，然己易之作，亦為自悟，而皆關乎其時學術之反求諸己之風氣。象山言六經注我，我注六經，即其極致者。（劉咸炘鑑泉學略譏其固為妄誕，又言宋學借經學為門面，而欲自圓其虛鋒。所論雖有過，亦頗能中其虛鋒之患。己易之書，無非心學為體，而托之於研經為用，確有虛鋒之嫌。佛法妙諦，色空不二，為上上道。宋儒認己之心學，直究天地之真心，而忽萬有之法性，不能色空無別而達大悲周遍之境界。蓋孔子之經學，囊括萬有，而同於聖人之心，經不異心，心不異經。其乃一極為著實具體而又始終為真心貫徹之道術也。宋儒以心學治經，亦僅得其一邊爾。唯如邵康節之易學者，可謂經心兼備為不二者。然亦鳳毛麟角。清初顧亭林倡經學即理學，欲離兩邊而得中道。其心卓矣，而不意僅成乾嘉考據學派之鼻祖而已。其後考據之學迷執於著實具體之問題之研究而愈趨於偏頗矣。此又顧亭林之學說之雙刃劍也。）東萊之講春秋亦標彼己合一、經我切近之義，然其義理篤實，非敬仲之書可比。此又不可不辨者。盍內訟我之未近，不當妄疑經之遠一語，尤稱警策。何獨經書為然。夫世人所常謂之天人之邈遠、聖佛之虛空，亦皆可以斯理觀之。使內訟、觀己之功甚近甚切，則天人聖佛之理亦愈著愈明矣。

　　小大之論，君子不用之於強弱之間，而用之於善惡之際。（東萊集春秋講義）67

　　疏證　此語可謂深得乎春秋之旨。春秋，聖人善惡之書，非史官諸國強弱之載而已。諸國之強弱，固外物耳。董子繁露曰，春秋之論事，莫重於志。又曰，禮之所重者在其志。志為質，物為文，質文兩備，然後其禮成。俱不能備而偏行之，寧有質而無文。又曰，然則春秋之序道也，先質而後文，右志而左物。(見玉杯第二。)夫小大褒貶之論，右志而左物，是故不用諸強弱之間，而用諸善惡之際。使不能周全，則寧有善惡之褒絕，而無禮俗史文之常例。故春秋三傳棼然，號為難治，蓋不能以常例盱衡之也。又春秋別嫌疑而明是非。隱七年公羊云，貴賤不嫌同號，美惡不嫌同辭。蓋不嫌者可同，嫌者則纖微不相假借。(參蘇輿氏春秋繁露義證卷一。)小大之論，亦往往於極小處見大道義。春秋嫌者纖微不相假借者，即其之指。春秋所嫌者，即東萊之所謂善惡之際者也。公羊每於常人易忽視處揭明大義，亦如易家在卦象諸爻之羅列中見道妙，詩家在閭巷歌謠男女之辭中見聖人之志，其法殊可相通。要之，易、詩亦有小大之論，不必盡覓之於諸卦諸體之正變之間，亦可於賦比興、卦爻細微變化之際探其心聲。雖大而小，雖小而大，是以中庸曰莫見乎隱，莫顯乎微。賢者不可不自辨之。豈獨春秋之學為然哉。世間出世間法，皆如是也。

讀史先看統體，合一代綱紀風俗消長治亂觀之。既識統體，須看機括。國之所以興所以衰，事之所以成所以敗，人之所以邪所以正，于幾微萌芽時察其所以然，是謂機括。(東萊集讀史綱目) 68

疏證　統體機括，經緯之道也。欲識統體之奧義者，莫若尚書、史記。欲曉機括之內則也，莫若左傳、國語。荀子嘗曰"通統類，明百王之道貫"。統體者，即百王之道貫之統類也，治國安邦之大體也。尚書得統體奧義之篇章，莫若堯典、洪範。可謂合一代綱紀風俗消長治亂觀之者。洪範尤圓而神。左、馬、班諸大家各有鴻業，創闢殊眾，而未有格體若洪範者。章實齋謂遷書體圓而神，多得尚書之遺。遷書紀、表、書、傳，不甚拘泥于題目。(見文史通義書教下。)史記之精神格體，雖不能盡至洪範之圓神，而力趨其弘達靈明，則又有勝于左氏、班固之處。實齋之言弗謬也。故善讀尚書、史記，尤可明統體之義。歷代善明此義者，在唐爲杜佑，在宋爲鄭樵、呂祖謙，在明爲顧炎武，在清爲章學誠，在近世爲呂思勉、錢穆。如顧氏日知錄，雖非專門之史學，而特能于一代風俗消長中洞悉大義也。（司馬遷云"究天人之際，通古今之變，成一家之言"。書史梓行後，予於此語忽有愈深之體認矣。史學之真髓，不偏於天，亦不偏於人，乃於天人之際，始可究其玄奧。古天竺之學偏於天而忽於人，故幾無史學。近世泰西之學偏於人而忽於天，流於繁瑣無神。史學之軀體，不偏於古，亦不偏於今，乃於古今之變，始可通其大道。今人治史學，或偏於古，成考證之學，或偏於今，而不識古聖之大體，是以難繼先賢之絕學。史學之氣韻，則在成一家之言。一家者，百家中之一家也。蓋不以單一之絕對真理自居，而確有真知灼見者，亦唯此方使史學具極大之容量及胸襟，乃能氣韻生動。予自此方曉，拙著書史並非書論譚藝之編什，實不自覺間貫徹馬遷精神之史學也。）

　　機括之事，于幾微萌芽時察其所以然，而善言謀略應對之道。左傳爲最勝，其次爲國語。韋昭國語解敍謂其"包羅天地，探測禍福，發起幽微，章表善惡者，昭然甚明，實與經藝並陳，非特諸子之倫"。禍福幽微四字，即是機括之所繫。歷代善識機括者，在唐爲魏徵，在宋爲司馬光、葉適，在明爲王夫之，在清爲趙翼、王鳴盛，在近世爲辜鴻銘。（辜先生善識機括，予一家之言而已。惟其所識，不專於中國，乃世界精神之變遷及政治之趨向也。其洞悉幽微，最具獨見。近世史家如湯因比氏差能知統體，而不識機括。）如船山讀通鑑論，其於統體固有大識，而於機括發明則尤爲深徹警拔，非他人所及。葉水心習學記言雖無其弘富之體，而識力卓邁，發人深省，不可不謂善識機括者。（然二書亦皆有刻露立異之過。一部分議論有患於偏激。）東萊於史學根柢特爲深厚，一時無兩。史學著述十餘種，而以大事記爲冠冕，惜其僅成十二卷即歿矣。觀大事記，即可知其於統體機括俱有通識，遠在朱子通鑑綱目之上。朱子綱目，終依托於通鑑，而呂子之書，體例全由創作。朱書亦名著,而究其史心獨注,體例矜創,則朱固不若呂也。

禪家亦有統體機括。如雲門三句教,函蓋乾坤即如統體,截斷眾流即如機括。禪門能以機括爲統體,統體機括,本是一個,隨波逐浪是也。又其異能所在。使儒學中人以機括爲統體,衆必斥其邪僻矣。宋儒中鮮有敢顯言之者。雖然,亦有人焉。偏鋒亦自凜然。大體明人乃有此種風氣。以機括爲統體,不恤他儒責罵,而統體猶存。不羈如張宗子,明亡尚能著石匱書。逮至乾嘉考據學興,則統體亦不在矣。常州今文學之肇,亦欲重建統體者。而不幸又遭外夷侵掠之時,國人不得不研習機括之術,以應時變。先出龔、魏,後有康、梁,皆欲合統體機括內外之學而終俱未成就者。推究其學產生之根源,乃乾嘉之學激之也。而乾嘉之學產生之根源,明儒之狂禪放浪激之也。明儒之狂禪放浪之根源,程朱之自尊自高、意必固我激之也。大致有宋元祐之後近一千年為一時段,有其前後因果如是。此即予所謂類乎冤冤相報者。

以動而生陽爲繼之者善,靜而生陰爲成之者性,恐有分截之病。通書止云"一陰一陽之謂道,繼之者善也,成之者性也。元亨,誠之通。利貞,誠之復"。卻自渾全。（東萊集與朱侍講答問太極圖義質疑）69

疏證　呂大臨與叔易章句繫辭下有云"大氣本一,所以爲陰陽者,闔闢而已。開門二機,無時止息,則陰陽二氣安得而離"。又云"大氣本一,一體二用,不可以二物分之。分之二用物,則闔闢之機露則布,生生之用息矣"。此即東萊所謂渾全之義。朱子之義釋乃有分截露布之患。渾字幾爲物類第一義。（惟第一義者,無名無相,無爲無作。故予曰幾爲物類第一義。云幾者,猶未至也。）儒書尤高古者爲尚書。法言問神曰,虞夏之書渾渾爾。論衡逢遇篇言許由伯夷主行道德,不清不留,主爲仁義,不高不止,此其所以不遇也。堯淪、舜濁，武王誅殘，太公討暴，同濁皆驫，舉措鈞齊，此其所以爲遇者。竊謂王仲任之說誠有過激，不識堯舜武王之得乎中道。然其言堯溷舜濁，實即渾渾之義。其清固不可與許由比，而殊有器度，中而能庸也。水至清則無魚。濁驫固大人先生之迹相爾。渾之義其在斯歟。王仲任之說，亦不盡妄。東萊集門人周公謹所記亦嘗云"堯舜通其變，使民不倦，只是曉事"。亦可爲吾說之注腳。夫至清之水能通變，則自爲溷濁矣。道家玄妙之境曰渾沌，無分別之謂是也。詩品第一曰雄渾，見司空表聖之書。其謂"反虛入渾"，乃真可狀其體質。文辭書畫亦然。宋儒之弗逮晉唐者莫若渾。宋文清遠條鬯，不能如韓柳渾噩有元氣。宋詩瘦硬奇宕，不能如李杜渾涵有腴容。（此種不及古人處，在書道尤明。惟五季宋初董、巨、李、范之繪事，渾噩有古氣，可與唐賢比肩，然自李、范諸家亡，其後繼者如郭熙、李公麟者，不復能若此。蘇米逸格既興，則此種渾古之格亡，此後則以清逸之品爲主流矣。）有宋性理諸儒，在北宋濂溪、明道、康節、橫渠、與叔，尤倡此渾全之義。然自伊川晦翁之學大行，其義浸微。宋儒氣最渾者，北宋爲溫公，南宋爲東萊，是故予以爲師範焉。二先生後世之偉名，弗若程朱遠甚，此其所以爲渾也。渾者，無分別。孰能識之哉。朱子四書章句集注爲嘔心瀝血之作。然或患於少渾。元吳草廬吳文正集卷二十中庸簡明傳序云"朱子因之，著章句、或問，擇之精，語之詳矣。唯精也，精之又精鄰于巧。唯詳也，詳之又詳流于多。其渾然者巧則裂，其粲然者多則惑"。可謂法眼如炬。草廬爲元儒尊朱者，而有議論如是，可知其非意氣訾詶之論。東萊特不喜解論孟用高深之義，引伸太盡，願就本義平正發明，使學者玩索爲善。（參見文集與張荊州問論語孟子說所疑諸條。此平易之道，非常人所能體也。）

將堯舜事業橫在胸中，此傅說所謂有其善者也。孔子夢見周公，則心潛誠篤，寤寐無間者也。（東萊集答朱侍講問）70

　　疏證　書說命中曰"有其善，喪厥善。矜其能，喪厥功"。蔡沈書集傳云“自有其善,則己不加勉而德虧矣”。尚不得其真解。蓋其所訓者,有其善,虧其善也。喪字甚重。傅說之意,實言不可將此善橫在胸中,轉生執著以害道也。王荆公將堯舜事業橫在胸中,豈非即其驗證者耶。而孔子則不然,其夢周公,非將堯舜事業橫在胸中,乃心潛誠篤,寤寐無間,不自覺間有此感應。呂氏春秋博志曰“蓋聞孔丘墨翟晝日諷誦習業,夜親見文王周公旦而問焉。用志如此其精也,何事而不達,何為而不成。故曰,精而熟之,鬼將告之。非鬼告之也,精而熟之也”。殊為確詁。夫子至誠,渾符天道而不已,有此寤寐感應,豈有其善喪厥善者所可擬哉。此兩種境地,迥然懸隔,學者切不可混淆之。橫在胸中者,是執虛為實,乃增業障。夢中感應者,是轉幻為明,而愈圓融。管子心術下有云“思之思之,不得,鬼神教之。非鬼神之力也,其精氣之極也”。義極精妙。孔子夢見周公,乃夢中周公教之,孔子精氣之極也。(噶舉派那洛六法中以夢境與光明和合,以幻身證光明。夫子夢中親見周公,亦最契乎此。吾曾於夢中親見孔子,亦如親授。噶舉派修證以夢境與光明和合,境界甚深者,於此法門常有殊勝奇異之感應。此非鬼神之力,是其精氣之極也。所謂精氣之極者,乃心性至於愈細微愈純粹之境界之謂。心性即精氣,精氣即心性。華夏喜於精氣上說道元,天竺喜於心性上說究竟。以佛教而言,精氣即心性之所化,故大修行人之精氣可為其心性之極所轉化。此即所謂神通之理。噶舉派諸祖師實證極高,此義乃為其實踐所印證。以道家而說,心性即精氣之同體,氣不離心,心不離氣,而目擊道存,以離言語、絕仁義之心為體。老子曰“行不言之教”。蓋言亦由心發,言心則多纏繞,有真心、妄心之別。故其言孔德之容,其中有物,其中有精,其精甚真。又曰“無名天地之始,有名萬物之母。故常無欲以觀其妙,常有欲以觀其徼。此兩者同出而異名。同謂之玄”。無名、無欲近乎精氣上說,有名、有欲近乎心性上說,而兩者同出而異名。故曰心性即精氣之同體。)東萊答朱子云“將堯舜事業橫在胸中,此傅說所謂有其善者也”。正見其箴誡朱子之處。朱子性情剛烈,法執心重,有患於太過,不免時而將堯舜事業橫於胸中。(俗世所謂走火入魔者,恐即是混淆此橫在胸中、夢中感應二者有以致之。荊公於政治功業或近乎走火入魔矣。此亦非一般人所能至。荊公在其同時人中即有野狐精之名,頗有來歷出處,文獻資料亦甚確鑿。如蔡京子絛所撰之鐵圍山叢談。可參徵聖錄卷五涑水學案第五條。以此而推,則荊公政治之易於走火入魔,恐亦正根源於心術之不正。此非怪神戲謔之談。民間之傳聞,亦往往具其真諦。吾鄉朱鼎甫無邪堂答問卷三有云"若以姦邪責荊公,荊公所不受也。然其心即無他,而羣姦由此彙進,祖宗百數十年培植之元氣,斲削至於無餘,倒行逆施,罪魁禍首,其奚自解免於天下哉"。此尚留情面語。實則其心自有他也。火,心火也。荊公之心火極旺。而朱子之心火亦不小。是以東萊箴誡朱子,將堯舜事業橫在胸中,此傅說所謂有其善者也。有其善,喪厥善。吾人觀近代、現代社會之諸多悲劇,不皆已為東萊此語言中乎。)

惡惡之心,所過者化,無復凝滯。蓋其所惡在事不在己,怨之所以希也。然當如以朝衣朝冠坐于塗炭之時,恐難以胸中休休然形容之。蓋陰陽慘舒,各有氣象。如雷霆震擊,固隨即開霽,然雷霆只可謂之雷霆,不可謂之春風和氣也。夷齊之惡惡,固皆天理,然終是有聖之清意思,必如孔子,乃可謂之率夫天理之常也。(東萊集與張荊州問論語孟子說所疑伯夷不忘舊惡章)71

疏證　乾、淳諸儒中,朱子尤能惡惡。然朱子之病即在疾惡太過,何能所過者化,無復凝滯也。文集卷三十四答呂伯恭云"熹此來不得讀書,胸次覺茆塞。至於平日疾惡之心,施之政事,亦不免有刻急之譏,無復寬裕和平之氣,甚可懼也"。東萊此條正著意于此。朱子語類卷一百二十四云"象山死,先生率門人往寺中哭之,既罷,良久,曰,可惜死了告子"。陸子既歿,其即以告子譏之,恐其所惡在事亦在己,其怨亦未嘗希也。(朱子文集卷三十二答張敬夫問目有云"告子曰,不得於言,勿求於心。不得於心,勿求於氣。孟子引告子之言以告丑,明告子所以不動其心術如此。告子之意,以為言語之失當直求之於言,而不足以動吾之心。念慮之失當直求之於心,而不必更求之於氣。蓋其天資剛勁,有過人者,力能堅忍固執,以守其一偏之見,所以學雖不正,而能先

孟子以不動心也"。朱子以告子擬陸子，不知其所謂告子天資剛勁、堅忍固執
者，政亦自身之寫照也。）東萊在世時，其猶時有遷善改過之意，省察
偏失甚切，觀其答呂子書信中可知之。故怨之之意猶未敢發。一
旦待其歿，譏刺不休。此又予所失望于賢哲者。（朱子與呂子結交之
初，其通信措辭有激烈者，後為東萊所誠喻，轉向誠懇自省之路。然其習氣終
難消融。自東萊亡，其人鑑失。習氣受抑既久，至此轉有增加之患。）郭店楚
簡性自命出有云"惡之而不可非者，達於義者也。非之而不可惡
者，篤於仁者也"。惜乎朱子未能。東萊先已言之哉。雷霆只可謂
之雷霆，不可謂之春風和氣。又嘗言霜雪不可勝雨露。（見疏證第
四十七條。）此亦東萊見時賢多有此患而特發此義。（如胡致堂、張南
軒，亦多有此霜雪氣。）宋儒往往好做雷霆，而弗能為春風和氣。使朱
子無高足若黃勉齋、後學若魏了翁、真西山、金仁山、許魯齋，懇切
篤實，願為平易功夫，如何能遂行天下。

　　夫朱子學術之精巧新穎，固非東萊所有，而為世儒及俗學所
喜。以表觀之，乃開闢一代之風氣者。以裏察之，則實迎合于時
流。其後為帝王所用，非偶然也。而東萊不欲鄙棄古義淳風，曲高
和寡，其學不能昭著，亦時風所在。（朱子文集中和舊說序亦嘗自嘆云
"夫忽近求遠，厭常喜新，其弊乃至於此，可不戒哉"。朱子之學問，實有此種
忽近求遠、厭常喜新之特質。其雖自知之，而不能回也。呂子則近遠一體、常
新俱在者也。）雖然，為世俗所多喜者，亦終為世俗所多棄。崇朱者
極夥，而貶朱者亦歷代不絕如縷。天道損有餘以補不足，誠然。天
道人心，自有準則。今日平情觀之，朱子氣象不如東萊淑和，學術
亦不如東萊中正，亦若揭然。人多喜精巧新穎之說，甚於中正樸實
者，今世尤甚。今之學者，或能往而知返，愈知乎此種精巧之說者，
實多轉生滯礙，不如直取平實中正之道以行之，為有大利焉。利
者，義之和也。象山之學，亦多精巧新穎者，而甚簡捷虛靈，坦夷遠
大，不似朱學繁密堅固。虛靈者隨宜而適，堅固者執滯漸深，故自

明中葉後，朱學少真儒，其人才已遠遜於陸王一派。陽明後學，英偉可佩。以迄於近世，學者喜陸王者甚多而尊程朱者甚少。（其間惟清初亭林、清季湘鄉諸儒特爲朱學生色。然亦皆為國家之危難所激發之者，有其特殊之時代原因。且亭林尊朱而實為乾嘉考據學派之祖，湘鄉尊朱而實為文學辭章之代表，其於學術詩文領域之創造性，並非朱學之本來面目所在。予極敬亭林，於學則大異於亭林。）陸王雖不足以語乎中庸之道，其患處尚少於朱學。前引論衡言許由、伯夷不清不留、不高不止。朱學亦有此病。大戴禮記曰，水至清則無魚，人至清則無徒。程朱立論取至清之途，自具其功德焉。然亦已自種諍議之根，自貽早衰之患矣。（實則當年程朱派能產生如此巨大之生命力者，乃以其能渾也。其後為官家所利用，乃又得一團天下之渾氣。朱子學術取清之道而其人氣質實渾，故甚能感人。而呂子適反之，學術取渾之道而其人氣質實清，故其在當時不能如朱子生猛。然以長遠之眼光觀之，朱學之元氣如今已竭，其在國家及學者者，渾氣大體皆已消散，而呂學之神明猶在，此呂子學術尚渾之道之精神性生命力所決定者。近世如錢賓四先生者，抑尊朱之儒之絕唱也與。竊謂賓四之最大魅力，亦自其氣質之渾健也。究其修證之大境界即智慧之圓滿性，則其並非彼所處之時代之高度也。）

　　孔子閒居天有四時，春秋冬夏，風雨霜露，無非教也。地載神氣，神氣風霆，風霆流行，庶物露生，無非教也。向聞只是飢食渴飲，畢竟未曉。（問）**此章但當體察，不必箋注。**（東萊集答學者所問）72

　　疏證　此章尤能見呂學宗風之所在。橫渠謂范巽之曰"吾輩不及古人，病源何在"。巽之請問。先生曰"此非難悟。設此語者，蓋欲學者存意之不忘，庶遊心浸熟，有一日脫然如大寐之得醒耳"。東萊亦是此意。孔子閒居此語氣象極鴻泰，意蘊並非難悟。學者不必過求深解，特為玄虛高明之說，但得涵味體察浸熟，自有一旦醒覺之機、豁然開朗之時。東萊教人，往往訓其求以平實之道，此與時風之專尚聰明睿利，迥乎不侔。使問者根器甚利，東萊此語，可以破其執著，桶底脫落，一如南嶽之喝馬祖。使其中下而已，則不免茫然而失望。在朱、陸則絕不肯放過。東萊不必箋注之教，自有對其機者。（惜當時殊少其人，故多被朱、陸收拾去。朱、陸多新穎之說，學子慕而效之者為多。惟後世之通人，自有對其玄機而笑朱、陸多事者。）體察之道，以體切、精察為一體而互輔。陽明云，行之明覺精察處即知，知之真切篤實處即行。此語可盡夫體察之道也。

　　又問，善言德行，德行如何可言.（問）善言德行，如人說自家中事，自然分明。（東萊集答學者所問）73

　　疏證　此語極妙。孟子公孫丑上曰"宰我、子貢善爲說辭，冉牛、閔子、顏淵善言德行，孔子兼之"。問得甚好。巖頭禪師云"爾不見道，從門入者，不是家珍，須是自己胸中流出，蓋天蓋地，方有少分相應"。（見碧巖錄五。）予今假此禪語，尤能見東萊之所謂如人說自家中事之義之妙，如從門入者，不是家珍。德行者，乃家珍之至者也。善言德行者，乃是自己胸中流出自然分明者。使所謂德行者從門外入，自非家珍，便不能言得自然分明。無論賢愚，聽者自能辨之。所以聖賢之說，蓋天蓋地，乃因其能言得自然分明而為賢愚皆所能接受故。儒禪之理脈相通也如是。宋人筆記之學極盛。呂本中師友雜志、紫微雜說說自家事尤爲分明。東萊傳中原文獻之學，實亦如說自家中事，故其分明處非他儒所能至也。

　　儒者當通世務，只緣近來儒者要能世務，又卻不能爲純儒。此說亦甚深長。千五百年無孔子，盡因通變老優遊。（東萊集門人周公謹所記）74

　　疏證　此說確甚深長，然乃宋儒學術之喫緊處。范文正公上相府書嘗云"況儒者之學，非王道不談"。（見皇朝文鑑卷一百一十二。）儒家者，修身齊家治國平天下之道也。儒者不通世務，其可爲儒乎。然欲通世務，必能經權通變，蓋氣數運勢制度風俗皆隨時世而移，詎能銍舟以求劍，執理以應化哉。然一旦通變，自恪守古義者觀之，又已有乖於儒家者。故曰，又却不能爲純儒。此儒家周漢

以降最喫緊之事也。(以今日之眼光觀之,此正儒家精神最具張力之所
在。正以具此內在之痛苦之張力故,乃使儒者保持思想之生機。拙著書史卷
十二有云"尼采氏嘗云,迄今使人類愈進乎道德之所有手段,究其根源,乃非
道德者。周武之伐商,在伯夷叔齊觀之即非道德者,而後有西周之禮樂。孔
子周游列國,欲藉諸侯霸主乃至家臣之力,立一新秩序。公山弗擾以費叛,
召,子亦欲往。佛肸召,子亦欲往。其在舊派人士觀之,固亦非道德者,是以
多有隱士沮之於路途。其門人子路蓋類此舊派之人也。其後乃有孔孟儒教
之大盛"。此正儒家內在痛苦之張力之體現也。仲尼所創之儒家之學,實乃
一具有此种內在痛苦之張力之文化也。此種品性,至今猶在。或問,儒學何
以具此看似不圓滿之特性也。曰,天下蒼生、眾生之痛苦使然。唐譯楞伽經
云"菩薩一闡提不入涅槃"。其理同然。偉哉大乘佛教,乃能道出此種微妙之
思想。不然,予雖能發覺儒學此種看似不圓滿之特性之存在而終不能領悟其
原由也。惟此並不可成爲宋代理學知行不圓滿之藉口。宋代儒學之內在痛
苦加劇,自亦與智慧之下降、無明之增加相關。近世亦然。此種儒家自孔子
以來之內在品性,自亦貫穿其中,宋代以降,則此種品性之勝義圓滿自性亦愈
墮失矣。蓋以宋儒之智巧偏激有以傷之故。)

　　釋教楞嚴經亦嘗曰"理則頓悟,乘悟並消。事非頓除,因次第
盡"。釋教猶知理、事當區分之,不可一概而論。宋儒持論太急,不
免以理之聖道頓悟,奪事之次第漸盡矣。千五百年無孔子云云,非
東萊語,乃張橫渠聖心詩也。其詩云"聖心難用淺心求,聖學須專
禮法修。千五百年無孔子,盡因通變老優遊"。其固有儒者心腸,
然吾觀之,全然不契。愚意作詩歌,聖心當即以淺心求也,使深心
求之,往往適得其反,必欲對之,聖心當以不深不淺心求之方合。
橫渠言千五百年無孔子,盡因通變老優遊,自是過激。千五百年間
雖無孔子,豈無經權之大儒。純儒之純,執之者自生害事。論者謂
諸葛武侯非純儒,以其有刑名之術。又謂李鄴侯非純儒,以其嘗南
嶽修道。又謂陸宣公非純儒,以其無著作論性與天道。即忠直剛
健如顏魯公,亦嘗讖其親于道教。實則四先生頂天立地,不失爲大

儒。象山語錄有云"漢唐近道者，趙充國、黃憲、楊綰、段秀實、顏真卿"。甚是也。自宋儒排異端之說興，但凡有染于二教者，皆哂其非純儒之正格，如何不思自家性理之學，先已薰化于佛禅玄教，已具其胎息血肉者哉。此南宋諸儒之通說，在東萊亦有不免。北宋儒者尚佛者甚衆，如楊億、呂公著、蘇軾、劉安世、陳瓘，皆忠正骾直之儒臣，芒寒正色，而爲士林之模範。至乾、淳以來純儒之說大行，其風大變，門牖愈狹矣。是以朱元晦尚不能容陸象山、陳同甫、陳君舉，疾言厲行，遑論他者。自其說風靡一時，理學家亦爲時之權臣官宦所側目，後之有慶元黨禁，亦自運數所在。（此種權臣官宦之傳統階層，即東萊所謂能世務又卻不能爲純儒者。而新興之理學士人階層對此舊勢力甚具攻擊性，其攻擊之利器，即包括此種不能為純儒之理論也。其激起舊階層之反抗報復，亦自然爾。）而世務之大業，在純儒則愈裂矣。使明清無王陽明、曾湘鄉振作，渾一學術世務，則儒家之門庭愈淡薄矣。（日本明治維新諸賢尊奉陽明學，而行改革，得遂其志。陽明之真精神，實亦在使儒義與世務合一，體用不二也。惜鄒東廓、王龍溪諸賢不能得此精神，王心齋、顏山農欲行此精神而又入于偏頗。清季民國之際，諸士欲效明治諸賢之真精神，然學子歷有清之程朱、乾嘉考證、公羊今文諸學之翻覆，早不得陽明學之要領矣。所以多學佛以濟之。）

　　後學讀書，未曾識得目前大略，便要說性命。此極是害事。爲學自有等級。先儒至說性命，不知曾下幾年工夫方到。（東萊集己亥秋所記）75

　　疏證　此方是性理之學中正之道也。洛關諸儒門風尤篤厚，如橫渠之使學者先學禮。其云"只爲學禮，則便除去了世俗一副當習熟纏繞"。又云"學禮，則可以守得定"。爲學自有等級，即是此意。朱元晦喜授性命之學，而操行猶篤實有古風，學問亦根柢經義，盤深而睿發。然至其門人，則不免落入此種害事中。如陳淳作北溪字義，卷上之首釋命、性、心、情，卷下之首釋道、理、德、太極，乃真使後學讀書，未曾識得目前大略，便要說性命。開此風氣之先者即朱、呂二先生所編之近思錄。此頗與禪門之編碧巖錄相類，而宗杲焚其板也。近思錄首卷即言道體，專研性命之理。然二先生之本意並非教學子先說性命。觀呂東萊近思錄後序可知之。惜後學乃真厭卑近而骛高遠，奉此書爲圭臬，鮮有不躐等陵節流于空虛者。近思錄卷首道體之編次，適成誤導後學之效。（朱子亦嘗云“近思錄首卷難看，某所以與伯恭商量，教他做數語以載于後，正爲此也。若只讀此，則道理孤單，如頓兵堅城之下，卻不如語孟，只是平鋪說去，可以遊心”。朱子此說，似謂首卷之編次之失，乃東萊所致。亦不厚道。其實東萊明言後學讀書，未曾識得目前大略，便要說性命，此極是害事，其心如此，當不至於是。蓋呂、朱編近思錄首卷，乃無形之中受禪宗之啓發，起高屋建瓴之勢，其本意並非令學子先說性命。然不意適得其反爾。此亦南宋時代精神之共業也。）此又朱、呂二先生所未能預見者。（此種骛尚高遠之病患，溯其鼻祖，則爲王仲任之論衡。其書起首便說逢遇、命祿、氣壽、命義、無形、率性、骨相、本性、物勢諸說，專研玄虛之域。吾觀論衡，則知釋教之必興。蓋釋教於此命理因果之域，又較仲任之說遠爲周密深粹也。）

　　東萊云“先儒至說性命。不知曾下幾年工夫方到”。乃亦夫子自道，蓋深知其艱辛次第也。無奈淳熙以降，躐等陵節之風靡矣。五燈會元卷十五雲志逢禪師嘗云“古德爲法行腳，不憚勤勞。如雲峯三到，投子九上，洞山盤桓往返，尚求箇入路不得。看汝近世參學人，纔跨門來，便要老僧接引，指示說禪。且汝欲造玄極之道，豈同等閑。而況此事亦有時節，躁求焉得。汝等要知悟時麼。如今各且下去，堂中靜坐，直待仰家峯點頭，老僧即爲汝說”。與東萊之說無異。志逢五代時人，儒門躐等風氣，恐又有自禪門中熏習而來者。理學造禪家之玄奧，而其人亦染其流弊也如是。今世學子之喜研哲學，亦其風氣之遺緒。竊亦謂泰西之先賢至說哲學，不知曾下幾年工夫方到。（何曾見柏拉圖、亞里士多德以其中世紀基督教大師開始便說本體，或只說本體也。）學子未曾識目前大略，便要說道元說本

體,豈非即躐等陵節之患耶。(十數年來,吾國讀書人殊為哲學之躐等陵
節所苦。或有棄絕凡思皈依耶教者,又覺耶教之信終非自然,不能得力,復又
返途於中華之道術學問,以求其血脈中事。然或不察國故中固亦有此躐等陵
節之學,不覺又陷於一泥潭中矣。當世所推之道學、公羊學,以予視之,皆非
坦夷之地。使學者不從踐履實行中來,不從頓悟漸修中受用,不從本心生真
知灼見,其假于外者,無論中西梵邦,皆增其業障耳耳。)

**看詩即是史,史乃是實事。如詩甚是有精神,抑揚高下,吟詠
諷道,當時事情可想而知。**(東萊集己亥秋所記) 76

疏證　此亦實齋六經皆史之說之濫觴也。錢默存談藝錄嘗徧
搜文籍,求六經皆史之說之出處,得文中子、王陽明、王元美、胡元
瑞、顧亭林、袁子才、林肅翁、郝伯常、劉夢吉諸家之說,博學強記,
亦無以上,而未及東萊此說。(見談藝錄第八十六篇。)竊謂重史等經
之風氣,闢于宋代。涑水作通鑑,巽巖作長編,夾漈作通志,東萊作
大事記,皆負聖賢之學,為一時儒者之傑豪。其皆推重史學若經學
然,影響特為深遠。是以六經皆史說之胎息,實在宋儒。錢氏所舉
之林、郝、劉之說,實皆承宋儒之流風遺沫也。(林希逸為宋末人,郝
經、劉因為元初人。)明儒復承其遺緒,而有諸說發明,以迄于袁子才、
章實齋。吾論實齋之學,必溯諸呂氏,亦以此故。明亡大儒朱舜水
講道于德川水戶藩。其答奧村庸禮書有云"一部通鑑明透,立身制
行,當官處事,自然出人頭地。俗儒虛張架勢,空馳高遠,必謂捨本
逐末,沿流失源。殊不知經簡而史明,經深而史實,經遠而史近,此
就中年為學者指點路頭,使之實實有益,非謂經不須學也。得之史
而求之經,亦下學而上達耳。晦庵先生力詆陳同甫,議論未必盡
然。況彼拾人殘唾,亦步亦趨者,豈能有當乎"。最可為此種重史
等經之精神之流露也。(見朱舜水集卷八書簡五。有此種思想之陽明、元
瑞、舜水、子才、實齋皆浙人,自有與宋元以來浙東、金華之學相關者。)

宋賢中伊川、晦翁重經薄史,又是一派。是以朱子恒不滿於東

萊講左傳。其慣以己繩人,而不思其自有道焉。**錢賓四中國學術通義中國儒學與文化傳統一文有云**"史學實即儒學,此因經學即儒學,而史學又即經學也"。**周漢經學之真精神,後世之經學反有失之者,其真精神實有轉入於史學者。**(以此而論,宋代史學之昌盛,實為儒學之真血脈真精神之一,其意義又超於宋代經學之上。惜朱子不識此義。故宋代儒學之首席代表,並非程、朱,而乃溫公、東萊。)**呂氏**得中原文獻之傳,又兼性理之脈,所以為貴。**朱陸**既少此傳,所以各闢異境,而勇於破立。物勢本來如此。**亭林日知錄卷三云**"孟子曰,其文則史。不獨春秋也,六經皆然"。**東萊云**"看詩即是史,則詩活"。不獨詩也,六經皆然也。

　　馬遷能克己,可勝仲舒。莊周能克己,可勝荀子。(東萊集己亥秋所記) 77

　　疏證　**章太炎菿漢昌言有云**"老以詔孔,其所就為無我。孔以詔顏,其所就為克己。授受不爽如此,而儒者多忽之"。所言極精,前人所未道。以此而知,所謂克己者,即是無我。**馬遷、莊周**須克己者,即以其我猶未盡也。此可一言而決之者。**菿漢昌言又云**"克己有二。斷人我見,則煩惱障盡,故人不堪其憂而顏子自不改其樂。斷法我見,則所知障盡,於是離於見相"。竊謂**馬遷**之患,在未斷人我見。**莊周**之患,在未斷法我見也。

　　夫**仲舒**大儒,**劉向**稱其有王佐之才,雖伊、呂亡以加,筦、晏之屬,伯者之佐,殆不及也。**劉歆**非之,言其遭**漢**承**秦**滅學之後,六經離析,下帷發憤,潛心大業,令後學者有所統壹,為羣儒首。然考其師友淵源所漸,猶未及乎游、夏,而曰筦、晏弗及,伊、呂不加,過矣。(漢書董仲舒傳)**劉向**之評固過高,然使**仲舒**僅令學者有所統壹、為羣儒首,則不免淺視乎**董子**矣。**董子**經術醇深,格局弘廓,以春秋大一統之義,獨闢尊儒之治道,實為**漢**儒之冠冕,豈盡如**歆**所言哉。(其固有王佐之才,雖非可與伊、呂比,管、晏之流,當能踵接之,不必以其不得志,未能實行於政事而輕視之。)遷氣格高邁,道術弘通,兼達道儒諸家而歸於孔子,甚少孟子嚴排異端之分別心,而才學雄富無比,又無仲舒喜以春秋言災異之患,獨立不羈,誠可比肩于東周之古賢如范宣子、子產者,高出時儒甚多。然遭腐刑,氣不能無嘖憤幽怨,自茲雷霆愈多而和風彌少,于聖人山川雨露氣象,殊有間隔。其神魄識力,固有高於仲舒處,而氣象弗逮。使其能克己歸仁,則其高過仲舒,亦自然爾。然此關最難。遷之患在才多,思慮重,略少渾噩之氣。使無大仁若仲尼者啟牖之,何能克己歸仁,忘其身辱,以至於道。紫微雜說云"張子房見黃石公後,從前豪氣,刮磨盡矣。鐵之去礦,擊之則折。百煉之鋼,所攻必破,所伐必壞,而無摧折之患者,礦盡故也。黃石公所以教子房者,獨去其礦耳"。黃石公有道者。惜史遷不能遇聖人,豪氣未盡,乃鐵猶未盡去其礦也。

揚子法言問道第四有曰"莊周、申、韓不乖寡聖人而漸諸篇,則顏氏之子、閔氏之孫,其如台。或曰,莊周有取乎。曰,少欲。鄒衍有取乎。曰,自持。至周罔君臣之義、衍無知於天地之間,雖鄰不覿也"。正可為東萊此說之注腳。莊子之書,觀其神理氣格學養文章,俱為戰國之特為超邁者。如天下篇,孟、荀亦不能作,高出荀子非十二子論甚多。莊周於道殊有體認,高於荀而超於孟,以無分別心觀之,固是聖賢之徒,可與孟子把臂如林者。宋儒尤能識此義莫若呂本中。觀其紫微雜說中混合儒玄諸說,可知之矣。清儒治莊學者,如宣穎、孫嘉淦、陸樹芝、方潛、劉鴻典等,承明賢之說,皆謂莊子之傳出於子夏之門人,亦為孔子之真傳,莊子之尊孔也,其功不在孟子之下。(參今人方勇氏莊子學史。)明末覺浪道盛禪師嘗云"或謂莊子別行於六經之外,余謂莊實輔六經而後行。使天下無六經,則莊子不作此書,作六經矣。噫,吾於是獨惜莊子未見吾宗,又獨奇莊子絕似吾宗"。(見藥地炮莊總論中。)其著述義旨贍富,發明奧義多矣。然世儒常謂莊周過務於道而寡於世用,遂欲泯絕是非,無復輕重，其流弊至於君臣父子之道無所分別。荀子亦嘗謂其蔽於天而不知人。此老生常談耳。而陸樹芝則謂"南華者，以異說掃異說，而功在六經者"。劉鴻典則謂"俗儒為孔子之罪人，而尊孔子者，或並恕夫俗儒。莊子身列儒門，而自排自擊，黜其僞以存其真，洵不愧孔子之功臣也"。此數人共同之宗旨也。惟宣穎亦謂莊子"特其言用處少，而又多過於取快之文，固所謂養之未至，鋒芒透露，惜不及親炙乎聖人者"。又謂其"才情溢發，在聖門中為涵養未到者耳"。使其能克己，當能有一番全新之境界。吾知其非僅可勝荀子而已。其於孟子，亦能勝之。（孔子道術兼盡。孟子之學偏主於道，而忽於術。於術尚不及荀子之深。參見疏證第二十三條。莊子道可盡如孔子，此為其最大之優勢。觀其天下篇，則知其於術亦本具善悟通變之潛質也。）余颿藥地炮莊序有云"自天界老人發托孤之論，藥地又舉而炮之，而莊生乃為堯舜周孔之嫡子矣。其與孟子同功而不與孟子同報者。孟子以正，莊子以反，孟子以嚴，莊生以誕。嚴與正者，其心易見。而反與誕者，其旨難知也。此莊氏之書所以萬古獨稱而渾沌者乎"。（天界老人即藥地之師覺浪禪師。）孟莊軒輊，亦可謂相反而相成者。莊周能克己，可勝荀子。此語蓋非大通達如東萊者不能道。是又其學問之獨到處。

錢賓四中國思想史有云"其實易傳、中庸裏此等思想，在論語、孟子中均已說及，只是引而未發，必得經過莊老道家一遍，始逼出易傳與中庸來"。易傳、中庸誠為儒家義理之最高最圓者，超於孟、荀之上。以此而論，易傳、中庸之作者，直以能克己之莊周之徒目之，亦不為過。錢氏之說適可為東萊此語之注腳。宣穎南華經解序亦嘗謂莊子之書與中庸相表裏。（惟賓四認易傳、中庸皆為秦漢人所作。予不敢苟同。予以為蓋非戰國人不能作。漢儒之魁傑如仲舒、馬遷，竊謂尚未必能作此等文字，遑論他人。吾已言之矣。其作者即能克己之莊周也。使得莊周真傳之人能克己致中和，消除細微法執，不欲蹈襲漆園之寓言，而用六經周孔以來傳統之文學風格,則易傳、中庸不難作。如此則如中庸"君子戒慎乎其所不睹,恐懼乎其所不聞,莫見乎隱,莫顯乎微","夫婦之愚,可以與知焉,及其至也,雖聖人亦有所不知焉","誠者,不勉而中,不思而得,從容中道,聖人也",此等昔日儒家不曾作出之玄妙文字,可以從肺腑中流出者。中庸又曰"素隱行怪,後世有述焉,吾弗為之矣","君子依乎中庸,遁世不見知而不悔,唯聖者能之"。此又不啻對莊周之徒而發者。吾觀莊子一書之意旨,固曠達齊物,遁世不見知而不悔,然究其情識猶存,未盡圓融。外篇、雜篇尤甚。豈真純然不悔乎。故中庸之作者,雖未必能於道體之參證純然高過其師輩人物莊周,乃至少完成其對於莊子一書外篇、雜篇之超越也。莊子內篇境界得孔顏之玄奧,氣體神妙,有不可思議者,易傳、中庸不能過。予又嘗思量,易傳、中庸之作者或即莊周本人也。莊子內篇,亦只是莊周文字之一種面目而已。以莊子之境界及個性,其人行止亦不可測,文字面目亦必有多樣性。使莊子嘗作周易之專著,則其專著之精神圓滿性與易傳當甚一致,而其文字境界亦必不在易傳之下。此無實證,只是以理測之爾。)

唐時有畫鍾馗,第三指揶一小鬼。或人命畫工改之。畫工持去,數日後乃自畫第二指揶之。問,何不改。對曰,前時之畫,其力乃在第三指,所以改不得。(東萊集己亥秋所記) 78

疏證　此語極可玩味。太平廣記卷二一四黃筌一條云"昔吳道子所畫一鍾馗,衣藍衫,鞹一足,眇一目,腰一笏,巾裹而蓬發垂鬢。左手捉一鬼,以右手第二指剜鬼眼睛。筆跡遒勁,實有唐之神妙。收得者將獻偽蜀主,甚愛重之。常懸於內寢。一日,召黃筌令看之。筌一見,稱其絕妙。謝恩訖。昶謂曰,此鍾馗若拇指掐鬼眼睛,則更校有力。試為我改之。筌請歸私第。數日看之不足。別絣絹素,畫一鍾馗,以拇指掐鬼眼睛。並吳本一時進納。昶問曰,比令卿改之,何為別畫。筌曰,吳道子所畫鍾馗,一身之力,氣色眼貌,俱在第二指,不在拇指。所以不敢輕改。筌今所畫,雖不及古人,一身之力,意思並在拇指。昶甚悅,賞筌之能。遂以彩緞銀器,旌其別識。出野人閒話"。此事亦見於劉道醇聖朝名畫評、宣和畫

譜而略有異焉。畫工即五代前蜀之黃筌,命之改畫者,或曰王昶,
或曰王衍。東萊所本,不知何書,或有誤憶之處。前蜀距唐,幾無
間隔,文脈書畫氣息無大異,謂之唐時亦無不可。唐人繪佛道人物
極入神,要非宋人所及,此條亦可為畫史之佐證。然東萊語此深義
固不在茲。竊揣其意而引申之,學者實不能以己意,橫奪前賢之席
也。如伊川輕漢儒,鄙薄唐人,荆公、晦翁目空一切,意必固我。實
則漢唐之人,皆自有其精神貫注處,自具其古法深意,非後人所能
陵邁褫奪者。宋儒強欲漢唐就我之範,詎能行之哉。所以亦只合
另立爐竈矣。古人之精神,多有類此唐畫者。後人不悟,必欲改
之,宜其迷途。如明儒之精神,貫注于王學之中。亭林欲以經學改
之,實不能也。後人只合另立爐竈。乾嘉學者之精神,貫注于考據
學之中。陳蘭甫、朱鼎甫欲以漢宋合一之學改之,實不能也。後人
只合另立爐竈。

宗杲嘗曰,聰明人有三斗昏。(東萊集庚子所記) 79

疏證 大慧宗杲為禪門龍象,品節高邁,深為士林所敬。張橫
浦、呂紫微,皆其道侶也。呂氏世代兼通儒釋,東萊雖排異端,而實
亦稟其遺緒。(呂好問舜徒,紫微之父、東萊之曾祖也,嘗於靖康元年上奏
朝廷,賜宗杲以紫衣及佛日大師之號。呂祖謙全集第一冊附錄拾遺樓鑰祠堂
記言東萊"推明道德性命之說,而不流於迂。盡排佛老異端之論,而不至於
甚"。不至於甚四字,尤蘊深意。蓋非如胡致堂、朱元晦諸人之激烈也。)此
處所記,乃庚子春陸子壽來訪時所語者。其語子壽以此義,蓋亦有
深意焉。陸氏兄弟,天資聰明,而其師心自用,或不免有三斗昏。
宋人葉夢得巖下放言云"天下至理,不為滯礙所隔,則為聰明所
亂"。所言極是。師心自用一語本齊物論。其曰,夫隨其成心而師
之,誰獨且無師乎。明陸西星南華真經副墨云"若能認得真君,隨
其成心而師之,則誰人無師。成心者,見見成成,不假補湊,乃天命
之本然,吾人之真宰"。然此真君,實不易得。陸氏兄弟,於此太過

自信。象山自信認得真君，隨其成心而師之，遂開一大宗派。象山自是不凡。然其後學不認真君，便以成心師之，此妄心也。在陽明未悟之前，亦多妄心。但凡其明覺非徹空性、空有互泯之本覺光明，則必有翳，昏者明之翳。使其明覺為聖人之明，則必即明即翳，無明無翳矣。如孔子，屢有困厄，亦似有翳，實則即明即翳也。大慧禪師語錄有云"如今聰明靈利底人，不能便悟。病在於何。卻為心意識先行。被心意識障卻自己光明，塞卻行路，進步不得"。義極深徹。平情觀之，程、朱論學，皆有所謂心意識先行者，不免有障卻自己光明處，陸子此病略少，然亦未盡，是以只能入窺孟董之門堂，而不能盡達孔顏之奧域。吾所以特重涑水、東萊之學，亦以其道性明湛，卻甚有端厚樸實之風，而少此種心意識先行之患。宋儒大多聰明太甚，遠非唐以前人渾健之體，所以亦多昏翳處。東萊法眼灼灼，乃尤能洞悉時代之患。先知先覺，非斯人而誰歟。（予嘗言夫宋儒之察察，何若唐賢之渾渾。亦有此意。唐儒多少英偉人物，多是能入佛、道之堂奧者，何曾露此聰明分別之相，以排佛而自高耶。東萊以此義語陸子壽，陸子靜後亦以此義語其論敵。其與曾宅之云"坦然明白之理，可使婦人童子聽之而喻，勤學之士反為之迷惑，自為支離之說以自縈纏，窮年卒歲，靡所底麗，豈不重可憐哉"。則象山又譏朱子之學為聰明人有三斗昏矣。此勤學之士自為支離之說者，非即聰明人耶。故中道之得，東萊第一，象山次之，朱子又次之也。）

　　予嘗有幽憂之病，胸次偪側，往從仲南父引卷徐展，鼎彝之潤，篆籀之光，映發左右，爽然神解。竊意古人不必親相與言者，殆如是。固未易苟以玩物訾之也。（東萊集李仲南集古錄序）80

　　疏證　東萊與張荆州有云"國朝典故，於大畜之所謂畜德，明道之所謂喪志，毫釐之間，不敢不致察也。但恐擇善未精，非特自誤，又復誤人"。明道先生以記誦博識為玩物喪志。伊川以作文害道，亦玩物喪志也。博識文辭已為其貶絕如此，遑論書畫器物。以致後儒益歎宋代藝術之衰,而歸咎於性理之儒。周必大省齋文槀卷十五題李西臺和馬侯詩云"熙豐以後,學者爭言道德性命之理,翰墨一藝,固在所忽,躐等凌節。豈惟筆法之絕乎"。(參見拙著書史卷五、卷十一。)周草窗浩然齋雅談卷上亦云"宋之文治雖盛,然諸老率崇性理,卑藝文。朱氏主程而抑蘇,呂氏文鑑去取多朱意,故文字多遺落者,極可惜。水心葉氏云,洛學興而文字壞。至哉言乎"。所言未必盡是。然政可見宋元之際士人有議論也如是。(惟呂東萊皇朝文鑒去取並非多朱意,此周氏之臆說。)二程之說為權說,欲藥時人之溺而施重劑焉。而其流弊亦甚大,乃使學者一意孤行,而不知藝術并為德性之輔具。聖人之教,亦遊於藝也。禮記學記亦嘗曰"不興其藝,不能樂學。故君子之於學也,藏焉,脩焉,息焉,游焉"。古之藝,禮樂射御書數。今之藝,詩文字畫音律。古之藝也實,今之藝也虛。信有異也。雖然,古之藝合古之士,今之藝合今之人。詎能強哉。無論古今,所謂藝者,皆文之道也。以文會友,以友輔仁。藝術之道,亦可輔仁潤身。李炳南先生論語講要云"孔子學說以仁為本,由仁發藝,以藝護仁,仁藝相得,喻如根幹互滋"。所言極是。夫子言興於詩,立於禮,成於樂。後儒有以遊於藝為至高之境界者,非所謂德性之輔具而已。此種至高之境界,乃非道德仁義文字之學所能窮盡,須以藝事中所驗證之高妙境地相參證之方可。此莊子有裨益於孔子之處。戰國諸子中莊子得樂之精神最多,勝於孟子。東萊此語發之平實,為無偏弊之說,亦頗有以藝護仁之意。使學者整日窮研性理奧義,亦是可惡之事。使以遊藝之心而達之,乃可左右逢源。

　　陽明傳習錄卷下有云"藝者,義也,理之所宜者也,如誦詩讀書彈琴習射之類,皆所以調習此心,使之熟於道也。苟不志道而遊藝,卻如無狀小子,不先去置造區宅,只管要去買畫掛做門面,不知將掛在何處"。其見地之圓,可以正宋人之偏。唐順之集卷五答俞教諭有云“古人雖以六德、六藝分言，然德非虛器，其切實應用處即謂之藝，藝非粗跡，其精義致用處即謂之德。故古人終日從事於六藝之間，非特以實用之不可缺而姑從事云耳，蓋即此而鼓舞凝聚其精神，堅忍操煉其筋骨，沉潛縝密其心思，以類萬物而通神明。故曰掃灑應對，精義入神，只是一理。藝之精處即是心精，藝之粗處即是心粗，非二致也。但古人於藝，以爲聚精會神，極深研幾之實，而今人於藝，則以爲溺心玩物，爭能好勝之具。此則古與今之不同，而非所以為藝與德之辨也”。荆川先生，陽明後學也，陳義愈為圓通。德非虛器、藝非粗跡云云，實效仿陽明論知行合一語也。東坡王君寶繪堂記有云“君子可以寓意於物，而不可以留意於物”。誠爲中正之言，無偏頗矣。惟患遊藝之士能知而不能行耳。（朱子之遊藝功夫，乃南宋儒者第一流，東萊、象山、南軒不及之多矣。吾意此乃朱子之天性中最能自然流露、無矯造之物事。國朝宋學淵源記卷下附記彭尺木居士云尺木“閒作漢隸，收弄金石文字。嘗謂予曰，朱子亦愛金石碑版。此論語所謂游於藝，非玩物喪志也”。昔撰書史二十萬言，亦甚感身心滋潤，受用甚多，尤有悟解，其有裨益於道行，而非為玩物喪志必矣。今世之人重藝術，又往往多於重學術，風氣如是，亦非人意可轉。故尤不可不知此義。由仁發藝，以藝護仁，仁藝相得，誠不失為中道。然行之亦甚難也。）

　　某天資澀訥，交際酬酢，心所欲言，口或不能發明，獨能與公合堂同席之際，傾倒肺肝，無所留藏，意所未安，辭氣勁切，反類世之強直者，亦不自知。其所以然，夫豈士為知己盡，自應爾歟。（東萊集祭張荆州文）81

　　疏證　東萊書薛畏翁訓飭孫詩後云“元祐諸公，以簡靖無求為家法”。東萊尚平實忠恕之道，收斂操存之度，亦具此簡靖無求之家風者。學術以道為宗，而深得於書經中正寬平之義，不似朱陸之激烈峻峭也。雖然，東萊亦有勁切雄強之處，廉直有古風。（漢書謂董子為人廉直。）其與朱、張諸先生論學，尤可見此直道。觀此條合

堂同席傾倒肺肝諸語，自足想見其人風範。子夏曰，君子有三變，
望之儼然，即之也溫，聽其言也厲。尤能狀其氣貌。然子溫而厲，
威而不猛。東萊自云反類世之強直者亦不自知，則東萊亦自知有
嫌於猛矣。東萊歿后，朱晦翁時於門徒前屢譏貶之，甚非忠厚之
事。今日思之，亦平日東萊有威猛剛厲之風，其友畏之而不敢發，
是以俟其故後，不自覺發洩之無忌諱，不幸門生錄之，落人口實。
此在大賢，亦不能無此芥蒂。（朱子語類卷一百二十二譏呂伯恭祭南軒
文"都就小狹處說來，其文弱"。南軒即張荊州。頗可為此胸中芥蒂存在之證
據。呂子祭張荊州文恐亦點到其之痛處矣。朱子性特好強，而嘗屢屈於呂
子，心不能無不平。其譏此文狹小文弱，固非無據。然此種祭奠文字，只在真
實，並非長文策論，亦自有緣起，而以情感導之，豈可以文法苛求之。朱子必
發露此意者，非合恕道，恐亦是一時圖快耳。）朱子大賢，其學術之規模，
不作有宋第二人想。然以德性雅量論之，尚不能與元祐諸儒深沉
厚重比，莫論濂溪、涑水、明道、橫渠諸先生也。以此而論，朱子實
宋代學術後起之霸主。霸者無所畏。然如東萊者，乃為王道所在。
小子議論其胸襟之狹，自量並非意氣妄詆之行。天地自有公理，鬼
神洞悉周遍。惟蘄朱、陸以來門戶間糾纏轇輵之事，學者能以仁德
鎔解銷化之，而識道之大原所在，固不必為呂、朱、張、陸諸家所
囿也。

　　**但詳觀來論，激揚振厲，頗乏廣大溫潤氣象，若立敵較勝負者，
頗似未弘。如注中東坡字改為蘇軾，不知以諸公例書名而釐正之
耶。或者因辨論有所激而加峻耶。出於前說，固無害。出於後說，
則因激增怒於治心，似不可不省察也。**（東萊集與朱侍講）82

　　疏證　此直搗黃龍手段。蘇子瞻，誠朱子所立敵較勝負者，東
萊一語中的。朱子與芮國器云"蘇氏之學以雄深敏妙之文煽其傾
危變幻之習，以故被其毒者淪肌浹髓而不自知。今日正當拔本塞
源，以一學者之聽，庶乎其可以障狂瀾而東之。若方且懲之而又遵

有取其所長之意，竊恐學者未知所擇，一取一舍之間，又將與之俱化而無以自還"。朱子乃欲斬草除根也。（此即予緒言中所謂喚醒人們之比較意識、矛盾意識，迫使人們對各種觀點和範例進行比較，常常伴隨使用武器、推翻界碑、破壞虔誠，借助新的宗教和道德者之一種。朱子恐學者未知所擇，一取一舍之間，又將與之俱化而無以自還，欲將蘇學斬草除根，此種態度，亦類乎後世之所謂革命精神。其使用之武器，即新的宗教和道德之理學也。此語亦可窺晦翁狠角色之本色。近世以革命精神推倒程朱學，今之學者多痛之惘之，而不知朱子當年實亦具此種革命精神、行宗教道德之革新者。）蓋自元祐以迄淳熙，籠罩天下、傳播異域之學，并非性理，乃是蘇學。子瞻非僅為有宋士人之師範，亦為金國士類所私淑艾者。如李純甫、趙閑閑，皆崇子瞻。大慧宗杲一代宗匠，得大智慧，光明昭赫，晚年又主徑山，重修孚佑王殿，亦嘗供奉子瞻像於西廂。又南宋學者所作蘇子年譜，以今所知者，亦在十種以上。頗可窺士類禪林希慕蘇子之心聲。蘇學主兼儒釋，通脫虛靈，參禪悟道，以文字翰墨為遊戲三昧，而氣格守中正貞固之矩矱，有唐顏、陸之風。（其政治立場，亦以一忠直之氣貫通始終，而為人臣之楷模。）故兼三教之本色而混大之。吾國道文，演化至宋，天地間合該有此等氣象。子瞻之出，亦正有天命。方以智藥地炮莊總論上嘗引左藏一曰"坡才太俊，正藉莊以閎肆恢奇。先嫌伊川之矜持，故小試無趾之天刑。後惡安石之悍戾，故仍揮其看破之吹毛耳。果是超宗種草，請急著眼"。此最可讚其性靈。而朱子欲滅之而後快，悖矣。彼時蘇學陵於洛學性理之上，朱子欲與之較勝負。董玄宰尤能識此秘，其嘗言"蓋自宋元祐中，程、蘇為洛、蜀之爭，後百餘年，考亭出而程學勝，又三百年，姚江王伯安出而蘇學復勝"。所說甚妙，非無見也。（見容臺文集鳳凰山房稿序。陽明必不自承為蘇學。然觀其隱以三教為一致，靈通性源，化用禪宗，渾然無隙，氣節忠正，敢於有為，游藝於詩文翰墨，而甚湛深，性情灑落，不拘細行，乃皆與東坡相若也。後覽鳳凰山房稿序亦云"姚江非嘗主蘇學也，海內學者非盡讀蘇氏之書、為蘇氏之文也。不主蘇學，而解粘去縛,合於蘇氏之學。不讀蘇氏書,而所嗜莊賈釋禪,即子瞻所讀之書。不作蘇氏文,而虛恢諧謔,瀾翻變化,蒙童小子,齒頰筆端,往往得之"。正可相參證也。)

惟東坡性靈高明,然弗能於禪宗有殊勝之大證境,成一大宗師。蓋世緣太重,且著欲樂,真修實證功夫遜之故。竊謂伊川之心所以不服東坡者,其根本實在此。所謂學術觀念及政見之差異者,乃次者爾。東坡與參寥子尺牘十九有云"但道心屢起,數為世務所移轉,恐是諸佛知其難化,故以萬里之行相調伏爾"。尚不失自知之明。然吾恐其萬里之行,終未調伏盡。明季董玄宰極推宗子瞻,然於禪道亦云"宋人推黃山谷所得深於子瞻"。(見容臺別集卷一禪悅。)玄宰於禪亦確有功夫,所見不虛。山谷深於子瞻,而當時深於山谷者,又多有其人。故以道觀之,東坡所造之境界並不極深,弗能與唐宋之聖賢大德比,而東坡乃能盡轉化其性靈於學術、文辭、詩詞、書畫藝術諸科,遂令諸科皆產生全新之性情格調,發露奇異之神采幻相,誠然前所未有。此其獨造之大成就也。偶讀袁中郎集,其識雪照澄卷末謂東坡之文"其至者如晴空鳥跡,如水面風痕,有天地來,一人而已。而其說禪說道理處,往往以作意失之,所謂吳興小兒,語語便態出,他文無是也"。又云"坡公一切雜文,活祖師也。其說禪說道理,世諦流布而已"。此亦可與愚說相參證者。子瞻終深於文而略薄於道,乃有功於藝文而未達於至道。伊川一流,乃專於道體上著力且有深造者,義理精妙,多前人所未道,其說理文字亦自開一派,詎能折服於文勝之東坡耶。伊川闢佛,然於當時有甚高境界之高僧,心中實多敬意。宋人云伊川嘗問道於靈源禪師。南宋王明清揮麈後錄卷七言東坡嘗自道"黃州時陳慥相戲曰,公只不能作佛經。曰,何以知我不能。曰,佛經是三昧流出,公未免思慮出耳"。陳慥之語固涉戲謔,然亦可知當時之人,已有覺察東坡不深於三昧之實證而特智於文字之善巧者矣。此種善巧乃思慮出者，非佛自性內證之現證也。明季張蕺山慎言亦嘗云"又思韓退之力闢浮圖，大都是罪禍之粗，至法王奧義，未涉津涯。蘇子瞻深心禪說，亦僅窺遊戲之跡，止借義海餘波，時資筆楮"。見棗林雜俎白門語錄一條。所言自非謬。然子瞻僅窺法王遊戲之跡，而能神通於文事藝術，若有菩薩普度之量，同時及後世之靈心，受其啟發多矣。其功德亦不可測。自揆今後千百年，其沾溉猶當未窮竭。蕺山之說，終未盡圓也。（偶覽宋人葉夢得巖下放言卷上有云"蘇子瞻初未知有禪學，為鳳翔府僉判，有兵官王凱者教之，始大知愛。時歐陽文忠公尚無恙，子瞻既不以疑其數為嫌，後為杭州倅時，過汝陰，反以此勸公，公笑而不答。凱，王銑之父也。舍歐公而從一兵官，可為豪傑矣。自是從辨才等諸人於杭州，所入益深。子由貶筠州監酒時，江西談老南臨濟禪盛，亦多有偉人，子由日從文關西、壽聖聰遊，自謂有得。余固不獲親聞二人之言，而閱其書多矣。質之近世為禪宗者，往往但許其高明善辨，而不許其真至到。此當自知，非他人所能察。然子瞻論理超勝，出入大乘諸經，無所罣礙，誠為閎妙。子由晚作老子解，乃其心法，自許甚高，與其他解經不類。天下至理，不為滯礙所隔，則為聰明所亂。二人後必有能辨之者"。所言與愚說無異。天下至理，不為滯礙所隔，則為聰明所亂一語，尤為警策之至。二蘇固聰明，荊公、朱子亦政此聰明人也。如溫公，即非是。）

東萊謂晦翁激揚振厲，因激增怒於治心，適中其病痛。理學之流，於義理、禮法二端固有勝於蘇學，然亦多有精巧偏激之論，不似蘇學之圓通愷達。（董玄宰容臺別集卷一隨筆云"蓋東坡筆鋩之利，自竺典中來，襟宇之超，得了元之化，謂其為縱橫之學者，洛黨之口業也。"）蘇學之病根，在有縱欲之患，不能真切徹底下沉著收斂功夫，故甚難為深沉厚重第一等資質。明季風氣之俗淫，多喜自託於蘇學，尤可明此理。其後遂大累於蘇學。明亡王船山輩乃破口罵之，至章餘杭國故論衡猶未歇也。涑水一系，最樸實溫厚，有近於深沉厚重資質，惟不求精巧，又為世俗所不樂。以佛學說之，其方便道又不及洛、蘇之學為達。蓋諸派各具優劣，朱子疾蘇若讎，不免有門戶意氣之失。東萊辭氣，果然勁切可畏。觀其所見本來殊高明通達，則曲高和寡，亦自然爾。東萊曾標註三蘇文集，其辭章之學亦承三蘇之正傳。故兼得北宋性理、史學、蜀學諸儒之傳及呂氏家學，自然高出同時諸賢。其境界最爲圓滿。所傳豈中原文獻而已乎。(朱子文集卷三十三爲答呂伯恭書信之第一卷。其通信之初嘗與呂子爭辯蘇學之是非。其駁呂子云"向見正獻公家傳語及蘇氏，直以浮薄談目之，而舍人丈所著童蒙訓，則極論詩文必以蘇黃爲法，嘗竊嘆息，以爲若正獻、滎陽，可謂能惡人者，而獨恨於舍人丈之微旨有所未喻也。然則老兄今日之論，未論其它，至於家學，亦可謂蔽於近而違於遠矣"。借六世祖呂公著父子以壓祖謙，手段可謂辛辣。實則呂正獻及家人參禪學佛，自視得法甚高，而以蘇黃爲浮薄，道行不濟。此最爲關鍵處。蓋呂公著父子與蘇黃爲士人參禪之同一陣營者。呂正獻以蘇爲浮薄，乃從佛學修證上說，並非如朱子之以楊墨視蘇黃。以此而論，朱子之駁，貌似有力而實爲不通。朱子駁斥呂氏之儒佛一體之學，又見文集卷七十二雜學辨之呂氏大學解。爲學廿載，自量愚學兼融洛蜀，若洛而非洛，若蜀而非蜀。此洛以明道爲宗，亦涵括象山之學。而宋儒中此二系之外，尚有涑水、元城、了齋、正獻、滎陽、紫微以迄東萊一派，爲中原經史文統之主脈，尤爲予所私淑艾者。呂氏家學及元城、了齋又有佛學之傳承。吾學亦略兼有此三系之學。平日授徒，同時有理學、經史、佛學、道家、辭章、藝術諸科。自揣亦惟兼此三學，始足以言乎唐學也。唐學渾渾，無所不有。)

"伻嚮即有僚，明作有功，惇大成裕，汝永有辭"者，復告成王，當使百工咸知上意所嚮，聯事分職，各就有僚，曉然不惑，奮揚興起，咸底成績，乃所謂明作有功也。苟不知上之所嚮則惑，惑則怠，怠則績用弗成矣。然則所嚮果何嚮也。曰，惇大者，其所嚮也。一代必有所尚，以定一代之治體。百工皆知嚮，雖其職之異，其功之殊，而體皆惇厚寬大，共成溫裕之風俗，則是周家八百年之所尚，實定於成王，休聞顯響，豈有既乎。漢文近於惇大成裕，而無所謂明作有功，漢宣近於明作有功，而無所謂惇大成裕。周之治體，蓋非後世之所可及也。治體定，則治道成。(增修東萊書說卷二十三) 83

疏證　東萊書說義理深厚正大，爲宋治尚書者之最上乘。惜其非全爲親筆。其餘篇章乃門人時瀾據其講課筆記而補作，亦甚可觀。蔡九峰書集傳闡幽發微，義蘊精妙，疏通證明，簡易得中，然求其深厚正大之體，不能及東萊書說。吾讀此書時恒爲其氣體之弘亮迺大所振動，蓋非文筆精深之大儒弗能作也。其文筆之高致，亦九峰之書所不及者之一。此條選自洛誥。蔡氏書集傳云"使百工知上意向，各就有僚，明白奮揚而赴功，惇厚博大以裕俗，則王之休聞，亦永有辭於後世矣"。義甚簡略。而觀東萊之說，則渾厚開廓，啓人神智，氣象自是不凡。如言一代必有所尚，以定一代之治體。如此乃能得古人之意。如今人云黃帝、堯、舜、湯、文者，皆其一代必有所尚者之所在，雖其人之存在或未有考古之證明，然其時代之所尚，治體之所定，必然矣。（黃帝堯舜者，亦可謂乃其時代精神體之存在，詎容疑之。）又言惇大者，其所嚮也。乃能直指人心，洞徹本原。蔡傳無此慧眼。此皆是東萊學識功力之體現也。

呂子評漢文帝近於惇大成裕，而無明作有功，而宣帝反之。發人深省。使武帝能繼文帝惇大之體而求明作有功之成，則庶能有大成也。然武帝全然標新立异，惇大之體，蕩然少存，亦使後繼如宣帝少此根基。讀此吾忽思夫呂思勉先生之言也。其秦漢史評武帝云"予謂是時之開拓，乃中國之國力爲之，即微武帝，亦必有起而收其功者，而武帝輕舉寡慮，喜怒任情，用人以私，使中國之國力，爲之大耗，實功不掩其罪也"。即微武帝，漢武之事業，必有人成之，使其人又能繼惇大之體，則漢代格局，當不限於此矣。則武帝之過，亦自昭然。此與宋之神宗，有相似者。宋初略有惇大之體，而由神宗、荆公破之，亦不能明作有功，反促其覆亡，則又遠不如漢。故曰，治體定，則治道成。自荆公出，宋之治體始不定，以迄覆亡。南宋之初，秦檜當道，治體不定，以迄賈似道之亂權。宋之治道，所以不能成。雖有如朱子者一腔熱血，欲撥亂反正，過猶不及，亦無如何。是以宋代治體之破碎,尚不及唐之整完。

有唐雖有所謂女禍、宦官、藩鎮之患,治道不成,然治體甚明,威嚴長在。宋儒嘗笑唐女禍、宦官、藩鎮之患,而以本朝為清平仁義。又不知其治體之破碎,復為後人所哂。(宋儒笑唐女禍、宦官、藩鎮之患,而以本朝為清平仁義者,其始於伊川。伊川所依憑者趙宋國初近百年之事。其亦不料此後之大振蕩。宋代此後之史實,在儒者亦可謂甚喪驕傲之資本。竊謂女禍者,乃儒者素來之偏見。不必辯矣。武則天乃真豪傑。宦官之患,自古有之,東漢尤熾,非唐獨有。而藩鎮之患,初看確為唐朝政治之病,然使深思之,又有大出人意料者。)東萊皇朝文鑑卷一百七尹源唐說有云"世言唐所以亡,由諸侯之彊。此未極于理。夫弱唐者,諸侯也。唐既弱矣,而久不亡者,諸侯維之也"。又云"唐之弱者,以河北之彊也。唐之亡者,以河北之弱也"。其論甚為邃達,有甚可信服者。以此而論,則藩鎮並非唐朝之真患,其與朝廷蓋有相反相成之關係。尹源云"秦、隋之勢,無分于諸侯,而亡速于唐,何如哉"。妙哉斯言也。國朝之勢,異於古時。今治道略有成,國力彊盛,寰區矚目。然長久福澤,吾恐正不在於此。使天佑中華,仁者當於治體完善焉,始乃大猷所在也。

天人之際,惟極乃通。治極則通,格于皇天是也。亂極亦通,惟帝降格是也。治亂雖殊,極乎下而通於上,則一而已。帝既降格,譴告灾異,以示所嚮,於是夏邦可以深警矣。尚猶弗能敬用帝命,大肆淫泆,惡播人口,至於有辭,自絕於天而天亦絕之,故惟時天罔念聞也。元命者,大善之命也。出於天而行於君者也。桀以淫泆肆于民上,舉措誅賞無非私意,安得有所謂元命哉。元命廢,則降致天罰,夏祚亦從而廢矣。國之元命,猶人之元氣,有則生,無則死也。(增修東萊書說卷二十四) 84

疏證　此條義蘊深湛。東萊云,治極則通,亂極亦通,極乎下而通於上,則一而已。此古人政治學之至理也。是故史遷亦自謂究天人之際，通古今之變。不然亦何以窺宇宙之玄奧。天人之際，惟極乃通。如夫子，即有此惟極乃通之證驗者。故子畏於匡。曰"文王既沒，文不在茲乎。天之欲喪斯文也，後死者不得與於斯文也。天之未喪斯文也，匡人其如予何"。又嘗曰"天生德於予，桓魋其如予何"。此皆不可以世間常理、分別意識解之者。精誠所至，金石為開。如史書中歷代至孝至誠之人，天亦以神異佑助之者，即此惟極乃通之驗。釋教中高僧道行至此，至其極處，亦往往有天人之感應，遂至不可測之境界。如法華持驗記中所載，皆此類。在學人修者，此極字極難。惟有懷至深之悲願、啟至深之智慧者，悲智雙運，始有至之。（近世吾得一人焉，曰高旻來果禪師。觀其自行錄，尤能體其極處。其嘗割肝救父，事亦靈異。高僧豈為誑語。其修行之險峻艱難，神志之至堅至誠，皆可由是觀之。此所謂惟極乃通者。）元命者，大善之命也。（東萊說此語時，純然如一宗教家之氣度。）東萊稟深大之悲願，而言國之元命，猶人之元氣，有則生，無則死，欲懲君上及諸臣之放逸，啟士林及庶民之奮發。有宋立國之元命何在焉。曰惟仁而已矣。性理學派之興，欲助成其仁者。然亦能戕其元命者，黨爭之謂是也。北宋之元命，亦由熙寧、元祐戕之。南宋之元命，亦有由慶元戕之者。大善之命者，非小善之謂也。君子成人之美，是為大善。使疾惡太過，亦是惡之一種，所以不能成大善也。

惟敬故壽也。主靜則悠遠博厚，自彊則堅實精明，操存則血氣循軌而不亂，收斂則精神內守而不浮。至於儉約克治，去戕賊之累，又不在言。凡此，皆敬之力而壽之理也。（增修東萊書說卷二十五）85

疏證　此東萊能知而不能行者。理學家多知攝生養壽之理而不能踐之，非其定力不足，恐亦乃家國天下之事逼之故。二程遺書卷二下有曰"人有壽考者，其氣血脉息自深，便有一般深根固蒂底道理"。卷十五伊川曰"修善所以引年，國祚之所以祈天永命，常人之至於聖賢，皆工夫到這裏，則有此應”。東萊書說此義之發明，乃善能發揮伊川之說者。二程遺書卷十一明道曰，敬勝百邪。即其不亂、不浮、敬之力、壽之理之意所在。然世間亦有不敬不靜不操存不收斂而壽者，吾嘗見之矣，則本是生理之大奧秘，有莫可測者，亦不必盡拘於此理也。（此種人之原始能量多充沛過人，蓋不知所謂操存收斂者爲何物者也。若以原始能量而論，朱子强于呂子、張子多矣。蓋呂子、張子皆為世家子弟，先世功業皆極盛。君子之澤，三世而斬。其原始能量不得不衰爾。）

惟周公能見之，惟周公能治之。當其相與語，微有不寬，隨以告君乃猷裕開之。微有不存，隨以其汝克敬斂之。開斂於眇忽將形之際。是以洙泗鑪錘之妙，而用於豐鎬鼎鉉之間，何其盛也。

（增修東萊書說卷二十六）86

　　疏證　此君奭篇之說。此真善讀尚書者。下士讀書，取其文辭而隔今古。（此謂隔今古之時空也。）中士讀書，取其義理而隔天人。上士讀書，取其精神而今古天人自通。此上士也。文中子周公篇有曰“子謂周公之道，曲而當，私而恕，其窮理盡性以至於命乎”。所言極是。（文中子以孔子之文字闡釋周公之精神，可謂善巧之至。）東萊言是以洙泗鑪錘之妙，而用於豐鎬間，真妙言也。可謂不拘一格。蓋仲尼之道，觀其論語，亦莫非曲而當，私而恕，窮理盡性以至於命者。故讀者可悟周公傳孔子者，非僅禮樂制度而已。即在應接答問錘鉗開導之法，孔子亦有得之於尚書周公之教者，此種秘密，非東萊道破，吾儕無以洞悉之。（可參疏證第七十條。孔子夢中親見周公，其中是何傳授。此問題學人不可不敬而思之。予修證暗契噶舉夢觀成就法，近年來證量愈高，則光明之夢也愈多。夢後愈覺佛理之親切。蓋本來深奧之佛義於夢境中多化現爲具體活潑之事情及經歷矣。如一夜曾夢吾腦袋如虛空，放出五彩之煙花。醒來莞爾，此非空性而何。夢中吾亦嘗親見孔子、文殊矣。）後世傳承論語應對錘鉗之法、因材施教之真髓者，莫若禪宗。

宋理學家之語錄,所師者直禪宗耳。理學所崇之義理及教學開牖
擊蒙之方法,實皆以禪宗為津梁,而上追孔孟。禪宗亦非僅津梁而
已。理學、禪宗於體於用皆甚相類。以文脈而言之,其皆為周孔先
聖之後嗣,則無可疑。其體謂何。此古今同然、中西唯一之一個仁
心爾。(此超越民族之界限者。使一學術弗能超越民族之界限,而行其道義
於一狹隘之心量中,豈應機之聖賢之學哉。)其用謂何。化人之道,亦只
此妙明真心之善巧方便也。

今觀周公之待多方,先之以介賚之賞,後之以離逖之用,申勅
明著,炳如丹青,周公豈亦霸者乎。然則果何以為王霸之辨也。
曰,周公之所介賚,天之所畀矜也。周公之所離逖,天之所罰也,而
周公何與於其間哉。其視霸者區區信必邀民以利、驅民以善者,大
不侔矣。然則王者之賞罰,天也。霸者之賞罰,人也。(增修東萊書
說卷二十八) 87

疏證　王者之賞罰,天也。霸者之賞罰,人也。一句力敵千
鈞。漢高一統後封建諸國,似學西周聖人法天之制者,其實所學僅
人之賞罰耳。西周之遺意,早已亡於戰國嬴秦,如漢高者非能繼其
軌者。象山語錄云"秦不曾壞了道脈,至漢而大壞。蓋秦之失甚
明,至漢則迹似情非,故正理愈壞"。雖不盡然,乃真有眼目者。顧
亭林黜郡縣而倡封建,欲回王者之賞罰,順遂天之生意,又何其眼
高而足促也。王霸之辨,由來已久。(近世牟宗三氏著政道與治道一
書,嘗剖析朱元晦、陳龍川之思想,極為精妙,前未曾有。吾雖不契牟學,然於
以朱學非正宗、王霸之辨之二端,亦與牟氏有甚相類之觀點。其論朱、陳之異
數章,讀之尤有親切之感。此予與牟氏異中有同處。竊謂牟氏實具豪傑氣質
者。故其論吾鄉陳龍川先生,語殊精切。)今日欲回王者之政,實亦不
能。然此追慕王者之政之心,則是日後政道之元命所在。有志者
詎能偏取於極端以媚時勢,而棄其中庸之道之悠遠長久耶。在理
當效聖賢之學,在事當著眼於時勢,以事明理,以理攝事,庶幾不

差。使今世之政體,全以泰西政治為繩則,自是不可。以事明理,
則日後人類之政體之準則,亦必當有變化轉移也。

心者,萬事之綱也。放而不宅,則憧憧擾擾,自流於一物,尚何
以綱萬事乎。君心既宅,安厥攸居,則經世事業皆此心之建立也,
舉世人才皆此心之應感也。(增修東萊書說卷二十九) 88

　　疏證　此東萊之心學也。象山門下袁絜齋嘗云"古者大有為
之君,所以根源治道者,一言以蔽之,此心之精神而已"。其義與東
萊此語甚合。呂、陸之間,有相契同然者甚多。非惟呂陸如是,蔡
九峰書集傳序亦曾大闡此心之義。此語雖自經世事業之實學言
之,其理路則頗類於釋教言。楞嚴經卷二曰"色心諸緣及心所,使
諸緣法,唯心所現。(此即心者萬事之綱也。)汝身汝心,皆是妙明真精
妙心中所現物。云何汝等遺失本妙圓妙明心寶明妙性,認悟中迷
晦昧為空。空晦暗中,結暗為色,色雜妄想,想相為身。聚緣內搖,
趣外奔逸,昏擾擾相,以為心性。一迷為心,決定惑為色身之內。
(此即放而不宅,則憧憧擾擾,自流為一物云云。)不知色身,外洎山河虛
空大地,咸是妙明真心中物"。(此即經世事業皆此心之建立,舉世人才
皆此心之感應也。)東萊以一大挪移,將釋教換儒家,轉虛為實,復深
斥其虛,實乃理學家慣常之手段。如象山語錄上云"且如世界如
此,忽然生一箇謂之禪,已自是無風起浪,平地起土堆了"。此種理
路,豈不正是宗門所常用者。宗門每斥人無平常心,強作解事。使
禪師見象山此語,亦當忍俊不禁,一為解頤。此正所謂入其室而操
其戈者。又如象山語錄朱濟道力稱贊文王一則。象山云"識得朱
濟道,便是文王"。如何不是禪。理學家此種剽竊手段,不失其大
機大用。陰符經曰,天地,萬物之盜。萬物,人之盜。人,萬物之
盜。則理學,禪宗之盜也。以此而論,理學家於其新學術之開闢,
亦多為不擇手段之豪傑。惟豪傑終不是聖人之所為。此自其未圓
滿處。聖人盜機天下莫能見,而賢士豪傑盜機可見故。恐末世氣

數如是,亦不許他得圓滿矣。(象山語錄又云"劉淳叟參禪,其友周姓者問之曰,淳叟何故捨吾儒之道而參禪。淳叟答曰,譬之於手,釋氏是把鋤頭,儒者把斧頭。所把雖不同,然却皆是這手。我而今只要就他明此手。友答云,若如淳叟所言,我只就把斧頭處明此手,不願就他把鋤頭處明此手。先生云,淳叟亦善喻,周亦可謂善對"。象山亦不以淳叟所言為非。推象山之心,則其學術立場之選擇,乃爲直心本心如何顯露致用之問題,而非有所謂真理是非之問題之存在者。唯此可以追古人之德。動輒以真理是非之問題為準則者,末世之習氣也。古人之德渾渾不如是。子曰無可無不可。細味淳叟所言,亦達者也。無論鋤頭、斧頭,只是此手。斫柴時用斧頭,耘田時用鋤頭,吾農稼時皆曾用過。適時而作,不拘一格。斧頭、鋤頭功用雖別而皆歸於生計。儒、釋所施亦然。其功用雖別而皆歸於人心也。)

常人,有德之人,與吉士異名而同實者也。其於國也,蓋食之穀粟,衣之布帛,得之則生,不得則死者也。然每多重遲木訥,例不能與小慧新進者爭長於煩舌之間,故世主惑於取舍而治亂分焉。噫。此周公所以慨嘆而深致意於卒章歟。(增修東萊書說卷二十九) 89

疏證　有德之人,乃如常人者,非是巧言令色之輩。道德經云"古之善爲士者,與兮若冬涉川,猶兮若畏四鄰,若朴若濁"。非即此常人之形容耶。善爲士者,河上公謂其即得道之君也。此即有德之人如常人之意。使君上欲於衆臣中分辨出此如常人之有德之人,亦甚難。君上若非進德修行,當亦不能分辨之。是以小人往往乘虛而入。東萊所謂例不能與小慧新進爭長於舌煩之間者,政爲呂惠卿、章惇、蔡卞、蔡京輩發也。秦檜亦小慧新進之流,爲禍深矣。觀呂惠卿著莊子注,義趣亦深,闡幽發微,如有道之士,則此種新進之流才性玄思,彌惑人眼,亦甚可畏。彼終是小慧,不是大道。有德之士如常人,小人則如有道之士,非真有道者亦何能分辨之。此所以治道之為難也。重遲木訥之士,北宋猶存焉。逮至南宋孝宗之世,蓋已彌少。是以東萊恒嘆少老成人。朱、陸二大賢皆有志於政道，然觀其生平言行，皆非此種遲重木訥之常人。朱子尤激烈，亦近乎新進一流，不必諱言也。

三公位皆上公，所論之道即以經邦，燮理陰陽者也。經者，經綸之謂也。燮理者，和調之謂也。明則邦國，幽則陰陽，幽明之所以然，乃所謂道也。經綸之用，藏於無迹。和調之妙，間不容聲。亦何待於論乎。論云者，擬議以成其變化，講明啓沃而精一之者也。非經綸天下之大經，參天地之化育者，不足以與此，故官不必備，惟其人也。（增修東萊書說卷三十）90

疏證 此義漢儒闡發已深，東萊粹言猶有留意焉者，以東萊又有其湛思之故。東萊言經綸之用，藏於無迹，和調之妙，間不容聲，乃極精妙語，似為漢儒所未言者。漢儒所重者，天人之感應，以人事爲歸。東萊以無迹之藏、間不容聲解之，更見夫天體之流行。惟以此無迹、容聲之說，愈可會夫董仲舒、揚子雲、京房、焦延壽諸賢之學之心源，而乃愈明乎周漢儒學之邃義也。無迹二字極妙。乃可謂深得乎上古以迄老孔諸聖之心。惟無迹乃可成事，以有迹而成事者，粗相也，非真心也。（鍾元常王右軍之書，無跡也，方是心書，乃自心肺中流露出者。楞嚴云，一切世間諸物皆即菩提妙明真心。觀其書跡，不禁乃有此感。歐虞褚薛之書，無迹亦有迹，以有迹而成事者，終是心之相，與鍾王終隔一塵。雖然，亦後世不能及。唐賢欲直追無迹之妙者張旭、李陽冰、吳道子。此唐人所以具經綸和調之大用者。吾學之尚唐，已於近思錄首二篇玄義緒言中述之矣，乃即以唐賢之學經綸己身之陰陽，和調己身之氣稟，通達己身之順逆也。予既深有體證，乃標有唐學之目，非刻意標新也。）

東萊又繼述言論之正義曰"論云者，擬議以成其變化，講明啓沃而精一之者"。成變化而精一之，真乃議論之聖解。當此之際，心中一團光明，照耀今古。揚子法言問神有云"言不能達其心，書不能達其言，難矣哉。惟聖人得言之解，得書之體。故言心聲也，書心畫也。聲畫形，君子小人見矣。聲畫者，君子小人之所以動情乎。聖人之辭,渾渾若川。順則便,逆則否者,其惟川乎"。其義旨正大精微,為孟荀所未發者。東萊之述言論之正義,乃有近之。成其變化者,聲畫也。聲畫形,君子小人見矣。成其變化者,君子小人之所以動情乎。講明啓沃而精一之者,究其極致,即渾渾若川,順則便,逆則否是也。天體無迹,何待乎論。論非第一義,然可輔於神明,得魚忘筌,得意忘言可也。此義甚圓融。世間得言之解,得書之體之人,愈不可覯。而言解書體亦愈裂。世間之論,擬議以不成其變化,講明啓沃而不能精一之。今滔滔皆是。其論愈多,而離析也愈大。嗚呼,文字之窮極也。予之倡唐學,欲言解之歸於渾成自然。唐詩尤可學。予之倡古文體,欲書體之復於文雅信達者,非拘泥于古人之跡爾。(如此書引用西哲之書及論述時,亦不廢語體文。雖不文雅,亦將裨益於達意也。)

　　斯言也,蓋成王平日至親至切之學,至死始發其秘也。周公精微之傳,成王得之,將終方以示羣臣。孔子精微之傳,曾子得之,將終方以示孟敬子。皆近在於威儀、容貌、顏色、辭氣之際。然則周、孔豈惟同道,其用工之次第品目,亦莫不同也。人受天地之中以生,是以有動作威儀之則,蓋莫非天命也。躁輕縱緩,或踰其則,特人自亂之耳,其天秩本何嘗亂哉。曰思夫人自亂于威儀,遡其語意之深長,可見其觀之遠也。威儀失,則豈特形於事,見於行,然後當戒。一俯一仰,毫釐有間,即非天命,已冒進于非之幾矣。曰爾無以釗冒貢于非幾,味其誥戒之嚴密,可見其察之精也。有用力於聖學者,其可不請事斯語乎。(增修東萊書說卷三十一) 91

　　疏證　周孔豈惟同道,其用工之次第品目,亦莫不同也。此語雖不盡然,亦甚有見。曾子之學,不足見孔子之底蘊,然差能見孔子之體格。孔子之體格,固與周公、成王相近。東萊此段,發明甚深,使周公成王之學與仲尼之學古今一貫,熔鑄一爐,以見諸聖賢相傳之道,渾合無迹,間不容聲,所謂毫厘有間即非天命者也。東

萊乃宋儒中最善於會通周、孔之間者。周公孔子相距五百年，其間
自多賢哲，傳其精蘊，發其弘旨。論語中諸多粹言，如己所不欲勿
施於人、克己復禮等，皆非夫子語，乃前賢所已言者。此種言語論
語中甚多。春秋左傳多載二百四十餘年賢哲大臣之瑰行粹言，尤
可見聖學精蘊之歷代相承。雖多無師承之可考，亦可推各國學術
傳統之所在。東萊"人受天地之中以生"云者，亦本爲劉康公之語，
見於左傳。康公亦是孔子之前賢，爲其薪火之先導。幸賴左傳、國
語之載，後人始得於進窺春秋孔子之前學術之大體。（自文王、周公
以迄孔子、顏子，亦可作一部上古儒學史看。好事者可作一部也。）左傳雖
不同公羊、穀梁傳經之體，而獨有精蘊，存東周賢哲之義理，豈僅爲
史事而已哉。其自亦義理之淵藪，有功於聖學，亦與公羊等。吾讀
東萊左氏博議，尤有此感焉。東萊之善體左傳精蘊，其書自爲左氏
之大功臣也。

　　此條義理深湛。東萊云"人受天地之中以生，是以有動作威儀
之則，蓋莫非天命也。躁輕縱緩，或踰其則，特人自亂之耳，其天秩
本何嘗亂哉。曰思夫人自亂于威儀，遡其語意之深長，可見其觀之
遠也"。學人須在此觀字下功夫也。此觀字，洞觀天人消息，非世
俗之小觀也。（江南古村落之建村先祖，大多具此種觀遠之功夫，乃使古村
落數百年福澤不絕。）使學者能以此精微之學自察之，何患不得乎中
道。故曰，有用力於聖學者，可不請事斯語乎。（佛道修行，尤倚重此
種自察功夫。蓋正邪往往在一念之間。差之毫釐，謬以千里。察者，自察也，
亦他察也。而修行至一定境界，此察覺內外之妙能又將超越六根之所限。後
世儒家時或詆毀佛教此種神通為誕妄，亦背離於中庸之道者。而中庸有曰
"君子戒慎乎其所不睹，恐懼乎其所不聞，莫見乎隱，莫顯乎微"。）東萊云
"威儀失，則豈特形於事，見於行，然後當戒。一俯一仰，毫釐有閒，
即非天命，已冒進于非之幾矣。曰爾無以剡冒貢于非幾，味其誥戒
之嚴密，可見其察之精也"。學人須在此察字下功夫也。此察字，

深察隱微,乃于毫釐間見天命之流行。此種察之功夫,最可見於左傳中。(前東萊云躁輕縱緩,或踰其則,特人自亂之耳,其天秩本何嘗亂哉。予忽悟荷馬史詩之真諦,亦即在此。當此之際,又忽覺春秋左傳乃即吾國之荷馬史詩也。二書皆文學之最高典範,皆敍事多對話,所敍皆躁輕縱緩或踰其則、特人自亂之事,而事皆關涉天道鬼神之玄微。書中人物無論善惡,皆極性情,而氣韻亦極生動。左傳之末,孔子周遊列國而返於魯,亦猶奧德修斯之歸於故土。孔子、奧德修斯之精神氣質,亦具有某種奇特之相近性。奧德修斯之歸來,於古希臘文明而言乃宣告諸神世界之終結。而中國之文化世界,自經歷此番孔子之周遊後,乃擺脫三代文質三統之糾纏,產生出一條全新之尚仁義、敬鬼神而遠之之道路也。)

　　治世公道昭明,爲善得福,爲惡得禍,民曉然知其所由,不求之渺茫冥昧之間。當蚩尤、三苗之昏虐,民之得罪者莫知其端,無所控訴,相與聽於神,祭非其鬼,天地人神之典雜揉瀆亂,此妖誕之所以興,人心之所以不正也。在舜當務之急,莫先於正人心,首命重、黎修明祀典,天子然後祭天地,諸侯然後祭山川。高卑上下,各有分限,絕不相通,舋蒿妖誕之說舉皆屏息。然此非專重、黎之力,亦朝之羣后及在下之衆臣精白一心,輔助常道,卒善而得福,惡而得禍。雖鰥寡之微,亦無敢蓋蔽而不得自伸者。民心坦然無疑,不復求之於神,此重、黎之所以得舉其職也。(增修東萊書說卷三十四) 92

　　疏證　此說殊有新意。通常祇說孔子正人心,作春秋,使亂臣賊子懼,東萊却云舜正人心。唐虞之世,孔子之所崇慕者,於道極淳,如何又有所謂雜揉瀆亂者必須以正之者。此最可疑者。東萊之說未必為實情所在,然堯舜之際吾國必有一政道、制度、文教、風俗之大變革,則亦可因東萊之新說而愈可想見也。(史記曆書云"少暤氏之衰也,九黎亂德,民神雜擾,不可放物,禍菑薦至,莫盡其氣。顓頊受之,乃命南正重司天以屬神,命火正黎司地以屬民,使復舊常,無相侵瀆。其後三苗服九黎之德,故二官咸廢所職,而閏餘乖次,孟陬殄滅,攝提無紀,曆數失序。堯復遂重、黎之後,不忘舊者,使復典之,而立羲和之官。明時正度,則陰陽調，風雨節，茂氣至，民無夭疫。年耆禪舜"。此或為東萊所本。惟史記所言明時正度、分民神之雜擾者為堯，而非舜也。史記言堯正曆數，而非正人心，分高卑。東萊之說，又異於史記。史記之說猶可據，東萊之說，或非真實相也。）莊子屢以堯舜爲失道者，聖者迷塗，如逍遙游之許由拒堯，亦不必僅以喻言視之。蓋以莊子之眼光觀之，堯舜於道術實已有虧矣。然所虧者何。竊謂東萊之所謂蚩尤三苗之神之祭者，並非盡是妖言不正之術，實爲更淳古之風俗所在。至堯舜風俗有變，心思已別，乃視此前之風俗爲有不正者，遂有虞舜首命重黎修明祀典之改革。高卑上下，各有分限，而成一民心坦然之新風氣。此種事自後世所謂儒家者視之，爲大功明作之事業。然此乃以後世之眼光觀古人，非以古人觀古人也。以古人觀之，則堯舜於道已有虧於前，不似先前之風俗更具渾沌氣象。莊子駢拇有曰"自虞氏招仁義以撓天下也，天下莫不奔命於仁義。是非以仁義易其性與"。此莊子所以不可僅以喻言視之者。其書實亦暗示古史中大變動之存在。雖非古史，又勝古史。堯舜之際，其歷史大變動之緣由背景，蓋已無可考稽。東萊所言蚩尤三苗之影響，或即致其動蕩之一大因素。經此虞舜之整頓，自又生出一番新氣象，極有生機者，則無可疑。以此觀之，則東萊不確之說，亦極可啓人神智。且莊子德充符仲尼曰"受命於天，唯舜獨也正。幸能正正，以正眾生"。則莊子文中仲尼之觀念，又與東萊之說舜正人心極相似。東萊言舜正人心之說，亦可以此爲一佐證。然此仲尼乃欲以王駘爲師者，莊子有此安排，亦見其終不以此說爲至道。則其所謂舜正眾生之說，亦終非第一義也。（後覽潘雨廷氏道教史叢論之道教文化，乃有與愚說甚相似者。其大意謂儒家執著於堯舜三代，斷絕堯舜三代與原始宗教、原始文化之關係。孟子言必稱堯舜，無形中將堯舜時代無限上推，為認識古史較大之阻礙。直至宋邵雍皇極經世之說出，始差公允矣。所言甚是。東萊云舜正人心，雖未必得其實體中道，亦不失為一種於儒學執著於堯舜三代之超越者，於古史蓋有一冷靜之眼光也。又如格魯派之批評寧瑪、覺囊諸派之古義，亦謂其典雜揉潰亂，妖誕之所以興。此以格魯後學之眼光觀之，固仿佛舜正人，高卑上下者。然格魯之說，非真實相也。）

　　人皆愛奇，而君子不愛奇。人皆愛高，而君子不愛高。君子之情未嘗不與人同也，而愛惡與人異者，何也。蓋物反常爲怪，地過中爲偏。自古自今，惟一常也。自南自北，惟一中也。是常之外而復求奇焉，斯怪矣。是中之外而復求高焉，斯偏矣。是故衆人之所謂奇，即君子之所謂怪也。衆人之所謂高，即君子之所謂偏也。

（東萊左氏博議卷一）93

　　疏證　君子道其常，而小人道其怪。荀子先已言之矣。（見榮辱篇。）此義蓋古已有之。黃帝陰符經有曰“人以奇期聖，我以不奇期聖”。明人陸西星方壺外史卷一陰符經測疏云“蓋凡謂之奇者，必其有巧絕過人之事，而聖人之所謂道者，非於百姓日用之外別有所加也，不過識互藏之精，盜其機而逆用之耳，何奇之有”。陳義尤明晰。荀悅申鑒有曰“君子所惡乎異者三，好生事也，好生奇也，好變常也。好生事者多端而動衆，好生奇者離道而惑俗，好變常者則輕法而亂度”。亦於政事見其用矣。又呂新吾呻吟語卷一云“中是千古道脉宗，敬是聖學一字訣”。（其爲明代理學第一流之著述。）東萊說常說中，常者平常，中者中庸，中庸者中而用之也。平常者，非僅康成三易之不易、平易之義，亦謂自古自今，惟一平常心也。心而平常之，則無往不通，無往不化。不平常，則高下相生，以我慢、分別心故，滋生敵對之勢力，處處多窒礙。中而用之，則觸處即真，目擊道存。不中，則迷執於相，不能見性。常、中之道，即是一體，常者大中，中者平常。故曰，中是千古道脉宗。

　　呻吟語卷一又云“六經言道而不辨，辨自孟子始。漢儒解經而不論，論自宋儒始。宋儒尊理而不僭，僭自世儒始”。蓋君子之愛奇自墨子、莊子始，君子之愛高自孟子、荀子始。孟子之不得已，終亦使儒家之中而外復求高焉，排異端，闢楊墨，使儒道爲最高。此固非六經孔子之本來面目。荀子於此又有變本加厲者，非十二子論愈可見其之自高矣。（其非惟排異端而已，儒門中子思孟子一派亦嚴斥之。）此等皆不免於百姓日用之外別有所加也。墨子之學行瓌奇特立，獨拔於俗學，莊子倜儻不群，奇文異辭，亦搖動千古。然彼不免生出所謂怪者。孟、荀亦不免生出所謂偏者。是以孟子之學復光於一千年之後之宋代，荀子之學復光於二千年之後之清季，皆不能如周孔之道，萬古一貫。此聖與賢境界之差別所在。夫聖人如平地，無處不是。賢人如高山，崢嶸一方爾。（近世儒者陳大齊氏孟子待解錄一書近期刊行。其亦明言孟子思想有好多處，未為其所能理解。如不可解者三事一節，特為獨到。實則其所不可解者三事，皆孟子學說好高之失所在，乃其未圓滿處。）他如宋儒之論，亦多是求奇求高，不似漢儒之不論。宋人議論之求奇求高，精絕空前，然不免流於意氣、機巧，於道有虧，自生其病痛。（東萊左氏博議立言亦求奇求高，精絕空前，然其宗旨歸於中正平常，契合聖人之意。此又非旁人所能解者。以此而論，東萊議論文字學三蘇，而其左氏博議中正平常之精神，實已超越三蘇矣。）

　　新吾謂明儒尊理而僭，則宋儒所求之奇特、高明，其習氣流至明代，已大多變爲怪異、偏宕，故曰僭自世儒始。新吾法眼灼灼，亦甚可畏。然如李卓吾，世儒詆之為怪異者，而不知卓吾之真實相，本亦平常。可謂少見多怪。卓吾亦自能識之。焚書復耿侗老書有云“世人厭平常而喜新奇，不知言天下之至新奇，莫過於平常也。日月常而千古常新，布帛菽粟常而寒能煖，飢能飽，又何其奇也。是新奇正在於平常，世人不察，反於平常之外覓新奇，是豈得謂之新奇乎”。亦正可與東萊說相印證。卓吾固亦未臻圓滿，然學人亦不可以道聽途說，即輕視卓吾其人也。（東萊亦知奇怪之事，本有天道，惟儒者不尚耳。見疏證一百一條。然其並不以崇尚中正之故，便斥奇高之為誕妄。舊日自恃中正之儒，往往詆毀奇高為誕妄，實非中正之道。明季屠長卿婆羅館清言有云"孔孟以經常治世,不欲炫奇怪以駭時。釋老以妙道度人,故每現神通以聳衆"。此言有得之。荀悅曰"好生事者多端而動衆,好生奇者離道而惑俗,好變常者則輕法而亂度",此正可為孔孟以經常治世之注腳。卓吾之喫緊處,即彼欲以釋老度人之妙道直以治世,宜時世之不受也。)

君子之論事,必使事爲吾用,而不使吾爲事所用。古今之事所當論者,不勝其多也。苟見事之難者,亦從而謂之難。見事之易者,亦從而謂之易。甚者反還就吾說以就其事,豈非爲事所用乎。所貴乎立論者,蓋欲發未明之理,非徒議已見之迹也。若止論已見之迹,是猶言火之熱,言水之寒,言鹽之鹹,言梅之酸,天下之人知之,何假於吾說乎。惟君子之立論,信己而不信人,信心而不信目,故能用事,而不用於事。（左氏博議卷二）94

疏證　此呂子作左氏博議之精神之自然流露也。君子之論事,當使有主人存焉,使事爲吾用,而不使吾爲事所用。此即呂新吾所謂衆人以時勢低昂理,賢人以理低昂時勢之意。東萊非聖人,不能無所低昂。其乃賢人也,左氏博議,爲以理低昂時勢之傑作。惟其所恃之理,乃自悟之者,非資取之他人。是書之精光四溢,即以此故。故曰"所貴乎立論者,蓋欲發未明之理,非徒議已見之迹也"。東萊之理,又高過陸、朱。臨濟錄云"看取棚頭弄傀儡,抽牽都借裏頭人"。東萊不欲爲傀儡外相所迷惑,欲以己眼立論分明,作一裏頭人。左氏博議政其裏頭抽牽之傑構也。此亦臨濟奪境不奪人之意。臨濟又云"王令已行天下遍,將軍塞外絕烟塵"。東萊云君子信己不信人,信心不信目,即此王令所在,奪境不奪人也。以此論之,東萊之作博議,亦與禪宗之精神相通。宋儒議論著述,實多有受禪門精神之影響者,非僅書畫藝術而已矣。臨濟宗門庭施設,三玄三要、四料簡、四照用、四賓主諸手段,大機大用,玄奧精密,而靈活無比。(三玄三要諸說實皆爲宋代臨濟宗禪僧所整理而定形者。在臨濟義玄本人則無意於此。)宋儒轉用諸性理之學、文辭之道之中。吾觀東萊文筆思致，乃真善於活用類此臨濟施設者。

是故隱顯晦明，本無二理。隱之所藏，待顯而露。晦之所蓄，待明而彰。彼春秋之公侯卿大夫，未嘗致力於暗室屋漏之學，及盟會聘享之際，雖欲勉強修飾，終有時而不能揜。歃血而忘者，不自知其忘也。受玉而惰者，不自知其惰也。奏樂而歎者，不自知其歎也。相語而泣者，不自知其泣也。方正冠鳴佩，儼然肅然，自謂中禮，而不知人已議其後矣。平居暇日暗室屋漏之所為，至於此時，如遇明鏡，無不發見。吾是以知顯者隱之影，明者晦之響也。君子欲無得罪於眾，必先無得罪於獨。欲無得罪於朝，必先無得罪於家。苟徒以一日之敬，而蓋終身之邪，是濁其源而揚其流，斧其根而溉其葉也。（左氏博議卷二）95

疏證 春秋之際，盟會聘享，人皆視升降語默之節爲吉凶禍福之占。此左傳之特質，而爲後人所視爲矯誕不經、不可信者。呂子並不以後人懷疑之說為然，而有邃遠之思焉。其言隱顯無二，彼時之士未嘗致力於暗室屋漏之學，及盟會之際，雖欲勉強而終不能揜其性質，故爲智者所洞察而占其吉凶禍福也。所言極是。左傳中事，豈作史者所杜撰耶。吾讀左傳蓄此疑已久，今觀東萊博議，渙然自釋。（吾乃嘆宋之後之理學士大夫，既嘗致力於暗室屋漏之學矣。故其行止，或亦往往甚具欺騙性。在智者君子，亦無能從其盟會聘享間占之矣。）東萊又云"君子欲無得罪於眾，必先無得罪於獨"。真粹言也。徐幹中論法象篇云"人性之所簡者，存乎幽微。人情之所忽者，存乎孤獨。夫幽微者，顯之原也。孤獨者，見之端也。胡可簡也。胡可忽也。是故君子敬孤獨而慎幽微，雖在隱蔽，鬼神不得窺其隙也。詩曰，肅肅兔罝，施于中林。處獨之謂也"。正可為此條之注腳。此即聖賢慎獨之意。東萊乃以此論事而推明之，亦有功於聖學。較之他儒只以義理而釋之者，深入多矣。事理無二。然欲聖學之深入，以事必優於以理，以行必優於以知。於今世尤然。蓋今世之患，文字之學太盛，盡是理，盡是知，而少實事，少實行耳。

理之在天下，猶元氣之在萬物也。一氣之春，播於品物，其根其莖，其枝其葉，其華其色，其芬其臭，雖有萬而不同，然曷嘗有二氣哉。理之在天下，遇親則為孝，遇君則為忠，遇兄弟則為友，遇朋友則為義，遇宗廟則為敬，遇軍旅則為肅。隨一事而得一名，名雖至於千萬，而理未嘗不一也。氣無二氣，理無二理。（左氏博議卷三）96

疏證　理之在天下，猶元氣之在萬物也。如此說理氣最妙。如直標理氣無二之義，高則高矣，而不親切。氣無二氣，理無二理。只理即說理，氣即說氣，乃是清淨法門。若必辯說理在氣前，氣在理先之類，則亦不免纏繞不清，愈難得乎平懷矣。東萊此語不說透，亦甚見其高明。蓋於物宜言氣，於事宜言理，隨宜而說，乃得自然。故理氣之辨，可以不辨而辨之。必欲辨之，只能真修實證。如寧瑪家之大師至證妥噶得虹光身時，可以徹言理氣之微妙。傳世大圓滿法之典籍，述之甚詳。噶舉家之祖米拉日巴，其道歌集亦述之甚備。近觀丹道家南北中東西五派大師之書，其中玄義亦極夥。（氣即理，理即氣，同體而異名。可參疏證第七十條。）“一氣之春，播於品物，其根其莖，其枝其葉，其華其色，其芬其臭，雖有萬而不同，然曷嘗有二氣哉”。觀此則可以興。“理之在天下，遇親則為孝，遇君則為忠，遇兄弟則為友，遇朋友則為義，遇宗廟則為敬，遇軍旅則為肅”。觀此則可以羣。“隨一事而得一名，名雖至於千萬，而理未嘗不一也”。如此則方可謂孔子正名之真解也。

忽之言曰“自求多福，在我而已，大國何為”。斯言也，實先王之法言，古今之篤論也。在我之福，以堯為父，而不能與丹朱。以周公為兄，而不能與管、蔡。以周宣為子，而不能與厲王。彼大國亦何有於我哉。苟忽能充是言，則洪範之五福，周雅之百祿，皆我有也。尚何微弱之足患乎。論者不讚忽之不能蹈其言，而反譏其言之失，亦惑矣。後之君子苟不以人廢言，而深味其言，釋然深悟天下之福皆備於我，無在我之外者。攀援依附，一掃俱除。天下無對，制命在內。忽言之於千載之上，我用之於千載之下。是忽雖不能自用，適所以留爲我之用也，豈曰小補之哉。（左氏博議卷四）97

疏證 漢季周生烈有曰"人者天之舌，物者神之口"。見意林卷五。吾觀忽之語，頗思周生此言之味。忽者，鄭世子忽。春秋一部多少正邪人物，實皆天之舌，神之口也。使人深達周生此言，則左傳之惑可解。東萊言後之君子深味其言，釋然深悟天下之福皆備於我，無在我之外者。此義極精，爲孟子萬物皆備於我之說之擴充者。孟子之義，乃覺照當下，統攝天人。呂子之說，則燭明因果，洞悉本源。蓋無不備於我、無在我之外者，猶釋教華嚴家之所謂因果同時，如智儼華嚴一乘十玄門之言同時具足相應門。無在我之外，因也，福皆備於我，果也。所以攀援依附，一掃俱除，天下無對，制命在內。東萊此語，符契於佛道之精神，而亦與古之人有相契者。春秋時不正如鄭世子忽者，亦有此覺悟，則尤可知當時通常之人神智湛明，自然合於天道。（在唐代士民各階層中修行者普遍之根器甚高，觀佛教各宗派各地方之發達程度可知。女子中有丈夫氣或參禪有得之老婆子風貌凜然者亦多有其人。讀燈錄可知也。而此東周，又遠在唐代之前。其時人物氣體之深厚，又非唐人可以想見也。）在古人心中，自求多福，在我而已。本不足以爲異。不似後世風俗澆薄，人之求福，皆是攀援依附，則非君子不能體此理。吾國上古即有之之禍福之觀念，至春秋時猶甚平常，在日常之用。亦可知華夏古梵之智慧，於本源處亦多此相契者。惟夏言大而渾，梵義深而微，各有格度風神耳。其之道則一也。

至理之中，無一物之可廢。人心之中，無一念之可除。貪吝之念，苟本無邪，安從而有。苟本有邪，安得而無。是貪吝固不可強使之無，然亦不必使之無也。吾心一旦渙然冰釋，則曰貪曰吝，

孰非至理哉。蓋事有善惡，而念無善惡。是念加於事之善者，則
名善念。是念加於事之惡者，即名惡念。所謂念者，初無二也。
譬之於火，用之爨釜則爲善，用之燎原則爲惡，然曷嘗有二火哉。
譬之於水，用之漑田則爲善，用之灌城則爲惡，然曷嘗有二水哉。
自人觀之，雖若爲二，而其一未嘗不卓然獨存於二之中也。（左氏
博議卷四）98

　　疏證　此呂子智慧特絕處，迥拔俗諦之上。陸子亦未嘗言之。
其言貪吝固不可强使之無，亦不必使之無，吾心一旦渙然，則貪吝
孰非至理，乃與維摩詰經義相契合者。經曰"菩薩行於非道，是爲
通達佛道"。所謂吾心一旦渙然冰釋，即此通達之際疑念銷融之形
容，本以貪吝始有此疑障，今障既銷，獲大清淨，則此一念中貪吝本
即至理所由出，母子一體，無可疑者。使無貪吝，不能入此大道，故
貪吝亦是慈悲。故曰行於非道，是爲通達佛道。一旦空性貫通，則
何有貪吝之體哉。非僅貪吝如此，瞋恚、癡愚、懷疑、我慢皆可作如
是觀也。（東萊言"貪吝之念，苟本無邪，安從而有。苟本有邪，安得而無"。
亦純然爲佛學手法。）事具善惡，念無善惡，此一念渾然生機，不必有
分別機巧，强剖善惡也。如春氣生長之時，萬物皆披其薰化，善感
咸發，然溝瀆藏納之蚊蠅毒物、萬物體內隱蓄之病毒亦皆隨之而
盛，轉爲人之疾苦，又若爲惡者。則此春氣豈有善惡本然之分別
哉。念之無善惡，亦同理。故曰用之爨釜則爲善，用之燎原則爲
惡。雖若爲二，而其一未嘗不渾然獨存於二之中。胡五峯知言云
"天理人欲，同體而異用，同行而異情"。又云"夫婦之道，人醜之
矣，以淫欲爲事也。聖人則安之者，以保合爲義也"。若以東萊此
義觀之，則亦自然爾。東萊之說較之尤進一層。天理人欲，保合淫
欲雖若爲二，而其一未嘗不渾然獨存於二之中。一者爲何。第一
義也。此心此念而已。此心此理而已。此念無善惡，渾然之體，人
之所貴不在善惡，乃在有此一大渾然之體也。朱子分別心有過，自

不悟此。夫愛欲者，最具密意，其力莫可測焉。聖賢善用之則爲聖賢，小人濫用之則爲小人。善用之者，證悟見性。濫用之者，惑心乖理。（或問釋教守戒之高僧如何用之。予即對之曰，彼以不用用之也，是爲大用。）東萊此語，乃爲善用之者發之也。故曰，至理之中，無一物之可廢。

天下之甚可畏者，莫大於理。惟言出於理，故凜然列八字於千百載之上，非雷霆而震，非雪霜而嚴，非山嶽而峻，非江海而險，非師旅而威，非礎礩而慘。尊之者王，畏之者霸。慢之者危，棄之者亡。世儒之文詞愈多，而理愈寡。蓋有書五車，而無片言之中理矣。（左氏博議卷五）99

疏證　此語極有威力，如書經成湯之誓、周公之誥，如舊約天神之誡，如禪門峻烈之機鋒，聽獅子吼耳聾三日者。東萊一句"世儒之文詞愈多，而理愈寡"，乃令後世號爲學者之士聞風喪膽，寒毛直竪矣。（吾此際亦毛竪矣。）戰國諸子著述文詞愈多，而理猶充實。自漢文儒辭賦興，理便不稱。揚子雲斥之雕蟲小技，而欲返其本源。其後王充、桓譚、王符、仲長統皆有可觀。自魏晉玄談及南朝駢儷之興，此患轉深，而唐中葉韓柳悟而斥之，稍返於著實，然理亦不能如漢儒之充實圓通。韓柳各具其理，韓之理直悍雄快，柳之理新銳精切。宋人作文欲承此衣鉢，然於氣於理又大段不如唐。如歐曾文固佳，而理不深。三蘇文理俱美而流於偏。荊公理稍著實而流於矯。東萊深於文章之道，而識其不古之失，而嘆世儒之文詞愈多而理愈寡也。天下之甚可畏者，莫大於理，非雷霆而震，非雪霜而嚴，非山嶽而峻，非江海而險，非師旅而威，非礎礩而慘。尊之者王，畏之者霸。慢之者危，棄之者亡。東萊說理，又大段與宗門說禪相似也。

浩然之氣，與血氣初無異體，由養與不養二其名爾。苟失其養，則氣爲心之賊。苟得其養，則氣爲心之輔。亦何常之有哉。慎

亂散越,臨死生而失其正者,是氣也。泰定精明,臨死生而得其正者,亦是氣也。凌烟圖繪之功臣,誰非前日之勍敵耶。(左氏博議卷五) 100

　　疏證　自宋儒分義理之性、氣質之性,儒者多不敢言血氣二字,亦猶清人既尚考據,儒者多不敢言性理二字,實習氣使然,非真實相。東萊之學,具此真實相者,如言浩然之氣與血氣初無異體,即此也。是氣也與聖人所以立道者無以異。唐王凌烟圖繪之功臣,本即前日彊場戰陣中勍敵,洵妙譬也。方以智嘗創一說以寫其底蘊曰"血靈本覺"。此血字極妙。惟血脉中真氣體之存,始能使人格物致知安身立命,無此血覺,談話性道,不免空蕩。理學之儒以血氣爲諱,猶魏晉玄學之士以禮法爲諱。然如阮籍之儔,形迹無羈,廢弃禮儀,而實爲至性至情,極有質地之人,惟不欲徇於虛文耳。宋儒中亦有如阮籍者,雖鄙夷血氣,只崇義理之性,而實爲性情中人、具大血氣者。朱、陸皆是也。呂子之說最無病,毫無遮掩,乃是中正氣脉。亦猶謝安一流,禮則禮,非禮則非禮,直截順遂,本來如是。雖然,凌烟閣圖繪中二十四人,其後張亮不終,侯君集以反誅,血氣之患,往往反復不能去盡,而不免爲心之賊。朱子大賢,其身上亦有此侯君集也。

　　左氏嗜怪,時神怪之事多出其書,范甯闢之以誣,說者是之。吾謂載之者非,闢之者亦非也。載之者,必以爲怪而駭其有。闢之者,必以爲怪而意其無。一以爲有,一以爲無,至於心以爲怪,則二子所同病也。人不知道,則所知者不出於耳目之外。耳目之所接者,謂之常。耳目之所不接者,謂之怪。凡所謂怪者,共辨而競爭之。至於耳目之所常接者,則輕之曰,是區區者,吾既聞而見之矣,何必復論哉。抑不知耳之所聞非真聞,目之所見非真見也。耳之所聞者聲爾,而聲聲者,初未嘗聞。目之所見者形爾,而形形者,初未嘗見。日星也,雲雷也,山海也,皆世俗飫聞而厭見者也。至於日星何爲而明，雲雷何爲而起，山何爲而峙，海何爲而渟，是孰知其所以然者乎。其事愈近，其理愈遠。其迹愈顯，其用愈藏。人之所不疑者，有深可疑者存焉。人之所不怪者，有深可怪者存焉。吾日用飲食之間，行不著，習不察，尚莫知其端倪，反欲窮其辭於荒忽茫昧之表，何其舛於先後也。天下皆求其所聞，而不求其所以聞。皆求其所見，而不求其所以見。使得昧於飫聞厭見之中，則彼不聞不見者亦釋然而無疑矣。（左氏博議卷六）101

疏證　清儒勞孝輿春秋詩話卷四言僖公十五年史蘇之占有云"占驗之此，從後觀之，疑爲傅會。然古人累世守一官，終身名一藝，專精之至，可以通幽，何怪其言之如神也"。真達識也。夫神怪之事，漢世自王充論衡以來，疑者漸多，如范甯之以左傳之失也誣，即其一例。疑者之勢尤猛厲於近世，蓋以泰西之無神論爲銳器。然此種學說，並非中道，不得實際，非爲平情。予素不以爲然。讀東萊博議，益嘆自古儒家解此疑難之正說者莫若此條也。（玄教中論此疑情而文義雄辯如河注者，則莫若抱朴子。可參抱朴子內篇論仙等。）東萊之說，近乎中道，而不偏於一端，誠非淳德深智之士不能作。所謂載之者非，闢之者亦非者，確乎弗謬。其事愈近，其理愈遠，其迹愈顯，其用愈藏，亦極深妙之說，非有道之士不能語。觀此章，尤可知東萊深於道術，邃觀天地萬物陰陽幽明之奧，非僅學問辭章政事而已。其氣息蓋與漢儒如何邵公、鄭康成者相近，皆立根於天人之際也。（何、鄭二先生道術學問中皆有此種底蘊。康成治經曾用讖，而爲後儒所非。其實不免爲後世之成見。使以漢人之心觀之，亦平常事耳。）他人無此真實深切，亦無此雄辯。象山語錄云"子不語怪力亂神，夫子只是不語，非謂無也。若力與亂，分明是有，神怪豈獨無之。人以雙瞳之微，所矚甚遠，亦怪矣。苟不明道，則一身之間無非怪，但玩而不察耳"。所言殊爲警策。其義乃寓于平實簡捷之言語中，而與呂子之說契合無間。呂子云"天下皆求其所聞，而不求其所以聞"，"人之所不疑者，有深可疑者存焉"。政可警醒當世之瞽說。（當世之人深為無神論、進化論所遮蔽，不知天高地厚暨耳目之外者，往往識見狹陋，固步自封。其於科學有極自信不疑者，而不知此直呂子之所謂人之所不疑者，有深可疑者存焉耳。吾國佛、道、醫、氣功諸學，其玄奧多在此耳目之外者。）

　　吾長於鄉野，親睹親聆神怪之事甚多，如仙佛之靈托於常人之體，溝通幽明，凡問無所不中，以勸人心善惡。又於釋教之妙悟神異有切近之體驗聞見。固不以無神論為然。（有神之神，非是言人格神，乃是真心元神、心性玄妙精神體之謂是也。）此在古人亦平常，愚夫愚婦亦知之者。而今在大學者亦多不明。蓋人心顛倒，由來久矣。結業深重，正見遮蔽。呂東萊猶能得此正見，浩然陳說。今人盡為短見淺視所蔽，而自以真理是恃焉，實則皆多顛倒見爾。所謂區區持私智之蠹，而欲測古人之海，多見其不知量也。（釋教靈感之事，學者或不信，甚者直以誕妄視之。此其少緣耳。大儒顏習齋文集中有尋父神應記一文，亦記載有靈異之體證者。習齋乃篤實誠摯之人，必不杜撰此種文字。頭頂三尺有神靈。今之學者非但不信，反欲破除之。障礙深重。如何去此知識成見之所知障，政為當世及未來之學者之要務。自西學東傳以來，此為最尖銳之問題之一。）民國陳柱氏著中庸通義。子曰，鬼神之為德，其盛矣乎。陳柱有云"夫孔子之學具乎六經，今考諸六經，易言鬼神吉凶，詩書稱上帝，春秋著災異，樂言率神，禮言居鬼，是為言鬼神乎，不言鬼神乎。今不通六經之指，而妄以一端論聖人，亦多見其不知量也。嗚呼方今之世，機械日明，道德日虧，殺戮之事，倍乎曩日，而吾國趨時之士，不原厥本，乃欲舉數千年之宗教一旦而敝屣之。斯真人道之大患也"。陳氏乃以孔子為宗教者。所言殊為沈痛。

　　吾嘗論，古人之言兵與後人之言兵，邈然不同。曹劌問何以戰，公始對以惠民。劌不以為然。則對以事神。劌又不以為然。則對以聽獄。三答曹劌之問，略無片言及於軍旅形勢者，何耶。蓋

有論戰者，有論所以戰者。軍旅形勢者，戰也。民心者，所以戰也。二者猶涇、渭之不相亂，河、濟之不相涉。問所以戰，而答之以戰，是問楚而答燕也。晉士蔿諫晉侯伐虢，亦曰"虢公驕，若驟勝，必棄其民。夫禮樂慈愛，戰所畜也。虢弗畜也，亟戰，將饑"。當時之論兵者每如此。魯莊公、晉士蔿在春秋時未嘗以學術著名，而所論鉤深致遠，得戰之本，豈非去古未遠，人人而知此理耶。唐柳宗元號爲當代儒宗，其論長勺之役，乃謂徒以斷獄爲戰之具，吾未之信。乃歷舉將臣士卒地形之屬。宗元之所言，皆所謂戰，而非所以戰也。吾是以知春秋之時，雖不學之人，一話一言，有後世文宗巨儒所不能解者也，況當時所謂有學術者耶。況上而爲三代，爲唐虞者耶。新學小生，區區持私智之蠹，而欲測古人之海，妄生譏評，聚訟不已，多見其不知量也。（左氏博議卷六）102

疏證　東萊云"春秋之時，雖不學之人，一話一言，有後世文宗巨儒所不能解者，況有學術者耶"。所言極是。（如前所引鄭忽自求多福之說亦如是。）馬端臨云"古者戶口少而才智之民多，今戶口多而才智之民少"。（引自康南海長興學記。）今世認知古人，一切學說，只辨其形跡，甚詳甚細，而不得其血脈精神之内蘊，不知其智慧神明之大體。此弊幾籠罩寰區矣。故以今人整體之智能，必不及兩宋之際。兩宋之際又遠不及春秋戰國。當今城市庶眾極多，而人物極少。乃以專任私智之學問極發達之故，人皆為私智所驅，往而不返，不識性德之本。揚子曰"眾人愈利而後鈍，聖人愈鈍而後利"。此正今世一切學說之寫照。蓋愈利而後鈍也。略有二三通道之士，而無救其整體之偏頗。以其性德智能之淳薄大小而論，當世不及兩宋，兩宋又不及春秋。兩宋之際，處中華之分水嶺，東萊殊有先覺警悟，弘揚古人之義蘊，以誠當時之新進小慧者。

今世聰明者，多為私智所役，格局趨小，最是耗盡天分，暴殄人材。悲哉。吾所見聰明過於我者極多，然鮮有能如我之智能者，乃彼多與古人背道而馳故。是以曰瓊巴大師以愚癡與無分別和合，修光明。混沌如我者，所行正暗契此法門。蓋聰明人分別意識太強，是以甚難體證無分別心之微妙，多易陷入困惑昏暗之中。使如此聰明資質之人，能受聖賢之學之引導，則天下正道之力量，何患不大。故知今日世道人心支離之局，非是人才不如古人，直是為新生之重重所知障所遮蔽耳。如此則其聰明才智，反是害道之物事。悲哉，唯愚鈍如我者，反得遠其害也。

心有所蔽，則以今爲古。心無所蔽，則以古爲今矣。是何也。心有所蔽，則觸情縱欲，矗在前而不見，戮在後而不知。身所親歷，曾未踰時，若醉若夢，視之猶太古鴻荒之世，不復省錄。此以今爲古也，惠、襄、鄭伯之類是也。心無所蔽，則六通四闢，合千載爲一朝，合萬代爲一世，與古聖賢更相授受、更相酬酢，於無聲無臭之中和同無間。此以古爲今也，舜、文若合符節之類是也。以古爲今，以今爲古，特在吾心之通與蔽耳，曷嘗有定名哉。(左氏博議卷七) 103

疏證　東萊開示其學問之秘門也如是。竊謂學者所須破之第一關，曰人己關。子曰，古之學者為己，今之學者為人。此關破，則出俗學之虛鋒，入真實之路途。此關雖為入門，實為一以貫之者。第二關曰物我關。物我本是一體。此關破則我執消，仁體顯。名利心亦隨之蕩滌，悲願心亦因之生長。可洞觀萬物之本源，感應渾融之氣象。此關可登堂。(莊子所謂物化是也。大乘所謂初證空性是也。)第三關曰今古關。今古之分，本以心之通塞。此關破，則誠如呂子所言，六通四闢，與古聖賢更相授受、更相酬酢，古聖賢之心髓貫乎吾身，過去未來佛之心願貫乎吾體，則境界較之第二關愈為圓滿高明矣。此關乃深入室奧。此予略有體證而所述之三關說。第一關樹正見，始受用。第二關初證空性，內在智慧漸開。第三關深入空性而古今聖賢更相授受為一體。(予已過第二關，今在第三關修行之初等。第三關亦分諸多層次，如大乘道所說菩薩之十地。尚有第四關在。)

故曰東萊之說，開示學問之秘門也。揚子法言五百篇云"眾人愈利而後鈍，聖人愈鈍而後利。關百聖而不慚，蔽天地而不恥，能言之類，莫能加也"。注云，關同貫，為貫通之意。推其義，則孔子之前，已有百聖。可為予孔子處第一期之末之注腳。又關同貫，於訓詁為同音相借，於義亦有引申之妙。蓋破關而入，即是貫通也。揚子云，眾人愈利而後鈍，聖人愈鈍而後利。亦頗可與前一條予說曰瓊巴大師法門相參證也。

　　古人之破今古關者，亦法門各異。上古聖人，無關可破。有關可破者，自東周始。處第一期之末之孔子，其破今古關者，乃五十知天命之謂。乃於生平大逆境之衝激中，豁然貫通。子畏於匡。曰"文王既沒，文不在茲乎。天之欲喪斯文也，後死者不得與於斯文也。天之未喪斯文也，匡人其如予何"。又嘗曰"天生德於予，桓魋其如予何"。（子畏於匡，仲尼五十五歲時事。桓魋伐樹，五十九歲時事。仲尼五十至六十之間，乃於天命愈有通達之驗證。匡之厄，使其豁然吐露。馬祖云一口吸盡西江水，如此方是破古今關也。）其後學乃有易傳、中庸之述作，乃繼其精神而擴充之者。至漢儒則一變，愈重其春秋、孝經之學而擴充之，其法門又別於戰國時。（錢賓四中國思想史於西漢學術持否定之態度，實非中正之道。）魏晉人又創放達酒德之法門，會通古今萬物，可謂別開生面。（如書聖王右軍、畫聖顧愷之、詩人陶淵明，光明千古，即是此類魏晉之法門所造就者。竊謂吾國之古希臘時代，殆至東晉猶未終結也。此吾國歷史生命所以特爲豐沛之故。）道教南朝時有陶隱居之真誥出，古今幽明，俱為一體，極玄奧之致，而立足世間，亦奇異之甚。後世大儒高道，其破古今關者，各有異趨。所謂溪山各異，風月是同也。（近世以來，社會交往愈頻繁，貪戀物欲愈深入，俗學虛幻愈深重，第一關則愈難破。於人心言，所知障亦愈深重，於物性言，生物傷害亦愈殘酷，人物天真之氣，盡已斫傷，則第二關愈難破。此政是今日人類之困境所在。須勇猛精進立大弘誓者出世矣。）

聖人備萬物於我，上下四方之宇，古往今來之宙，聚散慘舒，吉凶哀樂，猶疾痛痾癢之於吾身，觸之即覺，干之即知。清明在躬，志氣如神。嗜欲將至，有開必先。仰而觀之，榮光德星，欃槍枉矢，皆吾心之發見也。俯而視之，醴泉瑞石，川沸木鳴，亦吾心之發見也。玩而占之，方功義弓，老少奇耦，亦吾心之發見也。未灼之前，三兆已具。未揲之前，三易已彰。龜既灼矣，蓍既揲矣，是兆之吉，乃吾心之吉。是易之變，乃吾心之變。心問心答，心叩心酬，名為龜卜，實為心卜。名為蓍筮，實為心筮。水中之天，即水上之天也。鑑中之面，即鑑外之面也。蓍龜之心，即聖人之心也。天天相對，面面相臨，心心相應，混融交徹，混然無際，敗甲朽株云乎哉。故曰，聖人不須卜筮。在聖人觀之，拂龜布蓍已為煩矣，況區區推步揣摩之煩耶。（左氏博議卷八）104

疏證　此條義理正大精微，文辭高古駿發，洵有宋第一等文字，在歐蘇亦未必能作。歐無其深，蘇無其遒。理學而善詩者莫若邵子、朱子，理學而善文者莫若東萊、陽明。此浙東文道合一之脈所在者。呂文之英偉雄辯，已可於前左氏嗜怪、古人論兵數條窺之，而此段尤深邃。但凡古文駿利英發者，立論往往有流於偏僻，然東萊之文，大體用心平正，而意旨精妙。其立論似偏而正，似奇而平，所以為不可及。後儒不能平情觀之，只知其似偏似奇，而不知其正其平，遂誣其儇薄，蓋皆道聽塗說，非真知灼見也。吾已於緒言雪之矣。呂文繼歐曾王蘇諸家，為有宋一流之作手，吾推為南宋古文第一人。朱元晦古文氣體蒼厚正直，固亦一流，然廟堂氣象為多，不能如呂子此種神智之微妙變化也。以文氣論，元晦近乎班孟堅，東萊則類於史遷也。

此條尤可知呂子之心學。其說聖人備萬物於我，宇宙皆吾心之發見，與象山渾契無礙，皆上承明道之傳，而獨昭心體妙用。其云"未灼之前，三兆已具。未揲之前，三易已彰"。乃精到透徹語,可媲美於邵康節之學。疾痛痾癢之於吾身一段,陽明傳習錄中又有精妙之發揮。呂子心學,亦與陸王一體莫二,惟平日深厚平正,不喜發露,乃瀉之於左氏博議中爾。是以常人往往不知呂子之心學精微處。其云"心問心答,心叩心酬,蓍龜之心,即聖人之心也,心心相應,混融交徹",亦與華嚴十玄門中因陀羅網境界門、唯心回轉善成門、託事顯法生解門義趣相近。如心心相應,即因陀羅網之眾鏡相照,如易之變乃吾心之變,即唯心回轉外無別境。如卜筮者,即託事顯法生解也。混融交徹四字,尤有華嚴宗之意趣。於此可窺宋儒義理之極精處,亦多與釋教之玄理相一貫也。

文武周公之澤既竭,仲尼之聖未生,是數百年間,中國所以不淪於夷狄者,皆史官扶持之力也。昧谷餞日之後,暘谷賓日之前,暮夜晦冥,羣慝並作,苟無燭以代明,則天下之目瞽矣。春秋之時,非有史官司公議於其間,則胥戕胥虐,人之類已滅,豈能復待仲尼之出乎。史官非特有功於仲尼之未出也,使其阿諛畏怯,君舉不書,簡編失實,無所考信,即仲尼雖欲作春秋以示萬世,將何所因乎。無車則造父不能御,無弓則後羿不能射,無城則墨翟不能守。大矣哉。史官之功也。(左氏博議卷八) 105

疏證　近世柳翼謀國史要義史原第一有云"賴此史官所持之禮一脈之傳,維繫世教,元凶巨慝有所畏,正人君子有所宗。雖社會多晦盲否塞之時,而史書自有其正大光明之域。古人運之於禮,禮失而賴史以助其治。史義法之嚴,其文極簡,而示禮極嚴"。此最可為東萊此說之箋注。國史要義史權第二又云"南、董秉筆直書,史之權威莫尚焉。後世臺諫之有監察權,實歷代一貫相承之良法美意。惟韓愈猥以人禍天刑為慮,其識乃不逮柳宗元"。此正呂子之所贊歎於史官之司公議秉直筆者。國史要義一書為近代史學不朽之著述。究其精華,皆守吾夏之古義而弘化之,乃以退為進者,不以時賢之以新學為貴也。東萊此段文字,尤可見其史家法眼。亦惟史家如東萊者,始能真識得此史官之功。而其文辭駿發英偉,觀之不覺屏息也。

以言警世者,不可為駭世之論。駭世之論,本欲天下之畏,而適以起天下之疑。有是惡則有是禍,吾恐正言之未足以警動流俗也,於是甚言其禍,務使可怪可愕,以震耀一時之耳目。抑不知聞者駭吾言,將退而徐求其實,見其禍未至於是,則吾說有時而窮。 (左氏博議卷八) 106

疏證　宋儒以言警世而為駭世之論者,以石徂徠為始作俑。石介作怪說三篇,反佛老之教,斥楊億之文。後世亦有繼其說者,然本欲天下之畏,而適以起天下之疑。宋儒闢佛老斥時文者,本欲天下之畏,往往自亦疑之,如程門弟子中謝上蔡、游定夫、楊龜山後來皆不闢佛,而親於禪學,其於師門之旨本已疑之矣,政可為東萊之語之驗證。石介又作慶曆聖德頌,措辭激烈,尤為時賢所詬病。范希文亦言為此怪鬼輩壞事也。(見宋袁褧楓窗小牘卷上。)慶曆聖德頌,最為駭世之論,而尤起天下之疑。蓋其所頌揚之范文正公自已疑之矣。徂徠務使可怪可愕,以震耀一時之耳目,而其影響,實多破壞之力,而少滋養之功,遂使後來倡改革者變本加厲,激起黨爭之熾烈,為禍天下。荊公之自高自負,倍蓰於徂徠,而其學說宗旨之犟固堅執,亦數倍於怪說,其行止措施之雷厲風行,亦陵鑠於慶曆諸君子而亢極焉。駭世之論,失之多矣。氣數如此,似不可轉。雖然,欲為人類保其文明文脈者,不可不時時警戒世人,須防備此駭世之論之為害也。

與生俱生者謂之良心,毀之而不能消,背之而不能遠。雖甚無道之人,是心或一日而數起也。是心既起,有以繼之,則為君子。無以繼之,則為小人。繼與不繼,而君子、小人分焉。故學者不憂良心之不生,而憂良心之不繼。 (左氏博議卷十一) 107

疏證　東萊之說，不同於孟子之性善、荀子之性惡，亦不同於揚雄之性混善惡，然亦皆有近之者。與生俱生者謂之良心，毀之而不能消之者，近乎性善論。然東萊不言性善，而言良心，是其高明處。蓋言性則多訟義，有天性之性、氣質之性、物性之性，何如言良心，可以直搗黄龍，去多餘之枝節，脱言語俗諦之桎梏。雖甚無道之人，是心或一日數起云者，又近乎性惡論。是心既生，有以繼之，則爲君子，無以繼之，則爲小人云者，則近乎性混善惡論。揚子曰"修其善則爲善人，修其惡則爲惡人"。然東萊只云繼與不繼，皆以此心爲統攝，而不言善與不善，庶幾可免夫後儒之訾議。此所以爲高明者。（可參徵聖錄卷九董楊一篇。）唐皇甫持正孟荀性論云"孟子荀卿之言，其於聖人皆一偏之說也。窮理盡性，唯聖人能之，宜乎微言絶而異端作，大義乖而一偏之說行"。揚子欲回大義，不趨一偏，然亦著力痕迹太露，不若東萊講良心繼之爲自然。（可參近思錄首二篇玄義卷一第十四條。）東萊此說，可以免夫所謂孟子荀卿皆一偏之說矣。

天下之理，有通有塞。其通耶，八荒之外，六合之内，幽明物我，上際下蟠，不見其間，孰非吾仁者哉。其塞耶，雖汲汲以愛人利物爲志，朝三省而日九思，然在此有毫芒之塞，則在彼有尋丈之間。發於其身，害於其事。發於其事，害於其政。民有不得其死者矣。一念之毒，流金鑠石。一念之馳，奔雷走霆。雖未嘗以兵殺人，實以心殺人。雖未嘗用人以祭社之神，而實用人以祭心之神也。其視宋襄輩，何以大相過乎。通者，仁之門也。塞者，暴之門也。是故欲仁者，不於其仁，於其通。去暴者，不於其暴，於其塞。（左氏博議卷十二）108

疏證　欲仁者，不於其仁，於其通。去暴者，不於其暴，於其塞。極精闢之見也。世有欲行仁道者，然其末則爲不仁，究其緣由，乃以道義不通、不達天命之故。世有欲去暴行者，然其行則猶為暴者，究其緣由，乃以道義之塞、不順天理之故。如荆公之新法，觀其文學政論，皆欲行仁道者，而終也為大禍害，即此不通所由致也。如宋太祖觀前代多割據之暴，遂銷地方武將之權，崇文黜武，自以得計而實埋無窮之隱患，即此塞者所由致者。荆公未達其通，而下治世之猛藥，太祖未去其塞，而改通常之弦轍，其末也終致天下之窮途。宋人見唐朝有女主、宦官、武將之暴，而欲去之，確乎無復武后、甘露、朱梁之事矣，且不殺士大夫。然實有甚於女主、宦官、武將之暴者存焉。此暴者何。曰一念之毒，曰以心殺人。其雖不若惡政刀兵之殘酷，而實有更可畏者。更可畏者何。曰道德之墮落，曰人心之險惡，曰士大夫之分裂，曰學術門戶之互諍。發於其身，害於其事。發於其事，害於其政。東萊發此警世駭俗之論，非於本朝之政治有極深湛之觀察者不能作也。其論極閎肆，宗旨精微，擲地有聲。老泉無其爽明精潔，子固無其別具隻眼，觀之嘆服而已。

善惡無定位，華夷無定名，一渝禮義，旋踵戎狄。天下之可畏者，莫大於吾心之夷狄，而要荒之夷狄次之。（左氏博議卷十二）109

疏證　此合乎公羊傳之義。公羊大義夷狄行事進於中國則進之。吳使賢者則稱子，以季子為臣，則宜有君也。（謂季札。）夷狄憂中國則稱子。（謂闔廬伐楚。）尊天王則稱子。（謂黃池之會吳王夫差。言吳子尊天王，為穀梁傳，此處與公羊有異。）潞子為善則記之，楚子為禮則與之。宣十二年邲之戰，春秋繁露竹林篇云“春秋無通辭，從變而移，晉變為夷狄，楚變而為君子”。中國行乎夷狄，則亦夷狄之。晉伐鮮虞則夷狄之。（昭十二年）秦襲鄭，則夷狄之。（僖二十三年）鄭大夫欲從楚，則視為夷狄之民。（襄七年）近世鴻儒楊樹達氏春秋大義述攘夷第二述之甚備，吾有資取焉。東萊曰，善惡無定位，華夷無定名，一渝禮義，旋踵戎狄。純然公羊之大義也。此尤見進退轉移之效，猶宋儒之喜言變化氣質，其皆聖人之意，大則外國進於中國,小則一身進於君子,其理爲一致。是以理學變化氣質之說,實亦公羊華夷變易之古論之轉化者,爲吾國人心一貫之所傳者也。吾心之夷狄最可畏,所以然者,即是此心使吾人退中國而入夷狄。而要荒之夷狄終是外力耳。人之大患,恒在內不在外,在心不在力也。(內中國而外夷狄。華夷觀念為古義。蓋彼時吾國之視野,不能深入古梵、希臘也。自佛教傳入中國,國人遂知天竺之學,高明精微,有華夏所不能者。故有玄奘、義淨、道宣一輩人物出焉。其皆中華第一等之人才,而極崇敬天竺。唐人境界高超者,實已破此種華夷之舊說矣。儒家如劉知幾,其史通一書言語篇亦云"收、弘撰魏、周二書,必諱彼夷音,變成華語,等楊由之聽雀,如介葛之聞牛,斯亦可矣。而於其間,則有妄益文彩,虛加風物,援引詩、書,憲章史、漢。遂使且渠、乞伏,儒雅比於元封,拓跋、宇文,德音同於正始。華而失實,過莫大焉"。乃能抱真實之立場,不以史書之華化為然者。故唐人品格之優越,即在真實二字,不為舊有之觀念所束縛也。且唐王室之血統本已是胡漢一體,亦注定其時代各領域有更開明之新格局。唐衰,此種舊義在北宋中葉及兩宋之際復燃焉。宋人格局,亦轉卑小。此遼、金之形勢及其軍事戰爭所導致之仇恨使之然也。然遼、金今日觀之,本亦是兄弟。其亦代表中華民族精神之一部分。唐人之胸襟眼光,正大宏闊,可謂先得乎現代之精神矣。近世自泰西之學傳入中國,國人遂知古希臘之文化,天真靜穆,氣象超然,有華夏所共通者。聖經之智慧,透徹廣大,亦不可量。以公羊學之準則,其亦可入於夏也。不必持舊有之華夷觀念輕視之。古希臘、羅馬之文化,吾心有神契者,同於周、漢。心只是一個心。此曰大平等性。楞嚴經云"當平心地,則世界地一切皆平"。可參近思錄首二篇玄義緒言中華文化之優勝惡劣、實證契楞嚴。)

必有大彫落,然後有大發生,必有大摧折,然後有大成就。(左氏博議卷十三) 110

疏證 此宇宙間之實理,亦為吾心所證者。春秋戰國之大彫落,乃有秦漢之大發生。南北朝之大摧折,乃有隋唐之大成就。五代之大彫落,而後有宋崇文之大局面,特爲絢爛。元之大摧折,而後有明之盛業,甚有可觀。近世之大摧折,其一爲明季清初,其一爲清季民國,皆慘烈空前,驚心振魄,乾坤倒轉,人心狂亂。其後先有康乾之治世,今又值新之發生成就之大時機。康乾之世,於士節、文教殊有墮落之恨,此治世之陰翳也。吾今之新治世,貨殖極盛,民生甚裕,然於士節、文教二端終亦難銷此墮落之趨勢而愈加劇焉。此亦吾道之憂者。雖然,大彫落後有大發生,大摧折後有大成就。康乾之成就,雖遠弗能圓滿,終是一番大發生,爲新朝奠定格局。今世政治之成就,雖亦遠弗能圓滿,終是一番大發生,爲未來開闢路徑。今世怨天尤人者甚多,而不悟此理,亦往往乖於中道。歷史者,即吾所謂宇宙人心之合體者也,本爲心之所攝發,爲宇宙萬物發生之投影。以此歷史之鑒察,可以知東萊此語之大力量大警策也。

洙泗之濱,席間函丈,聖化天運。奪子貢之學,而一貫自通。奪顏淵之才,而卓爾自見。或謦或咳,或盼或顧,或語或笑,一警之下,萬慮消亡。吾未嘗不恨文公生夫子之前,而有自恨今之學者生夫子之後也。嗚呼。夫子則遠矣,乃若夫子之神化,蓋通萬世古今爲一爐冶,初未嘗息也。孰謂吾生之晚乎。（左氏博議卷十三）111

疏證　呂子云夫子或謦或咳,或盼或顧,或語或笑,一警之下,萬慮消亡,乃真以禪門揚眉瞬目、眼橫鼻直手段擬洙泗之教法矣。所謂棒頭喝下,剿絕凡情,風行草偃,號令八方,豈非即聖門一警之下,萬慮消亡之意。呂子言夫子通萬世古今爲一爐冶,吾觀惠能壇經,亦具此通萬世古今爲一爐冶之本領。惠能不能如仲尼兼世間、超世間學深厚廣大,然其高明通達,真可照耀今古。惟禪宗門庭峻峭,孤硬難入。唐五代宋初,猶多人物,其後遂大衰。儒家亦然,先秦兩漢猶多器具,其後遂衰落。儒家之門庭,亦是孤硬難入也。常人皆以夫子因材施教,門庭當是極寬大者,其實不然。觀論語則知入夫子之室奧者亦甚鮮,其門庭確有此孤硬難入之處。漢以舉孝廉、經學博士利祿之故，儒學甚盛，然未必皆合夫子之本懷，彼多不親夫子之心意也。自宋二程周張之學興，儒家門庭漸有生機。然其已並非純然儒家，實儒禪老三家門庭之合體，而獨以儒爲眉目。其心腎間同有三教之精意，筋骨中有三教之共力，而以仲尼爲歸宿海。以萬法歸一之故，自不能容有三箇海也。以儒禪玄之合力，乃有宋明之理學。理學亦一通萬世古今爲一爐冶之學術，獨有手段，是以傳一千年，具大功德焉。惟今世時勢大變，理學種子幾絕，今後一千年，已非是理學之天下。孰可當此新時代之運會哉。吾儕姑且沈潛下降，待以時機。夫新學之將出，亦必然矣。予忘筌之作，抑爲此中華之新學術之階梯之權輿者乎。

天下之理，固眩於求而真於遇也。理有觸於吾心，無意而相遭，無約而相會，油然自生，雖吾不能以語人，況可以力求乎。一涉於求，雖有見，非其正矣。日用飲食之間，無非至理，惟吾迫而求之，則隨得而隨失。研精極思，日入於鑿，曾不知是理交發於吾前而吾自不遇，是非不用力之罪也，乃用力之罪也。天下之學者，皆知不用力之害，而不知用力之害。苟知力之不足恃，盡黜其力，而至於無所用力之地，則幾矣。（左氏博議卷十三）112

疏證　象山語錄云"學者不可用心太緊。深山有寶，無心於寶者得之"。此即呂子之言無所用力也。莊子天地篇象罔索玄珠之典，即此說之源本所在。前論予嘗言理學爲儒禪玄之合力，象山最類禪，元晦已有此說。後學辨之，有以陸子爲孟子學之正宗者。然終不親近。說陸子類禪，蓋本是平常事，不必爲自尊門戶故而諱之。（蓋已無此必要矣。）呂、陸二先生無所用力、無心者得之之說，皆與佛老之義融通無礙。所謂一涉於求，雖有見，非其正者，即是禪門豈容擬議之意。一有擬議即差矣。東萊體之極深，其言日用間無非至理，惟吾迫而求之，隨得隨失，研精極思，日入於鑿，此正是今日治學者之寫照。治哲學者，其病往往在太用力，而不知無所用力之妙。其所用力之器具，邏輯也，觀念也。使其知此等器具之不足恃，亦將如維特根斯坦之發心欲歸于日常用法，使其盡黜其力，亦將如應帝王中列子之自以為未始學而歸，三年不出，食豕如食人，於事无與親，塊然獨以其形立，一以是終。如此則庶乎聖賢之所期也。夫子訓門人以孝悌，不即願學者於日常飲食間遇道而何。故中庸曰“人莫不飲食也，鮮能知味也”，“夫婦之愚，可以與知焉，及其至也，雖聖人亦有所不知焉”。聖學精微之處，乃能形容之矣。妙哉中庸也。

聖人之意，蓋將舉匹夫匹婦胸中之全經，以救天下破裂不全之經，使學者知所謂詩者，本發乎閭巷草野之間，衝口而發，舉筆而成，非可格以義例而局以訓詁也。義例訓詁之學，至詩而盡廢，是學既廢，則無研索擾雜之私以累其心。一吟一諷，聲轉機回，虛徐容與，至理自遇，片言有味，而五經皆冰釋矣。是聖人欲以詩之平易，而救五經之支離也。孰知後世反以五經之支離，而變詩之平易乎。（左氏博議卷十三）113

疏證　古來論詩經者極多，未有若斯言之妙者。聖人欲以詩之平易，而救五經之支離，奈何後世反以五經之支離變詩之平易乎。真乃釜底抽薪之手段。五經之支離，漢人已自覺之。揚子法言五百篇云“或問，天地簡易而聖人法之，何五經之支離。曰，支離，蓋其所以爲簡易也。已簡已易，焉支焉離”。東萊之粹言，或有自此化出者。詩本天然，所謂衝口而出，舉筆而成，一吟一諷，至理自遇，政其簡易所在。其在東周，此道尚行，秦漢以降，分別心多矣。漢儒治詩，已分齊魯韓毛四家。毛詩平易，傳於後世，以毛詩觀聖賢之意，差可矣。然讀王先謙氏詩三家義集疏，言之鑿鑿，亦自有據，則毛詩又似非本相，而以三家之說爲尤得平易真實者。詩三家義未必皆能自圓其說，然亦可知漢代詩學之前後不同。非清儒研精窮索，幾又使此義盡沒矣。逮至南宋，詩經之學，訟論又多，鄭夾漈、朱元晦主廢毛序，呂東萊、嚴粲守毛序，而後朱學得勢，詩集傳爲顯學。然後儒多不滿焉。東萊目睹當時詩學之棘裂，而發斯言，言聖人本以詩之平易救五經之支離，詩本平易之道，非可格以義例而局以訓詁。其守毛序者即此平易之道所在，不須別以深心異說以釋之，使詩學愈支離愈複雜也。其後朱子詩集傳盛行，詩學果然愈支離矣。（如今世人特重荷爾德林之詩，而爲作鄭箋，格以義例而局以訓詁。終不免有失詩人平易之心矣。詩之道，古今中外皆有同者。此同者何。蓋其皆主順直平易之道，不能以思量心逆測之者。又朱子詩集傳不取毛傳而為清代治今文學者所稱讚，此是學術研究之偶同爾。不知朱子詩集傳所破者不是毛傳，而是漢唐之古典精神也。）

大抵惡出於公，則其根淺而易搖，故雖一國之勢，弱女子勝之而有餘。惡出於私，則其根深而難拔，故雖一夫之謀，強大夫排之而不足。百圍之木，根不附土，未終朝而可仆。拱把樸樕，蟠根繞蔓於九泉之下，雖千夫未易動也。故君子能受萬人之公毀，而不願受一人之私讎，寧救萬人之公過，而不能救一人之私慝。（左氏博議卷十七）114

疏證　此理前人所未發，甚爲警拔深徹，發人深省。惡出於私，根深難拔，君子不願受一人之私讎，不能救一人之私慝。誠然也。此私讎私慝是大業障，在外力不能轉移，惟須己身之覺悟。惡出於公者，乃是共業，為時代普遍薰染之習氣，時至則至，時去則去，是以東萊嘗言滔天之罪惡，可以一念消。（使此罪惡並非出於公之滔天罪惡，而為私讎私慝之罪惡，則如拱把樸樕，蟠根繞蔓於九泉之下，雖千夫未易動，自亦甚難以一念而消之。只有成就聖賢境界，方能消此私讎私慝之罪惡也。象山語錄云"世間一種恣情縱欲之人，雖大狼狽，其過易於拯救。却是好人剗地難理會"。恣情縱欲之人之易拯救，以其多爲世風所誘染，惡出於公根淺而易搖故。好人難理會，以其私意執著，惡出於私根深而難拔故。以呂子此論解象山此說，亦可謂符契矣。）近世惡出於公者甚眾，泰西如希特勒氏之黨禍，惡出於德國之公眾，哲人如海德格者亦與焉。又如吾國近世政治、文化之劫難亦然。（尼采氏快樂的科學一一六群體直覺云"由於保存群體的條件因群體而異，所以便有迥然不同的道德。時下，各種群體、國家和社會處於巨變之中，故而可以預言，將會出現種種走火入魔、旁門左道的道德。道德乃是個人的群體直覺"。乃極有預見者。此種個人之群體直覺，即近於東萊之所謂人之惡出於公者。）然此種之惡多隨時勢而生而消，公毀公過，亦皆自有轉化，此隨氣數運勢而變，非個人行爲之故。是以其惡根淺而易搖。不似私惡私讎，關切身心，確乎難移。此理極可深省。吾人躬自厚而薄責於人，大防於私惡，是爲聖賢之道。（西人沃格林氏自傳性反思云"德國知識生活在當代的毀滅，尤其是大學的毀滅，乃是導致希特勒上臺並受其政權統治的致命毀滅"。德國近世產生之低俗精神之主導，乃有希特勒輩之發跡，可謂在劫難逃。沃格林又云"就社會的解體程度來說，還看不見終結之時，依然有可能產生令人瞠目結舌的後果"。然德國自二戰以來六十餘年，並未產生其所謂令人瞠目結舌的後果者，其國甚有生氣。蓋不知惡出於公者根淺而易搖之理故也。二戰終結，德國民衆之惡亦迅速消失，其本非根深蒂固者。惟所謂惡出於公者，同時轉盛於其他之地域矣。如美國、蘇聯，如吾國。三十餘年前，吾國惡出於公者亦甚巨，而似一朝解之。當年作惡之公衆，不復追究。今世之人，竟多遺忘。如青年人，幾全然無知之者。故曰，惡出於公者，其根淺而易搖。非盡為我青年人麻木不仁也。）

　　夫特殊之時代，有惡出於公者，雖亦慘酷，終不必過於憂患。蓋其本因緣起，並非僵固不化之體，不似私惡之深切頑固。彼多虛而此多實。以佛教說之，惡出於公者，消業為多。惡出於私者，造業為主。故今人亦不必太執著於昔日之惡出於公者。苛責於昔日作惡之人或其後人，其非大道所在也明矣。惜今人多未悟之。（如海德格者，何必苛議其生平刺刺不休哉。又如日本近世之軍國主義，罪惡滔天，然其出於公者，已隨時代而消。其罪惡又關今日之日本年青人何事。今人執著其罪惡而不忘，又種下相互讎恨報復之種子，此又今人之不通達也。使以時日，此種舊日之民族讎恨，亦當自消。惟吾所懼者，乃新之利益衝突、民族讎恨之醞釀也。未來人類之罪惡之發生,即在此因果律之定數之中。此類由私人罪惡所誘導所喚醒之公衆大罪惡,其終也亦必由一慘烈之戰爭而消之也。故曰,惡出於公者,消業爲多。惡出於私者,造業爲主。於此忽悟予說乃與印度教濕婆神之思想有相契合者。)哲人如東萊,乃勸世人勿執著於已發生之公衆罪惡之虛空,而關注其尚未發生或已發生之私人邪心之實有,可謂洞悉本源,乃真爲菩薩之發心。忽悟衆生畏果,菩薩畏因。東萊之說,正合斯旨。惡出於公者,乃是果,而惡出於私者,乃是因也。予謂其乃菩薩之發心,果然不虛也。

吾何以知季之非毀盾耶。幽囚野死之謗,不出於康衢之間,而出於秦漢之後。蓋以秦漢之心,而量唐虞之心,信乎其可疑也。記檀弓癰疽瘠環之謗,不出於洙泗之濱,而出於戰國之末。孟子萬章蓋以戰國之心,而量仲尼之心,信乎其可疑也。持後世之心,而觀古人之跡,蓋無適而非可疑者,豈獨賈季事哉。(左氏博議卷十八)115

疏證 酆舒問於賈季曰“趙衰趙盾孰賢”。對曰“趙衰冬日之日也。趙盾,夏日之日也”。趙盾,賈季之大仇敵。而東萊云,賈季非是毀趙盾。其以賈季毀盾者,乃以持後世之心,而觀古人之迹,非平正無偏之道。所論極是。蓋以秦漢之心而量唐虞之心,以戰國之心而量仲尼之心者,正近世史學之大患。疑古之風,亦本濫觴於宋儒,如歐公之疑易傳、朱子之疑毛序等。此貌似學術之進步,而實爲風氣之澆薄。朱元晦詩集傳斥鄭衛爲淫詩,即是持後世之心,觀古人之迹者,何能得本來面目。東萊業已辨之矣。(見疏證第十三條。)後世禮教甚嚴而執見愈深,則觀古人男女之事,無適而非可疑者,豈獨鄭、衛事哉。宋儒已生疑古習氣,至清考據學興而極盛,先疑尚書、宋學,復疑古文學、今文學,復疑諸子學,至民國古史辨派及諸新說興,則愈變本加厲,疑孔子,疑周禮,疑古史,疑唐虞之道,疑中華之本源,凡一切吾國古人之智慧、制度皆懷疑之,詆毀之,至今猶未息。比又有學者疑中醫矣。嗚呼。東萊所謂持後世之心,觀古人之迹,其爲禍也至此哉。蓋已洞悉彼之隱蔽而批露之。亦可謂先知先覺者。此患不消,不能真知古人之心,必也馳騁其狂心,往而不返矣。(釋教以貪、瞋、癡、疑、慢為五毒。疑其一也。毒性極大。智慧妙用之,則疑情生道性,豁然開悟,疑盡自然脫落。禪宗密宗,於此尤有本領。如今之時代疑情極重,其相應所生之道性亦能極大。惟仁者參悟禪、密而自行之爾。)

　　待人當寬,世固已知之矣,至於論人當盡,學者每疑其近於刻,而不敢為焉。抑不知論人者,借人之短,以攻我之短,借人之失,以攻我之失,言主於自為,而非爲人也。品題之高下,所以驗吾識之高下。與奪之公私,所以驗吾心之公私。苟發於言者略而不盡,則藏於心者必有昏而未明者矣。吾夫子譏賜也之方人,言未絕口,而自操春秋之筆,善善惡惡,無毫髮貸,是豈遽忘前日之語哉。待人與論人,固自有體也。(左氏博議卷十九) 116

　　疏證　待人與論人,固自有體。待人,禮也,論人,義也。禮則當寬,義則當嚴。左傳博議之作,即抱此一念,論人當盡,學者每疑其近於刻而不敢爲焉。而後世果然以刻詆訾此書矣,其蓋不識呂子之本懷。呂子之本懷甚明,借人之短,以攻我之短,借人之失,以攻我之失,品題之高下,所以驗吾識之高下,與奪之公私,所以驗吾心之公私。呂子之論左傳,乃自家修行鍛煉之法門,使論者以論爲我所用,古之學者爲己,則何來近乎刻者。苟發於言者略而不盡,則藏於心者必有昏而未明者,亦極有見地語。此儒家之祖師禪,言教訓導之極嚴峻透徹者。學者可以此法,驗察吾識之高下、吾心之公私矣。亦可以此法體吾心體之瑩晦清濁矣。(惟此法門只宜根器利者,不宜鈍者。利者能得其用,鈍者適增其罪。蓋鈍者只學得其刻詆手段,而愈無忌憚矣。)予是以知古人作文,必先學作議論,非僅以科考策論之故而已。蓋欲以此議論,見己之心體學識也。瑜伽師地論嘗言善知識須具八種條件，其一曰善詞。蓋非僅善詞利於説教而已。東萊云"苟發於言者略而不盡，則藏於心者必有昏而未明者"。善詞者，發言能盡之謂是也。善詞能盡，始可言善知識。釋教三藏經論素來最爲善詞能盡，吾人或覺其繁瑣，今讀東萊之說，亦知其不足怪也。蓋其寫作風格之繁複宏麗，亦不得不然，非此發言不能盡，亦不能驗夫其心之更徹底之昏明也。（故知使南朝劉彦和不深佛學，文心雕龍必不能如此之善詞能盡。而吾國此前之文學理論著述，皆秉持簡潔之古風。同時如鍾氏詩品亦然。使唐人劉知幾不受佛學之熏陶及啓發，史通一書亦必不能如此之贍博密察。史通亦史學之領域前所未有之書也。同理，東萊之左氏博議亦善詞能盡之著作。使其非受佛教禪宗之啓迪滲透，亦終不能成就如此之境界也。）

道無精粗，無本末，未嘗有禮外之儀，亦未嘗有儀外之禮也。升降裼襲，與窮神知化者本無二塗，掃灑應對，與存心養性者本無二說。未有析禮與儀為兩物者也。禮與儀既不可離，故古者言禮與儀，亦未嘗有所擇。（左氏博議卷二十一）117

疏證　此義極精妙。禮者，禮意也。儀者，禮儀也。古人未有析禮與儀爲二物者，誠得古人之心矣。葉水心亦有此論。清儒研儀禮者，亦往往有此義諦。葉水心習學記言有曰"曲禮中三百餘條，人情物理，的然不違。餘篇如此切要語，可併集為上下集，使初學者由之而入。豈惟初入，固當終身守而不畔。蓋一言行而有一事之益，如鑑視像，不得相離也。古人治儀，因儀而知事，曾子所謂籩豆之事，今儀禮所遺與周官戴氏雜記是也。然孔子教顏淵非禮勿視勿聽勿言勿動，蓋必欲此身常行于度數折旋之中。而曾子告孟敬子，乃以為所貴者動容貌正顏色出辭氣三事而已，是則度數折旋皆可忽略而不省，有司徒具其文，而禮因以廢矣。故予以為一貫之語，雖唯而不悟也"。所論曾子者雖未必然，然其所謂如鑑視像，不得相離者，即東萊古人未有析禮與儀爲二物之意。清淩廷堪復禮中有云"脩身為本者,禮而已矣。蓋脩身為平天下之本,而禮又為脩身之本也。後儒置子思之言不問,乃別求所謂仁義道德者,於禮則視為末務,而臨時以一理衡量之,則所言所行不失其中者鮮矣"。復禮下有云"聖人之道,至平且易也。論語記孔子之言備矣,但恒言禮,未嘗一言及理也。彼釋氏者流,言心言性,極於幽深微眇,適成其為聖知之過。聖人之道不如是也。其所以節心者,禮焉爾,不遠尋夫天地之先也。其所以節性者,亦禮焉爾,不侈談夫理氣之辨也。後儒熟聞釋氏之言,竊取其理事之說而小變之,以鑿聖人之遺言"。亦持此義以斥他說。(乾嘉漢學家理路之契合於東萊,亦可為疏證緒言所謂遙啓先機者之佐證一條也。)然凌氏以古人未有析禮與儀為二物之高古之義,轉而苛責於後世釋教及理學之言,則又其不通時變之說,不達忠恕之道者。東萊云古者言禮與儀,亦未嘗有所擇。在宋儒,已有所擇矣。是以東萊水心乃有此論。時至清代,澆漓已甚,學者言禮與儀,其有所擇者根深蒂固矣。是以有凌氏之說之出焉。

孔子不攻異端,而孟子則攻之,豈樂異於孔子哉。亦迫於時耳。世俗乃謂因孟子之言,而異端之害始出。因女叔齊、子太叔之言,而禮儀之辨始明。抑不知君子願如君子之不攻,而不願孟子之攻。願如臧文仲之不辨,不願如女叔齊、子太叔之辨。昏昏之毀,吾所甘受,察察之名,乃吾力辭而不可得者也。此豈易與世士言耶。(左氏博議卷二十一) 118

疏證　子太叔之事見於左傳昭二十五年。象山語錄云"今世儒者類指佛老為異端。孔子曰,攻乎異端。孔子時佛教未入中國,雖有老子,其說未著,却指那箇是異端。蓋異與同字為對。雖同師堯舜,而所學異緒,與堯舜不同,此所以為異端也"。孔子之不攻異端,自不以異端為後世之所謂異端者。而至孟子大變,後世之所謂異端者即從孟子始。孔孟之間,有大差異者,實為上古文化風俗之

分界，予於緒言論之矣。呂子曰，願如君子之不攻，而不願孟子之
攻。願如臧文仲之不辨，不願如女叔齊、子太叔之辨也。昏昏之
道，高於察察之術多矣。孔子猶有此道此德。此亦呂學主渾之義
所在。吾學亦不願孟子之攻者。東萊此語，深契我心。拙著之以
三教一致為宗旨，亦願如君子之不攻也。昏昏之毀，吾所甘受，察
察之名，乃吾力辭者。宋儒忘筌，昏昏乎，抑察察乎。雖察察焉而
實昏昏也。

**道學不講，蔽者遂謂恢厚純誠不足以御末世之變，於是揣摩以
鉤人之隱，臆度以料人之情，日求而日疎。曾不知天理洞然，本無
不燭，而吾乃揣摩以汨之，臆度以撓之，淆亂方寸，使之舛錯。其所
以自智者，乃所以自昏也。揣摩臆度之私盡，則是非美惡之理彰。
至明之地，本在恢厚純誠中，世俗乃捨之而競求於譎詐辨慧之際，
何異買楚而屠燕哉。爾欲察，毋厭昏。爾欲巧，毋厭拙。** (左氏博議
卷二十二) 119

疏證 蔽者之說，今古皆然。予自幼及長，見今世之人皆謂恢
厚純誠不足以禦末世之變，皆倡人揣摩之臆度之，鉤人之隱，料物
之情，亦極可嘆。庠序之中，亦盡是此種議論，亦甚可畏。東萊云，
曾不知天理洞然，本無不燭。予以吾赤子之心，獨耀於族羣人海
中，二十年來，亦可驗夫東萊語之不誣。而今世極尚之自智之道，
正所謂所以自昏者。今世之父母，自童穉始，即欲其子女之智之才
過於他人而培養之，乃不知至明之地，本在恢厚純誠中。人之福德
慧德，皆在此純誠中蓄養而致者。世俗乃捨之而競求於譎詐辨慧
之際，不知愚拙之道，高過察巧多矣。呂子此語，極具眼力心胸。
吾願讀此書者，於此當下猛省。吾察者乎，抑愚者乎。吾巧者乎，
抑拙者乎。使汝覺呂子之說爲得，則當勇自改過遷善，修證而悟
入，消其察巧之害，而入於愚拙之德。使汝不悟，則時機未至爾。
一旦機熟，汝亦將精進矣。揚子曰，眾人愈利而後鈍，聖人愈鈍而

後利。其義大矣哉。

　　呂子皇朝文鑑卷五有周惇頤拙賦。其有云"巧者言，拙者默。巧者勞，拙者逸。巧者賊，拙者德。巧者凶，拙者吉。嗚呼。天下拙，刑政徹，上安下順，風清弊絕"。其於呂子自具影響焉。葉正則習學記言卷四十七評拙賦先有疑之者。其云"周氏拙賦爲今世講學之要。按書稱作僞心勞日拙。古人不貴拙也。大巧若拙，巧者勞而智者憂，無能者無所求，老莊之學爾"。正則本善疑者。然老莊亦自是大道所在。此正則終身不悟者。其又云"蓋削世俗纖浮靡薄之巧而歸之於正，則不以拙言也。以拙易巧而不能運道，則拙有時而僞矣。學者所當思也"。此正可補益呂子之說。蓋欲運愚拙之道者，當先體乎聖賢之心神氣象，修證之，悟入之，乃能以無分別心造其德焉。弗易也。宋代文化之患，即在智在巧。濂溪之作拙賦，在其乃先見之明乎。呂子之倡愚拙之德，在其乃大憂患之心也。傳曰，作易者其有憂患乎。

跋

聖人以天下為一心。學術欲一貫也，教化欲一揆也，人心欲一致也，天下欲一統也。惟此一貫一揆，始可達乎一致一統，成王者之大義，遂大乘之弘願。一貫者，仲尼所謂一以貫之者。非此蓋不足以語乎聖人之學。久矣，天下學術之分崩離析也。先生忘筌之作，昭明三教一致為吾華千年學術之主流，而為時下學術一貫之殊勝經驗也。三教之一致，要在破門戶之見。存一分門戶之見，于自教便增一分我慢，于他教便多一分隔膜。此印度佛法與婆羅門教分道，終至難為所容者。去一分門戶之見，于自教便少一分私心，于他教便多一分理解。此中華三教之並行而不悖，互存而一致者也。忘筌主唐學之中和圓通而斥理學之私智分別，主東萊之中正而斥朱子之偏激，主古學大知之閑閑而斥時學小知之間間。此皆破門戶之見也。

三教一致據所一致之不同，有晉唐與宋明之別。晉唐三教一致，儒是儒，釋是釋，道是道，皆平等自在，不以釋統儒道，亦不以儒攝佛道。宋明之三教一致者，求其大同而損其小異者。大同者，三教聖人共證之宇宙人生之真理也。小異者，聖人設教之權也。此權或因根器而異，或隨時勢而變。晉唐之三教一致重精神，善以實證得之,而慧者先以學術匯通之。宋明之三教一致重條理,善以學術匯通之,而達者乃以實證貫徹之。今儒、佛、道、印、耶、回及科學、哲學諸教之交通,皆當以此爲鑒,或各行其道,並存而不相悖,或互益而交流之,求大同而忽小別,條理損益而歸于一致也。忘筌玄義緒言備述三教一致之種種,詳明此中奧義也。

三教一致貴在實行。實行然後有真經驗,有真經驗然後有真問題,有真問題然後有真學問,有真學問然後有真見識。不然空談名相,頭腦用事強生分別,其見識鮮有不流于狹隘而偏激者,其學問鮮有不落人我隅見而標新立異者,何可語夫三教之一致也哉。先生悟逍遙之旨而解困厄,長修胎息得通任督,本慧開而返諸儒家,此道學之實行也。讀生死章而志于聖學,著微聖錄而以儒融通釋道,講學湖山,常懷憂患之心,此儒學之實行也。感大佛眼而發心弘法,遍研諸教而歸于禪,于日用間因事煉心,悟無相旨,得般若慧而願歸于定戒,禪密一體,修持不輟,法喜無盡,此皆佛家之實行也。由是觀之,先生者,三教一致之實行者也。忘筌三教一致之論者,先生實行之經驗耳。昔者晚學初交于先生,請示釋佛之別。先生答曰,知儒佛之同,而後儒佛之別自明。初茫然不知其趣,退而習之,漸知其味。實行三年,得入佳境。無事則參諸佛理,事來則應之以倫常。時習之樂,日新之妙,時亦有之。而後深明,儒佛之所同,正諸聖學之大體,大體即得,枝末自分。

壬辰孟春得先生惠寄忘筌,快讀一遍,如沐春風,如遇故人,欣然悅然,莫可名狀。深研近月,于儒學之大旨,理學之源流,三教之奧義,至此而明。先生命之爲序。我陋而無文,不勝惶恐,然感忘筌者,實先生爲學之大體,正可救時學之故弊,而有以示國學復興之大要者也,不敢等閑視之。今之儒林,内學或落入新儒家,外學或入於政治儒學,兩者皆不識三教一致之體要,其面對耶、回二教亦往往不知所措,甚者以夷闢之,累及佛道。先生是書,誠亦救時弊之藥劑也。先生自云，拙著本是藥，病消藥亦無。善哉。嘗至杭州聽先生講詩經。詩教為潤物細無聲之妙。潘雨廷先生謂，氣功之最後階段是化習氣。季先生以養氣為見性前之加行，見性後之保任，而養氣以讀儒書、遊藝為主。讀詩經，明先生之謂養氣，正涵括有化除氣稟功夫在。有此功，心垢不除而自化，自有明心之日。拜會先生，初聞其音，渾厚中透甜美。見先生講書，與學生言，每現溫柔相。臨別先生以擁抱終之。感先生之背，渾厚非常。近日讀詩，每憶先生貌，溫柔篤厚者，詩之教也，先生蓋深得之。竊謂詩經之玄奧，關乎遮情與表德，修與養也。弟子漸得深入，乃悟以前之修行，多是遮情，而先生之教導，多為更高之表德法門。禪宗之正宗，亦多從表德立論。而弟子現在處境，若仍守舊法，則轉藥成病。明此，弟子始決心於以前之修法及見地，做全盤之考量，日常實修亦有相應之變化。在此之境，再讀先生推薦之米拉日巴大師集及大圓滿法，便覺其味道之彌長矣。湖南岳陽弟子徐兵魁宗悅謹志於惠州大亞灣。

附論科學基督教一則

拙著既成，曾邀吾友童庵先生惠賜長序於予。後未用，予之過也。童庵抱負高遠，學修兼備，思力深密，懷大悲心，誠當世之英物，絕有血脈。其文有云"吾人欲救时弊復古道，舍夫子正名一語又安歸。竊計當依內心見地、著書講學、教育體制、政治經濟之四步，於自共業中，依次而正之。是則傳統學術之生機必在走出西方學術規範，復興固有規範，先有自共業中固有學術之復其生機，而後方有華夏之全面復興也。季子是真能先得吾心之同然者。聞其人，修髯長髮，以儒佛自修接機，讀書講學於林下。觀其書，字惟正體，言則典雅，盡黜簡體白話之俗濫，堪為今日古文之矩矱。尤可貴者，其為學宗旨，一以古聖賢為歸，於三家妙義確有所得，發語吐詞多從自心流出。若季子之書可謂文以載道，道發為文者矣。遍數今日學林，求其盡脫西學污染得國學純正之體如季子者，蓋罕觀。惟齋是真能於內心見地與著書講學二步中正名者，其且已創辦明道精舍，是則於第三步之正名亦有致力焉"。其論拙著有云"季子之書著力於破宋儒之排釋老，而唱言三教之一致，實特具時代之深心巨眼。多見今日儒教中人仍蹈襲宋儒排佛之習氣，其讀季子此書者，當猛醒乎。季子謂若依西賢之例，此書當題獻於此時代也。（見東萊粹言疏證緒言中華文化三大轉折四大時期一條。）又謂今後一千年，已非理學之天下，必有新學將出，而欲以是書為此中華新學術之權輿。（見東萊粹言疏證第一百十一條。）於此皆可見季子之悲心大願。後之覽者亦將有以體夫季子之深心，而興起於斯文也夫"。又云"今日復興古學，其當務之急在走出西學，其次則走出乾嘉與宋學也。蓋今人之治古學，多不出兩路，或接續乾嘉衣鉢，以考據為能事，尋章摘句，數典忘祖，古書益無可信者矣。或接續宋儒之衣鉢，崇宋抑漢，又排佛老也。季子忘筌之作，其主旨即在貶宋儒，自然亦貶乾嘉，而崇漢唐，實深得吾心者。若季子之於儒學，可謂邁越時賢，獨得其真矣"。此皆能洞識鄙懷而不吝揄揚者也。

惟其文又云"蓋理學之闢佛老，以輪回問題為核心。如佛教、道教皆以為有輪回有鬼神有來生，理學為與之立異，故斷然曰無。故中國斷見之汎濫，實始於程張發明理學之時也。熏習千年之久，於士庶已相當普及矣。五四後西學攜科學斷見入，二者裏應外合，中國今日遂為全球最大最烈之斷見國家也。此種斷見學說將動搖儒教之根本。蓋周孔之教，禮與仁而已。禮以鬼神為其大宗，仁以誠敬為基始。持此斷見，則必視禮為虛文，如此則誠敬亦何由而生哉。是以內聖外王之道，皆因此而失此根據。嗚呼，理學家誠周孔之罪人也，其闢佛老於佛老何傷，奈何恰傷及自教之根本焉。吾華國運自宋轉衰，有由然矣。理學當負不可推卸之責也"。實則我所破者，非理學也，理學見也。理學本無自性，不可破，亦不必破。童庵實執理學而破之，並非吾意所在。又以事理論之，理學本是藥，亦是毒，藥本是毒，妙用之是藥，濫用之是毒，初用之者是藥用，後用之者是毒發。童庵偏於其毒性之揭露，尚滯一邊。煩惱菩提豈有二哉。理學其初自具妙用大功德，豈為周孔之罪人耶。且陸王之與三教一致，貌異而實同。我破理學，隨宜說法。以實相論，本來無一事爾。而以實情論之，理學亦非真為否定鬼神者。徑以斷見斥之,亦失之斷矣。

又云"吾人欲復興古學,首當認清敵友。最主要之敵乃是科學教,其次為新教,再次為天主教"。又云"又吾意,言諸教一致,止於儒釋道則恰好矣,擴展至華、梵、回、正教則至其極也。若並歐西之科學、新教、天主教一並網羅之若季子之華梵歐新三教一致之說者則過矣。此是吾擬向季子商量處,季子當有以教我也。季子謂國人稟此華、梵、歐之新三教一致之精神,可以收攝梵、歐、伊斯蘭為一體,世界稟此可以消除分別念、仇恨心。此論可謂欠識時。蓋處此西學嚴重霸權之勢下,東學聲息幾絕,若不大行破邪顯正之道,尚只一味調和,則東方諸正法永無出頭之日,更談何收攝歐西之事乎。故吾意今日與西學,首當在分,而不在合也"。此說乃最能代表今世學人之疑惑者。劉小楓先生致予信函中亦有在分不在合之說。吾說豈為調和論者哉。吾人只可盡己之性。盡己之本分。是分是合,只是方便道,並無定式。吾識得自己之本分是合,非敢以此說強於人。使學人能以分而自證,深入三昧,真能大行破邪顯正之道,則與吾何嘗非殊途同歸。惟吾恐其正邪之法執打不破,法慢不能盡,終不能入窺聖人無別分心之要訣也。

吾華梵歐三教一致說,其要在發明本心,現證性地。使弗能至,亦奢談何益。無此現證,何來一致。(世人追逐華梵歐之名相者,則永無一致之期。我法二執、分別心使然也。)欲重振儒家,必自心性始。欲重振國家,必自心性始。欲重振人類之家,亦必自心性始。不在心性深證悟入,學儒學佛,亦易成魔子賊子,造孽無盡。以實相而說之,使有真正之敵人,亦只可在心性中尋索之勘驗之融化之。豈有實體之敵人如科學、新教之存在耶。科學亦無自性。若以一斷見,破另一斷見,則無有窮竭之日。科學之初,深稟超邁之精神,其本是藥,亦是毒,妙用之是藥,濫用之是毒,初用之者是藥用,後用之者是毒發。其理為一揆。問題之根本,在人心之迷悟。如科學者，皆人心迷悟所變化，待緣而生滅，亦本無自性者。以事理而說之，緬惟科學之初，本具赤誠強烈之宗教精神，其後唯物、進化之說大興，遂日陷於狹隘偏執之地。而近世自相對論、量子力學起，科學之覺悟心，乃超脫於舊日之拘囿之外。亦使人益覺東方之佛法道家，其精深玄妙處正可為科學之先導。發展科學，必為人類長期不變之路徑之一。豈可一概而抹殺之。以方便而說之，廣額屠兒放下刀俎，尚能立地成佛。科學之利根人後有證悟者，亦多有人焉。其人或因研習科學而生大疑情，遂進窺於大道，或為科學智識所誘導，而愈希慕乎宇宙之大智慧。以此而論，科學亦佛智善巧八萬四千法門之一。法門無盡誓願學。業障自在心性，不在科學。必認科學為今世人類困境之罪魁禍首者，實不達根本之論。（而今世吾國境內基督教力量之日益增加，亦正是中國新生命之體現也。近世藏傳佛教及印度思想流佈歐美世界，發源于亞洲之基督教其流佈於東亞諸國，亦正自然。此人類當今之新運會也。國人以敵對視之者，非達論也。反觀吾國漢傳佛教之日趨衰微，則基督教之壯大，為此消彼長，天道本如是。而基督教力量之日益滋長，其於中國國民精神所產生之積極力量及微妙影響，亦將於未來之時空體現之。而此正可刺激吾國舊有之佛教、儒家血脈，使其重新產生通達壯闊之新生命、新氣象也。）所謂西方文化霸權論者，竊謂亦是心識之糾結所幻化。在我則西方文化皆是佛所化現者。此亦冥契大圓滿密義。昔日六祖曰，人雖有南北，佛性本無南北。吾亦云，文化雖有東西，心性本無東西。心中有個西學東學若敵我相斫者，究其根柢，還是無明。抑甚可畏也。

　　拙著之必招諍論，此在事理之內。童庵之說，正此一種。惟非此諍論，吾發明心性之根本，亦自不能深徹如是。非此諍論，吾亦不能涉及科學及西方文化諸問題，而深辨之如是。要而言之，發明本心，現證性地，為學人根本事。盡己之性，方能盡物之性。以佛說論衡之，人類之業在煩惱障、所知障。人類之煩惱障日趨嚴重，人所盡知，而不知今世人之所知障，又轉深於煩惱障。所知障謂何。即所謂東方、西方、國學、西學、科學、新教、邪正、敵我之分別心是也。拙著之大悲心，即在發願破宋儒以迄今世之所知障也。雖弗能至，亦可使讀之者返己深省矣。

附本書徵引參考之外籍譯本目錄

　　予書所援引之漢籍，皆今世之印本，于書肆中可置之者，容不贅述。茲列本書嘗徵引之外籍之譯本如下。譯者之功不可沒也。

偶像的黃昏	尼采著	衛茂平譯
尼采遺稿選	尼采著	虞龍發譯
生活之路	列夫托爾斯泰著	王志耕譯
花的智慧	梅特林克著	葛文婷譯
人、藝術與文學中的精神	榮格著	姜國權譯
希臘奇人佐爾巴	卡贊扎基著	王振基　范仲亮譯
流動的盛宴	海明威著	湯永寬譯
浪漫派的將來之神	弗蘭克著	李雙志譯
邏輯與罪	謝爾茲著	黃敏譯
沒有約束的現代性	沃格林著	張新樟、劉景聯譯
自傳性反思	沃格林著	徐志躍譯
施特勞斯與尼采	朗佩特著	田立年、賀志剛等譯
巨人與侏儒	布魯姆著	張輝、秦愛華等譯

後　　記

　　明人張三丰正教篇嘗曰"古今有兩教，無三教。奚有兩教。曰正曰邪。奚無三教。惟一惟道。一何以分何以三"。中肯綮，至簡明。今寰區之內，有基督、伊斯蘭、釋迦、印度、儒、道諸教宗派及新學，棼然弗相類，然實只兩教而已，曰正曰邪。諸教須自知其所同為正者，不齗齗多諍于義說之異相，而歸諸實行，方足使邪教膽喪，佞人斷舌。茲當世之實事，道人學人之重責也。昧菴一樗散之人，以無用為用，竟得入窺往聖之絕學，初體現證之精微。先鈍而後利，天之幸于愚拙人明矣。自知著述，辭費言冗，所造未深，聊勝於無，刊之以為學道初階者之一助緣耳。忘筌編由陳忠康、汪家震、袁笑雨三友捐資刊行之。陳子善書，今之義、獻。汪氏研茶，志合鴻漸。袁君嫻雅，意契幽玄。儻非諸友樂助，倪子為國樂成，斯編弗能化身千百，各得其所。德不孤，必有鄰。予雖無德，鄰則至矣。何錫予之厚哉。無懷氏識。

圖書在版編目(CIP)數據

宋儒忘筌編/季惟齋著.
--上海:華東師範大學出版社,2015.9
　ISBN 978-7-5675-3687-6

　Ⅰ.①宋…　Ⅱ.①季…　Ⅲ.①儒學—研究—中國—宋代
Ⅳ.①B222.05

　中國版本圖書館 CIP 數據核字(2015)第 134446 號

華東師範大學出版社六點分社
企劃人　倪為國

宋儒忘筌編

著　　者　季惟齋
責任編輯　古　岡
封面設計　何　暘

出版發行　華東師範大學出版社
社　　址　上海市中山北路 3663 號　郵編　200062
網　　址　www.ecnupress.com.cn
電　　話　021-60821666　行政傳真　021-62572105
客服電話　021-62865537
門市(郵購)電話　021-62869887
地　　址　上海市中山北路 3663 號華東師範大學校内先鋒路口
網　　店　http://hdsdcbs.tmall.com

印 刷 者　上海景條印刷有限公司
開　　本　890×1240　1/32
印　　張　15.75
字　　數　380 千字
版　　次　2015 年 9 月第 1 版
印　　次　2015 年 9 月第 1 次
書　　號　ISBN 978-7-5675-3687-6/B・952
定　　價　68.00 元

出 版 人　王　焰

（如發現本版圖書有印訂質量問題,請寄回本社客服中心調換或電話 021-62865537 聯繫）